근대 한국학 교과서 총서

6

역사과

성신여대 인문융합연구소 편

제이앤씨
Publishing Company

근대 한국학 교과서의 탄생

1.

근대 교과서는 당대 사회의 복잡한 사회·역사·정치·문화의 상황과 조건들의 필요에서 나온 시대의 산물이다. 한국 근대사는 반봉건과 반외세 투쟁 속에서 자주적인 변혁을 이루어야 했던 시기였고, 특히 1860년대부터 1910년에 이르는 시간은 반봉건·반외세 투쟁을 전개하면서 근대적 주체를 형성해야 했던 때였다. 주체의 형성은 근대사에서 가장 중요한 과제였는 바, 그 역할의 한 축을 담당한 것이 근대 교육이다.

근대 초기 교과서 개발은 1876년 개항 이후 도입된 신교육 체제를 구현하기 위한 구체적인 과제였다. 교과서가 없이는 신교육을 실행할 수 없었기 때문에 개화 정부는 교육개혁을 시행하면서 우선적으로 교과서 개발을 고려한다. 갑오개혁에 의해 각종 학교의 관제와 규칙이 제정되고 이에 따라 근대적 형태의 교육과정이 구성되는데, 교육과정이 실행되기 위해서는 교육내용을 전하는 교과서를 먼저 구비해야 했다. 당시 교과서 편찬을 관장했던 기구는 '학부(學部) 편집국'이다. 편집국은 일반도서와 교과용 도서에 관한 업무를 관장해서 ① 도서의 인쇄, ② 교과용 도서의 번역, ③ 교과용 도서의 편찬, ④ 교과용 도서의 검정, ⑤ 도서의 구입·보존·관리 등의 사무를 맡았다. 학부는 교과서의 시급성을 감안하여 학부 관제가 공포된 지 불과 5개월만인 1895년 8월에 최초의 근대 교과서라 할 수 있는『국민소학독본』을 간행하였고, 이후『소학독본』(1895)과『신정심상소학』(1896) 등을 연이어 간행해서 1905년까지 40여 종의 교과서를 출간하였다.

학부 간행의 교과서는 교육에 의한 입국(立國) 의지를 천명한 고종의 '교육조서'(1895,2)에 의거해서 이루어졌다. 교육조서는 ① 교육은 국가 보존의 근본이고, ② 신교육은 과학적 지식과 신학문과 실용을 추구하는 데 있고, ③ 교육의 3대 강령으로 덕육(德育)·체육(體育)·지육(智育)을 제시하고, ④ 교육입국의 정신을 들어 학교를 많이 설립하고 인재를 길러내는 것이 곧 국가 중흥과 국가보전에 직결된다는 것을 천명하였다. 이는 오늘날의 바람직한 국민상을 육성하기 위한 교육 목표와 동일한 것으로, 이런 취지를 바탕으로 학부는 신학문의 흡수와 국민정신의 각성을 내용으로 하는 교재를 다수 출간한다. 학부는 『조선역사』, 『태서신사』, 『조선지지』, 『여재촬요』, 『지구약론』, 『사민필지』, 『숙혜기략』, 『유몽휘편』, 『심상소학』, 『소학독본』, 『서례수지』, 『동국역사』, 『동국역대사략』, 『역사집략』, 『조선역사』 등 역사와 지리, 수신과 국어 교과서를 연속해서 간행했는데, 특히 역사와 지리 교과서가 다수 출판된 것을 볼 수 있다.

이 시기 교과서를 제대로 이해하기 위해서는 우선 교과서 편찬 주체가 누구인가를 알아야 한다. 불과 두세 달의 시차를 두고 간행되었지만 교과의 내용과 정치적 입장, 역사 인식 등에서 큰 차이를 보이는 『국민소학독본』과 『신정심상소학』을 비교해봄으로써 그런 사실을 알 수 있다.

『국민소학독본』이 간행된 1895년 전후의 시기는 민비와 대원군을 둘러싼 갈등과 대립이 극에 달했던 때였다. 『국민소학독본』은 박정양이 총리대신으로 있던 시기에 간행되었는데, 당시 교과서 편찬의 실무는 이상재(학부참서관), 이완용(학부대신), 윤치호(학부협판) 등 친미·친러파 인사들이 맡았다. 그런 관계로 『국민소학독본』에는 일본 관련 글은 거의 없고 대신 미국과 유럽 관련 글들이 대부분을 차지한다. 전체 41과로 구성되어 우리의 역사와 인물, 근대생활과 지식, 서양 도시와 역사와 위인을 다루었는데, 미국 관련 단원이 10과에 이른다. 그런데, 『신정심상소학』은 민비가 시해되고 대원군이 집권하면서 김홍집이 총리대신으로 있던 시기에 간행되었다. 친일 내각의 등장과 함께 일제의 개입이 본격화되어 책의 '서(序)'에는 일본인 보좌원 다카미 가메(高見龜)와 아사카와(麻川松次郞)가 관여한 사실이 소개되고, 내용도 일본 교과서인 『尋常小學讀本(신정심상소학)』을 그대로 옮겨놓다시피 했다. 근대적인 체계를 앞서 갖춘 일본의 교재를 참조한 것이지만, 일본인 명사 2명이 소개된 것처럼 교과 내용이 친일적으로 변해서 이전 교과서와는 상당히 다른 모습이다.

1906년 일제의 통감이 파견되고 일인 학정참정관이 조선의 교육을 장악하면서부터 교과서의 내용은 이전과 확연히 달라진다. 1906년 2월에 통감부가 서울에 설치되고 초대 통감으로 이토 히로부미(伊藤博文)가 부임해서 한국 국정 전반을 지휘·감독하였다. 일제는 교과서야말로 식민지 건설에 가장 영향력 있는 수단으로 간주해서 교과서 출판에 적극 개입하였다. 조선의 역사와 지리 그리고 국어과 교과서 출판에 대해서는 극심한 통제를 가했고, 한국인 출판업자가 출원하는 검정 교과서는 이른바 '정치적 사항에 문제가 있다' 하여 불인가 조치를 가하는 경우가 빈번하였다. 그 결과 한국사 및 한국 지리 교과서는 거의 간행되지 못하고, 대신 친일적인 내용의 교과서가 다수 간행된다. 1909년 5월에 보통학교용으로 『수신서』 4책, 『국어독본』 8책, 『일어독본』 8책, 『한문독본』 4책, 『이과서』 2책, 『도화 임본』 4책, 『습자첩』 4책, 『산술서』 4책이 출간된다. 이들 교과서에는 일본 관련 단원이 한층 많아져서, 『보통학교학도용 국어독본』(1907)에서 볼 수 있듯이, 우리나라와 일본의 국기가 나란히 걸린 삽화가 게재되고(1권 「국기」), 『일본서기』를 근거로 한 일본의 임나일본부설이 수록되며(6권 「삼국과 일본」), 심지어 세계 6대 강국이 된 군국주의 일본의 강성함을 선전하는 내용의 글(8권 「세계의 강국」)이 수록되기에 이른다.

민간인에 의한 교과서 출판은 을사늑약 이후 활발하게 이루어진다. 일제의 강압 아래 추진된 학부 간행의 교과서를 비판하면서 자주적 한국인 양성에 적합한 교과서를 편찬하고자 힘을 모으는데, 편찬의 주체는 민간의 선각이나 학회와 교육회였다. 이들은 교과서를 '애국심을 격발시키고 인재를 양성'하는 도구로 간주하였다. "학교를 설립하고 교육을 발달코자 할진데 먼저 그 학교의 정신부터 완전케 한 연후에 교육의 효력을 얻을지니 학교의 정신은 다름 아니라 즉 완전한 교과서에 있"다고 말하며, 학교가 잘 설비되어 있더라도 교과서가 "혼잡·산란하여 균일한 본국정신"을 담고 있지 못하다면 "쓸데없는 무정신교육"이 되어 국가에 별 이익이 없을 것이라고 주장했는데, 그것은 교과서가 "애국심을 격발케 하는 기계"(「학교의 정신은 교과서에 재함2」. 《해조신문》, 1908, 5.14.)라고 보았기 때문이다. 당시 민간 선각이나 학회들이 대대적으로 교과서 간행에 나선 것은 이런 배경을 갖고 있었다.

민간에서 간행된 최초의 교과서는 대한민국교육회의 『初等小學(초등소학)』(1906)이다. 당시 4년제인 보통학교의 전 학년이 배울 수 있도록 각 학년에 2권씩 모두 8권이 간행되었는데, 『초등소학』에서 무엇보다 두드러지는 것은 자주독립과 충절로 무장한 국민을 만들고자 하는 의지이다. 국가의 운명이 백척간두에 달한 현실에서 『초등소학』은 단군, 삼국시대, 영조, 세종, 성종 등 민족사의 성현들의 행적을 소환한다. 민족이란 발전하는 실체라기보다는 발생하는 현실이자 지속적으로 수행되고 또 다시 수행되는 제도적 정리 작업이라는 점에서 부단히 새롭게 규정될 수밖에 없는데, 『초등소학』은 그런 작업을 과거의 역사와 영웅적 인물들의 소환을 통해서 시도한다. 여기서 곽재우와 송상현, 조헌의 수록은 각별하다. 곽재우는 임진왜란 때 일제의 침략을 물리친 장군이고, 송상현 역시 동래부사로 있으면서 죽음으로 왜군을 막은 장수이며, 조헌은 일본군과 싸우다 금산성 밖에서 전사한 인물이다. 이들을 통해서 풍전등화의 민족적 위기를 극복하고자 하는 취지를 보여준다. 또, 『초등소학』에서 언급되는 한국사는 『大東歷史略(대동역사략)』의 내용을 그대로 집약한 것으로, 중국과의 관계에서 조선의 자주성이 강조되고 일본의 침략을 경계하는 내용이 주를 이룬다. 『대동역사략』은 신라가 마한의 뒤를 이어 삼국을 주도한, 한국사의 계통을 중화 중심에서 벗어나 자주적이고 주체적인 시각에서 서술하여 민족의 자부심을 고취시키고자 하는 취지를 갖고 있었다.

이런 내용의 『초등소학』을 시발로 해서 『유년필독』, 『몽학필독』, 『노동야학독본』, 『부유독습』, 『초등여학독본』, 『최신초등소학』, 『신찬초등소학』, 『초목필지』, 『초등국어어전』, 『윤리학 교과서』, 『초등소학수신서』, 『대한역사』, 『보통교과대동역사략』 등 수신과 역사, 지리 등의 교재들이 간행되었다.

사립학교의 대부분은 남학교였지만, 한편에서는 여성교육이 강조되고 여학교가 설립되기도 하였다. 1880년대부터 선교사들에 의하여 이화학당을 비롯한 여학교들이 설립되고, 민간에서도 1897년경 정선여학교가, 1898년에는 순성여학교가 설립되었다. 순성여학교를 설립한 찬양회는 여성단체의 효시로 여성의 문명개화를 위하여 여학교를 설립하였다. 이들 여학생을 위해서 각종 여학생용 교과서가 간행된다. 『녀ᄌ쇼학슈신셔』, 『부유독습』, 『초등여학독본』 등의 교과서에서는, 여성이 맺는 여성 혹은 남성과의 관계에서 동등한 지위를 차지해야 한다는 담론이 등장하고, 유교적·전통적 성격의 여성상과 기독교적·서구적 성격의 여성상이 일정 수준 이상으로 혼재하고, 국모(國母)의 양성이 강조된다.

2.

『근대 한국학 교과서 총서』에는 총 54종 133권이 수록되었다. 여기서 교과서를 국어과, 수신과, 역사과, 지리과로 나누어 배치한 것은 다분히 편의적인 것이다. 근대적 의미의 교과(教科)가 분화되기 이전에 간행된 관계로 개화기 교과서는 통합교과적인 특성을 갖고 있다. 특히 국어와 수신 교과서는 내용이 중복되어 분간이 어려울 정도이다. 그럼에도 교과를 나눈 것은 다음과 같은 최소 기준에 의한 것이다.

'국어과'는, 교재의 제명이 독본(讀本), 필독(必讀), 필지(必知), 독습(讀習), 보전(寶典), 작문(作文) 등 다양하게 나타나지만, 당대의 문화, 역사, 정치, 경제적 정체성을 '국어'로 반영했다는 데서 국어과로 분류하였다. 당시 국어과 교과서는 "다른 교과목을 가르칠 때에도 항상 언어 연습을 할 수 있도록 하고, 글자를 쓸 때에도 그 모양과 획순을 정확히 지키도록 지도"(보통학교령, 1906) 하는 데 초점을 두었다. 근대지의 효율적인 생산과 유통에서 무엇보다 긴절했던 것은 '국어'에 대한 인식과 국어 사용 능력의 제고였다. 『신정심상소학』, 『보통학교학도용 국어독본』, 『최신 초등소학』 등 이 시기 대다수의 국어 교과서가 앞부분에서 국어 자모나 어휘와 같은 국어·국자 교육을 실행한 까닭은 근대적 지식을 용이하게 전달하기 위한 교육적 필요 때문이었다.

'윤리과'는 '수신(修身)'이라는 제명을 가진 교과서를 묶었다. 학부에서 발간을 주도한 수신과 교과서는 대체로 초등학교용에 집중되어 있고, 중등학교용이나 여학교용은 이 영역에 관심이 있던 민간단체나 개인이 주로 발간하였다. 수신과 교과서는 발간의 주체가 다양했던 관계로 교과서의 내용이나 전개 방식이 다채롭다. 역사에서 뛰어난 행적을 남긴 인물들의 사례를 연령대별로 모아 열거한 경우도 있고(『숙혜기략』), 근대적 가치를 포함시키고 삽화에 내용 정리를 위한 질문까지 곁들인 경우도 있으며(『초등소학 수신서』), 당시 국가가 처한 위기 상황과는 맞지 않게 일제의 영향으로 충군과 애국 관련 내용을 소략하게 수록한 경우도(『보통학교학도용 수신서』) 있다. '중등학교용' 수신과 교과서는, '초등학교용'에 비해 다채로운 방식으로 내용이 전개되지는 않지만 교과서 발간 주체들이 전통적 가치와 대한제국으로 유입되던 근대적 가치들을 조화시키기 위해 노력한 흔적을 보여준다. 또한 발간 시기가 1905년 을사늑약 이후로 집중되어 있어서인지 전체적으로 교과서 내용의 수준이 심화되고 분량도 늘어나는 가운데 충군과 애국 관련 내용이 증가하고, 그 표현의 어조도 한층 강화된 것을 볼 수 있다.

'지리과'는 '지리(地理), 지지(地誌)' 등의 제명을 갖는 교과서를 대상으로 하였다. 지리과 교과서 역시 발행 주체에 따라 학부 간행과 민간 선각에 의한 사찬 교과서로 구분된다. 학부 교과서는 종류와 승인·보급된 수량이 적고 특히 을사늑약 이후 일본의 식민치하에서는 발행이 매우 제한적이었다. 1895년 학부 간행의 『조선지지』는 우리나라 최초의 지리 교과서로, 조선의 지정학적 위치를 설명한 뒤, 한성부에서 경성부에 이르는 전국의 23부를 원장부전답·인호·명승·토산·인물 등으로 구분·기재하였다. 반면에 민간 선각들에 의한 발행은 일본의 교육 식민화를 저지하기 위한 목적에서 간행된 다양한 특성의 교과서들이다. 이 시기에는 세계지리를 다룬 만국지리 교과서의 발행이 증가하였는데, 세계 대륙과 대양의 위치 및 관계를 서술하고, 사회 진화 정도(야만, 미개, 반개, 문명)에 따라 세계 지역을 구분하는 등 사회진화론적 인식체계를 보여주었다. 『초등만국지리대요』에서는 '청국 남자는 아편을 좋아하고, 한족 부녀는 전족을 한다'는 부정적 서술이 있는 등 중국 중심의 유교적 철학과 사대주의적 관념에서 벗어나 문명 부강을 추구하는 서구적 문명관으로 재편되고 있음을 볼 수 있다.

'역사과'는 학부에서 발행한 관찬 사서 6권과 사찬 사서 20권으로 대별된다. 관찬 사서 6권은 모두 갑오개혁기(1895)와 대한제국기(1899)에 발행되었고, 사찬 사서 20권은 계몽운동기(1905~1910)에 발행되었다. 갑오개혁기 교과서에서는 모두 '大朝鮮國 開國 紀元'이라는 개국 기원을 사용해 자주독립 의식을 표현하고 있는 점이 특징이다. 하지만 자주와 독립의 의미를 강조하면서도 개국과 근대화 과정에서 일본의 역할과 관계를 강조하는 시각이 투사되어 있다. 교과서에 대한 통제가 본격화된 통감부 시기에 간행된 교과서에는 일제의 사관이 한층 깊이 개입된다. 현채의 『중등교과 동국사략』의 경우, 일본 다이스케 하야시의 『朝鮮史(조선사)』(1892)의 관점을 수용해서 개국과 일본에 의한 조선 독립이라는 내용이 삽입되어 있다. 이후 발행된 다양한 자국사 교과서들 역시 비슷한 관점에서 서술된다. 외국사 교과서는 1896년에 발행된 『萬國略史(만국약사)』부터 1910년에 발행된 『西洋史教科書(서양사교과서)』까지 모두 유사한 관점으로 되어 있다. 제국주의 침략에 맞서 문명개화 노선으로 부국강병을 꾀하려는 의도를 담고 있지만, 문명개화국과 그렇지 않은 국가 간의 우열을 그대로 드러내는 사회진화론적 관점을 보여서 세계 각 나라를 야만 → 미개 → 반개 → 문명으로 나누어 서술하였다. 유럽은 문명을 이룩하여 강대국이 되었으나, 조선은 반개(半開)의 상태로 야만과 미개는 아니지만 문명에는 미달한다고 서술한 것을 볼 수 있다.

3.

그동안 근대 교과서에 대한 관심이 적었던 것은 교과서 자체가 온전한 형태로 복원되지 못했기 때문이다. 여기저기 자료들이 산재해 있었고, 그것의 내역과 계통을

파악하지 못한 경우가 많았다. 그러다 보니 학계의 관심 또한 저조하기 이를 데 없었다. 이에 필자는 근대 교과서를 조사하고 체계화하여 이렇게 그 일부를 공간한다. 상태가 온전하지 못하고 결락된 부분도 있지만, 지금 상황에서 최선을 다한 것임을 밝힌다. 이들 자료는 국립중앙도서관, 국회도서관, 서울대 중앙도서관, 규장각도서관, 고려대 도서관, 이화여대 도서관, 한국학중앙연구원 한국학도서관, 세종대학교 학술정보원, 한국교육개발원, 제주 항일기념관, 한국개화기교과서총서(한국학문헌연구소편) 등등에서 취합하고 정리하였다. 작업에 협조해 준 관계자분들께 감사를 표하며, 아울러 본 총서 간행을 가능케 한 한국학중앙연구원의 지원에 감사를 드린다.

영인본의 명칭을『근대 한국학 교과서』라 칭한 것은 다양한 내용과 형태의 교과서를 묶기에 적합한 말이 '한국학(Koreanology)'이라고 생각한 때문이다. 한국학이란 범박하게 한국에 관한 다양한 분야에서 한국 고유의 것을 연구・계발하는 학문이다. 구체적 대상으로는 언어, 역사, 지리, 정치, 경제, 사회, 문화 등 제 분야를 망라하지만, 여기서는 국어, 역사, 지리, 윤리로 교과를 제한하였다. 이들 교과가 근대적 주체(한국적 주체) 형성에 결정적으로 기여하였고, 그것이 이후의 복잡한 사회・역사・정치・문화의 상황과 길항하면서 오늘의 주체를 만들었다고 믿는다.

모쪼록, 이들 자료가 계기가 되어 교과서에 대한 다양한 관심과 연구가 촉발되기를 소망한다.

2022년 3월 1일
강진호

일러두기

- 수록 교과서는 총 54종 133권이고, 각 권에 수록된 교과서 목록은 아래와 같다.
- 국어과 · 윤리과 · 역사과 · 지리과의 구분은 편의상의 분류이다.
- 『초등국어어전』은 1, 3권은 개정본이고, 2권은 초판본이다.
- 『해제집』(10권)은 개화기와 일제강점기 교과서 전반을 망라한 것이다.
- 개화기와 일제강점기 교과서 목록은 10권 말미에 첨부한다.

교과	권	수록 교과서
국어과 (20종 48권)	1	국민소학독본(1895), 소학독본(1895), 신정심상소학(3권)(1896), 고등소학독본(2권)(1906), 최신초등소학(4권)(1906), 초등소학(1906), 보통학교학도용 국어독본(7권)(1907)(7권 결)
	2	유년필독(4권)(1907), 유년필독석의(2권)(1907), 초등여학독본(1908), 노동야학독본(1908), 부유독습(2권)(1908)
	3	초목필지(2권)(1909), 신찬초등소학(6권)(1909), 몽학필독(1912), 초등작문법(1908), 개정초등국어어전(3권)(1910), 대한문전(1909), 보통학교학도용 한문독본(4권)(1907), 몽학한문초계(1907)
윤리과 (12종 31권)	4	숙혜기략(1895), 서례수지(규장각본), 서례수지(한문본, 1886), 서례수지(한글, 1902), 보통학교학도용 수신서(4권)(1907), 초등소학(8권)(1906), 초등윤리학교과서(1907), 초등소학수신서(1908)
	5	여자독본(2권)(1908), 초등여학독본(1908), 여자소학수신서(1909), 중등수신교과서(4권)(1906), 고등소학수신서(1908), 윤리학교과서(4권)(1906)
역사과 (9종 36권)	6	조선역사(3권)(1895), 조선역대사략(3권)(1895), 동국역대사략(6권)(1899), 초등대한역사(1908), 초등본국역사(1908),
	7	역사집략(11권)(1905), 보통교과 동국역사(5권)(1899), 중등교과 동국사략(4권)(1906), 초등본국약사(2권)(1909)
지리과 (13종 18권)	8	조선지지(1895), 소학만국지지(1895), 지구약론(1897), 한국지리교과서(1910), 초등대한지지(1907), 최신초등대한지지(1909), 대한신지지(2권)(1907), 문답대한신지지(1908), 여재촬요(1894)
	9	(신정)중등만국신지지(2권)(1907), 사민필지(한글본)(1889), 사민필지(한문본)(1895), 중등만국지지(3권)(1902), 신편대한지리(1907)
해제집	10	근대 교과서 해제

목차

조선역사

(朝鮮歷史)

卷1·2·3

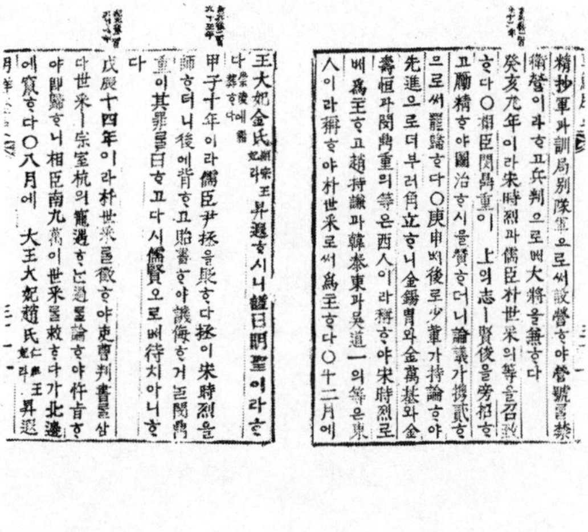

精抄軍과訓局別隊室으로써設營ᄒᆞ야營號ᄅᆞᆯ禁
衛營이라ᄒᆞ고兵判으로ᄡᅥ大將을兼ᄒᆞ다
癸亥九年이라宋時烈과儒臣朴世采의等을召致
ᄒᆞ다○相臣閔鼎重이 上의志ㅣ賢俊을旁招ᄒᆞ
고勵精ᄒᆞ야圖治ᄒᆞ시믈贊ᄒᆞ더니論議가携貳ᄒᆞ
므로ᄡᅥ罷歸ᄒᆞ다○庚申ᄣᅴ後로少輩가持論ᄒᆞ야
先進으로더부러角立ᄒᆞ니金錫冑와金萬基와金
壽恒과閔鼎重의等은西人이라稱ᄒᆞ야宋時烈로
ᄡᅥ爲主ᄒᆞ고趙持謙과韓泰東과吳道一의等은東
人이라稱ᄒᆞ야朴世采로ᄡᅥ爲主ᄒᆞ다○十二月에
王大妃金氏(顯宗王妃라) 昇遐ᄒᆞ시니諡曰明聖이라ᄒᆞ
다(崇陵에葬ᄒᆞ다)
甲子十年이라儒臣尹拯을黜ᄒᆞ다拯이宋時烈을
師ᄒᆞ더니後에背ᄒᆞ고貽書ᄒᆞ야譏侮ᄒᆞ거ᄂᆞᆯ閔鼎
重이其罪ᄅᆞᆯ白ᄒᆞ고다시儒賢으로ᄡᅥ待치아니ᄒᆞ
다
戊辰十四年이라朴世采ᄅᆞᆯ徵ᄒᆞ야吏曹判書ᄅᆞᆯ삼
다世采ㅣ宗室杭의竄逐ᄒᆞᄂᆞᆫ過ᄅᆞᆯ論ᄒᆞ야忤旨ᄒᆞ
야卽歸ᄒᆞ니相臣南九萬이世采ᄅᆞᆯ救ᄒᆞ다가北邊
에竄ᄒᆞ다○八月에 大王大妃趙氏(仁祖王妃라) 昇遐

朝鮮歷史目次

卷之一

檀君紀

箕子紀 附 箕否 箕準 ○ 馬韓 辰韓 弁韓

新羅紀 附 高句麗 百濟

卷之二

高麗紀

卷之三

本朝紀

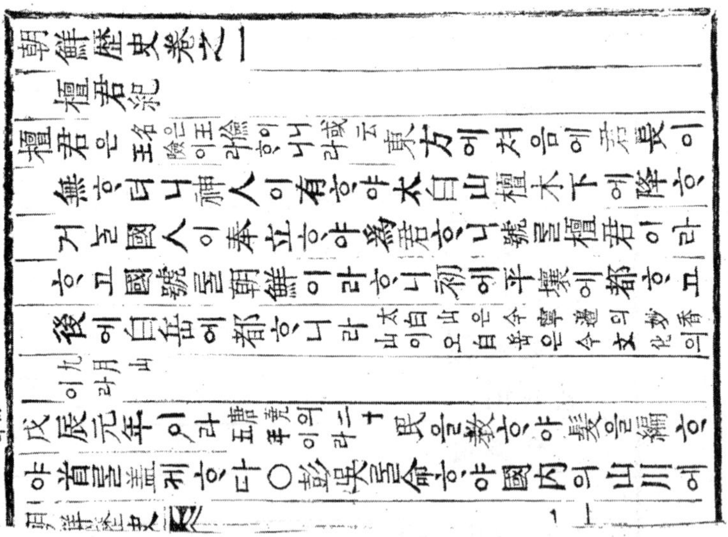

朝鮮歷史卷之一

檀君紀

檀君은 名은 王儉이라ᄒᆞ니 或云 東方에 처음에 君長이
無ᄒᆞ더니 神人이 有ᄒᆞ야 太白山 檀木下에 降ᄒᆞ
거ᄂᆞᆯ 國人이 奉立ᄒᆞ야 爲君ᄒᆞ니 號ᄅᆞᆯ 檀君이라
ᄒᆞ고 國號ᄅᆞᆯ 朝鮮이라ᄒᆞ니 初에 平壤에 都ᄒᆞ고
後에 白岳에 都ᄒᆞ니라 太白山은 今 寧邊의 妙香山이오 白岳은 今 文化의 九月山이라
戊辰元年이라 唐堯의 二十五年이라 民을 敎ᄒᆞ야 髮을 編ᄒᆞ
야 首ᄅᆞᆯ 蓋케ᄒᆞ다 ○彭吳ᄅᆞᆯ 命ᄒᆞ야 國內의 山川에

險阻ᄒᆞ고高低ᄅᆞᆯ治ᄒᆞ야ᄡᅥ民의居ᄒᆞᄂᆞᆫ바ᄅᆞᆯ奠케ᄒᆞ다

甲戌에(夏禹十八年이라)子扶婁ᄅᆞᆯ遣ᄒᆞ야夏禹氏ᄅᆞᆯ塗山에朝ᄒᆞ다○後에阿斯達에入ᄒᆞ야終ᄒᆞᆫ바ᄅᆞᆯ아지못ᄒᆞ니라(阿斯達은文化九月山이라云ᄒᆞᄂᆞ니라)

箕子紀

箕子ᄂᆞᆫ(姓은子오名은胥餘라)殷의太師오紂의諸父ㅣ니武王이商을克ᄒᆞ매箕子ㅣ東으로朝鮮에入ᄒᆞ니武王이封ᄒᆞ야平壤에都ᄒᆞ니라(箕子ᄂᆞᆫ爵名이오箕에食采ᄒᆞᆫ故로箕子ㅣ라稱ᄒᆞᄂᆞ니라)

己卯元年이라(周武王十三年이라)民을禮樂으로敎ᄒᆞ고八條의約을施ᄒᆞ다○井田을區畫ᄒᆞ고德政을修ᄒᆞ고農桑을勸ᄒᆞ니時和ᄒᆞ고歲豐ᄒᆞᆫ지라朝野ㅣ欣悅ᄒᆞ야歌ᄅᆞᆯ作ᄒᆞ야ᄡᅥ德을頌ᄒᆞ니라

壬午에朝周ᄒᆞᆯ새素車와白馬로ᄡᅥ故殷墟에過ᄒᆞ다가感ᄒᆞ야麥秀歌ᄅᆞᆯ作ᄒᆞ니라

戊午에箕子ㅣ薨ᄒᆞ니墓ᄂᆞᆫ平壤에在ᄒᆞ니라

箕否ㅣ(箕子의代孫이니四十世라)

丁亥元年이라(秦始皇의三十三年이라)秦에服屬ᄒᆞ다

箕準(否의子ㅣ라)

紀元前一千五百八十五年

丁未元年이라(漢惠帝의元年이라)燕人衛滿이準을襲伐ᄒᆞ니準이國을失ᄒᆞ고南으로遷ᄒᆞ다

箕子己卯에起ᄒᆞ야箕準丁未에止ᄒᆞ니共九百二十九年이라

三韓○馬韓 辰韓 弁韓

馬韓은漢惠帝丁未에箕準이衛滿의逐ᄒᆞᆫ바ㅣ되야海에浮ᄒᆞ야南으로金馬郡에至ᄒᆞ야國을建ᄒᆞ고韓王이라稱ᄒᆞ야累世를歷ᄒᆞ야後에溫祚의滅ᄒᆞᆫ바ㅣ되니라(金馬郡은今益山이라)

丁未에起ᄒᆞ야己巳에止ᄒᆞ니共二百三年이라

辰韓은秦의亡人이니役을避ᄒᆞ야韓에入ᄒᆞ니韓이東界를割ᄒᆞ야ᄡᅥ與ᄒᆞ니號를辰韓이라ᄒᆞ얏더니後에新羅始祖의都ᄒᆞᆫ바ㅣ되니라

弁韓은其始ᄒᆞᆷ을不知ᄒᆞ니辰韓에屬ᄒᆞ야後에其地로ᄡᅥ新羅에降ᄒᆞ니라

衛滿

衛滿은漢惠帝丁未에滿이箕準을逐ᄒᆞ고王儉城에據ᄒᆞ야國號를仍ᄒᆞᆫ朝鮮이라稱ᄒᆞ니라漢武帝時에滿의孫右渠ㅣ漢의亡人을誘納ᄒᆞ니漢帝ㅣ怒ᄒᆞ야征ᄒᆞᆫ대國人이右渠를殺ᄒᆞ고ᄡᅥ

紀元前二千四百九十九年

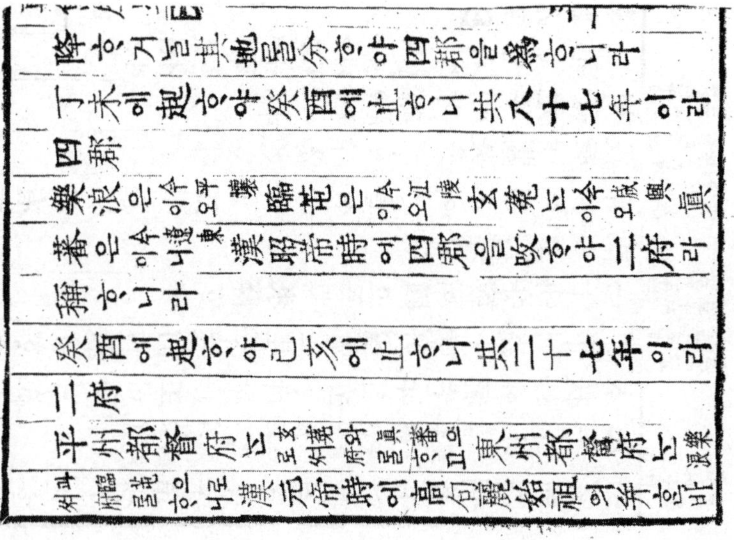
降ᄒ거늘其地를分ᄒ야四郡을爲ᄒ니라
丁未에起ᄒ야癸酉에止ᄒ니共八十七年이라
四郡
樂浪은지금平壤이오臨芚은지금江陵이오玄菟는지금咸興이오眞
蕃은지금遼東이니漢昭帝時에四郡을改ᄒ야二府라
稱ᄒ니라
癸酉에起ᄒ야己亥에止ᄒ니共二十七年이라
二府
平州都督府는玄菟와眞蕃으로ᄒ고東州都督府는樂浪
과臨芚으로ᄒ니漢元帝時에高句麗始祖의幷ᄒᆫ배

紀元前二千四百七十三年

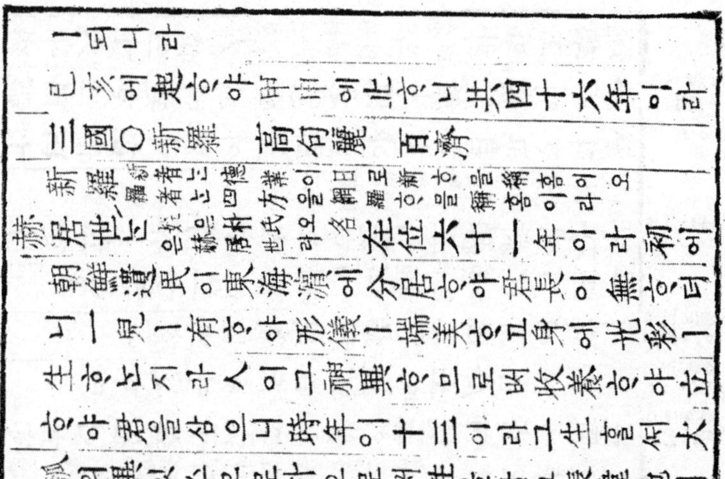
ㅣ되니라
己亥에起ᄒ야甲申에止ᄒ니共四十六年이라
三國 ○新羅 高句麗 百濟
新羅 新者는德業이日新ᄒ고羅者는四方을網羅ᄒ다ᄒ야新羅로稱홈이라이오
赫居世는姓은朴氏오名은赫居世라在位六十一年이라初에
朝鮮遺民이東海濱에分居ᄒ야君長이無ᄒ더
니一兒ㅣ有ᄒ야形儀ㅣ端美ᄒ고身에光彩ㅣ
生ᄒᄂ지라人이그神異ᄒ므로써收養ᄒ야並
ᄒ야君을삼으니時年이十三이라그生ᄒᆯ세大
瓢의異잇스므로朴으로써姓을삼고辰韓地에

朝鮮歷史 四

都ᄒᆞ니라 辰韓은今慶州라東國方言에瓠로써朴이라ᄒᆞ니라

紀元前一千四百四十八年 甲子元年이라 漢宣帝의五鳳元年이라

紀元前一千四百四十四年 戊辰에閼英을立ᄒᆞ야爲妃ᄒᆞ다

紀元前一千四百四十一年 辛未에日本이邊을侵ᄒᆞ다가王이神德이有ᄒᆞ믈聞ᄒᆞ고乃還ᄒᆞ다

紀元前一千四百三十年 壬午에弁韓이國으로ᄡᅥ來降ᄒᆞ다

紀元前一千四百二十八年 甲申에高朱蒙이國號를建ᄒᆞ야高句麗라ᄒᆞ고卒本扶餘에都ᄒᆞ야自立ᄒᆞ야東明王이되니在位十九年이라 高朱蒙은東扶餘王의女婿오卒本扶餘ᄂᆞᆫ今成川이라

紀元前一千四百十年 壬寅에高句麗王이薨ᄒᆞ고太子類利ㅣ立ᄒᆞ니卽瑠璃王이라 名은類利니東明王의太子라 在位三十六年이라

紀元前一千四百九年 癸卯에高溫祚ㅣ國을慰禮城에建ᄒᆞ고國號를百濟라ᄒᆞ고自立ᄒᆞ야溫祚王이되니在位四十六年이라 溫祚ᄂᆞᆫ朱蒙의第二子오慰禮城은今稷山이라

紀元前一千三百八十八年 甲子에新羅王이薨ᄒᆞ고太子南解ㅣ立ᄒᆞ니卽南解王이라 名은南解니赫居世의太子라 在位二十年이라

紀元前一千三百八十六年 丙寅에新羅王이始祖의廟를立ᄒᆞ다

紀元前一千三百八十三年 己巳에百濟王이馬韓을伐ᄒᆞ야滅ᄒᆞ다

紀元前一千三百七十四年 戊寅에高句麗王이薨ᄒᆞ고太子無恤이立ᄒᆞ니卽大武神王이라 名은無恤이니瑠璃王의太子라 在位二十六年이

朝鮮歷史 五

紀元前一千三百七十二年

라

庚辰에高句麗王이東明王의廟를立ᄒᆞ다

紀元前一千三百六十八年

甲申에新羅王이薨ᄒᆞ고太子儒理立ᄒᆞ니即儒理王이라(名은儒理니南解王의太子라)在位三十三年이라初에王이將薨에儒理와밋脫解더러謂ᄒᆞ야ᄀᆞᆯ오ᄃᆡ吾ㅣ死ᄒᆞᆫ後에朴昔兩姓이長年으로ᄡᅥ嗣立ᄒᆞ라ᄒᆞ얏더니밋王이薨ᄒᆞᄆᆡ儒理ㅣ脫解의게讓ᄒᆞ니脫解固辭ᄒᆞ거ᄂᆞᆯ儒理가乃立ᄒᆞ다(脫解의姓은昔氏니南解王의女婿라)

紀元前一千三百六十四年

戊子에百濟王이薨ᄒᆞ고太子多婁ㅣ立ᄒᆞ니即多婁王이라(名은多婁니溫祚王의太子라)在位四十八年이라

紀元前一千三百五十年

壬寅에金首露ㅣ國을駕洛에建ᄒᆞ다初에駕洛에我刀干等九人이有ᄒᆞ야各各酋長이되얏더니酋長等이龜峰에異氣를望見ᄒᆞ고就ᄒᆞ니六男子ㅣ有ᄒᆞ야奇偉ᄒᆞ고長大ᄒᆞᆫ지라衆이다異之ᄒᆞ야그最長ᄒᆞᆫ者를推立ᄒᆞ야王을삼아號를首露ㅣ라ᄒᆞ고그生ᄒᆞᆯᄯᅢ金盒의異잇스므로金으로姓을삼고國號를大駕洛이라ᄒᆞ니라其餘五人은各各五伽倻王되니ᄀᆞᆯ온阿羅伽倻오ᄀᆞᆯ온古寧伽倻오ᄀᆞᆯ온大伽倻오ᄀᆞᆯ온星山伽倻ㅣ라王妃許氏ᄂᆞᆫ南天竺國王의女ㅣ라海를渡ᄒᆞ야至ᄒᆞ니王이迎入ᄒᆞ야

后를삼아九子를生ᄒᆞ야二子ᄂᆞᆫ母姓을從ᄒᆞ니今에金海金氏와許氏ᄂᆞᆫ다首露의子孫이라ᄒᆞ더라 (首露王의壽ᄂᆞᆫ一百五十八年云이러라)

紀元前一千三百四十八年 甲辰에高句麗王이薨ᄒᆞ고弟解邑朱ㅣ遺命으로뻐立ᄒᆞ니卽閔中王이라 (名은解邑朱니大武神王의弟라) 在位四年이라

紀元前一千三百四十四年 戊申에高句麗王이薨ᄒᆞ고侄解憂ㅣ立ᄒᆞ니卽慕本王이라 (名은解憂니大武神王의太子라) 在位五年이라

紀元前一千三百三十九年 癸丑에高句麗王이性이暴戾ᄒᆞ야諫ᄒᆞᄂᆞᆫ者ㅣ有ᄒᆞ면輒射之ᄒᆞ니杜魯ㅣ禍가己에及ᄒᆞᆯ가恐ᄒᆞ야

드듸여王을弑ᄒᆞ니國人이琉璃王孫宮을奉立ᄒᆞ니卽太祖王이라 (名은宮이니琉璃王의孫이라) 在位九十三年이라

紀元前一千三百三十五年 丁巳에新羅王이薨ᄒᆞ고昔脫解立ᄒᆞ니卽脫解王이라 (姓은昔氏오名은脫解니南解王의女婿라) 在位二十三年이라

紀元前一千三百二十七年 乙丑에新羅王이金閼智를得ᄒᆞ야養ᄒᆞ야爲子ᄒᆞ고國號를改ᄒᆞ야雞林이라ᄒᆞ다始에王이夜에聞ᄒᆞ니金城西始林間에雞聲이有ᄒᆞ거ᄂᆞᆯ瓠公을遣ᄒᆞ야視ᄒᆞ니金色小櫝이有ᄒᆞ야樹梢에掛ᄒᆞ고白雞그下에서鳴ᄒᆞᄂᆞᆫ지라ᄒᆞᆫ小兒ㅣ有ᄒᆞ니姿貌ㅣ

奇偉ᄒᆞ거ᄂᆞᆯ王이喜ᄒᆞ야ᄀᆞᆯ오ᄃᆡ此ㅣ엇지天이我
ᄅᆞᆯ亂으로ᄡᅥ祚ᄒᆞᆷ이아니리오드듸여名ᄒᆞ야ᄀᆞᆯ오
ᄃᆡ閼智라ᄒᆞ고ᄯᅩ그金櫝의異잇스므로姓을金이
라ᄒᆞ다

紀元前一千三百十六年 丙子에百濟王이薨ᄒᆞ고太子己婁ㅣ立ᄒᆞ니卽己
婁王이라 (名은己婁ㅣ니多婁王의太子ㅣ라) 在位五十一年이라

紀元前一千三百十五年 丁丑에百濟王이使ᄅᆞᆯ遣ᄒᆞ야新羅에聘ᄒᆞ다

紀元前一千三百十二年 庚辰에新羅王이薨ᄒᆞ고儒理王의子婆娑ㅣ立ᄒᆞ
니卽婆娑王이라 (姓은朴氏오名은婆娑ㅣ니儒理王의第二子ㅣ라) 在位三十
二年이라

紀元前一千二百九十一年 辛丑에新羅ㅣ月城을築ᄒᆞ고移居ᄒᆞ다 (月城은今金城이라)

紀元前一千二百八十年 壬子에新羅王이薨ᄒᆞ고太子祗摩ㅣ立ᄒᆞ니卽祗
摩王이라 (名은祗摩ㅣ니婆娑王의太子ㅣ라) 在位二十二年이라

紀元前一千二百六十七年 乙丑에靺鞨이新羅의北境을侵ᄒᆞ다靺鞨은我國
의北界에在ᄒᆞ니本은肅愼氏의遺種이니그種落
이七十二部에生女眞과熟女眞의號ㅣ有ᄒᆞ니生
女眞이最繁ᄒᆞ야我國의平州僧今俊이生女眞에
遁入ᄒᆞ야子ᄅᆞᆯ生ᄒᆞ니ᄀᆞᆯ온古乙太師ㅣ라古乙이活羅
ᄅᆞᆯ生ᄒᆞ니活羅ㅣ多子ᄒᆞ야長曰劾里鉢이오季曰
盈歌ㅣ니最雄傑ᄒᆞ야衆心을得ᄒᆞᆫ지라盈歌ㅣ死

ᄒᆞ더니 劾里鉢의長子烏雅束이嗣立ᄒᆞ고烏雅束이
死ᄒᆞ매弟阿骨打ㅣ立ᄒᆞ니沉毅ᄒᆞ야大志가有ᄒᆞ
야國號를金이라ᄒᆞ고宋을約ᄒᆞ야遼를滅ᄒᆞ니라
阿骨打ㅣ歿ᄒᆞ매弟吳乞買ㅣ立ᄒᆞ야宋을伐ᄒᆞ고
徽欽을執ᄒᆞ야北歸ᄒᆞ얏더니九世에守緖에至ᄒᆞ
야元이宋으로더부러金을攻ᄒᆞ야滅之ᄒᆞ니라
紀元前一千二百六十五年 丁卯에百濟王이薨ᄒᆞ고子蓋婁ㅣ立ᄒᆞ니卽蓋婁
王이라名은蓋婁王의太子ㅣ니라 在位三十九年이라
紀元前一千二百五十八年 甲戌에新羅王이薨ᄒᆞ고無嗣ᄒᆞ니儒理王의太子
逸聖이立ᄒᆞ니卽逸聖王이라名은逸聖이니儒理王의太子ㅣ라 在

位二十年이라
紀元前一千二百四十六年 丙戌에高句麗王이位를遂成의게禪ᄒᆞ니卽次大
王이라名은遂成이니太祖王의弟ㅣ라在位十九年이라初에遂成
이左右더러謂ᄒᆞ야ᄀᆞᆯᄋᆞ되王이老ᄒᆞ고吾齒가亦
衰ᄒᆞ니願ᄒᆞ노니我를爲ᄒᆞ야計之ᄒᆞ라左輔高福
章이王의게言ᄒᆞ야ᄀᆞᆯᄋᆞ되遂成이將叛이라ᄒᆞ니
王이不信ᄒᆞ고禪位ᄒᆞ니라
紀元前一千二百四十五年 丁亥에高句麗王이高福章을殺ᄒᆞ다
紀元前一千二百三十八年 甲午에新羅王이薨ᄒᆞ고太子阿達羅ㅣ立ᄒᆞ니卽
阿達羅王이라名은阿達羅니逸聖王의太子ㅣ라 在位三十年이라

紀元前一千二百二十七年

乙巳에高句麗의前王이太祖王이라薨ᄒᆞ다壽ㅣ一百十九歲러라○高句麗明臨答夫ㅣ王을弑ᄒᆞ거ᄂᆞᆯ羣臣이王의弟伯固ᄅᆞᆯ迎立ᄒᆞ니卽新大王이라名은伯固니次大王의弟니라在位十四年이라

紀元前一千二百二十六年

丙午에百濟王이薨ᄒᆞ고子肖古ㅣ立ᄒᆞ니卽肖古王이라名은肖古니蓋婁王의子라在位四十八年이라

紀元前一千二百十三年

己未에高句麗王이薨ᄒᆞ고太子男武ㅣ立ᄒᆞ니卽故國川王이라名은男武니新大王의第二子라在位十七年이라

紀元前一千二百八年

甲子에新羅王이薨ᄒᆞ고無嗣ᄒᆞ니國人이脫解王의孫伐休ᄅᆞᆯ立ᄒᆞ니卽伐休王이라姓은昔氏오名은伐休니脫解王의孫이라在位十二年이라

紀元前一千一百九十六年

丙子에新羅王이薨ᄒᆞ고孫奈解ㅣ立ᄒᆞ니卽奈解王이라名은奈解니伐休王의孫이라在位三十四年이라○高句麗王이薨ᄒᆞ니王后于氏遺命을矯ᄒᆞ야王의弟延優ᄅᆞᆯ立ᄒᆞ니卽山上王이라名은延優니故國川王의弟라在位三十一年이라

紀元前一千一百九十五年

丁丑에高句麗ㅣ前王妃于氏ᄅᆞᆯ立ᄒᆞ야爲后ᄒᆞ다

紀元前一千一百七十八年

甲午에百濟王이薨ᄒᆞ고太子仇首ㅣ立ᄒᆞ니卽仇首王이라名은仇首니肖古王의太子라在位二十年이라

紀元前一千一百六十五年

丁未에高句麗王이薨ᄒᆞ고太子憂位居ㅣ立ᄒᆞ니

即東川王이라 名은 憂位居오 初名은 郊彘니 山上王의 太子라 在位二十
一年이라
紀元前一千一百六十二年 庚戌에 新羅王이 薨ᄒᆞ고 婿助賁이 立ᄒᆞ니 即助賁
王이라 名은 助賁이니 伐休王의 孫이라 在位十七年이라
紀元前一千一百六十一年 辛亥에 新羅王이 將士를 命ᄒᆞ야 甘文國을 伐ᄒᆞ야
滅ᄒᆞ다 甘文國은 今開寧이라
紀元前一千一百五十八年 甲寅에 百濟王이 薨ᄒᆞ고 叔父古尒ㅣ 立ᄒᆞ니 即古
尒王이라 名은 古尒니 肖古王의 弟라 在位五十二年이라
紀元前一千一百五十六年 丙辰에 吳孫權이 使를 高句麗에 遣ᄒᆞ야 通和ᄒᆞ니
王이 其使를 斬ᄒᆞ야 首를 魏에 傳ᄒᆞ다 時에 高句麗ㅣ 魏로 더부
러 連和ᄒᆞ엿고라
紀元前一千一百五十四年 戊午에 高句麗ㅣ 將을 遣ᄒᆞ야 魏를 助ᄒᆞ야 公孫淵
을 伐ᄒᆞ다
紀元前一千一百四十五年 丁卯에 新羅王이 薨ᄒᆞ고 弟沾解ㅣ 立ᄒᆞ니 即沾解
王이라 名은 沾解니 助賁의 弟라 在位十四年이라 ○高句麗
ㅣ 平壤을 築ᄒᆞ고 移都ᄒᆞ다
紀元前一千一百四十四年 戊辰에 新羅ㅣ 沙梁國을 伐ᄒᆞ야 滅ᄒᆞ다 沙梁國은 今尙州라
○高句麗王이 薨ᄒᆞ고 太子然弗이 立ᄒᆞ니 即中川
王이라 名은 然弗이니 東川王의 太子라 在位二十二年이라
紀元前一千一百三十一年 辛巳에 新羅王이 薨ᄒᆞ고 無嗣ᄒᆞ니 國人이 助賁王

의婿金味鄒를立ᄒᆞ니卽味鄒王이라 姓은金氏오 名은味鄒니 仇道의子오 閼智의七世孫이라 在位二十三年이라

紀元前一千一百三十年
壬午에百濟王이犯贓法을立ᄒᆞ다

紀元前一千一百二十二年
庚寅에高句麗王이薨ᄒᆞ고子藥盧ㅣ立ᄒᆞ니卽西川王이라 名은藥盧니 中川王의第二子라 在位二十二年이라

紀元前一千一百八年
甲辰에新羅王이薨ᄒᆞ고助賁王의太子儒禮ㅣ立ᄒᆞ니卽儒禮王이라 姓은昔氏오 名은儒禮니 助賁王의太子라 在位十四年이라

紀元前一千一百六年
丙午에高句麗王이武士를命ᄒᆞ야弟逸友素勃을殺ᄒᆞ다 二人이 歲樂이 無節ᄒᆞ고 出言이 悖逆ᄒᆞᆫ연고라 ○百濟王이薨ᄒᆞ

고太子責稽ㅣ立ᄒᆞ니卽責稽王이라 名은責稽니 古尒王의太子라 在位十二年이라

紀元前一千一百年
壬子에高句麗王이薨ᄒᆞ고太子相夫ㅣ立ᄒᆞ니卽烽上王이라 名은相夫니 西川王의太子라 在位八年이라

紀元前一千九十五年
丁巳에伊西古國이新羅金城을來攻ᄒᆞ야不克ᄒᆞ고還ᄒᆞ다初에伊西古國이來攻ᄒᆞᆷ을甚히急ᄒᆞ니王이親히禦ᄒᆞᆯ시忽然이異兵이有ᄒᆞ야다竹葉을珥ᄒᆞ고昞兵勢를助ᄒᆞ더니밋敵을破ᄒᆞ매歸ᄒᆞᆫ所를不知ᄒᆞ더니人이見ᄒᆞ니竹葉數萬이味鄒王의陵前에積ᄒᆞᆫ지라國人이謂호대味鄒王의陰助ㅣ

라ᄒᆞ야因ᄒᆞ야其陵을號ᄒᆞ야골오대竹長陵이라ᄒᆞ니라 伊西古國은今淸道라

紀元前一千九十四年

戊午에新羅王이薨ᄒᆞ고侄基臨이立ᄒᆞ니卽基臨王이라 名은基臨이니助賁王의孫이라 在位十二年이라○貊人이百濟를襲伐ᄒᆞ니王이親히兵을率ᄒᆞ고禦ᄒᆞ다가王이兵에害ᄒᆞᆫ바ㅣ되야薨ᄒᆞ고子汾西ㅣ立ᄒᆞ니卽汾西王이라 王은汾西니責稽王의子라 在位六年이라

紀元前一千九十二年

庚申에新羅ㅣ日本으로더부러交和ᄒᆞ다○高句麗相倉助利ㅣ王을弑ᄒᆞ고乙弗을迎立ᄒᆞ니卽美川王이라 名은乙弗이니烽上王의太子라 在位三十一年이라

紀元前一千八十八年

甲子에樂浪太守ㅣ刺客을遣ᄒᆞ야百濟王을害ᄒᆞ거ᄂᆞᆯ子比流ㅣ立ᄒᆞ니卽比流王이라 名은比流니仇首王의子라 在位四十年이라

紀元前一千八十二年

庚午에新羅王이薨ᄒᆞ고無嗣ᄒᆞ니羣臣이奈解王의孫訖解를立ᄒᆞ야爲王ᄒᆞ니卽訖解王이라 名은訖解니奈解王의孫이라 在位四十六年이라

紀元前一千八十年

壬申에日本이使를新羅에遣ᄒᆞ야請婚ᄒᆞ니王이阿飡急利의女로써許ᄒᆞ다

紀元前一千六十一年

辛卯에高句麗王이薨ᄒᆞ고太子斯由ㅣ立ᄒᆞ니卽故國原王이라 名은斯由니美川王의太子라 在位四十年이라

十三

紀元前千五十年 壬寅에高句麗ㅣ丸都城에移居ᄒᆞ니燕王慕容皝
이王京을攻陷ᄒᆞ거ᄂᆞᆯ王이出奔ᄒᆞ다○燕이高句
麗의王母와王后ᄅᆞᆯ虜ᄒᆞ고前王의墓ᄅᆞᆯ發ᄒᆞ야屍
ᄅᆞᆯ載ᄒᆞ고歸ᄒᆞ다

紀元前千四十九年 癸卯에高句麗ㅣ使ᄅᆞᆯ遣ᄒᆞ야燕에朝ᄒᆞ고稱臣ᄒᆞ
고輸貢ᄒᆞ니燕이그父屍ᄅᆞᆯ還ᄒᆞ고其母ᄅᆞᆯ留ᄒᆞ야
爲質ᄒᆞ다○高句麗ㅣ東黃城에移都ᄒᆞ다(東黃城은平壤
木覓山이니라)

紀元前千四十八年 甲辰에百濟王이薨ᄒᆞ고汾西王의太子契이立ᄒᆞ
니即契王이라(契은汾西王의太子ㅣ니라)在位二年이라

紀元前千四十六年 丙午에百濟王이薨ᄒᆞ고比流王의子近肖古ㅣ立
ᄒᆞ니即近肖古王이라(名은近肖古니比流王의子ㅣ라)在位二十九
年이라

紀元前千三十七年 乙卯에高句麗ㅣ使ᄅᆞᆯ遣ᄒᆞ야燕에納質ᄒᆞ고母ᄅᆞᆯ
請還ᄒᆞ니燕이許ᄒᆞ다

紀元前千三十六年 丙辰에新羅王이薨ᄒᆞ고無嗣ᄒᆞ니(昔氏의絶ᄒᆞ니라)金味
鄒王의姪奈勿이立ᄒᆞ니即奈勿王이라(姓은金氏오名은奈勿이니
味鄒王의姪이라)在位四十六年이라

紀元前千三十五年 丁巳에新羅王이金氏ᄅᆞᆯ納ᄒᆞ야爲妃ᄒᆞ다(味鄒王의女ㅣ라)

紀元前千二十一年 辛未에百濟ㅣ高句麗ᄅᆞᆯ來攻ᄒᆞ니王이親히兵을

率ᄒᆞ고拒ᄒᆞ다가流矢에中ᄒᆞ야薨ᄒᆞ고子丘夫ㅣ立ᄒᆞ니即小獸林王이라(名은丘夫니故國原王의子라)在位十三年이라○百濟ㅣ高句麗의平壤城을來攻ᄒᆞ다

(紀元前一千二十年) 壬申에秦王苻堅이使를高句麗에遣ᄒᆞ야佛像과밋佛經을送ᄒᆞ다○高句麗ㅣ太學을立ᄒᆞ다

(紀元前一千十七年) 乙亥에百濟王이薨ᄒᆞ고太子近仇首ㅣ立ᄒᆞ니即近仇首王이라(名은近仇首니近肖古王의太子라)在位九年이라

(紀元前一千八年) 甲申에高句麗王이薨ᄒᆞ고無嗣ᄒᆞ야弟伊連이立ᄒᆞ니即故國讓王이라(名은伊連이니小獸林王의弟라)在位八年이라○百濟王이薨ᄒᆞ고太子枕流ㅣ立ᄒᆞ니即枕

流王이라(名은枕流니近仇首王의太子라)在位一年이라

(紀元前一千七年) 乙酉에百濟王이薨ᄒᆞ고弟辰斯ㅣ立ᄒᆞ니即辰斯王이라(名은辰斯니枕流王의弟라)在位七年이라

(紀元前一千年) 壬辰에新羅ㅣ實聖을高句麗에遣ᄒᆞ야爲質ᄒᆞ다(實聖은味鄒王의婿라)○高句麗王이薨ᄒᆞ고子談德이立ᄒᆞ니即廣開土王이라(名은談德이니故國讓王의太子라)在位二十一年이라○百濟王이薨ᄒᆞ고侄阿莘이立ᄒᆞ니即阿莘王이라(名은阿莘이니枕流王의太子라)在位十三年이라

(紀元前九百九十九年) 癸巳에高句麗ㅣ兵을遣ᄒᆞ야契丹을伐ᄒᆞ야克之ᄒᆞ다

紀元前九百九十五年 丁酉에百濟王이日本으로더부러交和ᄒᆞ다

紀元前九百九十一年 辛丑에新羅實聖이高句麗로自ᄒᆞ야還ᄒᆞ다

紀元前九百九十年 壬寅에新羅王이薨ᄒᆞ고太子ㅣ幼ᄒᆞᆫ지라國人이實聖을立ᄒᆞ니卽實聖王이라(名은實聖이니閼智의裔孫이라)在位十五年이라

紀元前九百八十七年 乙巳에百濟王이薨ᄒᆞ니國人이太子腆支를迎立ᄒᆞ니卽腆支王이라(名은腆支니阿莘王의太子ㅣ라)在位十五年이라初에腆支ㅣ日本에爲質ᄒᆞ야不還이러니及王이薨ᄒᆞ미仲弟訓解ㅣ國을攝ᄒᆞ야ᄡᅥ太子의還ᄒᆞᆷ을待ᄒᆞ얏더니季弟碟禮ㅣ訓解를殺ᄒᆞ고自立ᄒᆞ니太子ㅣ王의訃를聞ᄒᆞ고本國에歸ᄒᆞᆷ을請ᄒᆞ니日本이許ᄒᆞᆫ지라太子ㅣ國界에至ᄒᆞ야變을聞ᄒᆞ고海島에入ᄒᆞ니國人이碟禮를殺ᄒᆞ고太子腆支를迎立ᄒᆞ니라

紀元前九百八十四年 戊申에日本이對馬島에營을置ᄒᆞ고兵을鍊ᄒᆞ며粮을儲ᄒᆞ야新羅를來襲ᄒᆞ랴ᄒᆞ니王이發兵ᄒᆞ야先擊ᄒᆞ랴ᄒᆞ다가未斯品에諫ᄒᆞᆷ을聽ᄒᆞ고止ᄒᆞ다

紀元前九百七十九年 癸丑에高句麗王이薨ᄒᆞ고太子巨連이立ᄒᆞ니卽長壽王이라(名은巨連이니廣開土王의太子ㅣ라)在位七十八年이라

[illegible]

紀元前九百七十六年 丙辰에新羅土含山이崩ᄒᆞ다

紀元前九百七十五年 丁巳에新羅訥祇ㅣ王을弑ᄒᆞ고自立ᄒᆞ니卽訥祇王이라 名은訥祇니奈勿王의子ㅣ라 在位四十一年이라

紀元前九百七十二年 庚申에百濟王이薨ᄒᆞ고太子久尒辛이立ᄒᆞ니卽久尒辛王이라 名은久尒辛이니腆支王의太子ㅣ라 在位六年이라

紀元前九百六十六年 丙寅에百濟王이薨ᄒᆞ고太子毗有ㅣ立ᄒᆞ니卽毗有王이라 名은毗有니久尒辛王의太子ㅣ라 在位五年이라

紀元前九百六十五年 丁卯에高句麗ㅣ平壤에移都ᄒᆞ다

紀元前九百六十一年 辛未에百濟王ㅣ薨ᄒᆞ고太子餘慶이立ᄒᆞ니卽蓋鹵王이라 名은餘慶이니毗有王의太子ㅣ라 在位四十四年이라

紀元前九百五十九年 癸未에百濟ㅣ使를遣ᄒᆞ야新羅로더부러通和ᄒᆞ다

紀元前九百五十八年 甲申에日本이新羅의金城을來侵ᄒᆞ야王을獨山에圍ᄒᆞ얏더니忽然이雲霧ㅣ四塞ᄒᆞ니日人이謂호되陰助ᄒᆞ미有ᄒᆞ다ᄒᆞ고乃退ᄒᆞ다

紀元前九百四十四年 戊戌에新羅王이薨ᄒᆞ고太子慈悲ㅣ立ᄒᆞ니卽慈悲王이라 名은慈悲니訥祇王의子ㅣ라 在位二十一年이라

紀元前九百二十七年 乙卯에新羅ㅣ明活城을築ᄒᆞ고移都ᄒᆞ다 明活城은今月城이라 ○高句麗王이自將ᄒᆞ야百濟를攻ᄒᆞ고其王餘慶을殺ᄒᆞ거ᄂᆞᆯ太子文周ㅣ立ᄒᆞ니卽文周王이

朝鮮歷史卷一 十七

라(名은文周니盖鹵王의太子라)在位二年이라

紀元前九百十六年 丙辰에百濟ㅣ熊津에移都ᄒᆞ다(熊津은今公州라)○耽羅國이方物를百濟에來獻ᄒᆞ다

紀元前九百十五年 丁巳에百濟王이出獵ᄒᆞᆯ시解仇ㅣ盜로ᄒᆞ여곰弑ᄒᆞ거ᄂᆞᆯ太子三斤이立ᄒᆞ니卽三斤王이라(名은三斤이니文周王의太子라)在位二年이라

紀元前九百十四年 戊午에百濟解仇ㅣ伏誅ᄒᆞ다

紀元前九百十三年 己未에新羅王이薨ᄒᆞ고太子炤智ㅣ立ᄒᆞ니卽炤智王이라(名은炤智니慈悲王의太子라)在位二十一年이라○百濟王이薨ᄒᆞ고從弟牟大ㅣ立ᄒᆞ니卽東城王이라(名은牟大니盖鹵王의孫이라)在位二十二年이라

紀元前九百五年 丁卯에新羅ㅣ四方에郵驛을置ᄒᆞ다

紀元前九百四年 戊辰에新羅王妃와밋內殿焚修僧이伏誅ᄒᆞ다初에正月十五日에王이天泉寺에幸ᄒᆞ얏더니烏ㅣ有ᄒᆞ야書를含ᄒᆞ고來鳴ᄒᆞ니其書外面에云호대開見ᄒᆞ면二人이死ᄒᆞ고不開見ᄒᆞ면一人이死ᄒᆞ리라ᄒᆞ얏거ᄂᆞᆯ王이ᄀᆞᆯ오대그二人이死ᄒᆞᆷ으로더부로론一人이死ᄒᆞᆷ과엇더ᄒᆞ뇨日官이奏호대一人은君을謂ᄒᆞᆷ이니이다王이開視ᄒᆞ니書에ᄀᆞᆯ오대琴匣을射ᄒᆞ라ᄒᆞ얏거ᄂᆞᆯ王이射ᄒᆞ니果然人이

有ᄒᆞ야內殿焚修僧이王妃로더부러私通ᄒᆞ미라
妃와僧이伏誅ᄒᆞ다 自是로國人이每歲是日에糯
飯으로써烏에祭ᄒᆞ더라○百濟ㅣ臨流閣을起ᄒᆞ
니高ㅣ五丈이라地를穿ᄒᆞ야置酒ᄒᆞ고써奇禽을
養ᄒᆞ더라

紀元前九百二年
庚午에新羅ㅣ市肆를初置ᄒᆞ야써四方의貨를通
ᄒᆞ다

紀元前九百一年
辛未에高句麗王이薨ᄒᆞ고太孫羅雲이立ᄒᆞ니卽
文咨王이라 名은羅雲이니長壽王의太孫이라 在位二十八年이라

紀元前八百九十二年
庚辰에新羅王이薨ᄒᆞ고無嗣ᄒᆞ야奈勿王의曾孫
智大路ㅣ立ᄒᆞ니卽智證王이라 名은智大路ㅣ니奈勿王의曾孫이라
在位十四年이라

紀元前八百九十一年
辛巳에百濟王이西原에獵ᄒᆞᆯ시苩加ㅣ王을弑ᄒᆞ
거늘子餘隆이立ᄒᆞ니卽武寧王이라 名은餘隆이니東城王의
子ㅣ라 在位二十三年이라

紀元前八百九十年
壬午에新羅ㅣ殉葬을禁ᄒᆞ다○百濟苩加ㅣ伏誅
ᄒᆞ다

紀元前八百八十九年
癸未에新羅ㅣ國號를定ᄒᆞ고비로소王이라稱ᄒᆞ
다 開國ᄒᆞᆫ以來로王號ㅣ업고다만方言으로稱ᄒᆞ더니至是ᄒᆞ야王이라稱ᄒᆞ니라

紀元前八百八十七年
乙酉에新羅ㅣ異斯夫를遣ᄒᆞ야小伽倻國을取ᄒᆞ

다 小伽倻國은今固城이라

紀元前八百八十年 壬辰에于山國이新羅에來降ᄒᆞ다 于山國은東海에在ᄒᆞ니一名은鬱陵島라

紀元前八百七十八年 甲午에新羅王이薨ᄒᆞ니謚를智證이라ᄒᆞ다 謚法이此에始ᄒᆞ다 太子原宗이立ᄒᆞ니即法興王이라 名은原宗이니智證王의太子라 在位二十六年이라

紀元前八百七十三年 己亥에高句麗王이薨ᄒᆞ고子興安이立ᄒᆞ니即安藏王이라 名은興安이니文咨王의太子라 在位十二年이라

紀元前八百六十九年 癸卯에百濟王이薨ᄒᆞ고子明穠이立ᄒᆞ니即聖王이라 名은明穠이니武寧王의子라 在位三十一年이라

紀元前八百六十四年 戊申에新羅ㅣ佛教를大興ᄒᆞ다

紀元前八百六十一年 辛亥에高句麗王이薨ᄒᆞ고弟寶延이立ᄒᆞ니即安原王이라 名은寶延이니安藏王의弟라 在位十四年이라

紀元前八百六十年 壬子에駕洛國王金九衡이新羅에來降ᄒᆞ다 始祖首露王으로自ᄒᆞ야九衡에至ᄒᆞ야凡十世에共四百九十一年이라

紀元前八百五十六年 丙辰에新羅ㅣ年號를始建ᄒᆞ야建元이라稱ᄒᆞ다

紀元前八百五十四年 戊午에新羅ㅣ阿尸良國을伐ᄒᆞ야滅ᄒᆞ다 阿尸良國은今咸興이라 ○百濟ㅣ泗沘에移都ᄒᆞ고國號를改ᄒᆞ야南扶餘ㅣ라ᄒᆞ다

紀元前八百五十二年 庚申에新羅王이薨ᄒᆞ고侄彡音은先이라麥宗이立ᄒᆞ

三十一

니 即眞興王이라 (名은彡麥宗이니 法興王의 侄이라) 在位三十六年
이라

(紀元前八百五十一年) 辛酉에新羅ㅣ童男의容儀ㅣ端正ᄒᆞᆫ者를選ᄒᆞ야
孝悌와忠信으로써相勉ᄒᆞ게ᄒᆞ고號를風月主ㅣ
라ᄒᆞ다

(紀元前八百四十七年) 乙丑에高句麗王이薨ᄒᆞ고太子平成이立ᄒᆞ니即
陽原王이라 (名은平成이니 安原王의太子ㅣ라) 在位十四年이라

(紀元前八百四十三年) 己巳에梁이佛을新羅에送ᄒᆞ니王이百官으로ᄒᆞ
야곰奉迎ᄒᆞ다

(紀元前八百四十一年) 辛未에新羅ㅣ改元ᄒᆞ야開國이라ᄒᆞ다○新羅ㅣ
居柒夫를遣ᄒᆞ야高句麗의十郡을攻取ᄒᆞ고八關
會를設ᄒᆞ니其法이每歲仲冬에僧을闕庭에會ᄒᆞ
야香燈을列ᄒᆞ고綵棚을結ᄒᆞ야百戲를呈ᄒᆞ고歌
舞ᄒᆞ야써福을祈ᄒᆞ더라

(紀元前八百四十年) 壬申에高句麗ㅣ長安城을築ᄒᆞ다 (今平壤城이라)

(紀元前八百三十八年) 甲戌에百濟王이自將ᄒᆞ야新羅를來攻ᄒᆞ니新羅
人이逆戰ᄒᆞ야百濟王을殺ᄒᆞ다太子昌이立ᄒᆞ니
即威德王이라 (名은昌이니 聖王의太子ㅣ라) 在位四十四年이라

(紀元前八百三十三年) 己卯에高句麗王이薨ᄒᆞ고太子陽城이立ᄒᆞ니即
平原王이라 (名은陽城이니 陽原王의太子ㅣ라) 在位三十一年이라

三十二

紀元前八百三十年 壬午에新羅ㅣ大伽倻國을伐ᄒᆞ야滅ᄒᆞ다 (大伽倻國은今高靈이라)

紀元前八百二十四年 戊子에新羅ㅣ改元ᄒᆞ야大昌이라ᄒᆞ다

紀元前八百二十年 壬辰에新羅ㅣ改元ᄒᆞ야鴻濟라ᄒᆞ다

紀元前八百十六年 丙申에新羅王이薨ᄒᆞ고子金輪이立ᄒᆞ니卽眞智王이라 (名은金輪이니眞興王의第二子라) 在位三年이라

紀元前八百十三年 己亥에新羅王이薨ᄒᆞ고太孫伯淨이立ᄒᆞ니卽眞平王이라 (名은伯淨이니眞智王의太孫이라) 在位五十三年이라

紀元前八百十一年 辛丑에新羅王이后稷의墓側에出獵ᄒᆞ고還ᄒᆞ다

后稷이일즉王게獵을好치말나諫ᄒᆞᆫ대王이不

聽ᄒᆞᄂᆞᆫ지라臨死에其子의게謂ᄒᆞ야ᄀᆞᆯ오대吾ㅣ君의過ᄅᆞᆯ匡救치못ᄒᆞ니吾ㅣ死ᄒᆞ거던王의遊獵ᄒᆞᄂᆞᆫ路側에瘞ᄒᆞ라其子ㅣ從之러니他日에王이出獵ᄒᆞᆯ시忽然이中路에有聲ᄒᆞ야ᄀᆞᆯ오대王은去치勿ᄒᆞ소셔ᄒᆞ거ᄂᆞᆯ王이顧問ᄒᆞᆫ대從者ㅣᄀᆞᆯ오대聲이后稷의墓에셔出ᄒᆞ나이다ᄒᆞ고因ᄒᆞ야后稷의遺言으로ᄡᅥ諫ᄒᆞ니王이流涕ᄒᆞ야ᄀᆞᆯ오대生時에諫ᄒᆞᆷ을死後에도不忘ᄒᆞ니我ᄅᆞᆯ愛ᄒᆞᆷ이深ᄒᆞ다ᄒᆞ고마ᄎᆞᆷ내다시獵지아니ᄒᆞ다

紀元前八百八年 甲辰에新羅ㅣ改元ᄒᆞ야建福이라ᄒᆞ다

紀元前八百六年 丙午에高句麗ㅣ長安城에移都ᄒᆞ다

紀元前八百三年 己酉에新羅西方에大水ᄒᆞ야人戶三萬三百六十이漂沒ᄒᆞ니王이使를發ᄒᆞ야賑之ᄒᆞ다

紀元前八百二年 庚戌에高句麗王이薨ᄒᆞ고太子元이立ᄒᆞ니卽嬰陽王이라(名은元이니平原王의太子라)在位二十八年이라

紀元前七百九十四年 戊午에百濟王이薨ᄒᆞ고子季明이立ᄒᆞ니卽惠王이라(名은季明이니威德王의第二子라)在位一年이라

紀元前七百九十三年 己未에百濟王이薨ᄒᆞ고子宣이立ᄒᆞ니卽法王이라(名은宣이니惠王의太子라)在位一年이라

紀元前七百九十二年 庚申에百濟王이薨ᄒᆞ고子璋이立ᄒᆞ니卽武王이라(名은璋이니法王의子라)在位四十一年이라

紀元前七百八十年 壬申에隋煬帝ㅣ親히兵을帥ᄒᆞ고高句麗를來征ᄒᆞ거ᄂᆞᆯ王이乙支文德을遣ᄒᆞ야禦ᄒᆞ니文德이隋兵을疲케ᄒᆞ고쟈ᄒᆞ야每交戰에믄득退走ᄒᆞ니隋兵이一日에驟勝ᄒᆞ야東으로薩水를濟ᄒᆞ야平壤에去ᄒᆞᆯ서軍이半渡에文德이後로襲擊ᄒᆞ야크게破ᄒᆞ다

紀元前七百七十四年 戊寅에高句麗王이薨ᄒᆞ고弟建武ㅣ立ᄒᆞ니卽榮留王이라(名은建武니嬰陽王의異母弟라)在位二十四年이라

紀元前七百六十一年 辛卯에高句麗ㅣ長城을築ᄒᆞ니東北은扶餘城에

起ᄒᆞ고西南은海에至ᄒᆞ니凡千有餘里라十七年
에乃畢ᄒᆞ다

(紀元前七百六十年) 壬辰에新羅王이薨ᄒᆞ고無嗣ᄒᆞ야國人이王의女
德曼을立ᄒᆞ니卽善德王이라 (名은德曼이니眞平王의長女라) 在
位十三年이라

(紀元前七百五十八年) 甲午에新羅ㅣ改元ᄒᆞ야仁平이라ᄒᆞ다○百濟ㅣ
池를宮南에鑿ᄒᆞ고水를二十里에引ᄒᆞ야注ᄒᆞ고
池中에島嶼를築ᄒᆞ야海上仙山에擬ᄒᆞ더라

(紀元前七百五十二年) 庚子에百濟兵이新羅를攻陷ᄒᆞ니新羅의太耶城
都督金品釋과幢下舍知竹竹이死ᄒᆞ다初에城이
장次陷ᄒᆞᆯ시品釋이妻子를先殺ᄒᆞ고自刎ᄒᆞ니竹
竹이殘卒을收ᄒᆞ야城을閉ᄒᆞ고自誓ᄒᆞ대吾父ㅣ
我를竹竹이라名ᄒᆞᆫ者ᄂᆞᆫ我로ᄒᆞ야곰歲寒에不凋
ᄒᆞ라ᄒᆞᆷ이니엇지可히畏ᄒᆞ야生降ᄒᆞ리오ᄒᆞ고드
듸여力戰ᄒᆞ야死ᄒᆞ다○高句麗ㅣ日이三日을無
光ᄒᆞ다

(紀元前七百五十一年) 辛丑에百濟王이薨ᄒᆞ고太子義慈ㅣ立ᄒᆞ니卽義
慈王이라 (名은義慈니武王의太子라) 在位十九年이라

(紀元前七百五十年) 壬寅에高句麗泉蓋蘇文이王을弑ᄒᆞ고王의姪藏
을立ᄒᆞ니卽寶藏王이라 (名은藏이니榮留王의姪이라) 在位二十

六年이라○百濟王이親히兵을率ᄒᆞ고新羅西鄙
를攻ᄒᆞ야四十餘城을拔ᄒᆞ다
(紀元前七百四十八年) 甲辰에新羅ㅣ金庾信을遣ᄒᆞ야百濟를伐ᄒᆞ야加
兮等七城을取ᄒᆞ다
(紀元前七百四十七年) 乙巳에唐帝ㅣ親히高句麗를征ᄒᆞ니新羅王이三
萬兵을發ᄒᆞ야助ᄒᆞ다○新羅王이薨ᄒᆞ고從弟勝
曼이立ᄒᆞ니即眞德王이라(名은勝曼이니國飯의女오善德王의從弟라)
在位九年이라初에王이寬仁ᄒᆞ고明敏ᄒᆞ야知鑑
이有ᄒᆞ더니唐帝ㅣ牧丹花圖와밋花子를賜ᄒᆞᆫᄃᆡ
王이ᄀᆞᆯ오ᄃᆡ此花ㅣ絶豔ᄒᆞ되蜂蝶이無ᄒᆞ니반ᄃᆞ

시香氣가無ᄒᆞ리라其子를種ᄒᆞ니果然無香ᄒᆞ더
라一日에玉門池에蝦蟆이大集ᄒᆞ거ᄂᆞᆯ王이ᄀᆞᆯ오
ᄃᆡ蝦蟆은兵象이라吾ㅣ聞ᄒᆞ니西南에玉門谷이
有ᄒᆞ다ᄒᆞ니意ᄒᆞ건ᄃᆡ隣兵이其谷에至ᄒᆞ얏ᄂᆞ냐
將을命ᄒᆞ야搜ᄒᆞ니果然百濟兵이來屯ᄒᆞ얏거ᄂᆞᆯ
掩擊ᄒᆞ야殺之ᄒᆞ다任能히死日을豫言ᄒᆞ더니期
에至ᄒᆞ야果驗ᄒᆞ니人이稱호ᄃᆡ王이三事를知幾
ᄒᆞᆫ다ᄒᆞ더라
(紀元前七百四十六年) 丙午에新羅ㅣ改元ᄒᆞ야太和ㅣ라ᄒᆞ다○高句麗
東明王母의塑像이三日을泣血ᄒᆞ다

紀元前七百四十三年 己酉에新羅ㅣ冠服을華制를從ᄒᆞ다

紀元前七百四十一年 辛亥에新羅ㅣ正月朔에百官의朝賀를始受ᄒᆞ다

紀元前七百三十八年 甲寅에新羅王이薨ᄒᆞ니羣臣이春秋를奉ᄒᆞ야爲王ᄒᆞ니卽武烈王이라名은春秋니眞智王의孫이라在位七年이라○高句麗에神人이有ᄒᆞ야馬嶺山에見ᄒᆞ야人의게謂ᄒᆞ야ᄀᆞᆯ오대汝國의君臣이奢侈ㅣ無度ᄒᆞ니亡ᄒᆞᆷ이無日ᄒᆞ리라ᄒᆞ더라

紀元前七百三十六年 丙辰에百濟王이淫酗ᄒᆞ고耽樂ᄒᆞ거ᄂᆞᆯ成忠이極諫ᄒᆞᆫ대王이怒ᄒᆞ야囚ᄒᆞ니成忠이不食ᄒᆞ고死ᄒᆞ다

紀元前七百三十三年 己未에九虎ㅣ高句麗宮中에入ᄒᆞ다○衆狐ㅣ百濟宮中에入ᄒᆞ다○百濟城中에井水와및泗沘河水ㅣ赤濫ᄒᆞ다○百濟宮中에鬼ㅣ入ᄒᆞ야大呼ᄒᆞ야ᄀᆞᆯ오대百濟ㅣ亡ᄒᆞ리라百濟ㅣ亡ᄒᆞ리라ᄒᆞ고地中에入ᄒᆞ니王이人을使ᄒᆞ야掘ᄒᆞᆫ대龜背에有文ᄒᆞ야ᄀᆞᆯ오대百濟ᄂᆞᆫ月輪과同ᄒᆞ고新羅ᄂᆞᆫ新月과如ᄒᆞ다ᄒᆞ얏더라王이問ᄒᆞᆫ대巫ㅣ解ᄒᆞ야ᄀᆞᆯ오대月輪과同ᄒᆞᆫ者ᄂᆞᆫ滿ᄒᆞᆷ이니滿ᄒᆞᆫ則虧ᄒᆞ고新月과如ᄒᆞᆫ者ᄂᆞᆫ未滿ᄒᆞᆷ이니未滿ᄒᆞᆫ則盈ᄒᆞᄂᆞ니이다王이怒ᄒᆞ야殺ᄒᆞ니或이ᄀᆞᆯ오대月輪과同ᄒᆞᆫ者ᄂᆞᆫ

盛ᄒᆞᆷ이오新月과如ᄒᆞᆫ者ᄂᆞᆫ微ᄒᆞᆷ이니意컨대國家
ㅣ盛ᄒᆞ고新羅ㅣ微ᄒᆞᆷ이니이다王이怒ᄒᆞ다○唐
帝ㅣ大將蘇定方을遣ᄒᆞ야新羅의兵으로더부러
百濟都城을伐ᄒᆞ야拔ᄒᆞ니王이出降ᄒᆞ거ᄂᆞᆯ定方
이王과밋王子와大臣과將士八十八人과百姓萬
二千八百七人으로ᄡᅥ海ᄅᆞᆯ渡ᄒᆞ야唐에還ᄒᆞ니唐
이百濟에地로ᄡᅥ熊津都督府ᄅᆞᆯ삼아劉仁願을命
ᄒᆞ야留鎭ᄒᆞ니百濟ㅣ亡ᄒᆞ니라溫祚王의元年癸
卯에起ᄒᆞ야義慈王의末年庚申에止ᄒᆞ니凡三十
世에歷年이共六百七十八年이라

紀元前七百三十二年 庚申에高句麗의平壤河水ㅣ三日을赤ᄒᆞ다○唐
帝ㅣ李勣을遣ᄒᆞ야高句麗의十六城을受降ᄒᆞ다
紀元前七百三十一年 辛酉에新羅王이薨ᄒᆞ고太子法敏이立ᄒᆞ다
文武王(名은法敏이니武烈王의太子ㅣ라)在位二十年이라
紀元前七百三十年 壬戌에耽羅國이新羅에來朝ᄒᆞ다(耽羅ᄂᆞᆫ今濟州라)
紀元前七百二十四年 戊辰에新羅王이諸將을率ᄒᆞ고唐將李勣으로더
부러高句麗ᄅᆞᆯ伐ᄒᆞ야滅ᄒᆞ니王이出降ᄒᆞ거ᄂᆞᆯ勣
이王과밋王子와大臣과百姓二十餘萬人으로ᄡᅥ
唐에歸ᄒᆞ니唐이平壤都護府ᄅᆞᆯ置ᄒᆞ야薛仁貴ᄅᆞᆯ
命ᄒᆞ야留鎭ᄒᆞ니高句麗ㅣ亡ᄒᆞ니라東明王의元

朝鮮歷史 二十七

年甲申에起ᄒᆞ야實藏王의末年戊辰에止ᄒᆞ니凡二十八世에歷年이共七百五年이라 是後에新羅ㅣ統一ᄒᆞ니라

紀元前七百二十年

壬申에任强首로ᄡᅥ沙飡을삼다 名沙飡은職名이라 初에强首ㅣ生ᄒᆞᄆᆡ頭後에高骨이有ᄒᆞ더니及長에讀書를好ᄒᆞ야義理에通曉ᄒᆞ고詔書의難解處ㅣ有ᄒᆞ면强首ㅣ能히解之ᄒᆞᆫ대王이驚喜ᄒᆞ야골오대卿의頭骨을見ᄒᆞ니强首라稱홈이可ᄒᆞ다ᄒᆞ고드듸여名ᄒᆞ다

紀元前七百十七年

乙亥에銅印을州郡에頒ᄒᆞ다

紀元前七百十一年

辛巳에王이薨ᄒᆞ고太子政明이立ᄒᆞ다

神文王 名은政明이니文武王의太子ㅣ라 在位十一年이라

紀元前七百年

壬辰에薛聰을高秩官에擢ᄒᆞ다聰의字ᄂᆞᆫ聰智니生ᄒᆞᄆᆡ明銳ᄒᆞ고旣長에博學ᄒᆞ야方言으로ᄡᅥ九經義를解ᄒᆞ야後生을訓導ᄒᆞ고또俚語로ᄡᅥ吏禮를製ᄒᆞ야官府에行ᄒᆞ다○王이薨ᄒᆞ고太子理洪이立ᄒᆞ다

孝昭王 名은理洪이니神文王의太子ㅣ라 在位十年이라

紀元前六百九十九年

癸巳에醫學을置ᄒᆞ다

紀元前六百九十年

壬寅에王이薨ᄒᆞ니無嗣ᄒᆞ야國人이王의弟隆基

를立ᄒᆞ다

聖德王 名은隆基오改名은興光이니孝昭王의弟라 在位三十五年이라

紀元前六百八十九年 癸卯에金庾信의妻로夫人職牒을封ᄒᆞ고每歲에租一千石을賜ᄒᆞ다

紀元前六百七十五年 丁巳에命ᄒᆞ야先聖의畫像을太學에奉ᄒᆞ다○漏刻을造ᄒᆞ다

紀元前六百五十五年 丁丑에王이薨ᄒᆞ고太子承慶이立ᄒᆞ다

孝聖王 名은承慶이니聖德王의太子라 在位五年이라

紀元前六百五十年 壬午에王이薨ᄒᆞ니無嗣ᄒᆞ야弟憲英이立ᄒᆞ다

景德王 名은憲英이니孝聖王의弟라 在位二十三年이라

紀元前六百四十五年 丁亥에大雷電ᄒᆞ야眞平王의陵을震ᄒᆞ다

紀元前六百三十五年 丁酉에九州를置ᄒᆞ야州縣을分統ᄒᆞ다

紀元前六百二十七年 乙巳에王이薨ᄒᆞ고太子乾運이立ᄒᆞ다

惠恭王 名은乾運이니景德王의太子라 在位十五年이라

紀元前六百二十六年 丙午에兩日이幷出ᄒᆞ다

紀元前六百十六年 丙辰에五廟를始立ᄒᆞ야味鄒王으로ᄡᅥ金氏의始祖를삼고太宗王과文武王은麗濟를平ᄒᆞᆫ大功德이有ᄒᆞ다ᄒᆞ야不遷之主를삼아祖禰를幷ᄒᆞ야五廟를삼다 太宗王은武烈王의廟號라

紀元前六百十四年 戊午에虎ㅣ宮中에入ᄒᆞ다

紀元前六百十三年

己未에金巖을遣ᄒᆞ야日本에聘ᄒᆞ다巖은庾信의曾孫이니性이聰敏ᄒᆞ야師에旣ᄒᆞ야陰陽家에術業을學ᄒᆞ고遁甲法을自述ᄒᆞ다

紀元前六百十二年

庚申에金志貞이亂을作ᄒᆞ야王宮을圍ᄒᆞ니金良相이志貞을誅ᄒᆞ고因ᄒᆞ야王을弑ᄒᆞ고自立ᄒᆞ다

宣德王 (名은良相이니孝芳의子오奈勿王의十世孫이라) 在位五年이라

紀元前六百七年

乙丑에王이薨ᄒᆞ니無嗣ᄒᆞ야國人이奈勿王의後孫敬信을立ᄒᆞ다

元聖王 (名은敬信이니孝讓의子오奈勿王의十二世孫이라) 在位十四年이라

紀元前六百四年

戊辰에讀書出身ᄒᆞᄂᆞᆫ科를始設ᄒᆞ다

紀元前五百九十三年

己卯에王이薨ᄒᆞ고孫俊邕이立ᄒᆞ다

昭聖王 (名은俊邕이니仁謙의子오元聖王의孫이라) 在位一年이라

紀元前五百九十二年

庚辰에王이薨ᄒᆞ고太子淸明이立ᄒᆞ다

哀莊王 (名은淸明이니昭聖王의太子라) 在位九年이라

紀元前五百八十三年

己丑에彦昇이王을弑ᄒᆞ고自立ᄒᆞ다

憲德王 (名은彦昇이니昭聖王의弟라) 在位十七年이라

紀元前五百六十六年

丙午에長城을浿江에築ᄒᆞ다 (周廻ㅣ三百里라) ○王이薨ᄒᆞ고太子秀宗이立ᄒᆞ다

興德王 (名은秀宗이니憲德王의太子라) 在位十年이라

紀元前五百五十六年 丙辰에王이薨ᄒᆞ니無嗣ᄒᆞ야王의從侄悌隆을立
ᄒᆞ다
僖康王 名은悌隆이니元聖王의支孫이라 在位三年이라
紀元前五百五十四年 戊午에金明이王을弑ᄒᆞ고自立ᄒᆞ다
紀元前五百五十三年 己未에金陽이金明을討誅ᄒᆞ고祐徵을立ᄒᆞ야爲
王ᄒᆞ다
神武王 名은祐徵이니元聖王의曾孫이라 在位四月에王이薨ᄒᆞ고
太子慶膺이立ᄒᆞ다
文聖王 名은慶膺이니神武王의太子ㅣ라 在位十八年이라
紀元前五百四十七年 乙丑에三日이幷出ᄒᆞ다

紀元前五百三十五年 丁丑에王이薨ᄒᆞ고叔父誼靖이立ᄒᆞ다
憲安王 名은誼靖이니神武王의弟ㅣ라 在位四年이라
紀元前五百三十一年 辛巳에王이薨ᄒᆞ고壻膺廉이立ᄒᆞ다
景文王 名은膺廉이니僖康王의曾孫이라 在位十四年이라
紀元前五百十七年 乙未에王이薨ᄒᆞ고太子晸이立ᄒᆞ다
憲康王 名은晸이니景文王의太子ㅣ라 在位十一年이라
紀元前五百十三年 己亥에王이鶴城에出遊ᄒᆞ고還ᄒᆞ야海浦에至ᄒᆞ
니異人이有ᄒᆞ야王의前에詣ᄒᆞ야歌舞ᄒᆞ거ᄂᆞᆯ王
이더부러入京ᄒᆞ야賜爵ᄒᆞ다또四神人이有ᄒᆞ야
衣巾이詭異ᄒᆞ고形容이可駭ᄒᆞ야所從來ᄅᆞᆯ知치

紀元前五百七年

못ᄒᆞᆯ너라駕前의셔歌舞ᄒᆞ니其歌에ᄀᆞᆯ오대智異
多逃都破破ㅣ라ᄒᆞ니대마謂호대智異國에逃ᄒᆞᆫ
者ㅣ多ᄒᆞ고都邑이장ᄎᆞ破ᄒᆞᆯ故로歌ᄒᆞ야베警ᄒᆞᆷ
미어ᄂᆞᆯ時人이도루여瑞ㅣ라ᄒᆞ더라 鵠城은今蔚山이라
乙巳에崔致遠이唐으로自ᄒᆞ야還ᄒᆞ다致遠이年
이十二에海船을隨ᄒᆞ야唐에入ᄒᆞ야賢師ᄅᆞᆯ尋ᄒᆞ
야力學ᄒᆞ야十八에侍御史內供奉이된지라時에
黃巢ㅣ叛ᄒᆞ미致遠이高駢의從事ㅣ되야檄文과
狀牒이다致遠의手로出ᄒᆞᆫ지라巢ㅣ檄書에다만
天下의人이다顯戮을思ᄒᆞᆯᄲᅮᆫ아니라仝ᄒᆞᆫ地中의

鬼ㅣ이믜陰誅ᄅᆞᆯ議ᄒᆞ리라ᄒᆞᆫ句ᄅᆞᆯ見ᄒᆞ고크게嘆
賞ᄒᆞ니自此로名이天下에振ᄒᆞ더라至是ᄒᆞ야還
ᄒᆞ니時年이二十八이러라

紀元前五百六年
丙午에王이薨ᄒᆞ고弟晃이立ᄒᆞ다
定康王 名은晃이니憲康王의弟라 在位一年이라

紀元前五百五年
丁未에王이薨ᄒᆞ니無嗣ᄒᆞ야女弟曼이立ᄒᆞ다
眞聖王 名은曼이니定康王의女ㅣ라 在位十年이라

紀元前五百一年
辛亥에弓裔ㅣ叛ᄒᆞ야北原에據ᄒᆞ다裔ᄂᆞᆫ憲安王
의庶子ㅣ라重午日에生ᄒᆞ니밋生ᄒᆞ미齒ㅣ有ᄒᆞ
거ᄂᆞᆯ日官이王을勸ᄒᆞ야殺ᄒᆞ라ᄒᆞ니乳母ㅣ抱ᄒᆞ

ᄒᆞ고逃ᄒᆞ다가그릇手로ᄡᅥ觸ᄒᆞ야一目을眇ᄒᆞᆫ지라年이十餘에祝髮ᄒᆞ고爲僧ᄒᆞ야彌勒佛이라自稱ᄒᆞ고僧佛律을不拘ᄒᆞ더니밋盜賊이蜂起ᄒᆞ미初에竹山賊에投ᄒᆞ고ᄯᅩ北原賊에投ᄒᆞ야累戰ᄒᆞ야輒勝ᄒᆞ야初에松岳에都ᄒᆞ야後高勾麗ㅣ라稱ᄒᆞ고後에鐵圓에徙ᄒᆞ야國號를泰封이라ᄒᆞ니라 北原은今原州라

紀元前五百年

壬子에甄萱이叛ᄒᆞ야完山에據ᄒᆞ다萱은尙州人이라本姓은李니父阿玆介ㅣ農으로ᄡᅥ自活ᄒᆞ야野에耕ᄒᆞ니其母ㅣ餉ᄒᆞᆯ시時에萱이生ᄒᆞ미未久ᄒᆞ야林下에置ᄒᆞᆫ대虎ㅣ來ᄒᆞ야乳之ᄒᆞ더라及長에姓을改ᄒᆞ야甄이라ᄒᆞ다初에海戍에赴ᄒᆞ야裨將이되얏더니女主의政이亂ᄒᆞᆷ을見ᄒᆞ고드듸여異志를懷ᄒᆞ야衆侶를聚ᄒᆞ야州縣을刼掠ᄒᆞ고仍ᄒᆞ야北原賊에投ᄒᆞ야後百濟라自稱ᄒᆞ다 完山은今全州라

紀元前四百九十五年

丁巳에王이位를太子嶢의게禪ᄒᆞ니嶢ᄂᆞᆫ憲康王의庶子ㅣ라王이左右더러謂ᄒᆞ야ᄀᆞᆯ오ᄃᆡ近年ᄡᅥ오므로百姓이困窮ᄒᆞ고盜賊이蜂起ᄒᆞᆷ은孤의不德을由ᄒᆞᆷ이라ᄒᆞ고드듸여位를禪ᄒᆞ다

紀元前四百八十年

孝恭王 (名은嶢니 憲康王의庶子라) 在位十五年

壬申에王이薨ᄒᆞ니無嗣ᄒᆞ야國人이阿達羅王의遠孫景暉ᄅᆞᆯ立ᄒᆞ다

紀元前四百七十五年

神德王 (姓은朴氏오名은景暉니 阿達羅王의遠孫이라) 在位五年이라

丁丑에王이薨ᄒᆞ고太子昇英이立ᄒᆞ다

紀元前四百七十四年

景明王 (名은昇英이니 神德王의太子라) 在位七年이라

戊寅에弓裔의諸將이王建을立ᄒᆞ야爲王ᄒᆞ고國號ᄅᆞᆯ高麗라ᄒᆞ다時에建이裔의將이되야邊功을屢著ᄒᆞ야位ㅣ百僚에冠ᄒᆞ니衆心이建의게屬ᄒᆞ야推戴ᄒᆞ야爲王ᄒᆞ거ᄂᆞᆯ드ᄃᆡ여位ᄅᆞᆯ鐵圓의셔卽ᄒᆞ야松岳에都ᄒᆞ고官制ᄅᆞᆯ定ᄒᆞ고建元ᄒᆞ야天授라ᄒᆞ다○初에王建의父隆이松岳의南에築室ᄒᆞ얏더니一日은僧道詵이來ᄒᆞ야門外에憩ᄒᆞᆯ시稱歎ᄒᆞ야ᄀᆞᆯ오ᄃᆡ此地에맛당이聖人이出ᄒᆞ리라隆이聞ᄒᆞ고出迎ᄒᆞᆫᄃᆡ詵이一封書을作ᄒᆞ야授ᄒᆞ야ᄀᆞᆯ오ᄃᆡ公이明年에반ᄃᆞ시貴子ᄅᆞᆯ得ᄒᆞᆯ거시니長ᄒᆞ거든此書ᄅᆞᆯ與ᄒᆞ라ᄒᆞ더니期에及ᄒᆞ야果然子ᄅᆞᆯ生ᄒᆞ니神光이室에繞ᄒᆞ더라年이十七에詵이다시至ᄒᆞ야請見ᄒᆞ고ᄡᅥ師ᄅᆞᆯ出ᄒᆞ고陣을置ᄒᆞᄂᆞᆫ法과天時와地利의理ᄅᆞᆯ告ᄒᆞ더라

紀元前四百六十八年
甲申에王이薨ᄒᆞ니無嗣ᄒᆞ야弟魏膺이立ᄒᆞ다
景哀王 名은魏膺이니景明王의母弟라 在位三年이라
紀元前四百六十六年
丙戌에契丹이渤海를滅ᄒᆞ야東丹國을삼다契丹
은我國北界女眞의東에在ᄒᆞ니今의建州ㅣ라史
에ᄀᆞᆯ오ᄃᆡ契丹은東胡의種이라其先의國은橫山
에在ᄒᆞ니本은鮮卑의舊地라元魏時에契丹이라
自稱ᄒᆞ고梁均王時에至ᄒᆞ야阿保機ㅣ渤海의諸
國을幷ᄒᆞ야비로소帝라稱ᄒᆞ고元을建ᄒᆞ고石晉
의高祖時에至ᄒᆞ야國號를改ᄒᆞ야遼ㅣ라ᄒᆞ다
紀元前四百六十五年
丁亥에甄萱이王都를襲ᄒᆞ야王을弑ᄒᆞ다初에王
이淫縱ᄒᆞ미無道ᄒᆞ야國人과左右로더부러鮑石
亭에出遊ᄒᆞ야酒를置ᄒᆞ고美人으로ᄒᆞ야곰繁華
ᄒᆞᆫ曲을奏ᄒᆞ니時人이後庭花에比ᄒᆞ더라時에萱
의軍士ㅣ猝至ᄒᆞ니王이走ᄒᆞ야離宮城角에匿ᄒᆞ
거ᄂᆞᆯ萱이兵을縱ᄒᆞ야王을索ᄒᆞ야핍박ᄒᆞ야自殺
케ᄒᆞ고王妃를强辱ᄒᆞ고子女와百工兵仗과珍寶
를盡取ᄒᆞ야歸ᄒᆞ다○國人이王의表弟金溥를立
ᄒᆞ야爲王ᄒᆞ다
敬順王 姓은金氏오名은溥ㅣ니文聖王의後孫이라 在位八年이라
紀元前四百六十四年
戊子에甄萱이高麗王을公山에圍ᄒᆞ니大將軍申

崇謙이容貌ㅣ王으로더부러酷似ᄒᆞᆫ지라崇謙이
勢ㅣ窮ᄒᆞᆷ을知ᄒᆞ고王으로ᄒᆞ야곰數中에隱ᄒᆞ게
ᄒᆞ고王의車를代乘ᄒᆞ고力戰ᄒᆞ야死ᄒᆞ니王이이
러므로得脫ᄒᆞᆫ지라崇謙을追諡ᄒᆞ야壯節이라ᄒᆞ
다

紀元前四百六十一年

辛卯에王이高麗王으로더부러相見ᄒᆞ기를請ᄒᆞ
야臨海殿의서會宴ᄒᆞᆯ시酒酣에王이ᄀᆞᆯ오대小國
이不天ᄒᆞ야甄萱의搖喪ᄒᆞᆫ바ㅣ되얏다ᄒᆞ고泫然
이泣下ᄒᆞ니麗王이ᄯᅩᄒᆞᆫ流涕ᄒᆞ고위로ᄒᆞ더라麗
王이처음에至ᄒᆞᆷ의隊伍를整肅ᄒᆞ야秋毫를不犯
ᄒᆞ니都下에士女ㅣ舉手ᄒᆞ고相慶ᄒᆞ야ᄀᆞᆯ오대昔
에甄氏의來ᄒᆞᆯ제ᄂᆞᆫ豺虎와如ᄒᆞ더니今에王公의
至ᄒᆞ미ᄂᆞᆫ父母를見ᄒᆞᆷ과如ᄒᆞ다ᄒᆞ더라

紀元前四百五十七年

乙未에王이ᄡᅥ四方의土地ㅣ다他人의有ᄒᆞᆫ바ㅣ
되고國勢ㅣ孤弱ᄒᆞ다ᄒᆞ야麗王의게降ᄒᆞ고ᄌᆞᄒᆞ
니王子ㅣ諫ᄒᆞ야ᄀᆞᆯ오대못당니忠臣과義士로더
부러牧로ᄡᅥ自守ᄒᆞ야力盡ᄒᆞᆫ後에己ᄒᆞᆯ써시어늘
엇지一千年社稷으로ᄡᅥ輕先이人을與ᄒᆞ리오王
이ᄀᆞᆯ오대孤危ᄒᆞ미若此ᄒᆞ니能히全치못ᄒᆞᆯ지라
無辜ᄒᆞᆫ民으로ᄒᆞ야곰肝腦ㅣ地에塗치못ᄒᆞ미다

ᄒᆞ고書로賁ᄒᆞ야麗에請降ᄒᆞ니王子ㅣ哭辭ᄒᆞ고
皆骨山에入ᄒᆞ다(王子의名은史에失ᄒᆞ니라)王이麗에主ᄒᆞ니
麗王이郊에出ᄒᆞ야迎勞ᄒᆞ고柳花宮에館ᄒᆞ야長
女樂浪公主로써妻ᄒᆞ고拜ᄒᆞ야政丞을삼다新羅
ㅣ亡ᄒᆞ니라赫居世元年甲子에起ᄒᆞ야敬順王末
年乙未에止ᄒᆞ니凡五十五世에朴氏ㅣ十世오昔
氏ㅣ八世오金氏ㅣ三十七世오女王ㅣ三人이니
歷年이共九百九十二年이라

朝鮮歷史卷之一 終

朝鮮歷史 二

朝鮮歷史卷之二

高麗紀

太祖 (松岳郡人은 王이오 氏니 金城太守隆의 子ㅣ라 松岳에 都ᄒ니 / 號는 山은 令이 開高ᄒ고 城이 水라 ○ 東麗 史에 의 取오 ᄒ디 이高 라麗 의 在)

位二十六年이라 (凡統年一이立라後)

乙未에 金氏를 立ᄒ야 爲妃ᄒ다 初에 金溥ㅣ 來ᄒ

야 降ᄒ믜 王이 맞오믜 舅甥의 好를 願結ᄒ노라 溥

ㅣ 그 伯父 億廉의 女를 納ᄒ야 子郁을 生ᄒ고 郁이

顯宗을 生ᄒ니 其後로 繼統ᄒᆫ 者ㅣ 다 新羅의 外孫

이라 라

明年...

紀元前四百五十四年 戊戌에西天竺僧弘梵이來ᄒᆞ니王이法駕를備ᄒᆞ
야出迎ᄒᆞ다○耽羅의世子末老ㅣ來朝ᄒᆞ다
紀元前四百五十年 壬寅에遼ㅣ使를遣ᄒᆞ야槖駝를遺ᄒᆞ니王이ᄡᅧ호
ᄃᆡ遼ㅣ無道ᄒᆞᆫ國이라ᄒᆞ야其使를流ᄒᆞ고槖駝를
萬夫橋下에繫ᄒᆞ야餓死ᄒᆞ니因ᄒᆞ야그橋를名ᄒᆞ
야ᄀᆞᆯ오ᄃᆡ槖駝橋라ᄒᆞ다（槖駝橋ᄂᆞᆫ開城에在ᄒᆞ니라）
紀元前四百四十九年 癸卯에王이薨ᄒᆞ고太子武ㅣ立ᄒᆞ다
惠宗（名은武ㅣ니太祖의長子ㅣ라）在位二年이라
紀元前四百四十七年 乙巳에王이長公主로ᄡᅧ弟昭의게妻ᄒᆞ다（公主ᄂᆞᆫ母姓을
從ᄒᆞ야皇甫氏라稱ᄒᆞ니後에同姓을娶ᄒᆞ면다外家의姓을稱ᄒᆞ니라）○王이薨ᄒᆞ고

諸子ㅣ幼ᄒᆞ니羣臣이王의弟堯를立ᄒᆞ다
定宗（名은堯ㅣ니太祖의第二子ㅣ라）在位四年이라
紀元前四百四十四年 戊申에東女眞이方物을來獻ᄒᆞ다
紀元前四百四十三年 己酉에王이不豫ᄒᆞ야位를母弟昭의게禪ᄒᆞ고尋
薨ᄒᆞ다
光宗（名은昭ㅣ니太祖의第三子ㅣ라）在位二十六年이라
紀元前四百四十二年 庚戌에建元ᄒᆞ야光德이라ᄒᆞ다
紀元前四百三十六年 丙辰에百官을令ᄒᆞ야衣冠을華制를從ᄒᆞ다
紀元前四百三十四年 戊午에後周의大理評事雙冀ㅣ冊使를隨來ᄒᆞ야
病으로ᄡᅧ留ᄒᆞᆫ지라王이其才를愛ᄒᆞ야表請ᄒᆞ야

朝鮮歷史 卷　　三一

僚屬을삼고드듸여文柄을授ㅎ야後學을奬勸
ㅎ게ㅎ고命ㅎ야貢擧를知ㅎ야詩와賦와頌과時
務策으로써進士와及第를賜ㅎ니科擧의法이自
此로始ㅎ더라
紀元前四百二十四年 戊辰에僧惠居로써國師를삼고坦文으로王師를
삼다
紀元前四百十七年 乙亥에王이薨ㅎ고太子伷ㅣ立ㅎ다
景宗은名은伷니光宗의長子ㅣ라在位六年이라
紀元前四百十四年 戊寅에新羅의降王金溥ㅣ卒ㅎ다諡를敬順이라ㅎ다
紀元前四百十一年 辛巳에王이不豫ㅎ야位를從弟開寧君治의게禪

ㅎ고尋薨ㅎ다○先考를追尊ㅎ야爲王ㅎ고廟號를戴
宗이라ㅎ다妣劉氏를立ㅎ야爲后ㅎ다
成宗은名은治니太祖의孫이라在位十六年이라
紀元前四百十年 壬午에臨軒ㅎ야親試홈을始ㅎ다○生日로써千
秋節을삼다
紀元前四百九年 癸未에王이穀을圜丘에祈ㅎ다
紀元前四百七年 乙酉에五服에給暇ㅎ는式을定ㅎ다
紀元前四百六年 丙戌에詔를改ㅎ야敎ㅣ라稱ㅎ다
紀元前四百四年 戊子에五廟를立ㅎ다
紀元前四百一年 辛卯에社稷을立ㅎ다○韓彦恭이宋으로부터還

朝鮮歷史 卷　　三一

ᄒᆞ야大藏經을獻ᄒᆞ다

紀元前四百年 壬辰에景宗의妃皇甫氏ㅣ景宗이薨ᄒᆞᆫ後에私第에出居ᄒᆞ얏더니太祖의第八子郁이烝ᄒᆞ야有娠ᄒᆞ니王이知ᄒᆞ고드듸여郁을泗水縣에流ᄒᆞ다妃ㅣ子詢을生ᄒᆞ니라(詢이後에顯宗이되니라)○國子監을創ᄒᆞ다

紀元前三百九十六年 丙申에文臣을命ᄒᆞ야月課法을行ᄒᆞ다

紀元前三百九十五年 丁酉에王이不豫ᄒᆞ야位를開寧君誦의게禪ᄒᆞ고昇薨ᄒᆞ다

穆宗(名은誦이니景宗의長子라)在位十二年이라

紀元前三百八十九年 癸卯에太后皇甫氏ㅣ后의外族金致陽으로더부러通ᄒᆞ야子를生ᄒᆞ고王을삼기를謀ᄒᆞᆯ시大良君詢을忌ᄒᆞ야逼令ᄒᆞ야爲僧ᄒᆞ라ᄒᆞ고三角山神穴寺에出居ᄒᆞ게ᄒᆞ다

紀元前三百八十三年 己酉에王이寢疾ᄒᆞ야政을不聽ᄒᆞ고中樞副使蔡忠順을召ᄒᆞ야左右를辟ᄒᆞ고語ᄒᆞ야ᄀᆞᆯᄋᆞ대聞ᄒᆞ니右僕射金致陽이非望을覬覦ᄒᆞ야장ᄎᆞᆺ亂을作ᄒᆞ랴ᄒᆞ니太祖의孫大良君詢이在ᄒᆞ니卿이崔沆으로더부러忠義를素懷ᄒᆞ니맛당이盡心ᄒᆞ야匡扶ᄒᆞ야社稷으로ᄒᆞ야곰異姓에屬지말느ᄒᆞ고忠

順을命ㅎ야書를草ㅎ야大良君을神穴寺의召ㅎ다○西北面都巡檢使康兆를召ㅎ야率兵ㅎ야入衛ㅎ라ㅎ니兆ㅣ命을聞ㅎ고兵을率ㅎ고闕을犯ㅎ야王을廢ㅎ야讓國公을삼고大良君詢을立ㅎ야爲王ㅎ고金致陽의父子를殺ㅎ고太后의親屬을海島에流ㅎ다○金氏를立ㅎ야爲妃ㅎ다成宗의文라○康兆ㅣ前王을積城의서弑ㅎ니太后ㅣ黃州에遯ㅎ다

顯宗 名은詢이니 太祖의孫이라 在位二十二年이라

紀元前三百八十二年 庚戌에契丹王ㅣ自將ㅎ고通州에至ㅎ야康兆를執ㅎ야誅ㅎ다

紀元前三百八十一年 辛亥에契丹의兵이京城을陷ㅎ니王이使를遣ㅎ야乞和ㅎ다

紀元前三百七十八年 甲寅에時에百官의祿俸이不足ㅎ니文臣皇甫兪義等이建議ㅎ야京軍永業田을奪ㅎ야써祿俸을充ㅎ라ㅎ니武官이자못不平ㅎ지라上將軍金訓等이衆의怒를激ㅎ야諸衛士를誘ㅎ야鼓譟ㅎ고禁中에攔入ㅎ야兪義를縛ㅎ야楚撻ㅎ야死에垂ㅎ고閤中에請ㅎ야奪田흠을面訴ㅎ니王이衆志를違ㅎ미難ㅎ야兪義等을遠地에流配ㅎ니訓等

五一

이請ᄒᆞ야御史臺ᄅᆞᆯ罷ᄒᆞ야金吾臺ᄅᆞᆯ置ᄒᆞ고三司ᄅᆞᆯ罷ᄒᆞ야都正署ᄅᆞᆯ置ᄒᆞ고武官으로ᄒᆞ야곰常參以上은다文職을兼ᄒᆞ게ᄒᆞ니從之ᄒᆞ다

紀元前三百七十七年 乙卯에是時에武夫用事ᄒᆞ야臺閣에布列ᄒᆞ야朝綱을紊亂ᄒᆞ니王可道ㅣ日直金猛더러謂ᄒᆞ야ᄀᆞᆯ오ᄃᆡ王이엇지漢高의雲夢에遊ᄅᆞᆯ效치안노냐猛이密奏ᄒᆞ야드ᄃᆡ여可道로ᄡᅥ西京判官을삼아設備ᄒᆞ고王이西京에行ᄒᆞ야羣臣을宴ᄒᆞᆯ시金訓의醉ᄅᆞᆯ乘ᄒᆞ야兵으로ᄡᅥ襲ᄒᆞ야訓과밋其黨을誅ᄒᆞ고다武官의建ᄒᆞᆫ바官號ᄅᆞᆯ罷ᄒᆞ다

紀元前三百七十四年 戊午에姜邯贊으로ᄡᅥ西京留守ᄅᆞᆯ삼고王이親히詩ᄅᆞᆯ作ᄒᆞ야ᄡᅥ餞ᄒᆞ야ᄀᆞᆯ오ᄃᆡ庚戌年中에虜塵이有ᄒᆞ야干戈가깁히漢江濱에入ᄒᆞ얏도다當時에姜公의策을用치아니ᄒᆞ얏스면擧國이다左衽ᄒᆞᆫ人이되리라ᄒᆞ더라○契丹이兵十萬을將ᄒᆞ고來侵ᄒᆞ니姜邯贊으로ᄡᅥ上元帥ᄅᆞᆯ삼아兵二十餘萬을率ᄒᆞ고累戰ᄒᆞ야大敗之ᄒᆞ다

紀元前三百七十三年 己未에契丹이回軍ᄒᆞ야龜州에過ᄒᆞ니姜邯贊이追擊ᄒᆞ야僵尸가蔽野ᄒᆞ야生還ᄒᆞᆫ者ㅣ계우數千人이라邯贊이凱還ᄒᆞ니王이親迎ᄒᆞ야彩棚을結

ᄒᆞ야壯士를宴ᄒᆞ실ᄉᆡ金花八枝로써邯贊의頭에揷ᄒᆞ고右로觴을執ᄒᆞ며左로手를執ᄒᆞ야慰歎ᄒᆞ믈不已ᄒᆞ더라邯贊이上表ᄒᆞ야老를請ᄒᆞ되不從ᄒᆞ고几杖을賜ᄒᆞ야ᄒᆞ야곰三日에一朝ᄒᆞ게ᄒᆞ고太尉門下侍郞平章事와天水縣開國男을加ᄒᆞ야邑三百戶를食ᄒᆞ게ᄒᆞ고推忠協謀安國功臣號를賜ᄒᆞ다○黑水靺鞨이來朝ᄒᆞ다○使를契丹의게遣ᄒᆞ다○新羅侍郞崔致遠을追封ᄒᆞ야文昌侯를合고先聖廟에配享ᄒᆞ다

紀元前三百七十年 壬戌에新羅翰林薛聰을贈ᄒᆞ야弘儒侯를合고先聖廟에從祀ᄒᆞ다

紀元前三百六十三年 己巳에姜邯贊이써ᄒᆞ되京都에城이無ᄒᆞ다ᄒᆞ야城을築ᄒᆞ믈請ᄒᆞ야凡二十一年에至是ᄒᆞ야成ᄒᆞ다

紀元前三百六十一年 辛未에王이薨ᄒᆞ고太子欽이立ᄒᆞ다○檢校太師姜邯贊이卒ᄒᆞ니年이八十四ㅣ라百官을命ᄒᆞ야會葬ᄒᆞ라ᄒᆞ고諡를仁憲이라ᄒᆞ다邯贊은衿川人이라生호ᄆᆡ有異ᄒᆞ야學을好ᄒᆞ고奇略이多ᄒᆞ더니밋長ᄒᆞᄆᆡ性이淸儉ᄒᆞ야産業을不營ᄒᆞ고衣裳이垢獘ᄒᆞ고體貌ㅣ矮陋ᄒᆞ야中人에不踰호대正

色ᄒᆞ고立朝ᄒᆞ야大事ᄅᆞᆯ臨ᄒᆞ며大策을決ᄒᆞ미屹
然이邦家에柱石이되더라致仕ᄒᆞ고城南別墅에
居ᄒᆞ야樂道郊居集을著ᄒᆞ고또求善集을著ᄒᆞ다
○國子에監試ᄅᆞᆯ試ᄒᆞ니詩와賦로ᄡᅥ試홈이此에
始ᄒᆞ다

德宗 名은欽이니顯宗의長子라 在位三年이라

紀元前三百五十九年 癸酉에柳韶ᄅᆞᆯ命ᄒᆞ야北界關城을創置ᄒᆞᆯ시西海
로부터起ᄒᆞ야千里ᄅᆞᆯ延袤ᄒᆞ야石으로ᄡᅥ城을ᄒᆞ
다

紀元前三百五十八年 甲戌에金氏ᄅᆞᆯ立ᄒᆞ야爲后ᄒᆞ다 顯宗의女라 ○王이薨
ᄒᆞ고母弟平壤君亨이立ᄒᆞ다

靖宗 名은亨이니顯宗의次子오德宗의母弟라 在位十二年이라

紀元前三百五十七年 乙亥에凡教令을制라稱ᄒᆞ다

紀元前三百四十六年 丙戌에王이薨ᄒᆞ고弟樂浪君徽ㅣ立ᄒᆞ다○金氏
ᄅᆞᆯ立ᄒᆞ야爲后ᄒᆞ다 顯宗의女라

文宗 名은徽니顯宗의第三子라 在位三十七年이라

紀元前三百四十五年 丁亥에崔冲으로ᄡᅥ門下侍郎을삼다

紀元前三百三十六年 丙申에日本國이使ᄅᆞᆯ遣ᄒᆞ야來聘ᄒᆞ다

紀元前三百三十年 壬寅에貢闈에封彌法을始行ᄒᆞ다 黃抗의考試ᄒᆞ미甚濫홈을因
ᄒᆞ야此法을始行ᄒᆞ다

紀元前三百二十七年 乙巳에王子煦와밋親을令ᄒᆞ야爲僧ᄒᆞ니自此로王子孫이家法을삼아一時에名門大族이다토와效慕ᄒᆞ더라

紀元前三百二十四年 戊申에太師中書令崔冲이卒ᄒᆞ니諡ᄂᆞᆫ文憲이라ᄒᆞ다冲은海州人이라風姿ㅣ瓌偉ᄒᆞ고操性이堅貞ᄒᆞ야學을好ᄒᆞ고屬文을善ᄒᆞ더라五朝를歷事ᄒᆞ야時望이甚重ᄒᆞᆫ지라顯宗以後에干戈가纔息ᄒᆞ야文敎를未遑ᄒᆞ더니冲이後學을收召ᄒᆞ야敎誨를不倦ᄒᆞ니學徒ㅣ雲集ᄒᆞ야街巷에塡溢ᄒᆞᆫ지라드듸여九齋를分ᄒᆞ니東方에學校ㅣ興홈이대

ᄀᆡ冲으로由ᄒᆞ야始ᄒᆞ니라

紀元前三百十九年 癸丑에東女眞의十五州酋長이衆을率ᄒᆞ고內附ᄒᆞ야郡縣되믈請ᄒᆞ고西女眞의諸酋長이또ᄒᆞᆫ東蕃을依ᄒᆞ야內附ᄒᆞ믈請ᄒᆞ고其後에三山과大蘭과大齊와豆龍의무리數十種落이連續ᄒᆞ야來投ᄒᆞ니다許ᄒᆞ다

紀元前三百十七年 乙卯에使를遣ᄒᆞ야遼에如ᄒᆞ다先是에遼王이鴨江을過ᄒᆞ야爲界ᄒᆞ고又ᄒᆞ야城을江東岸에置ᄒᆞ고船橋를設ᄒᆞ니毁破ᄒᆞ기를屢請ᄒᆞ되遼王이不聽ᄒᆞᆫ지라至是ᄒᆞ야使를遣ᄒᆞ야請ᄒᆞᆯ새朴寅亮이

月羊表ᄅᆞᆯ 七一

表를撰ᄒᆞᆷ의有曰普天의下ㅣ이믜王土와王臣이
아니미아니어늘尺地의餘ㅣ엇지반다시조오대
我疆과我理라ᄒᆞ리요汶陽의舊田을歸ᄒᆞ니獘邑
을撫綏ᄒᆞ고長沙의拙袖를回ᄒᆞ니昌辰에抃舞ᄒᆞ
노이다遼王ㅣ覽之ᄒᆞ고其事를寢ᄒᆞ다

紀元前三百九年 癸亥에王이薨ᄒᆞ고太子勳이立ᄒᆞ다

順宗名은勳이니文宗의太子라 在位四月에王이薨ᄒᆞ고母弟
國原公運이立ᄒᆞ다○妃李氏를立ᄒᆞ야爲后ᄒᆞ다
工部尚書頎의女ㅣ라

宣宗名은運이니文宗의三子오順宗의母弟라 在位十一年이라

紀元前三百一年 辛未에七十二賢의像을國子壁上에圖ᄒᆞ다

紀元前二百九十八年 甲戌에王이薨ᄒᆞ고太子昱이立ᄒᆞ다

獻宗名은昱이니宣宗의太子라 在位一年이라

紀元前二百九十七年 乙亥에時에雞林公熈ㅣ威望이日隆ᄒᆞᆫ지라王이
下制ᄒᆞ야ᄀᆞᆯ오대朕이年이幼冲ᄒᆞ고體가ᄯᅩᄒᆞᆫ羸
病ᄒᆞ야能히邦國의權을撫ᄒᆞ며士民의望을塞지
못ᄒᆞᆯ지라陰謀와横議가權門에서交起ᄒᆞ고亂臣
과賊子ㅣ內寢에屢干ᄒᆞ니이는다凉德의致ᄒᆞᆫ바
ㅣ라爲君의難홈을常念ᄒᆞ노라竊見ᄒᆞ니大叔雞
林公이曆數ㅣ躬에在ᄒᆞ고神人이手를假ᄒᆞ니咨

홈다니의有泉아丕圖를擧纂ᄒᆞ야雞林公의게禪
位ᄒᆞ노라ᄒᆞ니熙ㅣ立ᄒᆞ다

肅宗 名은熙니文宗의第三子라 在位十年이라

紀元前二百九十五年 丁丑에前王이薨ᄒᆞ다○비로소錢을鑄ᄒᆞ다

紀元前二百九十四年 戊寅에刑部ㅣ獄이空ᄒᆞᆷ을奏ᄒᆞ다

紀元前二百九十三年 己卯에王이楊州에幸ᄒᆞ야宅都ᄒᆞᆯ地를相ᄒᆞ야三
角의南과木覓의北에南京을建ᄒᆞᆷ을議ᄒᆞ다

紀元前二百九十年 壬午에東女眞의酋長盈歌ㅣ遣使ᄒᆞ야來朝ᄒᆞ다
○箕子의祠를立ᄒᆞ다

紀元前二百八十七年 乙酉에王이薨ᄒᆞ고太子俁ㅣ立ᄒᆞ다

睿宗 名은俁니肅宗의長子라 在位十七年이라

紀元前二百八十六年 丙戌에李氏를納ᄒᆞ야妃ᄒᆞ다 宣宗의女라

紀元前二百八十四年 戊子에李氏를納ᄒᆞ야爲妃ᄒᆞ다 給事中資謙의女라 ○女眞
이邊郡을來侵ᄒᆞ니尹瓘이女眞을平定ᄒᆞ고九城
을築ᄒᆞ다 九城은咸府北이니今會寧이라

紀元前二百八十三年 己丑에女眞의褒弗等이來朝ᄒᆞ야九城을請還ᄒᆞ
고安生業則으로ᄒᆞ여곰天에告ᄒᆞ야爲誓ᄒᆞ고世
貢을恪修ᄒᆞ다ᄒᆞ거ᄂᆞᆯ드듸여九城을撤ᄒᆞ야女眞
舊地에還ᄒᆞ다

紀元前二百七十六年 丙申에處士郭輿ㅣ力學ᄒᆞ야登第ᄒᆞ야禮部郎이

됴야金州로歸ᄒᆞ얏더니王이東宮에在ᄒᆞᆯ셰에이믜識之러니至是ᄒᆞ야召之ᄒᆞ야烏巾鶴氅으로ᄡᅥ左右에ᄒᆡᆼ상侍ᄒᆞ니時人이이로되金門羽客이라ᄒᆞ더라

紀元前二百七十五年 丁酉에處士李資玄이性이聰敏ᄒᆞ야登第ᄒᆞ야大樂署丞이되얏더니悠然이官을棄ᄒᆞ고淸平山에入ᄒᆞ야逍遙히自樂ᄒᆞ야累徵ᄒᆞ되不就ᄒᆞ고辭ᄒᆞ야ᄀᆞᆯ오ᄃᆡ鳥로ᄡᅥ鳥를養ᄒᆞ미거의鍾鼓의憂가無ᄒᆞ고魚를觀ᄒᆞ고魚를知ᄒᆞ야ᄒᆞ야곰江湖의性을遂ᄒᆞ다ᄒᆞ더니至是ᄒᆞ야南京에幸ᄒᆞ야其弟資德을遣ᄒᆞ야手書로ᄡᅥ徵ᄒᆞᆫ대行在에赴ᄒᆞ야固請ᄒᆞ야還山ᄒᆞ다

紀元前二百七十三年 己亥에養賢庫를國學에立ᄒᆞ고王이儒術에銳意ᄒᆞ야學員을增置ᄒᆞ고名儒를選ᄒᆞ야學官을삼아ᄡᅥ敎導ᄒᆞ니文風이稍振ᄒᆞ더라

紀元前二百七十年 壬寅에王이薨ᄒᆞ고太子楷ㅣ立ᄒᆞ다

仁宗(名은楷ㅣ니睿宗의長子ㅣ라)在位二十四年이라

紀元前二百六十八年 甲辰에李資謙이其次女를納ᄒᆞ야王妃를삼으니是日에大風이屋을飛ᄒᆞ며木을拔ᄒᆞ더라

紀元前二百六十七年 乙巳에李資謙이ᄯᅩ第四女를納ᄒᆞ야王妃를삼으

紀元前二百六十六年

니是日에ᄯᅩ大風雨ᄒᆞ더라○日月이幷出ᄒᆞ다
丙午에李資謙이黨與ᄅᆞᆯ多樹ᄒᆞ야顯要ᄅᆞᆯ布列ᄒᆞ
고仕軍國事ᄅᆞᆯ知ᄒᆞ고ᄌᆞᄒᆞ니王이자못惡之ᄒᆞ더
라內侍金粲과安甫鱗이王意ᄅᆞᆯ揣知ᄒᆞ고知樞密
智延祿으로더부러李資謙과拓俊京을謀誅ᄒᆞ다
가不克ᄒᆞᆫ지라資謙과俊京이擧兵ᄒᆞ야闕을犯ᄒᆞ
야宮禁을焚ᄒᆞ고王을刼ᄒᆞ야南宮에匿ᄒᆞ고甫鱗
의等을殺之ᄒᆞ다○李資謙이智延祿과金粲의等
을遠地에流ᄒᆞ야延祿을道에셔殺之ᄒᆞ다○李資
謙이王을刼ᄒᆞ야其第에移御ᄒᆞ게ᄒᆞ니左右ㅣ다

資謙의黨이라國事ᄅᆞᆯ스ᄉᆞ로聽斷치못ᄒᆞ니資謙
과俊京의威勢가益熾ᄒᆞ더라○黃霧ㅣ四塞ᄒᆞ고
日色이如血ᄒᆞ더라○拓俊京으로ᄡᅥ判兵部事ᄅᆞᆯ
삼다時에李資謙이權勢가日盛ᄒᆞ니王이內醫崔
思全으로더부러謀之ᄒᆞᆫ대思全이ᄀᆞᆯ오대資謙의
ᄡᅥ跋扈ᄒᆞᆫ바ᄯᅳᆫ오쥭이俊京이라만일俊京을得
ᄒᆞᆫ則兵權이內屬ᄒᆞᆯ거시니資謙은특별이一夫ㅣ
라ᄒᆞ고因ᄒᆞ야俊京家에往ᄒᆞ야王室에効力ᄒᆞ므
로ᄡᅥ諭ᄒᆞ니俊京이心然之ᄒᆞ더니마ᄎᆞᆷ奴의鬪을
因ᄒᆞ야드ᄃᆡ이資謙으로더부러有隙ᄒᆞ더라○王

이延慶宮에移御ᄒᆞ다李資謙이遣兵ᄒᆞ야犯闕ᄒᆞ니王이俊京의게手書ᄒᆞ야圖之ᄒᆞ라ᄒᆞ니俊京이擐甲ᄒᆞ고入京ᄒᆞ야王을奉ᄒᆞ야ᄡᅥ出ᄒᆞᆫᄃᆡ資謙의黨이射之ᄒᆞ거ᄂᆞᆯ俊京이按劒ᄒᆞ고一呼ᄒᆞ미敢히動ᄒᆞᄂᆞᆫ者ㅣ無ᄒᆞᆫ지라王이軍器監에御ᄒᆞ야嚴兵ᄒᆞ야ᄡᅥ衛ᄒᆞ고資謙을召ᄒᆞ야囚ᄒᆞ고延慶宮에還ᄒᆞ야資謙과밋그妻子ᄅᆞᆯ流ᄒᆞ고支黨을遠地에分配ᄒᆞ다○諫官이言ᄒᆞ오ᄃᆡ二妃李氏ㅣ上의從母ㅣ된지라ᄡᅥ極에配홈이不可ᄒᆞ다ᄒᆞ니王이이에二妃ᄅᆞᆯ出ᄒᆞ고任氏ᄅᆞᆯ納ᄒᆞ야爲妃ᄒᆞ다○李資謙이貶所에서死ᄒᆞ다

紀元前二百六十五年

丁未에俊京이功을恃ᄒᆞ고跋扈ᄒᆞ니左正言鄭知常이俊京의罪ᄅᆞᆯ極諫ᄒᆞ야ᄀᆞᆯ오ᄃᆡ丙午五月의事ᄂᆞᆫ一時의功이어니와二月의事ᄂᆞᆫ萬世의罪니請컨ᄃᆡ罪之ᄒᆞ노이다王이이에俊京을嵒墮島에流ᄒᆞ고其黨을治ᄒᆞ다○諸州에命ᄒᆞ야立學ᄒᆞ다

紀元前二百六十三年

己酉에三日이幷出ᄒᆞ다○妖僧妙淸과日者白壽翰이陰陽不經ᄒᆞᆫ說로ᄡᅥ衆人을眩惑ᄒᆞ고이에上書ᄒᆞ야言ᄒᆞ되西京地에만일宮室을營ᄒᆞ야御ᄒᆞ면天下ᄅᆞᆯ가히並ᄒᆞ고金國이執贄ᄒᆞ고ᄡᅧ降ᄒᆞ리

朝鮮歷史 卷二 十四

파ᄒᆞ니王이命ᄒᆞ야新宮을創ᄒᆞ고드듸여移御ᄒᆞ다

紀元前二百五十七年 乙卯에妙清이西京分司侍郎趙匡의等으로더부러西京을據ᄒᆞ야叛ᄒᆞ니金富軾으로써元帥를合아將兵ᄒᆞ야討之ᄒᆞ라ᄒᆞᆫ대富軾이장ᄎᆞᆺ出師ᄒᆞᆯ시ᄀᆞᆯ오대西京의叛은鄭知常과金安과白壽翰이與謀ᄒᆞᆫ거시니이제是人을不去ᄒᆞ면西京을可히得지못ᄒᆞ리다ᄒᆞ고이에三人을召ᄒᆞ야宮門外에斬ᄒᆞ고이에奏之ᄒᆞ다○西京人이妙清이等을斬ᄒᆞ야請降ᄒᆞ얏더니既而오趙匡이다시城을據ᄒᆞ야叛ᄒᆞ다

紀元前二百五十六年 丙辰에金富軾이西京을攻ᄒᆞ야拔ᄒᆞ니趙匡이스ᄉᆞ로焚死ᄒᆞ다

紀元前二百四十六年 丙寅에王이不豫ᄒᆞ야太子晛의게傳位ᄒᆞ고昇薨ᄒᆞ다

毅宗(名은晛이니仁宗의長子라) 在位二十四年이라

紀元前二百四十五年 丁卯에虎ㅣ大明宮에入ᄒᆞ다

紀元前二百三十七年 乙亥에平章事崔子英과起居舍人崔妻伯을召ᄒᆞ야時政得失ᄅᆞᆯ의론ᄒᆞ다

紀元前二百三十五年 丁丑에王이圖讖을素信ᄒᆞ야諸弟의게友치아니

開國前二百二十二年

호고諫臣을諭호야大寧侯暻을劾호야流홀시太
后ㅣ救홀가恐호야먼저太后를普濟寺에遷호다
庚寅에王이和平齋에幸호야近幸文臣으로더부
러觴咏호야忘返호니扈從將士ㅣ飢甚혼지라牽
龍散員李義方과李高의等이上將軍鄭仲夫더러
謂호야골오대文臣은醉飽호고武臣은飢困호니
이可히忍호랴仲夫ㅣ일즉이金敦中의燃鬚혼憾
이有혼지라이에더부러兇謀를密搆호야골오대
王이만일普賢院에移幸호거든此機를無失호라
王이武臣의觖望홈을知호고호야命手博戲를호

야厚賜호야써慰호고굿호얏더니韓賴等이武臣
이見寵홈을忌호야大將軍李紹膺의手博不勝홈
을因호야批頰호야辱之호니王이李復基와林宗
植의等으로더부러써歡笑호거놀仲夫ㅣ厲聲호
야골오대紹膺이비록武夫ㅣ나官이三品이라엇
지辱之를甚히호나뇨王이慰解호더라王駕ㅣ普
賢院에近호미高와밋義方이矯旨호야巡檢軍을
集호얏다가王이겨우門에入호미高等이宗植과
復基를門의서手殺호니韓賴ㅣ御床下에走匿호
야御衣를挽호거놀高ㅣ拔劍호야斬之호고於是

이扈從ᄒᆞᄂᆞᆫ文臣과밋諸宦寺ᄅᆞᆯ大殺ᄒᆞ야積屍가如
山ᄒᆞ더라高와義方과紹膺의等이驍勇을選ᄒᆞ야
夾開에入ᄒᆞ야樞密使梁純精의等十餘人을殺ᄒᆞ
고任太子宮에抵ᄒᆞ야寮員十數人을殺ᄒᆞ고道에
呼ᄒᆞ야ᄀᆞᆯᄋᆞ대므릇文冠을戴ᄒᆞᆫ者ᄂᆞᆫ비록胥吏라
도殺ᄒᆞ야遺種이無ᄒᆞ게ᄒᆞ라卒伍ㅣ乘時ᄒᆞ야蜂
起ᄒᆞ야平章事崔褎偁과許洪材와知樞密徐醇과
崔温과尙書丞金敦時와大司成李知深의等五十
餘人을搜殺ᄒᆞ고드듸여兵으로ᄡᅥ王을脅ᄒᆞ야還
宮ᄒᆞ라ᄒᆞ니宦者王光就ㅣ仲夫ᄅᆞᆯ謀誅코자ᄒᆞ다가事

ㅣ泄ᄒᆞᆫ지라任內侍崔若數十人을大殺ᄒᆞ니當時
에寵幸이斬戮ᄒᆞ미殆盡ᄒᆞ되王이樂을奏ᄒᆞ고飮
酒ᄅᆞᆯ自若히ᄒᆞᄂᆞᆫ지라仲夫ㅣ王을軍器監에遷ᄒᆞ
고太子ᄅᆞᆯ延恩舘에遷ᄒᆞ다바야흐로作亂ᄒᆞᆯ세에
므릇文臣이비록殺戮을免ᄒᆞᆫ者ㅣ나만히拘囚을
被ᄒᆞ되오직前平章事崔惟淸과徐恭雅ㅣ武臣의
敬重ᄒᆞᆫ바ㅣ되야다禍ᄅᆞᆯ免ᄒᆞ니라金敦中은紺嶽
山에亡匿ᄒᆞ니仲夫ㅣ購捕ᄒᆞ야殺之ᄒᆞ다○鄭仲
夫ㅣ王을逼ᄒᆞ야巨濟에遜位ᄒᆞ게ᄒᆞ고太子ᄅᆞᆯ珍
島에放ᄒᆞ고王의母弟翼陽公晧ᄅᆞᆯ立ᄒᆞ다

明宗(名은 晧니 仁宗의 子오 毅宗의 母弟라) 在位二十七年이라

紀元前二百十九年 癸巳에 兵馬使金甫當이 본ᄃᆡ 膽氣가 有ᄒᆞ야 鄭仲
夫의 等이 憚ᄒᆞ더니 밋 兵馬使ㅣ 되ᄆᆡ 擧兵ᄒᆞ야 仲
夫의 等을 討ᄒᆞ믈 謀ᄒᆞ야 장ᄎᆞᆺ 前王을 復位ᄒᆞ랴 ᄒᆞᆯ
시 甫當이 勢가 孤ᄒᆞᆫ지라 安北府ㅣ 京師의 執送ᄒᆞ
야 鞫ᄒᆞ야 殺之ᄒᆞ니 臨死에 誣ᄒᆞ야 ᄀᆞᆯ오ᄃᆡ 무릇 文
臣이 뉘가 여긔 謀ᄒᆞᄃᆡ 與ㅣ치 안니ᄒᆞ리오 一切誅
戮ᄒᆞ야 文士ㅣ 且盡ᄒᆞ다 ○ 鄭仲夫ㅣ 李義旼으로
ᄒᆞ야곰 前王을 弑ᄒᆞ다

紀元前二百十八年 甲午에 西京留守趙位寵이 써 鄭仲夫의 等을 討ᄒᆞ
므로 爲名ᄒᆞ고 起兵ᄒᆞ니 岊嶺 以北의 四十餘城이
다 應之ᄒᆞ거ᄂᆞᆯ 平章事尹鱗瞻을 遣ᄒᆞ야 三軍을 將
ᄒᆞ야 擊之ᄒᆞ다 ○ 李義方이 兇恣ㅣ 日甚ᄒᆞ야 同列
이 만히 殺害를 被ᄒᆞ거ᄂᆞᆯ 鄭仲夫ㅣ 禍가 及己ᄒᆞᆯ가
慮ᄒᆞ야 杜門ᄒᆞ고 出치 아니ᄒᆞ니 仲夫의 子筠이 西
京의 從軍僧徒를 誘ᄒᆞ야 義方을 斬ᄒᆞ고 그 黨與를
捕ᄒᆞ야 다 殺之ᄒᆞ다

紀元前二百十六年 丙申에 尹鱗瞻이 西京을 圍ᄒᆞᆫ지 이믜 오ᄅᆡᄆᆡ 城中
이 食盡ᄒᆞ야 時로 出ᄒᆞ야 挑戰ᄒᆞ되 堅壁ᄒᆞ고 出치
아니ᄒᆞ고 擒獲ᄒᆞᆫ 者ㅣ 有ᄒᆞ면 믄득 衣食을 與ᄒᆞ니

縱城ᄒᆞ야來附ᄒᆞᄂᆞᆫ者ㅣ심히衆ᄒᆞᆫ지라드듸어進兵ᄒᆞ야攻拔之ᄒᆞ고趙位寵을斬ᄒᆞ다

紀元前二百十五年 丁酉에太廟를震ᄒᆞ다

紀元前二百十三年 己亥에將軍慶大升이본ᄃᆡ鄭仲夫等의爲ᄒᆞᄂᆞᆫ바를憤ᄒᆞ야鋭意ᄒᆞ야討之ᄒᆞ랴ᄒᆞ야善ᄒᆞᄂᆞᆫ바牽龍許升으로더브러約ᄒᆞ고藏經會를畢ᄒᆞᄂᆞᆫ夜四鼓에升이鄭筠의直房에入ᄒᆞ야殺之ᄒᆞ고大升이死士를率ᄒᆞ고宮墻을踰入ᄒᆞ야見ᄒᆞᄂᆞᆫ바를輒殺ᄒᆞ니宮中이呼譟ᄒᆞ거ᄂᆞᆯ王이驚懼ᄒᆞᄂᆞᆫ지라大升이大聲ᄒᆞ야ᄀᆞᆯᄋᆞᄃᆡ臣等이社稷을衛ᄒᆞ랴ᄒᆞ니請컨ᄃᆡ禁軍을發ᄒᆞ야仲夫의黨을分捕ᄒᆞ라ᄒᆞᆫᄃᆡ仲夫ㅣ民家에逃匿ᄒᆞ거ᄂᆞᆯ捕ᄒᆞ야市에斬ᄒᆞ고그家黨을다殺之ᄒᆞ다

紀元前一百九十六年 丙辰에將軍崔忠獻의弟忠粹가家에鵓鴿을일즉이李義旼의子至榮의게奪ᄒᆞ엿더니忠粹ㅣ忠獻ᄃᆞ려謂ᄒᆞ야ᄀᆞᆯᄋᆞᄃᆡ義旼은實上國賊이니誅之ᄒᆞ미엇더ᄒᆞᆫ요忠獻이難之ᄒᆞᆫᄃᆡ忠粹ㅣᄀᆞᆯᄋᆞᄃᆡ吾志가已決ᄒᆞ니可히中止치못ᄒᆞ리라ᄒᆞᆫᄃᆡ忠獻이에然之ᄒᆞ더니會에王이普濟寺에幸ᄒᆞᆯ시義旼이稱疾ᄒᆞ고從치아니ᄒᆞ고가만이別墅로往ᄒᆞ거ᄂᆞᆯ忠

朝鮮史卷之 十九

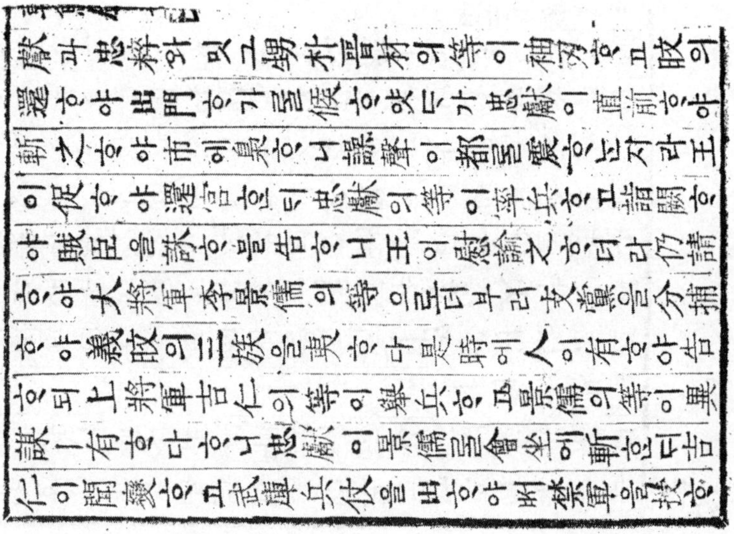
獻과忠粹와밋그甥朴晉朴의等이相羽ᄒᆞ고旼의
還ᄒᆞ야出門ᄒᆞ기를候ᄒᆞ얏다가忠獻이直前ᄒᆞ야
斬之ᄒᆞ야市에梟ᄒᆞ니譟聲이都를震ᄒᆞᄂᆞᆫ지라王
이促ᄒᆞ야還宮ᄒᆞᆫ되忠獻의等이率兵ᄒᆞ고詣闕ᄒᆞ
야賊臣을誅ᄒᆞᆷ을告ᄒᆞ니王이慰諭之ᄒᆞ더라仍請
ᄒᆞ야大將軍李景儒의等으로ᄡᅥ부러支黨을分捕
ᄒᆞ야義旼의三族을夷ᄒᆞ다是時에人이有ᄒᆞ야告
ᄒᆞᆫ되上將軍吉仁의等이擧兵ᄒᆞ고景儒의等이異
謀ㅣ有ᄒᆞ다ᄒᆞ니忠獻이景儒를會坐에斬ᄒᆞᆫ되吉
仁이聞變ᄒᆞ고武庫兵仗을出ᄒᆞ야ᄡᅥ禁軍을授ᄒᆞ

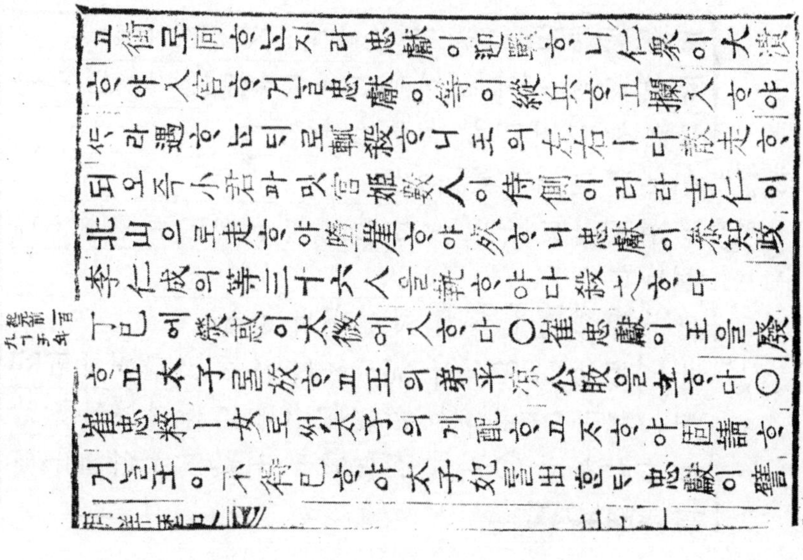
고衛로同ᄒᆞᄂᆞᆫ지라忠獻이迎擊ᄒᆞ니仁衆이大潰
ᄒᆞ야入宮ᄒᆞ거ᄂᆞᆯ忠獻이等이縱兵ᄒᆞ고攔入ᄒᆞ야
仁이라遇ᄒᆞᄂᆞᆫ되로輒殺ᄒᆞ니王의左右ㅣ다散走ᄒᆞ
되오즉小君과밋宮娥數人이侍側이러라吉仁이
北山으로走ᄒᆞ야隋崖ᄒᆞ야死ᄒᆞ니忠獻이悉捕其黨
李仁成의等三十六人을執ᄒᆞ야다殺之ᄒᆞ다
紀元前一百九十五年
丁巳에熒惑이太微에入ᄒᆞ다○崔忠獻이王을廢
ᄒᆞ고太子를放ᄒᆞ고王의弟平涼公旼을立ᄒᆞ다○
崔忠粹ㅣ女로ᄡᅥ太子의게配ᄒᆞ고ᄌᆞᄒᆞ야固請ᄒᆞ
거ᄂᆞᆯ王이不得已ᄒᆞ야太子妃를出ᄒᆞᆫ되忠獻이譬

曉之ᄒᆞ니忠粹ㅣ然之ᄒᆞ고其母ㅣ止之ᄒᆞ고手로써推ᄒᆞ야仆地ᄒᆞᄂᆞᆫ지라忠獻이聞之ᄒᆞ고몰오ᄃᆡ罪ㅣ不孝에大ᄒᆞᆫ게업스니이ᄂᆞᆫ可히言語로베開諭못ᄒᆞ리라ᄒᆞ고衆으로ᄒᆞ야곰廣化門에候ᄒᆞ야그女를拒ᄒᆞ야不納ᄒᆞᆫᄃᆡ忠粹ㅣ그徒로더부러遇戰ᄒᆞ야大潰ᄒᆞ야斬關ᄒᆞ고出ᄒᆞ야坡平에至ᄒᆞ거ᄂᆞᆯ忠獻의追者ㅣ斬之ᄒᆞ니內外大權이忠獻이게ㅣ歸ᄒᆞ더라

神宗 名은旼이오改名은晫이니仁宗의第三子라 在位七年이라

紀元前一百九十一年 辛酉에崔忠獻으로ᄡᅥ吏兵部尙書를兼ᄒᆞ다忠獻이禁闈에出入ᄒᆞ되兵으로써自衛ᄒᆞ고항상私第에在ᄒᆞ야吏兵郞으로더부러文武官을注擬ᄒᆞ야ᄇᆡ奏ᄒᆞ니王이다만頷之ᄒᆞ더라

紀元前一百九十年 壬戌에前王이薨ᄒᆞ다

紀元前一百八十八年 甲子에王이不豫ᄒᆞ야位를太子悳의게傳ᄒᆞ고尋薨ᄒᆞ다

熙宗 名은悳이니神宗의長子라 在位七年이라

紀元前一百八十年 辛未에明宗의太子璹이上年冬에江華로부터召還ᄒᆞ얏더니至是ᄒᆞ야漢南公을封ᄒᆞ고改名ᄒᆞ야貞이라ᄒᆞ다○王이內侍郞中王濬明과參政于承

慶의等으로더부러忠獻을謀誅ᄒᆞ더니忠獻이事
로ᄡᅥ王의게謁ᄒᆞᆯ시持兵ᄒᆞᆫ十餘人이突至ᄒᆞ거ᄂᆞᆯ
忠獻이有變을知ᄒᆞ고蒼黃히奏ᄒᆞ야ᄀᆞᆯ오ᄃᆡ願컨
ᄃᆡ上은救臣ᄒᆞ라ᄒᆞ니王이默然ᄒᆞᄂᆞᆫ지라忠獻이
드듸여奏事房의紙障사히에投匿ᄒᆞ니三入ᄒᆞ야
索之ᄒᆞ되마ᄎᆞᆷ내獲지못ᄒᆞ더라忠獻의子와밋將
軍金躍珍의等이聞事ᄒᆞ고卽入ᄒᆞ야忠獻을ᄡᅥ扶
出ᄒᆞ고宮中人을다殺之ᄒᆞ다忠獻이王을怨ᄒᆞ야
江華에遷ᄒᆞ고尋에紫燕島에遷ᄒᆞ고太子를仁川
에放ᄒᆞ고漢陽公貞을立ᄒᆞ다

康宗(名은貞이오改名은䄎니明宗의長子라) 在位二年이라
紀元前一百七十九年 癸酉에王이位를太子瞮의게傳ᄒᆞ고尋薨ᄒᆞ다
高宗(名은瞮이오初名은瞋이오又改名은晊니康宗의長子라) 在位四十六年이라
紀元前一百七十七年 乙亥에崔忠獻이前王(熙宗이라)을喬桐에遷ᄒᆞ다
紀元前一百七十四年 戊寅에柳氏를納ᄒᆞ야爲妃ᄒᆞ다(熙宗의女라)
紀元前一百七十三年 己卯에前王을奉ᄒᆞ야還ᄒᆞ다○崔忠獻을姓王氏를賜ᄒᆞ다○崔忠獻이歿ᄒᆞ다
紀元前一百七十一年 辛巳에崔瑀로ᄡᅥ吏兵部尚書를삼다
紀元前一百六十七年 乙酉에崔瑀ㅣ政房을私第에置ᄒᆞ고百官의詮注

을擬ᄒᆞ야批目을書ᄒᆞ야附進ᄒᆞ니王은다만下之
ᄒᆞᆯᄯᆞᄅᆞᆷ이러라

紀元前一百六十五年

丁亥에人이有ᄒᆞ야崔瑀의게告ᄒᆞ야ᄀᆞᆯ오ᄃᆡ將軍
金孝磾과盧之正의等이公을謀害ᄒᆞ고前王을奉
ᄒᆞ랴ᄒᆞᆫ다ᄒᆞ니瑀ㅣ信之ᄒᆞ고드듸여前王을喬桐
에遷ᄒᆞ고孝磾과之正의等을殺之ᄒᆞ다

紀元前一百六十一年

辛卯에蒙元帥撒禮塔이咸新鎭을來侵ᄒᆞ니金倜
과趙叔昌이降之ᄒᆞ다○蒙兵이鐵州에至ᄒᆞ야擄
ᄒᆞᆫ바郞將文大로ᄒᆞ야곰眞蒙이니可히速降ᄒᆞ라
ᄒᆞ니文大이에呼ᄒᆞ야ᄀᆞᆯ오ᄃᆡ假蒙이니勿降ᄒᆞ라

ᄒᆞᆫᄃᆡ드듸여殺之ᄒᆞ고攻城ᄒᆞ기를더욱急히ᄒᆞ거
ᄂᆞᆯ判官李希勣이自刎ᄒᆞ야死ᄒᆞ니蒙兵이其城을
屠之ᄒᆞ다○蒙兵이이믜鐵州를屠ᄒᆞᆫᄃᆡ西北面兵
馬使朴犀와將軍金慶孫의等이率兵ᄒᆞ고龜州에
會ᄒᆞ야分守ᄒᆞ니蒙兵이大至ᄒᆞ거ᄂᆞᆯ慶孫이出戰
ᄒᆞ야流矢에中臂ᄒᆞ야血이淋漓ᄒᆞ되手鼓를止치
아니ᄒᆞ니蒙兵이却走ᄒᆞᆫ지라犀ㅣ迎拜ᄒᆞ고守
城事를慶孫의게一委ᄒᆞᆫ더라蒙兵이圍城三旬에
百計로攻之ᄒᆞ되犀와慶孫이乘機應變ᄒᆞ니蒙兵
이마ᄎᆞᆷ내不克ᄒᆞ고退引ᄒᆞ야南으로ᄒᆞ니라○蒙

兵이平州에至ᄒᆞ야其城을襲屠ᄒᆞ고京城을進薄ᄒᆞ거ᄂᆞᆯ御史閔曦의等을遣ᄒᆞ야蒙師에往ᄒᆞ야請和ᄒᆞ다

(紀元前一百六十年) 壬辰에崔瑀ㅣ王을脅ᄒᆞ야都를江華에遷ᄒᆞ다○蒙이我國이江華에遷都ᄒᆞ고達魯花赤을拘辱ᄒᆞ므로버다시撒禮塔을遣ᄒᆞ야大擧來侵ᄒᆞᆯ새移牒數罪ᄒᆞ고所在에屠掠호되비록老弱婦女라도다殺之ᄒᆞ더라○蒙兵이處仁城(今龍仁이라)을攻ᄒᆞᆯ새ㅣ僧이避兵ᄒᆞ야城中에잇다가禮塔을射殺ᄒᆞ니그僧의立功ᄒᆞ므로써上將軍을授ᄒᆞᆫ뒤僧이諱功ᄒᆞ야固讓ᄒᆞ더라

(紀元前一百五十五年) 丁酉에前王(熙宗이라)이薨ᄒᆞ다

(紀元前一百四十四年) 戊申에崔沆으로써樞密院知奏事를삼다

(紀元前一百四十三年) 己酉에崔瑀ㅣ死ᄒᆞ니其子沆으로써樞密副使吏兵部尙書御史大夫를삼다

(紀元前一百三十五年) 丁巳에崔沆이死ᄒᆞ니其子竩로써將軍을삼다

(紀元前一百三十四年) 戊午에崔竩ㅣ家奴李公柱로써郎將을삼다○金仁俊은崔忠獻의奴ㅣ라瑀와밋沆이다寵信之ᄒᆞ고大司成柳璥이政房에久任ᄒᆞ야또ᄒᆞᆫ沆의厚ᄒᆞᆫ비되야더니밋竩ㅣ秉政ᄒᆞ미다疏之ᄒᆞᆫ지라

紀元前一百三十三年

人이不平ᄒᆞ야서로더부러密謀ᄒᆞ고率衆ᄒᆞ고竩이家에入ᄒᆞ야索出ᄒᆞ야斬之ᄒᆞ고其黨을盡殺ᄒᆞ고詣闕ᄒᆞ야賊臣을誅ᄒᆞᆷ을告ᄒᆞ고王의게復政ᄒᆞ니王이璥等더러謂ᄒᆞ야ᄀᆞᆯ오대卿等이寡人을爲ᄒᆞ야非常의功을立ᄒᆞ얏다ᄒᆞ고因ᄒᆞ야潸然이泣下ᄒᆞ더라○漢陽人趙暉ㅣ定州人卓靑으로더부러東北面兵馬使愼執平을殺ᄒᆞ고和州로ᄡᅥ蒙에反降ᄒᆞ니蒙이雙城摠管府를和州에置ᄒᆞ고趙暉로ᄡᅥ摠管을삼고卓靑으로千戶를삼다(雙城이今永興은라)

已未에太子倎을遣ᄒᆞ야如蒙ᄒᆞ다○蒙이來ᄒᆞ야江都城을毁之ᄒᆞ다○王이薨ᄒᆞ니太孫諶이監國ᄒᆞ다

元宗(名은禃이오初名은倎이니高宗의太子라) 在位十五年이라

紀元前一百三十二年

庚申에太子倎이蒙古로부터還ᄒᆞ야卽位ᄒᆞ다

紀元前一百二十四年

戊辰에金俊이縱恣ㅣ日甚ᄒᆞ야子瞪ㅣ일즉이進供內膳二艘를奪ᄒᆞ니王이더욱惡之ᄒᆞ야宦者崔𤨒과金鏡의等으로ᄒᆞ여금가만이樞密副使林衍으로더부러通謀ᄒᆞ야俊을召ᄒᆞ야赴朝ᄒᆞ미政房의히入ᄒᆞ야斬之ᄒᆞ고俊의諸子와밋其黨을捕ᄒᆞ야다殺之ᄒᆞ다

開國前一百二十三年

己巳에世子諶을遣ᄒᆞ야如蒙ᄒᆞ다○林衍이別抄를都房에大會ᄒᆞ고議ᄒᆞ야ᄀᆞᆯ오대我ㅣ王室을爲ᄒᆞ야權臣을除ᄒᆞ얏거ᄂᆞᆯ王이이에金鏡의等으로더부러殺我ᄒᆞ기를謀ᄒᆞ니可히坐ᄒᆞ야受戮지못ᄒᆞᆯ지라大事를行코자ᄒᆞᆯ진대何如오李藏用은不測이有ᄒᆞᆯ까恐ᄒᆞ야遜位로ᄡᅥ爲言ᄒᆞ고叅政兪千遇ᄂᆞᆫ不可ᄒᆞᆷ을力言ᄒᆞ야ᄀᆞᆯ오대請컨대公은反覆思之ᄒᆞ라衍이不從ᄒᆞ고드듸여環甲ᄒᆞ고別抄等兵을率ᄒᆞ고慶安公淐의第에詣ᄒᆞ야百僚를會ᄒᆞ고萬歲를呼ᄒᆞ고淐을奉ᄒᆞ야詣闕ᄒᆞ야卽位ᄒᆞ고王과다못王妃를逼出ᄒᆞ야別宮에出ᄒᆞ다○蒙古ㅣ遣使來ᄒᆞ야王과淐과밋林衍의等으로ᄒᆞ여곰闕下에偕詣ᄒᆞ야情實을面陳ᄒᆞ라ᄒᆞ니衍이憂懼ᄒᆞ야奉王ᄒᆞ야復位ᄒᆞ고淐을廢ᄒᆞ야私第에還ᄒᆞ다○王이如蒙ᄒᆞᆯ시信安侯㮇으로ᄒᆞ여곰監國ᄒᆞ다

開國前一百二十二年

庚午에林衍이憂懣ᄒᆞ야疽發背ᄒᆞ야死ᄒᆞ다○是時에王이蒙으로부터還ᄒᆞᆯ시未至에몬져遣人ᄒᆞ야臣僚를諭ᄒᆞ야舊京에出都ᄒᆞ라ᄒᆞ니林惟茂(衍의子라)ㅣ拒命코자ᄒᆞ야百官을召ᄒᆞ야議ᄒᆞ니다ᄀᆞᆯ오

되君命을可히違치못ᄒᆞ리라惟茂ㅣ怒ᄒᆞ야不從ᄒᆞ거ᄂᆞᆯ御史中丞洪文系와知門下省宋松禮의等이惟茂를誅ᄒᆞ고王室에復政ᄒᆞ다○王이舊京에還都ᄒᆞ야將軍金之氏를遣ᄒᆞ야別抄名籍을罷ᄒᆞ니軍情이危疑ᄒᆞ야所適을莫知ᄒᆞ거ᄂᆞᆯ將軍裴仲孫과盧永禧等이乘時作亂ᄒᆞ야承化侯溫을逼ᄒᆞ야爲王ᄒᆞ고官府를署置ᄒᆞ고江華를大掠ᄒᆞ더니旣而오守卒이多亡ᄒᆞ거ᄂᆞᆯ賊이能守치못ᄒᆞᆯ度ᄒᆞ고이에船艦을聚ᄒᆞ야公私財貨와밋子女를悉載ᄒᆞ고浮海ᄒᆞ야南走ᄒᆞ야珍島에入據ᄒᆞ다

紀元前一百二十一年 辛未에追討使金方慶이元(蒙古의國號라)元帥忻都로더부러珍島賊을奮擊ᄒᆞ야大破之ᄒᆞ고僞王을斬ᄒᆞ니餘衆이耽羅로皆奔ᄒᆞ더라

紀元前一百二十年 壬申에世子ㅣ元으로봇터還ᄒᆞ니國人이世子의辮髮과胡服을見ᄒᆞ고다歎息涕泣ᄒᆞ더라○世子ㅣ如元ᄒᆞ다

紀元前一百十九年 癸酉에金方慶과忻都의等이耽羅를討克之ᄒᆞ니賊黨이悉平ᄒᆞ다

紀元前一百十八年 甲戌에世子諶이元나라長公主를尙ᄒᆞ다○王이薨ᄒᆞ니百官이世子諶을遙尊ᄒᆞ야爲王ᄒᆞ다○世

紀元前一百年 壬辰에王이開京에還都ᄒᆞ다

紀元前九十四年 戊戌에元이遣使ᄒᆞ야封王ᄒᆞ야逸壽王을숨고世子諶을冊ᄒᆞ야爲王ᄒᆞ얏다가更命ᄒᆞ야上王을復位ᄒᆞ다

紀元前八十八年 甲辰에贊成事安裕ㅣ學校日衰ᄒᆞ믈憂ᄒᆞ야家財를出助ᄒᆞ야國學을請建ᄒᆞ다

紀元前八十四年 戊申에王이薨ᄒᆞ니前王謜이即位ᄒᆞ다

忠宣王 名은璋이오初名은謜이니忠烈王의長子라 在位五年이라

紀元前八十二年 庚戌에世子鑑을殺ᄒᆞ다

紀元前七十九年 癸丑에王이江陵大君燾의게傳位ᄒᆞ고瀋陽王이

子ㅣ元으로브터至ᄒᆞ야即位ᄒᆞ다○王이西北面에幸ᄒᆞ야公主를親迎ᄒᆞᆯ시胡服으로還京ᄒᆞ다

忠烈王 名은賰오初名은諶이니元宗의長子라 在位三十四年이라

紀元前一百十七年 乙亥에白衣를禁ᄒᆞ다

紀元前一百十五年 丁丑에內竪ㅣ告ᄒᆞ되太妃 元宗의繼妃라 順安公琮 太妃의所生이라 이으로더부러咀呪를謀ᄒᆞᆫ다ᄒᆞ니王이드듸여太妃를廢ᄒᆞ야庶人을삼고琮을海島에流ᄒᆞ다

紀元前一百十四年 戊寅에國內에令ᄒᆞ야剃頭ᄒᆞ고元의衣冠을服ᄒᆞ다

紀元前一百五年 丁亥에狐ㅣ有ᄒᆞ야正殿에入ᄒᆞ다

라自稱ᄒᆞ다

忠宣王 名은 璋이니 忠烈王의 第二子라 在位二十五年이라

紀元前七十三年 己未에 文成公安裕로배 先聖廟에 從祀ᄒᆞ다○元이 上王 忠宣이라를 吐蕃에 流ᄒᆞ다

紀元前六十九年 癸亥에 元이 上王을 大都에 召ᄒᆞ다

紀元前六十七年 乙丑에 上王이 元에서 薨ᄒᆞ다

紀元前六十四年 戊辰에 世子禎을 遣ᄒᆞ야 爲王ᄒᆞ다

忠惠王 名은 禎이니 忠肅王의 長子라 在位六年이라

紀元前六十年 壬申에 元이 命ᄒᆞ야 上王을 復位ᄒᆞ다

忠肅王

紀元前五十九年 癸酉에 元이 李穀을 翰林國史院檢閱官을 授ᄒᆞ다

紀元前五十三年 己卯에 王이 薨ᄒᆞ니 前王 忠惠라 이 卽位ᄒᆞ다○元이 執王ᄒᆞ야 배歸ᄒᆞ야 囚ᄒᆞ다

忠惠王

紀元前五十二年 庚辰에 元이 王囚를 釋ᄒᆞ고 命ᄒᆞ야 爲王ᄒᆞ다

紀元前五十一年 辛巳에 政堂文學李兆年이 致仕ᄒᆞ고 還ᄒᆞ다 兆年의 志節이 堅確ᄒᆞ야 敢言으로써 見憚ᄒᆞ더니 至是에 王이 淫縱이 滋甚ᄒᆞ믜 臺諫이 敢諫ᄒᆞᄂᆞᆫ者ㅣ無ᄒᆞ되 홀로 兆年이 指斥不諱ᄒᆞ니 王이 不悛ᄒᆞ거ᄂᆞᆯ 遂歸ᄒᆞ다

朝鮮歷史 卷三 二十六

紀元前五十年 壬午에成均祭酒致仕禹倬이卒ᄒᆞ다倬이經史에
博通ᄒᆞ고易理에深究ᄒᆞ야卜筮에無不中이러니
程傳이初來에能知者ㅣ無ᄒᆞ거ᄂᆞᆯ倬이閉門月餘
에叅究乃解ᄒᆞ니라至是에卒ᄒᆞ니年이八十一이
러라

紀元前四十九年 癸未에元이執王ᄒᆞ야써歸ᄒᆞ야揭陽縣에流ᄒᆞ다

紀元前四十八年 甲申에王이岳陽縣의셔薨ᄒᆞ다○元이王의元子
昕을立ᄒᆞ야爲王ᄒᆞ다

忠穆王 (名은昕이니忠惠王의庶子라) 在位四年이라

紀元前四十四年 戊子에王이薨ᄒᆞ니無嗣ᄒᆞ다

忠定王 (名은胝니忠惠王의庶子라) 在位三年이라

紀元前四十三年 己丑에元이命ᄒᆞ야忠惠王의子胝를嗣位ᄒᆞ다○
江陵大君祺ㅣ元의魯國公主를娶ᄒᆞ다

紀元前四十一年 辛卯에元이江陵大君祺를冊ᄒᆞ야爲王ᄒᆞ니王(忠定이라)
이江華에遜ᄒᆞ거ᄂᆞᆯ王이李齊賢을命ᄒᆞ야攝政
ᄒᆞ다○王과및公主ㅣ元으로부터至ᄒᆞ다

恭愍王 (名은顓이오初名은祺ㅣ니忠肅王의第二子라) 在位二十三年이라

紀元前四十年 壬辰에王이辮髮을解ᄒᆞ다○前王이(忠定이라)이江華의
셔薨ᄒᆞ

紀元前三十八年 甲午에元이李穡을翰林知制誥를授ᄒᆞ다(穡은穀의子라)

朝鮮歷史 卷三 三十一

紀元前三十七年 乙未에 我 桓祖ㅣ雙城으로 自ᄒᆞ야 來朝ᄒᆞ다 初
에 雙城이 趙暉의 叛ᄒᆞ므로 부터 國家에 有치 못
ᄒᆞ미 久ᄒᆞ더니 我 桓祖ㅣ千戶ㅣ되야 撫綏를 得
宜ᄒᆞ야 民이 其業을 安ᄒᆞ더니 至是ᄒᆞ야 來朝ᄒᆞᄆᆡ 王
이 寵嘉ᄒᆞ더라

紀元前二十五年 丁酉에 諫官李穡이 三年喪을 請行ᄒᆞ다

紀元前二十三年 己亥에 紅頭賊毛居敬이 西京을 來陷ᄒᆞ거늘 安祐
와 李芳實의 等을 遣ᄒᆞ야 擊之ᄒᆞ니 賊이 이에 退還
ᄒᆞ다

紀元前二十一年 辛丑에 我 桓祖로써 東北面兵馬使를 숨다 我

桓祖ㅣ東北面의셔 薨ᄒᆞ니 我 太祖大王으로써
東北面上萬戶를 숨다 ○紅頭賊이 다시 大擧ᄒᆞ야
來侵ᄒᆞ거늘 安祐의 等을 遣ᄒᆞ야 禦之ᄒᆞ다가 敗績
ᄒᆞ니 賊이 드ᄃᆡ여 長驅東下ᄒᆞ거늘 王이 事急을 知
ᄒᆞ고 太后를 奉ᄒᆞ고 南으로 福州로 幸ᄒᆞ실ᄉᆡ 都民이
蹣跚ᄒᆞ야 哭聲이 震天이라 從官에 오작 洪彦博數
十人이 隨ᄒᆞ더라 (福州는今安東이라)

紀元前三十年 壬寅에 紅頭賊이 京城을 陷ᄒᆞ니 我 太祖大王과
밋 安祐와 鄭世雲이 擧兵ᄒᆞ고 大破ᄒᆞ다 時에 賊
이 崇仁門에 進聚ᄒᆞ거늘 太祖大王이 麾下親兵

紀元前二十八年

二千으로써先登大呼ᄒᆞ야賊魁關先生沙劉의等
을斬ᄒᆞ고十餘萬을斬首ᄒᆞ다○我 太祖大王으
로써東北面兵馬使를삼다時에納哈出이洪原을
來侵ᄒᆞ거ᄂᆞᆯ 太祖大王이精騎六百으로써逆戰
ᄒᆞ야大破ᄒᆞ니納哈出이遁去ᄒᆞ다
甲辰에狠虎ㅣ자조京城에入ᄒᆞ다○僧遍照로써
師傅를삼으니遍照ᄂᆞᆫ玉川寺婢의子ㅣ라王이嘗
夢에人이拔劒刺己ᄒᆞ거ᄂᆞᆯ僧이有ᄒᆞ야救ᄒᆞ야得
免ᄒᆞ엿더니밋遍照를見ᄒᆞ미其貌ㅣ惟肖ᄒᆞᆫ지라
王이大異之ᄒᆞ야써師傅를삼으니遍照ㅣ드듸여

長髮ᄒᆞ야頭陀ㅣ되고名을辛旽이라ᄒᆞ다王이일
즉이世臣大族이宗黨을根連ᄒᆞ야互爲掩蔽ᄒᆞᆷ을
嫉ᄒᆞ야旽ᄂᆞᆫ親比ᄒᆞᆫ비無ᄒᆞᆷ으로써國政을授ᄒᆞ고
言無不從이라士大夫의妻妾이旽으로써爲神ᄒᆞ
다ᄒᆞ야聽法求福ᄒᆞ랴至ᄒᆞ면旽이믄득私焉ᄒᆞ더
라李齊賢이言호대旽의骨이古의凶人과類ᄒᆞ니
請勿近ᄒᆞ라ᄒᆞᆫ대王이不聽ᄒᆞ더라吳仁澤이譏ᄒᆞ
야ᄀᆞᆯ오대道詵의秘記에非僧非俗이亂政亡國의
語가有ᄒᆞ니必此人이라宜早除之ᄒᆞ라ᄒᆞᆫ대旽이
聞之ᄒᆞ고王의게告ᄒᆞ야仁澤의等을杖流ᄒᆞ다○

辛旽을封ᄒᆞ야眞平侯를삼고功臣을賜ᄒᆞ다

紀元前二十六年 丙午에左司議鄭樞와右正言李存吾ㅣ上疏ᄒᆞ야旽의專權不法ᄒᆞᆫ罪를極言ᄒᆞᆫ대王이大怒ᄒᆞ야樞를貶ᄒᆞ야東萊縣令을삼고存吾로長沙監務를삼다(長沙ᄂᆞᆫ今茂長이라)

紀元前二十五年 丁未에李穡으로써大司成을삼고鄭夢周로博士을삼다穡이經術之士鄭夢周와金九容과朴尙衷과朴宜中과李崇仁의等을擇ᄒᆞ야다教官과教授를兼ᄒᆞ니性理의學이始興ᄒᆞ더라

紀元前二十三年 己酉에明太祖ㅣ遣使ᄒᆞ야天下를定ᄒᆞᆷ을告ᄒᆞ니비로소至正年號를停ᄒᆞ고洪武年號를行ᄒᆞ다

紀元前二十二年 庚戌에明帝ㅣ遣使ᄒᆞ야冊王ᄒᆞ다

紀元前二十一年 辛亥에辛旽이怙寵ᄒᆞ고肆虐ᄒᆞ야世家大族을誅殺이殆盡이라旽이權盛ᄒᆞᆷ을王이忌ᄒᆞᄂᆞᆫ줄알고恐ᄒᆞ야드듸여不軌를謀ᄒᆞ니王이命ᄒᆞ야流ᄒᆞᆫ대臺諫이上疏ᄒᆞ야爭論ᄒᆞ거ᄂᆞᆯ이에誅ᄒᆞ다○牟尼奴로召ᄒᆞ야太后殿에納ᄒᆞ니牟尼奴ᄂᆞᆫ即辛旽婢妾般若의所出이라旽이誅ᄒᆞ매王이牟尼奴를召ᄒᆞ야太后殿에納ᄒᆞ고侍中李仁任더러謂ᄒᆞ야ᄀᆞᆯ오ᄃᆡ元子ㅣ在ᄒᆞ니吾ㅣ無憂라ᄒᆞ더라初에王이微

行ᄒᆞ야旽의家에至ᄒᆞ니旽이其兒ᄅᆞᆯ指ᄒᆞ야ᄀᆞᆯ오
대願컨대殿下ᄂᆞᆫ養子ᄅᆞᆯ삼아써立後ᄒᆞ라ᄒᆞ니王이
笑ᄒᆞ고不答ᄒᆞ나心許ㅣ러니至是에召納ᄒᆞ니라

紀元前十九年 癸丑에禑ᄅᆞᆯ封ᄒᆞ야江寧大君을삼다

紀元前十八年 甲寅에濟州ㅣ叛ᄒᆞ거ᄂᆞᆯ崔瑩을遣ᄒᆞ야討平ᄒᆞ
다○宦者崔萬生과幸臣洪倫의等이弑王ᄒᆞ고禑
ᄅᆞᆯ立ᄒᆞ다○崔萬生과洪倫의等이伏誅ᄒᆞ다

僞王禑 (禑ᄂᆞᆫ辛旽婢妾의出이니恭愍이稱ᄒᆞ야己子라ᄒᆞ다) 僭位十四年
이라

紀元前十七年 乙卯에辛旽의黨을宥ᄒᆞ다

紀元前十六年 丙辰에般若ᄅᆞᆯ臨津에投ᄒᆞ다

紀元前九年 癸亥에胡ㅣ拔都ᄒᆞ고入寇ᄒᆞ거ᄂᆞᆯ我 太祖大王
이吉州에戰ᄒᆞ야大破ᄒᆞ다

紀元前七年 乙丑에明이遣使ᄒᆞ야冊禑ᄒᆞ다○熒惑이南斗에
入ᄒᆞ다

紀元前五年 丁卯에官服을華制ᄅᆞᆯ從ᄒᆞ다

紀元前四年 戊辰에禑ㅣ發兵ᄒᆞ야平壤에次ᄒᆞ야遼東을督伐
ᄒᆞ다時에崔瑩이當道ᄒᆞ야事元ᄒᆞᆯ議ᄅᆞᆯ倡ᄒᆞ거ᄂᆞᆯ
我 太祖大王이그不可ᄒᆞᆷ을陳ᄒᆞ니禑ㅣ不聽ᄒᆞ
고瑩으로써八道都統使ᄅᆞᆯ삼고曹敏修로左軍都

統使를삼고 太祖大王으로右軍都統使를삼아
諸軍을發ᄒᆞ고瑩이禑로더부러日夜로縱樂ᄒᆞ더
라(瑩이太祖大王의功名이盛ᄒᆞᆷ을深忌ᄒᆞ야明에得罪케ᄒᆞ야此計를生ᄒᆞ니라)○大
同江水ㅣ赤濁ᄒᆞ다○我 太祖大王이左右諸軍
을逆順禍福으로써諭ᄒᆞ고드듸여回軍ᄒᆞ야威
化島로부터還ᄒᆞ니禑ㅣ回軍狀을聞ᄒᆞ고瑩으
로더부러京城에馳還ᄒᆞ다○我 太祖大王이近
郊에來屯ᄒᆞ고爲書ᄒᆞ야瑩의罪를數ᄒᆞ고請責
ᄒᆞ니禑ㅣ不從ᄒᆞ거ᄂᆞᆯ郭忠輔의等이殿庭에直入
ᄒᆞ야瑩을索ᄒᆞ야流ᄒᆞ다○我 太祖大王이王

氏의後를擇立고ᄌᆞᄒᆞ니曹敏修ㅣ不聽ᄒᆞ고禑를
江華에放ᄒᆞ고禑子昌을立ᄒᆞ다○我 太祖大王
으로ᄡᅥ守侍中을삼ᄆᆞ○崔瑩을誅ᄒᆞ다
恭讓王(名은瑤니神宗의七世孫이라)在位四年이라
紀元前三年 己巳에我 太祖大王이沈德符와鄭道傳의等으
로더부러議ᄒᆞ야禑와昌이본ᄃᆡ王氏아니이宗祀를
奉ᄒᆞ미不可ㅣ라ᄒᆞ고禑를江陵에遷ᄒᆞ고昌을江
華에放ᄒᆞ고定昌君瑤를立ᄒᆞ야爲王ᄒᆞ다○尋에
辛禑와辛昌을誅ᄒᆞ다
紀元前二年 庚午에門下注書吉再ㅣ棄官ᄒᆞ고歸鄕ᄒᆞ다○禮

紀元前一年 紀元元年

成江水ㅣ三日을赤沸ᄒᆞ다

辛未에楮幣를造ᄒᆞ다

壬申에趙英珪ㅣ侍中鄭夢周를殺ᄒᆞ다○我定宗大王으로ᄡᅥ判密直司事를삼고 太宗大王으로密直提學을삼다○王이原州에遜位ᄒᆞ니尋에杆城에移ᄒᆞ고恭讓君을降封ᄒᆞ다高麗ㅣ亡ᄒᆞ니라太祖王元年戊寅에起ᄒᆞ야恭讓王末年壬申에止ᄒᆞ니凡三十二世에僞主ㅣ二人이니歷年이共四百七十五年이라

朝鮮歷史卷之二 終

朝鮮歷史 三

朝鮮歷史卷之三

本朝紀

太祖大王는(姓은李氏오諱는旦이오字는君晋이오初諱는成桂라)系ㅣ全州에出ᄒᆞ시니新羅司空諱翰의後오司空의夫人은新羅太宗의十世孫軍尹殷義의女ㅣ라 上이元順帝至元元年乙亥에永興私邸의셔誕降ᄒᆞ샤高麗에仕ᄒᆞ야門下侍中이되얏더니時에辛氏ㅣ亂統ᄒᆞ야麗政이太壞ㅣ라崔瑩이犯順ᄒᆞ는議ᄅᆞᆯ倡ᄒᆞ거ᄂᆞᆯ 上이誅瑩ᄒᆞ시니衆心이咸屬ᄒᆞ더라밋恭讓이廢ᄒᆞ미裴克廉의等이推戴ᄒᆞ

니 上이ᄂᆞ릐며 松京에即位ᄒᆞ시다○在位七
年이오(上王在位十年이라) 壽七十四ㅣ라

朝鮮開國紀元元年

壬申元年이라(明太祖洪武二十五年이라) 二趙胖을遣ᄒᆞ야如明
ᄒᆞ다○國號를定ᄒᆞ야ᄀᆞᆯ오ᄃᆡ朝鮮이라ᄒᆞ다○四代
를追尊ᄒᆞ야爲王ᄒᆞ다(穆祖와翼祖와度祖와桓祖라)○韓氏를追
冊ᄒᆞ야爲妃ᄒᆞ고諡曰神懿라ᄒᆞ다(安川府院君卿의女ㅣ니)
陵은齊陵이라ᄒᆞ다○康氏를冊ᄒᆞ야爲妃ᄒᆞ다(象山府院君允成의女ㅣ라)
○開國功臣裵克廉等三十九人을策
錄ᄒᆞ다○高麗王廟를麻田郡에立ᄒᆞ다

朝鮮開國紀元後三年

甲戌三年이라漢陽宮闕이成ᄒᆞ니ᄂᆞ릐며移都ᄒᆞ

다○宗廟를建ᄒᆞ다○上이耆社에入ᄒᆞ시고命ᄒᆞ
사文臣爵二品이며年七十以上을耆老宴에參與케
ᄒᆞ시다○恭讓君瑤ㅣ卒ᄒᆞ다

紀元後五年

丙子五年이라諸道民丁二十萬을發ᄒᆞ야都城을
築ᄒᆞ다○八月에 王妃康氏昇遐ᄒᆞ시니諡曰神
德이라ᄒᆞ다(葬貞陵ᄒᆞ다)

紀元後六年

丁丑六年이라青海君李之蘭을命ᄒᆞ사女眞을招
安ᄒᆞ니女眞이革面歸化ᄒᆞ야服役納賦를編戶와
同ᄒᆞ다○琉球國이遣使ᄒᆞ야稱臣ᄒᆞ고暹羅國이
遣使ᄒᆞ야方物을獻ᄒᆞ다(二國이南海中에在ᄒᆞ다)○虎符

로 依ᄒᆞ다 ○成均館을 建ᄒᆞ다
紀元後七年 戊寅七年이라 永安君芳果로 冊ᄒᆞ야 世子를 삼다
○上이 世子의게 禪位ᄒᆞ시다 ○金氏를 冊ᄒᆞ야 爲
妃ᄒᆞ다 判禮賓寺事天瑞의 女라
定宗大王 諱는 曔이니 太祖의 第二子오 初諱는 芳果라 在位二年이오
在上王位十九年이라 壽六十三이라
紀元後八年 己卯元年이라 明惠帝建文元年이라 松京에 還都ᄒᆞ다
紀元後九年 庚辰二年이라 朴苞ㅣ 作亂을 謀ᄒᆞ다가 伏誅ᄒᆞ다
○王弟靖安君芳遠을 冊ᄒᆞ야 世弟를 삼다 ○上이
高麗注書吉再를 召ᄒᆞ야 奉常博士를 授ᄒᆞ신ᄃᆡ 再

ㅣ 上疏ᄒᆞ야 ᄀᆞᆯ오ᄃᆡ 臣은 聞ᄒᆞ니 女無二夫오 臣無
二君이라 ᄒᆞ니 乞ᄒᆞ건ᄃᆡ 不事二姓ᄒᆞᄂᆞᆫ 志를 遂케
ᄒᆞ소셔 上이 그 節義를 嘉ᄒᆞ샤 優禮ᄒᆞ야 ᄇᆡ遣
ᄒᆞ고 其家를 復ᄒᆞ시다 ○閔氏를 冊ᄒᆞ야 爲妃ᄒᆞ다
驪興府院君霽의 女라
太宗大王 諱는 芳遠이오 太祖의 第五子ㅣ오 字는 遺德이라 在位十八年이
오 在上王位四年이라 壽五十六이라
紀元後十年 辛巳元年이라 明惠帝建文三年이라 鄭夢周를 領相을 褒贈
ᄒᆞ고 金若恒을 贊成을 褒贈ᄒᆞ다 ○元天錫이 雉岳
山下에 隱居ᄒᆞ야 躬耕養親이러니 上이 微時에

受學ᄒᆞ야ᄉᆞᆺ더니이에召ᄒᆞ신ᄃᆡ不赴ᄒᆞ거ᄂᆞᆯ 上이
親히其第에幸ᄒᆞ샤從ᄒᆞᆫ치못得見ᄒᆞ시고ᄃᆞ만饌醴
ᄅᆞᆯ招ᄒᆞ야食物을給ᄒᆞ고還ᄒᆞ시다
總完後十一年 壬午二年이라命ᄒᆞ야申聞鼓ᄅᆞᆯ設ᄒᆞ야有冤者
로ᄒᆞ야곰擊鼓登聞ᄒᆞ야ᄡᅥ下情을通케ᄒᆞ다
總完後十二年 癸未三年이라 上이本國에書籍이鮮少ᄒᆞᆷ을慮
ᄒᆞ샤命ᄒᆞ야鑄字所ᄅᆞᆯ置ᄒᆞ다
總完後十四年 乙酉五年이라다시漢陽에都ᄒᆞ다
總完後十七年 戊子八年이라五月에 太上王이(太祖王이라)昇遐ᄒᆞ
시니諡曰康獻이라ᄒᆞ다(葬健元陵ᄒᆞ다)

總完後十八年 己丑九年이라外戚의封君을悉罷ᄒᆞ다
總完後十九年 庚寅十年이라戶布ᄅᆞᆯ罷ᄒᆞ다
總完後二十年 辛卯十一年이라諸神祠와밋祈壽齋ᄅᆞᆯ罷ᄒᆞ다
總完後二十一年 壬辰十二年이라六月에 上王妃金氏(定宗王妃라)昇
遐ᄒᆞ시니諡曰靖安이라ᄒᆞ다(葬厚陵ᄒᆞ다)○臺諫이高
麗掌令徐甄을請鞫ᄒᆞᆫᄃᆡ 上이ᄀᆞᆯᄋᆞ샤ᄃᆡ高麗의
臣이我家에北面을아니ᄒᆞᄂᆞᆫ者ᄂᆞᆫ伯夷의流ㅣ라
엇지可히罪ᄒᆞ리오ᄒᆞ시다
總完後二十二年 癸巳十三年이라命ᄒᆞ샤王氏의後裔ㅣ民間에在
ᄒᆞᆫ者ᄅᆞᆯ從便居住ᄒᆞ라ᄒᆞ시다

乙未十五年이라 庶孽子孫으로ᄒᆞ야곰顯職에勿敍케ᄒᆞ다
開國紀元後二十四年

丁酉十七年이라命ᄒᆞ샤書雲監의藏ᄒᆞᆫ바讖緯書ᄅᆞᆯ燒ᄒᆞ다
開國紀元後二十六年

戊戌十八年이라世子禔ᄅᆞᆯ廢ᄒᆞ야讓寧大君을숨ᄒᆞ다○忠寧大君祹ᄅᆞᆯ冊ᄒᆞ야世子ᄅᆞᆯ숨ᄒᆞ다○上이世子의게禪位ᄒᆞ시다○沈氏ᄅᆞᆯ冊ᄒᆞ야爲妃ᄒᆞ다(靑川府院君溫의女라)○비로소經筵을開ᄒᆞ다
開國紀元後二十七年

世宗大王(諱ᄂᆞᆫ祹니太宗의第三子ㅣ라)在位三十一年이오壽五十四ㅣ라

己亥元年이라(太宗十九年이라)箕子碑ᄅᆞᆯ祠下에立ᄒᆞ다○年壯ᄒᆞᆫ宮人을出ᄒᆞ야歸家케ᄒᆞ다○九月에上王이(定宗이라)昇遐ᄒᆞ시니諡曰恭靖이라ᄒᆞ다(厚陵에葬ᄒᆞ다)
開國紀元後二十八年

庚子二年이라비로소集賢殿을置ᄒᆞ고文學의士成三問과申叔舟의等을選ᄒᆞ야顧問을備ᄒᆞ니得人이於斯에爲盛ᄒᆞ더라○七月에 太上王妃閔氏(太宗妃라)昇遐ᄒᆞ시니諡曰彰德이라ᄒᆞ다(獻陵에葬ᄒᆞ다)
開國紀元後二十九年

辛丑三年이라諸道丁夫三十餘萬을發ᄒᆞ야都城
開國紀元後三十年

을修築ᄒᆞ다○上이ᄀᆞᆯᄋᆞ샤ᄃᆡ八歲入學은古制라
今에世子ㅣ年이八歲니맛당이入學ᄒᆞᆯ지라世子
ㅣ成均館에至ᄒᆞ야儒服으로ᄡᅥ束脩禮ᄅᆞᆯ行ᄒᆞ
다

紀元後三十五年 壬寅四年이라五月에 太上王이(太宗이라)升遐ᄒᆞ
시니諡曰恭定이라ᄒᆞ다(獻陵에葬ᄒᆞ다)

紀元後三六年 己酉十一年이라農事集說을中外에頒行ᄒᆞ다○
宗學을建ᄒᆞ고文行이有ᄒᆞᆫ者ᄅᆞᆯ選ᄒᆞ야博士ᄅᆞᆯ삼
아ᄡᅥ宗親을敎ᄒᆞ다

紀元後三七六年 庚戌十二年이라笞背法을除ᄒᆞ다○命ᄒᆞ야五禮
儀ᄅᆞᆯ彙纂ᄒᆞ다

紀元後四十二年 癸丑十五年이라비로소雅樂을定ᄒᆞ다○養老宴
을設ᄒᆞ다

紀元後四十三年 甲寅十六年이라命ᄒᆞ사儒臣으로ᄒᆞ야곰三綱行
實을編輯ᄒᆞ실ᄉᆡ古今에忠臣과孝子와烈女의卓然
히可法ᄒᆞᆯ者ᄅᆞᆯ隨事紀載ᄒᆞ야中外에頒行ᄒᆞ다

紀元後四十四年 乙卯十七年이라命ᄒᆞ사年九十以上者ᄅᆞᆯ賜爵ᄒᆞ
시다

紀元後四十六年 丁巳十九年이라金宗瑞ᄅᆞᆯ遣ᄒᆞ야北疆을盡復ᄒᆞ
고六鎭을設ᄒᆞ다○貢法을行ᄒᆞ야地ᄅᆞᆯ六等을分

ᄒᆞ고年을九等을分ᄒᆞ야ᄡᅥ定稅ᄒᆞ다
紀元後四十七年 戊午二十年이라簡儀臺를造ᄒᆞ고簡儀渾儀와定
時圭表와禁漏等器를置ᄒᆞ니그精巧ㅣ極備ᄒᆞ더
라低小閣을建ᄒᆞ고玉漏機輪을設ᄒᆞ야鼓人鍾人과
司晨玉女를作ᄒᆞ니凡百機關이不由人力ᄒᆞ고自
擊自行ᄒᆞ미若神ᄒᆞ야天日의躔度와晷漏의刻이毫
釐가不差ᄒᆞ더라
紀元後五十四年 乙丑二十七年이라 上이鄭麟趾를命ᄒᆞ샤姬周로
브터宋에至ᄒᆞ기에治亂興亡에可法可戒홀者를
纂成ᄒᆞ야名曰治平要覽이라ᄒᆞ다○上이命ᄒᆞ샤權

踶의等으로 穆祖以後에肇基ᄒᆞ신跡을纂ᄒᆞ야
名曰龍飛御天歌ㅣ라ᄒᆞ야ᄡᅥ朝祭宴享의樂詞를
삼다
紀元後五十五年 丙寅二十八年이라三月에 王妃沈氏昇遐ᄒᆞ시니
謚曰昭憲이라ᄒᆞ다英陵에葬ᄒᆞ다○上이外國에다國文이
有ᄒᆞ되오쟉我國에無라ᄒᆞ샤드듸여象形을倣ᄒᆞ
야二十八字母를制ᄒᆞ야諸字를演作ᄒᆞ야成三問
의等으로ᄒᆞ야곰撰定ᄒᆞ야名曰訓民正音이라ᄒᆞ다
紀元後五十九年 庚午三十二年이라二月에 上이昇遐ᄒᆞ시니謚
曰莊憲이라ᄒᆞ다英陵에葬ᄒᆞ다○世子ㅣ卽位ᄒᆞ다○權

氏를追冊ᄒᆞ야爲妃ᄒᆞ고諡曰顯德이라ᄒᆞ다(花山府院君專의女니至是에追崇ᄒᆞ고顯陵에封ᄒᆞ다)

文宗大王(諱ᄂᆞᆫ珦이오字ᄂᆞᆫ輝之니世宗의第一子라)在位二年이오壽三十九ㅣ라

(紀元後六十年) 辛未元年이라(明代宗景泰二年이라)高麗王廟를名曰崇義殿이라ᄒᆞ다○親히陣法을製ᄒᆞ시고五衛를置ᄒᆞ시다○僧侶의入城을禁ᄒᆞ다

(紀元後六十一年) 壬申二年이라五月에 上이昇遐ᄒᆞ시니諡曰恭順이라ᄒᆞ다(顯陵에葬ᄒᆞ다)○世子ㅣ卽位ᄒᆞ다

端宗大王(諱ᄂᆞᆫ弘暐니文宗의世子라)在位三年이오(在上王位二年이라)壽十七이라

(紀元後六十二年) 癸酉元年이라(明代宗景泰四年이라)皇甫仁과金宗瑞의等이被誅ᄒᆞ다

(紀元後六十三年) 甲戌二年이라宋氏를冊ᄒᆞ야爲妃ᄒᆞ다(礪良府院君玹壽의女라)

(紀元後六十四年) 乙亥三年이라 上이首陽大君瑈의게禪位ᄒᆞ시다○上을尊ᄒᆞ야 上王이라ᄒᆞ다○尹氏를冊ᄒᆞ야爲妃ᄒᆞ다(坡平府院君璠의女라)

世祖大王(諱ᄂᆞᆫ瑈오字ᄂᆞᆫ粹之니世宗의第二子라)在位十三年이오壽五十二라

紀元後六十五年 丙子元年이라 (明代宗景泰七年이라) 成三問과朴彭年의等
이被誅ᄒᆞ다
紀元後六十六年 丁丑二年이라錦城大君瑜ㅣ順興府使李甫欽으
로더부러 上王을迎復ᄒᆞ기를合謀ᄒᆞ고南中郡
縣에移檄ᄒᆞ야장ᄎᆞ興兵ᄒᆞ랴ᄒᆞ다가事覺ᄒᆞ미瑜
를順興에安置ᄒᆞ고南中士人이連死ᄒᆞᆫ者ㅣ甚多
ᄒᆞ더라○九月에世子暲이卒ᄒᆞ니諡曰懿敬이라
ᄒᆞ다○海陽大君晄을冊ᄒᆞ야世子를삼다○上王
이寧越에遜ᄒᆞ시니降封ᄒᆞ야魯山君이라ᄒᆞ다○
十月에魯山君이卒ᄒᆞ다 (寧越에葬ᄒᆞ다) ○命ᄒᆞ야申叔舟

의等으로國朝寶鑑을纂成ᄒᆞ다
紀元後七十一年 壬午七年이라量田ᄒᆞ다
紀元後七十三年 甲申九年이라圓覺寺를都城中에創建ᄒᆞ다○金
時習의字ᄂᆞᆫ悅卿이오號ᄂᆞᆫ梅月堂이니三歲에能
히綴文ᄒᆞ니人이稱ᄒᆞ되神童이라ᄒᆞ다五歲에至
ᄒᆞ야 世宗大王이召見ᄒᆞ샤詩로써試ᄒᆞ시고大
奇ᄒᆞ시더니밋 端宗大王이遜位ᄒᆞ시미時習
이佯狂被緇ᄒᆞ고山水間에放浪ᄒᆞ거ᄂᆞᆯ至是에
上이召ᄒᆞ시니時習이마ᄎᆞᆷᄂᆡ不應ᄒᆞ더라
紀元後七十六年 丁亥十二年이라李施愛ㅣ叛ᄒᆞ거ᄂᆞᆯ命ᄒᆞ샤南怡

九

紀元後七十七年

외曹銓文의筌으로 詳平하다

戊子十三年이라 九月에 上이 昇遐하시니 謚曰

惠莊이라하다 葬光陵하다 ○世子ㅣ即位하다 ○韓氏

를追冊하야爲妃하고謚曰章順이라하다 上黨府院君韓明

澮의女ㅣ오 恭陵에封하다 追崇 ○韓氏를冊하야爲繼妃하

다 淸川府院君韓伯倫의女ㅣ라

德宗大王은 諱는 暲이니 世祖의 第一子ㅣ오 明原 成宗이 追崇하고 號를 懷簡이라 하다 敬陵에 葬하니라

睿宗大王은 諱는 晄이니 世祖의 第二子ㅣ라 在位一年

이오 壽二十이라

紀元後七十八年

己丑元年이라 明成化五年이라 十一月에 上이 昇遐하

시니 謚曰襄悼라하다 葬昌陵하다 ○者山君娎이 王

大妃의 命을 奉하야 即位하다 ○韓氏를 冊

하야爲妃하다 上黨府院君韓明澮의女ㅣ라

成宗大王은 諱는 娎이니 德宗의 第二子ㅣ라 在位二十五年이오 壽

三十八이라

紀元後七十九年

庚寅元年이라 明憲宗成化六年이라 集賢殿을 改하야 弘文

館이라하고 金宗直의等을 選하야 更日直宿하야

經史를 侍講하다

紀元後八十年

辛卯二年이라 經國大典이 始成하다 ○皇考를 謚

라世子追崇ᄒᆞ야 德宗大王이라ᄒᆞ고諡曰懷簡이
라ᄒᆞ고皇妃韓氏를(德宗王妃라)尊ᄒᆞ야 王大妃라ᄒᆞ
다(西原府院君確의女라)
紀元後八十三年 甲午五年이라四月에 王妃韓氏昇遐ᄒᆞ시니諡
曰恭惠라ᄒᆞ다(順陵에葬ᄒᆞ다)
紀元後八十四年 乙未六年이라尹氏를冊ᄒᆞ야爲繼妃ᄒᆞ다(判奉常寺事尹起
畎의女라)○尊經閣을成均館에建ᄒᆞ다○王妃尹氏를
廢ᄒᆞ다(燕山의母라)
紀元後八十七年 戊戌九年이라命ᄒᆞ샤盧思愼의等으로東國輿地
勝覽을撰ᄒᆞ다

紀元後八十九年 庚子十一年이라尹氏를冊ᄒᆞ야爲繼妃ᄒᆞ다(鈴原府院
君壕의女라)
紀元後九十二年 癸卯十四年이라三月에 大王大妃尹氏(世祖王妃라)
昇遐ᄒᆞ시니諡曰貞熹라ᄒᆞ다(光陵에祔葬ᄒᆞ다)
紀元後九十三年 甲辰十五年이라太學에田四百結을賜ᄒᆞ다
紀元後九十四年 乙巳十六年이라令ᄒᆞ샤改嫁女의子孫을東西班
에勿叙ᄒᆞ다○命ᄒᆞ샤徐居正으로東國通鑑을撰
ᄒᆞ다
紀元後一百一年 壬子二十三年이라前刑曹判書金宗直이卒ᄒᆞ다
宗直의字ᄂᆞᆫ季溫이오號ᄂᆞᆫ佔畢齋니善山人이라

朝鮮歷史 十一

文章學行이世의所推되더니 世祖朝에登第就
仕ᄒᆞ니라 上이即位ᄒᆞ시미累擢ᄒᆞ야判書에至
ᄒᆞ고謝病歸鄕ᄒᆞ야卒ᄒᆞ니年이六十二러라
開國後一百二年 癸丑二十四年이라大典續錄을頒ᄒᆞ다
開國後一百三年 甲寅二十五年이라十二月에 上이昇遐ᄒᆞ시니
諡曰康靖이라ᄒᆞ다 宣陵에葬ᄒᆞ다 ○世子ㅣ即位ᄒᆞ다○
愼氏를冊ᄒᆞ야爲妃ᄒᆞ다 領議政愼承善의女라

廢主燕山君 名은㦕이니成宗의長子라 在位十一年이라

開國後一百四年 乙卯元年이라 明孝宗弘治八年이라
開國後一百七年 戊午四年이라故判書金宗直을追罪ᄒᆞ야其棺을
剖ᄒᆞ고獻納金馹孫을殺ᄒᆞ고前佐郎金宏弼의等
을杖流ᄒᆞ다初에馹孫이史錄을修ᄒᆞᆯ식宗直이弔
義帝文을作ᄒᆞ얏더니李克墩이修史ᄒᆞ다가其文
을見ᄒᆞ고柳子光의게言ᄒᆞᆫ디子光이본디宗直을
啣ᄒᆞ던지라謂ᄒᆞ되其文이 光廟를譏斥ᄒᆞ미라
ᄒᆞ고드듸여史獄을起ᄒᆞ니燕山이宗直을追罪ᄒᆞᆯ
식馹孫과宏弼의等이ᄯᅩᄒᆞᆫ宗直의門徒로써被禍
ᄒᆞ니一時名賢이誅竄이殆盡ᄒᆞ더라○十二月에
大王大妃韓氏 睿宗王妃라 昇遐ᄒᆞ시니諡曰安順이라
ᄒᆞ다 昌陵에祔葬ᄒᆞ다

紀元後一百十三年

甲子十年이라廢妃尹氏ᄅᆞᆯ追崇ᄒᆞ다○四月에
大王大妃韓氏(德宗王妃라)昇遐ᄒᆞ시니謚曰昭惠라ᄒᆞ
다(敬陵에葬ᄒᆞ다)○前安陰縣監鄭汝昌이卒ᄒᆞ다汝昌의
字ᄂᆞᆫ伯勗이오號ᄂᆞᆫ一蠹오河東人이니金宗直의
門人이라 成宗朝에學行에擧ᄒᆞ야授職ᄒᆞ되不
就ᄒᆞ고後에登第ᄒᆞ야就仕ᄒᆞ더니戊午史禍에鍾城
에謫ᄒᆞ얏다가至是에卒ᄒᆞ니年이五十五ㅣ라謚ᄅᆞᆯ文
獻이라ᄒᆞ다○金宏弼ᄅᆞᆯ殺ᄒᆞ다宏弼의字ᄂᆞᆫ大猷오
號ᄂᆞᆫ寒暄堂이오瑞興人이니金宗直의門人이라
成宗朝에學行에擧ᄒᆞ야授職ᄒᆞ더니및史禍ㅣ作

紀元後一百十四年

ᄒᆞ야順天에杖流ᄒᆞ얏다가至是에戊午黨人으로
断加罪ᄒᆞ미드듸여被刑ᄒᆞ니年이五十一이라謚ᄅᆞᆯ
文敬이라ᄒᆞ다○南孝溫을追罪ᄒᆞ다孝溫의號ᄂᆞᆫ
秋江이라孝溫이昭陵을(文宗王妃權氏의陵이라)請復ᄒᆞᆫ罪로
至是ᄒᆞ야追論ᄒᆞ야剖棺斬屍ᄒᆞ다(世祖朝에昭陵을廢ᄒᆞ얏더니成
宗朝에孝溫이上疏ᄒᆞ야請復ᄒᆞ니不聽ᄒᆞ니라)○命ᄒᆞ야諸道各邑에娼
妓ᄅᆞᆯ設ᄒᆞ야號ᄅᆞᆯ運平樂工이라ᄒᆞ고運平三百人을
擇ᄒᆞ야入內ᄒᆞ야日노淫戲ᄅᆞᆯ事ᄒᆞ다○內都城을
築ᄒᆞ다
乙丑十一年이라 成宗時에後苑에蔥이一幹에

九枝가生ᄒᆞ니謂ᄒᆞ되瑞蔥이라ᄒᆞ더니燕山이此에臺를築ᄒᆞ야號를瑞蔥臺라ᄒᆞ고또蕩春臺를築ᄒᆞ고往來流連ᄒᆞ며石槽를作ᄒᆞ야宮女로더부러爲戲ᄒᆞ더라○諸生을逐ᄒᆞ야太學을空ᄒᆞ고巫覡을聚ᄒᆞ야其中에淫祀ᄒᆞ고또畿內數郡의民田을空棄ᄒᆞ야써游獵의場을合다

中宗大王 (諱ᄂᆞᆫ懌이오字ᄂᆞᆫ樂天이成宗의第二子라) 在位三十九年이오壽五十七이라

紀元後一 百十五年

丙寅元年이라 (明武宗正德元年이라) 王大妃 (貞顯王妃라) 命ᄒᆞ샤王을廢ᄒᆞ야燕山君을封ᄒᆞ야喬桐에放ᄒᆞ고晉城大君(懌)을冊ᄒᆞ야嗣位ᄒᆞ다時에燕山이크게殺戮을肆ᄒᆞ고淫虐이日甚ᄒᆞ야宗社ㅣ將危ᄒᆞᆯ지라朴元宗과成希顔의等이啓ᄒᆞ니 王大妃ㅣ命ᄒᆞ샤王을廢ᄒᆞ고드듸여冊立의教를降ᄒᆞ시다○愼氏를冊ᄒᆞ야爲妃ᄒᆞ다(益昌府院君守勤의女라)○命ᄒᆞ샤燕山時에被竄人을宥ᄒᆞ고金宏弼等의爵을追贈ᄒᆞ다○命ᄒᆞ샤柳子光의職을削ᄒᆞ다子光은燕山의嬖臣이니史獄을大起ᄒᆞ야忠賢을多殺이라至是ᄒᆞ야黜外ᄒᆞ얏다가尋歿ᄒᆞ다○燕山君이卒ᄒᆞ다(壽三十一이라)王妃愼氏를廢ᄒᆞ다(諸功臣이奏ᄒᆞ야反正ᄒᆞᆯ時에愼守勤이被誅ᄒᆞᆷ으로廢ᄒᆞ다)

紀元後一百十六年 丁卯二年이라尹氏를冊ᄒᆞ야爲妃ᄒᆞ다坡原府院君汝弼의女라
紀元後一百二十一年 壬申七年이라命ᄒᆞ야圓覺寺를撤ᄒᆞ다
紀元後一百二十二年 癸酉八年이라昭陵을追復ᄒᆞ다顯德王后權氏의陵이라
紀元後一百二十四年 乙亥十年이라三月에 王妃尹氏ㅣ昇遐ᄒᆞ시니
諡曰章敬이라ᄒᆞ다禧陵에葬ᄒᆞ다
紀元後一百二十六年 丁丑十二年이라尹氏를冊ᄒᆞ야爲繼妃ᄒᆞ다坡山府院君之緖의女라
紀元後一百二十八年 己卯十四年이라南袞의等이大司憲趙光祖의罪
를誣ᄒᆞ야論死ᄒᆞ다光祖의字ᄂᆞᆫ孝直이오號ᄂᆞᆫ靜
菴이오漢陽人이니金宏弼의門人이라登第就仕

ᄒᆞ야一時善類金淨과金湜과奇遵의等으로더부
러世道를挽回코ᄌᆞᄒᆞ다가드듸여袞等의誣ᄒᆞᆫ바
ㅣ되야事ㅣ將叵測ᄒᆞᄆᆡ相臣鄭光弼의力救ᄒᆞ
믈賴ᄒᆞ야綾州에竄配ᄒᆞ얏다가尋에賜死ᄒᆞ니年
이三十八이러라
紀元後一百三十年 辛巳十六年이라六月에魯山君夫人宋氏ㅣ卒ᄒᆞ
다
紀元後一百三十九年 庚寅二十五年이라八月에 王大妃尹氏成宗王妃라
昇遐ᄒᆞ시니諡曰貞顯이라ᄒᆞ다宣陵에祔葬ᄒᆞ다
紀元後一百五十三年 甲辰三十九年이라十一月에 上이昇遐ᄒᆞ시니

朝鮮歷史 卷一

諡曰恭僖라ᄒᆞ다(靖陵에葬ᄒᆞ다)○世子ㅣ卽位ᄒᆞ다○朴
氏를冊ᄒᆞ야爲妃ᄒᆞ다(錦城府院君墉의女라)
仁宗大王(諱ᄂᆞᆫ峼니 中宗의第一子라) 在位一年이오壽三十
一이라

紀元後一百五十四年
乙巳元年이라(明世宗嘉靖二十四年이라)命ᄒᆞ야趙光祖의爵
을復ᄒᆞ다○七月에上이昇遐ᄒᆞ시니諡曰榮靖이
라ᄒᆞ다(孝陵에葬ᄒᆞ다)○上이無嗣ᄒᆞ야慶原大君峘이遺
命으로ᄡᅥ卽位ᄒᆞ다○沈氏를冊ᄒᆞ야爲妃ᄒᆞ다(青陵
府院君鋼의女라)
明宗大王(諱ᄂᆞᆫ峘이오字ᄂᆞᆫ對陽이라 中宗의第二子라)在位二十二年
이오壽三十四ㅣ라

紀元後一百五十五年
丙午元年이라(明世宗嘉靖二十五年이라)處士徐敬德이卒ᄒᆞ다
敬德의字ᄂᆞᆫ可久오號ᄂᆞᆫ花潭이니唐城人이라邵
易을深究ᄒᆞ더니 仁宗朝에授職ᄒᆞ다가至是에
卒ᄒᆞ니年이五十八이라諡를文康이라ᄒᆞ다

紀元後一百六十二年
癸丑八年이라右贊成李彦廸이卒ᄒᆞ다彦廸의字
ᄂᆞᆫ復古오號ᄂᆞᆫ晦齋니驪州人이라 中宗朝에登
第ᄒᆞ야諫官이되야金安老를斥ᄒᆞ다가被劾罷歸
ᄒᆞ얏더니安老ㅣ敗死ᄒᆞᄆᆡ다시召用이러니밋尹
任等의獄事ㅣ作ᄒᆞᆯ식彦廸이抗辭力救ᄒᆞ되尹元

衛이 劫ᄒᆞ야 江界에 安置ᄒᆞ얏더니 至是에 卒ᄒᆞ니
年이 六十三이라 謚를 文元이라 ᄒᆞ다
紀元後一百七十一年 壬戌十七年이라 海西賊林居正이 羣黨을 嘯聚ᄒᆞ
야 州縣을 攻掠ᄒᆞ거ᄂᆞᆯ 南致勤을 遣ᄒᆞ야 討平ᄒᆞ
다
紀元後一百七十二年 癸亥十八年이라 世子暊이 卒ᄒᆞ니 謚曰順懷라 ᄒᆞ
다
紀元後一百七十三年 甲子十九年이라 處士成守琛이 卒ᄒᆞ다 守琛의 字
ᄂᆞᆫ 仲玉이오 號ᄂᆞᆫ 聽松이니 靜菴의 門人이라 遺逸
에 擧ᄒᆞ야 累拜職호ᄃᆡ 終不就ᄒᆞ더니 至是에 卒ᄒᆞ

니 年이 七十二라 謚를 文貞이라 ᄒᆞ다
紀元後一百七十四年 乙丑二十年이라 四月에 王大妃尹氏(中宗王妃라) 昇
遐ᄒᆞ시니 謚曰文定이라 ᄒᆞ다(泰陵에 葬ᄒᆞ다)
紀元後一百七十六年 丁卯二十二年이라 六月에 上이 昇遐ᄒᆞ시니 謚
曰恭憲이라 ᄒᆞ다(康陵에 葬ᄒᆞ다) ○上이 無嗣ᄒᆞ야 河城君
昖이 遺命으로ᄡᅥ 卽位ᄒᆞ다
宣祖大王(諱ᄂᆞᆫ 昖이오 初諱ᄂᆞᆫ 鈞이니 中宗의 孫이오 德興大院君의 第三子라) 在位
四十一年이오 壽五十七이라
紀元後一百七十七年 戊辰元年이라(明穆宗隆慶二年이라) 南袞等의 爵을 追削ᄒᆞ
다

紀元後一百七十八年 己巳二年이라 朴氏를 冊ᄒᆞ야 爲妃ᄒᆞ다 潘城府院君 應順의 女ㅣ라

紀元後一百七十九年 庚午三年이라 前贊成李滉이 卒ᄒᆞ다 滉의 字ᄂᆞᆫ 景浩오 號ᄂᆞᆫ 退溪니 眞實人이라 中廟朝에 登第就仕ᄒᆞ다가 還鄕이러니 밋 上이 卽位ᄒᆞ시ᄆᆡ 召用ᄒᆞ시니 滉이 聖學十圖를 撰進ᄒᆞᆫ디 上이 虛心嘉納ᄒᆞ샤 屛障을 繕寫ᄒᆞ야 朝夕으로 觀省ᄒᆞ시더니 至是에 卒ᄒᆞ니 年이 七十이라 謚ᄂᆞᆫ 文純이라 ᄒᆞ다

紀元後一百八十一年 壬申五年이라 前判官曺植이 卒ᄒᆞ다 植의 字ᄂᆞᆫ 健中이오 號ᄂᆞᆫ 南溟이라 遺逸에 擧ᄒᆞ야 累授職이러니 밋 引對에 治亂의 道를 進ᄒᆞ고 곳 辭歸ᄒᆞ얏더니 至是에 卒ᄒᆞ니 年이 七十二라 謚ᄂᆞᆫ 文貞이라 ᄒᆞ다

紀元後一百八十四年 乙亥八年이라 正月에 王大妃沈氏 明宗妃라 昇遐ᄒᆞ시니 謚曰 仁順이라 ᄒᆞ다 葬康陵ᄒᆞ다 明宗에 祔

紀元後一百八十六年 丁丑十年이라 十一月에 王大妃朴氏 仁宗妃라 昇遐ᄒᆞ시니 謚曰 仁聖이라 ᄒᆞ다 葬孝陵ᄒᆞ다 仁宗에 祔 ○尹任과 柳灌과 柳仁淑等의 爵을 追復ᄒᆞ다

紀元後一百八十八年 己卯十二年이라 前正成運이 卒ᄒᆞ다 運의 字ᄂᆞᆫ 健叔이오 號ᄂᆞᆫ 大谷이라 薦으로 ᄡᅥ 累授職ᄒᆞ야 辭不

獲ᄒᆞ고應命이라가尋에還鄕ᄒᆞ얏다가至是에卒
ᄒᆞ니年이八十三이러라

紀元後一百九十三年
甲申十七年이라前贊成李珥卒ᄒᆞ다珥의字ᄂᆞᆫ叔
獻이오號ᄂᆞᆫ栗谷이니德水人이라 明宗朝에登
第就仕ᄒᆞ얏더니밋 上이卽位ᄒᆞ시ᄆᆡ擢用을被
ᄒᆞ야일ᄌᆞᆨ이聖學輯要ᄅᆞᆯ撰進ᄒᆞᆫᄃᆡ 上이嘉納ᄒᆞ
시다未幾에海州로辭歸ᄒᆞ얏더니至是에卒ᄒᆞ니
年이四十九라諡ᄅᆞᆯ文成이라ᄒᆞ다

紀元後一百九十八年
己丑二十二年이라鄭汝立이謀叛ᄒᆞ다가伏誅ᄒᆞ
다

紀元後二百年
辛卯二十四年이라日本關伯平秀吉이玄蘇의等
을遣ᄒᆞ야致書ᄒᆞ야聲言ᄒᆞ되明國을攻ᄒᆞ고져ᄒᆞ
야假途로ᄡᅥ脅ᄒᆞ야言辭ㅣ悖慢ᄒᆞ거ᄂᆞᆯ 上이大
義로ᄡᅥ斥絕ᄒᆞ시다

紀元後二百一年
壬辰二十五年이라日本關伯平秀吉이淸正의等
을遣ᄒᆞ야大擧ᄒᆞ야來攻ᄒᆞ다○日兵이東萊ᄅᆞᆯ陷
ᄒᆞ니府使宋象賢이死ᄒᆞ다○光海君琿을冊ᄒᆞ야
世子ᄅᆞᆯ삼아軍國事ᄅᆞᆯ監撫케ᄒᆞ다○日兵이京城
을薄ᄒᆞ니 上이出幸ᄒᆞ시다○上이夜에臨津을
渡ᄒᆞ샤諸宰ᄅᆞᆯ召ᄒᆞ야問策ᄒᆞ신ᄃᆡ都承旨李恒福

이首言ᄒ되我國의兵力이足히써禦치못ᄒᆯ지라오ᄌ西赴ᄒ야明國에請援ᄒ소셔　上이드듸여西幸ᄒ시기ᄅᆞᆯ決ᄒ시다○車駕ㅣ平壤에進駐ᄒ시고世子ㅣ廟社主ᄅᆞᆯ奉ᄒ야伊川에駐ᄒ다○李德馨을遣ᄒ야遼東에詣ᄒ야請援ᄒ다○明이副摠兵祖承訓과遊擊史儒의等을遣ᄒ야遼軍을領ᄒ고來救ᄒ다○提督官趙憲이義兵을起ᄒ야日兵으로더부러錦山에서戰ᄒ다가不克ᄒ고死ᄒ다○高敬命과金千鎰의等이ᄯᅩᄒᆫ義兵을起ᄒ야不克ᄒ고死ᄒ다○日兵이進ᄒ야平壤

城을陷ᄒ다○上이義州에幸ᄒ시다○鄭崑壽ᄅᆞᆯ遣ᄒ야如明ᄒ야다시求救ᄒ다○明이李如松과劉綎의等을遣ᄒ야將兵ᄒ야來援ᄒ다

紀元後二百二年

癸巳二十六年이라李如松의等이日兵을擊破ᄒ고三京을復ᄒ고引兵ᄒ야還ᄒ다○上이還都ᄒ시다○上이旣還ᄒ사文廟에親祭ᄒ고丕ᄒ시되殿宇ㅣ燒燼ᄒ고ᄯᅩ位版이無ᄒᆫ지라이에命ᄒ샤學宮의側에築壇ᄒ고設位ᄒ고親祭ᄒ시다○上이明國人戚繼光의浙兵制度ᄅᆞᆯ嘉ᄒ샤訓鍊都監을設ᄒ고相臣柳成龍으로ᄒ야금其事ᄅᆞᆯ主ᄒ야

壯丁을招募ᄒᆞ야其法으로써教ᄒᆞ다

紀元後二百五年 丙申二十九年이라李夢鶴이作亂ᄒᆞ야州郡을陷ᄒᆞ거ᄂᆞᆯ洪州牧使洪可信이執誅ᄒᆞ다

紀元後二百六年 丁酉三十年이라日本將淸正의等이다시來侵ᄒᆞ거ᄂᆞᆯ明이楊鎬와麻貴와邢玠의等을遣ᄒᆞ야日兵을討ᄒᆞ야大破ᄒᆞ다

紀元後二百七年 戊戌三十一年이라前參贊成渾이卒ᄒᆞ다渾의字ᄂᆞᆫ浩原이오號ᄂᆞᆫ牛溪니守琛의子ㅣ라被薦拜職ᄒᆞ야항상特命으로入侍進講이라가未幾에坡山에歸ᄒᆞ더니至是에卒ᄒᆞ니年이六十四ㅣ라諡ᄅᆞᆯ文簡이라ᄒᆞ다○統制使李舜臣이舟師ᄅᆞᆯ率ᄒᆞ고日兵을擊破ᄒᆞ야屢捷ᄒᆞ니日船이敢히向西치못ᄒᆞ더니至是ᄒᆞ야日兵을露梁에서邀ᄒᆞ야鏖戰ᄒᆞ다가流丸에中ᄒᆞᆫ바ㅣ되야드듸여卒ᄒᆞ니諡ᄅᆞᆯ忠武ㅣ라ᄒᆞ다○日本將秀吉이死ᄒᆞ니日本이드듸여撤兵ᄒᆞ야還ᄒᆞ다○關王廟ᄅᆞᆯ建ᄒᆞ다

紀元後二百九年 庚子三十三年이라六月에 王妃朴氏昇遐ᄒᆞ시니諡曰懿仁이라ᄒᆞ다(穆陵에葬ᄒᆞ다)

紀元後二百十一年 壬寅三十五年이라金氏ᄅᆞᆯ冊ᄒᆞ야爲繼妃ᄒᆞ다(延興府院君悌男의라)

開國後二百十五年 丙午三十九年이라日本이遣使ᄒᆞ야求和ᄒᆞ거ᄂᆞᆯ
呂祐吉의等을遣ᄒᆞ야報ᄒᆞ다
開國後二百十七年 戊申四十一年이라二月에 上이昇遐ᄒᆞ시니諡
曰昭敬이라ᄒᆞ다 [illegible] ○世子ㅣ卽位ᄒᆞ다○柳
氏를冊ᄒᆞ야爲妃ᄒᆞ다 [illegible]
廢王光海君(名은琿이니宣祖의第二子ㅣ라) 在位十四年이라
開國後二百十八年 己酉元年이라(明神宗萬曆三十七年이라) 臨海君珒을殺ᄒᆞ
다
開國後二百二十二年 癸丑五年이라延興府院君金悌男을殺ᄒᆞ다(悌男은仁
穆王妃의父ㅣ라) 朴應犀ㅣ李爾瞻의嗾을受ᄒᆞ고金悌男이
謀逆ᄒᆞᆫ다誣告ᄒᆞ야闔門이被殺ᄒᆞ다 相臣李德馨
이禍ㅣ 王大妃게及ᄒᆞᆯ가恐ᄒᆞ고憂憤成疾ᄒᆞ야
卒ᄒᆞ니諡ᄂᆞᆫ文翼이라ᄒᆞ다○禁兵을別置ᄒᆞ야
王大妃宮門을鎖ᄒᆞ다
開國後二百二十三年 甲寅六年이라李爾瞻의等이永昌大君璜(仁穆王妃의出이라)
을指ᄒᆞ야逆魁라ᄒᆞ야三司ㅣ交章ᄒᆞ야請誅ᄒᆞᆫ대
光海ㅣ人으로ᄒᆞ야금收捕ᄒᆞᆯ새永昌이時年이
八歲라 王大妃의抱中에在ᄒᆞ더니使者ㅣ迫脅
ᄒᆞ고奪去ᄒᆞ야드듸여江華에安置ᄒᆞ얏다가府使
鄭沆이風旨를承ᄒᆞ고燒殺ᄒᆞ다○鄭造의等이李

爾瞻의 嗾을 受ᄒᆞ고 廢母의 論을 首發ᄒᆞ거ᄂᆞᆯ 前講善鄭蘊이 造等의 非ᄅᆞᆯ 疏論ᄒᆞ고 相臣李元翼이 또한 陳疏ᄒᆞ니 言이 甚히 切直ᄒᆞᆫ지라 光海ㅣ 大怒ᄒᆞ야 鄭蘊을 大靜에 安置ᄒᆞ고 李元翼을 洪州에 配ᄒᆞ니라 儒生洪茂績의 等이 上疏ᄒᆞ야 極言ᄒᆞ다가 또한 竄謫을 被ᄒᆞ니라

紀元後二百二十五年

丙辰八年이라 慶德宮과 仁慶宮을 建ᄒᆞ다

紀元後二百二十六年

丁巳九年이라 賣官과 贖刑의 科ᄅᆞᆯ 立ᄒᆞ다 ○ 光海ㅣ 廢母ᄒᆞᆯ 事로 百官에게 收議ᄒᆞᆫᄃᆡ 領中樞府事李恒福이 春秋에 子無讐母의 義로ᄡᅥ 力陳ᄒᆞ다가 드되여 北靑에 配ᄒᆞ얏더니 尋卒ᄒᆞ니 諡ᄅᆞᆯ 文忠이라 ᄒᆞ다 鄭弘翼의 等이 또한 極諫ᄒᆞ다가 被罪ᄒᆞ다

紀元後二百二十七年

戊午十年이라 王大妃ᄅᆞᆯ 廢ᄒᆞ야 西宮에 幽ᄒᆞ고 大將을 別置ᄒᆞ야 領兵圍守ᄒᆞ고 貞明公主ᄅᆞᆯ 仁穆王妃의 出이라 降ᄒᆞ야 庶人을 ᄉᆞᆷ다

紀元後二百二十九年

庚申十二年이라 前大司憲鄭逑ㅣ 卒ᄒᆞ다 逑의 字ᄂᆞᆫ 道可오 號ᄂᆞᆫ 寒岡이니 曹植의 門人이라 薦으로 授職ᄒᆞ야 累超遷이러니 至是에 卒ᄒᆞ니 年이 七十八이라 諡ᄅᆞᆯ 文穆이라 ᄒᆞ다

元宗大王 諱ᄂᆞᆫ 琈니 宣祖의 第五子라 仁祖壬申에 追崇ᄒᆞ야 諡曰恭良이라 ᄒᆞ고 章陵

二十三

을ᄒᆞ다封

仁祖大王(諱ᄂᆞᆫ倧이니 元宗의 長子ㅣ오 字ᄂᆞᆫ 和伯이라)이 在位二十七年

이오 壽五十五ㅣ라

癸亥元年이라(明熹宗天啓元年이라) 王大妃(仁穆妃ㅣ라) 王命ᄒᆞ

샤 王을 廢ᄒᆞ야 光海君을 封ᄒᆞ야 江華에 遷ᄒᆞ고 綾

陽君(倧)을 冊ᄒᆞ야 嗣位ᄒᆞ다 時에 倫紀가 斁絶ᄒᆞ고

荒亂이 滋甚ᄒᆞ야 宗社ㅣ 幾危ᄒᆞᆫ지라 金瑬와 李貴

와 申景禛과 崔鳴吉과 李曙의 等이 王大妃ᄅᆞᆯ 奉

ᄒᆞ야 復位ᄒᆞ니 王大妃ㅣ 命ᄒᆞ샤 王은 廢ᄒᆞ고 ᄂᆞᆫ 뒤

에 冊立의 敎ᄅᆞᆯ 降ᄒᆞ시다 ○ 韓氏ᄅᆞᆯ 冊ᄒᆞ야 爲妃

ᄒᆞ다(西平府院君浚謙의 女ㅣ라) ○ 上이 昏朝亂臣 李爾瞻과 韓

纘男과 鄭造와 尹訒과 朴應犀와 鄭沆의 等을 誅

ᄒᆞ고 舊臣 李元翼으로 ᄡᅥ 領相을 合ᄒᆞ고 鄭蘊과 洪茂

績과 鄭弘翼의 等을 召還ᄒᆞ고 宣廟朝 舊臣 吳允謙

과 李廷龜와 鄭經世의 等을 收用ᄒᆞ시다

甲子二年이라 平安兵使 李适이 叛ᄒᆞ야 京城을 進

逼ᄒᆞ거ᄂᆞᆯ 上이 公州에 幸ᄒᆞ시다 ○ 都元帥 張晩

과 別將 鄭忠信의 等이 适兵을 鞍峴에서 大破ᄒᆞ니

适이 敗走ᄒᆞ다가 其下의 斬ᄒᆞᆫ 바ㅣ 되야 獻ᄒᆞ다 ○

上이 還都ᄒᆞ시다 ○ 日本 關伯 源家光이 遣使ᄒᆞ야

朝鮮歷史 卷三 二十四

修好ᄅᆞᆯ請ᄒᆞ거ᄂᆞᆯ鄭苙의等을遣ᄒᆞ야報ᄒᆞ다

紀元後二百三十五年 丙寅四年이라南漢山城을築ᄒᆞ다

紀元後二百三十六年 丁卯五年이라金人이大擧ᄒᆞ야義州ᄅᆞᆯ來陷ᄒᆞ니
府尹李莞이戰歿ᄒᆞ다金兵이平山에至ᄒᆞ거ᄂᆞᆯ
上이江都에幸ᄒᆞ시고世子㴭이全州에如ᄒᆞ야南
道ᄅᆞᆯ鎭撫ᄒᆞ다○金人이請和ᄒᆞ고歸ᄒᆞ다○上이
還都ᄒᆞ시다○横城人李仁居ㅣ起兵ᄒᆞ야叛ᄒᆞ니
原州牧使洪寶ㅣ京師에執送ᄒᆞ야誅ᄒᆞ다

紀元後二百三十七年 戊辰六年이라柳孝立이謀叛ᄒᆞ다가伏誅ᄒᆞ다

紀元後二百四十年 辛未九年이라前叅判金長生이卒ᄒᆞ다長生의字

ᄂᆞᆫ希元이오號ᄂᆞᆫ沙溪니李珥의門人이라 宣廟
朝에薦으로授職ᄒᆞ다가 上이卽位ᄒᆞ시ᄆᆡ徵召
ᄒᆞ야累超遷이러니至是에卒ᄒᆞ니年이八十四ㅣ
라諡ᄅᆞᆯ文元이라ᄒᆞ다

紀元後二百四十一年 壬申十年이라 皇考ᄅᆞᆯ(定遠君이라)追崇ᄒᆞ야 元宗
大王이라ᄒᆞ고 皇妣具氏ᄅᆞᆯ追尊ᄒᆞ야 仁獻王
后ㅣ라ᄒᆞ다(諡의贊成思라)○六月에 大王大妃金氏
(宣祖王妃라)昇遐ᄒᆞ시니諡曰仁穆이라ᄒᆞ다(葬穆陵ᄒᆞ다에祔)

紀元後二百四十四年 乙亥十三年이라十二月에 王妃韓氏昇遐ᄒᆞ시
니諡曰仁烈이라ᄒᆞ다(葬長陵ᄒᆞ다에)

紀元後二百四十五年 丙子十四年이라 清이 크게 擧兵ᄒᆞ야 來攻ᄒᆞ거ᄂᆞᆯ 上이 世子를 率ᄒᆞ야 南漢에 幸ᄒᆞ시고 鳳林大君 淏ㅣ 廟社主를 奉ᄒᆞ고 江都에 入ᄒᆞ다 (金이 國號를 淸이라 改稱ᄒᆞ다)

紀元後二百四十六年 丁丑十五年이라 清이 江都를 陷ᄒᆞ니 領敦寧府事 金尚容이 自焚ᄒᆞ야 卒ᄒᆞ다○是時에 江都ㅣ 이믜 陷ᄒᆞ고 南漢이 거의 危ᄒᆞᆫ지라 上이 宗社를 爲ᄒᆞ야 城下의 盟을 約ᄒᆞ니 清이 撤兵ᄒᆞ야 還ᄒᆞ다○上이 還都ᄒᆞ시다○世子와 鳳林大君을 瀋陽에 質ᄒᆞ다○清이 學士洪翼漢과 吳達濟와 尹集의 等을 執歸ᄒᆞ야 斥和ᄒᆞᆫ 事로ᄡᅥ 遇害ᄒᆞ다

紀元後二百四十七年 戊寅十六年이라 趙氏를 冊ᄒᆞ야 為繼妃ᄒᆞ다 (漢原府院君昌遠의 女라)

紀元後二百四十九年 庚辰十八年이라 清이 前判書金尚憲을 執ᄒᆞ야 瀋陽에 囚ᄒᆞ얏다가 六年에 至ᄒᆞ야 乃歸ᄒᆞ다

紀元後二百五十年 辛巳十九年이라 光海君이 卒ᄒᆞ다

紀元後二百五十一年 壬午二十年이라 平安兵使林慶業이 明에 入ᄒᆞ얏다가 尋還ᄒᆞ니 金自點이 委官으로ᄡᅥ 私憾을 挾ᄒᆞ야 殺ᄒᆞ다 後에 賜謚ᄒᆞ야 忠愍이라 ᄒᆞ다

紀元後二百五十三年 甲申二十二年이라 沈器遠이 謀逆ᄒᆞ다가 伏誅ᄒᆞ다

紀元後二百五十四年

乙酉二十三年이라世子와大君이瀋陽으로부터至ᄒᆞ다○世子湍이卒ᄒᆞ니諡曰昭顯이라ᄒᆞ다○鳳林大君(淏)을冊ᄒᆞ야世子를삼다○侍講院에贊善과諮議等官을置ᄒᆞ야金集과宋時烈의等을擢用ᄒᆞ다

紀元後二百五十五年

丙戌二十四年이라故世子嬪姜氏를賜死ᄒᆞ다

紀元後二百五十八年

己丑二十七年이라五月에 上이昇遐ᄒᆞ시니諡曰純孝ㅣ라ᄒᆞ다(長陵에葬ᄒᆞ다)○世子ㅣ卽位ᄒᆞ다○舊相金尚憲과李景輿와儒臣金集과宋俊吉과宋時烈의等을召用ᄒᆞ다○張氏를冊ᄒᆞ야爲妃ᄒᆞ다(新豐府院君維의女라)

孝宗大王(諱ᄂᆞᆫ淏오字ᄂᆞᆫ靜淵이니仁祖의第二子라)在位十年이오壽四十一이라

紀元後二百五十九年

庚寅元年이라(明永曆四年이오清世祖順治七年이라)清使ㅣ來ᄒᆞ야相臣李景奭과大提學趙絅의等을竄ᄒᆞ다

紀元後二百六十年

辛卯二年이라金自點이謀逆ᄒᆞ다가伏誅ᄒᆞ다○常平通寶錢을行ᄒᆞ다

紀元後二百六十二年

癸巳四年이라故參判鄭蘊을吏曹判書職을贈ᄒᆞ다蘊의號ᄂᆞᆫ桐溪니草溪人이라光海時에抗疏立節ᄒᆞ고또丙子의亂에隨駕ᄒᆞ야南漢에入ᄒᆞ얏다

가和議ㅣ成ᄒᆞ미이에德裕山에入ᄒᆞ야茅舍ᄅᆞᆯ結ᄒᆞ고써終身ᄒᆞ니至是에贈職ᄒᆞ고賜謚ᄒᆞ야文簡이라ᄒᆞ다○洪翼漢과吳達濟와尹集의等을贈職ᄒᆞ다

紀元後二百六十四年

乙未六年이라命ᄒᆞ샤水車ᄅᆞᆯ制ᄒᆞ야外方에傳布ᄒᆞ야ᄡᅥ勸農의一助ᄅᆞᆯᄒᆞ게ᄒᆞ시다

紀元後二百六十六年

丁酉八年이라判中樞府事金集이卒ᄒᆞ다集의字ᄂᆞᆫ士剛이오號ᄂᆞᆫ愼獨齋니長生의子ㅣ라累徵ᄒᆞ야吏曹判書에至ᄒᆞ얏더니至是에卒ᄒᆞ니年이八十四ㅣ라謚ᄅᆞᆯ文敬이라ᄒᆞ다

紀元後二百六十七年

戊戌九年이라宋時烈을徵ᄒᆞ야吏曹判書ᄅᆞᆯ숨고宋浚吉을兵曹判書ᄅᆞᆯ숨다○上이相臣鄭太和와大將李浣으로더부러北伐ᄒᆞ기ᄅᆞᆯ圖議ᄒᆞ시다○成均館에祭酒ᄅᆞᆯ置ᄒᆞ고宋浚吉을擢用ᄒᆞ다

紀元後二百六十八年

己亥十年이라五月에 上이昇遐ᄒᆞ시니謚曰顯仁이라ᄒᆞ다寧陵에葬ᄒᆞ다○世子ㅣ即位ᄒᆞ다○金氏ᄅᆞᆯ冊ᄒᆞ야爲妃ᄒᆞ다清風府院君佑明의女라

顯宗大王이諱ᄂᆞᆫ棩이오字ᄂᆞᆫ景直이니孝宗의世子라在位十五年이오壽三十四ㅣ라

朝鮮歷史

紀元後二百六十九年 庚子元年이라(清世祖順治十七年이라)宋時烈과宋浚吉의等이國政을秉ᄒᆞ미尹鑴ㅣ忌ᄒᆞ야倡言호되 大妃의喪에三年服이맛당ᄒᆞ거ᄂᆞᆯ期制로ᄡᅥ定ᄒᆞ니是ᄂᆞᆫ卑主ᄒᆞ고貳宗ᄒᆞ미라ᄒᆞ고尹善道ㅣ嗾ᄒᆞ야疏訐ᄒᆞ니 上이그疏章을焚ᄒᆞ고善道를北邊에竄ᄒᆞ신ᄃᆡ宋時烈과宋浚吉이ᄯᅩᄒᆞᆫ退歸ᄒᆞ다

紀元後二百七十年 辛丑二年이라宋時烈과宋浚吉을다시徵召ᄒᆞ야至京ᄒᆞ다○上이溫泉에幸ᄒᆞ시다○命ᄒᆞ샤故忠臣宋象賢과趙憲과李舜臣의墓에賜祭ᄒᆞ시다

紀元後二百七十七年 戊申九年이라宋時烈을擢ᄒᆞ야拜相ᄒᆞ다

二十八

紀元後二百八十一年 壬子十三年이라前吏曹判書宋浚吉이卒ᄒᆞ다浚吉의字ᄂᆞᆫ明甫오號ᄂᆞᆫ同春이니金長生의門人이라 仁祖朝에被徵ᄒᆞ고 孝宗朝에賓師로ᄡᅥ待ᄒᆞ시더니至是에卒ᄒᆞ니年이六十七이라諡를文正이라ᄒᆞ다

紀元後二百八十三年 甲寅十五年이라 王大妃張氏(孝宗妃라)昇遐ᄒᆞ시니諡曰仁宣이라ᄒᆞ다(寧陵에祔葬ᄒᆞ다)○仁宣大妃喪에相臣金壽興이服制得失을論ᄒᆞ다가被竄ᄒᆞ니士禍ㅣ始ᄒᆞ더라○八月에 上이昇遐ᄒᆞ시니諡曰彰孝라ᄒᆞ다(崇陵에葬ᄒᆞ다)○世子ㅣ卽位ᄒᆞ다○金氏를冊ᄒᆞ

二十九

야爲妃ᄒᆞ다(光城府院君金萬基의女라)
肅宗大王(諱ᄂᆞᆫ焞이오字ᄂᆞᆫ明普니顯宗의世子라)在位四十六年이오壽
六十이라
紀元後二百八十四年
乙卯元年이라(清聖祖康熙十四年이라)相臣宋時烈과金壽恒의
等을竄ᄒᆞ고宋浚吉의官을追奪ᄒᆞ다時에許積과尹
鑴의徒ㅣ宗室楨과枏을挾ᄒᆞ고禮論으로ᄡᅥ士類를
陷ᄒᆞ야時烈은德源에謫ᄒᆞ고壽恒은靈巖에謫ᄒᆞ
며時烈의等을伸救ᄒᆞᄂᆞᆫ者ㅣ면믄득竄黜ᄒᆞ더라
紀元後二百八十九年
庚申六年이라宗室楨과枏과許積의妾子堅이凶
謀ㅣ有ᄒᆞ거ᄂᆞᆯ金錫胄ㅣ其事를發ᄒᆞ야鞫治ᄒᆞ야
楨과枏과積과堅이伏誅ᄒᆞ고吳始壽와尹鑴과
李元禎의等이다罪로ᄡᅥ死ᄒᆞ다○金壽恒을復
相ᄒᆞ고閔鼎重을擢ᄒᆞ야爲相ᄒᆞ다○命ᄒᆞ샤宋時
烈과金壽興의等을다宥ᄒᆞ고宋浚吉의官을復
ᄒᆞ다○十月에 王妃金氏昇遐ᄒᆞ시니諡曰仁
敬이라ᄒᆞ다(翼陵에葬ᄒᆞ다)
紀元後二百九十年
辛酉七年이라閔氏를冊ᄒᆞ야爲繼妃ᄒᆞ다(驪陽府院君閔維重의女라)○命ᄒᆞ샤文成公李珥와文簡公成渾을文廟
에從祀ᄒᆞ다
紀元後二百九十一年
壬戌八年이라兵曹判書金錫胄의奏請을因ᄒᆞ야

精抄軍과訓局別隊軍으로써設營ᄒᆞ야營號ᄅᆞᆯ禁衛營이라ᄒᆞ고兵判으로ᄡᅥ大將을兼ᄒᆞ다

癸亥九年이라宋時烈과儒臣朴世采의等을召致ᄒᆞ다○相臣閔鼎重이 上의志ㅣ賢俊을旁招ᄒᆞ고勵精ᄒᆞ야圖治ᄒᆞ시믈贊ᄒᆞ더니論議가携貳ᄒᆞᆷ으로써罷歸ᄒᆞ다○庚申브터後로少輩가持論ᄒᆞ야先進으로더부러角立ᄒᆞ니金錫胄와金萬基와金壽恒과閔鼎重의等은西人이라稱ᄒᆞ야宋時烈로ᄡᅥ爲主ᄒᆞ고趙持謙과韓泰東과吳道一의等은東人이라稱ᄒᆞ야朴世采로ᄡᅥ爲主ᄒᆞ다○十二月에王大妃金氏(顯宗妃)昇遐ᄒᆞ시니諡曰明聖이라ᄒᆞ다(崇陵에祔葬ᄒᆞ다)

甲子十年이라儒臣尹拯을貶ᄒᆞ다拯이宋時烈을師ᄒᆞ더니後에背ᄒᆞ고貽書ᄒᆞ야譏侮ᄒᆞ거ᄂᆞᆯ閔鼎重이其罪ᄅᆞᆯ言ᄒᆞ고다시儒賢으로ᄡᅥ待치아니ᄒᆞ다

戊辰十四年이라朴世采ᄅᆞᆯ徵ᄒᆞ야吏曹判書ᄅᆞᆯ삼다世采ㅣ宗室杭의罷遣ᄒᆞᆫ過ᄅᆞᆯ論ᄒᆞ야忤旨ᄒᆞ야旣歸ᄒᆞ니相臣南九萬이世采ᄅᆞᆯ救ᄒᆞ다가北邊에竄ᄒᆞ다○八月에 大王大妃趙氏(仁祖妃라)昇遐

ᄒᆞ시니諡曰莊烈이라ᄒᆞ다 葬徽陵ᄒᆞ다
ᄃᆞ己巳十五年이라 上이命ᄒᆞ샤元子의號를定ᄒᆞ
다○睦來善과閔黯의等이大進ᄒᆞ야舊臣을竄逐
ᄒᆞ야宋時烈이濟州에謫ᄒᆞ고金壽興과閔鼎重과
金萬基의等이被竄ᄒᆞ고李師命과金益勳과李翊
의等이다死ᄒᆞ다○前領相金壽恒을賜死ᄒᆞ다壽
恒은尙憲의孫이니號를文谷이라일즉淸名이有
ᄒᆞ야오리文衡을典ᄒᆞ더니珍島에謫ᄒᆞ얏다가受
命ᄒᆞ니라後에賜諡ᄒᆞ야文忠이라ᄒᆞ다○王妃閔
氏ㅣ遜位ᄒᆞ시니張氏를冊立ᄒᆞ다判書吳斗寅과

應敎朴泰輔ㅣ諫ᄒᆞ다가死ᄒᆞ다○前左相宋時烈
을賜死ᄒᆞ다時烈의字ᄂᆞᆫ英甫오號ᄂᆞᆫ尤菴이오懷
德人이니金長生의門人이라일즉生員에魁ᄒᆞ고
仁祖朝에被徵ᄒᆞ야不起ᄒᆞ고 孝宗께서大志ㅣ
有ᄒᆞ샤가장委任을加ᄒᆞ시더니至是에黯等의誣
ᄒᆞᆫ바ㅣ되야被逮ᄒᆞ야井邑에至ᄒᆞ야受命ᄒᆞ니年
이八十三이라後에賜諡ᄒᆞ야文正이라ᄒᆞ다
庚午十六年이라元子昀을冊ᄒᆞ야世子를삼다
辛未十七年이라成三問과朴彭年과柳誠源과河
緯地와李塏와俞應孚의官을復ᄒᆞ다

開國後三百一年 壬申十八年이라前左相閔鼎重이謫所에서卒ᄒᆞ
다鼎重의號ᄂᆞᆫ老峯이오驪興人이니宋時烈의門
人이라 仁祖朝에登第ᄒᆞ야重望을負ᄒᆞ더니至
是에卒ᄒᆞ니라後에賜諡ᄒᆞ야文忠이라ᄒᆞ다
開國後三百二年 癸酉十九年이라 上이松京에幸ᄒᆞ시다
開國後三百三年 甲戌二十年이라命ᄒᆞ샤 王妃閔氏ᄅᆞᆯ復位ᄒᆞ시
고張氏ᄅᆞᆯ降ᄒᆞ샤爲嬪ᄒᆞ고閔黯과趙嗣基의等을
討ᄒᆞ고朴世采ᄅᆞᆯ擢ᄒᆞ야爲相ᄒᆞ다○命ᄒᆞ샤宋時
烈의爵을復ᄒᆞ다
開國後三百四年 乙亥二十一年이라左相朴世采ㅣ卒ᄒᆞ다世采의

字ᄂᆞᆫ和叔이오號ᄂᆞᆫ玄石이니潘南人이라 顯宗
朝에被徵ᄒᆞ더니至是ᄒᆞ야相職을拜ᄒᆞ얏다가坡州
에歸ᄒᆞ야卒ᄒᆞ니年이六十五ㅣ라諡ᄂᆞᆫ文純이라
ᄒᆞ다
開國後三百七年 戊寅二十四年이라 端宗大王位號와定順王后
宋氏位號ᄅᆞᆯ復ᄒᆞ다 莊陵과思陵을封ᄒᆞ다 ○中宗廢妃愼氏
ᄅᆞᆯ別廟에祀ᄒᆞ다
開國後三百十年 辛巳二十七年이라命ᄒᆞ샤啓聖祠ᄅᆞᆯ太學에建ᄒᆞ
야叔梁紇을祀ᄒᆞ고顔無繇와曾點과孔鯉와孟激
公宜로配ᄒᆞ다○八月에 王妃閔氏昇遐ᄒᆞ시

니諡曰仁顯이라ᄒᆞ다 葬明陵ᄒᆞ다에

紀元後三百十一年 壬午二十八年이라金氏를冊ᄒᆞ야爲繼妃ᄒᆞ다 慶恩府院君柱臣의女ㅣ라

紀元後三百十七年 戊子三十四年이라前禮曹判書金昌協이卒ᄒᆞ다昌協의字ᄂᆞᆫ仲和오號ᄂᆞᆫ農巖이니壽恒의子ㅣ라일즉通顯ᄒᆞ다가家禍를遭ᄒᆞ미屛居ᄒᆞ야力學ᄒᆞ고累遷ᄒᆞ야正卿에擢ᄒᆞ고文衡에被選ᄒᆞ되不拜ᄒᆞ더니至是에卒ᄒᆞ니年이五十八이라諡를文簡이라ᄒᆞ다

紀元後三百二十年 辛卯三十七年이라北漢城을築ᄒᆞ다

紀元後三百二十一年 壬辰三十八年이라命ᄒᆞ사朴權으로ᄡᅥ定界使를合ᄒᆞ야淸差穆克登으로同ᄒᆞ야白頭山界를定ᄒᆞ다

紀元後三百二十五年 丙申四十二年이라儒生의等이陳疏ᄒᆞ야尹宣擧의文集이孝宗에語逼ᄒᆞ고尹拯이背師ᄒᆞᆫ罪를論劾ᄒᆞ거ᄂᆞᆯ命ᄒᆞ사그院額을撤ᄒᆞ고集板을毁ᄒᆞ고伴明年에그官爵을追削ᄒᆞ다

紀元後三百二十六年 丁酉四十三年이라上이溫泉에幸ᄒᆞ시다○命ᄒᆞ사文元公金長生을文廟에從祀ᄒᆞ다○命ᄒᆞ사世子로ᄡᅥ代理ᄒᆞ시다

紀元後三百二十七年 戊戌四十四年이라世子嬪의沈氏를冊ᄒᆞ고諡曰愍懷

라ᄒᆞ다

紀元後三百二十八年
己亥四十五年이라 上이耆社에入ᄒᆞ시다

紀元後三百二十九年
庚子四十六年이라六月에 上이昇遐ᄒᆞ시니諡曰元孝ㅣ라ᄒᆞ다 明陵에葬ᄒᆞ다 ○世子ㅣ卽位ᄒᆞ다○魚氏ᄅᆞᆯ冊ᄒᆞ야爲妃ᄒᆞ다 咸原府院君有龜의女ㅣ라 ○元嬪沈氏ᄅᆞᆯ追冊ᄒᆞ야爲妃ᄒᆞ고諡曰端懿라ᄒᆞ다 靑恩府院君浩의女ㅣ니至是에追冊ᄒᆞ고惠陵을封ᄒᆞ다

景宗大王 諱ᄂᆞᆫ昀이오字ᄂᆞᆫ輝瑞ㅣ니肅宗의世子라 在位四年이오壽三十七이라

紀元後三百三十年
辛丑元年이라 清聖祖康熙六十年이라 前左相權尙夏ㅣ卒ᄒᆞ다尙夏의字ᄂᆞᆫ致道오號ᄂᆞᆫ遂菴이오安東人이니宋時烈의門人이라累徵ᄒᆞ되不起ᄒᆞ더니至是에卒ᄒᆞ니年이八十一이라諡ᄅᆞᆯ文純이라ᄒᆞ다○延礽君 昑 을冊ᄒᆞ야世弟ᄅᆞᆯ삼다○趙泰耉와金一鏡의等이宦者ᄅᆞᆯ挾ᄒᆞ고旨ᄅᆞᆯ矯ᄒᆞ야建儲代理로ᄡᅥ爲案ᄒᆞ고相臣金昌集의等을竄逐ᄒᆞ다○太學生尹志述을殺ᄒᆞ다○李光佐와金一鏡等의奏ᄅᆞᆯ因ᄒᆞ야張氏祠ᄅᆞᆯ立ᄒᆞ고尊ᄒᆞ야玉山府大嬪이라ᄒᆞ다○大妃ㅣ宦官朴尙儉의等이凶徒ᄅᆞᆯ結ᄒᆞ야東宮을謀害ᄒᆞᄂᆞᆫ狀을發ᄒᆞ시니趙泰耉ㅣ其事ᄅᆞᆯ匿

ᄒᆞ고다만尚儉만殺ᄒᆞ야써滅口ᄒᆞ니判書申銋과
宋相琦ㅣ疏劾ᄒᆞ다가被竄ᄒᆞ다

紀元後三百三十一年
壬寅二年이라睦虎龍이告變ᄒᆞ야大獄을起ᄒᆞ야
相臣金昌集과李頤命과李健命과趙泰采을賜死
ᄒᆞ고因ᄒᆞ야判書李晚成과叅判洪啓迪과金雲澤
과大將李弘述과儒生金龍澤과李喜之와金省行
과徐德修의等을殺ᄒᆞ다○尹宣擧尹拯의官을復
ᄒᆞ다

紀元後三百三十二年
癸卯三年이라前判書鄭澔와閔鎭遠의等을竄ᄒᆞ
다

三十五

紀元後三百三十三年
甲辰四年이라八月에 上이昇遐ᄒᆞ시니諡曰宣
孝ㅣ라ᄒᆞ다 懿陵에葬ᄒᆞ다 ○世弟ㅣ即位ᄒᆞ다○徐氏로
冊ᄒᆞ야爲妃ᄒᆞ다 達城府院君宗悌의女라 ○金一鏡과睦虎龍
이伏誅ᄒᆞ다

英宗大王 諱ᄂᆞᆫ昤이오字ᄂᆞᆫ光叔이니肅宗의第二子라 이在位五十二年
一이오壽八十三이라

紀元後三百三十四年
乙巳元年이라 清世宗雍正三年이라 上이壬寅獄을伸ᄒᆞ
샤罪籍을釋ᄒᆞ고舊臣鄭澔와閔鎭遠의等을進用
ᄒᆞ고李觀命으로써爲相ᄒᆞ고李宜顯으로吏曹判
書를ᄉᆞᆷ고李縡로大提學을삼고四忠祠로露梁에

三十六

立ᄒᆞ며尹志述을崇節祠에配ᄒᆞ고凶黨을黜ᄒᆞ야
柳鳳輝와趙泰耇와李光佐와崔錫恒을竄ᄒᆞ다○
敬義君縡를冊ᄒᆞ야世子를삼다
開國三百三十六年 丁未三年이라 上이諸臣의懲討ᄒᆞᆷ을激怒ᄒᆞ샤
前案을翻覆ᄒᆞ야四大臣以下로罪籍에還置ᄒᆞ고
李光佐와趙泰億을復相ᄒᆞ다
開國三百三十七年 戊申四年이라甲辰大喪의凶黨과다못己巳餘孽
이合謀ᄒᆞ야稱兵ᄒᆞᆯ새李麟佐의等이먼져淸州에
犯ᄒᆞ니兵使李鳳祥과營將南延年이死ᄒᆞ다鄭希
亮은嶺南에起ᄒᆞ고朴弼夢은泰仁縣監으로起

ᄒᆞ고沈維賢과南泰徵은內應이되고平安兵使
李思晟과咸鏡監司權益寬과全羅監司鄭思孝
의等이서로糾結ᄒᆞ야指日ᄒᆞ야犯京ᄒᆞ랴ᄒᆞ더
니前領相崔奎瑞ㅣ上變ᄒᆞ야鞫治ᄒᆞ고兵曹判書
吳命恒이出征ᄒᆞ야湖賊을安城에서克ᄒᆞ고嶺
賊은嶺邑의平定ᄒᆞᆫ바ㅣ되니라監司黃璿이遇毒
ᄒᆞ야卒ᄒᆞ다諸賊과밋其黨朴弼夢과宗室坦의
等을誅討ᄒᆞ고李鳳祥과南延年의等을旌閭ᄒᆞ
고立祠ᄒᆞ다○十一月에世子ㅣ卒ᄒᆞ니諡曰孝
章이라ᄒᆞ다

己酉五年이라故相臣李健命과趙泰采의官을復ᄒᆞ다

庚戌六年이라六月에 王大妃魚氏 景宗王妃라 昇遐ᄒᆞ시니諡曰宣懿ㅣ라ᄒᆞ다 懿陵에 祔葬ᄒᆞ다

丙辰十二年이라王子 愃 을冊ᄒᆞ야世子를ᄉᆞᆷ다

己未十五年이라 中宗廢妃愼氏의位號를復ᄒᆞ고諡曰端敬이라ᄒᆞ다 溫陵을 封ᄒᆞ다

庚申十六年이라 上이親히大射禮를行ᄒᆞ시고太廟에樂章을釐正ᄒᆞ시다○故相臣金昌集과李頤命의官을復ᄒᆞ다至是에逆獄이顚倒ᄒᆞ야舊臣

의引退ᄒᆞᆫ者ㅣ만이出仕ᄒᆞ되오작金龍澤의等은罪案에仍置ᄒᆞ야써兩黨의爭論을戒ᄒᆞ다

甲子二十年이라 上이耆社에入ᄒᆞ시다

丙寅二十二年이라吏曹判書朴弼周의奏를因ᄒᆞ야柳鳳輝와趙泰耉等의官을追奪ᄒᆞ다○前參贊李縡ㅣ卒ᄒᆞ다縡의字는熙卿이오號는陶菴이니牛峰人이라졈머서王室에入ᄒᆞ얏다가仕退ᄒᆞ야篤學ᄒᆞ더니至是에卒ᄒᆞ니年이六十七이라諡를文正이라ᄒᆞ다

丁卯二十三年이라生員과進士의襴衫과幞頭를

着ᄒᆞᄂᆞᆫ制를定ᄒᆞ다○故相臣皇甫仁과金宗瑞等의官을復ᄒᆞ고安平大君瑢의冤을伸ᄒᆞ다

紀元後三百五十八年 己巳二十五年이라命ᄒᆞ샤世子로ᄡᅥ代理ᄒᆞ시다

紀元後三百五十九年 庚午二十六年이라　上이溫泉에幸ᄒᆞ시다

紀元後三百六十年 辛未二十七年이라十一月에孝章世子嬪趙氏ㅣ卒ᄒᆞ다

紀元後三百六十一年 壬申二十八年이라世孫이卒ᄒᆞ니諡曰懿昭ㅣ라ᄒᆞ다

紀元後三百六十二年 癸酉二十九年이라淑嬪崔氏의(上의私親이라)廟號를尊ᄒᆞ야毓祥宮이라ᄒᆞ고墓號를昭寧園이라ᄒᆞ다

紀元後三百六十四年 乙亥三十一年이라一鏡餘黨의凶謀ㅣ未已ᄒᆞ야至是에綻露ᄒᆞ거ᄂᆞᆯ비로소誅討를行ᄒᆞ야尹志와申致雲은伏誅ᄒᆞ고泰耈와鳳輝와李眞儒와李明彦의等은大逆律을施ᄒᆞ고光佐와錫恒과泰億의官을追奪ᄒᆞ다○命ᄒᆞ샤四忠祠를復ᄒᆞ고金龍澤의等을다宥ᄒᆞ다

紀元後三百六十五年 丙子三十二年이라文正公宋時烈과文正公宋浚吉을文廟에從祀ᄒᆞ다

紀元後三百六十六年 丁丑三十三年이라二月에　王妃徐氏ㅣ昇遐ᄒᆞ시니諡曰貞聖이라ᄒᆞ다(葬弘陵ᄒᆞ다)○三月에　大王

大妃金氏(肅宗王妃라)昇遐ᄒᆞ시니謚曰仁元이라ᄒᆞ다(明陵에祔葬ᄒᆞ다)

紀元後三百六十八年
己卯三十五年이라金氏를冊ᄒᆞ야爲繼妃ᄒᆞ다(驪興府院君漢耉의女라)

紀元後三百六十九年
庚辰三十六年이라世子ㅣ溫泉에幸ᄒᆞ다

紀元後三百七十一年
壬午三十八年이라五月에世子ㅣ卒ᄒᆞ니謚曰思悼ㅣ라ᄒᆞ다○上이復政ᄒᆞ시다○前右相趙載浩를賜死ᄒᆞ다○贊善宋明欽을召致ᄒᆞ다

紀元後三百七十三年
甲申四十年이라文純公朴世采를文廟에從祀ᄒᆞ다○贊善申暻을竄ᄒᆞ다

紀元後三百七十六年
丁亥四十三年이라山陰縣에七歲女ㅣ生男ᄒᆞ다

紀元後三百七十八年
己丑四十五年이라虎ㅣ都城에入ᄒᆞ다

紀元後三百八十年
辛卯四十七年이라儒生韓瑜와沈儀之ㅣ陳疏ᄒᆞ야洪鳳漢을凶逆으로ᄡᅥ目ᄒᆞ야攻ᄒᆞ거ᄂᆞᆯ上이그壬午事를疑亂ᄒᆞᆷ을惡ᄒᆞ샤瑜와儀之를다誅ᄒᆞ시다○肇慶廟를全州에立ᄒᆞ다(國朝始祖完山伯을祀ᄒᆞ다)○다시申聞鼓를懸ᄒᆞ다

紀元後三百八十一年
壬辰四十八年이라戚臣洪鳳漢이金龜柱로더부러分黨ᄒᆞ야相攻ᄒᆞ며鄭厚謙이因ᄒᆞ야竊柄ᄒᆞ야領相金致仁을竄ᄒᆞ고儒臣宋明欽의官을追奪ᄒᆞ

다〇李光佐等의官을復ᄒᆞ니參判趙榮順이引義ᄒᆞ다가被竄ᄒᆞ다

紀元後三百八十四年

乙亥五十一年이라吏判李㴁이鄭厚謙의勢를助ᄒᆞ거ᄂᆞᆯ執義南絳老와司諫李廸輔ㅣ厚謙과㴁을疏劾ᄒᆞᆫᄃᆡ 上이廸輔를竄ᄒᆞ고絳老를誅ᄒᆞ시다

〇命ᄒᆞ샤世孫祘으로ᄡᅥ代理ᄒᆞ시다

紀元後三百八十五年

丙申五十二年이라三月에 上이昇遐ᄒᆞ시니諡曰顯孝ㅣ라ᄒᆞ다 元陵에葬ᄒᆞ다 〇世孫이即位ᄒᆞ다〇金氏를冊ᄒᆞ야爲妃ᄒᆞ다 青原府院君時默의女ㅣ라 〇孝章世子를追崇ᄒᆞ야 眞宗大王이라ᄒᆞ고嬪趙氏를 孝純王后ㅣ라ᄒᆞ다 豐陵府院君文命의女라 〇思悼世子를追上ᄒᆞ야諡曰莊獻이라ᄒᆞ고垂恩墓를尊ᄒᆞ야永祐園이라ᄒᆞ고廟를景慕宮이라ᄒᆞ고惠嬪洪氏를尊ᄒᆞ야惠慶宮이라ᄒᆞ다〇李光佐等의官爵을追奪ᄒᆞ다〇金尚魯를逆律로追施ᄒᆞ다〇洪麟漢과鄭厚謙을賜死ᄒᆞ다〇奎章閣을內苑에建ᄒᆞ다

眞宗大王ㅣ 諱ᄂᆞᆫ緈이오字ᄂᆞᆫ聖敬이니英宗의第一子ㅣ라正宗丙申에追崇ᄒᆞ야諡曰孝章이라ᄒᆞ고永陵을封ᄒᆞ다

正宗大王 諱ᄂᆞᆫ祘이오字ᄂᆞᆫ亨運이니莊獻世子의第二子라 在位二十四年이오壽四十九ㅣ라

紀元後三百八十六年 丁酉元年이라(清高宗乾隆四十二年) 命ᄒᆞ샤 端宗忠臣河緯地의閭를旌ᄒᆞ다

紀元後三百八十七年 戊戌二年이라 靖嬪李氏(眞宗의親이라)의私墓를封ᄒᆞ야綏吉園이라ᄒᆞ고廟를延祜宮이라ᄒᆞ다 ○巫女의城闉에出入ᄒᆞᆷ을禁ᄒᆞ다

紀元後三百八十九年 庚子四年이라 月覲門을內苑의東에建ᄒᆞ다

紀元後三百九十年 辛丑五年이라 八子百選을御定ᄒᆞ시다 ○命ᄒᆞ샤 閣臣으로日省錄을修正ᄒᆞ다

紀元後三百九十一年 壬寅六年이라 上이文廟에詣ᄒᆞ샤酌獻禮를行ᄒᆞ시고明倫堂에設食ᄒᆞ시니我國朝에初有ᄒᆞᆫ盛禮러라

紀元後三百九十三年 甲辰八年이라 關人廟를丕闡堂西에重建ᄒᆞ다 ○命ᄒᆞ샤 幸行時에道傍의損稼를看審ᄒᆞ야蠲稅ᄒᆞ다 ○命ᄒᆞ샤 交濟倉을北關에置ᄒᆞ야써貧民을救洲ᄒᆞ다

紀元後三百九十五年 丙午十年이라 京外에飭ᄒᆞ샤過時토록不婚葬ᄒᆞᆫ者를搜訪ᄒᆞ야其需를助給ᄒᆞ다 ○命ᄒᆞ샤 先職의加資와밋大小科回榜人의加資ᄒᆞᄂᆞᆫ式을定ᄒᆞ다 ○世子旿이薨ᄒᆞ니謚曰文孝ㅣ라ᄒᆞ고服制를朞年으로議定ᄒᆞ다

紀元後三百九十六年 丁未十一年이라綏嬪朴氏嘉禮를行ᄒᆞ고宮號를嘉順이라ᄒᆞ다

紀元後三百九十七年 戊申十二年이라命ᄒᆞ샤寧越六臣祠와嚴興道의閭에賜祭ᄒᆞ시다○義烈宮은(世暎嬪李氏ᄂᆞ莊獻世子의私親이라)改ᄒᆞ야宮號와墓號를宣禧라ᄒᆞ다

紀元後三百九十八年 己酉十三年이라永祐園을水原에遷奉ᄒᆞ고園號를改ᄒᆞ야顯隆이라ᄒᆞ다

紀元後三百九十九年 庚戌十四年이라元子ㅣ誕降ᄒᆞ다

紀元後四百年 辛亥十五年이라命ᄒᆞ샤故處士金時習과太學生尙孝温을彰節祠에附享ᄒᆞ다○社倉을設ᄒᆞ다

○命ᄒᆞ샤崇德殿에致祭ᄒᆞ고新羅諸王의陵에다守護三戶를置ᄒᆞ다○京外에飭ᄒᆞ샤飢民에糊口와庇身의需를另給ᄒᆞ다

紀元後四百一年 壬子十六年이라命ᄒᆞ샤燕山君과光海君의墓에致祭ᄒᆞ시다

紀元後四百三年 甲寅十八年이라　上이是年이惠慶宮寶齡七旬大慶으로ᄡᅥ京外老人에게賜爵ᄒᆞ시니凡七萬七千人이라彙ᄒᆞ야一書를ᄒᆞ고名을人瑞錄이라ᄒᆞ다○御定ᄒᆞ신朱書百選이成ᄒᆞ니諸臣에게頒賜ᄒᆞ시다

開國後 四百四年 乙卯十九年이라 上이 慈殿慈宮을 奉ᄒᆞ사 景
慕宮에 詣ᄒᆞ시고 坤殿이 同詣ᄒᆞ사 酌獻禮를 行
ᄒᆞ시다(莊獻世子 甲辰誕辰이 周甲이라) ○上이 慈宮을 陪ᄒᆞ시고
顯隆園에 詣ᄒᆞ사 華城에 次ᄒᆞ시고 慈宮에 進饌
ᄒᆞ실ᄉᆡ 七爵禮를 行ᄒᆞ시다 ○桓祖大王 懿惠王
后를 永興本宮에 追躋ᄒᆞ시다(桓祖 誕降ᄒᆞ신 周甲이라) ○守
禦廳을 罷ᄒᆞ고 守禦使로ᄡᅥ 南漢에 出鎭ᄒᆞ야 廣州
留守를 合ᄒᆞ다 ○命ᄒᆞ사 忠武公李舜臣全書를 刊頒
ᄒᆞ시다
開國後 四百五年 丙辰二十年이라 命ᄒᆞ사 文靖公金麟厚를 文廟에

從祀ᄒᆞ다 ○御定ᄒᆞ신 奎章全韻이 成ᄒᆞ다 ○命ᄒᆞ
사 武經七書를 編校ᄒᆞ다
開國後 四百六年 丁巳二十一年이라 咸興儒生이 白雉를 獻ᄒᆞ니
上이 卻之ᄒᆞ시다
開國後 四百七年 戊午二十二年이라 御定ᄒᆞ신 五經百篇과 大學類
義가 成ᄒᆞ다
開國後 四百九年 庚申二十四年이라 元子(玜)를 冊ᄒᆞ야 世子를 숨다
○六月에 上이 昇遐ᄒᆞ시니 諡曰莊孝ㅣ라 ᄒᆞ다
(健陵에 葬ᄒᆞ다) ○世子ㅣ 即位ᄒᆞ다 ○洪國榮의 官爵을 追
奪ᄒᆞ다

純祖大王(諱는 玜이니 正宗의 世子ㅣ오 字는 公寶ㅣ라) 在位三十四年이오 壽四十五ㅣ라

紀元後四百十年 辛酉元年이라(淸仁宗嘉慶六年이라) 正宗御眞을 華城行宮에 奉安ᄒᆞ고 號ᄅᆞᆯ 華寧殿이라 ᄒᆞ다

紀元後四百十一年 壬戌二年이라 命ᄒᆞ샤 壯勇營을 罷ᄒᆞ다 ○命ᄒᆞ샤 故大學生尹志述로 四賢祠에 配享ᄒᆞ다 ○金氏ᄅᆞᆯ 冊ᄒᆞ야 爲妃ᄒᆞ다(永安府院君祖淳의 女ㅣ라)

紀元後四百十三年 甲子四年이라 仁政殿을 重建ᄒᆞ다

紀元後四百十四年 乙丑五年이라 正月에 大王大妃金氏(英宗王妃라) 昇遐ᄒᆞ시니 謚曰貞純이라 ᄒᆞ다(元陵에 祔葬ᄒᆞ다)

紀元後四百十五年 丙寅六年이라 命ᄒᆞ샤 金達淳을 賜死ᄒᆞ다 ○金漢祿과 金龜柱ᄅᆞᆯ 逆律로 追施ᄒᆞ다

紀元後四百十六年 丁卯七年이라 金鍾秀의 官爵을 追奪ᄒᆞ다

紀元後四百十八年 己巳九年이라 八月에 元子ㅣ 誕生ᄒᆞ다

紀元後四百十九年 庚午十年이라 命ᄒᆞ샤 高麗忠臣贊成事朴門壽ᄅᆞᆯ 表節祠에 配享ᄒᆞ다

紀元後四百二十年 辛未十一年이라 命ᄒᆞ샤 通信使金履喬와 副使李勉求ᄅᆞᆯ 遣ᄒᆞ야 日本對馬島에 往赴ᄒᆞ다 ○關西土寇洪景來ㅣ 聚黨ᄒᆞ야 嘉山郡을 刦ᄒᆞ니 郡守鄭蓍ㅣ 歿ᄒᆞ다 ○命ᄒᆞ샤 李堯憲으로 兩西巡撫使ᄅᆞᆯ

紀元後四百二十一年

삼고尙方劍을賜ᄒᆞ야從事를便宜케ᄒᆞ다

壬申十二年이라賊이定州城에入據ᄒᆞ거ᄂᆞᆯ巡撫軍을前進ᄒᆞ야擊罷ᄒᆞ라促令ᄒᆞ다○命ᄒᆞ사鄭著를兵判을贈ᄒᆞ다○宣川府使金益淳이伏誅ᄒᆞ다(城으로明賊의게降ᄒᆞᆫ罪러라)○官軍이定州를收復ᄒᆞ다○元子昊를冊ᄒᆞ야世子를삼다

紀元後四百二十二年

癸酉十三年이라全州府에南固山城을築ᄒᆞ고別將을置ᄒᆞ다

紀元後四百二十四年

乙亥十五年이라十二月에惠嬪洪氏ㅣ薨ᄒᆞ다(顯隆園에祔葬ᄒᆞ다)

紀元後四百二十六年

丁丑十七年이라世子ㅣ文廟에詣ᄒᆞ야入學禮를行ᄒᆞ다

紀元後四百二十八年

己卯十九年이라趙氏를冊ᄒᆞ야世子嬪을삼다

紀元後四百三十年

辛巳二十一年이라三月에 王大妃金氏(正宗王妃라)昇遐ᄒᆞ시니謚曰孝懿ㅣ라ᄒᆞ다(健陵에祔葬ᄒᆞ다)○中外에沴疾이大熾ᄒᆞ야旬月間에都下死亡이萬으로旪計ᄒᆞᆫ지라亞卿을遣ᄒᆞ야厲祭를諸山川에行ᄒᆞ다

紀元後四百三十一年

壬午二十二年이라十二月에綏嬪朴氏ㅣ薨ᄒᆞ다(徽慶園에葬ᄒᆞ다)

紀元後四百三十二年 癸未二十三年이라豐德府를革ᄒᆞ야開城府에合屬ᄒᆞ다

紀元後四百三十四年 乙酉二十五年이라命ᄒᆞ샤平壤의崇靈殿과崇仁殿에賜祭ᄒᆞ시다

紀元後四百三十六年 丁亥二十七年이라命ᄒᆞ사世子로代理ᄒᆞ시다○七月에元孫이誕降ᄒᆞ다

紀元後四百三十八年 己丑二十九年이라命ᄒᆞ사元孫 奐 을冊ᄒᆞ야世孫을合다

紀元後四百三十九年 庚寅三十年이라五月에世子ㅣ薨ᄒᆞ니諡曰孝明이라ᄒᆞ다

紀元後四百四十二年 癸巳三十三年이라昌德宮大造殿과熙政堂이火ᄒᆞ다○命ᄒᆞ샤諸臣에飭ᄒᆞ야經行과才德의士를啓薦ᄒᆞ라ᄒᆞ시다

紀元後四百四十三年 甲午三十四年이라十一月에 上이昇遐ᄒᆞ시니諡曰誠孝ㅣ라ᄒᆞ다 仁陵에葬ᄒᆞ다 ○世孫이卽位ᄒᆞ다○孝明世子를追崇ᄒᆞ야 翼宗大王이라ᄒᆞ고嬪趙氏를尊ᄒᆞ야 王大妃라ᄒᆞ다 豐恩府院君萬永의女라

翼宗大王 諱ᄂᆞᆫ旲오字ᄂᆞᆫ德寅이니純祖의世子ㅣ라憲宗甲午에追崇ᄒᆞ야諡曰孝明이라ᄒᆞ고綏陵을封ᄒᆞ다

憲宗大王 諱ᄂᆞᆫ奐이오字ᄂᆞᆫ文應이니翼宗의元子ㅣ라 在位十五年이오

紀元後四百四十四年

紀元後四百四十六年

紀元後四百四十九年

紀元後四百五十一年

紀元後四百五十二年

皇朝歷史 卷三

壽二十三이라

乙未元年이라(淸宣宗道光十五年이라)命ᄒᆞ사諸道에稅納濫徵ᄒᆞᄂᆞᆫ弊를飭ᄒᆞ시다○命ᄒᆞ사守宰의擅任치몯ᄒᆞᄂᆞᆫ者를殿最를待치말고啓罷ᄒᆞ라ᄒᆞ시다

丁酉三年이라金氏를冊ᄒᆞ야爲妃ᄒᆞ다(永興府院君祖根의女라)

庚子六年이라景慕宮의望廟樓ㅣ火ᄒᆞ다

壬寅八年이라命ᄒᆞ사千歲曆을刊進ᄒᆞ다

癸卯九年이라白氣ㅣ西方에見ᄒᆞ다○八月에王妃金氏昇遐ᄒᆞ시니謚曰孝顯이라ᄒᆞ다(景陵에葬ᄒᆞ다)

紀元後四百五十三年

紀元後四百五十六年

紀元後四百五十八年

甲辰十年이라洪氏를冊ᄒᆞ야爲繼妃ᄒᆞ다(益豐府院君在龍의女라)○命ᄒᆞ사文獻備考를刊行ᄒᆞ다

丁未十三年이라慶嬪金氏嘉禮를行ᄒᆞ고宮號를順和ㅣ라ᄒᆞ다○摠衛營을設ᄒᆞ다

己酉十五年이라六月에 上이昇遐ᄒᆞ시니謚曰哲孝ㅣ라ᄒᆞ다(景陵에葬ᄒᆞ다)○德完君昇이 大王大妃純元王后命을奉ᄒᆞ야卽位ᄒᆞ다(承純祖大統이시니라)入○命ᄒᆞ사趙秉鉉을賜死ᄒᆞ고徐相敎와申觀浩와李應植과李能權을竄ᄒᆞ다

哲宗大王(諱ᄂᆞᆫ昇이오字ᄂᆞᆫ道升이니全溪大院君의第三子시니라)在位十四年

朝鮮歷史 卷三

이오壽三十三이라

(紀元後四百五十九年) 庚戌元年이라(清宣宗道光三十年이라)

(紀元後四百六十年) 辛亥二年이라金氏를冊ᄒᆞ야爲妃ᄒᆞ다(永恩府院君汶根의女ㅣ라)○命ᄒᆞ사孔子聖像을江陵으로브터奉來ᄒᆞ야水原闕里祠에奉安ᄒᆞ다

(紀元後四百六十一年) 壬子三年이라太白이晝에見ᄒᆞ다○命ᄒᆞ사趙秉鉉의罪名을爻周ᄒᆞ고徐相教의等을量移ᄒᆞ다○御定ᄒᆞ신文苑黼黻이編成ᄒᆞ다

(紀元後四百六十四年) 乙卯六年이라命ᄒᆞ사洪麟漢의官爵을復ᄒᆞ다

(紀元後四百六十六年) 丁巳八年이라八月에 大王大妃金氏(純祖王妃라)昇遐ᄒᆞ시니諡曰純元이라ᄒᆞ다(仁陵에葬ᄒᆞ다)新○宣仁門이火ᄒᆞ다

(紀元後四百六十八年) 己未十年이라命ᄒᆞ사五倫行實을刊行ᄒᆞ다

(紀元後四百六十九年) 庚申十一年이라命ᄒᆞ사慶平君晧를(本名은世輔라)竄ᄒᆞ다

(紀元後四百七十一年) 壬戌十三年이라命ᄒᆞ사文忠公閔鎭遠과光城府院君金萬基의墓에賜祭ᄒᆞ시다

(紀元後四百七十二年) 癸亥十四年이라十二月에 上이昇遐ᄒᆞ시니諡曰英孝ㅣ라ᄒᆞ다(睿陵에葬ᄒᆞ다)○翼成君熙이 大王大妃(神貞王后ㅣ라)命을奉ᄒᆞ야卽位ᄒᆞ시다(翼宗大統을承ᄒᆞ시니라)

○命ᄒᆞ샤李世輔ᄅᆞᆯ宥ᄒᆞ다○慶州人崔福述의等이徒黨을聚會ᄒᆞ야ᄯᅢ天主ᄅᆞᆯ爲ᄒᆞᆫ다ᄒᆞ고執筆ᄒᆞ야降神ᄒᆞ며舞劒ᄒᆞ야騰空ᄒᆞ고名曰東學이라ᄒᆞ야惑世ᄒᆞ고誣民ᄒᆞᄂᆞᆫ지라崔福述의等을本道에押送ᄒᆞ야査究登聞ᄒᆞ라ᄒᆞ다

大君主陛下 諱ᄂᆞᆫ熙이오字ᄂᆞᆫ聖臨이오初諱ᄂᆞᆫ載晃이오字ᄂᆞᆫ明夫ㅣ니興宣大院君의第二子라

開國紀元四百七十三年 甲子元年이라 清穆宗同治三年이라 ○命ᄒᆞ샤故承旨金在敬의宅里ᄅᆞᆯ表ᄒᆞ야그孝行을襃ᄒᆞ다

開國紀元四百七十四年 乙丑二年이라景福宮을重建ᄒᆞ다○御定ᄒᆞ신兩銓便考ㅣ成ᄒᆞ다○命ᄒᆞ샤金尚魯의官爵을復ᄒᆞ다

開國紀元四百七十五年 丙寅三年이라閔氏ᄅᆞᆯ冊ᄒᆞ야爲妃ᄒᆞ시다 驪城府院君致祿의女라 ○英國人이兵艦을率ᄒᆞ고江華에來泊ᄒᆞ야交好通商을請ᄒᆞ거ᄂᆞᆯ譯官을遣ᄒᆞ야斥ᄒᆞ고李景夏로ᄡᅥ巡撫使ᄅᆞᆯ삼고李元熙로中軍을삼아出陣ᄒᆞ야禦ᄒᆞ다○邪學을嚴禁ᄒᆞ고斥邪綸音을中外에頒ᄒᆞ다○命ᄒᆞ샤江華留守李寅夔와通津府使李公濂을竄ᄒᆞ다 棄城失守ᄒᆞᆫ罪라 ○命ᄒᆞ샤當百大錢을鑄ᄒᆞ다

紀元後四百七十六年 丁卯四年이라命ᄒᆞ야六典條例를纂輯ᄒᆞ야朝臣
의게頒賜ᄒᆞ시다○命ᄒᆞ샤小錢을通行ᄒᆞ다○景
福宮에移御ᄒᆞ시다

紀元後四百七十七年 戊辰五年이라 上이是年이 大王大妃神貞王后라
寶齡周甲으로써進爵餙慶ᄒᆞ시고文蔭武에六十
一歲人을加資를賜ᄒᆞ시다○大宗會를親行ᄒᆞ시
고宗親文武庭試를設ᄒᆞ시다○命ᄒᆞ샤李寅夔와
李公濂을放ᄒᆞ다○領相金炳學의奏를因ᄒᆞ야命
ᄒᆞ샤聖學十圖屛을進覽ᄒᆞ시다

紀元後四百七十八年 己巳六年이라 上이是年이 翼宗大王의聖壽
周甲으로써徽號를追上ᄒᆞ시고文蔭武逮事에六
十一歲人을加資를賜ᄒᆞ시다○命ᄒᆞ샤故忠臣吳
斗寅과李世華와朴泰輔의祠板에賜祭ᄒᆞ시다

紀元後四百七十九年 庚午七年이라生進幼學에文學才諝ㅣ有ᄒᆞᆫ者
를大臣이각각幾人을薦ᄒᆞ다○命ᄒᆞ사五禮便
攷를校正ᄒᆞ시다

紀元後四百八十年 辛未八年이라籍田에親耕ᄒᆞ시고耆民을會ᄒᆞ야
勞酒禮를行ᄒᆞ시다○寧海府土民이作亂ᄒᆞ야府
使李墩이死ᄒᆞ니正卿을褒贈ᄒᆞ다○洋船이德津
鎭을來侵ᄒᆞ야鎭撫中軍魚在淵이死ᄒᆞ니兵判

을褒贈ᄒᆞ다○四月에元子ㅣ誕生ᄒᆞ다○元子
ㅣ卒ᄒᆞ다

紀元後四百八十一年 壬申九年이라齊陵과厚陵과밋麗顯陵에幸行
ᄒᆞ시다

紀元後四百八十二年 癸酉十年이라參判崔益鉉의疏ᄅᆞᆯ從ᄒᆞ야孝純과
玄逸과來善의官爵을追奪ᄒᆞ다○慈慶殿이火ᄒᆞ
다○命ᄒᆞ사當百大錢을停行ᄒᆞ다○大學生李世
愚의疏ᄅᆞᆯ從ᄒᆞ야大院君을尊ᄒᆞ야大老ㅣ라ᄒᆞ다

紀元後四百八十三年 甲戌十一年이라命ᄒᆞ사小錢을停行ᄒᆞ다○二月
에元子ㅣ誕生ᄒᆞ다○武衛所ᄅᆞᆯ設ᄒᆞ다

紀元後四百八十四年 乙亥十二年이라元子 坧 을冊ᄒᆞ야王世子ᄅᆞᆯ삼다

紀元後四百八十五年 丙子十三年이라日本으로더부러다시舊好ᄅᆞᆯ講
ᄒᆞ다○金綺秀로ᄡᅥ日本修信使ᄅᆞᆯ삼아前往ᄒᆞ야
辦事ᄒᆞ다

紀元後四百八十七年 戊寅十五年이라五月에 大妃金氏 哲宗王妃라 昇遐
ᄒᆞ시니諡曰哲仁이라ᄒᆞ다 睿陵에祔葬ᄒᆞ다

紀元後四百八十八年 己卯十六年이라日本外務大丞花房義質이館所
에來留ᄒᆞ다○砲臺ᄅᆞᆯ仁川富平地에設ᄒᆞ다

紀元後四百九十年 辛巳十八年이라命ᄒᆞ샤故相臣李天輔와李㻐와
閔百祥의祠板에賜祭ᄒᆞ다○金允植으로ᄡᅥ領選

紀元後四百九十一年

使를삼다

壬午十九年이라王世子ㅣ入學ᄒᆞ다○王世子ㅣ冠禮를行ᄒᆞ다○閔氏를冊ᄒᆞ야世子嬪을삼다(左贊成閔台鎬의女라)○王世子ㅣ廟謁禮를行ᄒᆞ다○趙寧夏와金弘集으로ᄡᅥ全權使臣을삼아德國使로더부러事宜를商辦ᄒᆞ다○訓局軍卒이作亂ᄒᆞ야入宮ᄒᆞ니閔謙鎬와金輔鉉이被害ᄒᆞ다○武衛所를革罷ᄒᆞ고各營을一體히復舊ᄒᆞ다○中宮殿이司禦尹泰駿의第에潛御ᄒᆞ시니翊贊閔應植과進士閔肯植이陪從ᄒᆞ다○中宮殿이吏判閔泳緯驪州鄕第에移御ᄒᆞ시다○中宮殿이翊贊閔應植忠州章院鄕第에仍御ᄒᆞ시다○綸音을軍民에布告ᄒᆞ다○亂軍十名을拿獲ᄒᆞ야重辟에置ᄒᆞ다○中宮殿이還御ᄒᆞ시다○命ᄒᆞ사訓鍊都監을革罷ᄒᆞ다○美國으로더부러交好通商ᄒᆞ다○德國人穆麟德으로ᄡᅥ外務協辦을삼다○減省廳을設ᄒᆞ고魚允中으로ᄡᅥ句管ᄒᆞ다○統理交涉通商衙門을設ᄒᆞ다○軍國機務衙門을設ᄒᆞ다○元山浦에開港ᄒᆞ다

紀元後四百九十二年

癸未二十年이라命ᄒᆞ사當五錢을鑄ᄒᆞ다○金玉

朝鮮歷史 五十三

紀元後四百九十三年

均으로써捕鯨使를合다○濟物浦에開港ᄒᆞ다○
機器局을設ᄒᆞ다○典圜局을設ᄒᆞ다○博文局을
設ᄒᆞ다○北關王廟를建ᄒᆞ다○魚允中으로써西
北經略使를合며○命ᄒᆞ샤文烈公趙憲과文敬公
金集을文廟에從祀ᄒᆞ다○清國人王錫鬯으로써
軍國衙門叅議를合고馬建常으로贊議를合다
甲申二十一年이라郵征總局을設ᄒᆞ다○命ᄒᆞ샤
冠服은黑團領을專用ᄒᆞ고私服은窄袖衣와戰服
과絲帶를着ᄒᆞ다○海防營을富平府에設ᄒᆞ다○
十月十七日夜에金玉均과洪英植과朴泳孝와徐

光範과徐載弼의等이日兵을矯召ᄒᆞ거ᄂᆞᆯ 上이
景祐宮에移御ᄒᆞ시니贊成閔台鎬와知事趙寧夏
와海防總管閔泳穆과左營使李祖淵과右營使尹
泰駿과前營使韓圭稷과中官柳載賢이遇害ᄒᆞ다
○是日에各 殿宮이離次ᄒᆞ시다○十九日에日
兵이退ᄒᆞ다○上이北廟에離次ᄒᆞ샤싸가宣仁門
外清統領吳兆有의營房에還次ᄒᆞ시고各 殿宮
이蘆原에離次ᄒᆞ시다○命ᄒᆞ샤縉紳과士庶의燕
服을從便ᄒᆞ라ᄒᆞ다○命ᄒᆞ샤十七日로부터十九
日에至ᄒᆞ야傳敎와政事와啓辭等文蹟을勿施ᄒᆞ

다○上이還御ᄒ시고翌日에各 殿宮이還御ᄒ
시다○英國과德國으로더부러交好通商ᄒ다○濟
衆院을設ᄒ다○命ᄒ샤外務督辦趙秉鎬로ᄡ大
官을差下ᄒ고監理仁川港通商事務洪淳學으로
副官을差下ᄒ야仁川에前往ᄒ야事宜를商辦ᄒ
다○命ᄒ샤統理軍國衙門을革罷ᄒ야議政府에
合付ᄒ다○命ᄒ샤禮曹叅判徐相雨로ᄡ全權大
臣을特差ᄒ고外務協辦穆麟德으로副大臣을特
差ᄒ야日本에前往ᄒ야事宜를辦理ᄒ다○命ᄒ
사海防總管李奎遠으로ᄡ東南開拓使를差下ᄒ다

紀元後四百九十四年
乙酉二十二年이라惠商公局을設ᄒ다○俄國으
로더부러交好通商ᄒ다

紀元後四百九十五年
丙戌二十三年이라命ᄒ샤美國人德尼로ᄡ內務
協辦을삼다○命ᄒ샤美醫安連과蕙論으로ᄡ二
品階를特授ᄒ다○義國으로더부러交好通商ᄒ
다○育英公院을設ᄒ다○礦務局을設ᄒ다○會
寧府에開港ᄒ다○洪鍾永으로ᄡ總務官을삼아
各道貢賦를輪船으로轉運ᄒ다

紀元後四百九十六年
丁亥二十四年이라世子嬪이冠禮를行ᄒ다○電
報局을設ᄒ다○鍊武公院을設ᄒ다○命ᄒ샤新

羅味鄒王의殿을建ᄒᆞ야置官ᄒᆞ고宣額ᄒᆞ고禮享
ᄒᆞ다○法國으로더부러交好通商ᄒᆞ다○命ᄒᆞ사
墨賢理로ᄡᅥ戶曹參判銜을特加ᄒᆞ고何文德으로
戶曹參議啣ᄅᆞᆯ特加ᄒᆞ고史納機와帛黎格類로通
政階ᄅᆞᆯ幷加ᄒᆞ다○命ᄒᆞ사英國人奚來白士로ᄡᅥ
通政階ᄅᆞᆯ特授ᄒᆞ다○命ᄒᆞ사內務協辦朴定陽으
로ᄡᅥ全權大臣을特派ᄒᆞ야美國에前往ᄒᆞ야使事
ᄅᆞᆯ妥辦ᄒᆞ다○上이是年이　憲宗大王의聖壽回
甲으로ᄡᅥ酌獻禮ᄅᆞᆯ眞殿에親行ᄒᆞ시고文武達事
에六十一歲人을加資ᄅᆞᆯ賜ᄒᆞ시다

紀元後四百九十七年

戊子二十五年이라命ᄒᆞ사箕子의墓ᄅᆞᆯ封陵ᄒᆞ고
置官ᄒᆞ다○上이是年이　大王大妃의寶齡望九
로ᄡᅥ徽號ᄅᆞᆯ親上ᄒᆞ시고飾慶ᄒᆞ사文蔭武에八十一
歲人을加資ᄅᆞᆯ賜ᄒᆞ시다○耆老科ᄅᆞᆯ設ᄒᆞ다○安邊
府使李重夏로ᄡᅥ土們勘界使ᄅᆞᆯ삼아事宜ᄅᆞᆯ妥
辦ᄒᆞ다○命ᄒᆞ사春川府ᄅᆞᆯ陞ᄒᆞ야留守ᄅᆞᆯ삼고
鎭撫使ᄅᆞᆯ兼ᄒᆞ다

紀元後四百九十九年

庚寅二十七年이라四月에　大王大妃趙氏(翼宗王妃)
라 昇遐ᄒᆞ시니謚曰神貞이라ᄒᆞ다(綏陵에祔葬ᄒᆞ다)○慶
成殿이火ᄒᆞ다○美國人具禮와李善得으로ᄡᅥ內

務協辦을삼다○金昌錫으로써湖南均田使ᄅᆞᆯ合
아量田을便宜ᄒᆞ다○英宗大王을追尊ᄒᆞ야 英
祖ㅣ라ᄒᆞ다

紀元後五百年 辛卯二十八年이라經理廳을設ᄒᆞ다○上이是年
이 哲宗大王의聖壽回甲으로써文蔭武逮事에
六十一歲人을加資ᄅᆞᆯ賜ᄒᆞ시다○命ᄒᆞ사高句麗
東明王의墓ᄅᆞᆯ封陵ᄒᆞ고置官ᄒᆞ다○命ᄒᆞ사銀銅
貨幣로써葉當을便케ᄒᆞ야通用을無礙ᄒᆞ게ᄒᆞ다
○泰元殿行閣이火ᄒᆞ다

紀元後五百一年 壬辰二十九年이라命ᄒᆞ사文忠公李恒福과文靖
公尹斗壽와忠翼公鄭崑壽와文忠公柳成龍과忠
莊公權慄의祠板에賜祭ᄒᆞ시다○虎賁衛ᄅᆞᆯ設ᄒᆞ
다○奧國으로더부러交好通商ᄒᆞ다

紀元後五百二年 癸巳三十年이라命ᄒᆞ사縉紳과士庶의等을召ᄒᆞ
사養老宴을親行ᄒᆞ시다○乾淸宮行閣이火ᄒᆞ다
○總制營을江華府에設ᄒᆞ다○兩湖匪類ㅣ聚黨
ᄒᆞ야作鬧ᄒᆞ거ᄂᆞᆯ魚允中으로써宣撫使ᄅᆞᆯ삼아曉
諭ᄒᆞ야解散ᄒᆞ다○斥邪綸音을兩湖에頒ᄒᆞ다○
十月에慶運宮에幸ᄒᆞ사卽祚堂에展拜ᄒᆞ시고告
布ᄒᆞ시고陳賀ᄒᆞ시다(宣祖大王이回鑾ᄒᆞ신五回甲이라)

朝鮮歷史 四 五十七

朝鮮歷史卷之三終

章	行	字	誤	正
四	八	小註二十四	證	答
五	六	小註十九	東萬	萬東
七	圖	典寶下	丅	下
		東西東	算司	司算
十一	三	十七	止	正
	四	六		解
	六	五		餘
	十	十二		解
	十一	二		解
	十五	二十二		歸
十二	十五	小註十九	脫餘杭守三字	
十五	八	二十四	盟	營
十六	十	十八	階西	西階
	十九	十	丞升爵	爵進升
三十八	七	小註十一	鹽鹼	鹿鹽
四十	二	二		醃
	五	十六		脂
	十	十一	默	點
	十七	三	奪	箕
	八	三	竹	箕
四十一	十一	十七	與	輿
	十二	一	輿	與
四十四		八	侯	候

章	行	字	誤	正
四十六	十一	十三下	脫東字	
四十八	圖	魚游三一則刪		
四十九	十一	小註十八刪是		
十七	二十	十二	脫諱字	
十八	二十二	十一	復與	與復
二十	二十三	十九	典于徵徵于典	
二十二	九	八	北上	上北
二十七	十五	二十二	門入	入門
二十八	十八	三	脫下字	
第一十八	圖		專司之尊曾	
三十二	八	二十	脫西字	
三十五	圖		頒公公頒	
東從第四行衞下脫公字 亭設圖在東西廡下				
西廡之廡縱 望塵之塵彝				
五十	十四小註二十四下脫主字			
	二十三小註十九下脫體有二字			
五十三	二十一	小註五	二兩 十八	於衍
五十七	二十	小註二十四		위術
雖	十一	十一	島	
書目		二十一	西岸之岸坐	
	二	二	慎傷之傷禍	
		三	脊要之脊瘠	

조선역대사략

(朝鮮歷代史略)

卷1·2·3

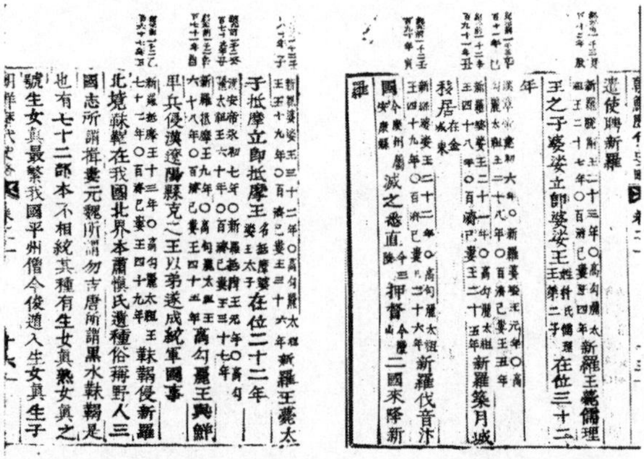
遣使聘新羅
新羅王薨 儒理
王之子婆娑立 卽婆娑王 在位三十二
年
新羅築月城
移居 在金城東
新羅伐音汁
國 滅之 悉直 押督 二國來降新
羅
新羅王薨 太
子祗摩立 卽祗摩王 在位二十二年
高句麗王興 鮮
卑兵侵漢遼陽縣克之 王以弟遂成統軍國事
靺鞨侵新羅
北境 靺鞨在我國北界 本肅愼氏遺種 俗稱野人 三
國志所謂挹婁 元魏所謂勿吉 唐所謂黑水靺鞨 是
也 有七十二部 本不相統 其種有生女眞 熟女眞之
號 生女眞最繁 我國平州僧今俊遁入生女眞 生子

朝鮮歷代史略 一

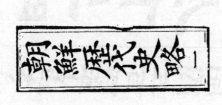

學部編輯局新刊

朝鮮歷代史略

大朝鮮開國五百四年孟冬

朝鮮歷代史略目次

本朝朝鮮

朝鮮歷代史略總目法例

檀君箕子東國通鑑以外記載之蓋緣世代事蹟不能詳也然檀君乃首出之神君箕子卽立教之聖后歷年始終猶可考信故尊而書之於東國統系之首

箕準雖爲衛滿所逐失國徙都尚繼箕子之祀則猶漢昭烈之國於蜀而不失正統今亦依朱子綱目例以正統書之

自箕準元年丁未其後歷年雖二百三年以編年更考則箕準歷年中一百八十六年混入於新羅歷

年實箕準獨立年數十七年
衛滿雖據朝鮮舊地正統歸之於箕準則不可與准
比幷故低一字書之
三韓雖一時幷立正統旣歸馬韓况辰韓本馬韓之
所割興而又常以馬韓人作王弁韓則東史諸書
皆稱屬於辰韓辰弁之於馬韓盖是屬附故幷低
一字書之
四郡二府乃郡邑之制無君長可記故幷低一字書
之
新羅建國二十一年而句麗興四十年而百濟興三

國開倉差有先後而位均體敵不能主一故依綱
目無正統例書之至新羅文武王統三爲一故始
以正統書之
高句麗東扶餘王得金蛙之事金蛙得柳花之說雖
甚荒唐從古史姑錄之
朱子綱目君非正系或女主則王號君名皆細書故
新羅之善德眞德眞聖高麗之辛禑辛昌一遵綱
目例而書之
此書之撰本爲歷年之考而歷代事變撮記於年條
之下雖嘉言美事若非關係於國家者則皆闕之

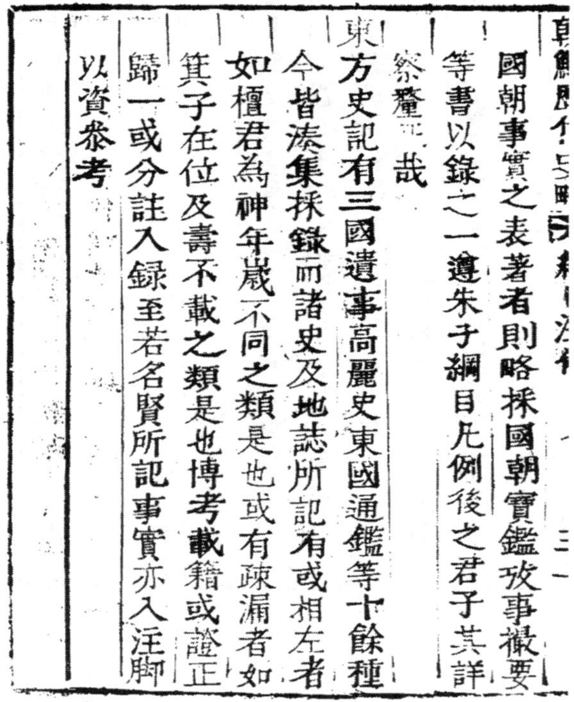
國朝事實之表著者則略採國朝實鑑攷事撮要
等書以錄之一遵朱子綱目凡例後之君子其詳
叅鑑哉
東方史記有三國遺事高麗史東國通鑑等十餘種
今皆湊集採錄而諸史及地誌所記有或相左者
如檀君爲神年歲不同之類是也或有疎漏者如
箕子在位及壽不載之類是也博考載籍或證正
歸一或分註入錄至若名賢所記事實亦入注脚
以資參考
三

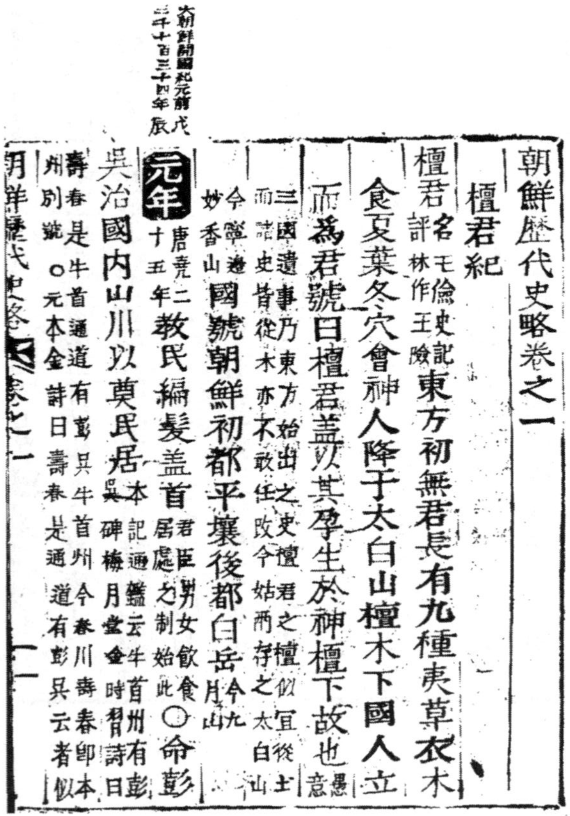
朝鮮歷代史略卷之一
檀君紀
檀君名王儉史記評林作王險東方初無君長有九種夷草衣木
食夏葉冬穴會神人降于太白山檀木下國人立
而爲君號曰檀君蓋以其孕生於神檀下故也愚意
三國遺事乃東方始出之史檀君之檀似宜從土而諸史皆從木亦不敢任改今姑兩存之太白山
今寧邊妙香山國號朝鮮初都平壤後都白岳今九月山
大朝鮮開國紀元前三千七百二十四年戊辰
元年唐堯二十五年教民編髮盖首君臣男女飮食居處之制始此○命彭
吳治國內山川以奠民居吳本記通鑑云牛首州有彭吳碑梅月堂金時習詩曰
壽春是牛首通道有彭吳牛首州今春川壽春卽本州別號○元本金詩曰壽春是通道有彭吳云者似
朝鮮歷代史略卷之一

誤

紀元前三千甲
六百八年戌

紀元前二千甲
七百十八年子

夏禹十八年 遣子扶婁朝夏 時禹會諸侯於塗山 檀君遣子扶婁朝焉

商武丁八年 入阿斯達 亦九月山 為神廟在平壤 九月山亦有三聖祠 檀君

居其一○按東國通鑑商王武丁八年為乙未而以
皇極經世書推之商王八年乃甲子非乙未故從之以
自元年戊辰至甲子計之在位一千十七年上世神
聖之年壽與後世不同廣成子年千二百歲彭祖年
八百歲則檀君之享壽千餘歲亦無甚怪權近賦檀
君詩曰傳世不知幾歷年曾過千近之詩以一千十
七年歸之於傳世歷年之數頗為近理故東國史斷
以近言為之是然諸史皆以商王武丁八年為檀君化
神之歲以後人聽見有難裁斷其必不然故今從舊
史書之若以商王武丁甲子為檀君末年則自甲子
至周武王己卯當歸之於檀君後孫共一千二百十
二年○按則地勝覽檀君初都平壤後移白岳即九
月山至周武王封箕子於朝鮮檀君乃移唐藏京後
還隱此山化為神唐藏京在文化縣東○又按魏書

檀君王儉立都阿斯達開國號朝鮮與唐堯同時云
中國史所記與東史略同第東史所謂降于檀木下
化為神等說似涉誕謾然檀君首出御世在東方乃
洪荒之世邃古之事固多異蹟故今不敢妄論一從
舊史

箕子紀

箕子 姓子氏名胥餘○按柳州集箕子碑註曰箕子
名須臾○按史記評林箕子殷紂之庶兄微子
世家註箕國名子爵大明一統志曰西華故箕地
初聖師食采於箕故稱箕子今邑中有箕子臺西
華在開封府城西九十里 殷之太師即紂之諸父周武王克商
箕子東入朝鮮武王因封之而不臣也初箕子東
來中國人隨之者五千詩書禮樂醫巫陰陽卜筮
百工技藝皆從之而來既至言語不通譯而知之

○國號朝鮮都平壤

紀元前二千五百十三年己卯

元年 周武王元年○按申翊聖所撰經世補編戊子箕子率中國人入朝鮮云戊子即周成王三年也箕子之避入朝鮮必在於武王克商之初何待殷亡後十年耶且玉堂綱鑑箕子壬午夏朝周云壬午在於戊子之前戊子入朝鮮之說大相逕庭補編所錄頗有可疑 教民禮樂施八條之約崇信義篤經術逾年而民自化以成中國之風矣 按漢書相殺者以死償相傷者以穀償相盜者沒為其家奴婢云此八條中之三也餘不可考又按李睟光所著芝峯類說曰或疑幷五倫為八條云 ○區畫井田修德政勸農桑時和歲豐朝野欣悅民生安樂各安其業以大同江比黃河永明嶺比嵩山作歌以頌其德 井田在平壤府南外城內遺跡至今宛然

紀元前二千[illegible]十年壬午

朝周以素車白馬過故殷墟感作麥秀歌以寓意 按周書大傳以朝周作歌為微子事且箕子有商其淪喪我罔為臣僕之語若謂之朝周則即是臣修職也傳記如此事涉可疑

紀元前二千四百七十四年戊午

箕子薨 按廣朝通紀曰箕子生於丙戌卒於戊午與周武王同時而壽亦同異哉 墓在平壤府 按史記評林微子世家註索隱曰杜預云梁國蒙縣有箕子塚又按大明一統志蒙縣無箕子塚山東布政遼東司古蹟條云平壤城外有箕子墓未知杜說何所據豈傳聞之誤耶○又按後漢書曰箕子避地朝鮮施八條之約回頹薄之俗故其國以柔謹為風異乎西南北三方云柳宗元箕子碑所謂惟道訓俗俾夷為華者眞記實也箕子於我東實有生成陶鑄之大恩微箕子仁賢之教我東其被髮左衽矣孔子欲居九夷豈非東方有箕子之遺化故歟按東史諸書以箕否為箕子四十一代孫而自箕子箕否其間四十世繼世之君不著見惜乎我東方文獻無徵也又諸史有箕子後孫朝鮮侯見周襄王

欲與兵伐燕以尊周室大夫禮諫而止云此必在於戰國之時亦不知其世系名號故不得表出而書之

可觀

秦始皇三十三年

箕否 一箕子四十代孫 服屬于秦時秦築長城抵遼東否畏而服屬焉

紀元前一千五百八十五年丁未

漢惠帝元年

箕準 否之子○麗略曰朝鮮侯準始稱王輿地勝覽所謂武康王即準也

燕人衛滿襲伐準準失國南遷先是燕王盧綰叛入匈奴衛滿亡命聚黨爲胡服東渡浿水求居西界爲藩屏準信之封之百里使守西鄙至是滿詐稱漢兵大至請入守衛仍襲準準戰不敵出奔南遷

起箕子己卯止箕準丁未共九百二十九年 按箕否箕準明有世系名號是用特書而其在位年數亦不可考

三韓○馬韓辰韓弁韓

馬韓漢惠帝丁未箕準爲衛滿所逐率其左右宫人浮海而南至金馬郡建國稱韓王統五十餘國大國萬餘家小國數千家自準歷累世至漢成帝癸卯高句麗東明王子温祚南來求可居地遂割東北百里以畀之至新莽己巳爲温祚所滅 金馬今益山

起丁未止己巳共二百三年箕子傳祚前後合一千一百三十一年 按箕準借地衛滿既失其國其後孫又借地温祚竟至敗亡

歿遺患後不徹前遂使仁賢之祀忽諸惜哉又考李廷龜箕子崇仁殿碑署曰末有孱孫三人曰親其後為韓氏曰平為奇氏曰諒入龍岡為石山以傳鮮于世系韻書曰鮮于子姓周封箕子于朝鮮支子仲食采於于因氏鮮于綱目稱箕子封於朝鮮其子食采於于因姓鮮于趙孟頫贈鮮于樞詩曰箕子之後多髯翁鮮于之為箕子後不旣章明較著乎洪武間有鮮于景者為中領別將其七代孫寔自泰川來居殿側遂以寔為箕子後揭殿號曰崇仁拜寔為殿監子孫世受云此係箕子後事且關我朝崇奉之義故并錄之

辰韓秦之亡人避役入韓韓割東界以與之號辰韓或稱秦韓言語有類秦故也統十二國大國四五千家小國六七百家常用馬韓人作主不能自立後其地為新羅始祖所都按東史曰秦人避入韓云則辰韓始起疑在於秦時而其傳世歷年皆不可考

弁韓不知其始而屬於辰韓亦統十二國後以其地降于新羅按東史曰弁韓屬於辰韓云則弁韓之始起疑在於辰韓建國之後而亦未詳世系年數又按漢書曰馬韓在西辰韓在東弁韓在辰韓之南與倭接又曰弁韓與辰韓雜居衣服居處言語風俗皆同云其日與倭接則南濱海可知其日與辰韓雜居則地之相近亦無疑蓋其地必在於嶺南右道之南邊韓伯謙所謂首露所起乃弁韓之地云者得之矣

衛滿朝鮮

衛滿漢惠帝元年丁未滿逐箕準據王儉城國號亦稱朝鮮都王儉城今平壤侵降其方邑數千里漢武帝時滿孫右渠誘納漢亡人滋多未嘗入覲于

朝鮮歷代史略 卷之一 三

紀元前一千四百九十六年

帝辰國欲朝漢右渠壅閼使不得帝責諭之右渠終不肯奉朝殺漢使者元封三年癸酉帝遣濟南太守公孫遂征之國人殺右渠以降分其地為四郡起丁未止癸酉共八十七年

四郡

樂浪 即朝鮮本地以朝鮮縣為邑治今平壤府 臨芚 即濊國地以東暆縣為邑治今江陵府 玄菟 即東沃沮地或云邑治在咸興府 眞蕃 以霅縣為邑治按裵克浚所撰歷年通攷云漢書曰遼東東假真蕃之利云則真蕃在遼東可知必是咸鏡以北蕃胡所居之地云又按史略註云蕃音婆東史註霅胡甲切 ○漢昭帝始元五年己亥改四郡為二府自癸酉至己亥共二十七年

紀元前一千四百七十三年

二府

平州都督府 以玄菟真番等郡為府 東府都督府 以樂浪臨芚等郡為府 漢元帝建昭二年甲申二府為高勾麗始祖所并自己亥至甲申共四十六年

三國紀

新羅 高勾麗 百濟

新羅都辰韓地 今慶州○按東史新羅建國之初號曰徐羅伐其後或曰斯羅或稱斯盧新羅雞林至智證王時定國號曰新羅新者德業日新羅者網羅四方之義

赫居世 姓朴氏名赫居世鄉言王也 先時朝鮮遺民分居于東海濱山谷間為六村而無君長漢宣帝地節元年壬

朝鮮歷代史略 卷之一 一

于六村長俱會於閼川岸上高虛村長蘇伐公望見楊山麓蘿井林間有異氣尋檢之有一大卵剖得嬰兒形儀端美浴於東川身生光彩鳥獸率舞六部人以其生神異收養之立而爲君年十三號居西干居西干方言尊丈之稱其以朴爲姓者以所剖之卵似瓢方音以瓢爲朴故也在位六十一年

紀元前一千四百四十八年甲子

元年 漢宣帝五鳳元年

紀元前一千四百四十四年戊辰

五年 立閼英爲妃初龍見於閼英井右脇生女有老嫗異而養之以井名之及爲妃能內輔人稱二帝

紀元前一千四百四十一年辛未

八年 倭寇邊聞王有神德乃還倭在東南海中地方數千里左右小島五十餘分境內爲八道凡六十六州國王一姓歷世不易初號天御中主其子號天村雲尊自後皆以尊爲號傳世三十二至彥瀲尊第四子號神武天皇至成務天皇始建年號置大臣國都在山城州漢書云秦始皇時徐福入海求仙藥率童男女數千人五穀百工行得平原大澤止王不來至今倭國有徐市祠唐書云日本故魏晉隋唐時皆來貢武后時始號日本自言國近日所出故云乾符中其清和天皇賜皇子貞純姓源氏始此後有源賴朝

者摠攬國政所謂關白也至明太祖時封爲國王凡
軍國重事天皇尊而不與焉其俗善用槍劒性悍輕
生男斷髮斑衣婦人撥眉漆齒

紀前一千四百三十年壬午

十九年 弁韓以國來降

紀元前一千四百二十八年甲申

漢元帝建昭二年○新羅王赫居世二十一年○高句麗東明王元年 新羅築京城號
金城⊙高朱蒙建國號曰高勾麗自立爲東明王按東史寶鑑曰高朱蒙生於遼東句麗山下故以其姓高字冠於山名上以爲國名 在位十九年
初東明王自稱高辛之後以高爲姓一云朱蒙自謂
以天帝子乘日光而生故改姓爲高二說不同故兩
存之○東扶餘王解扶老無子得小兒於鯤淵金色
蛙形喜而養之名金蛙蛙得河伯女柳花於優渤水
幽於室中爲日影所照有娠生大卵一男子破殼而
出骨表英偉年甫七歲自作弓矢發無不中扶餘俗
謂善射者爲朱蒙故名朱蒙金蛙七子忌能欲殺之
朱蒙逃至卒本扶餘其王以女妻之及其主薨無子
朱蒙嗣立都沸流水上國號高勾麗東扶餘在鴨綠江邊優渤水在寧邊府沸流水在成川

紀前一千四百二十年乙酉

○新羅王赫居世二十二年○高句麗東明王二年 松讓國來降高勾麗封其
地爲多勿侯松讓國在沸流水上

紀前一千四百二十三年己丑

○新羅王赫居世二十六年○高句麗東明王六年 高勾麗伐荇人國滅之荇人

紀元前一千四百十八年甲午

國今寧邊

○新羅王赫居世三十一年 高句麗東明王十一年 高勾麗伐北沃沮及挹婁國滅之挹婁在不咸山北方肅愼氏之國也

紀元前一千四百十二年庚子

○新羅王赫居世三十七年 高句麗東明王十七年 新羅遣使弔馬韓王喪先時王遣瓠公聘于馬韓韓王責以事大之禮瓠公不屈韓王欲殺之左右諫止之及韓王卒或說王曰韓王前辱今因其喪宜征之王曰幸人之災不仁也遣使弔之

紀元前一千四百十年壬寅

○新羅王赫居世三十九年 高句麗東明王十九年 高句麗東明王薨太子類利立即琉璃王名類利 東明王太子在位三十六年○初王在扶餘娶禮氏有娠王既去乃生類利善彈丸常彈雀誤中汲婦盆婦罵以無父類利歸問其母母曰汝父南奔時語妾曰有遺物藏在七嶺七谷石上松下得此者乃吾兒類利見礎石有七稜自解曰七嶺七谷者七稜也石上松者柱也乃搜得斷劒至卒本進王王出所藏劒合之果驗遂爲嗣至是立

紀元前一千四百九年癸卯

○漢成帝鴻嘉三年 新羅王赫居世四十年 高句麗琉璃王元年 ○百濟溫祚王元年 高溫祚建國於慰禮城國號百濟自立爲溫祚王在位四十六年○初朱蒙逃難於卒本扶餘娶其王女生二子長曰沸流次曰溫祚朱蒙在東扶餘時娶禮氏生類

朝鮮歷代史略 卷之一 九

利爲太子沸流溫祚恐不容遂南行沸流居彌鄒忽
土濕水鹹不得安居來見慰禮都邑既定人民安泰
慚恚而死其臣民皆歸溫祚遂改國號曰百濟慰禮城今
稷山彌鄒忽今仁川○按三國史註曰解夫婁之孫優台娶卒本延陀勃之女召西奴生溫祚及優台死
召西奴寡居于卒本取爲妃云

庚戌 紀元前一千四百二年
新羅王赫居世四十七年○高句麗琉璃王八年○百濟溫祚王八年 靺鞨圍慰禮城
百濟王擊走之

壬子 紀元前一千四百年
新羅王赫居世四十九年○高句麗琉璃王十年○百濟溫祚王十年 高句麗擊鮮卑
國降之鮮卑在北扶餘西遼東東卽本國北界

丙辰 紀元前一千三百九十六年
新羅王赫居世五十三年○高句麗琉璃王十四年○百濟溫祚王十四年 東沃沮來獻
良馬于新羅東沃沮在高句麗蓋馬山東東濱大海北接挹婁南連濊貊今咸鏡北道○
百濟徙都漢山築南平壤城今南漢山城

癸亥 紀元前一千三百八十九年
新羅王赫居世六十年○高句麗琉璃王二十一年○百濟溫祚王二十一年 高句麗遷都
國內築尉那巖城薛支言于王曰尉那巖城山水深
險地宜五穀王若移都不唯利民可免兵革王遂遷
都尉那巖城今義州○高句麗賜太子解明麗倂時新莽使王發兵伐
胡王不從莽怒降封王爲侯

甲子 紀元前一千三百八十八年
新羅王赫居世六十一年○高句麗琉璃王二十二年○百濟溫祚王二十二年 新羅王薨
太子南解立卽南解王赫居世太子號次次雄或云慈充方言巫也蓋神興而敬
畏之故稱云 在位二十年按古昔帝王之生或有異於人者虹繞神丹而生伏羲簡狄呑

朝鮮歷代史略 卷之一

卵而生果姜嫄履跡而生棄龍交大昊而生…新羅之赫居世脫解閼智高句麗之朱蒙駕洛國之首露或生於卵中或出櫝中其亦此類耶此說出於外記雜錄俱載於正史故不敢以誕謾刪削焉

乙丑 紀元前一千三百八十七年 漢平帝元始五年○新羅南解王元年○高句麗琉璃王二十三年○百濟溫祚王二十三年

丙寅 紀元前一千三百八十六年 新羅南解王二年○高句麗琉璃王二十四年○百濟溫祚王二十四年 新羅立始祖廟

戊辰 紀元前一千三百八十四年 新羅南解王四年○高句麗琉璃王二十六年○百濟溫祚王二十六年 新羅王以長女妻昔脫解○初多波那王娶女國王女有娠生大卵其王以為不祥乃棄之女裹以帛置櫝中浮于海至韓地老嫗得之開見有兒遂養之以來時有鵲隨之鳴省鵲字以昔為姓以解櫝而出之名脫解及長智識過人王聞其賢以女妻之 多波那國在日本東北一千里女國在扶桑東千里

己巳 紀元前一千三百八十三年 新羅南解王五年○高句麗琉璃王二十七年○百濟溫祚王二十七年○是歲王莽篡漢 百濟王伐馬韓滅之

庚午 紀元前一千三百八十二年 新羅南解王六年○高句麗琉璃王二十八年○百濟溫祚王二十八年 新羅以昔脫解為大輔委以軍國政事

癸酉 紀元前一千三百七十九年 新羅南解王九年○高句麗琉璃王三十一年○百濟溫祚王三十一年 扶餘國來侵高句麗王使子無恤擊破之

甲戌 紀元前一千三百七十八年 新羅南解王十年○高句麗琉璃王三十二年○百濟溫祚王三十二年 高句麗王遣將西伐梁貊滅之 梁貊在遼東界

戊寅 紀元前一千三百七十四年 新羅南解王十四年○高句麗琉璃王三十六年○百濟溫祚王三十六年 高句麗王薨

朝鮮歷代史略 卷之一 十一

太子無恤立卽大武神王 名無恤琉璃王次子 在位二十六年

己卯 新莽天鳳六年○新羅南解王十五年○高句麗大武神王元年○百濟溫祚王三十七年

庚辰 新羅南解王十六年○高句麗大武神王二年○百濟溫祚王三十八年 高句麗立東明王廟

壬午 新羅南解王十八年○高句麗大武神王四年○百濟溫祚王四十年 高句麗王伐扶餘國殺其王帶素帶素金蛙太子也金蛙卒嗣立爲王至是王使領衛將軍○數十○令殺之帶素之弟懼禍及已與左右數人出逃曷思水濱立爲王 曷思水在鴨綠江北

癸未 新羅南解王十九年○高句麗大武神王五年○百濟溫祚王四十一年○是歲漢更始將軍劉玄卽帝位討誅王莽

甲申 新羅南解王二十年○高句麗大武神王六年○百濟溫祚王四十二年 新羅王薨太子儒理立卽儒理王 南解之子 (...) 用此號 在位三十三年○初王將薨召儒理及脫解曰吾歿後朴昔兩姓以長年嗣位及王薨儒理讓于脫解脫解曰神器非庸人所堪吾聞聖智人多齒試以餠噬之儒理多齒乃立之

乙酉 漢帝玄更始三年○新羅儒理王元年○高句麗大武神王七年○百濟溫祚王四十三年○是歲東漢光武皇帝卽位

丙戌 新羅儒理王二年○高句麗大武神王八年○百濟溫祚王四十四年 蓋馬 蓋馬玄菟屬縣今平

安道西邊山郡之地句茶(未詳其處)兩國來降高句麗

紀元前一千三百六十四年 戊子

新羅儒理王四年○高勾麗大武神王十年○百濟溫祚王四十六年漢帝發遼東兵來伐高句麗不克還初漢遼東太守將兵來伐王守城數旬漢兵圍不解左輔乙豆智曰漢兵謂城中無水泉久圍待疲取池魚包水草兼以酒致犒王從之漢將謂城內有水不可猝拔遂乃解圍○百濟王薨太子多婁立即多婁王(溫祚王太子)在位四十九年

紀元前一千三百六十三年 己丑

漢光武建武五年○新羅儒理王五年○高勾麗大武神王十一年○百濟多婁王二年

紀元前一千三百六十年 壬辰

新羅儒理王八年○高句麗大武神王十四年○百濟多婁王四年高句麗襲樂浪國降之先是王子好童遊於沃沮樂浪王以女妻之樂浪有鼓角自鳴則敵兵至好童將還潛謂女曰若能入武庫割鼓面角口則我以禮迎之女如其言好童勸王襲樂浪兵至城下樂浪王始知鼓角皆破遂殺女出降○王子好童自殺好童王之庶子儀容甚美王愛之王元妃恐奪嫡譖好童無禮於妾王疑之或勸自釋曰是顯母之惡貽父之憂遂伏劒而死○高句麗遣使朝漢帝命復王號

紀元前一千三百五十年 壬寅

新羅儒理王十八年○高句麗大武神王二十四年○百濟多婁王十四年金首露建國於駕洛(今金海府)初駕洛有我刀干等九人各為酋長率其民禊飲望見龜峰有異氣就得金盒開視之有六

金卵不日而六男子剖殼而出奇偉長大衆咸異之推立始生者爲主以其首出故稱首露出於金卵故以金爲姓國號大駕洛其餘五人各爲五伽倻主曰阿羅伽倻曰古寧伽倻曰大伽倻曰星山伽倻曰小伽倻王妃許氏乃南天竺國王女渡海而至王迎入爲后生九子而二子從母姓今之金海金氏許氏皆首露之子孫也王壽一百五十八年

紀元前一千三百四十八年甲辰

新羅儒理王二十一年○高句麗大武神王二十六年○百濟多婁王十六年 漢伐高句麗樂浪取之以其地爲郡縣薩水以北屬漢○高句麗王薨弟解邑朱立 太子年幼國人立其弟 卽閔中王 名解邑朱大武神王之弟 在位四年

紀元前一千三百四十七年乙巳

漢光武建武二十一年○新羅儒理王二十一年○高句麗閔中王元年○百濟多婁王十七年

紀元前一千三百四十四年戊申

新羅儒理王二十四年○高句麗閔中王四年○百濟多婁王二十年 高句麗王薨 王嘗畋於閔中原見石窟曰吾死葬於此至是從遺命葬石窟 侄解憂立卽慕本王 名解憂大武神王太子 在位五年

紀元前一千三百四十三年己酉

漢光武建武二十五年○新羅儒理王二十五年○高句麗慕本王元年○百濟多婁王二十一年

紀元前一千三百三十九年癸丑

新羅儒理王二十九年○高句麗慕本王五年○百濟多婁王二十五年 高句麗杜魯殺王王性暴戾有諫者輒射之魯慮禍及己遂殺王國人奉立琉璃王孫宮 太子翊不肖宮生而岐嶷故立之年七歲太后垂簾聽政 卽太祖王 名宮再思之子琉璃王之孫 在位九十三年

朝鮮歷代史略 卷之一 十四

紀元前一千三百三十八年 甲寅

漢光武建武三十年○新羅儒理王三十年○高句麗太祖王元年○百濟多婁王二十六年

紀元前一千三百三十六年 丙辰

新羅儒理王三十二年○高句麗太祖王三年○百濟多婁王二十八年 高句麗伐東沃沮滅之取其地爲邑因拓境東至滄海南至薩水

紀元前一千三百三十五年 丁巳

新羅儒理王三十三年○高句麗太祖王四年○百濟多婁王二十九年 新羅王薨昔脫解立從遺命也卽脫解王姓昔氏南解王長女婿在位二十三年

紀元前一千三百三十四年 戊午

漢明帝永平元年○新羅脫解王元年○高句麗太祖王五年○百濟多婁王三十年

紀元前一千三百二十七年 乙丑

新羅脫解王八年○高句麗太祖王十二年○百濟多婁王三十七年 新羅王得金閼智養爲子改國號雞林王夜聞金城西始林間有雞聲遲明遣瓠公視之有金色小櫝掛樹梢白雞鳴於下瓠公還告王使人取櫝開之有小兒姿貌奇偉王喜謂左右曰此豈非天祚我以胤乎名其兒閼智閼智方言小兒之稱以其出於金櫝故姓金氏改始林爲雞林以爲國號

紀元前一千三百二十五年 丁卯

新羅脫解王十年○高句麗太祖王十四年○百濟多婁王三十九年 新羅以宗戚朴氏分理州郡號州主郡主

紀元前一千三百二十四年 戊辰

新羅脫解王十一年○高句麗太祖王十五年○百濟多婁王四十年 曷思王都都頭以國來降高句麗

紀元前一千三百十六年 丙子

新羅脫解王十九年○高句麗太祖王二十三年○百濟多婁王四十八年 百濟王薨太子已婁立卽已婁王名已婁多婁王太子在位五十一年

紀元前一千三百十五年 丁丑

漢章帝建初二年○新羅脫解王二十年○高句麗太祖王二十四年○百濟已婁王元年 百濟

朝鮮歷代史略 卷之一 十五

遣使聘新羅

紀元前一千三百十二年 庚辰 新羅脫解王二十三年○高句麗太祖王二十七年○百濟己婁王四年 新羅王薨儒理王之子婆娑立卽婆娑王姓朴氏儒理王第二子在位三十二年

紀元前一千三百十一年 辛巳 漢章帝建初六年○新羅婆娑王元年○高句麗太祖王二十八年○百濟己婁王五年

紀元前一千二百九十一年 辛丑 新羅婆娑王二十一年○高句麗太祖王四十八年○百濟己婁王二十五年 新羅築月城移居在金城東

紀元前一千二百九十年 壬寅 新羅婆娑王二十二年○高句麗太祖王四十九年○百濟己婁王二十六年 新羅伐音汁國今慶州屬安康縣滅之悉直今三陟押督今慶山二國來降新羅

紀元前一千二百八十年 壬子 新羅婆娑王三十二年○高句麗太祖王五十九年○百濟己婁王三十六年 新羅王薨太子祇摩立卽祇摩王名祇摩婆娑王太子在位二十二年

紀元前一千二百七十九年 癸丑 漢安帝永初七年○新羅祇摩王元年○高句麗太祖王六十年○百濟己婁王三十七年

紀元前一千二百七十一年 辛酉 新羅祇摩王九年○高句麗太祖王六十八年○百濟己婁王四十五年 高句麗王興鮮卑兵侵漢遼陽縣克之王以弟遂成統軍國事

紀元前一千二百六十七年 乙丑 新羅祇摩王十三年○高句麗太祖王七十二年○百濟己婁王四十九年 靺鞨侵新羅北境靺鞨在我國北界本肅愼氏遺種俗稱野人三國志所謂挹婁元魏所謂勿吉唐所謂黑水靺鞨是也有七十二部本不相統其種有生女眞熟女眞之號生女眞最繁我國平州僧今俊遁入生女眞生子

朝鮮歷代史略 卷之一 十六

曰乞太師乞生活羅活羅多子長曰效里鉢季曰盈歌最雄傑得衆心盈歌歿效里鉢長子烏雅束嗣立烏雅束死弟阿骨打立沉毅有大志宋徽宗時叛遼帝國號金約宋滅遼阿骨打歿弟吳乞買立伐宋執徽欽北歸九世至守緒元與宋夾攻滅之至于明萬曆間守緒之後復盛強大稱帝建元又改國號曰後金

紀元前一千二百六十五年丁卯 新羅祗摩王十五年○高句麗太祖王七十四年○百濟己婁王五十一年 百濟王己婁子蓋婁立卽蓋婁王己婁王太子 在位三十九年

紀元前一千二百六十四年戊辰 漢順帝永建三年○新羅祗摩王十六年○高句麗太祖王七十五年○百濟蓋婁王元年

紀元前一千二百五十八年甲戌 新羅祗摩王二十二年○高句麗太祖王八十一年○百濟蓋婁王七年 新羅王祗摩無子儒理王太子逸聖立卽逸聖王儒理王太子 在位二十年

紀元前一千二百五十七年乙亥 漢順帝陽嘉四年○新羅逸聖王元年○高句麗太祖王八十二年○百濟蓋婁王八年

紀元前一千二百四十六年丙戌 新羅逸聖王十二年○高句麗太祖王九十三年○百濟蓋婁王十九年 高句麗王禪位于遂成卽次大王名遂成太祖王之弟 在位十九年○初遂成謂左右曰王老吾齒亦暮不可生待頹爲我計之左右皆曰唯命左輔高福章言於王曰遂成將叛請誅之王不信至是王欲禪位於遂成福章曰遂成忍而不仁今日受大王之禪明日害大王之子孫王不以爲然乃禪位於遂成退老於別宮稱爲太祖太王

朝鮮歷代史略 卷之一 十七

紀元前一千二百四十五年 丁亥

漢桓帝建和元年○新羅逸聖王十三年○高句麗次大王元年○百濟蓋婁王二十年○高句麗王殺左輔高福章

紀元前一千二百三十八年 甲午

新羅逸聖王二十年○高句麗次大王八年○百濟蓋婁王二十七年 新羅王薨太子阿達羅立即阿達羅王名阿達羅逸聖王太子在位三十年

紀元前一千二百三十七年 乙未

漢桓帝永壽元年○新羅阿達羅王元年○高句麗次大王九年○百濟蓋婁王二十八年○高

紀元前一千二百三十四年 戊戌

新羅阿達羅王四年○高句麗次大王十二年○百濟蓋婁王三十一年 高句麗王殺太祖太王元子莫勤莫勤之弟莫德恐被誅自縊而死

紀元前一千二百二十七年 乙巳

新羅阿達羅王十一年○高句麗次大王十九年○百濟蓋婁王三十八年 高句麗前王即太祖王薨壽一百十九歲○明臨答夫弑王羣臣迎立王弟伯固即新大王名伯固次太王之弟在位十四年○初王無道伯固恐禍及己遯于山谷答夫因民不忍弑王羣臣迎立伯固

紀元前一千二百二十六年 丙午

漢桓帝延熹九年○新羅阿達羅王十二年○高句麗新大王元年○百濟蓋婁王三十九年○高句麗封次大王太子鄒安為讓國君初高句麗答夫之亂鄒安逃竄至是詣闕請罪王賜狗山瀨婁頭谷二所封之○百濟王薨子肖古立即肖古王蓋婁王子在位四十八年

紀元前一千二百二十五年 丁未

漢桓帝永康元年○新羅阿達羅王十三年○高句麗新大王二年○百濟肖古王元年

紀元前一千二百二十年 壬子

新羅阿達羅王十八年○高句麗新大王七年○百濟肖古王六年 漢玄菟太守耿臨

將兵來伐高句麗答夫擊破之初答夫嬰城固守漢
兵攻之不克乃引還答夫率千騎追戰大破之匹馬
不返

紀元前一千二百十三年己未
新羅阿達羅王二十五年○高句麗新大王十四年○百濟肖古王十三年高句麗王甍
太子男武立即故國川王王名男武新大王第二子在位十七年

紀元前一千二百十二年庚申
漢靈帝光和三年○新羅阿達羅王二十六年○高句麗故國川王元年○百濟肖古王十四年

紀元前一千二百八年甲子
新羅阿達羅王三十一年○高句麗故國川王五年○百濟肖古王十八年新羅王甍無嗣
國人立脫解王之孫伐休即伐休王姓昔氏仇鄒之子脫解王之孫
在位十二年

紀元前一千二百七年乙丑
漢靈帝中平二年○新羅伐休王元年○高句麗故國川王六年○百濟肖古王十九年新羅王
命諸將士伐召文國滅之召文國今義城

紀元前一千二百一年辛未
新羅伐休王七年○高句麗故國川王十二年○百濟肖古王二十五年高句麗以處士
乙巴素為相巴素隱居鴨綠山谷中東都晏劉薦之
拜相國明政教信賞罰治民安遂賞晏劉○高句麗
立賑貸法初高句麗王出見哭者問之對曰傭力而
養母今年不登無以傭是以哭王曰孤之罪也厚賜
之仍出官穀以賑貸

紀元前一千一百九十六年丙子
新羅伐休王十二年○高句麗故國川王十七年○百濟肖古王三十年新羅王甍王占風雲知水旱豐稔又能知人邪正人謂之聖孫奈解立太子早卒太孫助賁年幼庶孫奈解稍長故國人立之即奈解王伊買之子伐休王之孫在位三十四年○高

句麗王薨無嗣后于氏矯遺命立王弟延優即山上王(名延優故國川王之弟)在位三十一年○初王薨王后秘不發喪夜往王弟發岐第謂曰王無後子宜嗣之發岐責曰婦人夜行禮乎后慚又往延優延優迎立飲之遂與入宮翌日矯命立之

紀元前一千一百九十五年丁丑 (漢獻帝建安二年○新羅奈解王元年○高句麗山上王元年○百濟肖古王三十一年) 高句麗發岐請師於遼東攻王不克自殺○高句麗立前王妃于氏為后

紀元前一千一百九十四年戊寅 (新羅奈解王二年○高句麗山上王二年○百濟肖古王三十二年) 高句麗築丸都城(在國內城近地通謂之國內城雖異實一處也)

紀元前一千一百八十八年甲申 (新羅奈解王八年○高句麗山上王八年○百濟肖古王三十八年) 百濟攻新羅腰車拔之

紀元前一千一百七十九年癸巳 (新羅奈解王十七年○高句麗山上王十七年○百濟肖古王四十七年) 高句麗立子郊彘為太子初王無嗣適有郊豕逸掌者追之至酒桶村豕躑躅不能獲有一美少女遇豕執之王聞而異之微行幸其女有娠乃生男因其獲郊豕命名郊彘立其女為小后○高句麗移都丸都

紀元前一千一百七十八年甲午 (新羅奈解王十八年○高句麗山上王十八年○百濟肖古王四十八年) 百濟王薨太子仇首立即仇首王(肖古王太子)在位二十年

紀元前一千一百七十七年乙未 (漢獻帝建安二十年○新羅奈解王十九年○高句麗山上王十九年○百濟仇首王元年)○

紀元前一千一百七十二年 庚子
新羅奈解王二十四年○高句麗山上王二十四年○百濟仇首王六年○是歲魏曹丕簒漢

紀元前一千一百七十一年 辛丑
新羅奈解王二十五年○高句麗山上王二十五年○百濟仇首王七年○是歲蜀漢昭烈即帝位

紀元前一千一百六十五年 丁未
新羅奈解王三十一年○高句麗山上王三十一年○百濟仇首王十三年
高句麗王憂太子憂位居立即東川王名憂位居初名郊彘山上王太子**在位二十一年**

紀元前一千一百六十四年 戊申
漢後帝建興六年○新羅奈解王三十二年○高句麗東川王元年○百濟仇首王十四年○

紀元前一千一百六十二年 庚戌
新羅奈解王三十四年○高句麗東川王三年○百濟仇首王十六年
新羅王憂婿助賁立即助賁王骨正之子伐休王之孫**在位十七年**

紀元前一千一百六十一年 辛亥
漢後帝建興九年○新羅助賁王元年○高句麗東川王四年○百濟仇首王十七年○
新羅王命將士伐甘文國滅之甘文國今開寧

紀元前一千一百五十八年 甲寅
新羅助賁王四年○高句麗東川王七年○百濟仇首王二十年
魏曹叡遣使高句麗和親○百濟王憂叔父古尒立太子幼國人立王弟**即古尒王**肖古王之弟**在位五十二年**

紀元前一千一百五十七年 乙卯
漢後帝建興十三年○新羅助賁王五年○高句麗東川王八年○百濟古尒王元年

紀元前一千一百五十六年 丙辰
新羅助賁王六年○高句麗東川王九年○百濟古尒王二年
吳孫權遣使高句麗通和王斬其使傳首於魏時高句麗與魏連和故也

紀元前一千一百五十四年 戊午
新羅助賁王八年○高句麗東川王十一年○百濟古尒王四年
高句麗遣將助魏伐公孫淵

紀元前一千一百四十六年 丙寅
新羅助賁王十六年○高句麗東川王十九年○百濟古尒王十二年
魏幽州刺史毌丘儉攻陷高句麗丸都王出奔魏兵退王還都初高

句麗東部人紐由詐降魏營藏刀食器刺殺魏將與之俱死魏兵遂退

紀元前十一百四十五年丁卯 新羅助賁王十七年○高句麗東川王二十年○百濟古尒王十三年 新羅王薨弟沾解立即沾解王助賁王之弟在位十四年○高句麗築平壤城移都

紀元前十一百四十四年戊辰 漢後帝延熙十一年○新羅沾解王元年○高句麗東川王二十一年○百濟古尒王十四年 新羅追封父骨正為神葛文王國俗以追封者稱葛文○新羅伐沙梁國滅之沙梁今尚州○高句麗王薨太子然弗立即中川王名然弗東川王太子在位二十二年

紀元前十一百四十三年己巳 漢後帝延熙十二年○新羅沾解王二年○高句麗中川王元年○百濟古尒王十五年 倭入寇新羅執昔于老奈何王子殺之倭使葛耶古來聘新羅王使于老儐之于老戲言早晚以汝王為鹽奴以汝王妃為爨婢倭王聞之怒興兵入寇于老以由己致寇單騎赴倭軍以謝燒殺還後倭使來于老妻請王私饗而醉焚殺之

紀元前千百三十一年辛巳 新羅沾解王十四年○高句麗中川王十三年○百濟古尒王二十七年 新羅王薨無嗣國人立助賁王壻金味鄒即味鄒王金氏仇道之子閼智七世孫在位二十三年

紀元前千百三十年壬午 漢後帝景耀五年○○新羅味鄒王元年○高句麗中川王十四年○百濟古尒王二十八年 百濟立犯贓法犯者禁錮終身

紀元前一千一百二十九年癸未 新羅味鄒王二年○高句麗中川王十五年○百濟古尒王二十九年○是歲蜀漢後帝降于魏漢亡

新羅王追封父仇道爲葛文王

紀元前一千一百二十七年乙酉 新羅味鄒王四年○高句麗中川王十七年○百濟古尒王三十一年○是歲晉武帝簒魏爲帝

紀元前一千一百二十二年庚寅 新羅味鄒王九年○高句麗中川王二十二年○百濟古尒王三十六年 高句麗王薨子藥盧立卽西川王(名藥盧中川王第二子)在位二十二年

紀元前一千一百二十一年辛卯 晉武帝泰始七年○新羅味鄒王十年○高句麗西川王元年○百濟古尒王三十七年

紀元前一千一百十二年庚子 新羅味鄒王十九年○高句麗西川王十年○百濟古尒王四十六年 高句麗王遣弟達賈使伐肅愼氏王患肅愼思得將帥羣臣薦達賈伐之拔檀盧城殺酋長

紀元前一千一百八年甲辰 新羅味鄒王二十三年○高句麗西川王十四年○百濟古尒王五十年 新羅王薨助賁

王太子儒禮立卽儒禮王(姓昔氏助賁王太子)在位十四年

紀元前一千一百七年乙巳 晉武帝太康六年○新羅儒禮王元年○高句麗西川王十五年○百濟古尒王五十一年

紀元前一千一百六年丙午 新羅儒禮王二年○高句麗西川王十六年○百濟古尒王五十二年 高句麗殺王弟逸友素勃二人戲樂無節出言悖逆王命武士執而殺之○百濟王薨太子責稽立卽責稽王(古尒王太子)在位十二年

紀元前一千一百五年丁未 晉武帝太康八年○新羅儒禮王三年○高句麗西川王十七年○百濟責稽王元年

紀元前一千一百年壬子 新羅儒禮王八年○高句麗西川王二十二年○百濟責稽王六年 高句麗王薨太子相夫立卽烽上王(名相夫西川王太子)在位八年

紀元前一千九十九年癸丑 晉惠帝元康三年○新羅儒禮王九年○高句麗烽上王元年○百濟責稽王七年○高句麗王

殺叔父達賈達賈有大功國人倚重王忌而殺之○高句麗王殺弟咄固其子乙弗出奔王謂咄固有異心賜死國人知其無罪痛惜之

紀元前千九十五年丁巳

新羅儒禮王十三年○高句麗烽上王五年○百濟責稽王十一年 伊西古國今清道來攻新羅金城不克還初伊西國來攻甚急王親禦之忽有異兵大至皆珥竹葉以助兵勢及破敵不知所歸人見竹葉數萬積於味鄒王陵前國人謂味鄒陰助因號其陵曰竹長陵

紀元前千九十四年戊午

新羅儒禮王十四年○高句麗烽上王六年○百濟責稽王十二年 新羅王薨侄基臨立卽基臨王乞淑之子助賁王之孫在位十二年○貊人來伐百濟王親率兵禦之王薨爲貊兵所害子汾西立卽汾西王責稽王子在位六年

紀元前千九十三年己未

晉惠帝元康九年○新羅基臨王元年○高句麗烽上王七年○百濟汾西王元年○

紀元前千九十二年庚申

新羅基臨王二年○高句麗烽上王八年○百濟汾西王二年 新羅與倭交和○高句麗相倉助利弑王迎乙弗立之是時高句麗民飢相食王大發國內男女修宮室助利極諫不聽助利遂廢王幽於別室自經助利迎立乙弗卽美川王名乙弗烽上王太子在位三十一年

紀元前千九十一年辛酉

晉惠帝永寧元年○新羅基臨王三年○高句麗美川王元年○百濟汾西王三年

紀元前千八十八年甲子

新羅基臨王六年○高句麗美川王四年○百濟汾西王六年 樂浪太守遣刺客殺

百濟王輿地勝覽云黃倡郎新羅人也舞劒於百濟市中觀者如堵王聞之召見命升堂舞劒倡郎因刺王（按百濟諸王中被殺於刺客者只汾西王一人倡郎所害恐是汾西且三韓時樂浪人移居辰韓者以其本管名其居故後人仍以慶州亦號樂浪其所謂樂浪似是新羅而至今慶州人習此舞謂之黃倡舞抑無乃羅人送倡郎有若畢政事史氏遺逸耶但太守二字未詳）仇首王子比流立（太子如國人立比流）卽比流王（仇首王子）在位四十年

紀元前一千八十七年乙丑 晋惠帝永興二年○新羅基臨王七年○高句麗美川王五年○百濟比流王元年○

紀元前一千八十二年庚午 新羅基臨王十二年○高句麗美川王十年○百濟比流王六年 新羅王薨無嗣羣臣立奈解王孫訖解爲王卽訖解王（于老之子奈解王之孫）在位四十六年

紀元前一千八十一年辛未 晋懷帝永嘉五年○新羅訖解王元年○高句麗美川王十一年○百濟比流王七年

紀元前一千八十年壬申 新羅訖解王二年○高句麗美川王十二年○百濟比流王八年 倭遣使請婚於新羅王以阿飡急利女許之

紀元前一千七十五年丁丑 新羅訖解王七年○高句麗美川王十七年○百濟比流王十三年○是歲東晋元帝卽位

紀元前一千六十二年庚寅 新羅訖解王二十年○高句麗美川王三十年○百濟比流王二十六年 高句麗遣使聘後趙（石勒時）

紀元前一千六十一年辛卯 新羅訖解王二十一年○高句麗美川王三十一年○百濟比流王二十七年 高句麗王薨太子斯由立卽故國原王（名斯由改名釗美川王太子）在位四十年

紀元前一千六十年壬辰 晋成帝咸和七年○新羅訖解王二十二年○高句麗故國原王元年○百濟比流王二十八年○高

紀元前千五十八年丙申 新羅訖解王二十六年○高句麗故國原王五年○百濟比流王三十二年 高句麗遣使朝晉

紀元前千五十年壬寅 新羅訖解王三十二年○高句麗故國原王十一年○百濟比流王三十八年 高句麗移居丸都城燕王慕容皝攻陷王京王出奔○燕虜高句麗王母王后發前王墓載屍而歸.

紀元前千四十九年癸卯 新羅訖解王三十三年○高句麗故國原王十二年○百濟比流王三十九年 高句麗遣使朝燕王稱臣輸貢燕乃還其父屍猶留其母爲質○高句麗移都東黃城 在平壤木覓山中

紀元前千四十八年甲辰 新羅訖解王三十四年○高句麗故國原王十三年○百濟比流王四十年 百濟王薨汾西王太子契立卽契王 汾西王太子 在位二年

紀元前千四十七年乙巳 晉穆帝永和元年○新羅訖解王三十五年○高句麗故國原王十四年○百濟契王元年

紀元前千四十六年丙午 新羅訖解王三十六年○高句麗故國原王十五年○百濟契王二年 百濟王薨比流王子近肖古立卽近肖古王 比流王子 在位二十九年

紀元前千四十五年丁未 晉穆帝永和三年○新羅訖解王三十七年○高句麗故國原王十六年○百濟近肖古王元年

紀元前千三十七年乙卯 新羅訖解王四十五年○高句麗故國原王二十四年○百濟近肖古王九年 高句麗遣使納質于燕王請還母燕許之

紀元前千三十六年丙辰 新羅訖解王四十六年○高句麗故國原王二十五年○百濟近肖古王十年 新羅王薨無嗣 昔氏之祀遂絶 味鄒王姪奈勿立卽奈勿王 姓金氏未仇之子味鄒王姪 在位四十六年

紀元前千三十五年丁巳 晉穆帝升平元年○新羅奈勿王元年○高句麗故國原王二十六年○百濟近肖古王十一年 新

羅王納金氏爲妃 味鄒王女

紀元前千五百二十一年 辛未

新羅奈勿王十五年○高句麗故國原王四十年○百濟近肖古王二十五年 百濟來攻高句麗王親率兵拒之○高句麗王薨 中流矢薨 與百濟戰 子邱夫立 即小獸林王 名邱夫 故國原王太子 在位十三年○百濟來攻高句麗平壤城 高句麗王釗死於是戰 ○百濟移都南平壤城

紀元前千五百二十年 壬申

晉簡文帝咸安二年○新羅奈勿王十六年○高句麗小獸林王元年○百濟近肖古王二十六年○高秦苻堅遣使送佛像及佛經於高句麗 佛法始此 ○高句麗遣使朝秦○高句麗立太學○百濟遣使朝晉

紀元前千五百十七年 乙亥

新羅奈勿王十九年○高句麗小獸林王四年○百濟近肖古王二十九年 百濟王薨 太子近仇首立 即近仇首王 近肖古王太子 在位十年

紀元前千五百十六年 丙子

晉孝武帝太元元年○新羅奈勿王二十一年○高句麗小獸林王五年○百濟近仇首王元年○新羅遣使如秦苻堅

紀元前千五百十一年 辛巳

新羅奈勿王二十六年○高句麗小獸林王十年○百濟近仇首王六年

紀元前千五百八年 甲申

新羅奈勿王二十九年○高句麗小獸林王十三年○百濟近仇首王九年○高句麗小獸林王薨 在位八年 無嗣弟伊連立 即故國壤王 名伊連 小獸林王之弟 ○胡僧摩羅難陁自晉至高句麗王迎而禮之

紀元前千五百七年 乙酉

晉孝武帝太元十年○新羅奈勿王三十年○高句麗故國壤王二年○百濟近仇首王十年○百濟王薨弟辰斯立 即辰斯王 近仇首王之弟 在位七年

紀元前千五百六年 丙戌

晉孝武帝太元十一年○新羅奈勿王三十一年○高句麗故國壤王三年○百濟辰斯王元年

壬辰 紀元前千年

新羅奈勿王三十六年○高句麗故國壤王八年○百濟辰斯王七年 新羅遣實聖于高句麗為質(實聖新羅王婿)○高句麗王薨子談德立即廣開土王(名談德故國壤王太子)在位二十二年○百濟王薨姪子阿莘立即阿莘王(枕流王太子)在位十三年

癸巳 紀元前九百九十九年

○晉孝武帝太元十八年○新羅奈勿王三十七年○高句麗廣開土王元年○百濟阿莘王元年 高句麗王遣兵伐契丹克之

丁酉 紀元前九百九十五年

新羅奈勿王四十一年○高句麗廣開土王五年○百濟阿莘王五年 百濟王與倭和

辛丑 紀元前九百九十一年

新羅奈勿王四十五年○高句麗廣開土王九年○百濟阿莘王九年 新羅實聖還自高句麗

壬寅 紀元前九百九十年

新羅奈勿王四十六年○高句麗廣開土王十年○百濟阿莘王十年 新羅王薨太子幼國人立實聖即實聖王(大西知之子閼智裔孫)在位十五年

癸卯 紀元前九百八十九年

晉安帝元興二年○新羅實聖王元年○高句麗廣開土王十一年○百濟阿莘王十一年 新羅遣未斯欣(奈勿王子)于倭為質(王嘗恨奈勿王質已於高句麗思欲釋憾於其子乃遣之)

乙巳 紀元前九百八十七年

新羅實聖王三年○高句麗廣開土王十三年○百濟阿莘王十三年 百濟王薨國人迎立太子腆支即腆支王(阿莘王太子)在位十五年○初腆支為質倭國不還太子之仲弟訓解攝國以待太子還季弟碟禮殺訓解自立太子聞王訃請歸國倭王衛送太子至國界聞變入海島國人殺碟禮迎立之

朝鮮歷代史略 卷二 二十八

紀元前九百八十六年丙午 晉安帝義熙二年○新羅實聖王四年○高句麗廣開土王十四年○百濟腆支王元年 晉遣使百濟冊王

紀元前九百八十四年戊申 新羅實聖王六年○高句麗廣開土王十六年○百濟腆支王三年 倭置營於對馬島鍊兵儲糧將欲來襲新羅王議發兵先擊未斯品諫而止之○百濟王遣使聘北燕北燕王高雲祖和本高句麗支庶也雲仕燕燕王慕容寶愛而子之賜姓慕容氏雲後為燕王復姓高氏王遣使叙族

紀元前九百八十年壬子 新羅實聖王十年○高句麗廣開土王二十年○百濟腆支王七年 新羅遣卜好於高句麗為質（卜好未斯欣之兄也王既質未斯欣於倭憾猶未釋至是高句麗請質乃遣卜好為）質

紀元前九百七十九年癸丑 新羅實聖王十一年○高句麗廣開土王二十二年○百濟腆支王八年 高句麗王薨太子巨連立即長壽王（名巨連廣開土王之太子）在位七十八年

紀元前九百七十八年甲寅 晉安帝義熙十年○新羅實聖王十二年○高句麗長壽王元年○百濟腆支王九年

紀元前九百七十六年丙辰 新羅實聖王十四年○高句麗長壽王三年○百濟腆支王十一年 新羅吐含山（山在慶州）崩泉水湧高三丈

紀元前九百七十五年丁巳 新羅實聖王十五年○高句麗長壽王四年○百濟腆支王十二年 新羅訥祇弒王自立即訥祇王（奈勿王之子號麻立干方言謂橛王之稱至智證王皆用此號）在位四十一年（訥祇奈勿王之子王以宿憾既遣未斯欣卜好為質而又欲害訥祇訥祇知而弒之）

紀元前九百七十四年戊午 晉安帝義熙十四年○新羅訥祇王元年○高句麗長壽王五年○百濟腆支王十三年

紀元前九百七十三年己未 新羅訥祇王二年○高句麗長壽王六年○百濟腆支王十四年 新羅王弟卜好還

朝鮮歷代史略 卷二 二十九

朝鮮歷代史略 卷一 二十六

自高句麗(王恩見卜好歎良州于朴堤上勇而有謀往高句麗說麗王請卜好歸堤上婆娑王五世孫)○歃良州于朴堤上如倭欲之卜好既還王又遣堤上於倭請未斯欣歸堤上曰倭不可以口舌諭當以謀紿之詐為亡人入倭國倭人不疑使與未斯欣同處堤上使未斯欣潛還倭王怒縛堤上不屈倭王愈怒剥其脚使立爇鐵之上堤上辭益厲遂燒殺之王聞之哀痛贈大阿飡使未斯欣娶其女堤上妻上鵄述嶺望倭痛哭而死仍為鵄述神

庚申(紀元前九百七十二年)

新羅訥祇王三年○○高句麗長壽王七年○百濟腆支王十五年○○是歲劉宋滅帝篡晉為帝 百濟王薨太子久尒辛立卽久尒辛王(腆支王太子)在位六年

辛酉(紀元前九百七十一年)

宋武宗永初二年○新羅訥祇王四年○高句麗長壽王八年○○百濟久尒辛王元年

丙寅(紀元前九百六十六年)

新羅訥祇王九年○高句麗長壽王十三年○百濟久尒辛王六年 百濟王薨太子毗有立卽毗有王(久尒辛王太子)在位五年

丁卯(紀元前九百六十五年)

宋文帝元嘉四年○新羅訥祇王十年○高句麗長壽王十四年○百濟毗有王元年 高句麗移都平壤

己巳(紀元前九百六十三年)

新羅訥祇王十二年○高句麗長壽王十六年○百濟毗有王三年 百濟遣使朝宋

庚午(紀元前九百六十二年)

新羅訥祇王十三年○高句麗長壽王十七年○百濟毗有王四年 宋遣使百濟冊王

辛未(紀元前九百六十一年)

新羅訥祇王十四年○高句麗長壽王十八年○百濟毗有王五年 百濟王薨太子餘慶立卽蓋鹵王(名慶司改名餘慶毗有王太子)在位四十四年

壬申(紀元前九百六十年)

宋文帝元嘉九年○新羅訥祇王十五年○高句麗長壽王十九年○百濟蓋鹵王元年

朝鮮歷代史略 卷一 [illegible]

紀元前九百五十七年 乙亥 新羅訥祇王十八年○高勾麗長壽王二十二年○百濟蓋鹵王四年 高勾麗遣使朝魏太武帝時

紀元前九百四十九年 癸未 新羅訥祇王二十六年○高勾麗長壽王三十年○百濟蓋鹵王十二年 百濟遣使新羅通和

紀元前九百四十八年 甲申 新羅訥祇王二十七年○高勾麗長壽王三十一年○百濟蓋鹵王十三年 倭入寇新羅金城圍王於獨山忽雲霧四塞謂有陰阻倭乃退去

紀元前九百三十七年 乙未 新羅訥祇王三十八年○高勾麗長壽王四十二年○百濟蓋鹵王二十四年 高勾麗遣使朝宋

紀元前九百三十四年 戊戌 新羅訥祇王四十一年○高勾麗長壽王四十五年○百濟蓋鹵王二十七年 新羅王薨太子慈悲立卽慈悲王訥祇王子在位二十一年

紀元前九百三十三年 己亥 宋孝武帝大明三年○新羅慈悲王元年○高勾麗長壽王四十六年○百濟蓋鹵王二十八年

紀元前九百三十一年 辛丑 新羅慈悲王三年○高勾麗長壽王四十八年○百濟蓋鹵王三十年 新羅納金氏爲妃未斯欣之女

紀元前九百二十九年 癸卯 新羅慈悲王五年○高勾麗長壽王五十年○百濟蓋鹵王三十二年 宋遣使高勾麗冊王

紀元前九百二十三年 己酉 新羅慈悲王十一年○高勾麗長壽王五十六年○百濟蓋鹵王三十八年 百濟遣使朝魏獻文帝時

紀元前九百十七年 乙卯 新羅慈悲王十七年○高勾麗長壽王六十二年○百濟蓋鹵王四十四年 新羅築明活城移居明活城月城○高勾麗王自將攻百濟殺其王餘慶初王自將來攻百濟王出奔遇害高句麗浮屠道

東國歷代史略 卷之一 三十一

琳陰受王旨欲斃百濟僞得罪逃來時王好碁琳仍托碁見王遂昵勸王廣城郭高宮室由是倉庾虛國勢竭人民甚危琳遂逃歸及高勾麗兵至王謂子周文曰予愚而不明信用奸人言以至於此吾當死於社稷汝在此俱死無益宜避亂以存宗社文周乃南奔麗兵攻城王以數十騎出城西走麗人執而殺之太子文周立卽文周王 蓋鹵王太子 在位二年

紀元前九百十六年 丙辰 宋蒼梧王元徽四年○新羅慈悲王十八年○高勾麗長壽王六十三年○百濟文周王元年○百濟移都熊津 今公州 ○耽羅國獻方物于百濟

紀元前九百十五年 丁巳 新羅慈悲王十九年○高勾麗長壽王六十四年○百濟文周王二年 百濟王出獵宿

於外解仇使盜弑之太子三斤王立卽三斤王 文周王太子 在位三年 [illegible]

紀元前九百十四年 戊午 宋順帝昇明二年○新羅慈悲王[illegible]○高勾麗長壽王[illegible]○百濟[illegible] 解仇伏誅 [illegible]

紀元前九百十三年 己未 新羅慈悲王二十二年○高勾麗[illegible]○百濟三斤王三年○是歲齊高帝篡宋[illegible] 新羅王薨太子炤智立卽炤智王 慈悲王太子 在位二十二年○齊遣使高勾麗册王○百濟王薨[illegible]立卽東城王 名牟大昆支之子蓋鹵王之孫 在位二十三年

紀元前九百十二年 庚申 齊高帝建元二年○新羅炤智王二年○高勾麗長壽王六十七年○百濟東城王[illegible]

紀元前九百十一年 辛酉 新羅炤智王二年○高勾麗[illegible]○百濟東城王三年 高勾麗遣使朝齊

東國歷代史略 卷之一 三十二

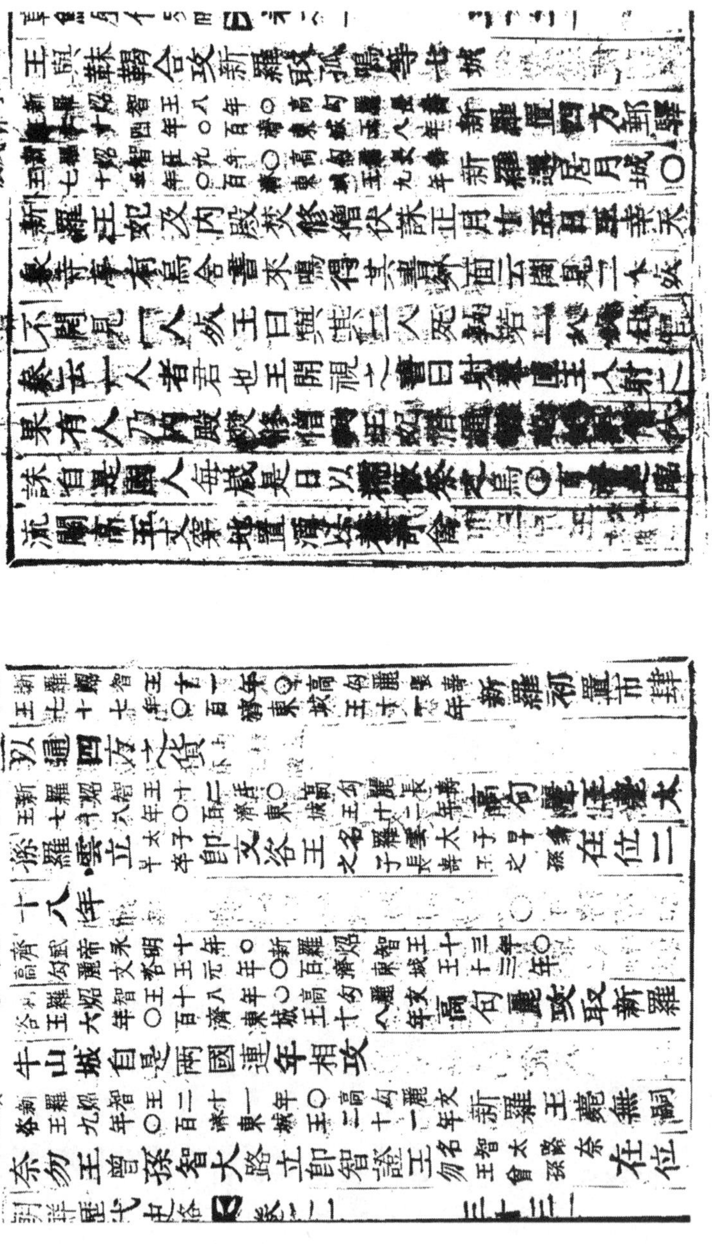

丁卯 戊辰

王與靺鞨合攻新羅取孤鳴等七城

新羅炤智王八年○高句麗長壽王七十六年○百濟東城王八年 新羅置四方郵驛

新羅炤智王九年○高句麗長壽王七十七年○百濟東城王九年 新羅遷居月城○

新羅王妃及內殿焚修僧伏誅正月十五日王幸禾
象寺亭有烏含書來鳴得其書外面云開見二人死
不開見一人死王曰與其二人死莫若一人死日官
奏云一人者君也王開視之書曰射琴匣王入射之
果有人乃內殿焚修僧與王妃潛通[illegible]伏
誅自是國人每歲是日以糯飯祭之烏○百濟置臨
流閣高五丈穿池置禽[illegible]

朝鮮歷代史略 卷之一 三十二

庚午 辛未 壬申 丁丑 庚辰

新羅炤智王十一年○高句麗長壽王七十七年○百濟東城王十一年 新羅初置市肆
以通四方之貨

新羅炤智王十二年○百濟東城王十二年○高句麗長壽王薨太
孫羅雲立 即文咨王名羅雲太子早卒長壽王之子之孫 在位二
十八年

齊武帝永明十年○新羅炤智王十三年○高句麗文咨王元年○百濟東城王十三年

新羅炤智王十八年○高句麗文咨王六年○百濟東城王十八年 高句麗攻取新羅
牛山城自是兩國連年相攻

新羅炤智王二十一年○高句麗文咨王九年○百濟東城王二十一年 新羅王薨無嗣
奈勿王曾孫智大路立即智證王 名智大路奈勿王曾孫 在位

朝鮮歷代史略 卷之二 三十三

十四年

紀元前八百九十一年辛巳

齊和帝中興元年○○新羅智證王元年○高句麗文咨王十年○百濟東城王二十三年 百濟苩加弒王王畋於西原泗沘宿封合苩加使人弒之子餘隆立卽武寧王 名斯麻或名餘隆東城王之子 在位二十二年

紀元前八百九十年壬午

梁武帝天監元年○新羅智證王二年○高句麗文咨王十一年○百濟武寧王元年○是歲梁武帝簒齊爲帝 新羅禁殉葬 前此君薨殉以男女各五人至是禁之 ○百濟苩加伏誅

紀元前八百八十九年癸未

新羅智證王三年○高句麗文咨王十二年○百濟武寧王二年○ 新羅定國號始稱王 開國以來未有王號但稱方言至是稱王

紀元前八百八十七年乙酉

新羅智證王五年○高句麗文咨王十四年○百濟武寧王四年 新羅遣異斯夫取小伽倻國 今固城

紀元前八百八十四年戊子

新羅智證王八年○高句麗文咨王十七年○百濟武寧王七年 梁遣使高句麗冊王

紀元前八百八十年壬辰

新羅智證王十二年○高句麗文咨王二十一年○百濟武寧王十一年 于山國來降新羅國在溟州東海島一名鬱陵島地方百里恃其險不服異斯夫乃以木造獅子載之戰船抵其島誑之日汝若不降卽放此獸踏殺之國人懼乃降○高句麗遣使朝梁

紀元前八百七十八年甲午

新羅智證王十四年○高句麗文咨王二十三年○百濟武寧王十三年 新羅王薨諡智證 諡法始此 太子原宗立卽法興王 名原宗智證王太子 在位二十

六年

乙未 紀元前八百七十七年 梁武帝天監十四年○新羅法興王元年○高句麗文咨王二十四年○百濟武寧王十四年

己亥 紀元前八百七十三年 新羅法興王五年○高句麗文咨王二十八年○百濟武寧王十八年 高句麗王薨子興安立即安藏王名興安文咨王太子在位十二年

庚子 紀元前八百七十二年 梁武帝普通元年○新羅法興王六年○高句麗安藏王元年○百濟武寧王十九年

辛丑 紀元前八百七十一年 新羅法興王七年○高句麗安藏王二年○百濟武寧王二十年 新羅遣使朝梁

癸卯 紀元前八百六十九年 新羅法興王九年○高句麗安藏王四年○百濟武寧王二十二年 百濟王薨子明穠立即聖王名明穠武寧王子在位三十一年

甲辰 紀元前八百六十八年 梁武帝普通五年○新羅法興王十年○高句麗安藏王五年○百濟聖王元年 梁遣使百濟冊王

戊申 紀元前八百六十四年 新羅法興王十四年○高句麗安藏王九年○百濟聖王五年 新羅始興佛教初訥祇王時沙門墨胡子自高句麗至時王女病華胡子焚香祝禱病尋愈王喜而神異之炤智王時有僧阿道者又與其徒來至留讀經律往往有崇佛奉者至是王大興佛教

辛亥 紀元前八百六十一年 新羅法興王十七年○高句麗安藏王十二年○百濟聖王八年 高句麗王薨弟寶延立即安原王名寶延安藏王弟在位十四年

壬子 紀元前八百六十年 梁武帝中大通四年○新羅法興王十九年○高句麗安原王元年○百濟聖王九年 駕洛國王金仇衡來降新羅自始祖首露至仇衡凡十五世總四百九十一年

丙辰 紀元前八百五十六年 新羅法興王二十三年○高句麗安原王五年○百濟聖王十三年 新羅始建年號稱

建元(自國初行中國年號至是因中國分裂遂自稱年)○高句麗遣使朝東魏(孝靖帝時)

紀元前八百五十四年戊午 新羅法興王二十四年○高句麗安原王七年○百濟聖王十五年 新羅伐阿尸良國(今咸興)滅之○百濟移都泗沘改國號南扶餘

紀元前八百五十二年庚申 新羅法興王二十六年○高句麗安原王九年○百濟聖王十七年 新羅王薨姪彡麥宗立(年七歲太后攝政)即眞興王(名彡麥宗立宗之子法興王)在位三十六年

紀元前八百五十一年辛酉 梁武帝大同七年○新羅眞興王二年○高句麗安原王十一年○百濟聖王十九年○ 新羅選童男號風月主(取美貌男子容儀端正者爲徒使以孝悌忠信相勉)

紀元前八百四十七年乙丑 新羅眞興王五年○高句麗安原王十四年○百濟聖王二十二年 高句麗王薨太子平成立即陽原王 在位十四年

紀元前八百四十六年丙寅 梁武帝大同十二年○新羅眞興王六年○高句麗陽原王元年○百濟聖王二十三年○

紀元前八百四十三年己巳 新羅眞興王九年○高句麗陽原王四年○百濟聖王二十六年 梁遣使送佛舍利于新羅(王使百官奉迎)○百濟遣使如梁時有侯景之亂使者見城闕殘毁號泣端門之外景怒執囚之及景卒得還

紀元前八百四十二年庚午 新羅眞興王十年○百濟聖王二十七年○高句麗陽原王五年 高句麗遣使朝北齊(文宣帝時) 北齊遣使冊王

紀元前八百四十一年辛未 新羅眞興王十一年○高句麗陽原王六年○百濟聖王二十八年 新羅改元開國遣居柒夫攻取高句麗十郡設八關會其法每歲仲冬

會僧於闕庭置輪燈一坐列香燈四方又結兩綵棚呈百戲歌舞以祈福

紀元前八百四十年壬申 新羅眞興王十二年○高句麗陽原王七年○百濟聖王二十九年 高句麗築長安城 即平壤城

紀元前八百三十八年甲戌 新羅眞興王十四年○高句麗陽原王九年○百濟聖王三十一年 百濟王自將來攻新羅新羅人逆戰殺王乘勢逐奔匹馬不還太子昌立即威德王 名昌聖王太子 在位四十四年

紀元前八百三十七年乙亥 梁敬帝紹泰元年○新羅眞興王十五年○高句麗陽原王十年○百濟威德王元年○是歲陳霸先弑帝篡 梁爲 [illegible]

紀元前八百三十三年己卯 新羅眞興王十九年○高句麗陽原王十四年○百濟威德王五年 高句麗王薨太子陽城立即平原王 名陽城陽原王之長太子 在位三十一年

紀元前八百三十二年庚辰 陳文帝天嘉元年○新羅眞興王二十年○高句麗平原王元年○百濟威德王六年○

紀元前八百三十一年辛巳 新羅眞興王二十一年○高句麗平原王二年○百濟威德王七年 高句麗遣使朝陳

紀元前八百三十年壬午 新羅眞興王二十二年○高句麗平原王三年○百濟威德王八年 新羅伐大伽倻國滅之 伽倻國今高靈 ○陳遣使高句麗冊王

紀元前八百二十八年甲申 新羅眞興王二十四年○高句麗平原王五年○百濟威德王十年 新羅遣使朝北齊

紀元前八百二十七年乙酉 新羅眞興王二十五年○高句麗平原王六年○百濟威德王十一年 北齊遣使新羅冊王

紀元前八百二十六年丙戌 新羅眞興王二十六年○高句麗平原王七年○百濟威德王十二年 新羅遣使朝陳

紀元前八百二十四年戊子 新羅眞興王二十九年○高句麗平原王九年○百濟威德王十四年 新羅改元大昌

紀元前八百二十二年 庚寅 新羅眞興王三十年○高句麗平原王十一年○百濟威德王十六年 北齊(後主時)遣使百濟冊王

紀元前八百二十年 壬辰 新羅眞興王三十二年○高句麗平原王十三年○百濟威德王十八年 新羅改元鴻濟○百濟遣使朝北齊

紀元前八百十六年 丙申 新羅眞興王三十六年○高句麗平原王十七年○百濟威德王二十二年 新羅置花郎 初君臣無以知人欲使聚遊觀其行義取美男子粧飾之名花郎或道義相磨或歌舞相悅歲月旣久邪正自見擇而用之○新羅王薨(卽位之後唯謹奉佛剃髮被僧衣自號法雲王妃亦爲尼)子金輪立 卽眞智王(名金輪眞興王第二子)在位三年

紀元前八百十五年 丁酉 陳宣帝大建九年○新羅眞智王元年○高句麗平原王十八年○百濟威德王二十三年 高句麗遣使朝後周(武帝時)後周遣使冊王○百濟遣使朝陳(宣帝時)○百濟遣使朝後周(武帝時)

紀元前八百十三年 己亥 新羅眞智王三年○高句麗平原王二十年○百濟威德王二十五年 新羅王薨太孫伯淨立(太子早卒羣臣奉立伯淨)卽眞平王(名伯淨太子銅輪之子眞智王之孫)在位五十三年

紀元前八百十二年 庚子 陳宣帝大建十二年○新羅眞平王元年○高句麗平原王二十一年○百濟威德王二十六年

紀元前八百十一年 辛丑 新羅眞平王二年○高句麗平原王二十三年○百濟威德王二十七年 新羅王出獵金后稷墓乃還 后稷嘗諫王好獵王不聽臨歿謂其子曰吾不能匡君過瘞我於王遊獵路側其子從之他日王出獵中路有聲若曰王無去王顧問之從者曰

朝鮮歷代史略 卷之一 三十八

聲從后稷墓出仍諫后稷臨死之言王流涕曰生而諫死而不忘其愛我深矣終不復獵○高句麗遣使朝隋文帝時隋遣使冊王○百濟遣使朝隋隋遣使冊王

紀元前八百八年甲辰

新羅眞平王五年○高句麗平原王二十五年○百濟威德王三十年

新羅改元建福

紀元前八百六年丙午

新羅眞平王七年○高句麗平原王二十七年○百濟威德王三十二年

高句麗移都長安城

紀元前八百三年己酉

新羅眞平王十年○高句麗平原王三十年○百濟威德王三十五年○是歲隋文帝滅陳統一天下

新羅西方大水漂沒人戶三萬三百六十發使賑之

紀元前八百二年庚戌

新羅眞平王十一年○高句麗平原王三十一年○百濟威德王三十六年

高句麗王薨

紀元前八百一年辛亥

隋文帝開皇十一年○新羅眞平王十二年○高句麗嬰陽王元年○百濟威德王三十七年

太子元立卽嬰陽王名元平原王太子在位二十八年

紀元前七百九十八年甲寅

新羅眞平王十五年○高句麗嬰陽王四年○百濟威德王四十年

隋遣使新羅冊王

紀元前七百九十四年戊午

新羅眞平王十九年○高句麗嬰陽王八年○百濟威德王四十四年

高句麗王率靺鞨兵侵遼西隋帝大怒貶黜王爵○百濟王薨子季明立卽惠王名季明威德王第二子在位一年

紀元前七百九十三年己未

隋文帝開皇十九年○新羅眞平王二十年○高句麗嬰陽王九年○百濟惠王元年

百濟王薨子宣立卽法王名宣惠王太子在位一年

紀元前七百九十二年庚申

隋文帝開皇二十年○新羅眞平王二十一年○高句麗嬰陽王十年○百濟法王元年

百濟王薨子璋立卽武王名璋法王之子在位四十一年

紀元前七百九十一年 辛酉 隋文帝開皇二十一年○新羅眞平王二十二年○高句麗嬰陽王十一年○百濟武王元年

紀元前七百八十一年 辛未 新羅眞平王三十二年○高句麗嬰陽王二十一年○百濟武王十一年 新羅遣使如隋

煬帝時 請師討高勾麗隋許之時高勾麗屢侵封壃王患之請師于隋

紀元前七百八十年 壬申 新羅眞平王三十三年○高勾麗嬰陽王二十三年○百濟武王十二年 隋煬帝親帥兵來征高句麗先時王屢侵新羅新羅遣使如隋請師伐之帝從之自將精兵一百三十萬使宇文述等分九道會於鴨綠西旌旗亘九百餘里王遣乙支文德御之隋師敗還初文德欲疲隋兵每戰交輒退走述等一日縣勝遂東濟薩水去平壤軍半濟麗自後擊之隋軍俱潰死者甚衆帝大怒鎖繫述等而還

紀元前七百七十九年 癸酉 新羅眞平王三十四年○高勾麗嬰陽王二十三年○百濟武王十三年 隋帝復來征高句麗尋班師會楊玄感叛書至帝遂引還

紀元前七百七十八年 甲戌 新羅眞平王三十五年○高句麗嬰陽王二十四年○百濟武王十四年 隋帝復欲來征舉兵至懷遠鎭高句麗王懼乞降帝班師

紀元前七百七十四年 戊寅 新羅眞平王三十九年○高勾麗嬰陽王二十八年○百濟武王十八年○是歲唐高祖滅隋即帝位 新羅遣使朝唐○高句麗王薨弟建武立即榮留王名建武嬰陽王異母弟在位二十四年

紀元前七百七十三年 己卯 唐高祖武德元年○新羅眞平王四十年○高勾麗榮留王元年○百濟武王十九年○高句麗遣使朝唐

卷之二 四十

紀元前七百六十八年甲申 新羅眞平王四十五年○高句麗榮留王六年○百濟武王二十四年 唐遣使新羅高句麗百濟冊王

紀元前七百六十五年丁亥 新羅眞平王四十八年○高句麗榮留王九年○百濟武王二十七年 百濟遣使如唐帝以羅濟數侵詔責之王遣任福信奉表陳謝自是新羅外雖順服內實相仇如舊

紀元前七百六十三年己丑 新羅眞平王五十一年○高句麗榮留王十二年○百濟武王三十年 新羅金庾信攻陷高句麗娘臂城(今淸州) 庾信舒玄之子也率兵至娘臂城麗人逆擊之羅軍失利庾信爲中幢主謂其父曰庾信平生以忠信自期臨戰不可不勇乃跨馬突陣斬其將提首而來諸軍因奮擊遂陷其城舒玄首露王後裔潛通新羅宗室女萬明有娠二十月生庾信背有七星文庾信見麗濟鞅韉侵軼國疆慨然有削平之志獨入中嶽石窟作誓詞告天有老人來授秘訣云

紀元前七百六十一年辛卯 新羅眞平王五十三年○高句麗榮留王十三年○百濟武王三十一年 高句麗築長城東北起扶餘城西南至海千有餘里十七年乃畢

紀元前七百六十年壬辰 新羅眞平王五十四年○高句麗榮留王十四年○百濟武王三十二年 新羅王薨無嗣國人立王女德曼卽善德王(名德曼眞平王長女)在位十三年

紀元前七百五十九年癸巳 唐太宗貞觀七年○新羅善德王元年○高句麗榮留王十五年○百濟武王三十三年

紀元前七百五十八年甲午 新羅善德王二年○高句麗榮留王十六年○百濟武王三十四年 新羅改元仁平○

卷之二 四十一

百濟鑿池宮南引水二十餘里注之池中築島嶼擬
作海上仙山

丙申 紀元前七百五十六年

新羅善德王四年○高句麗榮留 王十八年○百濟武王三十六年 百濟王出遊泗泚
河浦上四岸峯石錯立間以名花王醉而鼓琴自歌
今從者舞之時人稱爲大人浦

庚子 紀元前七百五十二年

新羅善德王八年○高句麗榮留 王二十二年○百濟武王四十年 新羅高句麗百濟
遣子弟如唐請入國學○百濟兵攻陷新羅大耶城
都督金品釋幢下舍知竹竹從亡城將陷品釋先殺
妻子而自刎竹竹收殘卒閉城自誓吾父名我以竹
者使我歲寒不凋豈可畏死而生降乎遂力戰而死

○高句麗日無光三日

辛丑 紀元前七百五十一年

新羅善德王九年○高句麗榮留 王二十三年○百濟武王四十二年 王新羅遣使如唐
[illegible] ○百濟王薨太子義慈立卽義
慈王武王太子在位十九年

壬寅 紀元前七百五十年

唐太宗貞觀十六年○新羅善德王十一年○高 句麗榮留王二十五年○百濟義慈王元年 高句
麗泉蓋蘇文弑王立王姪子藏卽寶藏王 [illegible]
在位二十六年○泉蓋蘇文一名蓋金姓泉自云生
水中以惑衆儀貌雄偉意氣豪得嗣其父爲東部大人
人惡其凶殘與王密議欲誅事泄蘇文以部兵設諸
大人百餘遂入宮弑王立藏爲王自爲莫離支 [illegible]

如唐兵部尚書中書令也專擅國事〇百濟王親率
兵攻新羅西彌猴四十餘城拔之

紀元前七百四十九年 癸卯

唐太宗貞觀十七年〇新羅善德王十一年〇高句麗寶藏王元年〇百濟義慈王三年 高句麗
蓋蘇文脅唐使于窟室中先是新羅遣使於唐上言
百濟與高句麗將大舉兵額乞師以救帝遣使賜璽
書諭以戢兵蓋蘇文不奉帝詔弑其君賊其大臣殘
虐其民今又違我詔命不可不討遣將儼諭旨蓋蘇
文以兵脅囚儼帝手詔責蓋蘇文之罪率師親征

紀元前七百四十八年 甲辰

新羅善德王十二年〇高句麗寶藏王二年〇百濟義慈王四年 新羅遣金庾信伐
百濟取加兮等七城

紀元前七百四十七年 乙巳

新羅善德王十三年〇高句麗寶藏王三年〇百濟義慈王四年 唐帝親征高句麗
新羅王發三萬兵助之〇新羅王薨王寬仁明敏唐
帝賜牧丹花圖及花子王曰此花絕艷而花無蜂蝶
必無香氣種其子果然又一日玉門池蝦蟆大集王
曰蝦蟆兵象吾聞西南有玉門谷意有隣兵至其谷
乎命將搜之果有百濟兵來屯掩擊殺之又能預言
死日至期果驗世稱王知幾三事從弟勝曼立卽眞
德王 名勝曼善德王弟國飯之女 在位九年〇唐帝來攻高句麗
安市城不克班師初唐兵至遼東攻安市城六旬不
下帝以遼左早寒糧且盡勅班師乃耀兵於城下而

旋城王登城拜辭帝嘉其固守賜縑百匹以勵事君

按安市城在遼東城主姓名乃楊萬春也見於太宗東征記○又按李穡詠貞觀詩曰謂是囊中一物耳那知玄花落白羽盖謂太宗東征中箭傷目也金宗直選詩青邱風雅註曰太宗傷目事不出史傳而穡遊學中原豈有所聞耶徐居正東人詩話亦云當時史官必為中國諱無怪乎不書也

丙午 紀元前七百四十六年

唐太宗貞觀二十年○新羅真德王元年○高句麗寶藏王四年○百濟義慈王五年○新羅改元太和○百濟來攻新羅茂山等城否寧子力戰死之時新羅金庾信拒百濟兵戰力竭軍有否寧子者格殺數人而死其子擧眞曰見父死而偷生豈得為孝遂赴敵而死其奴合節曰兩主皆死何可獨生亦死於敵三軍感激齊奮擊之百濟兵大敗而歸○高句麗東明王母塑像泣血三日

戊申 紀元前七百四十四年

新羅真德王三年○高句麗寶藏王六年○百濟義慈王七年 新羅遣金庾信伐百濟大破之

己酉 紀元前七百四十三年

新羅真德王四年○高句麗寶藏王七年○百濟義慈王八年 新羅冠服從華制

庚戌 紀元前七百四十二年

新羅真德王五年○高句麗寶藏王八年○百濟義慈王九年 新羅王自製太平頌遣使獻唐以其頌織錦為文以獻之○新羅始行唐永徽年號初新羅使臣甘帙許如唐帝問新羅臣事大朝何以別稱年號對曰天朝不曾頒正朔自先祖私有紀年若大朝有命小邦何敢焉自是行唐年號

辛亥 紀元前七百四十一年

新羅真德王六年○高句麗寶藏王九年○百濟義慈王十年 新羅正月朔始受百

官朝賀賀正之禮始此
紀元前七百三十八年甲寅 新羅真德王九年○高句麗寶藏王十二年○百濟義慈王十三年 新羅王薨羣臣奉
金春秋爲王卽武烈王名春秋龍春之子真智王之孫在位七年○
高句麗有神人見於馬嶺山謂人曰汝國君臣奢侈
無度亡無日矣
紀元前七百三十七年乙卯 唐高宗永徽六年○新羅武烈王元年○高句麗寶藏王十三年○百濟義慈王十四年
紀元前七百三十六年丙辰 新羅武烈王二年○高句麗寶藏王十四年○百濟義慈王十五年 百濟王殺諫臣佐
平成忠先是王作望海亭乎宮女淫酗耽樂成忠極
諫王怒囚之成忠不食賜死上書曰忠臣死不忘君
願一言而死臣觀時察變必有兵革敵兵若來使陸

不過炭峴水不入白江據險以禦王不省遂死獄中
自是無敢言者佐平官名
紀元前七百三十三年己未 新羅武烈王五年○高句麗寶藏王十七年○百濟義慈王十八年 百濟來攻新羅獨
山桐岑等城創漢山州今京都壯義寺○新羅王欲伐
百濟請兵於唐不報憂形於色若有長春罷郎曰唐
帝已命蘇定方等領兵將以明年五月伐百濟因忽
不見王異之創寺以資冥福長春罷郎嘗戰死百濟
者也○九虎入高句麗城中○衆狐入百濟宮中○
百濟王都井水及泗沘河水赤如血有鬼見於宮中
○鬼入百濟宮中大呼曰百濟亡百濟亡卽入地中

王使人掘之乃龜背有文曰百濟同月輪新羅如月新王問之巫解曰同月輪者滿也滿則虧如月新者未滿也未滿則盈王怒殺之或曰同月輪者盛也如月新者微也意國家盛新羅微王悅○唐帝(高宗)遣大將蘇定方等與新羅兵來伐百濟先是百濟王攻取新羅北京諸城又與高句麗謀絶新羅朝唐之路新羅告急於唐帝以蘇定方爲大總管以金仁問副之帥水陸軍伐之勅新羅王爲聲援羅王帥金庾信等出師王問戰守便宜或言先擊唐兵或言先擊羅兵王又問於興首對曰宜陳勇士守要衝使唐兵不得

入白江羅軍不得過炭峴重閉固守待其兵疲金[illegible]宜擊破之興首嘗得罪竄外故左右皆曰興首怨君不愛國其言不可用王不從興首之議○唐羅兵圍百濟都城援之王歎曰悔不用成忠之言以至於此與太子夜遁熊津城王宮諸姬走大王浦巖石上墜死後人名其巖曰落花巖王知不克詣定方降新羅王大置酒宴定方及將士使義慈行酒於堂上羣臣莫不嗚咽流涕○定方以義慈及王子大臣將士八十八人百姓萬二千八百七人渡海還唐唐以百濟地爲熊津等五郡都督府命劉仁願留鎭泗沘城○

紀元前七百三十二年 庚申

新羅武烈王六年○高句麗寶藏王十八年○百濟義慈王十九年○是歲百濟亡 新羅王親率兵與唐將蘇定方合攻百濟滅之○初新羅王遣金仁同乞師伐百濟唐帝命蘇定方金仁同帥水陸軍伐百濟勳王爲聲援王率金庾信等出師合攻滅之○義慈病死帝命葬孫皓陳叔寶墓側○起温祚王元年癸卯至義慈王末年庚申凡三十世歷年共六百七十八年○高句麗平壤河水赤(色如血三日乃止)○唐帝遣李勣等率宿衛兵來攻高句麗十六城皆降之

紀元前七百三十一年 辛酉

新羅武烈王七年○高句麗寶藏王十九年 故百濟王子豐稱王據周留城新羅王遣將伐豐豐奔高句麗○初百濟義慈王子豐質倭國百濟宗室福信等迎立爲王據周留城西北部皆響應豐率諸軍圍唐將劉仁願於熊津城唐帝乃命劉仁軌討豐新羅王遣金欽純擊之豐敗走高句麗餘衆悉降○新羅王薨(廟號太宗)太子法敏立

文武王(名法敏太宗王太子) 在位二十年

紀元前七百三十年 壬戌

元年 (唐高宗龍朔二年○高句麗寶藏王二十年) 耽羅國(今濟州)來朝

紀元前七百二十四年 戊辰

七年 (高句麗寶藏王二十六年○是歲高句麗亡) 王率諸將與唐李勣等伐高句麗滅之初唐遣李勣等伐高句麗諭王發兵

助之王以金欽純金仁問爲將親率兵與唐軍合攻陷平壤城王出降李勣執王及王子大臣等二十餘萬人以歸唐置安東都護府以薛仁貴爲平壤都護使鎭之帝以王藏政非己出遣還遼東藏與靺鞨潛通欲謀叛帝召藏還及藏卒帝命葬頡利墓坐(按高句麗秘記曰不及八百年當有八十大將滅之盖高句麗享國七百餘年李勣年八十其讖果驗云)凡二十八世歷年共七百五年

九年 故高句麗王臧子安勝稱王請附王遣使冊爲王時高句麗劍牟岑欲圖興復殺唐官人迎立安勝于漢城遣使請附王處之國西金馬渚唐帝遣將討安勝安勝來辭王冊爲報德王妻以妹(臧曰安勝王之外孫未詳)

十一年 以任强首爲沙飡强首生而頭後有高骨及長好讀書通曉義理唐詔書至有難解處强首能解之王驚喜問其姓名對曰臣本任那加良人牛頭也王曰見卿頭骨可稱强首遂名之使製謝表文工而意盡王益奇之至是擢是職○太大舒發翰金庾信卒先是大星隕王憂之庾信進曰今之變異厄在老臣非國家之灾也至是庾信疾革王親臨問疾及卒年七十九王震悼以軍樂鼓吹葬之命有司立碑紀

功

紀元前七百十八年甲戌

十三年 唐帝削王爵遣劉仁軌來討時王納高句麗叛衆又據百濟故地帝大怒削王爵以王弟仁問爲雞林州大都督發兵討之

紀元前七百十七年乙亥

十四年 頒銅印于百司及州郡○唐帝遣使復王爵 王遣使謝罪帝有是命 ○靺鞨來寇阿達城城主素那死之

紀元前七百十一年辛巳

二十年 王薨 以遺詔葬於東海口大石山 太子政明立

神文王 名政明文武王太子 在位十一年

紀元前七百十年壬午

元年 唐高宗永淳元年

紀元前七百八年甲申

三年 遣兵討金馬渚賊剿平之先是報德王安勝族子大文據金馬渚謀叛伏誅餘衆殺官吏據報德城以叛遣將討平之徙其餘衆於國南州郡以其地爲金馬郡

紀元前七百年壬辰

十二年 擢薛聰高秩官王嘗燕居引聽曰子有異聞爲我陳之聰曰昔花王之始來也一佳人名薔薇朱顏玉齒頹頰爲枕於香帷又有一丈夫名曰白頭翁布衣韋帶傴僂而來曰凡爲君者莫不親近老成而興昵比妖艷而亡王聞之愀然曰請書之以爲戒遂擢聰高秩聰字聰智父元曉嘗爲沙門淹該佛書旣而反本娶瑤石宮寡夫人生聰聰生而明銳旣長博學

東國歷代史略 卷之二 四十九

能文以方言解九經義訓導後生又以俚語製吏讀
行於官府○王薨太子理洪立

孝昭王 名理洪神文王太子 在位十年

紀元前六百九十九年 癸巳 **元年** 唐中宗嗣聖十年 置醫學

紀元前六百九十年 壬寅 **十年** 王薨無嗣國人立王弟隆基

聖德王 名隆基後避唐玄宗諱改興光孝昭王之弟 在位三十五年

紀元前六百八十九年 癸卯 **元年** 唐中宗嗣聖二十年 封金庾信妻為夫人歲賜租一千石
時庾信妻落髮為尼王曰今中外平安高枕無憂太
天角之賜也夫人儆戒相成陰功亦多寡人不忘于
心乃有是命

紀元前六百七十九年 癸丑 **十一年** 大祚榮據太伯山 今寧邊妙香山 唐封為渤海郡王
渤海本粟末靺鞨卽高句麗別種祚榮父乞乞仲象
與其徒渡遼水保太伯山東仲象死祚榮嗣驍勇善
騎射高句麗餘燼稍稍歸之乃建國自號震國地方
千里有數萬兵盡得扶餘沃沮朝鮮之地至是唐封
為渤海郡王云

紀元前六百七十五年 丁巳 **十五年** 命置先聖畫像于太學太監守忠回自唐上
文宣王十哲七十二弟子畫像有是命○造漏刻

紀元前六百六十一年 辛未 **二十九年** 倭寇東鄙命將擊破之

紀元前六百五十六年 丙子 **三十四年** 唐帝勅賜浿江以南

紀元前六百五十五年 丁丑 三十五年 王薨太子承慶立
孝成王 名承慶聖德王太子 在位五年
紀元前六百五十四年 戊寅 元年 唐玄宗開元二十六年
紀元前六百五十年 壬午 五年 王薨以遺命燒柩散骨東海 無嗣弟憲英立
景德王 名憲英孝成王之弟 在位二十三年
紀元前六百四十九年 癸未 元年 唐玄宗天寶二年
紀元前六百四十五年 丁亥 五年 大雷電震眞平王陵
紀元前六百三十六年 丙申 十四年 遣使朝唐帝于蜀時玄宗避祿山亂幸蜀使
至成都帝親製十韻詩手札賜王
紀元前六百三十五年 丁酉 十五年 置九州分統州縣

紀元前六百二十七年 乙巳 二十三年 王薨太子乾運立 時年八歲母后攝政
惠恭王 名乾運景德王太子 在位十五年
紀元前六百二十六年 丙午 元年 唐代宗大曆元年 正月兩日並出王恐懼修省弭灾
之道
紀元前六百十六年 丙辰 十一年 始立五廟味鄒王爲金氏始祖太宗王文武
王平麗濟有大功德爲不遷之主並祖禰爲五廟
紀元前六百十四年 戊午 十三年 虎入宮中
紀元前六百十三年 己未 十四年 遣金巖聘日本巖庾信曾孫性聰敏少爲伊
飡入唐宿衛就師學陰陽家術自述遁甲立成法示
其師師曰不圖明達至此及還爲執事侍郎鎭浿江

朝鮮歷代史略 卷之一 三十一

教六陣兵法人皆便之王是聘日本日本王知其賢
欲留會唐使來相見甚懼日本王以爲大國所知
不敢留乃還

紀元前六百十二年 庚申

十五年 金志貞作亂圍王宮金良相誅志貞因弑王
自立時王淫于聲色戲謔無度綱紀紊亂人心離叛
志貞聚衆作亂良相與敬信舉兵誅之王與后妃爲
亂兵所害良相自立爲王

宣德王 名良相奈勿王十世孫孝芳之子 在位五年

紀元前六百十一年 辛酉

元年 唐德宗建中二年

紀元前六百七年 乙丑

五年 王薨以遺詔燒柩散骨東海 無嗣國人立奈勿王後孫敬
信

元聖王 名敬信孝讓之子奈勿王十二世孫 在位十四年

紀元前六百六年 丙寅

元年 唐德宗貞元二年

紀元前六百四年 戊辰

三年 始設讀書出身科 前此但以射選人至是設此科

紀元前五百九十三年 己卯

十四年 王薨以遺詔燒柩 孫俊邕立

昭聖王 名俊邕仁謙之子元聖王之孫 在位一年

紀元前五百九十二年 庚辰

元年 唐德宗貞元十六年 王薨太子清明立 時年十三歲叔父彥昇攝政

哀莊王 名清明昭聖王太子改名重熙 在位九年

紀元前五百九十一年 辛巳

元年 唐德宗貞元十七年

紀元前五百八十三年 己丑

九年 彥昇弑王自立

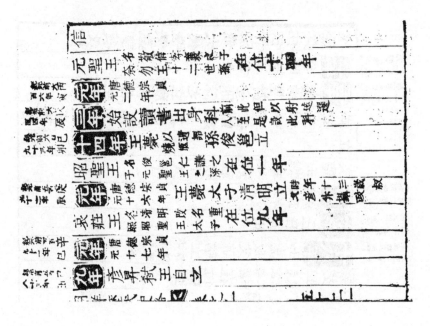

朝鮮歷代史略 卷之一 三十二

憲德王 名彦昇 昭聖王之弟 在位十七年

庚寅 紀元前一千二百八十二年 **元年** 唐憲宗元和五年

己亥 紀元前一千二百七十三年 **十四年** 遣將軍金雄元助唐討李師道 唐帝遣使徵兵故也

丙午 紀元前一千二百六十六年 **十七年** 築浿江長城 三百里 ○王薨太子秀宗立

興德王 名秀宗 改名景徽 憲德王太子 在位十年

丁未 紀元前一千二百六十五年 **元年** 唐文宗太和元年

丙辰 紀元前一千二百五十六年 **十年** 王薨無嗣金明等立王堂侄悌隆時王堂弟均貞與悌隆爭立金明等殺均貞立悌隆

僖康王 名悌隆 憲貞之子 元聖王之玄孫 在位三年

丁巳 紀元前一千二百五十五年 **元年** 唐文宗開成二年 均貞子祐徵往投青海鎭祐徵懼禍收餘兵往依青海鎭大使張保皐謀復父讎

戊午 紀元前一千二百五十四年 **二年** 金明弑王自立

己未 紀元前一千二百五十三年 **三年** 金陽等討金明誅之立祐徵爲王

神武王 名祐徵 均貞之子 元聖王之曾孫 在位四月 王薨太子慶膺立

文聖王 名慶膺 神武王太子 在位十八年

庚申 紀元前一千二百五十二年 **元年** 唐文宗開成五年

乙丑 紀元前一千二百四十七年 **六年** 三日幷出

丁丑 紀元前一千二百三十五年 **十八年** 王薨叔父誼靖立 太子先卒 遺命立誼靖

憲安王 名誼靖 神武王之弟 在位四年

紀元前五百三十四年 戊寅
元年 唐宣宗大中十二年

紀元前五百三十一年 辛巳
四年 王薨婿膺廉立 王無嗣膺廉以遺命立

景文王 名膺廉 啓明之子 僖康王之曾孫 在位十四年

紀元前五百三十年 壬午
元年 唐懿宗咸通三年

紀元前五百十七年 乙未
十四年 王薨太子政立

憲康王 名晸 景文王子 在位十一年

紀元前五百十六年 丙申
元年 唐僖宗乾符三年

紀元前五百十三年 己亥
四年 王出遊鶴城還至海浦有異人詣王前歌舞王與之入京賜爵又有四神人衣巾詭異形容可駭不知所從來歌舞駕前其歌曰智異多逃都破破等語蓋謂以智異國者多逃而都邑將破故歌以警之也時人反以瑞焉 鶴城今蔚山

紀元前五百七年 乙巳
十年 崔致遠奉帝詔還自唐致遠年十二隨海舶入唐尋師力學十八登第為侍御史內供奉時黃巢叛為高駢從事檄文狀牒俱出其手巢見檄書至不惟天下之人皆思顯戮抑亦地中之鬼已議陰誅之句不覺下床自此名振天下至是乃還時年二十八

紀元前五百六年 丙午
十一年 王薨弟晃立

定康王 名晃 憲康王之弟 在位一年

紀元前五百五年 丁未
元年 唐僖宗光啓三年 王薨無嗣女弟曼立 羣臣以遺命立之

紀元前五百四年 戊申

眞聖王(名曼定康王之女弟)在位十年

紀元前五百三年 己酉

元年(唐僖宗文德四年)

二年 因隱者王巨仁已而釋主淫穢濱亂素與魏弘通弘死潛引年少美丈夫私之授以要職由是佞幸肆志紀綱壞弛盜賊大起時有人譏之時政榜於路主為巨仁所爲囚巨仁將誅之巨仁憤怨作詩書獄壁曰于公痛哭三年旱鄒衍含悲五月霜今我幽愁還似古皇天無語但蒼蒼是夕忽雷震雨雹王懼釋之

紀元前五百一年 辛亥

四年 弓裔叛據北原裔憲安王庶子生於重午日生而有齒日官勸王殺之乳母抱而逃誤以手觸之眇一目年十餘祝髮爲僧自稱彌勒佛不拘僧律見盜賊蜂起初投竹山賊又投北原賊(北原今原州)梁吉分兵東略累戰輒勝初都松岳自稱後高麗後徙鐵圓國號泰封

紀元前五百年 壬子

五年(唐昭宗景福元年 後百濟甄萱元年) ○甄萱叛據完山萱尚州人本姓李父阿玆介以農自活耕於野其母餉之時萱生未久置諸林下虎來乳之及長自改姓曰甄初赴海戍爲裨將見女主政亂民飢盜起遂懷異志聚衆侶劫掠州縣仍投北原賊梁吉後據自稱後百濟(完山)

朝鮮歷史 卷之一 五十五

今全州 ○崔致遠隱伽倻山致遠欲展蘊抱而被世忌
疑出爲太山富城等太守自歎不遇無復仕進意遂
挈家隱伽倻山世莫知所終所著文集行於世 太山今泰仁 富城今瑞山

丁巳 紀元前四百九十五年

十年 後百濟甄萱六年 王禪位于太子嶢 嶢憲康王之庶子
王立爲太弟至是王謂左右曰近年以來百姓困窮
盜賊蜂起此由於孤之不德也讓賢避位吾意决矣
遂禪于嶢

戊午 紀元前四百九十四年

元年 唐昭宗光化元年 後百濟甄萱七年 ○

孝恭王 名嶢憲康王之庶子 在位十五年

丁卯 紀元前四百八十五年

十年 後百濟甄萱十六年 是歲後梁篡唐爲帝 ○

壬申 紀元前四百八十五年

十五年 後百濟甄萱二十一年 王薨無嗣國人立阿達羅王遠
孫景暉

神德王 姓朴氏名景暉又兼子阿達羅王之遠孫 之在位五年

癸酉 紀元前四百七十九年

元年 後梁太祖乾化三年 後百濟甄萱二十二年 ○

丁丑 紀元前四百七十五年

五年 後百濟甄萱二十六年 王薨太子昇英立

景明王 名昇英神德王之太子 在位七年

戊寅 紀元前四百七十四年

元年 後梁均王貞明四年 ○ 後百濟甄萱二十七年 ○ 高麗太祖元年 弓裔諸將立
王建爲王國號曰高麗時建爲裔將屢著邊功位冠
百僚衆心屬建建懼禍不樂居位每求外鎭時弓裔

誣搆叛亂日殺將相其妻康氏諫裔怒以燒鐵撞其
陰殺之幷殺其兩子凶虐日肆洪儒裴玄慶申崇謙
卜智謙等推戴建為王裔聞之驚駭曰王公得之吾
事已矣乃亡去尋為斧壤民所害(斧壤今平康)○高麗都
松嶽定官制建元天授設八關會(新羅故事)○初王隆
築室松嶽之南一日僧道詵來憇門外歎曰此地
當出聖人隆聞之出迎詵作一封書授之曰公明年
必得貴子已長與此書及期果生神光繞室年十七
詵復至請見王告以出師置陣之法天時地利之理
及長仕弓裔為侍中裔政亂衆心咸歸於王將士推

戴遂卽位於鐵圓
四年(紀元前四百七十一年辛巳) 後百濟甄萱三十年○高麗太祖四年 王遣使聘高麗
六年(紀元前四百六十九年癸未) 後百濟甄萱三十二年○高麗太祖六年○後唐莊宗滅梁為帝
七年(紀元前四百六十八年甲申) 後百濟甄萱三十三年○高麗太祖七年 王遣使朝後唐○王薨無
嗣弟魏膺立○高麗遣使朝後唐
景哀王 名魏膺景明王之母弟 在位三年
元年(紀元前四百六十七年乙酉) 後唐莊宗同光三年○後百濟甄萱三十四年○高麗太祖八年
二年(紀元前四百六十六年丙戌) 後百濟甄萱三十五年○高麗太祖九年 契丹滅渤海為東丹國契
丹在我國北界女眞之東卽今建州衛梁史曰契丹
東胡種也其先國在橫山本鮮卑舊地元魏時自稱

契丹至梁均王時阿保機並渤海諸國始稱帝建元至石晉高祖時改號遼後大舉入寇執出帝以歸宋眞宗時又入寇抵澶州眞宗親征約和為兄弟徽宗時金約宋共滅之

紀元前四百六十五年 丁亥

三年 後百濟甄萱三十六年○高麗太祖十年 甄萱襲王都弑王時王淫縱無道與國人左右出遊鮑石亭置酒令美人奏繁華之曲時人比之後庭花時萱兵猝至王走匿城角離宮萱縱兵索王逼令自殺强辱王妃縱其下亂諸嬪宮盡取子女百工兵仗珍寶而歸○立王表弟金溥○甄萱圍高麗王於公山大將軍申崇謙死之王聞萱攻陷新羅親率兵邀萱於公山洞藪大戰不利萱兵圍王急崇謙容貌酷似王崇謙知勢窮使王隱於礎藪中代乘王車力戰死之王遂得脫哀崇謙追謚壯節

敬順王 姓金氏名溥伊飡孝宗之子文聖王之後孫 在位八年

紀元前四百六十四年 戊子

元年 後唐明宗天成三年○後百濟甄萱三十七年○高麗太祖十一年

紀元前四百六十一年 辛卯

四年 後百濟甄萱四十年○高麗太祖十四年 王與高麗王會宴于臨海殿○王遣使高麗王請相見麗王以五十騎往會酒酣王曰小國不天為甄萱掾喪泫然泣下左右莫不嗚咽麗王亦流涕慰藉之因留數旬而還麗王之初

至蕭隊而行秋毫不犯都人士女舉手相慶曰昔甄
氏之來如對虎今王公之至如見父母○高麗遣使
來聘

癸巳 後百濟甄萱四十二年○高麗太祖十六年 後唐遣使高麗冊王高
麗始行後唐年號

朝鮮歷代略卷之二終

朝鮮歷代史略 二

朝鮮歷代史略卷之二

高麗紀

太祖 姓王氏名建松嶽郡人金城太守隆之子 都松嶽 今開城○按東史寶鑑曰高麗之號取山高水麗之義 在位二十六年 統一後八年

新羅敬順王八年○後百濟甄萱四十三平○高麗太祖十八年○是歲新羅亡 甄萱子神劍知萱欲立少子作亂甄萱來奔○新羅王以四方土地盡爲他有國勢孤弱乃與羣下謀降高麗王子諫曰當與忠臣義士收自守力盡而後已豈宜以一千年社稷一朝輕與人乎王曰孤危若此勢不能全不忍使無辜之民肝腦塗地遣使請降於高麗王

朝鮮歷代史略 卷二 二

子哭泣辭去徑入皆骨山倚巖爲屋麻衣草食以終身丈夫其名王至
高麗麗王出郊迎勞館于柳花宮妻以長女樂浪公
主王請以臣禮見麗王乃受庭見之禮爲政丞位
在太子之上國除爲慶州○遷都居世元甲子止
敬順王末年乙未凡五十五世朴氏十世昔氏八世
金氏三十七世女王三人歷年共九百九十二年

十九年 是歲後百濟甄萱願仗威靈以誅神劍王與萱
討之神劍歸命乞罪特原之萱憤懣疽發死○立金
氏爲夫人初金溥來降王曰願結舅甥之好以納其
伯父億廉之女生子郁郁生顯宗以後繼統者皆新
羅外孫也

二十年 遣使朝後晉

二十一年 西天竺僧弘梵來王備法駕迎之○始行
後晉年號○耽羅世子末老來朝始賜星主王子等爵號

二十二年 後晉遣使冊王

二十五年 遼遣使遺橐駝王以遼爲無道之國流其
使繫橐駝萬夫橋下皆餓死因名其橋曰橐駝橋開城

二十六年 王薨太子武立

惠宗 名武太祖長子 在位二年

元年 後晉出帝開運元年

朝鮮歷代史略 卷之三 二十一

二年 王以長公主(太祖女)妻弟昭(公主從母姓稱皇甫氏後凡娶同姓者皆稱外家之姓)○王薨諸子幼羣臣奉王弟堯立○初王規之女爲太祖妃生廣州院君規謀欲立之惠宗不豫時將行大逆不果至是又欲作亂西京大臣王式廉引兵入衛竄規于甲串追斬之

定宗(名堯太祖第二子) 在位四年

元年 (後晉出帝開運三年)

二年 是歲(後晉爲遼所滅後漢高帝稱帝)

三年 東女眞來獻方物○始行後漢年號

四年 王不豫禪位於母弟昭尋薨

光宗(名昭太祖第四子) 在位二十六年

元年 (後漢隱帝乾祐三年) 建元光德

二年 (是歲後周太祖滅後漢爲帝) 始行後周年號

三年 遣使朝後周

四年 後周遣使冊王

七年 後周遣使加冊王仍令百官衣冠從華制

九年 後周大理評事雙冀隨冊使來以病留引對稱旨王愛其才表請爲僚屬遂授以文柄奬勸後學因命知貢擧試以詩賦頌詩務策賜進士及第科擧之法自此始矣

朝鮮歷代史略 卷之三 二十二

十一年 是歲後周亡宋太祖代之

十三年 遣使朝宋

十四年 宋遣使冊王始行宋年號

十九年 以僧惠居爲國師坦文爲王師 光宗效太祖之謬舉崇奉緇流或爲國師或爲王師所謂師者何道也不過無父無君之道耳以一國之大千乘之尊師其無父無君之道幾何不胥而爲夷狄禽獸也自是以後子孫相承世爲家法馴致遍照之禍而國隨以亡嗚呼悲哉

二十六年 王薨太子伷立

景宗 名伷光宗長子 在位六年

元年 宋太宗太平興國元年

三年 新羅降王金溥卒 諡敬順

六年 王不豫傳位於堂弟開寧君治尋薨○追尊先考爲王 廟號戴宗 立妣劉氏爲后

成宗 名治戴宗之子太祖之孫 在位十六年

元年 宋太宗太平興國七年 始臨軒覆試○以生日爲千秋節

二年 是歲遼改國號曰契丹 王祈穀于圜邱○宋遣使冊王

四年 宋徵兵伐契丹○定五服給暇式

五年 契丹 聖宗隆緖時 遣使請和○改詔稱教

七年 立五廟

九年 宋遣使加冊王○遣使如宋

十年 立社稷○韓彥恭還自宋獻大藏經○初新羅之末三國分爭北界邱墟女眞乘間據有鴨綠江內外搶掠邊民苦之至是遣兵逐出白頭山外居之鴨綠卽三水郡北之江非義州之鴨綠江也

十一年 景宗妃皇甫氏景宗薨後出居私第太祖第八子郁烝之有娠王知之遂流郁于泗水縣今泗川妃生子詢是爲顯宗妃免身而卒○創國子監

十二年 契丹侵北鄙遣使如契丹請和契丹罷兵

十三年 始行契丹年號○遣使如宋乞師欲報契丹不許自是絕宋

十四年 契丹遣使冊王○命行文臣月課法

十六年 王不豫傳位於開寧君誦尋薨

穆宗名誦景宗子 在位十二年

元年 宋眞宗咸平元年

六年 太后皇甫氏獻哀后之外族金致陽通生子謀爲王忌大良君詢逼令爲僧出居三角山神穴寺

十二年 王寢疾不聽政召中樞副使蔡忠順辟左右語曰聞右僕射金致陽覬覦非望將作亂逆太祖之孫惟大良君詢在卿與崔沆素懷忠義宜盡心匡扶勿使社稷屬異姓遂命忠順草書召大良君于神穴寺○召西北面都巡檢使康兆率兵入衛兆聞命卽

行引兵犯闕廢王爲讓國公立大良君詢爲王殺金致陽父子流太后親屬於海島○立金氏爲妃(成宗之女)○康兆弑前王于積城太后遜于黃州○追尊先考爲王(安宗廟號)

顯宗(名詢安宗之子太祖之孫)在位二十二年

元年(宋眞宗大中祥符三年) 契丹主遣使問前王之故因發兵來伐王使兆出鎭通州禦之丹兵猝至兆驚起恍惚若見穆宗立于其後叱之曰天罰詎可逃耶兆卽脫鍪長跪曰死罪言未訖丹兵縛兆而去遂焚之○契丹兵攻西京中郎將智蔡文引兵却之丹兵解圍東下羣臣議降禮部侍郞姜邯贊獨曰當避其鋒徐圖興復耳遂勸王南幸

二年 契丹兵陷京城王遣使乞和契丹兵歸王還都

五年 鐵利國(在女眞之外)獻方物(路遠不能自達使女眞傳獻之)○遣使如宋請歸附○時百官祿俸不足文臣皇甫俞義等建議奪京軍永業田以充祿俸武官頗不平上將軍金訓等激衆怒誘諸衛士鼓譟闌入禁中縛俞義等楚撻垂死詣閤中面訴奪田王重違衆志俞義等流配遠地訓等請罷御史臺置金吾臺罷三司置都正署令武官常叅以上皆兼文職從之

六年 是時武夫用事布列臺閣朝綱紊亂王可道謂日直金猛曰臣何不效漢高雲夢之遊猛密奏遂以可道為西京判官設備王幸西京宴群臣乘金訓等醉以兵襲誅訓及其黨盡罷武官復文官號

七年 復行宋年號

九年 西女眞來投○以姜邯贊為西京留守王親作詩以美之曰庚戌年中有虜塵干戈深入漢江濱當時不用姜公策擧國皆為左衽人○契丹將兵十萬來侵以姜邯贊為上元帥帥兵二十餘萬屢戰大敗之

十年 契丹回軍過龜州姜邯贊追擊之僵尸蔽野生還者僅數千人邯贊凱還王親迎結綵棚宴將士以金花八枝親插邯贊頭右執觴左執手慰歎不已邯贊上表請老不從賜几杖令三日一朝加太尉門下侍郞同內史門下平章事天水縣開國男食邑三百戶賜推忠協謀安國功臣號○黑水靺鞨來朝○遣使如契丹○追封新羅侍郞崔致遠為文昌侯配享先聖廟

十三年 贈新羅翰林薛聰為弘儒侯從祀先聖廟○復行契丹年號

十五年 大食國(在西域)來獻方物

二十年 姜邯贊以京都無城郭請築羅城從之凡二十一年而至是成

二十二年 王薨太子欽立○檢校太師門下侍中天水郡開國侯姜邯贊卒年八十四命百官會葬謚仁憲邯贊衿川人生而有異少好學多奇略及長性淸儉不營產業衣裳垢獘體貌矮陋不踰中人正色立朝臨大事決大策屹然爲邦家柱石致仕居城南別墅著樂道郊居集又著求善集○試國子監試(試以詩賦)監試之法始此

德宗(名欽顯宗長子) 在位三年

元年(宋仁宗明道元年) 契丹使至不納(自是與契丹絕)

二年 命柳韶創置北界關城起自西海東傳于海延袤千里以石爲城

三年 立金氏爲后(顯宗之女)○王薨母弟平壤君亨立

靖宗(名亨顯宗次子德宗母弟) 在位十二年

元年(宋仁宗景祐二年) 凡教令稱制

三年 遣使如契丹(復與契丹結好)

十二年 王薨弟樂浪君徽立○立金氏爲后(顯宗之女)

文宗(名徽顯宗第三子) 在位三十七年

元年(宋仁宗慶曆七年) 以崔冲爲門下侍郎
十七年 日本國遣使來聘(是後貢獻不絕)
十六年 始行貢闈封彌法(因黃抗之考試甚濫始行此法)
十九年 令王子煦及窺爲僧自此子孫視爲家法一時名門大族爭慕效之
二十年(是歲契丹復國號曰遼)
二十二年 太師中書令致仕崔冲卒諡文憲冲海州人風姿瓌偉操性堅貞少好學善屬文歷事五代時望甚重顯宗以後干戈纔息未遑文教冲收召後進敎誨不倦學徒坌集塡溢街巷遂分九齋凡應擧子弟先隷名九齋東方學校之興蓋由冲始
二十七年 東女眞歸順州十五州酋長率衆內附請爲郡縣西女眞諸酋長亦請依東蕃內附其後三山大蘭大晉豆龍等合數十種落連續來投皆許之
二十九年 遣使如遼(道宗洪基時)先是遼王欲過鴨江爲界置城於江之東岸設船橋屢請毀破不聽至是遣使請之朴寅亮撰表有曰昔天之下既莫非王土王臣尺地之餘何必曰我疆我理歸汝陽之舊田撫綏弊邑回長沙之拙袖抃舞昌辰遼王覽之寢其事
三十二年 宋遣使來(時宋神宗 宋絕久矣及至擧國欣慶)

三十三年 宋遣使來先是宋使之歸王以風痺請醫藥至是遣醫官兼賜藥物

三十七年 王薨太子勳立

順宗 名勳 文宗太子 在位四月王薨 王居廬哀毁 薨于喪次 母弟國原公運立○立妃李氏為后 工部尚書 碩之女

宣宗 名運 文宗第二子 順宗母弟 在位十一年

元年 宋神宗元豐七年

三年 王弟釋煦文宗時欲入宋求法不許及王卽位潛隨商船入宋帝引見待以客禮煦請遊方問法以楊傑為館伴遊覽至吳中諸寺王請還煦還獻釋典及經書一千卷又奏請購書於遼宋日本至四千卷悉皆刊行

八年 圖七十二賢象於國子壁上

十一年 王薨太子昱立

獻宗 名昱 宣宗太子 在位一年

元年 宋哲宗紹聖二年 時雞林公熙威望日隆王下制曰朕年當幼冲體亦羸病不能撫邦國之權塞七民之望陰謀橫議交起於權門逆賊亂子屢干于內寢斯皆涼德所致常念為君之難竊見大叔雞林公曆數在躬神人假手奚爾有衆奉篡丕圖禪位雞林公熙立

肅宗 名顒 文宗第三子 後改名 在位十年

元年 宋哲宗紹聖三年

二年 前王薨○遼遣使冊王○始鑄錢

三年 刑部奏獄空

四年 王幸楊州相宅都之地三角之南木覓之北嶽

造南京○遣使如遼

七年 東女眞酋長盈歌遣使來朝 盈歌即金之穆祖 ○立箕

子祠 禮部奏覓箕子墓立祠以祭之

十年 王薨太子俁立

睿宗 名俁 肅宗長子 在位十七年

元年 宋徽宗崇寧五年 納李氏爲妃 宣宗之女

三年 納李氏爲妃 給事中資謙之女 ○女眞來侵邊郡尹瓘

平定女眞築九城 立碑於公嶮以爲界 公嶮在今會寧府北 ○

四年 女眞裒弗等來朝請還九城使安生業則告天

爲誓修世貢遂撤九城還女眞舊地

十年 女眞完顏阿骨打稱皇帝國號金遼將伐女眞

遣使請兵會議無定

十一年 處士郭輿以力學登第爲禮部郎歸金州王

在東宮已識之至是召之以烏巾鶴氅常侍左右時

人謂之金門羽客○金遣使通好○停遼年號 遼爲金所

假有危亡之禍去其年號

十二年 處士李資玄性聰敏登第爲大樂署丞忽棄官入淸平山逍遙自樂累徵不就辭曰以鳥養鳥庶無鍾鼓之憂觀魚知魚俾遂江湖之性至是幸南京遣其弟資德以手書徵之赴行在因請還山

十四年 金遣使來聘致書有詔高麗國王等語○立養賢庫於國學王銳意儒術增置學員選名儒爲學官以敎導之文風稍振○遣使報聘于金國書有況彼源發乎吾之語金主拒而不受

十七年 王薨太子構立

仁宗 名構睿宗長子 在位二十四年

元年 宋徽宗宣和五年 宋遣使來弔○遣使如遼 天祚帝延禧時 不達而還

二年 李資謙納其次女爲王妃是日大風飛瓦拔木

三年 是歲金人滅遼 李資謙又納第四女爲王妃是日又大風雨○日月並出

四年 李資謙多樹黨與布列顯要又欲知軍國事王頗惡之內侍金粲安甫鱗揣知上意與知樞密智祿延謀誅李資謙拓俊京不克資謙俊京擧兵犯闕焚宮禁刼王遷南宮殺甫鱗等○李資謙流智祿延金

朝鮮歷代史略 卷之二 十二

黎等于遠地遒殺延壽○李資謙劫王移御其第左
右皆資謙之黨國事不自聽斷貪謙俊京威勢益熾
無敢誰何○黃霧四塞日色如血○遣使如金（太宗貽亡）
（買時○李資謙勸王事金遣使稱臣上表）○以拓俊京爲判兵部事時李
資謙權勢日盛王與內醫崔思全謀之思全曰資謙
所以跋扈者惟是俊京若得俊京則兵權內屬資謙
特一夫耳因往俊京家諭以效力王室俊京心然之
會因奴鬭遂與資謙有隙○王移御延慶宮○李資
謙遣兵犯闕王手書俊京圖之俊京擇中入宮奉王
以出資謙之黨射之俊京按劍一呼無敢動者王御

軍器監嚴兵以衛召資謙囚之還延慶宮○流李資
謙及其妻子分配支黨于遠地○諫官言二妃李氏
於上爲從母不可以配極王乃出二妃納任氏爲妃（殿中內給事元厚之女）○李資謙死於貶所
五年（是歲金執宋二帝北去南宋高宗卽位）拓俊京恃功跋扈左正言
鄭知常極陳俊京之罪曰丙午五月之事一時之功
二月之事萬世之罪請罪之王乃流俊京于岩墮島
治其黨（王念俊京衛社之功明年量移于谷州）○命諸州立學
六年宋二帝所在與本國相近欲取路通問遣刑部
尚書楊應誠等爲金國信使來請假道不許

十七年 三日並出○妖僧妙清日者白壽翰以陰陽不經之說眩惑衆人乃上書言西京地若營宮闕御之天下可並金國執贄以降王命創新宮遂移御

十三年 妙清與西京分司侍郎趙匡等據西京叛以金富軾為元帥將兵討之富軾將出師曰西京之叛鄭知常金安白壽翰與謀今不去是人西都不可得平乃召三人曳出斬於宮門外乃奏之○西京人斬妙清等請降旣而趙匡復據城叛

十四年 金富軾攻西京拔之趙匡自焚死

二十年 金遣使冊王○始行金年號

二十四年 王不豫傳位於太子晛尋薨

毅宗 名晛仁宗長子 在位二十四年

元年 宋高宗紹興十七年 虎入大明宮

九年 召平章事崔子英起居舍人崔婁伯論時政得失 婁伯水原吏尚翊之子也年十五父為虎所噬婁伯荷斧跡虎直前虎之取父骸以葬盛虎肉於器埋之後服闋盡食之後登第以孝行名當世

十一年 王素信圖讖不友諸弟密諭諫臣劾大寧侯暻流之恐太后救之先遷太后于普濟寺

十六年 宋明州移牒告大破金師獲金王亮圖形

十八年 遣使如宋

朝鮮歷代史略 卷之二 十四

二十四年王幸和平齋與近幸文臣唱和吟詠忘返扈從將士飢甚牽龍散員李義方李高等謂上將軍鄭仲夫曰文臣醉飽武臣飢困是可忍乎仲夫曾有金敦中燃鬚之憾(仁宗時敦中登科為內侍年少氣豪宮庭儺之以燭燃鄭仲夫鬚仲夫怒搏辱敦中敦中之父富軾奏請拷治之王與仲夫為人容令逃免仲夫由是挾憾敦中)乃與密搆兇謀曰王若移幸普賢院無失此機王知武臣觖望使為手搏戲欲厚賜以慰韓賴等忌武臣見寵因大將軍李紹膺手搏不勝批頰辱之王與李復基林宗植等從以歡笑仲夫厲聲曰紹膺雖武夫官為三品何辱之甚王慰解之駕近普賢院高及義方矯旨集巡檢軍王纔入門高等手殺宗植復基于門韓賴走匿御床下挽御衣高拔劍脅出斬之於是大殺扈從文官及諸宦寺積屍如山(初仲夫等約吾曹右袒去幞頭武臣不去幞頭者亦被多殺)高義方紹膺等選驍勇直入闕殺樞密使梁純精等十餘人又抵太子宮殺僚員十數人呼於道曰凡戴文冠者雖胥吏殺無遺種卒伍乘時蜂起搜殺平章事崔褒稱許洪村知樞密徐醇崔溫尚書丞金敦時大司成李知深等五十餘人遂以兵脅王還宮宦者王光就謀討仲夫事泄又大殺內侍宦者數十人當時寵倖斬戮殆盡王奏樂飲酒自若仲夫遷王

朝鮮歷代史略 卷之二 十五

于軍器監太子于延恩館方亂之作凡文臣雖免殺
戮者多被拘辱而惟前平章事崔惟清徐恭雅爲武
臣所敬重皆免於禍金敦中亡匿紺嶽山仲夫購捕
竟殺之○鄭仲夫等逼王遜于巨濟放太子于珍島
立王母弟翼陽公晧○遣使如金

明宗 名晧仁宗次子毅宗母弟 在位二十七年

元年 宋孝宗乾道七年

二年 金遣使冊王

三年 兵馬使金甫當素有膽氣鄭仲夫等憚之及爲
兵馬使謀擧兵討仲夫等將復前王甫當勢孤安北
府執送京師鞫殺之臨死誣曰凡文臣孰不與謀於
是一切誅戮文士且盡○鄭仲夫等使李義旼弑前
王

四年 西京留守趙位寵以討鄭仲夫等爲名起兵岊
嶺以北四十餘城皆應之遣平章事尹鱗瞻將三軍
擊之○李義方兇恣日甚同列多被殺害鄭仲夫慮
禍及己杜門不出仲夫之子筠誘西京從軍僧徒斬
義方擄其黨與皆殺之

六年 尹鱗瞻圍西京旣久城中食盡時出挑戰堅壁
不出有擒獲者輒與衣食縋城來附者甚衆 是時位寵遣人

朝鮮歷代史略 卷二 十六

入金旃以四十餘城內附乞援金主不從遂進兵攻拔之斬趙位寵
七年震太廟
九年將軍慶大升素憤鄭仲夫等專橫銳意討之與
所善牽龍許升約藏經會罷之夜四鼓升入鄭筠直
房殺之大升率死士踰宮墻入所見輒殺宮中呼譟
王驚懼大升大聲曰臣等衛社稷請毋驚禁軍分捕仲
夫等仲夫逃匿民家捕斬梟于市並其黨皆殺之
十四年時王之用人惟與近習議親署祭官以上封
付政房名曰下點由是奔競成風賄賂公行
十六年時有人訴直房曰修國史文克謙直書毅
被弒事宜令武臣兼之使不得直書王重違武臣意
以上將軍崔世輔同修國史時有一瞽自稱玉堂人
人問其故瞽以詩答之曰戰將今爲修國史不妨瞽
作玉堂人聞者齒冷
二十六年將軍崔忠獻弟忠粹家鵓鴿嘗奪於李義
旼子至榮忠粹謂忠獻曰義旼實爲國賊欲誅之何
如忠獻難之忠粹曰吾志已決不可中止忠獻乃然
之會王幸普濟寺義旼稱疾不從潛往別墅忠獻忠
粹及其甥朴晋材等袖刃候旼將還出門忠獻直前
斬之梟于市譟聲震都王促還宮忠獻等率兵詣闕

朝鮮歷代史略 卷二 十七

告誅賊臣王懿論之仍請與大將軍李景儒等分捕
支黨夷義旼三族是時也人有告上將軍吉仁等舉
兵景儒等有異謀忠獻斬景儒於會坐吉仁聞變出
武庫兵仗以授禁軍率衆向街忠獻迎戰仁衆大潰
入宮忠獻等縱兵闌入䦨遇輒殺王左右皆散走惟
小君及宮娥數人侍側吉仁走北山墮崖死忠獻誅
叅知政李仁成等三十六人皆殺之

二十七年 熒惑入太微○崔忠獻廢王放太子立王
弟平凉公旼○崔忠粹欲以女妃太子固請於王王不
得已出太子妃忠獻譬曉之忠粹然之復悔其母止
之以手推仆地忠獻聞之曰罪莫大於不孝此不可
以言語開諭令衆候廣化門拒其女不納忠粹與其
徒遇戰大潰斬闕出王城平忠獻追者斬之內外大
權一歸忠獻

神宗 名旼改名晫仁宗第三子 在位七年

元年 宋寧宗慶元四年

四年 以崔忠獻兼吏兵部尚書忠獻出入禁闥以兵
自衛常在私第與吏兵郎注擬文武官以奏王但頷
之

五年 前王薨

七年 王不豫傳位於太子悳尋薨

熙宗 名悳神宗長子 在位七年

元年 宋寧宗開禧元年

七年 明宗太子璹上年冬自江華召還至是封漢南公改名貞○王與內侍郎中王濬明參政于承慶等謀誅忠獻忠獻以事謁王持兵十餘人突至忠獻知有變[illegible]黃奏曰願上救臣王默然忠獻遂投匿於奏事房紙障間三入索之竟不獲忠獻子怡及將軍金躍珍等聞事卽入扶忠獻以出盡殺宮中人忠獻恐王遷于江華尋遷紫燕島放太子于仁川立漢陽公

貞

康宗 名貞改名祦明宗長子 在位二年

元年 宋寧宗嘉定五年

二年 王傳位於太子瞮尋薨

高宗 名瞮初名瞋又改名晊康宗長子 在位四十六年

元年 宋寧宗嘉定七年

二年 崔忠獻遷前王熙宗于喬桐

五年 納柳氏爲妃熙宗之女

六年 奉前王熙宗還○賜崔忠獻姓王氏○蒙古遣使來 太祖鐵木眞時蒙古在女眞北唐時爲蒙兀部亦號蒙骨斯服事女眞至也速該並吞諸部始強

大自號大蒙塔韃女真至奇渥溫鐵木真稱帝滅國四十子寄爵台約宋滅金至忽必烈改國號元滅宋有天下○崔忠獻死忠獻之子瑀前此已拜樞密副使忠獻之將死也密教瑀陰為團束以備非常故人不敢動而內外大權復一歸於瑀矣

八年 以崔瑀為吏兵部尙書

十一年 始不用金國年號

十二年 崔瑀置政房於私第擬百官銓注書批目以之王但下之而已

十四年 有人告崔瑀曰將軍金希磾與盧之正等謀害公奉前王瑀信之遂遷前王于喬桐殺希磾之正等

十八年 蒙元帥撒禮塔來侵圍咸新鎭守臣金僴趙叔昌降之○蒙兵至鐵州使所擄郎將文大呼曰眞蒙也可速降大乃呼曰假蒙也勿降先是東眞人作着蒙服冠抄邊境故時人莫辨眞假使吏呼復如前遂殺之攻城愈急判官李希勣自刎死蒙人屠其城○蒙兵既屠鐵州西北面兵馬使朴犀與將軍金慶孫等率兵會龜州分守蒙兵大至慶孫出戰流矢中臂血淋漓手鼓不止蒙兵卻走整軍吟雙小笒以還犀迎拜守城事一委慶孫蒙兵圍城三旬百計攻之犀慶孫輒乘機應變蒙兵終不能克乃退引而南○蒙將遣牒至平州州囚之

東國歷代史略 卷之二　二十

其牒曰我兵初至咸新鎭迎降者皆不殺收國若不降我終不歸降則兵向東眞夫矣自是國家始信爲眞蒙兵○蒙兵至平州以州人因其持牒者襲屠其城進薄京城遣御史閔曦等往蒙帥請和○蒙兵復攻龜州不克蒙有一老將環視城壘器械歎曰吾行天下未嘗見被攻如此而終不降者城中諸將他日必爲將相矣○以孤城弱卒拒天下兵鋒方張之屬使不得東下言家屹然如山岳吾東方善守城者安市以後又有龜州犀慶孫功不細矣

十九年 朝廷諭龜州降蒙犀乃退歸鄕里 事後拜平章以卒

遣太集成諭慈州守臣崔椿命降蒙不從集成謂崔瑀殺椿命將斬蒙人曰此人於我爲逆在爾爲忠旣與我約殺全城忠臣可乎固請釋之○蒙兵遂留達魯花

東國歷代史略 卷之二　二十一

赤七十二人於京府州縣以監之○遣使奉表如蒙○崔瑀劫王遷都江華○遣尹復昌北界諸城達魯花赤弓矢至宣州達魯花赤射殺復昌○蒙以我國遷都江華拘降達魯花赤復遣撒禮塔大舉來侵移牒數罪所在屠掠雖老弱婦女皆殺之○蒙兵攻處仁城 在龍仁 一僧避兵在城中射殺撒禮塔 此後比年來侵 以其僧爲功授上將軍僧諱功固讓 後還俗名金允侯

二十一年 是歲宋與蒙古滅金

二十四年 前王 熙宗 薨

二十八年 以宗室永寧公綧爲親王子入蒙爲禿魯

花(蒙言質子也)蒙妻以宗女

三十五年 以崔沆爲樞密院知奏事(瑀之子)

三十六年 崔沆享王(臣下之享王自權兒始而後世視以爲常雖謂賢宰輔者不能遠習以至上下褻狎等威無章)○崔瑀死以其子沆爲樞密副使吏兵部尚書御史大夫

四十年 遣使如蒙營乞解兵也窟責曰國王若出江迎使兵可退也遂遣蒙古大等來王渡江迎于昇天新闕蒙古大謂王曰自大軍入境一日死亡者幾千萬人王何惜一身不顧萬民之命乎王若早出迎安有無辜之民肝腦塗地乎自今以往萬世和好豈不樂哉酣飮而去

四十四年 崔沆死以其子竩爲將軍

四十五年 崔竩以家奴李公柱爲郎將(奴隷拜官始此)○金仁俊者崔忠獻之奴也瑀及沆皆寵信之大司成柳璥久任政房亦爲沆所厚及竩秉政皆疏之二人不平相與密謀率衆入竩家索出斬之盡殺其黨詣闕告誅賊臣復政于王王謂璥等曰卿等爲寡人立非常之功因潸然泣下(賊臣四世執命罪逆既極天乃降罰高宗蒙天之福誅累世之姦兇宜明正四賊不臣之罪斬棺戮尸快一國之憤顯乃優柔不斷使亂臣賊子無所懲艾其能制仁俊林衍之賊虐乎)○漢陽龍津人趙暉與定州人卓靑等殺東

北面兵馬使愼執平以和州迤北降于蒙蒙置雙
城摠管府於和州以趙暉爲摠管卓靑爲千戶 暉等出沒
寇掠自此遂失東北諸城○雙城今永興

四十六年 遣太子倎奉表如蒙○太子至蒙東京見
元帥余愁達松吉大王等松吉曰已離江都乎太子
曰州郡民已出陸徙都當俟皇帝處分松吉曰猶在
島中何可罷兵太子曰太子入朝則罷兵今若不罷
民畏逃竄後雖敦諭誰復聽從松吉然之遂駐兵遣
使令毁江都城○王薨太孫諶監國

元宗 名禃初名倎高宗長子 在位十五年

元年 宋理宗景定元年 太子還自蒙古卽位初蒙憲宗南征
駐兵釣魚山太子行至六盤山聞蒙主殂時皇弟忽
必烈觀兵江南太子遂南轅至梁楚之郊皇弟適自
襄陽班師太子迎於路左皇弟驚喜曰高麗自唐太
宗親征而不能服今其太子自來此天意也大加襃
奬遂與北至太子聞王凶報服喪三日而除蒙江淮
宣撫使趙良弼言于皇弟曰高麗依阻山海國家用
兵二十餘年尚未臣附今其太子來朝留滯二年供
帳疎薄無以懷輯今聞其父已卒立倎爲王厚待以
還彼必感恩修職是不勞而得一國其大臣廉希憲

亦言之皇弟然之卽日改館加待命達魯花赤東里
大康和尙等護送還國
五年 蒙遣使徵王入朝王如蒙使金俊輔太子監國
平章事李藏用從行 金仁俊改名俊 ○王至自蒙古
九年 金俊縱恣日甚子暟嘗奪進供內膳二艘王益
惡之俊與樞副林衍共誅崔竩甚相善旣而有隙衍
潛結倖臣言於王曰諸功臣皆與俊善惟林衍不附
王以衍爲忠乃使宦者崔瑶金鏡等潛與衍通謀召
俊赴覲引入政房斬之捕俊諸子及其黨皆殺之
十年 遣世子諶入朝于蒙古○林衍恥與崔瑶金鏡
誅金俊又忌瑶等權勢逼己私遣夜別抄殺瑶及鏡○
○林衍大會別抄都房議曰我爲王室除權臣王乃
與金鏡等謀欲殺我不可坐而受戮欲行大事何如李
藏用恐有不測乃以遜位爲言衆政俞千遇力言不
可曰請公反覆思之衍不從遂環甲率別抄等兵詣
慶安公淐第會百僚呼萬歲奉淐詣闕卽位遜出宮
與王妃幽于別宮○蒙古遣使來令王與淐及林衍
等偕詣闕下面陳情實衍憂懼奉王復位廢淐還私
第○王如蒙使信安侯悰監國
十一年 林衍憂懣疽發背而死監國信安侯悰以其

子惟茂襲拜教定別監惟茂以兵自衛仍詐國命○時王自蒙還未至先遣人諭臣僚出都舊京林惟茂欲拒命召百官議皆曰若命不可違惟茂怒不從御史中丞洪文系知門下省宋松禮等誅惟茂復政於王室○王與世子至自蒙還都舊京○承寧公縛質蒙累年遂爲蒙將爲洪茶丘所譖奪其兵馬至是率妻子還國○初崔瑀患國中多盜聚勇士每夜巡行禁暴因名夜別抄遂分爲左右又以國人之自蒙逃還者爲一部號神義是爲三別抄厚俸效力金俊之誅崔竩林衍之誅金俊松禮之誅惟茂皆藉其力爲

及王還都舊京遣將軍金之氐諭罷取其籍還旣罷三別抄軍情危疑莫知所適將軍裴仲孫盧永禧等勝時作亂逼承化侯溫爲王署置官府大掠江華旣而守卒多亡出陸賊度不能守乃聚船艦悉載公私財貨及子女浮海南走入據珍島○以叅知政事申思佺爲南賊追討使將兵追捕之○遣世子諶入朝于蒙古○南賊追討使申思佺罷以金方慶爲全羅道追討使與蒙將阿海領兵討珍島

十二年 是歲蒙古建國號曰大元 蒙王以阿海畏縮不戰遣元帥忻都代之○金方慶與忻都等奮擊珍島賊大破之

斬僑王溫除昏臣等奔阮羅
十三年世子諶至元國人見世子辮髮胡服皆歎息
十四年金方慶時元將征日本以金方慶為都督徵眈羅之戰艦三百
十五年石千餘人○元征東世子諶為王○世子諶助元征日本○元卽位○遣都督大
使官選軍世子諶等借元元入切本赴造船凡討征造艦一歲所無慶數十百
敗之引軍還○王在位三十四年北面覲迎公王調服還國
忠烈王俗尚白服此木制宗藩長利太史奏金之象也諱禁白衣從之○改定國

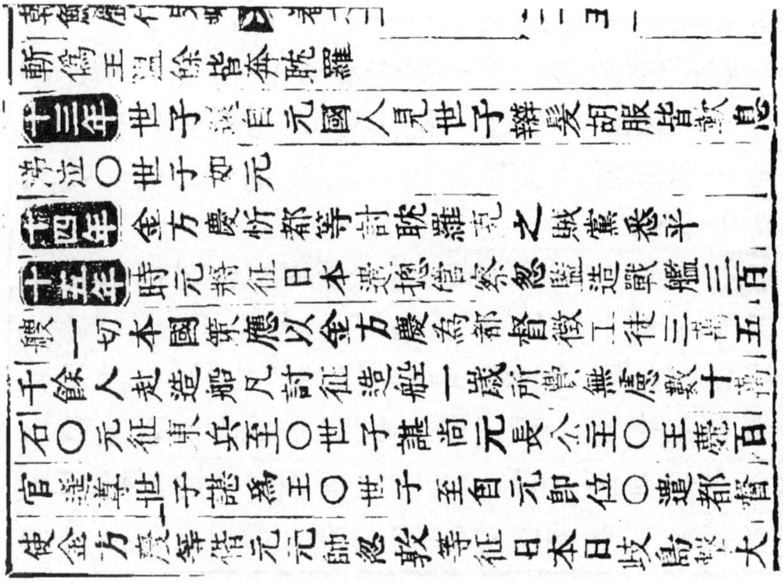

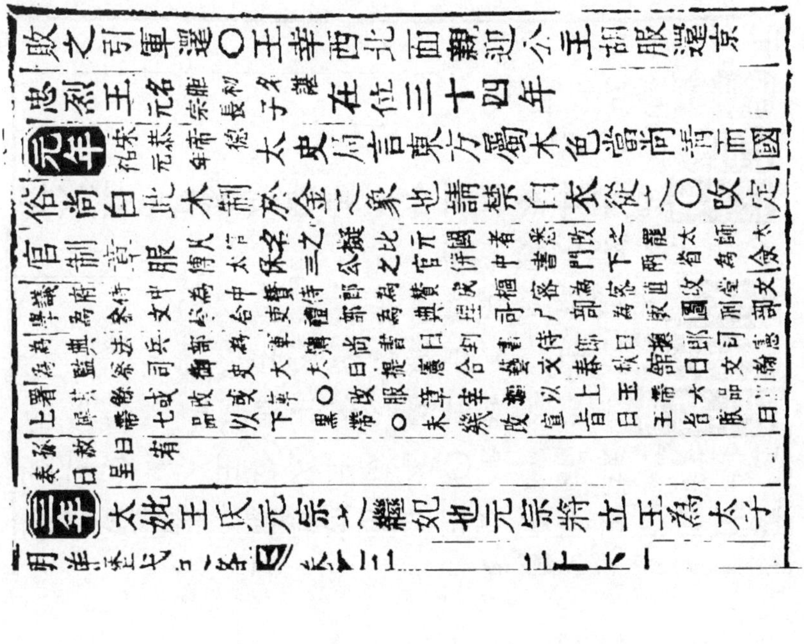

也妃有讒言由是與王有隙妃生二子琮珆元宗愛
之王是內豎告太妃與順安公琮謀呾呪王訊之不
服宰相柳璥等請釋琮王不聽遂廢太妃爲庶人流
琮于海島

四年 元宗之世將軍印公秀勸王效蒙人衣服元宗
曰吾未忍一朝遽變祖宗之家風我歿之後卿等自
爲之及是初令境內皆服元國衣冠百官無不開剃
惟禁內學官不剃王令承宣開諭於是皆剃頭○王
及公主世子如元宴慰甚厚元主曰人謂朕禁高麗
服豈其然乎汝國之禮何遽廢哉○王及公主至自
元

五年 是歲元世祖滅宋統一天下

十三年 有狐入正殿

十七年 哈丹兵來侵王奔江華韓希愈與元兵大破
哈丹兵於燕岐賊乃還

十八年 王還都開京 哈丹之亂王避兵江華因都焉至是還

二十二年 世子娶元寶塔實憐公主 晉王甘麻剌之女

二十四年 元遣使封王爲逸壽王冊世子謜爲王 先是王上表于元請傳位世子元主許之 ○元徵王及公主入朝命上王
復位 忠烈 王不愛公主而趙妃專寵公主恨妬之作

書送于元詐太后元遣使執趙妃以歸徵王及公主入元命上王復位

三十年 贊成事安裕建議置國學 裕憂學校日衰請建之且出家財以助送肖于中國畫先聖及七十子之像幷祭器六經諸書納奴婢百口於國學

三十二年 王如元請改嫁寶塔公主 忠宣王之妃 元不許時奸臣王惟紹等交搆前王於王以離間父子由是與前王釁隙日深公主素不謹行每與內僚諸人亂瑞興侯琠貌美公主屬意於琠故惟紹等勸王入朝因小主譖前王于皇后請令琠爲王後右丞相答刺罕曰改嫁廢嫡於義不可遂不許仍召王父子以惟紹等離間王父子狀面詰之執囚惟紹等○贊成事安裕卒 裕順興人嘗以興學爲己任慕晦菴先生號晦軒年六十四而卒

三十三年 前王 忠宣 遷王于慶壽寺殺瑞興侯琠及王惟紹等 前王悉罷王左右任使人除拜其所親信者國政盡歸於前王王拱手行印而已 元遣王還國

三十四年 元封前王 忠宣 爲瀋陽王○王薨 前王 忠宣 至自元卽位○王與淑昌院妃會于金文衍第監察糾正禹倬上書諫不聽 王淫亂不道自元奔喪烝淑昌院妃文衍妹忠烈妃也倬白衣持斧束藁上書切諫王有慚色

忠宣王（名璋初名謜忠烈王長子）在位五年

元年（元武宗至大二年）

二年 王殺世子鑑（王初傳位於世子令人撰表為臣從所沮至是聽讒殺之）

三年 王傳位于江陵大君燾自稱瀋陽王（元欲王歸國無以為遂請傳位于王）上王（忠宣）以兄子暠為瀋陽世子 王奉上王（忠宣）[illegible]公主（忠宣王妃）至自元

忠肅王（名燾忠宣王第二子）在位前後二十五年

元年（元仁宗延祐元年）上王（忠宣）如元 上王既至元命留京師 上王構萬卷堂于燕邸召李齊賢置府中迎元學士姚燧閻復趙孟頫虞集等與之遊考究書史以自娛○王如元

三年 上王（忠宣）傳瀋陽王位於暠自稱太尉王（上王為元太尉故稱太尉王暠娶梁王女得寵遇上王愛暠自篤暠遂懷覬覦本國之心）○王娶元亦怜直八剌公主（營王女）王及公主至自元

六年 以文成公安裕從祀先聖廟○元流上王于吐蕃先是本國人朱晃家奴伯顏禿古思自宮入元得寵佞險多不法上王深嫉之老禿古思譖誣上王元令上王祝髮流之吐蕃地距燕京萬五千里隨從諸臣皆謀避惟數人從行○元徵王入朝收王印章（本國人曹頔用惡於王遂入元以國家陰事讒搆王於元徵王入朝又讒曰王手製勅書元王怒遂收王印）

殺留京師

十年 元量移上王 忠宣 于朵思麻之地 李齊賢上書元丞相拜住極陳本國累世歸附之誠請賜上王東還辭甚哀切拜住奏請之遂命量移 ○元召上王 忠宣 于大都

十一年 元復賜王印章 王娶元金童公主 魏王阿木哥之女

十二年 王及公主至自元 上王薨于元

十五年 遣世子禎爲王世子 王請傳位於世子元許之 王娶元德寧公主 闊西王焦八之女 上王如元 忠肅 王及公主至自元

忠惠王 名禎 忠肅王長子 在位前後六年

元年 元明宗至順二年

二年 元命上王 忠肅 復位 徵王入朝 有流言於元者曰王將不順朝命於是元命上王復位遣使收王印綬仍徵入朝

忠肅王

後元年 元明宗至順三年 王娶元慶華公主 元伯顏女

二年 王及公主至自元 ○元授李穀翰林國史院檢閱官 穀號稼亭入元應舉對策大爲考官稱賞置第二甲授是官

五年 元遣前王 忠惠 還

八年 王薨 前王 忠惠 即位 ○王烝慶華公主 烝其庶母拶氏淫其舅洪戎妻黃氏又逼烝公主公主恥之欲還于元使買馬王禁市使不得買 ○政丞曹頔作亂圍王宮兵敗伏誅 公主召頔具道見暴狀頔欲因此廢王而立瀋王遂擧兵

國王宮頔黨射王中肩王兵擊破頔軍射頔殺之○元執王以歸囚之曹頔黨訴于元故也

忠惠王

後元年 元順帝至元六年 元釋王囚命為王○元封本國人奇氏為皇后 奇氏幸州人子敖之女選入元生太子封為后兄弟轍轅輈輪倚勢縱恣罔有紀極 ○王還自元

二年 元徵王弟江陵大君祺入朝○政堂文學李兆年致仕還 兆年忠鯁堅確以敢言見憚每入見王聞屐聲輒曰兆年來矣整容以俟至是王淫縱滋甚兆年執藝諫無敢諫者獨兆年指斥不諱王不悛遂歸

三年 成均祭酒致仕禹倬卒 倬丹山人博通經史深於易理卜筮無不中時傳初來無能知者倬閉門月餘參究乃解至是卒年八十一

四年 徵職稅 六品以上布百五十疋七品百疋散職十五疋間令下戶或登山或於舟門選至山澤索之隣族梟國徵然矣禍 ○元遣乃住朵赤等執王以歸流于揭陽縣元王以王貪淫不道欲執王歸遣朵赤來托以頒赦王率百官朝服郊迎朵赤來蹴王縛之侍從百官皆走匿朵赤等即擁王載馬馳去元主責王曰汝以爾血喂天下之人猶為不足遂以檻車流于揭陽縣距燕京二萬餘里無一人從行者也

五年 王薨于岳陽縣 王未至揭陽中道而薨是中及道路歌日阿也麻古之那從今去何時來至是人解之日岳陽亡古之難今日去何時還 ○元立王元子昕為

朝鮮歷代史略 卷之二

王年八歲時在元○王至自元

忠穆王名昕忠惠王庶子在位四年

元年元順帝至正五年

四年王薨無嗣

忠定王名眡忠惠王庶子在位三年

元年元順帝至正九年元命忠惠王子眡嗣位時王在元○王至自元○江陵大君祺娶元魏國公主衛王女

三年元冊江陵大君祺改名顓爲王王遜于江華顓尚元公主有力至是立爲王王命李齊賢攝政丞權斷征東省事時王在元國內空虛齊賢措置得宜人賴以安矣○王及公主至自元

恭愍王名顓忠肅王第二子在位二十三年

元年元順帝至正十二年王解辮髮從李衍宗之言也○前王忠定薨于江華遇酖○賜趙日新等功臣號賞從燕邸之功○趙日新作亂伏誅日新弄權專恣遂謀作亂率其黨圍王宮殺衛將開御寶自除爲右政丞其黨皆拜官王與李仁復密議誅之仁復卽兆年之孫也

二年虫食松嶽松葉自是無歲不食松樹葉幾盡死

三年元授李穡翰林知制誥穡穎叔號牧隱入元應擧對策考官歐陽玄等大加稱賞置第二甲遂拜是職○元徵兵助南征遣柳濯崔瑩等將兵赴之時天下大亂劉福通韓山童起兵河南以紅巾爲號張士誠亦據有江淮所在響應

朝鮮歷代史略 卷之三 三十二

元遣丞相脫脫征之徵兵本國遣柳濯等助戰

四年 我桓祖以雙城來朝雙城自趙暉之叛不為國土久矣我桓祖始為

千戶撫綏得宜民安其業至是來朝王寵嘉之

五年 奇轍謀叛伏誅元授轍遼陽省平章大司徒轍倚元后勢縱恣日甚睥睨樹黨援

潛圖大逆王密謀誅之

六年 諫官李穡請行三年喪

七年 張士誠遣使來聘時士誠據杭州

八年 方國珍遣使來聘○紅頭賊毛居敬來陷西京

時紅巾賊遍天下賊魁關先生陷元上都轉掠遼陽其黨毛居敬率三千餘人渡鴨綠陷西京○遣

安祐李芳實等擊紅頭賊遁還

十年 以我 桓祖為東北面兵馬使我 桓祖薨于

東北面計聞王震悼士大夫咸驚曰東北無人矣以我 太祖大王為東

北面上萬戶○紅頭賊從大舉來侵王南奔福州紅

頭賊沙劉關先生朱元帥等率兵二十萬渡江而來

朝廷遣安祐等禦之敗績賊遂長驅來下王知事急

奉太后南幸都民躪藉哭聲震天從官惟洪彥博數

十人隨之王至臨津顧瞻山河謂李穡曰風景如此

卿等政宜聯句福州今安東

十一年 紅頭賊陷京城我 太祖大王及安祐鄭世

雲率兵大破之賊遁還時賊進聚於崇仁門 太祖

朝鮮歷代史略 卷之三 三十三

大王以麾下親兵二千先登大呼斬賊魁關先生沙劉等斬首一十餘萬獲千軍等物至夜半餘賊潰圍出東門 太祖大王時在亂兵中有賊從 太祖大王後以鎗注甚 太祖大王拔劍斫七八人躍馬踰城不跌人皆神之矣○金鏞殺鄭世雲安祐李芳實等世雲時爲摠兵官鏞恐其成功爲王所寵矯旨先殺世雲又祐等凱還詣行在鏞令門者追殺之○以我 太祖大王爲東北面兵馬使時納哈出侵掠日甚王令 太祖大王備禦之我 太祖大王大破納哈出於洪原納哈出領兵數萬來屯洪原太祖大王以精騎六百逆戰大破之納哈出收散卒遁去其後納哈出遣使獻馬○元廢王立塔思帖木兒爲王塔思帖木兒忠宣王庶子嘗爲僧逃入于元有崔濡者怨國亦逃入元至是元后奇氏怨王誅奇轍等必欲報仇濡因此說后搆王罪元遂廢王立塔思帖木兒爲王濡自爲左政丞凡國人之在元者咸署僞官

癸卯十二年 王還都金鏞謀逆伏誅崔濡以元兵渡江元欲納塔思帖木兒本國濡以元兵來朝野震恐我 太祖大王及崔瑩擊敗元兵崔濡與塔思帖木兒逃還元詔王復位執送崔濡誅之元御史紐鄰等極陳崔濡賣國搆衆之狀元遂復王爵執送濡王誅之遣使請送塔思帖木兒元不從○有狼入城時狼虎數入京城○以僧遍照爲師傅遍照玉川寺婢之子也

王嘗夢人拔劒刺己有僧救得免及見遍照其貌惟肖王大異之以爲師傅遍照遂長髮爲頭陀名辛旽王嘗嫉世臣大族宗黨根連互爲掩蔽以旽爲無所親比授以國政言無不從士大夫之妻妾以旽爲神聽法求福而至旽輒私焉李齊賢言旽骨類古之凶人請勿近王不聽吳仁澤議曰道詵秘記有非僧非俗亂政亡國之語必此人也宜早除之旽聞之告王杖流仁澤等○封辛旽爲眞平侯賜功臣

十五年 貶逐左司議鄭樞右正言李存吾(存吾與樞上書極言旽專權不法之罪王大怒召存吾等面責之時旽與王并踞胡牀存吾目旽叱之旽惶駭不覺下牀王愈怒貶樞爲東萊縣令存吾爲長沙監務○長沙今茂長也)

十六年 以李穡爲成均大司成鄭夢周爲博士穡擇經術之士鄭夢周金九容朴尚衷朴宜中李崇仁等皆兼教官教授諸生性理之學始興(夢周字達可號圃隱少好學至老不倦爲東方理學之祖嘗做朱子家禮令士庶立廟奉祀又內建五部學堂外設鄉校爲興化立教之本)

十七年 (是歲明太祖滅元卽帝位)

十八年 明太祖遣使告定天下始停至正年號遣使奉表如明(賀登極也)始行洪武年號

十九年 帝遣使冊王

朝鮮歷代史略 卷之二 三十五

二十年 辛旽伏誅 旽旣幸於王恃寵肆行王恩賂權入內必復世家大族以亂宮闈 謀殺殆盡旽自知權盛恐王忌之遂謀不軌王命流旽水原諫上書爭論乃誅之 ○召牟尼奴

納太后殿牟尼奴卽辛旽婢妾般若之出也及旽誅

王召牟尼奴納之太后殿 謂明德 侍中李仁任曰元子在

吾無憂矣或云旽納私婢般若有娠令就庵於伴僧

家伴僧母養之未期年兒死伴僧恐旽讓之旁求他

兒之貌類者指爲其兒後取養于家般若亦未知非

其兒也王嘗患無嗣一日微行至旽家旽指其兒曰

願殿下爲養子以立後王笑而不答然心許之至是

召納之

朝鮮歷代史略 卷之二 三十六

二十一年 置子弟衛 凡選美貌年少者屬焉以代言金興慶摠之洪倫韓安等俱以 寵幸常侍臥內王慮無嗣使倫安等強辱諸妃冀其生子

二十二年 封禑 改牟尼奴名曰禑 爲江寧大君

二十三年 濟州叛遣崔瑩討平之○宦者崔萬生幸

臣洪倫等弑王 一日萬生密啓曰益妃與洪倫合有娠王喜曰予常慮無嗣妃有娠吾何 憂乎明日伴使酒殺倫以滅口汝旣知亦當不免萬生懼是夜與倫等弑之 禑立 時年十歲李仁

任以姪妻之禑故立之 ○崔萬生洪倫等伏誅

僞主禑 禑辛旽之婢妾出恭愍稱爲己子 僭位十四年

元年 明太祖洪武八年 宥辛旽黨

二年 投般若于臨津 恭愍嘗以禑爲故宮人韓氏出使毋韓氏至是般若入太后宮

時號我太生主上何母韓氏也太后黜之李仁任下般若于獄已而投于臨津矣○遣使如
北元先是北元貽書欲與夾攻明至是遣使
三年 元遣使冊禑始行北元年號○日本入寇我
太祖大王戰于雲峰大破之時倭寇大至焚雲峯縣聲言將北上中外大震
太祖大王乃與邊安烈等引兵南下踰雲峯登鼎山峯身先入險賊將年纔十五六號阿只拔都卬枝堅甲
又帶銅面無隙可射 太祖大王謂李豆蘭曰我射兜鍪頂子落汝射之遂射中頂子兜鍪遂落豆蘭射
殪之仍奮擊大破之
九年 胡拔都入寇我 太祖大王戰于吉州大破之
○遣鄭夢周如明時本國與明有釁帝將加兵故乃遣之
十年 設成均試取士代言尹就掌試皆取勢家乳臭之童時人譏之以爲紅粉榜以

臭兒童好着紅粉衣故也
十一年 明遣使冊禑○倭寇入南斗
十二年 官服從華制
十四年 明告立鐵嶺衛於東北面帝以鐵嶺迤北本屬于元并令歸之
遼東遣以告之使○禑發兵次平壤督伐遼東明初興李仁任池大淵等
主事元鄭道傳朴尚衷等主事明及崔瑩當道倡事元之議至是明立鐵嶺衛設置官站瑩勸禑決策攻
遼東太祖大王陳其不可禑不聽以崔瑩爲八道都統使曹敏修爲左軍都統使太祖大王爲右軍都
都統使發諸軍與禑留平壤日夜縱樂時太大王功名盛且有李氏當王之讖故瑩疾忌之欲害
得罪上國圖而除之遂生此討云 ○停洪武年號復令國人胡服○
大同江水赤濁○我 太祖大王以左右諸軍還自

威化島禑還京城 左右軍渡鴨綠江進屯威化島太祖太王諭將士以逆順禍福遂
回軍時霖雨數日水不漲師既渡大水驟至全島墊沒人皆神之禑聞回軍狀與瑩等馳還京城闕聞
禑舉兵將征之及聞還軍即止 ○流崔瑩 太祖大王率諸軍來至近郊為書數瑩罪請責之禑
不從郭忠輔等直入除庭索瑩流之 ○復行洪武年號禁胡服放禑于
江華立禑子昌 太祖大王欲擇立王氏後曹敏修欲立昌恐諸將違己以李穡為時名儒
欲藉其言密問之穡日當立前王之子敏修等以定妃教立昌時年九歲昌禑之子也 ○以我
太祖大王為守侍中○誅崔瑩

恭讓王 名瑤神宗七世孫 在位四年

元年 明太祖洪武二十二年 遷禑于江陵放昌于江華立定昌
君瑤為王 太祖大王與沈德符鄭道傳等議禑昌本非王氏不可奉宗祀且天子責以異姓為
王當廢假立真乃以定妃教遷禑放昌迎立定昌君 ○誅辛禑辛昌流李穡等
臺諫上疏曰穡等於李仁任擁立辛氏之際曾無一言皆斂修立昌之時首倡定策宜下有司明正其罪
於是籍仁任宅流李穡曹敏修李崇仁等遠地

二年 門下注書吉再棄官歸鄉 再善山人少清苦力學至是知國將亡棄
官歸 ○禮成江水赤沸三日

三年 造楮幣

四年 趙英珪殺侍中鄭夢周 夢周忌太祖大王威德日盛欲害之英珪
要於路擊殺之本朝追贈爵謚從享文廟 ○以我 定宗大王為判密直
司事以 太宗大王為密直提學○王遜位於原州
高麗亡 裴克廉等白王大妃日今王昏暗不可為社稷生靈主請廢之遂廢王王遜位于原州尋

朝鮮歷代史略卷之二 … 十六 一

稅杆城郡降封恭讓君麗祚遂絶而曆數竟歸於眞主矣起太祖王元年戊寅止于恭讓王末年壬申凡三十二世僞主二人歷年共四百七十五年

朝鮮歷代史略卷之二 終

朝鮮歷代史略 三

朝鮮歷代史略卷之三

本朝紀

太祖大王 姓李氏諱旦字君晉初諱成桂 系出全州新羅司空諱翰之後司空夫人金氏卽新羅太宗十世孫軍尹殷義之女也 上以元順帝至元元年乙亥誕降于永興私邸仕高麗守門下侍中時辛氏亂紀麗政大壞崔瑩倡犯順之議 上誅瑩衆心咸屬焉及恭讓廢裴克廉等共推戴 上遂卽位于松京初上之龍潛也夢有神人執金尺自天降而授之曰公宜持此正國又有異人獻書云得之智異山巖

石中有木子更正三韓之語使人出迎則已去矣又舊藏書雲觀秘記有九變震檀之圖建木得子朝鮮卽震檀之說至是乃驗○在位七年(上王在位十年)壽七十四

元年(明太祖洪武二十五年) 遣趙胖如明(告卽位)○定國號曰朝鮮初明帝命來報國號 上以朝鮮和寧等號奏之明帝曰朝鮮之稱美且其來遠矣可以本其名而祖之○追尊四代為王尊 皇高祖諱(安社)為穆王配李氏為孝妃 皇曾祖諱(行里)為翼王配崔氏為貞妃 皇祖諱(椿)為度王配朴氏為敬妃 皇考諱子(春)為桓王配崔氏為懿妃○追冊韓氏為妃(卽神懿王后安川府院君卿之女高麗恭讓王三年辛未昇遐葬豊德至是封陵號齊陵)○冊康氏為妃(卽神德王后府院君允成之女)○策錄開國功臣益安大君 上芳毅等三十九人○立高麗八王廟于麻田郡懸王氏之祀命有司以太祖惠宗成宗顯宗文宗元宗忠烈忠愍八王立廟祀之(世宗朝有司建言宗廟只祭五室而前朝之廟乃祭八位未合於禮只祀太祖顯宗文宗元宗以有功德於民也○世傳太祖微時常遊麻田郡寺及卽位以其寺為願刹國亡後影幀尚存故立廟於此云)

三年 漢陽宮闕成(景福宮在白岳南至壬辰倭亂火當宁乙丑重建○昌德昌慶兩宮次第營建昌慶別宮也昌德在北部廣化坊昌慶在昌德之東昌慶則成宗癸卯改建光海丙)

朝鮮歷代史略 卷之三 二

辰又改建遷都○建宗廟○恭讓君王瑤卒(追封王爵)○奏
明朝辨下宗系之誣先是罪人尹彝李初叛入中國
誣國系爲高麗臣李仁任之後中國使臣賚祭海
岳祝文中有李仁任之嗣某等語故具奏卞
誣○遣靖安君(卽太宗大王)如明明初明帝以本國遣人賚
金帛至遼東誘邊將又誘女眞潛渡鴨綠江下詔責
之 上使鄭道傳撰表辨明明帝以表辭倨傲益怒
命遼東毋納朝鮮使已而諭送覲男於是 太宗大
王奉表如明路遇燕府明太宗時爲燕王覲見之禮
待甚厚 太宗大王至明數奏辭明帝優禮遣還

通朝聘
五年 發諸道民丁二十萬築石爲都城(城高四十尺周…千八十…一周九千九百七十五步)○八月 王妃康氏昇遐(葬貞陵初在都城內皇華坊 太宗大王九年己丑遷葬于楊州)
六年 命靑海君李之蘭招安女眞之蘭初名豆蘭本
姓佟女眞人也嘗從 上征伐屢立大功賜姓李氏
封靑海君至是 上使之招安女眞女眞革面歸化
與國人相婚姻服役納賦同於編戶○琉球國王遣
使稱臣(琉球國在我國西南海島中於海邦最有禮義則圖物力不及朝鮮而風土人文庶幾近之云)○暹羅國遣使獻方物(暹羅國亦在西南海中)○作虎符(凡…)

朝鮮歷代史略 卷之三 三

以內外動兵以符發之○建成均館

七年 是歲明太祖崩建文帝即位 冊永安君爲世子先是 神德王妃欲立己子芳碩爲世子未遂鄭道傳南誾等依附芳碩因 上不豫假托移御召諸王子入來謀害之際左參贊李茂密告于靖安君與閔無咎等殲除道傳及誾芳碩被竄至中途爲李叔蕃所害故即日有是命○上禪位于世子○策錄定社功臣義安大君和等十七人○冊金氏爲妃 即定安王后判禮賓寺事天瑞之女

定宗大王 諱曔字光遠初諱芳果 太祖大王第二子初封永安君 肅宗大王七年辛酉追上廟號 在位二年 在上王位十九年 壽六十三

元年 明惠帝建文元年 還都松京

二年 朴苞謀作亂伏誅苞附懷安君芳幹謀害 太宗大王遂擧兵義安大君請 太宗大王邸告變 太宗大王啓于 上勒軍與戰芳幹兵敗遂誅苞安置芳幹○冊弟靖安君爲世弟 上謂開國定社咸靖安君之績乃有是命○召高麗注書吉再至尋乞歸許之再號冶隱 太宗大王在潛邸時與再有舊至是召再至京啓于 上授奉常博士再上疏曰臣聞女無二夫臣無二君乞放歸田里以遂不事二姓之志 上嘉其節義優禮以遣復其家○上禪位于

朝鮮歷代史略卷之三 四一

世弟○冊閔氏為妃 即元敬王妃驪興府院君霽之女 ○策錄佐命
功臣李佇等三十八人 以平朴苞亂功也
太宗大王 諱芳遠字遺德太祖大王第五子初封靖安君 在位十八年 上在
王位四年 壽五十六
元年 明惠帝建文三年 褒贈鄭夢周領議政金若恒贊成權
近 上書曰前朝侍中鄭夢周專心所事以至殞命金
若恒當明朝責我之日受命入朝被榜掠終不屈並
宜褒贈 上從之○徵元天錫不至天錫號耘谷隱
居雉岳山下躬耕養親 上微時嘗受學至是召之
不起 上親幸其第亦不得見只招其爨婢給食物
而還
二年 是歲燕兵入明京建文帝出遁太宗即位 命設申聞鼓使有寃者擊
鼓登聞以通下情
三年 明帝遣使賜誥命○命置鑄字所 上慮本國
書籍鮮少不能博觀出內府銅爲字印之
[illegible]年 復都漢陽
[illegible]年 遣世子如明
[illegible]年 五月 太上王 太祖大王 昇遐諡曰康獻 葬健元陵在楊州
[illegible]年 悉罷外戚封君 上曰外戚封君非古法也命
悉罷之 因閔無咎獄事有是命

十年 罷戶布 麗末有戶布之征至是 上曰戶布雖爲軍需無故取民非法也徐罷之

十一年 罷諸神祠及祝壽齋先是高麗於德積白岳松岳木覓等處春秋令巫女張女樂祀之謂之祈恩至是命罷之又舊例每歲設祝壽齋 上曰修短有數何用祈禱亦罷之

十二年 六月 上王妃金氏 定宗妃 王 昇遐 葬厚陵 在豐德 ○臺諫請鞫高麗掌令徐甄不從初甄居衿川有詩曰千載神都隔渺茫忠良濟濟佐明王統三爲一功安在却恨前朝業不長臺諫請治之 上曰高麗之臣不北面我家者亦伯夷之流也何罪之

十三年 命王氏之裔在民間者從便居住時有告王氏之裔隱於民間者有司請誅之 上曰 太祖開國之初高麗宗姓不得保存非 太祖之本意一二大臣之策也予欲保存其裔今後王氏之裔或自現或爲人所告者幷聽從便居住以安其生

十五年 命庶孽子孫勿叙顯職 因右代言徐選言也

十七年 焚讖緯諸書 上曰以漢光武之明猶惑圖讖宗社長短豈係於此命燒書雲觀所藏讖緯書

十八年 廢世子禔以禔敗德廢爲讓寧大君○冊忠

朝鮮歷代史略 卷之三

寧大君爲世子○上禪位于世子○冊沈氏爲妃 卽昭憲王后青川府院君溫之女 ○始開經筵

世宗大王 諱祹字元正太宗第三子初封忠寧大君太宗大王 在位三十二年

壽五十四

元年 明太宗永樂十七年 立箕子碑于祠下權弘上書言箕子大有功於東方宜有碑紀顯揚其德乃命卞季良撰文以立○出年壯宮人歸家時久旱有是命○對馬島倭犯邊遣李從茂征之○九月 上王 定宗大王 昇遐諡曰恭靖 葬厚陵與王妃同陵 ○罷五教只留禪教兩宗盡革中外寺社奴婢土田歸于官

二年 始置集賢殿選文學之士成三問申叔舟等以備顧問得人於斯爲盛○七月 太上王妃閔氏 太宗王妃 昇遐 葬獻陵在廣州

三年 修築都城時都城頹圮 太上王曰吾當其勞以逸遺主上可乎命慾發諸道丁夫三十餘萬築之○命世子入學 上曰八歲入學古制也今世子年八歲宜擇日入學世子至成均館以儒服入行束脩禮遂爲定制

四年 五月 太上王 太宗大王 昇遐諡曰恭定 葬獻陵與王妃同陵

六年 是歲明太宗崩仁宗卽位

朝鮮歷代史略 卷之三 七一

十年 是歲明宣宗即位

八年 始令百官輪對

十一年 頒農事集說于中外 上以五方風土不同樹藝各有其宜命諸道訪老農已驗之術以聞命鄭招撰之○建宗學選有文行者為博士以敎宗親自是宗室咸遵禮則

十二年 除笞背法 上以凡人五臟之系皆近於背命除笞背之法○命纂五禮儀 上命許稠等詳定禮儀於洪武舊制及東國儀禮參酌損益裁自聖心

十五年 始正雅樂時八音未備適有秬黍生於海州磬石産於南陽 上命取秬黍積其分寸依古制作磬造音以諧雅樂始備用於朝祭制作度數悉遵唐裁○設養老宴男則 上親臨饗之女則 王妃親饗之○婆猪江野人李滿住等犯邊遣崔潤德討平之○移慶源寧北兩鎮 上召黃喜孟思誠等議移兩鎮數日 太祖肇興王之地始置慶源府于孔州太宗移府治于蘇多老嘗有命若胡人來居便斥逐勿使為賊窟今蘇多老孔州為胡騎遊獵之場且斡木河直豆滿江之南正當要衝合設巨鎮遂復還慶源府于蘇多老移寧北鎮于斡木河

十六年 頒三綱行實于中外命儒臣編輯古今忠臣孝子烈女之卓然可法者隨事記載並著詩贊附以圖形使愚夫愚婦曉然知之

十七年 是歲明宣宗崩英宗即位 命賜爵高年九十以上者

十九年 遣金宗瑞盡復北疆設六鎭咸吉道沿江州郡本我國舊疆爲野人所據至是盡復之○行貢法分地六等分年九等以上下其稅

二十年 造簡儀臺建欽敬閣置簡儀渾儀定時圭表禁漏等器極其精巧其制度規模皆出睿裁又建小閣糊紙爲山內設玉漏機輪以水激之作鼓人鍾人司晨玉女凡百機關不由人力自擊自行若神使然天日之度晷漏之刻不差毫釐

二十七年 治平要覽成 上命鄭麟趾始自姬周以及吾東治亂興亡可法可戒者纂成之○命撰龍飛御天歌 上以祖宗積累之深締造之艱後王不可不知命權踶等纂 穆祖以後肇基之跡名曰龍飛御天歌以爲朝祭宴享之樂辭

二十八年 三月 王妃沈氏昇遐 葬英陵○初葬廣州睿宗大王元年己丑移葬于驪州 ○御製訓民正音卽諺文也 上以外國皆有國音之文以記其國之語而獨我國無之遂倣

篆籒製二十八字母演作諸字設局禁中使鄭麟趾
成三問申叔舟等撰定之時明朝學士黃鑽以罪謫
遼東命三問等往見鑽質問凡往返十三度
三十一年 (是歲明英宗陷虜中代宗卽位)
三十二年 二月 上昇遐諡曰莊憲 (葬英陵。初葬廣州 睿宗大王己丑遷奉于驪州與王妃同陵) ○世子卽位○追冊權氏爲妃 (顯德王妃花山府院君專之女世宗大王二十二年辛酉昇遐葬安山至是封陵號昭陵)
文宗大王 (諱珦字輝之 世宗大王第一子) 在位二年壽三十九
元年 (明代宗景泰二年) 稱高麗王廟曰崇義殿得高麗顯宗
遠孫王循禮賜爵俾奉其祀擇麗朝名臣配享于廟

○親製陣法有分數形名結陣獨陣合陣連陣軍令
章標大閱儀九篇以敎士卒○置五衛每衛各有五
部每部各有四統衛有衛將部有部將統有統將其
下又有統師隊正伍長大以統小小以承大條理備
具○禁度僧
二年 五月 上昇遐諡曰恭順 (葬顯陵在楊州) 世子卽位
端宗大王 (諱弘暐 文宗大王世子世祖朝降封魯山君 肅宗大王二十四年戊寅追復王位) 在位三年 (在上王位二年) 壽十七
元年 (明代宗景泰四年) 皇甫仁金宗瑞等被誅 世廟在邸
時使鄭麟趾等誅之○冊錄靖難功臣鄭麟趾等三

十六人

二年 冊宋氏爲妃 卽定順王妃礪良府院君玹壽之女

三年 閏六月 上禪位于首陽大君○尊 上爲

太上王○冊尹氏爲妃 卽貞熹王妃坡平府院君璠之女

世祖大王 諱瑈字粹之世宗大王第二子初封晉平大君後改封首陽大君 在位十

三年壽五十二

元年 明代宗景泰七年 成三問等被誅三問與朴彭年河緯

地柳誠源李塏俞應孚等謀復 上王事覺而死

肅宗大王八年壬戌六臣復官祠于露梁十八年壬申賜額 ○冊錄佐翼功臣桂陽

君增等四十一人 威三問等論死後冊是勳

二年 是歲明英宗復位 安置錦城大君瑜于順興府瑜卽

世宗大王第六子瑜到順興府使李甫欽與瑜合謀

欲迎復 上王移檄南中郡縣將興兵事覺論死南

中士人死於錦城之獄者甚衆○世子卒謚曰懿敬

○冊海陽大君爲世子○上王遜于寧越降封魯山

君○十月魯山君卒 葬寧越國人稱魯陵肅宗大王二十四年戊寅封陵號莊陵

○命申叔舟等纂國朝寶鑑

五年 遣申叔舟征婆猪江野人

六年 移咨明京請頒洪武正韻明帝許之

七年 量田

九年是歲明英宗憲宗卽位創圓覺寺于都城中○召金時習
不至時習字悅卿號梅月堂三歲能綴文人稱神童
至五歲 世宗大王召致政院試之以詩大奇之賜
帛還家及 端宗大王遜位佯狂被緇變名雪岑放
浪山水間至是 上傳旨召之而時習不應命後被
屢召而至旋卽逃去
十二年吉州人李施愛叛命曺錫文等討平之策錄
敵愾功臣曺錫文等四十一人○遣魚有沼南怡等
擊斬建州賊李滿住明帝勅我國協討建賊有沼等
領兵直抵建州擒斬滿住及其子古納哈等焚蕩屯

落有沼乃斫樹白而書之曰朝鮮大將滅建州而還
明兵後到見之具由以奏
十三年九月 上昇遐諡曰惠莊葬光陵在楊州○世子卽
位○追冊韓氏爲妃卽章順王妃上黨府院君明澮之女世祖大王七年辛巳
是昇遐葬坡州至封陵號恭陵○冊韓氏爲繼妃卽安順王妃淸川府院君伯倫之女
女○柳子光誣殺南怡怡驍勇討李施愛征建州衛
皆有功子光忌怡才能論以謀叛殺之○策錄翊戴
功臣申叔舟等三十八人南怡論死凌刑定勳
德宗大王諱暲字原明初諱崇世祖大王第一子乙亥冊封王世子成宗大王二年辛卯
追崇封敬陵在高陽

睿宗大王 諱晄字明照初字平甫世祖大王第二子初封海陽大君 在位一年

壽二十

元年 明憲宗成化五年 十一月 上昇遐諡曰襄悼 葬昌陵在高陽

○者山君奉 王大妃 貞熹王妃 命即位○冊韓氏為妃 卽恭惠王妃上黨府院君明澮之女

成宗大王 諱娎德宗大王第二子初封者山君○德宗大王卽懿敬世子 在位二

十五年壽三十八

元年 明憲宗成化六年 置弘文館改集賢殿為弘文館選金

宗直等為學士更日直宿侍講經史

二年 策錄佐理功臣申叔舟等七十五人 以治平非佐功也

○經國大典成 自世祖朝撰至是乃成 命○追崇 皇考 懿敬世子

為 德宗大王諡曰懷簡尊皇妃韓氏 德宗王妃 為 王

大妃 卽昭惠王妃左議政西原府院君確之女

五年 四月 王妃韓氏昇遐 葬順陵在坡州

六年 冊尹氏為繼妃 判奉常寺事起畝之女卽燕山母也後以罪廢 ○建尊

經閣于成均館賜經籍藏于是

九年 命盧思愼等撰東國輿地勝覽

十年 [illegible]尹弼商討建州衛克之明帝勅討建賊朝廷

遣弼商往征弼商直擣賊穴俘斬無算幷獲被虜遼

東人口而還仍遣使獻俘于明

朝鮮歷代史略卷三 十三

十一年 冊尹氏爲繼妃 卽貞顯王妃鈴原府院君壕之女

十四年 三月 大王大妃尹氏 世祖王妃 昇遐 祔葬光陵

十五年 抄富民徙西北兩界○賜太學田四百結 鄕學 校賜田有差

六年 令改嫁女子孫勿叙東西班○命徐居正撰東國通鑑

十八年 是歲明憲宗崩孝宗卽位

二十二年 野人寇咸鏡道遣許琮討破之

二十三年 前刑曹判書金宗直卒宗直字季昷號佔畢齋善山人文章學行爲世所推 世祖朝登第就仕及 上卽位累擢至判書尋謝病歸鄕卒年六十二

二十四年 頒大典續錄

二十五年 十二月 上昇遐諡曰康靖 葬宣陵在廣州 ○世子卽位○冊愼氏爲妃 領議政承善之女

燕山君 名㦕成宗大王長子 在位十一年

元年 明孝宗弘治八年

四年 追罪故判書金宗直剖其棺殺獻納金馹孫杖流前佐郎金宏弼等初馹孫修史錄宗直弔義帝文李克墩修史見其文言于柳子光子光素啣宗直謂

朝鮮歷代史略卷三 十四

其文譏斥 光廟遂起史獄燕山追罪宗直剖棺斬
屍馹孫宏弼等俱以宗直門徒被禍一時名賢誅竄
殆盡○十二月 大王大妃韓氏 睿宗王妃 昇遐 附葬昌陵
八年 前翰林鄭希良逃希良號虛菴戊午之禍以翰
林謫義州放還嘗善推數一日謂人曰甲子之禍必
甚於戊午遂逃去莫知所終
十年 追崇廢妃尹氏 成廟朝妃以罪廢死燕山深
憾之至是殺先朝舊臣殆盡至有碎骨春磨之刑乃
追崇尹氏權達手李荇杖流○四月 大王大妃韓
氏 德宗王妃 昇遐 附葬敬陵 ○前安陰縣監鄭汝昌卒汝昌字
伯勗號一蠹河東人金宗直門人也 成宗朝舉學
行授職不就後登第就仕戊午史禍作坐謫鍾城至
是卒年五十五 中廟朝贈右議政諡文獻 ○殺金宏弼宏弼字大
猷號寒暄堂瑞興人金宗直門人也 成宗朝舉學
行授職及戊午史禍作杖流順天至是加罪戊午黨
人遂被刑年五十一 宣廟朝贈領議政諡文敬 ○追罪南孝溫
世祖朝發昭陵即 文宗王妃陵也 成宗朝孝溫
上疏請復之不聽至是追論孝溫請復昭陵之罪剖
棺斬屍孝溫號秋江○置運平樂工命諸道各邑皆
設倡妓號運平樂工擇運平三百人入內日事淫戲

○築內都城[因擴去賊 外人家] 十一年[乙丑明孝宗崩武宗即位] 築瑞蔥臺于後苑 成宗時後苑生蔥一幹九枝謂之瑞蔥燕山築臺于此又築蕩春臺禧往來流連作石槽與宮女為戲逐諸生空太學聚巫覡設淫祀於其中又空京畿內數郡民田以為游獵之場

中宗大王[諱懌字樂天成宗大王第二子初封晉城大君] 在位三十九年

壽五十七

丙寅元年[明武宗正德元年] 王大妃[貞顯王妃]命廢王封燕山君放于喬桐冊晉城大君嗣位時燕山大肆殺戮淫虐日甚 宗社將危朴元宗柳順汀成希顏等啓 王大妃廢之○冊愼氏為妃[即端敬王后益昌府院君守勤之女諸功臣以守勤被誅於反正時奏廢之]○策錄靖國功臣朴元宗等一百七人○命宥還燕山時被竄人申用漑等追贈金宏弼等爵○命削柳子光職黜外子光柳規之妾子也為燕山嬖臣大起史獄多殺忠賢至是命黜外尋死○燕山君卒

二年 冊尹氏為妃[即章敬王后坡原府院君汝弼之女]○策錄定難功臣盧永孫等二十二人[李顆等謀逆盧永孫上變告及顆伏誅錄永孫等後因臺啓削去二十八人只錄永孫]

五年 三浦倭陷熊川遣柳聃年等討破之

七年 命撤圓覺寺以其材分賜燕山時廢家人

八年 追復昭陵移祔于顯陵

十年 三月 王妃尹氏昇遐葬禧陵○初葬廣州肅宗大王三十二年丁酉還奉于高陽

十二年 冊尹氏為繼妃卽文定王妃坡山府院君之任之女

十四年 南袞等誣大司憲趙光祖罪論死光祖字孝直號靜菴漢陽人金宏弼門人也登第就仕羅至大司憲與一時善類金淨金湜奇遵等將欲挽回世道見忤羣小至是請削靖國勳之濫錄者勳貴又嫉之遂爲袞等所誣事將叵測賴相臣鄭光弼力救減死竄配于綾州尋賜死年三十八宣祖朝贈領議政諡文正

十六年 是歲明武宗崩世宗卽位 六月 礪山君夫人宋氏卒世祖朝降封為夫人至是卒葬楊州肅宗大王二十四年戊寅追復位號因封陵號思陵

十八年 江原道量田

二十五年 八月 王大妃尹氏成宗王妃昇遐祔葬宣陵

三十二年 賜金安老死安老聯婚王室貪婪專恣屢興大獄多殺無辜至是命竄之尋賜死

三十八年 頒大典後續錄

三十九年 十一月 上昇遐諡曰恭僖葬禧陵在高陽 明宗大

王十七年壬戌遷奉于廣州改號靖陵 世子卽位○冊朴氏爲妃 卽仁聖王妃錦城府院君墉之女

仁宗大王 諱峼中宗大王第一子 在位一年壽三十一

元年 明世宗嘉靖二十四年 命復趙光祖爵太學諸生屢上書請復光祖爵至是 上疾篤下遺教曰趙光祖事予未嘗忘于心今予疾至此其復光祖爵○七月 上昇遐諡曰榮靖 葬孝陵在高陽○上無嗣慶原大君以遺命卽位○尹元衡等誣殺尹任柳灌柳仁淑等元衡文定王妃之弟也爲人奸邪雖跡華要見弄淸議常憤嫉士林至是誣告任等謀危宗社任等竟坐死元衡等錄勳○冊沈氏爲妃 卽仁順王妃靑陵府院君鋼之女

明宗大王 諱峘字對陽中宗大王第二子初封慶原大君 在位二十二年壽三十四

元年 明世宗嘉靖二十五年 處士徐敬德卒敬德字可久號花潭唐城人築室於松京花潭深究邵易 仁宗朝以薦授職至是卒年五十八 宣廟朝贈右議政

二年 前右贊成李彦迪卒彦迪字復古號晦齋驪州人 中宗朝登第爲諫官力斥金安老被劾罷歸安老敗死復召用及尹任等獄事作彦迪抗辭力救尹元衡劾之安置江界至是卒於謫所年六十三 宣祖朝贈

領議政 謚文元

十六年 倭寇全羅道陷達梁諸鎭遣李浚慶討却之○

設備邊司

十七年 遣南致勤討海西賊林居正平之居正嘯聚

羣黨攻掠州縣遣致勤討平之

十八年 世子(暊)卒謚曰順懷

十九年 處士成守琛卒守琛字仲玉號聽松靜恭門

人也舉遺逸累拜職終不就至是卒年七十二

二十年 四月 王大妃尹氏(中宗王妃)昇遐(葬泰陵在楊州)○竄

妖僧普雨普雨廣張佛法居處僭擬臺諫太學生連

章請罪命竄于外

二十一年 是歲明世宗崩穆宗卽位

二十二年 六月 上昇遐謚曰恭憲(葬康陵在楊州)○上無

嗣河城君以遺命卽位(領議政李浚慶受遺命迎立)

宣祖大王(諱昖初諱鈞德興大院君第三子初封河城君德興大院君卽中宗大王第七子)

在位四十一年壽五十七

元年 (明穆宗隆慶二年) 命儒臣柳希春等撰儒先錄 上以

高麗鄭夢周始倡絶學 本朝金宏弼鄭汝昌趙光

祖李彦迪等相繼而起發揮經傳有功於斯文乃命

希春等撰次其言行名曰儒先錄○追削南袞等爵

二年 冊朴氏為妃（即懿仁王妃潘城府院君應順之女）

三年 前贊成李滉卒 滉字景浩 號退溪 眞寶人 中明廟朝登第 就仕尋還鄉 明廟嘗使人畫其所居陶山精舍以觀 及上卽位 召致擢用 滉撰進聖學十圖 西銘考證 上虛心嘉納 命皆繕寫為屛 置諸左右 朝夕觀省 至是卒 年七十 贈領議政 諡文純

五年（是歲 明穆宗崩 神宗卽位）前尙瑞院判官曺植卒 植字楗仲 號南溟 樂遺逸 累授職 及引對 進治亂之道 卽辭歸 至是卒 年七十二

[illegible] 正月 王大妃沈氏（明宗王妃）昇遐（祔葬康陵）

十年 十一月 王大妃朴氏（仁宗王妃）昇遐（祔葬孝陵）○追復尹任柳灌柳仁淑等爵（仍削尹元衡等僞勳）

十二年 前司宰監正成運卒 運字健叔 號大谷 以薦累授職 辭不獲 應命旋卽還鄉 至是卒 年八十三

十六年 蕃胡尼湯介寇六鎭 穩城府使申砬擊破之（因焚蕩巢窟）

十七年 前贊成李珥卒 珥字叔獻 號栗谷 德水人 明宗朝登第就仕 及上卽位 被擢用 嘗撰進聖學輯要 上卽命刊行 又上萬言 上嘉納焉 未幾辭歸海州 築室於石潭以居之 至是卒 年四十九 後贈

朝鮮歷代史略 卷之三 二十一

領議政諡文成(肅宗大王七年辛酉祀文廟)

二十一年 奏請使俞泓還自明初宗系被誣累世陳奏未得昭雪至是 上遣泓如明力辨明帝諭以本國宗系已改正載於會典遂頒降一本泓賫會典還

二十二年 鄭汝立謀叛伏誅

二十三年 策錄光國功臣尹根壽等十九人(以宗系卞誣時前後奏請功也)○策錄平難功臣朴侃等十二人(以誅鄭汝立功也)

二十四年 日本使玄蘇等來日本關伯平秀吉致書于本國聲言欲犯 明朝脅以假途言辭悖慢 上以大義斥絶之因奏聞于明

二十五年 倭酋平秀吉遣清正等大舉入寇○賊陷東萊府使宋象賢死之○冊光海君爲世子監撫軍國事 上無適嗣臨海君及光海君卽恭嬪金氏出而臨海君爲長至是値變亂議建儲臨海君有狂疾故乃冊光海君爲世子○賊薄京城 上出幸○上夜渡臨津召諸宰問策都承旨李恒福首言我國兵力不足以禦賊唯有西赴乞援明朝耳 上遂次西幸○車駕進駐平壤○遣李德馨詣遼東乞援○德馨至六上書泣血請○明遣副摠兵祖承訓游擊史儒等領遼軍來救○世子奉 廟社王駐伊川○

朝鮮歷代史略 卷之三 二十二

提督官趙憲起義兵與倭戰于錦山不克死之憲號
重峯精通乾象方倭使玄蘇之來上疏請斬其使奏
于明廷又請嚴兵以待之至於叩首流血人譏其苦
憲曰明年此時竄山谷必思吾言至是其言果驗遂
倡義討賊與僧靈圭等七百人同時死之○高敬命
金千鎰等亦起義兵戰死之敬命子從厚因厚千鎰
之子象乾皆同死○倭賊進陷平壤城○上幸義州
○遣鄭崑壽如明乞師時本國連遣使請救於遼廣
各衙門明兵尚不出乃遣崑壽乞援於明京明帝遣
李如松劉綎等將兵來援

二十六年 李如松等引兵還○上還都○設壇祀先
聖 上旣還欲親祭文廟禮官以爲聖殿燒燼亦無
位版行祭無所 上命築壇於學宮之側設位於其
上躬進而祀之○設訓鍊都監 上嘉中朝人戚繼
光浙兵之制設都監令相臣柳成龍主其事募丁壯
以其法敎之

二十七年 遣世子全慶地方整理軍務

二十九年 李夢鶴作亂陷州郡洪州牧使洪可臣執
誅之○策錄靖難功臣洪可臣等四人

三十年 倭將淸正等復入寇明帝遣楊鎬麻貴邢玠

等討倭賊大破之

三十二年 前叅贊成渾卒渾字浩原號牛溪守琛之子也被薦拜職嘗特命入侍進講未幾歸坡山至是卒年六十四(仁祖朝贈左議政諡文簡肅宗朝從祀文廟)○明帝命楊鎬罷還遣萬世德代鎬時明贊劃主事丁應泰疏論鎬罪帝命鎬罷還　上遣崔天健卞鎬受誣○遣李恒福李廷龜等卞誣丁應泰誣本國甚悖　上遣恒福等卞其誣奏文廷龜所製也明帝命五府九卿科道等會議羣議皆明本國忠貞斥應泰謬妄明帝命昭雪受誣應泰革職為民○統制使李舜臣擊破倭兵中流丸卒舜臣率舟師擊倭屢大捷賊船不敢向西至是遇賊於露梁鏖戰大破之為流丸所中遂卒(露梁在南海縣)○倭賊撤兵歸時秀吉死倭賊聞之遂撤還○建關王廟壬辰征倭之時關王屢現其靈以神兵助戰明朝將士各出金創廟於崇禮門外山麓本國亦助貲以成及工訖　上親臨拜塑至庚子明朝以四千金付撫臣萬世德立祠於本國而詔之曰關公之靈素著於中國平倭之役亦賴顯助本國固當尸祝之　上命有司又建廟於興仁門外明賜額曰顯靈昭德王關公之廟

三十三年 六月 王妃朴氏昇遐 葬穆陵在楊州初號裕陵 ○萬
世德引兵還明倭寇旣息而世德仍留兵以備至是
乃歸
三十五年 冊金氏爲繼妃 卽延興府院君悌男之女仁穆仁妃 ○文
廟重修告成
三十七年 改量田
三十八年 策錄扈聖功臣李恒福等八十六人 以西幸時執靮也 ○策錄宣武功臣李舜臣等十八人 以討倭功也
三十九年 日本遣使求和遣呂祐吉等報之
四十一年 二月 上昇遐 諡曰昭敬 葬穆陵初葬健元陵西岡

祖大王八年庚午遷于健元陵第二岡與王妃同陵 ○世子卽位○冊柳氏
爲妃 判尹自新之女 ○宗廟重修告成
廢王光海君 名琿宣祖大王第二子 在位十四年
元年 明神宗萬曆三十七年 殺臨海君珒 光海惡其逼己以謀逆殺之
二年 以金宏弼鄭汝昌趙光祖李彦廸李滉從祀文
廟 從太學館請也
四年 殺詩人權韠 時宮戚柳希奮等預政專恣 韠賦
詩有宮柳靑靑鶯亂飛之句 光海聞之以宮柳二字
爲侮弄宮戚 親鞫拷掠 發配道死 韠號石洲 後贈持
平

五年 殺延興府院君金悌男悌男 仁穆王妃父也
朴應犀受爾瞻嗾誣告悌男謀逆闔門被殺相臣李
德馨知禍及 大妃憂憤成疾卒 悌男獄成李爾
瞻等錄勳 仁廟反正後削其勳 ○錮 王大妃宮門 別置禁兵堅守之
六年 殺永昌大君 仁穆王妃出也 爾瞻等
指永昌爲逆魁三司交章請誅光海使人收捕之永
昌時年八歲在 王大妃抱中 大妃哭而使宮迫
奪去遂安置于江華府使鄭沆承風旨燒殺之○
安置前弼善鄭蘊於大靜配相臣李元翼於洪川癸
丑獄事之後鄭造等受爾瞻嗾首發廢母之論蘊疏
論造等罪元翼又進疏言甚切直光海大怒蘊安置
元翼中途付處儒生趙慶起洪茂績鄭復亨趙濮等
亦率多士上疏或獨疏極言皆被竄謫
八年 建仁慶慶德兩宮 仁慶宮在仁王山下宮基本元宗大王私邸術者言有王
氣故光海創是宮以壓之仁廟朝撤毀之慶德宮在敦義門內
九年 立賣官贖刑之科 營建財之故也 ○竄領中樞府事李
恒福于北青自甲寅獄事後有廢母之論至是王令
收議於百官恒福力陳春秋子無讐母之義遂竄北
青到配尋卒鄭弘翼金德諴金權等亦於收議極言
切諫皆被罪

朝鮮歷代史略 卷之三 二十五

十年 廢王大妃幽于西宮別置大將領兵圍守供
進朝謁并停貞明公主亦 大妃出故議降爲庶人
十一年 是歲後金建國稱帝建元天命 明徵兵討金遣都元帥姜弘
立副元帥金景瑞赴征弘立等降左營將金應河歿
之弘立等將行光海密教觀變向背弘立等到深河
不戰而降于金應河力戰歿○金遣人請和○金送
書脅通和好使平安監司朴燁答書以送續遣使探
其情形奏于明
十二年 是歲明神宗崩光宗即位○光宗崩熹宗即位 前大司憲鄭逑卒逑
字道可號寒岡曺植門人也以薦授職累超遷至是

卒年七十八
十三年 由海路入貢于明時金人陷瀋陽貢使由海
路行多遭渰沒
十四年 明將毛文龍入據椵島初文龍駐鎭江及金
人陷鎭江文龍收兵東來開府椵島號東江鎭遼民
來歸者數十萬明帝陞文龍爲摠兵提督

元宗大王 諱琈宣祖大王第五子初封定遠君仁祖大王即位追尊爲大院君五年壬申
追崇封章陵在金浦

仁祖大王 諱倧字和伯元宗大王長子初封綾陽君元宗乃宣祖大王第五子即定遠
君 在位二十七年壽五十五

朝鮮歷代史略 卷之三 二十六

元年 明熹宗天啓三年 王大妃 仁穆王妃 命廢王降封爲君遷于江華 冊綾陽君嗣位 時倫紀斁絶 荒亂滋甚 宗社幾危 仁祖大王與金瑬 李貴 申景禛 崔鳴吉 李曙等奉 大妃復位 大妃命廢王遂降冊立之敎 ○冊韓氏爲妃 卽仁烈王妃西平府院君浚謙之女 ○誅昏朝亂臣李爾瞻等 召用舊臣李元翼等 出 誅鄭仁弘 李爾瞻 韓纉男 鄭造 尹訒 朴燁 鄭遵等 以李元翼爲領相 召還鄭蘊 鄭弘翼 金德諴於謫所 宣祖朝舊臣尹昉 申欽 吳允謙 李廷龜 鄭經世等及其他以言獲罪者皆收用 ○策錄靖社功臣金瑬等五十人

二年 李适以平安兵使叛 兵逼京城 上幸公州 ○都元帥張晩 別將鄭忠信等 大破适兵於鞍峴 适走爲其下所斬獻 ○上還都 ○策錄振武功臣張晩等三十二人 ○日本遣使來聘 日本關伯源秀忠傳位於其子家光 遣使請修世好 遣鄭岦等報之 ○毛文龍設鎭于宣川

四年 正月 府夫人具氏卒 卽仁獻王后左贊成思孟之女 仁祖卽位進封府夫人 十年壬申 追崇祔葬章陵 ○築南漢山城 卽百濟溫祚王舊城基址 李曙主其事

五年 是歲明熹宗崩 毅宗卽位 金人來侵 上幸江都 金人以姜

朝鮮歷代史略 卷之三 二十七

弘立爲導大舉兵來陷義州府尹李莞死之金兵至
平山 上入江都世子如全州鎭撫南方○金人請
和而歸金人書中有勿助南朝之語 上據義却之
金將以爲朝鮮守禮義之國不可發以非理只請結
隣通好朝廷應其請○明遣袁崇煥將兵來援尋罷
歸使臣金尙憲在北京聞本國被兵呈書請援明廷
命崇煥率兵往救之軍到鴨綠江聞金人已講和遂
罷歸 上還都○遣權怗等如明以被寇危迫覊縻
等情奏聞○毛文龍攻陷碧潼等郡○橫城人李仁
居起兵叛原州牧使洪寶執送京師誅之○策錄昭
武功臣洪寶等六人
六年 是歲金改國號日淸改元崇德 ○孝立謀叛伏誅孝立爵引仁
城君珙百官請誅珙珙自裁○策錄寧社功臣許穡
等十一人
七年 明經略袁崇煥執毛文龍斬之陳繼盛代領其
軍文龍會崇煥于寧遠前洋崇煥以便宜誅之移咨
我國數文龍罪
八年 遣李曙鄭忠信等討劉興治先是興治自淸亡
歸毛文龍鎭至是興治率其黨作亂據有島衆攻殺
總兵陳繼盛朝廷遣曙等發水陸軍討之興治遁入

朝鮮歷代史略 卷之三 二十八

登洋島中官軍遂罷歸明朝諸將聞而義之

九年 前刑曹參判金長生卒長生字希元號沙溪李珥門人也 宣廟朝以薦授職 上卽位之初徵召累超遷至是卒年八十四

十年 五月追崇 皇考爲 元宗大王 皇妣具氏爲 仁獻王妃○六月 大王大妃金氏宣祖王妃昇遐祔葬穆陵初號惠陵○時淸遣帥使來有稱詔故擯斥之

十一年 命發舟師討耿仲明明登州將耿仲明等擧衆叛淸舟到狄江明將追擊我國發兵夾攻破之

十二年 十二月 王妃韓氏昇遐葬長陵在坡州○忠淸全羅慶尙三道改量田

十四年 淸大擧兵來 上入南漢山城淸嘗遣使來稱詔朝廷爭請斬其使其使竊聞之驚遁淸主怒自將十萬兵猝至 王妃及大君奉廟社主先入于江都 上因勢急率世子幸南漢

十五年 淸兵陷江都領敦寧府事金尙容自焚死尙容號仙源江都將陷尙容登南城譙樓踞火藥櫃上自焚而死士人金益兼權順長等皆從死前都正沈說奉常正李時稷等亦自縊死○淸撤兵還○上還都是時江都已陷南漢幾危 上率羣臣出城下之

朝鮮歷代史略 卷之三 二十九

盟故撤還○清兵還助兵陷椵島○世子及鳳林大
君質于瀋判書金尚憲參判鄭蘊在南漢自裁不殊
退歸嶺南儒臣張顯光入深山不復出後嘗歲時
上猶於禁苑西向哭拜以伸望闕之禮○清執學士
洪翼漢吳達濟尹集等以歸三人以斥和同時被索
後皆遇害云

十六年 冊趙氏爲繼妃（莊烈王妃漢原府院君昌遠之女）○遣兵
助清入錦州○後二年又入蓋州金尚憲及儒臣安
邦俊等諫不聽○遣人通奏于明朝廷因相臣崔
鳴吉議以丁丑事情具文移咨陳都督洪範轉聞明
廷久未得報至是又具奏咨付僧獨步令平安兵使
林慶業裝遣涉海傳達得回咨有曰貴國苦情天人
共鑑

十八年 清索執前判書金尚憲囚瀋陽尚憲尚容之
弟號清陰嘗斥和故被執而去脅之終不屈遂囚於
瀋獄至六年乃歸官至左相前持平曹漢英又以斥
和偕尚憲被執同囚瀋獄後放還官至參判

十九年 光海君卒反正之初 仁穆王妃欲誅之
上爲之曲貸遷于江華尋移濟州至是卒○前府尹
黃一皓爲清使所殺一皓曾任義州資送崔孝一欲

以詐稱潛汗事覺清使來戕一皓及申儼亮等
二十年 李倧伏誅倧為宣川府使以潛商事發清執
因將殺之倧為偷生計許本國陰事乃言崔鳴吉遣
僧獨信南朝李敬輿不用崇德年號申翊聖李明漢
亦為南朝守節遂幷被執囚于瀋館經年乃釋及倧
還國 上命誅之○平安兵使林慶業亡入于明尋
還慶業以裝遣獨步事亦為李倧所訴被本國拿送
慶業路逃浮海向南京至登州依本鎮主將黃宗藝
未幾為裨將馬登所誤遂陷於清陣執送北京誘降
終不屈以為義士檻送于本國金自點以委官挾私

憾殺之
二十二年 是歲流賊李自成陷明京焚宮闕明帝殉社稷清世祖入燕京為帝改元順治明報皇帝即位於南京 沈器遠謀逆伏誅○策錄寧國功臣具仁
垕等四人
二十三年 是歲明帝崩隆武帝即位尋為北軍所害永曆帝即位 世子及大君
至自瀋陽○世子卒 諡曰昭顯 ○冊鳳林大君為世子時
元孫年幼 上以國有長君社稷之福乃冊鳳林大
君為世子○置侍講院贊善諮議以金集宋時烈等
為之翊善後改進善
二十四年 賜故世子嬪姜氏死 相臣李敬輿大司憲洪茂績等爭之被竄

二十七年 五月 上昇遐 葬長陵與王妃同陵 ○世子卽位○召用舊相金尙憲李敬輿儒臣金集宋浚吉宋時烈等○上進用士流欲以復讐雪恥黜金自點等○冊張氏爲妃 卽仁宣王后新豐府院君維之女

孝宗大王 諱淏字靜淵仁祖大王第二子初封鳳林大君 在位十年壽四十一

元年 明永曆四年是歲永曆皇帝爲北軍所逐奔南寧明年○淸世祖順治七年 淸使來竄相臣李景奭等金自點子鉽及申冕怨宋浚吉等諸賢流言于淸淸主遣七使臨江驗問國內震懼宗廟引以自當遣宗室女嫁淸貰臣事稍解又以

誌不書淸號大提學趙絅被竄淸使復來譏李敬輿相職 明年鉽冕陰謀始發并杖死

二年 金自點謀逆伏誅○行常平通寶 仁祖癸酉命鑄錢尋罷至是相臣金堉奏行之後又寢罷○行大同法於忠淸道用相臣金堉言也一結收十二斗以供京外之用無他繇役民甚便之

四年 贈鄭蘊吏曹判書蘊於光海時抗疏立節又於丙子之亂隨駕入南漢和議成剸刃幾死乃曰吾不死於南漢何面目對妻子入德裕山結茅舍以終身至是贈職○追贈洪翼漢等三人爵 肅宗大王十一年乙丑并加贈

朝鮮歷代史略 卷之三 三十二

〈爵謚立祠於南漢〉

六年 命制水車 上教曰昔行燕瀋之路諦觀稼穡之事灌漑之用莫如水車而我國全昧此制令下其制于廟堂審其便否傳布外方以爲勸農之一助○黃海監司金弘郁下獄死弘郁疏言姜氏之冤忤旨栲死〈後用宋時烈言伸理〉

八年 設置管將於忠全慶三道 上有志於軍政特加設置○判中樞府事金集卒集字士剛號愼獨齋長生之子累徵至吏曹判書至是卒年八十四諡文敬

九年 行大同法於全羅道○徵宋時烈爲吏曹判書宋浚吉爲大司憲 上復任儒賢與相臣鄭太和大將李浣圖議北伐浚吉尋陞兵曹判書○罷成均館祭酒〈以宋浚吉爲之〉

十年 五月 上昇遐〈葬寧陵○初葬楊州顯宗大王十四年癸丑遷奉于驪州〉○世子卽位○冊金氏爲妃〈卽明聖王妃淸風府院君佑明之女〉 在位十五年壽三十四

顯宗大王〈諱棩字景直孝宗大王世子〉

元年〈淸世祖順治十七年〉流尹善道○宋時烈等秉國政尹鑴悁忮之倡言大喪 大妃宜服三年而定爲朞制是卑主貳宗嗾善道疏訐 上焚其草竄北邊而許穆

朝鮮歷代史略 卷之三 三十三

洪宇遠趙絅先後抗其非時烈已歸宋浚吉至是亦退

二年 徵宋浚吉宋時烈至京兩賢間或赴召入經筵而不復膺職事○明永曆帝凶問至○撤都中兩尼院以其材修葺學宮令年少尼還俗○上幸溫泉○賜祭故忠臣宋象賢趙憲李舜臣之墓 舜臣等墓俱在忠清道內 上幸溫泉時賜祭

八年 執福建漂人陳得等送于清 得等不改華人衣冠持永曆二十一年曆

九年 擢宋時烈爲相 赴召不拜

十年 追祔神德王妃于太廟復貞陵 神德王妃太祖大王繼妃也而並祔之禮神人久鬱至是追祔之封陵設祭之日驟雨滂沱人以爲洗冤雨

十二年 大疫

十三年 前吏曹判書宋浚吉卒浚吉字明甫號同春堂金長生門人也自 仁祖朝被徵 孝宗以後待以賓師至是因論相臣許積之奸恩禮不終而卒年六十七諡文正

十四年 遷奉寧陵于驪州尹鑴等設計欲以中宗時烈壙內無災患事得已

朝鮮歷代史略 卷之三 三十四

十五年二月 王大妃張氏(孝宗妃) 昇遐(葬寧陵) ○竄相臣金壽興 仁宣大妃喪論服制得失首相先被罪士禍已始會 上疾劇而止○八月 上昇遐(葬崇陵在楊州)○世子卽位○冊金氏爲妃(仁敬王妃光城府院君萬基之女)

肅宗大王(諱焞字明普顯宗大王世子) 在位四十六年壽六十

元年(清聖祖康熙十四年) 竄大臣宋時烈金壽恒等追奪宋浚吉官許積尹鑴等挾宗室楨柟以禮論陷士類時烈謫德源荐棘長鬐巨濟朴憲趙嗣基誣逼 慈殿壽恒抗疏竄靈巖許積尹鑴之徒大進伸救時烈等者輒竄黜宋尚敏至栲死

四年 行大同法於慶尚道○復行錢貨於八道

六年 宗室楨許積等伏誅楨柟及積妾子堅有凶謀金錫冑發其事鞫治按法吳始壽尹鑴李元禎等各以罪死○復相金壽恒擢閔鼎重爲相○收錄罪籍宋時烈宋浚吉等並宥○策錄保社功臣金錫冑等六人(以誅楨堅功也) 追錄李師命等六人(以誅吳挺昌功也) ○十月王妃金氏昇遐(葬翼陵在楊州)

七年 冊閔氏爲繼妃(仁顯王后驪陽府院君維重之女) ○上 定宋廟號○從祀文成公李珥文簡公成渾于文廟宋儒揚時羅從彥李侗三賢亦至是始享

朝鮮歷代史略 卷之三 三十五

朝鮮歷代史略卷之三　三十五

八年 設禁衛營兵判金錫胄請以精抄廳及訓局別隊軍設營以兵判例兼大將(英宗甲戌別置大將)

九年 召故宋時烈及儒臣朴世采等○閔鼎重贊上志旁招賢俊勵精圖治尋以論議携貳罷歸○庚申以後少輩持論多與先進角立金錫胄金萬基金壽恒閔鼎重等稱西人以宋時烈爲主趙持謙韓泰東吳道一等稱東人以朴世采爲主○命立崇節祠于太學 上感何蕃陳東等節義特教祀之旋因年凶寢其役○十二月 王大妃金氏昇遐(祔葬崇陵)

十年 纂 宣廟寶鑑(李端夏纂進)○貶儒臣尹拯拯師宋時烈後背之貽書譏侮閔鼎重白其誣不復以儒賢待之

十四年 徵朴世采爲吏曹判書世采論宗室杭龍遇之過忤旨即歸首相南九萬救世采竄北邊○八月 大王大妃趙氏昇遐(葬徽陵在楊州)

十五年 上命定元子號(後宮張氏所生年纔二歲)○上進用睦來善閔黯等竄遂舊臣宋時烈謫濟州金壽恒閔鼎重金壽興金萬重李翊等被竄李師命金益勳李翔等皆死黜李文成成文簡從祀削保社勳○前領議政金壽恒賜死壽恒尚憲之孫號文谷早有淸名久

朝鮮歷代史略卷之三　三十六

典文衡謫珍島受命後諡文忠○中宮閔氏遜位冊立張氏判書吳斗寅應教朴泰輔諫死○前左議政宋時烈賜死時烈字英甫號尤菴金長生門人早廁生員 仁祖朝被徵不起 孝宗有大志最加委任至是爲黯等所誣被逮至井邑受命年八十三後諡文正

十六年 冊世子 即景宗大王

十七年 復成三問等六臣官 先已許建祠院

十八年 前左議政閔鼎重卒于謫所鼎重號老峯與弟維重自少負重望後諡文忠

十九年 上幸松京

中宮閔氏復位討閔黯趙嗣基等擢朴世

二十年 采爲相 上覺悟黯奸凶伸善類復兩賢從祀及保社勳惟削追錄張氏降爲嬪○命復宋時烈等爵

二十一年 左議政朴世采卒世采字和叔號南溪又稱玄石 顯宗朝被徵至是拜相職歸坡州卒年六十五諡文純

二十四年 復 端宗大王及 定順王妃位號 陞享于永寧殿封莊陵思陵○祀 中宗廢妃愼氏于別廟

二十七年 命太學建啓聖祠祀叔梁紇配以顏無繇

嬖黜孔鯉孟孫氏〇八月　王妃閔氏昇遐 葬明陵在楊州
巫蠱事發誅張氏及宗室杭張希載等仍治南九萬
柳尚運甲戌護逆之罪
二十八年 冊金氏爲繼妃 即仁元王后慶恩府院君柱臣之女
三十年 設大報壇先是以明毅宗殉社稷甲申三月設
位祀之仍念壬辰再造恩築壇於禁苑歲祀明神宗
三十一年 命禪位于世子旋寢　上欲就閒調養有
是命諸臣固爭而止
三十二年 鞫林溥李潛溥潛各投疏言廷臣不利于
東宮欲以交問宮闈並杖死

三十四年 前禮曹判書金昌協卒昌協字仲和號農
巖壽恒之子早通顯自遭家禍屛居力學累遷正卿
文衡不拜至是卒年五十八諡文簡
三十六年 量田于江原道〇毁禮記類編領相崔錫
鼎撰是書刊布進講臣前年士類斥其割裂僭妄輒
被罪至是錫鼎譴黜乃從羣請
三十七年 築北漢城〇罷內需司獄
三十八年 定白頭山界以朴權爲定界使同淸差穆
克登監定
三十九年 上　尊號

四十年 復力毁古訓○以宋儒濂溪明道伊川橫渠康節晦菴六賢陞享文廟

四十二年 罷大司憲權尚夏職 上見家禮源流序跋譏斥尹拯疑出黨論 先削副提學鄭澔官納李眞儒等言有是命 士類多被譴數月並還收○以尹宣擧尹拯祠院 宣擧拯之父 孝宗朝徵以司業拯間被超擢至右議政 不出卒已數年至是 上悔源流事儒疏發宣擧文集語逼 孝廟並 命背師罪撤院額毁集板明年並追削其官

四十三年 上幸溫泉 召見贊成權尚夏 ○從祀文元公金長生于文廟又以御筆額于宋時烈華陽書院宋浚吉興巖書院○命世子代理

四十四年 仲姜嬪宪 諡曰愍懷

四十五年 上入耆社○量田于三南

四十六年 六月 上昇遐 葬明陵與妃同陵 ○世子即位○冊魚氏爲妃 卽宣懿王后咸原府院君有龜之女 ○追冊元妃沈氏 卽端懿王后靑恩府院君浩之女 肅宗四十四年戊戌卒葬惠陵在楊州

景宗大王 諱昀字輝瑞 肅宗大王世子 在位四年壽三十七。

元年 清聖祖康熙六十年 前左議政權尚夏卒尚夏字致道號遂菴宋浚吉宋時烈門人 屢徵不起 至是卒年八

十一諡文純○冊延礽君為世弟柳鳳輝投疏沮撓
旋命代理璿少力持還寢○金一鏡等謀害大臣竄
金昌集等○一鏡及趙泰耇等乘 上疾甚挾宦侍矯
旨以建儲代理為案逆誣臣○殺太學生尹志述
以嘗疏斥陵夷諱言張氏處分及丙申斯文事也後
因一鏡李光佐奏立張氏祠尊為王山府大嬪○宦
者朴尙儉伏誅 大妃發尙儉等結凶徒謀害東宮
狀泰耇為首相匿其事只殺尙儉及宮女必貞等以
滅口判書申銋宋相琦疏劾被竄
二年 大臣金昌集李頤命李健命趙泰采皆賜死賤
人睦虎龍告變起大獄先殺儒生金龍澤李喜之金
省行徐德修等幷殺四大臣及判書李晩成參判洪
啓迪金雲澤大將李弘述等以逼東宮虎龍錄扶社
勳一鏡擢兵曹判書○復尹拯父子官
三年 追奪故相權尙夏官○黜宋時烈道峯院享及
金壽恒金昌協等院享判書鄭澔閔鎭遠賛善李喜
朝等先後被竄
四年 八月 上昇遐在楊州號懿陵○世弟卽位○冊徐氏
為妃卽貞聖王后達城府院君宗悌之女○金一鏡睦虎龍伏誅
英宗大王諱昑字光叔肅宗大王第二子初封延礽君在位五十二年壽

八十三

元年 淸世宗雍正二年 起復臣鄭澔閔鎭遠等伸壬寅獄討
柳鳳輝等　上黜凶黨進用舊臣澔鎭遠及李觀命
爲相李宜顯爲吏曹判書李縡爲大提學不拜釋罪
籍削僞勳立四忠祠于露梁配尹志述于崇節祠諸
臣請鳳輝竄配泰耉及睦鍚恒追奪李師尚絞○討
李天海　上幸懿陵天海以軍校受嗾凶徒詬罵于
駕前鞫治不吐其實○除壓膝刑 後又除烙刑 ○封王世
子 郞眞宗大王

三年 上激怒諸臣懲討之請遞翻前案四大臣以
下還置罪籍光佐泰億復相

四年 湖西賊李麟佐等反陷淸州逮將討平之○自
甲辰大喪凶黨與已巳餘孽合謀稱兵麟佐先犯淸
州兵使李鳳祥營將南延年死之鄭希亮起嶺南朴
弼顯以泰仁監監起沈維賢南泰徵爲內應平安兵
使李思晟咸鏡監司權益寬全羅監司鄭思孝等互
相糾結指日犯京前領相崔奎瑞上變鞫治兵曹判
書吳命恒出征克湖賊于安城嶺賊爲營邑所平而
監司黃璿遇毒卒誅討諸賊及其黨朴弼夢宗室坦
等鳳祥等旌閭立祠○策錄奮武功臣吳命恒等十

五人(後改揚武)○十一月世子卒世子靖嬪李氏所生初封敬義君陞儲位年甫十歲而夭祟在咀呪謚曰孝章

五年 復故相李健命趙泰采官○上納蕩平之論泰用舊臣深戒黨習相臣趙文命洪致中判書宋寅明主其事

六年 命尹淳等纂 肅廟寶鑑○誅鄭道隆羅弘彦等年前宮中咀呪及諸凶推戴宗室垓圻事發○六月王大妃魚氏昇遐(祔葬懿陵)○大有年

七年 遷奉長陵于交河

十二年 冊世子(暎嬪李氏所生二歲)

十五年 復慎妃位號祔于太廟(謚曰端敬王妃封溫陵在楊州)

十六年 親行大射禮釐正太廟樂章○復故相金昌集李頤命官至是逆獄頗伸舊臣之引退者多出仕而金龍澤等五人仍置逆案著大訓以戒兩黨爭論弛皇罪○上尊號(五十上凡)

十七年 革翰林薦銓郎選規

二十年 上入耆社○撰續大典(後修續五禮儀及喪禮補編)○

二十二年 禁用紋緞綾羅戒奢侈也○召儒臣朴弼

華全家徙邊律代以徒三年

朝鮮歷代史略 卷之三 四十二

朝鮮歷代史略 卷之三 四十二

周爲吏曹判書用其言許秦耆鳳輝等追奪○前參
贊李縡卒縡字熙卿號陶菴少入玉堂恬退篤學至
是卒年六十七後謚文正

三十三年 定生員進士襴衫幞頭制倣明太學生服
也自是華壯元擇人之例○復故相皇甫仁金宗瑞
等官仁宗瑞 端宗朝相臣也繼伸安平大君瑢冤

三十五年 命世子代理○並享明太祖毅宗兩帝于
大報壇

三十六年 蠲良役設均役廳減良布之半取魚鹽雜
稅補其代○上幸溫泉

三十七年 十一月孝章世子嬪趙氏卒 孝純王后豐陵府院君文命之女 正宗丙申追崇眞宗永陵同原

三十八年 世孫卒 年三歲謚日懿昭

三十九年 尊謚淑嬪崔氏定宮園制 淑嬪上之私親也甲子建廟號毓祥墓日昭寧至是爲宮園

三十一年 尹志申致雲等謀逆伏誅 一鏡餘黨凶謀
未已至是統發 上始行誅討仍許泰耆鳳輝李眞
儒李明彦等施大逆律光佐錫恒泰億追奪○撰闡
義昭鑑○編勘亂錄具著自辛丑迄今年逆獄源委
○命復四忠祠大訓後孝修改金龍澤等亦始宥之

朝鮮歷代史略 卷之三 四十三

三十二年 中嚴酒禁(竝祀享之用飲者有至大辟)○從祀文正公
宋時烈文正公宋浚吉于文廟○大內樂善堂火
三十三年 二月 王妃徐氏昇遐(葬弘陵在高陽)○三月
大王大妃金氏昇遐(祔葬明陵)○改婦人首飾禁加髢辮
髮以戒靡財至癸未以混於宮樣復舊制
三十五年 冊金氏為繼妃(即貞純王妃驪興府院君漢耈之女)
三十六年 都城內濬川以都民被水患發丁濬城內
川渠以柳編結仍設濬川司每年修濬(癸巳改用石築)○世
子幸溫泉
三十八年 五月世子卒 上復政(諡世子曰思悼) 前右相趙

載浩賜死○召致贊善宋明欽
四十年 從祀文純公朴世采于文廟京外儒生曾請
從祀而不允至是 上謂文純嘗為蕩平祛黨之論
特許之諸臣多爭執○竄贊善申暻暻連疏明朴文
純之論非如近世之紊亂忠逆忤旨謫極邊以卒○
上著嚴隄防裕昆錄罪林儒林加罪宋明欽等
四十三年 弛酒禁○山陰縣七歲女生男
四十五年 虎入都城
四十六年 鞫疏儒韓鍮鍮攻領相洪鳳漢被刑島配
命鳳漢致仕○除治盜足刑○鞫崔益男益男以

前持平疏言世孫之不拜思悼墓仍斥首相金致仁
欲以陷延臣設鞫杖死○赦韓鍮
四十七年流王孫裀禛于濟州 並竄洪鳳漢從寢 ○遣使辨
綱鑑會纂誣詆于淸淸人朱璘修明紀宗系猶存誣
辭載 仁祖反正事多誣罔 上聞之驚痛遣使辨
明搜綱鑑及皇朝通紀悉焚之諸臣多坐死○誅
韓鍮鍮復疏攻鳳漢目以凶逆 上惡其疑亂壬午
事並其黨沈儀之斬之○立肇慶廟于全州 國朝始祖完山伯
○復懸申聞鼓
四十八年竄領議政金致仁追奪儒臣宋明欽官時

戚里橫肆金龜柱與洪鳳漢分黨相攻鄭厚謙仍竊
柄延臣多被威罰或追理舊事旋還○復李光佐等
官參判趙榮順引義被竄臺官黃昇源坐不許榮順
刑訊
五十一年執義南絳老被誅李潭久爲吏判助鄭厚
謙勢絳老劾潭司諫李廸輔繼之並斥厚謙 上竄
廸輔仍斬絳老○命世孫代理
五十二年三月 上昇遐 葬元陵在楊州 ○世孫卽位○册
金氏爲妃 卽孝懿王后淸原府院君時默之女 ○追尊 孝章世子
爲 眞宗大王嬪趙氏爲孝純王后 上思悼世子之子也嗣孝章

明紀 卷之三 四十五

(世子早薨英宗丙申賜號承統正宗卽位因遺敎追崇)○追上思悼世子諡曰莊獻尊垂恩墓曰永祐園廟曰景慕宮尊惠嬪洪氏為惠慶宮○命追奪李光佐趙泰億崔錫恒官爵○追施金尚魯逆律○追配文正公宋時烈于孝宗廟庭○建奎章閣于內苑刻聖宸章寶墨別為奉謨堂奉之○賜洪麟漢鄭厚謙死

眞宗大王(諱緈字聖敬英宗大王第一子初封敬)義君(正宗丙申追崇封永陵在坡州)

正宗大王(諱祘字亨運莊獻世子第二子)在位二十四年壽四十九

元年(清高宗乾隆四十二年)命旌 端宗忠臣河緯地閭

二年 封靖嬪墓為綏吉園廟為延祐宮○命故相臣金昌集配享 英宗廟庭○命纂明義錄印頒中外○禁巫女出入城闉

三年 命賜額文正公宋時烈祠

四年 建月覲門於內苑之東○命定抄啓文臣講製之規

五年 命致祭于文元公李彥迪玉山書院文純公李滉陶山書院○御定八子百選 上憂文體日下手選唐宋八家文印行○命閣臣修日省錄

六年 詣文廟行酌獻禮一齋宿于明倫堂設食堂于庭前卽國朝初有之盛禮也○尊 英宗大王

為世室

七年 命太學行圓點法

八年 命高麗侍中忠靖公禹玄寶配享松陽書院仍賜祭 玄寶祭酒倬之孫受業於文敬公安軸之門與鄭夢周同心講究復喪制禁族婚興庠序○重建闕入齋于丕闡堂之西○命幸行時道傍禾穀之傷損者令地方官看審蠲稅○命疏批之過三日未下者政院徵稟定式○命道交濟倉於北關各邑以救貧民

九年 命文純公權尚夏配享考巖書院

十年 飭京外搜訪過時未婚葬者助給其需○命定耆老職加資歲首下批及大小科回榜人加資之式○命京外壽資百歲以上人加設同中樞單付○龍川薪島有清國人潛蹤來住者為六百餘口地方官投察之不待朝飭燒其家屋　上聞之教曰國綱立則邊禁不期嚴而自嚴今乃徒恃兩力之强弱務快一時之覩聽鎛攸所過雖犬亦究使屢百商人頓足鼠竄忠信之教豈容若是仍命罪地方官○王世子甍議定服制朞年

十一年 行綏嬪朴氏嘉禮宮號曰嘉順○文苑黼黻

活印廣布

十二年 命特罷江陵獵雉之貢○命賜祭于寧越六臣祠又賜祭于嚴興道之閭○改義烈宮宮墓號曰宣禧

十三年 賜故相黃喜院額致祭○命臺臣年七十登科三十年以上人武科五十年以上人蔭官年七十筮仕四十年以上人並加資○命法聖鎭山兩鎭將並作邊地還轉階級○遷奉永祐園于水原改園號曰顯隆

十四年 命左相蔡濟恭收輯車天輅文集刊行○命施文簡公金淨不祧之典○元子誕降 上親上賀箋于 慈殿慈宮賜朝官年七十以上士庶年八十以上加資 京外受資者凡二萬五千八百一十八人

十五年 命故處士金時習太學生南孝溫附享於彰節祠○設壯勇營○命罷市廛貿易之法○摸寫御眞二本一本藏于景慕宮望廟樓一本藏于顯隆園齋殿以替行定之禮以寓瞻依之思○命致祭于崇德殿新羅諸王陵各置守護三戶○飭京外另給飢民糊口庇身之需

十六年 命致祭于燕山君光海君墓

卷之三

[年] 命長湍之大小者爲募民許耕○命特贈故
忠臣金厚孫左承旨厚孫江西人　宣祖祭巳駐蹕
本縣時値兵發邑廚無物厚孫遂求饌品竭誠供廚
六十日○定太倉官自辟久任之式從戶判沈頤之言也○禁
私服之用門靴○召見百歲老人余善傑特超崇政
階令度支造給玉圈○飭朝官儒等者讓路回避之
規從行司直李文淵請○命贈故處士柳馨遠祭酒之職馨遠
磻溪隨錄論水原形便百年之前燭照今日之事也
○申嚴贓吏論勘之律
[年] 命民事之趁時稟處者雖値齋日卽爲稟裁

○復故藝文提學柳夢寅官加贈吏判○上以是年
惠慶宮寶齡七旬大慶賜京外老人爵凡七萬五千
一百四十五人乃召耆臣六卿以上指授義例彙爲
一書名曰人瑞錄○琉球國漂人至京特授摠管以
寶劒差備送侍以示懷柔之意○御定朱書百選成
頒賜諸臣
十九年 上奉　慈殿慈宮詣景慕宮坤殿同詣行
酌獻禮莊獻世子周甲誕辰○上每由月覲門展拜景慕宮一
歲中凡五十餘次○上陪　慈宮詣顯隆園次華城
行宮進饌于　慈宮行七爵禮○上每於省園之路

卷之三　四十九

朝鮮歷代史略卷之三　四十八

還到彌勒峴停轡遠瞻下騎彷徨命名其地曰遲遲臺○延齡　桓祖大王　懿惠王后于永興本宮桓祖誕降之八回甲也○申禁寧邊定平採金之弊○命設壇於濟州三邑酹前冬餓殍○罷守禦京廳以守禦使出鎭南漢爲廣州留守○命大臣臺諫與聞於一律狀事啓式○命內閣印頒忠武公李舜臣全書○命賜祭文簡公朴祥仍施不祧之典

二十年 命特下內帑錢一萬五千緡換穀送耽羅補賑○命選淸白吏故副提學李秉泰判書尹容判敦寧鄭亨復左尹韓德弼兵使許晶○命武庫印[illegible]硝方廣布中外○御定奎章全韻成○命文靖公金麟厚從享文廟○命毁撤諸宮諸司罪人拘留之所○命編校武經七書

二十一年 咸興儒生獻白雉却之

二十二年 上將親行祈穀祭特大雨雪相臣陳劄乞寢不從○御定五經百篇成○創壯勇外營五衛之制

二十三年 命禁御兩營貿城外民田立標定界許令窮民入葬○命嚴禁內司放債之弊燒其券○御定大學類義成○御定雅誦成○奎章閣進御製繕寫

朝鮮歷代史略卷之三　五十一

朝鮮歷代史略 卷之三 三十一

本自春邸時至己未分爲四集其目爲三十凡一百九十一編題曰弘齋全書○命大提學洪良浩裒輯北關興王古蹟成書四編名曰興王肇乘

二十四年 冊元子爲王世子仍行冠禮○六月 上昇遐葬健陵在水原○王世子卽位○尊 正宗大王爲世室○追奪洪國榮官爵

純祖大王 諱玜字公寶 正宗大王世子 在位三十四年壽四十五

元年 清仁宗嘉慶六年 春 正宗御眞于華城行宮號曰華寧○罷內奴婢寺奴婢仍命內司各宮房各司奴婢案燒火于敦化門外○命藥房各道別卜定海錯果實諸種自今永除○印頒 正宗御定四部手圈

二年 命龍壯勇營○命故太學生尹志述配享四賢祠○冊金氏爲妃 純元王后永安府院君祖淳之女 ○申嚴貪吏廢錮之法○命故相臣李頤命李健命趙泰采特施不祧之典○上篤於友愛妹淑善王下嫁也親製女訓七編女誡六章以賜之

四年 命忠烈公河緯地施不祧之典○仁政殿成

五年 正月 大王大妃金氏昇遐葬元陵○聖痘平復

六年 命賜金達淳死○追施金漢祿金龜柱逆律

朝鮮歷代史略 卷之三 五十一

七年 命追奪金鍾秀官爵黜廟庭配享○命施忠定公皇甫仁忠貞公俁斗寅忠肅公李世華忠烈公朴泰輔不祧之典

八年 申明賀紋緞之禁

九年 上因旱親祈雨于南壇御步輿屛繖盖灌焉纔擧甘雨沛然袞衣盡濕都民環瞻感泣○八月元子誕生

十年 命高麗忠臣贊成事朴門壽配享表節祠○命施故儒臣李東節忠之典

十一年 命遣通信使金履喬副使李勉求往聘日本對馬島○關西土寇洪景來聚黨刼嘉山郡郡守鄭蓍死之○命李堯憲為兩西巡撫使賜尚方劒便宜從事

十二年 賊入據定州城促命巡撫軍前進擊罷之○命贈鄭蓍兵判○宣川府使金益淳伏誅以身守封疆以城降賊之罪也○官軍收復定州○命錄勳以李堯憲為元勳堯憲以無汗馬勞力辭旋寢錄勳之命令廟堂論賞○冊元子為王世子

十三年 築全州府南固山城設鎭置別將

十四年 命都下貧民抄戸發賣

朝鮮歷代史略 卷之三 五十二

十五年 十二月 惠嬪洪氏薨 祔葬顯隆園

十六年 錮蕩定州流戶糶穀五千九百斛

十七年 王世子詣文廟謁聖行入學禮○命減襄陽貢蔘之半

十八年 命麗王諸陵之在開城者遣禮官三年一奉審定式

十九年 冊趙氏為王世子嬪 即神貞王后豐恩府院君萬永之女憲宗即位尊奉為王大妃

二十一年 三月 王大妃金氏昇遐 祔葬健陵 ○遷奉健陵于顯隆園西岡○中外沴疾大熾旬日之間都下歿亡以萬計遣亞卿別行厲祭于諸山川

二十二年 王世子疹候平復○十二月綏嬪朴氏薨 葬于徽慶園

二十三年 特除朱萬离工曹參判萬离關西人文科回榜其年百歲有是命○革豐德府合屬開城府

二十四年 命賜定州六義士祠額合享忠烈公鄭著

二十五年 命賜祭于平壤崇靈殿崇仁殿 東明王開國之舊甲也

二十六年 命文忠公曺漢英追配于高麗忠臣李存吾孤山書院

朝鮮歷代史略 卷之三 五十三

二十七年 命王世子代理○七月元孫誕降

二十八年 上以冬雷之警避正殿五日

二十九年 命元孫冊王世孫

三十年 五月王世子薨諡曰孝明○命加贈故正郎

金駉孫正卿仍施節惠之典

三十一年 命高麗忠臣張安世施節惠之典

三十二年 命惠廳米輕價發賣於都下貧民

三十三年 命忠文公金祖淳配享 正宗大王廟庭

○昌德宮大造殿熙政堂火○飭諸道登聞經行才

德之士

三十四年 十一月 上昇遐(葬仁陵在廣州)○王世孫即位 王

○追尊 孝明世子為 翼宗大王嬪趙氏為

大妃

翼宗大王(諱旲字德寅純祖大王世子 憲宗甲午追崇封綏陵在楊州)

憲宗大王(諱奐字文應翼宗大王元子)在位十五年壽二十三

元年(清宣宗道光十五年)命召對于便殿時 上在亮陰中而

因 大王大妃教也○命飭諸道吏逋徵族及還穀

小詳定立本之弊(領議政沈象奎之言也)○命飭諸道稅納濫

徵之弊○命罷文科易書之法○命守宰之不堪任

者不待殿最啓罷殿最以廉貪剖判為題○命罷外

邑吳坊之弊權從正言金之言也○掌令盧光斗除承旨光斗
上疏陳勉仍進冊子賜優批有是褒
三年 冊金氏爲妃即慶院君祖根之女錦王后興水○命飭各道
私屠之弊
四年 命飭各司郞官卯酉仕之法從和議政李止淵之言也○命
都下發賣時穀價翔貴又値寒江貿遷益窘有是命
六年 景慕宮望廟樓火○命飭私家虐民之弊○
命都下家座中明舊式施行
七年 命飭外邑收逋徵族之弊○命贈持平尹志述
贈正卿施以節惠○四月 中宮殿行冠禮○命

特減諸道舊逋穀十萬石
八年 命刊進千歲曆
九年 白氣見於西方○八月 王妃金氏昇遐葬景陵在
楊州○命特減清風逋米四千四百五十餘石
十年 冊洪氏爲妃益豐府院君在龍之女○命刊行文獻備考
十一年 命罷關東蔘契
十二年 遷奉 綏陵于楊州
十三年 行慶嬪金氏嘉禮宮號日順和○設摠衛營
十四年 三朝寶鑑成親上 太廟
十五年 六月 上昇遐葬景陵在楊州○全溪君第三子奉

大王大妃命即位（入承純祖大統）○賜死荏子島安置
罪人趙秉鉉寘徐相教甲觀浩李應植金鏈李能權
哲宗大王（諱昪字道升全溪大院君第三子）在位十四年壽三十三
元年（清宣宗道光三十年）
二年（咸豐元年）金氏為妃（即哲仁王后永恩府院君汶根之女）○命孔子聖
象以江陵奉來宪本展奉於水原闕里祠
三年 太白晝見○命趙秉鉉罪名爻周徐相教李應
植等量移○命飭外邑都結之弊京各司從時價執
錢之弊○御定文苑黼黻續編成
四年 命被謫人家屬隨往著為定式

五年 命故沁留南履炯子孫中錄用行護軍李是遠
擢拜都摠管履炯在沁留時著廉介之績是遠有一
鄉之稱善 上自舊勞時嘗所習聞故有是命
六年 命洪麟漢復官爵○嚴飭爭卞黨私之習
七年 遷奉 仁陵于廣州○嚴飭京外雜技
八年 命式科時都事差遣處遣臣主試○八月 大
王大妃金氏昇遐（祔葬仁陵）○宣仁門火
九年 十月元子誕生
十年 四月元子卒○命刊行五倫行實
十一年 命寧平慶平君昰還收慶平爵號以本名世輔

施行

十二年 賜第新榜生員金在琫付之庭試文科放榜在琫年滿九十事甚稀貴有是命○嚴飭都賈之弊

十三年 命芚苴之弊交相勗勵○命罷場市浦口無名之稅嚴飭堤堰田畓勒奪之弊○會文蔭生進劉學親試三政捄弊策○命禁飭武斷之弊自廟堂行關八道四都揭付坊曲○命致祭文忠公閔鎭遠光城府院君金萬基之墓○前右尹具甲良特授資憲階甲良年九十故有是命

十四年 十二月 上昇遐 葬睿陵在高陽 ○興宣君第二子奉 大王大妃命即位 入承翼宗大王大統 ○命宥還島配罪人李世輔○命東學罪人崔福述等押送本道查究登聞福述在慶州聚會徒黨以為天主顧我情永世不忘萬事宜十三字呪誦執筆降神舞劒騰空名之曰東學惑世誣民故有是命

大君主陛下 諱熙字聖臨初諱載晃字明夫興宣大院君第二子

元年 清穆宗同治三年 命飭量田○命故承旨金在敬表厥里在敬事繼母忠養入無間言居母喪時年六十不脫衰絰哀毁動人故有是命

二年 命重建景福宮○御[illegible]兩銘俾致成○命金尚

舊復官爵

三年 冊閔氏爲妃驪城府院君致祿之女 英國人率兵艦來
泊江華請交好通商遣譯官斥之以李景夏爲巡撫
使李元熙爲中軍出陣禦之○嚴禁邪學頒斥邪綸
音于中外○命竄江華留守李寅夔通津府使李公
濂棄城失守之罪也○命鑄當百大錢

四年 俄羅斯國人投書慶興府命道臣詳查措處○
纂輯六典條例頒賜朝臣○命通行小錢○移御景
福宮

五年 上以是年 大王大妃殿實齡周甲進爵儀

慶賜文蔭武年六十一歲人加資○親行大宗會設
宗親文武庭試○命放罪人李寅夔李公濂○命進
覽聖學十圖屛 宣廟戊辰先正臣李滉所進者也
因領相金炳學所奏有是命

六年 上以是年 翼宗大王聖壽回甲追上徽號
賜文蔭武耋事年六十一歲人加資○命賜祭故忠
臣吳斗寅李世華朴泰輔祠板

七年 生進幼學文學才諳者命大臣各薦幾人○命
校正五禮便攷

八年 親耕籍田會耆民行勞酒禮○[illegible]府士民作

五十八

亂府使李墩兪之褒贈兵卿○洋船犯侵德津鎭撫
中軍魚在淵兪之褒贈兵判○四月元子誕生○元
子卒○大妃殿患候平復

九年 幸行 齊陵 厚陵及麗顯陵

十年 承旨崔益鉉除參判益鉉陳時弊疏賜優批有
是命○命孝純玄逸來善施以追奪之典(從崔益鉉之疏也)
○慈慶殿火○命撤龍青石關收稅○命停行當百
大錢○尊大院君爲大老(從大學生李世愚疏也)

十一年 命停行小錢○二月元子誕生○命華罷五
部字內田土新定收稅○軍物章服外紗緞珠貝一
切嚴禁○元子宮水痘平復○刱設武衛所

十二年 冊元子爲王世子○王世子定名

十三年 遣日本使講舊好○增建 宗廟望廟樓○
以金綺秀爲日本修信使前往辦事○命都下窮部
減衰今賑廳發賣四道賑資均俵舉行○親行祈雨
祭于社稷壇甘霈周洽○親行報謝祭于社稷壇

十四年 命土豪武斷另加摘發○設耆老科

十五年 五月 大妃金氏昇遐(葬徽陵)○命飭各營字
內植松○王世子患候平復告布陳賀○命罷漕倉
都差名色

十六年 命文元公宋明欽施以不祧之典○日本外務大丞花房義質來要館所○許施日本公使開港釜山浦○設砲臺于仁川富平地○飭朝臣跟隨濫率之弊○王世子痘候平復告布陳賀大霈國中

十七年 嚴飭京外戢盜○命罷慶科增廣監試初試一二所原榜目竄試官洪澈周金昌緊等考試淸雜故也

十八年 賜祭故相臣李天輔李瑨閔百祥祠版○中宮殿疹候平復告布陳賀頒赦八方○以金允植爲領選使

十九年 王世子入學○王世子冠禮○冊閔氏爲世子嬪左贊成台鎬之女○王世子行廟謁禮○以趙寧夏金弘集爲全權使臣與德國使商辦事宜○命新造交隣國書寶○訓局軍卒作亂入宮閔謙鎬金輔鉉被害○革罷武衛所各營一體復舊例○中宮殿潛御于司禦尹泰駿第翊贊閔應植進士閔肯植陪從○中宮殿移御于吏判閔泳綺驪州鄉第○命永停關東進上辛古萊海紅萊○中宮殿仍御于翊贊閔應植忠州長院鄉第○布告綸音于軍民○拿獲亂軍十名置之重辟○中宮殿還御告布陳賀○命革罷訓鍊都監○以德國人穆麟德爲外務協辦○設

朝鮮史略 卷之三 六十一

減省廳以魚允中勾管○設統理交涉通商衙門○設軍國機務衙門○開港元山浦○與美國交好通商

二十年 命鑄當五錢○以金玉均為捕鯨使○開港濟物浦○設機器局○命郡買及無名雜稅一切禁斷○設典圜局○設博文局○建北關王廟○以魚允中為西北經略使○命文烈公趙憲文敬公金集從祀文廟○以清國人王錫鬯為軍國衙門參議馬建常為贊議

二十一年 命取礦產以補需用○設郵征總局○命午正人定罷漏時放砲于禁川橋○命冠服專用窄袖衣戰服團領制度一遵國初制樣私服則只着窄袖衣戰服絲帶以趁簡便著為定式○設海防營于富平府○命農桑並織瓷瓶牧畜紙茶設局置官○命五金開礦設局置官○命軍器寺合設於機器局○十月十七日夜金玉均洪英植朴泳孝徐光範徐載弼等矯召日兵 上移御于景祐宮贊成閔台鎬知事趙寧夏海防總管閔泳穆左營使李祖淵右營使尹泰駿前營使韓圭稷中官柳載賢遇害○是日各 殿宮離次○十九日日兵退○上離次于北廟還次于宣仁門外清統領吳兆有營房各 殿宮離次于蘆原

地○命縉紳士庶燕服從便○命自十七日人定至十九日申時傳敎還收政事與啓辭草記等文蹟並勿施○二十三日 上還御翌日各 殿宮還御○設濟衆院○命外務督辦趙秉鎬大官差下監理仁川港通商事務洪淳學副官差下使之赴往仁川商辦事宜○命革罷統理軍國衙門合付議政府○命禮叅徐相雨特差全權大臣外務協辦穆麟德特差副大臣使之前往日本使辦理事宜○命海防總管李奎遠兼南開拓使差下○與英國德國交好通商

二十二年 命内務府外衙門典圜局機器局濟衆院堂郎各薦北學學徒一人年自二十五至十五以上擇入○命飭朝臣在外○命龍宮房京司新刱雜稅○命五部字内五家作統○設惠商公局○與俄國交好通商

二十三年 以美國人德尼為内務協辦兼管外務掌交司○開港會議府○命家塾黨庠之制置規式自内務府磨鍊行會於八道四都○以洪鍾永為總務官各道貢賦使之轉運輪船○命設育英左右公院另揀年少文武及士類之聰儁才藝者肄習與漢學月考同一規制○命文賢安連蕙論特授二品階○與

義國交好通商○設機務局

二十四年 行世子加冠禮○設電報局○命新羅味鄒王建殿置官俾領禮享○命揀選學員以廣品學○命畢賢理特加戶曹參判啣例文德戶曹參議啣史納機帛黎格類幷加通政階○設鍊武公院命武臣子弟爲剡人課日講習○命英國人奚來白士特授通政階○命內務協辦朴定陽特派全權大臣使之前往美國妥辦使事○上以是年 憲宗朝聖壽同甲親行酌獻禮于 眞殿賜文武逮事年六十一歲人加資○與法國交好通商

二十五年 命箕子墓封陵置官○上以是年 大王大妃殿寶齡望九親上徽號飾慶賜文蔭武年八十一歲人加資○設耆老科○以安邊府使李重夏爲土門勘界使妥辦事宜○命陞春川府爲留守兼鎭禦使同置等節依四都例爲之

二十六年 命文正公李東施不祧之典○命修葺西闕務從儉約○命育英學員親臨應製試取

二十七年 四月 大王大妃趙氏昇遐 祔葬綏陵 ○命節省處結所濫討之弊○慶成殿火○命龍聖堂漕倉付之轉運局○以美國人具禮爲內務協辦○以金

昌錫爲湖南均田官使之便宜量田○追尊 英宗
大王爲英祖崇奉世室○命義國人李善得特加二
品銜仍差內務協辦
二十八年 設經理廳○上以是年 哲宗朝聖壽回
甲賜文蔭武逮事年六十一歲人加資○中宮殿患
候平復告布陳賀○命高句麗東明王墓封陵置官
依箕子陵例定式○命銀銅貨幣以便葉當無礙通
用○泰元殿外行閣火
二十九年 命賜祭文忠公李恒福文靖公尹斗壽忠
翼公鄭崑壽文忠公柳成龍忠莊公權慄祠版 依紀典

故事也○六月親行 太廟望祭○設虎賁衛○與奧
國交好通商
三十年 召縉紳士庶等親行養老宴○乾淸宮行閣
火○設摠制營于江華○兩湖匪類聚黨作閙以魚
允中爲宣撫使曉諭解散○頒斥邪綸音于兩湖○
十月幸慶運宮展拜卽祚堂告布陳賀 宣祖大王回鑾五回甲故
也○召大貞洞耆民等親臨頒米○命洋長設行月
課

朝鮮歷代史略卷之三終

동국역대사략

(東國歷代史略)

卷1·2·3·4·5·6

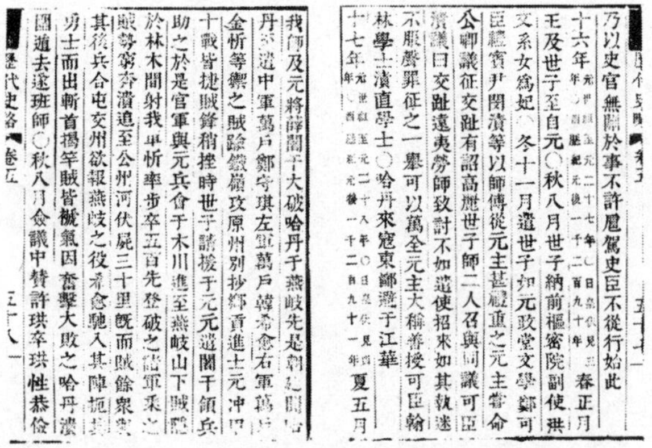
歷代史略 卷五 五十七

乃以史官無關於事不許扈駕史臣不從行始此
十六年 元世祖至元二十七年○日本伏見三年○西曆紀元後一千二百九十年 春正月
王及世子至自元○秋八月世子納前樞密院副使洪
文系女爲妃○冬十一月遣世子如元政堂文學鄭可
臣禮賓尹閔漬等以師傅從元主甚禮重之元主嘗命
公卿議征交趾有詔高麗世子師二人召與同議可臣
漬議曰交趾遠夷勞師致討不如遣使招來如其執迷
不服聲罪征之一擧可以萬全元主大稱善授可臣翰
林學士漬直學士○哈丹來寇東鄙避于江華
十七年 元世祖至元二十八年○日本伏見四年○西曆紀元後一千二百九十一年 夏五月

我師及元將薛闍干大破哈丹于燕岐先是朝廷聞哈
丹至遣中軍萬戶鄭守琪左軍萬戶韓希愈右軍萬戶
金忻等禦之賊踰鐵嶺攻原州別抄鄕貢進士元冲甲
十戰皆捷賊鋒稍挫時世子請援于元元遣闍干領兵
助之於是官軍與元兵會于木川進至燕岐山下賊陣
於林木間射我軍忻率步卒五百先登破之諸軍乘之
賊勢窮奔潰追至公州河伏屍三十里旣而賊餘衆數
其後兵合屯交州欲報燕岐之役希愈馳入其陣拖
勇士而出斬首揭竿賊皆褫氣因奮擊大敗之哈丹濃
圖遁去遂班師○秋八月僉議中贊許珙卒珙性恭儉

歷代史略 卷五 五十八

東國歷代史略 一

東國歷代史略卷一

檀君朝鮮紀 古諱戊朝鮮地在東方先 史日辰鮮故闢之朝鮮

檀君檀姓名王儉或曰王險東方初無君長人民草衣

木食夏巢冬穴有人生于太白山檀樹下神靈明智國

人立爲君是爲檀君國號朝鮮始敎民編髮蓋首立君

臣男女飮食居處之制聞夏禹會諸侯于塗山遣其子

扶婁往會焉初都平壤後徙白岳傳世一千十七年檀

氏以唐堯二十五年戊辰開國至商武丁八年甲子

○自檀氏末年甲子至箕子元年己卯共一百九十六

年○太白山今寧邊府妙香

山白岳今文化九月山

箕子朝鮮紀

歷代史略 卷一

箕子子姓名胥餘以子爵封於箕故曰箕子殷王成湯之苗裔紂之諸父也以太師事紂紂爲無道箕子告微子曰商其淪喪我罔爲臣僕卽被髮佯狂爲奴紂囚之及周武王有天下首釋其囚就而訪道箕子乃陳洪範九疇事在殷周史旣而箕子率男女五千人避入朝鮮都平壤（按晋說以周武王元年己卯爲箕子元年理或然矣）詩書禮樂醫藥卜筮之流皆從之箕子乃教其民以禮義區畫井田設八條之教殺人者以死償相傷以穀償相盜者男沒入其家爲奴女爲婢欲自贖者人五十萬雖免爲民俗猶羞之嫁娶無所售是以其民終不相盜無門戶之閉婦人貞

信不淫田野闢治飮食以籩豆有仁賢之化其後孫朝鮮侯失其名見周衰而燕稱王將東略地怒欲興兵伐燕以尊周大夫禮諫而止使禮西說燕燕亦止不攻後子孫稍驕虐燕乃遣將攻其西取地二千餘里至滿潘汗爲界初朝鮮之盛也東夷諸種眞番臨屯玄菟扶餘等國皆屬焉至是多陷入于燕或叛去自立朝鮮遂弱及秦始皇幷天下築長城抵遼東四十代孫否立畏秦遂服屬於秦否死其子準立二十餘年而陳勝起兵中國大亂燕齊趙民愁苦稍稍亾歸準及漢盧綰爲燕王準與燕以浿水爲界綰之反漢入凶奴也燕人衛滿亾

命率衆東渡浿水求居西界爲藩屛準信之拜爲博士賜以圭封之百里令守西鄙滿誘亾黨稍衆乃遣人詐告準漢兵十道至欲入宿衛遂襲準準戰不敵浮海南奔居韓地(自箕子元年己卯至箕準南遷丁未共九百二十九年○按浿水之見於東史者非一處右所稱浿水恐非今平壤浿水也)

按史記稱武王封箕子于朝鮮又云箕子朝周過殷墟作麥秀歌後世論者或駁之以爲箕子既誓罔僕則武王安得而封之既不受封則又安有朝周之事朝周者疑微子而非箕子也故今姑從之

衛滿朝鮮紀 附四郡 二府

衛滿者漢之燕人也漢高帝十二年燕王盧綰反滿因亂亡命聚黨千餘人東入朝鮮誘逐箕準都王儉城(平壤一名)卽漢惠帝元年(丁未)也遼東太守約滿爲外臣保塞外諸國無使寇邊諸國欲入朝勿得禁止以故滿得以兵威財物侵降其旁小邑眞蕃臨屯皆來服屬方數千里傳子至孫右渠所誘漢亡人滋多驕恃不肯覲漢又閼韓國不得入朝漢武帝使涉何譙諭右渠終不肯奉詔襲殺何元封二年武帝遣樓船將軍楊僕從齊浮渤海左將軍荀彘出遼東討之右渠

發兵拒之兩將圍其城朝鮮大臣陰使人約降僕以間之彘急擊僕欲就約不戰彘意僕反以故不相能武帝以兵久不決遣濟南太守公孫遂往征之得以便宜從事遂至彘以告遂執僕幷其軍急擊之明年右渠臣韓陶王唊等相與謀殺右渠降 衛氏三世共八十七年

漢遂定朝鮮爲樂浪臨屯玄菟眞蕃四郡樂浪郡治朝鮮縣右渠所都也臨屯郡治東暆縣玄菟郡治沃沮城眞蕃郡治霅縣至漢昭帝始元五年改四郡爲二府以平那 卽眞番 玄菟爲平州都尉府以臨屯樂浪爲東部都尉府皆遣吏以守之然于是箕子之化寖遠民俗悍強不遵漢禁令或相私立君長而高朱蒙起而稱覇稍復朝鮮舊地漢光武以地遠難制省邊郡罷都尉府漢靈帝復置玄菟樂浪遼東等太守以控制之以迄于魏然高氏之後漸大以強自慕容氏以後卒盡有四郡之地蓋自衛滿至朱蒙元年凡一百五十八年

按舊說樂浪今平壤府臨屯今江陵郡玄菟今咸興府眞蕃在遼東地而皆不可詳也

馬韓紀 附辰韓弁韓

馬韓王名準箕子四十一代孫朝鮮侯否之子立二十

餘年爲衛滿所攻失其國率其左右宮人浮海居韓地
金馬郡(今益山郡)始號韓王及薨謚曰武東王其所統率有
爰襄國牟水國桑外國小石索國大石索國優休牟涿
國臣濆沽國伯濟國速盧不斯國日華國古誕者國古
離國怒藍國月支國咨離牟盧國素謂乾國古爰國莫
盧國卑離國占離卑國臣釁國支侵國狗盧國卑彌國
監奚卑離國古蒲國致利鞠國冉路國兒林國駟盧國
內卑離國感奚國萬盧國辟卑離國臼斯烏旦國一離
國不離國支半國狗素國捷盧國牟盧卑離國臣蘇塗
國古臘國臨素半國臣雲新國如來卑離國楚山塗卑

離國一難國狗奚國不雲國不斯濆邪國爰池國乾馬
國楚離國凡五十餘國大國萬餘家小國數千家摠十
餘萬戶其民土著種植知蠶桑作綿布居處草屋土室
俗不重金銀錦罽而貴珠玉用以飾髮垂耳男子衣帛
袍履草蹻性勇悍讙呼力作善用弓楯矛櫓而自武東
王以來世以自守不事遠圖及百濟王溫祚之侵居河
南(今稷山)也國以寖弱卒爲百濟所並自箕子東來至國
絕凡千一百三十六年其六十六年繫于三國紀今之
鮮于氏韓氏奇氏皆箕子之遺裔也馬韓之世有辰韓
在其國東其始祖蓋秦人避役入韓韓人割東界以處

之或謂之秦韓常用馬韓人作主雖世世相承而不得自立地宜五穀俗務蠶桑善織作嫁娶以禮男女有別行者相逢皆住讓路又有弁韓不知其始祖屬於辰韓與馬韓幷稱三韓蓋此二國各統十二國曰己柢國不斯國弁辰彌離彌凍國弁辰接塗國勤耆國難彌離彌凍國弁辰古資彌凍國弁辰古淳是國冉奚國弁辰半路國弁樂奴國軍彌國弁軍彌國弁辰彌烏邪馬國如湛國弁辰甘路國戶路國州鮮國馬延國弁辰狗邪國弁辰走漕馬國弁辰安邪國弁辰瀆盧國斯盧國優中國合二十四國大國四五千家小國六七百家摠四五

萬戶後辰韓幷于新羅始祖弁韓或曰駕洛國始祖幷之箕氏以周武王元年己卯開國至百濟溫祚王二十七年己巳絶○自箕準南遷丁未至新羅建國元年甲子共一百三十八年○辰韓今慶州郡弁韓今金海郡按三國志辰韓與弁韓雜居又本朝韓百謙云弁韓卽駕洛國始祖金首露所起之地也

馬韓紀存疑

哀王箕準在位一年

武康王名卓哀王子在位四年

安王名龕武康王子在位三十二年

惠王名寔安王子在位十三年

明王名武惠王子在位三十一年

孝王名亨明王子在位四十二年

襄王名孌孝王子在位十五年

元王名勳襄王子在位二十六年

稽王名貞元王子在位十六年

王學稽王子在位二十五年

按近世有傳箕子馬韓紀者自箕子以下皆稱王
幷繫其事而中多謬曆蓋杜撰也獨其箕準稱王
已見於古史故今只撫其十代號名年紀姑附於
此然輿地勝覽稱箕準爲武康王而此稱哀王何
歟是又不能無疑也

甲子

東國歷代史略卷二

三國紀

按馬韓世系名號雖無所攷而其統尙未墜故以開國紀年而首于三國以微亓正統亦史家之變例也

新羅　高勾麗　百濟

馬韓開國一百三十八年○新羅赫居世元年○漢宣帝五鳳元年○日皇崇神四十一年○西歷紀元前五十七年 夏四月丙辰新羅始祖朴赫居世立先是朝鮮遺民分居東海濱山谷爲六村曰閼川楊山曰突山高墟曰觜山珍支曰茂山大樹曰金山加里曰明活山高耶

戊辰

是爲辰韓六部初無君長赫居世生而英特夙成六部推立爲君年十三號居西干國號徐羅伐都辰韓地其以朴爲姓者以其始生於楊山也有大卵似瓠在林間而俗謂瓠爲朴故也赫居世俗言王也居西干尊丈之稱也(按東史新羅建國之初號曰徐羅伐其後或曰斯羅或稱斯盧新羅鷄林至智證王時定國號曰新羅新者德業日新羅者網羅四方之義○辰韓地今慶州郡)

十三年(馬韓國一百四十二年○新羅赫居世五年○漢宣帝甘露元年○日皇崇神四十五年○西歷紀元前五)

春正月新羅立閼英爲妃初妃之生也有龍見於閼英井以井爲名及長有德容赫居世納而爲妃有賢行能內輔時人謂之二聖

辛未

十年(馬韓國一百四十五年○新羅赫居世八年○漢宣帝甘露四年○日皇崇神四十八年○西歷紀元前五)

倭侵新羅邊郡聞王有神德乃還

按倭卽今日本國也其國在我邦之東合羣島而成歷世寖大今爲一道三府四十六縣君主一姓相傳有曰彥火火出見一狹野者功德始著是爲神武天皇傳至崇神天皇始與我邦通本史所稱倭侵新羅聞王有神德乃還者是也厥後垂仁天皇時始與新羅脫解王交聘應神天皇時百濟人贈千字文一卷其國之有文字始此欽明天皇時百濟王送金銅佛佛經此又有佛法之始也孝德天皇始定國號曰日

本建年號曰大化置左右大臣及內臣天武天皇始令男女結髮交武天皇始祀孔子聖武天皇始冕服宇多天皇始委政關白先是其國未有姓淸和天皇始賜其子貞純姓源氏而貞純之後有賴朝者僭制宇多庶事皆令關白於己故謂之關白自是關白諸姓迭相雄長至崇德天皇後白河天皇之間禍亂相踵主權漸削而天皇徒擁虛尊而已自高麗季世至本朝宣祖時屢搆干戈者皆關白主之也至今帝睦仁慕泰西諸國之富強改革政治鋤除關白益拓疆土蓋自源氏以來六百六十年而政權復歸于其君矣至若我邦交涉之跡之詳自在於本史

庚辰 馬韓開國一百五十四年○新羅赫居世十七年○漢元帝永光三年○日皇崇神五十七年○西歷紀元前四十一年 新羅王巡撫六部勸督農桑妃閼英從焉

甲申 馬韓開國一百五十八年○新羅赫居世二十一年○高勾麗東明王元年○漢元帝建昭二年○日皇崇神六十一年○西歷紀元前三十七年 新羅築京城號金城○高勾麗始祖高朱蒙立是爲東明王先是東扶餘王解夫婁老無子祭山川求嗣得小兒金色蛙形王喜而養之名曰金蛙及長立爲太子解夫婁薨金蛙嗣蛙得優渤水女子柳花蓄之柳花感日影有娠生子骨表英偉年甫七歲自作弓矢發無不中扶餘俗謂善射者爲朱蒙故名之蛙

乙酉

七子忌其能欲殺之朱蒙逃至卒本扶餘其主以女妻之及其主死無子朱蒙嗣立都沸流水上國號高勾麗因姓高四方聞之來附者衆其地連靺鞨朱蒙恐見侵盜遂攘斥之靺鞨畏服不敢犯扶餘本屬玄菟自高氏開國於卒本扶餘別之爲東扶餘地宜五穀出善馬貂豽美珠其人強勇有會同揖讓之禮男女皆衣純白 按舊說朱蒙生於遼東勾麗山下故以勾麗爲國號自稱高辛氏之後因姓高○優渤水在寧邊府沸流水在成川郡○按卒本或云今成川郡或云今三水郡二說未詳孰是

馬韓開國一百五十九年○新羅赫居世二十二年○高勾麗東明王二年○漢元帝建昭三年○日皇崇神六十二年○西歷紀元前三十六年 夏六月沸流國王松讓以國降于高勾麗封爲多勿侯 麗語謂復舊土爲多勿

按高勾麗所屬沸流荇人黃龍蓋馬句茶等國百濟所屬彌鄒忽休忍等國新羅所屬于尸山長山音汁伐多伐甘文等國幷不可詳攷蓋皆當時小部落耳

丁亥

馬韓開國一百六十一年○新羅赫居世二十四年○高勾麗東明王四年○漢元帝建昭五年○日皇崇神六十四年○西歷紀元前三十四年 秋七月高勾麗營城郭宮室

己丑

馬韓開國一百六十三年○新羅赫居世二十六年○高勾麗東明王六年○漢成帝建始元年○日皇崇神六十六年○西歷紀元前三十二年 春正月新羅營宮室於金城○冬十月高勾麗王命烏伊扶芬奴伐荇人國取之 荇人國今寧邊府

癸巳

馬韓開國一百六十七年○新羅赫居世三十年○高勾麗東明王十年○漢成帝河平元年○日皇垂仁二

年〇西歷紀元前二十八年 夏樂浪人侵新羅見邊人夜戶不扃露積被野相謂曰民不相盜可謂有道之國吾儕潛師襲之無異於盜得不愧乎乃引退

甲午

馬韓開國一百六十八年〇新羅赫居世三十一年〇高句麗東明王十一年〇漢成帝河平二年〇日皇垂仁三年〇西歷紀元前二十七年 冬十一月高句麗滅北沃沮沃沮北接挹婁挹婁一名靺鞨在不咸山北東濱大海地多山險人多勇力土氣寒冬常居穴古肅愼氏之國也自漢以來臣屬扶餘貢其租賦然俗喜乘船善寇鈔沃沮畏之每夏藏巖穴至冬船道不通乃下居焉至是滅之

丁酉

馬韓開國一百七十一年〇新羅赫居世三十四年〇高句麗東明王十四年〇漢成帝陽朔元年〇日皇垂仁六年〇西歷紀元前二十四年 秋八月高句麗王母柳花卒於東扶餘扶餘王金蛙以太后禮葬之立神廟冬十月高句麗遣使致方物以謝

辛丑

馬韓開國一百七十五年〇新羅赫居世三十八年〇高句麗東明王十八年〇漢成帝鴻嘉元年〇日皇垂仁十年〇西歷紀元前二十年 春二月新羅遣瓠公（瓠公本倭人初以瓠渡海而來故號）聘於馬韓馬韓王讓曰辰卞二韓爲我屬國比年不輸職貢事大之禮其若是乎對曰我國自二聖肇興人事修天時和倉庾充實人民敬讓辰韓卞韓樂浪倭人無不畏懷而吾王謙虛遣下臣修聘可謂過於禮矣而大王赫怒何耶馬韓王愈怒欲殺之左右諫止乃聽還

先是中國之人苦秦亂東來馬韓者頗多與辰韓雜居至是寖盛而附羅故馬韓忌之

馬韓開國一百七十六年○新羅赫居世三十九年○高句麗東明王十九年○漢成帝鴻嘉二年○日皇垂仁十一年○西曆紀元前十九年

春馬韓王薨或說新羅王曰韓王前辱我使今當其喪宜伐之王曰幸人之災不仁遣使弔慰○高勾麗王薨太子類利立是爲琉璃王初東明王在扶餘娶禮氏有娠王既去乃生類利善彈丸嘗彈雀誤中汲婦盆婦罵以無父類利歸問其母母曰汝父南奔時語妾曰有遺物藏在七嶺七谷石上松下得此者乃吾兒類利往山谷見礎石有七稜自解曰七嶺七谷

者七稜也石上松者柱也乃搜得斷劒至卒本進王王出所藏劒合之果驗遂爲嗣至是立

馬韓開國一百七十七年○新羅赫居世四十年○高勾麗琉璃王元年○百濟溫祚王元年○漢成帝鴻嘉三年○日皇垂仁十二年○西曆紀元前十八年

春百濟始祖高溫祚立是爲溫祚王初朱蒙逃難於卒本扶餘其王無子只有三女見朱蒙非常以第二女妻之及王死朱蒙嗣生二子長曰沸流次曰溫祚及類利爲太子二人恐爲太子不容遂與烏干馬黎等十人南行登漢山望可居之地沸流欲居海濱十臣諫曰惟此河南之地北帶漢水東據高岳南望扶澤西阻大海宜定都於此沸流不聽分其民

歸彌鄒忽居之溫祚都河南慰禮城以十臣爲輔國號
十濟沸流以彌鄒土濕水鹹不得安居來見慰禮都邑
既定人民安泰慚恚死其臣民皆歸於慰禮於是改國
號曰百濟系與高勾麗同出扶餘故以扶餘爲氏慰禮城今稷山
彌鄒忽今仁川府◯夏五月百濟立東明王廟◯秋七月高
勾麗王納多勿侯松讓女爲妃

甲辰

馬韓開國一百七十八年○新羅赫居世四十一年
高勾麗琉璃王二年○百濟溫祚王二年○漢成帝鴻
嘉四年○日皇垂仁十三
年○西歷紀元前十七年
春正月百濟王謂羣臣曰靺
鞨連我北境其人勇而多詐宜繕兵積穀爲拒守之計
三月以族父乙音有智識膽力拜爲右輔委以兵事◯

冬十月高勾麗王妃松氏薨王更娶二姬曰禾姬鶻川
人曰雉姬漢人二姬爭寵王造東西二宮置之後王出
田七日不返二姬相妬禾姬罵雉姬曰漢家婢何無禮
之甚雉姬慚恨亡歸王親自追之雉姬怒不肯還

乙巳

馬韓開國一百七十九年○新羅赫居世四十二年○
高勾麗琉璃王三年○百濟溫祚王三年○漢成帝永
始元年○日皇垂仁十四
年○西歷紀元前十六年
秋九月靺鞨侵百濟北境王
帥輕兵急擊大破之靺鞨生還者十一二

丙午

馬韓開國一百八十年○新羅赫居世四十三年○高
勾麗琉璃王四年○百濟溫祚王四年○漢成帝永始
二年○日皇垂仁十五年
○西歷紀元前十五年
秋八月百濟遣使樂浪修好

庚戌

馬韓開國一百八十四年○新羅赫居世四十七年○
高勾麗琉璃王八年○百濟溫祚王八年○漢成帝元

延二年○日皇垂仁十九年○西歷紀元前十一年 春二月靺鞨圍百濟慰禮城
王閉城門不出經旬靺鞨糧盡而歸王簡銳卒追及大斧
峴戰克之○秋七月百濟築馬首城竪甁山柵樂浪太
守使告曰頃者聘問結好義同一家今逼我疆造立城
柵或者其有蠶食之謀乎若不渝舊好隳城破柵則無
所猜疑不然請一戰決勝負王曰設險守國古今常道
豈敢以此渝好若執事恃強出師小國亦有以待之遂
與樂浪失和

壬子

馬韓開國一百八十六年○新羅赫居世四十九年○高勾麗琉璃王十年○百濟溫祚王十年○漢成帝元延四年○日皇垂仁二十一年○西歷紀元前九年 夏四月高勾麗王謂羣臣曰
鮮卑恃險不我和親利則出抄不利則入守爲我國患
能制者重賞之扶芬奴曰鮮卑險固之國人勇而愚難
以力鬪易以謀屈宜使人反間給以國小兵弱鮮卑易
我必不爲備臣俟其隙率精兵從間道王使羸兵軍城
南佯敗走彼必空城追之臣以精兵入其城王親率勇
騎挾擊之可克王從之鮮卑果開門出兵追之扶芬奴
走入城鮮卑驚奔扶芬奴當關拒戰斬殺甚多王擧旗
鳴鼓而前鮮卑首尾受敵計窮力屈降遂爲屬國王賞
扶芬奴食邑辭曰此王之德臣何功焉不受王乃賜黃
金三十斤良馬十匹○冬十月靺鞨寇百濟北境王遣

兵二百拒戰於昆彌川敗績依青木山自保王親率精騎出烽峴救之鞨退

癸丑 馬韓開國一百八十七年○新羅赫居世五十年○高句麗琉璃王十一年○百濟溫祚王十一年○漢成帝綏和元年○日皇垂仁二十二年○西歷紀元前八年

夏四月樂浪以靺鞨襲破百濟瓶山柵殺掠一百餘人○秋七月百濟設禿山狗川兩柵以塞樂浪之路

乙卯 馬韓開國一百八十九年○新羅赫居世五十二年○高句麗琉璃王十三年○百濟溫祚王十三年○漢哀帝建平元年○日皇垂仁二十四年○西歷紀元前六年

春正月扶餘王帶素遣使聘高句麗請交質子王憚扶餘強大欲以太子都切爲質都切不肯行帶素恚之○夏五月百濟王母薨王謂羣臣曰國家東有樂浪北有靺鞨侵軼疆境少有寧日況今妖祥屢見國母棄養勢不自安予觀漢水之南土壤膏腴將遷都以圖久安秋七月命立柵于漢山下移慰禮民戶實之八月遣使馬韓告遷都定疆域北至浿河南限熊川西窮大海東極走壤九月乃立城闕○冬十月扶餘王以兵五萬侵高勾麗會大雪士卒多凍死乃引去

丙辰 馬韓開國一百九十年○新羅赫居世五十三年○高勾麗琉璃王十四年○百濟溫祚王十四年○漢哀帝建平二年○日皇垂仁二十三年○西歷紀元前五年

春正月百濟徙都漢山二月王巡撫部落勸農○秋七月百濟築城漢江西北分

漢城民○東沃沮遣使新羅獻良馬二十匹曰寡君聞
南韓有聖人出遣使臣來獻沃沮(即玄菟郡)在高勾麗蓋馬
山東土地肥美背山向海宜五穀人性質直強勇

己未

馬韓開國一百九十三年○新羅赫居世五十六年○高勾麗琉璃王十七年○百濟溫祚王十七年○漢哀帝元壽元年○日皇垂仁二十八年○西歷紀元前二年 春樂浪侵百濟慰禮城

庚申

馬韓開國一百九十四年○新羅赫居世五十七年○高勾麗琉璃王十八年○百濟溫祚王十八年○漢哀帝元壽二年○日皇垂仁二十九年○西歷紀元前一年 秋八月高勾麗郊豕逸王
使託利斯卑追之至長屋澤中得之斷其脚筋王怒曰
祭天之牲豈可傷也遂坑殺二人九月王疾巫曰託利
斯卑爲祟王使謝之卽愈○冬十月靺鞨侵百濟王帥

兵逆戰於七重河虜酋長素牟送馬韓坑其餘衆

辛酉

馬韓開國一百九十五年○新羅赫居世五十八年○高勾麗琉璃王十九年○百濟溫祚王十九年○漢平帝元始元年○日皇垂仁三十年○西歷紀元元年

壬戌

馬韓開國一百九十六年○新羅赫居世五十九年○高勾麗琉璃王二十年○百濟溫祚王二十年○漢平帝元始二年○日皇垂仁三十一年○西歷紀元後二年 春二月百濟設大壇親祀
天地自是每歲四仲王祭天及五帝○三月高勾麗郊
豕逸王命掌牲薛支追之至國內尉那巖得之還見王
曰臣至尉那巖見其山水深險地宜五穀又多麋鹿魚
鼈王若移都不唯民利無窮可免兵革之患王然之○
秋九月高勾麗王如國內審地形

癸亥 馬韓開國一百九十七年○新羅赫居世六十年○高句麗琉璃王二十一年○百濟溫祚王二十一年○漢平帝元始三年○日皇垂仁三十二年○西歷紀元後三年 冬十月高句麗王徙都國內築尉那巖城十二月王田于質山五日不返大輔陜父諫曰王新移都邑民不按堵宜德政是恤而馳騁田獵久而不返若不改過臣恐政荒民散先王之業墜地王怒罷陜父職

甲子 馬韓開國一百九十八年○新羅赫居世六十一年○高句麗琉璃王二十二年○百濟溫祚王二十二年○漢平帝元始四年○日皇垂仁三十三年○西歷紀元後四年 春二月高句麗王立子解明爲太子大赦○三月新羅王赫居世薨越七日王妃閼英薨太子南解立是爲南解王號次次雄稱元次次雄方言巫敬畏之辭也○新羅葬始祖于蛇陵○九月百濟王帥騎一千獵斧峴東猝遇靺鞨一戰破之虜獲生口分賜將士

乙丑 馬韓開國一百九十九年○新羅南解王元年○高句麗琉璃王二十三年○百濟溫祚王二十三年○漢平帝元始五年○日皇垂仁三十四年○西歷紀元後五年

丙寅 馬韓開國二百年○新羅南解王二年○高句麗琉璃王二十四年○百濟溫祚王二十四年○漢孺子嬰居攝元年○日皇垂仁三十五年○西歷紀元後六年 春正月新羅立始祖廟○秋七月百濟立熊川柵馬韓王遣使責曰王初渡河無所容足吾割東北百里之地界之其待王不爲不厚宜思有以報之今以國完民衆謂我莫與敵大設城池侵犯

我封疆如義何王慙遂壞之
馬韓弭國二百二年○新羅南解王四年○○高句麗琉璃王二十六年○百濟溫祚王二十六年○○漢孺子嬰初始元年○日本垂仁三十七年○西歷紀元後八年
春正月新羅王以長女妻
昔脫解初辰韓老嫗於海濱見一櫝浮水而來取視有
兒存遂養之及長身長九尺風神秀朗智識過人以櫝
始來有鵲隨鳴省鵲以昔爲氏以解櫝而出名脫解云
○三月高勾麗太子解明如黃龍國而還初王遷都解
明不肯從留在故都有力好勇黃龍王遣使贈強弓解
明對其使彎折之曰非予有力弓自不勁黃龍王慙麗
王聞之怒使告黃龍王曰解明爲子不孝請爲寡人誅

之至是黃龍王遣使請太子相見太子欲行有諫者曰
今隣國無故請見意不可測太子曰天之不欲殺我黃
龍王其如我何遂行黃龍王見之不敢加害禮送之黃龍國今龍岡郡
○秋七月百濟王謂諸將曰馬韓漸弱上下離
心勢不能久儻爲他有脣亡齒寒悔不可及不如先人
取之冬十月陽出獵潛師襲之遂幷其國唯圓山錦峴
二城固守不下
馬韓弭國二百三年是歲亡○新羅南解王五年○高勾麗琉璃王二十七年○百濟溫祚王二十七年○是歲王莽簒漢○日本垂仁三十八年○西歷紀元後九年
春三月高勾麗王遣人謂
解明曰吾遷都欲安民汝不我隨恃強力結怨鄰國於

子道何乃賜劍自裁太子欲自殺或止之曰大王長子已卒太子當爲後今使者一至而自殺安知非詐乎太子曰嚮黃龍王以強弓遺之我怒其輕我國折之不意見責於父王今父王以我爲不孝賜劍自裁父命可逃乎乃往礪津東原以槍插地走馬觸槍而死年二十一以太子禮葬於東原◎夏四月馬韓圓山錦峴二城降于百濟百濟移其民於漢山馬韓亡

庚午 新羅南解王六年○高勾麗琉璃王二十八年○百濟溫祚王二十八年○漢王莽攝位二年○日皇垂仁三十九年○西歷紀元後十年 春二月百濟立元子多婁爲太子◎秋七月新羅以脫解爲太輔委以軍國政事

壬申 新羅南解王八年○高勾麗琉璃王三十年○百濟溫祚王三十年○漢王莽卽位四年○日皇垂仁四十一年○西歷紀元後十二年 漢王莽發高勾麗兵伐胡麗不從強迫遣之兵皆亡歸因侵遼西莽怒伐之

癸酉 新羅南解王九年○高勾麗琉璃王三十一年○百濟溫祚王三十一年○漢王莽卽位五年○日皇垂仁四十二年○西歷紀元後十三年 冬十一月扶餘侵高勾麗王使子無恤禦之無恤設奇伏擊破于鶴盤嶺下

甲戌 新羅南解王十年○高勾麗琉璃王三十二年○百濟溫祚王三十二年○漢王莽卽位六年○日皇垂仁四十三年○西歷紀元後十四年 春正月高勾麗王立子無恤爲太子◎秋八月高勾麗王遣將西伐梁貊滅之◎倭侵新羅邊郡新羅發六部勁兵千人以禦之樂浪乘虛攻金城急

夜有流星墜於樂浪營樂浪人懼而退屯閼井上造石堆二十而去六部兵追者至閼川見石堆以爲賊衆乃止

丙子 新羅南解王十二年○高句麗琉璃王三十四年○百濟溫祚王三十四年○漢王莽簒位八年○日皇垂仁四十五年○西歷紀元後十六年

冬十月馬韓舊將周勤起兵伐百濟不克死之勤憤箕氏之亡起兵據百濟牛谷城以規興復百濟王帥兵五千擊之勤力盡自經死百濟腰斬其尸幷殺其妻子

戊寅 新羅南解王十四年○高句麗琉璃王三十六年○百濟溫祚王三十六年○漢王莽簒位十年○日皇垂仁四十七年○西歷紀元後十八年

夏高句麗所屬七國投新羅○冬十

月高句麗王薨太子無恤立是爲大武神王

己卯 新羅南解王十五年○高句麗大武神王元年○百濟溫祚王三十七年○漢王莽簒位十一年○日皇垂仁四十八年○西歷紀元後十九年

百濟旱漢水東北部落饑亡入高句麗者千餘戶

庚辰 新羅南解王十六年○高句麗大武神王二年○百濟溫祚王三十八年○漢王莽簒位十二年○日皇垂仁四十九年○西歷紀元後二十年

春二月百濟王巡撫境內東至走壤北至浿河五旬而返又發使勸農桑除不急擾民之事○三月高句麗立東明王廟○百濟王築大壇祀天地

壬午 新羅南解王十八年○高句麗大武神王四年○百濟溫祚王四十年○漢王莽簒位十四年○日皇垂仁五十一年○西歷紀元後二十二年

春二月高句麗王攻殺扶餘王帶素

帶素金蛙之子也金蛙卒嗣立爲王至是麗王使驍將桂由進擊斬其頭帶素之弟恐禍及已與左右數人出遁曷思水濱立爲王○靺鞨襲百濟斧峴城殺掠百餘人王命勁騎二百拒擊之

癸未 新羅南解王十九年○高句麗大武神王五年○百濟溫祚王四十一年○漢劉玄更始元年是歲討誅王莽○日皇垂仁五十二年西歷紀元後二十三年 ○春正月百濟右輔乙音卒以北部解婁代之解婁本扶餘人也神識淵奧年過七十膂力不愆

甲申 新羅南解王二十年○高句麗大武神王六年○百濟溫祚王四十二年○漢更始二年○日皇垂仁五十三年○西歷紀元後二十四年 秋新羅王薨太子儒理立是爲儒理王王將薨謂儒理及脫解曰吾死後朴昔兩姓以長年嗣位及王薨儒理讓于脫解脫解曰神器非庸人所堪吾聞聖智人多齒試以餠噬之儒理齒多乃立之號尼師今尼師今方言王也

乙酉 新羅儒理王元年○高句麗大武神王七年○百濟溫祚王四十三年○東漢光武建武元年○日皇垂仁五十四年○西歷紀元後二十五年 秋九月百濟鴻鴈羣集王宮日者曰鴻鴈民之象也將有遠人來投者乎冬十月南沃沮仇頗解等二十餘家至斧壤納欵王置之漢山西

丙戌 新羅儒理王二年○高句麗大武神王八年○百濟溫祚王四十四年○東漢光武建武二年○日皇垂仁五十五年○西歷紀元後二十六年 蓋馬玄菟屬國今平安道西邊山郡之地句茶未詳其處兩

丁亥

國降于高句麗

新羅儒理王三年○高句麗大武神王九年○百濟溫祚王四十五年○東漢光武建武三年○日皇垂仁五十六年○西歷紀元後二十七年

春正月高句麗以乙豆智爲左輔松屋勾爲右輔

戊子

新羅儒理王四年○高句麗大武神王十年○百濟溫祚王四十六年○東漢光武建武四年○日皇垂仁五十七年○西歷紀元後二十八年

春二月百濟始祖薨太子多婁立是爲多婁王○秋七月漢發遼東兵伐高句麗王守城數旬漢兵圍不解左輔乙豆智曰漢謂我城中無水久圍待疲宜取池魚包水草兼以酒致犒王從之貽書曰寡人愚昧獲罪上國致令將軍帥百萬之軍暴露弊境無以答厚意敢用薄物致供於左右於是漢將謂城內有水不可猝拔乃報曰皇帝不以臣駑下令出師問罪及境踰旬未得要領今聞來旨言順且恭敢不以此歸報遂引還○冬十一月新羅王巡國內見一老嫗凍餒將死王曰予以眇躬居上不能養民使老幼至於此極賜衣及食仍命有司存問鰥寡孤獨老病不能自活者賑給之隣國百姓聞而來者衆

己丑

新羅儒理王五年○高句麗大武神王十一年○百濟多婁王元年○東漢光武建武五年○日皇垂仁五十八年○西歷紀元後二十九年

庚寅

新羅儒理王六年○高句麗大武神王十二年○百濟多婁王二年○東漢光武建武六年○日皇垂仁五十

九年○西歷紀元後三十年 冬十月百濟東部屹于與靺鞨戰於馬首山西克之殺獲甚衆王喜賞屹于馬十匹租五百石

辛卯 新羅儒理王七年○高勾麗大武神王十三年○百濟多婁王三年○東漢光武建武七年○日皇垂仁六十年○西歷紀元後三十一年 秋八月百濟高木城昆優與靺鞨戰克之斬首二百餘級

壬辰 新羅儒理王八年○高勾麗大武神王十四年○百濟多婁王四年○東漢光武建武八年○日皇垂仁六十一年○西歷紀元後三十二年 春新羅改六部之名仍賜姓以楊山部爲梁姓李高墟部爲沙梁姓崔大樹部爲漸梁姓孫于珍部爲本彼姓鄭加利部爲漢祇姓裴明活部爲習比姓薛王既定六部中分爲二使王女二人各率部內女子自秋七月既望每日早集大部之庭績麻夜分而罷至八月十五日考其功之多少負者置酒食以謝勝者相與歌舞百戲皆作謂之嘉俳○新羅設官有十七等一曰伊伐飡二曰伊尺飡三曰迊飡四曰波珍飡五曰大河飡皆授眞骨眞骨王族也六曰河飡自重河飡至四重河飡七曰一吉飡八曰沙飡九曰級伐飡十曰大柰麻自重大柰麻至九重大柰麻十一曰柰麻自重柰麻至七重柰麻十二曰大舍十三曰舍知十四曰吉士十五曰大烏十六曰小烏十七曰造位○夏四月高勾麗襲樂浪降之先是王子好童遊於沃沮樂浪王崔理

適見之謂好童曰相君之貌必非常人遂同歸妻以女樂浪有鼓角若有敵兵則自鳴好童將還潛謂女曰若能入武庫割破鼓角則我以禮迎之女潛入武庫割鼓面角口以報好童好童歸勸王襲樂浪崔理以鼓角不鳴不設備麗兵奄至城下乃知鼓角皆破遂殺女出降

按樂浪古有其國而仍爲漢郡名後又屢遷於羅麗之地其於中國叛服不常或爲守或稱王歟

○冬十一月高勾麗王子好童自殺好童王庶子貌甚美愛於王王元妃恐奪嫡讒以無禮王疑之或勸好童自釋曰是顯母之惡貽父之憂遂伏劒而死

癸巳

新羅儒理王九年○高勾麗大武神王十五年○百濟多婁王五年○東漢光武建武九年○日皇垂仁六十

二年○西歷紀元後三十三年 春正月百濟王立元子己婁爲太子赦

○二月百濟令國南州郡始作稻田

甲午

新羅儒理王十年○高勾麗大武神王十六年○百濟多婁王六年○東漢光武建武十年○日皇垂仁六十三年○西歷紀元後三十四年 秋九月靺鞨攻陷百濟馬首城火之

丁酉

新羅儒理王十三年○高勾麗大武神王十九年○百濟多婁王九年○東漢光武建武十三年○日皇垂仁六十六年○西歷紀元後三十七年 冬高勾麗襲樂浪滅之樂浪人五千與帶方人投新羅新羅分置六郡

庚子

新羅儒理王十六年○高勾麗大武神王二十二年○百濟多婁王十二年○東漢光武建武十六年○日皇垂仁六十九年○西歷紀元後四十年 秋九月華麗不耐二縣連兵犯新羅北境貊國渠帥以兵要曲河西敗之王喜與貊國結

壬寅

好

新羅儒理王十八年○○高勾麗大武神王二十四年○百濟多婁王十四年○○東漢光武建武十八年○日皇垂仁七十一年○西歷紀元後四十二年 春三月駕洛(今金海郡)國始祖金首露立初駕洛有九干曰我刀曰汝刀曰彼刀曰五刀曰留水曰留天曰神天曰神鬼曰五天各總其衆爲酋長聚居山野無君臣位號簮男子兄弟六人皆英偉長大衆推其兄爲主國號大駕洛或稱伽倻以其始生有金卵之異而序又居長姓金而名首露焉餘五人各爲五伽倻主曰阿羅伽倻曰古寧伽倻曰大伽倻曰星山伽倻曰小伽倻○新羅伐伊西國(今淸道郡)滅之

甲辰

新羅儒理王二十年○○高勾麗大武神王二十六年○百濟多婁王十六年○○東漢光武建武二十年○日皇垂仁七十三年○西歷紀元後四十四年 春二月駕洛築都城營宮室○秋九月漢遣兵渡海伐樂浪取其地爲郡縣薩水以北屬漢○冬十月高勾麗王薨太子解憂年幼國人立王弟解邑朱是爲閔中王

乙巳

新羅儒理王二十二年○高勾麗閔中王元年○百濟多婁王十七年○東漢光武建武二十一年○日皇垂仁七十四年○西歷紀元後四十五年 春三月高勾麗宴羣臣

丙午

新羅儒理王二十三年○高勾麗閔中王二年○百濟多婁王十八年○東漢光武建武二十二年○日皇垂仁七十五年○西歷紀元後四十六年 秋七月高勾麗東狩獲白獐

丁未

新羅儒理王二十四年○高勾麗閔中王三年○百濟多婁王十九年○東漢光武建武二十三年○日皇垂

仁七十六年○西歷紀元後四十七年 秋七月高勾麗王田于閭中見石窟謂左右曰吾死必葬於此不須更作陵墓

戊申

新羅儒理王二十四年○高句麗閔中王四年○百濟多婁王二十年○東漢光武建武二十四年○日皇垂仁七十七年○西歷紀元後四十八年 春高勾麗王薨姪解憂立是爲慕本王○秋七月駕洛國王金首露納許氏爲妃妃生九子二子從母姓今之金海金氏及諸許皆其後也○冬十月高勾麗王立子翊爲太子

己酉

新羅儒理王二十五年○高句麗慕本王元年○百濟多婁王二十一年○東漢光武建武二十五年○日皇垂仁七十八年○西歷紀元後四十九年 春高勾麗遣將襲漢北平漁陽上谷太原既而復與漢和親

辛亥

新羅儒理王二十七年○高句麗慕本王三年○百濟多婁王二十三年○東漢光武建武二十七年○日皇垂仁八十年○西歷紀元後五十一年 高勾麗王暴虐居常坐必藉人臥則枕之人或動搖輒殺之臣有諫者射之

癸丑

新羅儒理王二十九年○高句麗慕本王五年○百濟多婁王二十五年○東漢光武建武二十九年○日皇垂仁八十二年○西歷紀元後五十三年 冬十一月高勾麗有杜魯者侍王左右以王之嗜殺恐禍及己遂弑之太子翊不肖國人迎琉璃王之孫再思之子宮立之是爲太祖王年七歲太后垂簾聽政

甲寅

新羅儒理王三十年○高句麗太祖王元年○百濟多婁王二十六年○東漢光武建武三十年○日皇垂仁八十三年○西歷紀元後五十四年

丙辰 新羅儒理王三十二年○高句麗太祖王三年○百濟多婁王二十八年○東漢光武中元元年○日皇垂仁八十五年○西歷紀元後五十六年 秋七月高句麗伐東沃沮取其地爲邑於是拓境東至滄海南至薩水 東沃沮故玄菟郡漢光武時復建國

丁巳 新羅儒理王三十三年○高句麗太祖王四年○百濟多婁王二十九年○東漢光武中元二年○日皇垂仁八十六年○西歷紀元後五十七年 冬十月新羅王薨昔脫解立是爲脫解王先是王不豫謂臣僚曰脫解身聯國戚位處輔臣屢著功名朕之二子其才不及且有先君之命吾死之後俾卽大位以無忘遺訓至是卽位

戊午 新羅脫解王元年○高句麗太祖王五年○百濟多婁王三十年○東漢明帝永平元年○日皇垂仁八十七年○西歷紀元後五十八年 春正月新羅以瓠公爲大輔

甲子 新羅脫解王七年○高句麗太祖王十一年○百濟多婁王三十六年○東漢明帝永平七年○日皇垂仁九十三年○西歷紀元後六十四年 秋八月百濟王遣兵攻新羅西鄙蛙山城不克冬十月又攻狗壤城新羅發騎兵二千逆擊走之

乙丑 新羅脫解王八年○高句麗太祖王十二年○百濟多婁王三十七年○東漢明帝永平八年○日皇垂仁九十四年○西歷紀元後六十五年 春三月新羅王得小兒閼智以爲子王夜聞金城西始林間有鷄聲遲明遣瓠公視之有金色小櫝掛樹梢白鷄鳴於下瓠公還告王使人取櫝開之有小兒姿貌奇偉王喜謂左右曰此豈非天祚我以胤乎名閼智閼智方言小兒之稱以其出於金櫝故姓

金氏有鷄㭠改始林爲鷄林因以爲國號

丁卯 新羅脫解王十年○高勾麗太祖王十四年○百濟多婁王三十九年○東漢明帝永平十年○日皇垂仁九十六年○西歷紀元後六十七年 春正月新羅以宗戚朴氏分理州郡號爲州主郡主

戊辰 新羅脫解王十一年○高勾麗太祖王十五年○百濟多婁王四十年○東漢明帝永平十一年○日皇垂仁九十七年○西歷紀元後六十八年 秋八月曷思王孫都頭以國降于高勾麗 曷思國扶餘別種

壬申 新羅脫解王十三年○高勾麗太祖王十九年○百濟多婁王四十四年○東漢明帝永平十五年○日皇景行二年○西歷紀元後七十二年 春二月高勾麗遣貫那部沛者達賈伐藻那虜其王 藻那國未詳其地

癸酉 新羅脫解王十六年○高勾麗太祖王二十年○百濟多婁王四十五年○東漢明帝永平十六年○日皇景行三年○西歷紀元後七十三年 夏五月倭侵新羅木出島王遣角干羽鳥禦之不克死之

甲戌 新羅脫解王十七年○高勾麗太祖王二十一年○百濟多婁王四十六年○東漢明帝永平十七年○日皇景行四年○西歷紀元後七十四年 冬十月高勾麗遣桓那部沛者薛儒伐朱那虜其王子乙音爲古鄒加 朱那國未詳其地

乙亥 新羅脫解王十八年○高勾麗太祖王二十二年○百濟多婁王四十七年○東漢明帝永平十八年○日皇景行五年○西歷紀元後七十五年 冬十月百濟攻新羅蛙山城拔之

丙子 新羅脫解王十九年○高勾麗太祖王二十三年○百濟多婁王四十八年○東漢章帝建初元年○日皇景行六年○西歷紀元後七十六年 秋九月新羅遣兵伐百濟復取蛙山

城鎭守者二百餘人○九月百濟王蓋婁太子己婁立是爲己婁王

丁丑 新羅脫解王二十年○高勾麗太祖王二十四年○百濟己婁王元年○東漢章帝建初二年○日皇景行七年○西歷紀元後七十七年 百濟遣使聘新羅○冬十月扶餘以三角鹿長尾兎獻高勾麗王以爲瑞大赦

己卯 新羅脫解王二十二年○高勾麗太祖王二十六年○百濟己婁三年○東漢章帝建初四年○日皇景行九年○西歷紀元後七十九年 春新羅擊于尸山今寧海郡居柒山今東萊府二國滅之初二國居隣境頗爲國患新羅命居道爲邊官居道志欲幷呑常集羣馬於張吐野日使兵士馳走爲戲稱爲馬技二國人習見爲常不爲備於是起兵滅之

庚辰 新羅脫解王二十三年○高勾麗太祖王二十七年○百濟己婁王四年○東漢章帝建初五年○日皇景行十年○西歷紀元後八十年 秋八月新羅王薨儒理王第二子婆娑立是爲婆娑王

辛巳 新羅婆娑王元年○高勾麗太祖王二十八年○百濟己婁王五年○東漢章帝建初六年○日皇景行十一年○西歷紀元後八十一年

丁亥 新羅婆娑王七年○高勾麗太祖王三十四年○百濟己婁王十一年○東漢章帝章和元年○日皇景行十七年○西歷紀元後八十七年 秋七月新羅令日國家西隣百濟南接加耶䀡德不能綏威不能讋宜繕葺城壘以備不虞乃築加召馬頭二城

庚寅 新羅婆娑王十年○高勾麗太祖王三十七年○百濟己婁王十四年○東漢和帝永元二年○日皇景行二

十年○西歷紀元後九十年 秋七月新羅分遣十人廉察州郡主不勤職事田野多荒者黜之

癸巳

新羅婆娑王十三年○高句麗太祖王四十年○百濟己婁王十七年○東漢和帝永元五年○日皇景行二十三年○西歷紀元後九十三年 春二月新羅王幸古所夫里郡問高年賜穀

丙申

新羅婆娑王十六年○高句麗太祖王四十三年○百濟己婁王二十年○東漢和帝永元八年○日皇景行二十六年○西歷紀元後九十六年 秋九月加耶人襲新羅南鄙新羅遣加城主長世拒戰敗死王怒親率兵破之

丁酉

新羅婆娑王十七年○高句麗太祖王四十四年○百濟己婁王二十一年○東漢和帝永元九年○日皇景行二十七年○西歷紀元後九十七年 春正月新羅擧兵欲伐加耶加耶國王遣使謝乃止

辛丑

新羅婆娑王二十一年○高句麗太祖王四十八年○百濟己婁王二十五年○東漢和帝永元十三年○日皇景行三十一年○西歷紀元後百一年 春二月新羅築城於金城東南號月城周一千二十三步秋七月王移居新城

壬寅

新羅婆娑王二十二年○高句麗太祖王四十九年○百濟己婁王二十六年○東漢和帝永元十四年○日皇景行三十二年○西歷紀元後百二年 秋八月音汁伐國與悉直谷國爭疆詣新羅請決王難之謂金官國首露王年老多智識召問之首露立決以所爭之地屬音汁伐國於是王命六部以饗首露五部皆以伊飡儐之惟漢祇部以位卑者儐之首露怒命奴殺漢祇部主而歸奴逃依音汁伐

主陁鄒干家王使人㕙其奴陁鄒不送王怒以兵伐音
汁伐國其主與衆自降 音汁伐國今慶州地 金官國駕洛國別稱 ○悉直 今三
陟郡 押督 今慶州郡 二國降于新羅

乙巳

新羅婆娑王二十五年○高勾麗太祖王五十二年○百濟己婁王二十九年○東漢和帝元興元年○日皇景行三十五年○西歷紀元後百五年 春正月高勾麗王遣將入漢遼東
掠六縣太守耿夔出兵拒之高勾麗軍大敗

丙午

新羅婆娑王二十六年○高勾麗太祖王五十三年○百濟己婁王三十年○東漢殤帝延平元年○日皇景行三十六年○西歷紀元後百六年 春正月新羅王幸押督賑貧三月乃
還

戊申

新羅婆娑王二十八年○高勾麗太祖王五十五年○百濟己婁王三十二年○東漢安帝永初二年○日皇景行三十八年○西歷紀元後百八年 夏五月新羅大水民飢發使十道
開倉賑之○新羅遣兵伐比只多伐草八三國幷之 草八今草溪郡比只多伐未詳

己酉

新羅婆娑王二十九年○高勾麗太祖王五十六年○百濟己婁王三十三年○東漢安帝永初三年○日皇景行三十九年○西歷紀元後百九年 春正月高勾麗遣使如漢賀加元
服○新羅有年是年蝗害穀王遍祭山川以祈之蝗滅
歲逐稔

壬子

新羅婆娑王三十二年○高勾麗太祖王五十九年○百濟己婁王三十六年○東漢安帝永初六年○日皇景行四十二年○西歷紀元後百十二年 冬十月新羅王薨太子祇摩立是
爲祇摩王

癸丑

新羅祇摩王元年○高句麗太祖王六十年○百濟己婁王三十七年○東漢安帝永初七年○日皇景行四十三年○西歷紀元後百十三年 春三月百濟遣使聘新羅

乙卯

新羅祇摩王三年○高句麗太祖王六十二年○百濟己婁王三十九年○東漢安帝元初元年○日皇景行四十五年○西歷紀元後百十五年 春二月加耶國侵新羅南邊○秋七月新羅王伐加耶國師渡黃山河加耶伏兵發圍王數重王奮擊決圍而退

戊午

新羅祇摩王六年○高句麗太祖王六十五年○百濟己婁王四十二年○東漢安帝元初五年○日皇景行四十八年○西歷紀元後百十八年 夏六月高勾麗王與濊貊襲漢玄菟攻華麗城濊貊本朝鮮之地南與辰韓北與沃沮接東窮大海西至樂浪漢武帝元朔五年濊君南閭畔朝鮮率其民詣遼東降漢以其地爲滄海郡數年乃罷漢建武中封其渠帥爲縣侯令以時朝貢其言語法俗大抵與高勾麗同人性愚慤同姓不婚不以珠玉爲貴邑落有侵犯者責出生口牛馬謂之責禍 濊今江陵郡貊今春川郡云○按三國志魏正始八年濊遣不耐侯降魏魏封濊王種 ○秋八月高勾麗命有司舉賢良孝順問鰥寡孤獨及老不能自存者給衣食

辛酉

新羅祇摩王九年○高句麗太祖王六十八年○百濟己婁王四十五年○東漢安帝建光元年○日皇景行五十一年○西歷紀元後百二十一年 春漢幽州刺史馮煥玄菟太守姚光遼東太守蔡諷等將兵侵高勾麗擊殺濊貊渠帥盡獲兵仗財物麗王乃遣弟遂成領兵二千餘人據險以

遼漢軍潛遣兵焚玄菟遼東二郡○冬十一月高勾麗王以遂成統軍國事

壬戌
新羅抵摩王十年○高勾麗太祖王六十九年○百濟己婁王四十六年○東漢安帝延光元年○日皇景行五十二年○西歷紀元後百二十二年

秋高勾麗王與馬韓濊貊侵遼東扶餘王遣兵救之 按馬韓疑馬韓餘衆之寄在高勾麗者

癸亥
新羅抵摩王十一年○高勾麗太祖王七十年○百濟己婁王四十七年○東漢安帝延光二年○日皇景行五十三年○西歷紀元後百二十三年

冬十月高勾麗以沛者穆度婁爲左輔高福章爲右輔令與遂成叅政事

乙丑
新羅抵摩王十三年○高勾麗太祖王七十二年○百濟己婁王四十九年○東漢安帝延光四年○日皇景行五十五年○西歷紀元後百二十五年

春靺鞨侵新羅北境秋又襲新羅大嶺柵過於泥河王請救百濟百濟遣五將軍助之靺鞨退

丁卯
新羅抵摩王十五年○高勾麗太祖王七十四年○百濟己婁王五十一年○東漢順帝永建二年○日皇景行五十七年○西歷紀元後百二十七年

百濟王薨子蓋婁立是爲蓋婁王

戊辰
新羅抵摩王十六年○高勾麗太祖王七十五年○百濟蓋婁王元年○東漢順帝永建三年○日皇景行五十八年○西歷紀元後百二十八年

壬申
新羅抵摩王二十年○高勾麗太祖王七十九年○百濟蓋婁王五年○東漢順帝陽嘉元年○日皇成務二年○西歷紀元後百三十二年

秋高勾麗左輔沛者穆度婁知遂成有異心稱疾不仕

甲戌
新羅抵摩王二十二年○高勾麗太祖王八十一年○百濟蓋婁王七年○東漢順帝陽嘉三年○日皇成務

歷代史略 卷二 二十七

四年○西歷紀元後百三十四年 秋八月新羅王薨無子儒理王太子逸聖立是爲逸聖王

乙亥

新羅逸聖王元年○高勾麗太祖王八十二年○百濟蓋婁王八年○東漢順帝陽嘉四年○日皇成務五年○西歷紀元後百三十五年

戊寅

新羅逸聖王四年○高勾麗太祖王八十五年○百濟蓋婁王十一年○東漢順帝永和三年○日皇成務八年○西歷紀元後百三十八年 春二月新羅置政事堂於金城

己卯

新羅逸聖王五年○高勾麗太祖王八十六年○百濟蓋婁王十二年○東漢順帝永和四年○日皇成務九年○西歷紀元後百三十九年 秋八月靺鞨襲新羅長嶺掠民口冬十月又來侵雪甚乃退

庚辰

新羅逸聖王六年○高勾麗太祖王八十七年○百濟蓋婁王十三年○東漢順帝永和五年○日皇成務十年○西歷紀元後百四十年 春二月新羅立柵於長嶺以防靺鞨

壬午

新羅逸聖王八年○高勾麗太祖王八十九年○百濟蓋婁王十五年○東漢順帝漢安元年○日皇成務十二年○西歷紀元後百四十二年 秋九月高勾麗丸都地震

甲申

新羅逸聖王十年○高勾麗太祖王九十一年○百濟蓋婁王十七年○東漢順帝建康元年○日皇成務十四年○西歷紀元後百四十四年 春二月新羅令州郡曰農者政本食惟民天其修堤防闢田野又禁民間用金銀珠玉

丙戌

新羅逸聖王十二年○高勾麗太祖王九十三年○百濟蓋婁王十九年○東漢質帝本初元年○日皇成務十六年○西歷紀元後百四十六年 秋八月高勾麗王遣將襲漢遼東西安平縣殺帶方令掠樂浪太守妻子以歸○冬十一月高勾麗王傳位于弟遂成初遂成謂左右曰王老吾齒

歷代史略 卷二 二十八

亦慕不可坐待願爲我計之左右皆唯唯左輔高福章知之言於王曰遂成將反請先誅之王曰是有功於國吾將禪位福章曰遂成忍而不仁今日受大王之禪明日害大王之子孫王不聽乃禪位退老於別宮稱爲太祖大王遂成立是爲次大王

丁亥 新羅逸聖王十三年○高句麗次大王元年○百濟蓋婁王二十年○東漢桓帝建和元年○日皇成務十七年○西歷紀元後百四十七年 春二月高勾麗以貫那沛者彌儒爲左輔三月王殺左輔高福章○秋七月新羅王命臣寮各擧智勇堪爲將帥者

戊子 新羅逸聖王十四年○高句麗次大王二年○百濟蓋婁王二十一年○東漢桓帝建和二年○日皇成務十

八年○西歷紀元後百四十八年 夏四月高勾麗王殺太祖王元子莫勤其弟莫德恐禍及自縊死○秋七月高勾麗王田于平儒原白狐隨而鳴王射之不中問於師巫曰狐者妖獸非吉祥君若修德則可以轉禍爲福王曰旣以爲妖又以爲福何其誣耶遂殺之○新羅封朴阿道爲葛文王 新羅稱追封王皆曰葛文王

癸巳 新羅逸聖王十九年○高句麗次大王七年○百濟蓋婁王二十六年○東漢桓帝永興元年○日皇成務二十三年○西歷紀元後百五十三年 冬十月新羅宮門災彗星見東方又見東北方

甲午 新羅逸聖王二十年○高句麗次大王八年○百濟蓋婁王二十七年○東漢桓帝永興二年○日皇成務二

十四年○西歷紀元後百五十四年 春二月新羅王薨太子阿達羅立是爲阿達羅王

乙未

新羅阿達羅王元年○高勾麗大大王九年○百濟蓋婁王二十八年○東漢桓帝永壽元年○日皇成務二十五年○西歷紀元後百五十五年 冬十月新羅阿飡吉宣謀叛事覺奔百濟羅王移書請之不從王怒出師擊之糧盡乃歸

乙巳

新羅阿達羅王十一年○高勾麗大大王十九年○百濟蓋婁王三十八年○東漢桓帝延熹八年○日皇成務三十五年○西歷紀元後百六十五年 春三月高勾麗前王薨壽百十九歲○高勾麗明臨答夫弑其君遂成王弟伯固立是爲新大王初王無道伯固恐禍及已遯于山谷至是左輔菸支留與羣臣迎立之

丙午

新羅阿達羅王十二年○高勾麗新大王元年○百濟蓋婁王三十九年○東漢桓帝延熹九年○日皇成務三十六年○西歷紀元後百六十六年 春正月高勾麗改左右輔爲國相以答夫爲國相○百濟王薨子肖古立是爲肖古王先是蓋婁王聞都彌妻之豔召都彌語曰婦人之德貞絜爲先然在幽昏無人之地誘以巧言能不動心者鮮矣對曰人情不可測若臣之妻雖死無貳者也王留都彌使近臣詐爲王抵其家語妻曰已與都彌博賭欲私之妻請更衣而進詐飾一婢子薦之王後知見欺大怒誣都彌以罪矐其兩目置小船泛之河更引其妻欲亂之妻曰今良人已逝妾身不能自保敢爲王辭但今有月

事請誒他日王許之妻逃至江口忽遇行船至泊泉城島則其夫已先往矣遂同奔高勾麗

丁未

新羅阿達羅王十三年○高勾麗新大王二年○百濟肖古王元年○東漢桓帝永康元年○日皇成務三十七年○西歷紀元後百六十七年

秋七月百濟潛襲新羅西鄙二城獲男女一千而還八月新羅王命興宣領兵二萬伐之百濟大懼還其所掠男女乞和

己酉

新羅阿達羅王十五年○高勾麗新大王四年○百濟肖古王三年○東漢靈帝建寧二年○日皇成務三十九年○西歷紀元後百六十九年

高勾麗王遣大加優居主簿然人等將兵助遼東太守公孫度擊富山賊

壬子

新羅阿達羅王十八年○高句麗新大王七年○百濟肖古王六年○東漢靈帝熹平元年○日皇成務四十二年○西歷紀元後百七十二年

冬十一月漢玄菟太守耿臨將兵來伐高勾麗答夫婁城固守漢兵攻之不克乃引還答夫率千騎追戰大破之匹馬不返

己未

新羅阿達羅王二十五年○高句麗新大王十四年○百濟肖古王十三年○東漢靈帝光和二年○日皇成務四十九年○西歷紀元後百七十九年

冬十二月高勾麗王薨太子男武立是爲故國川王

庚申

新羅阿達羅王二十六年○高勾麗故國川王元年○百濟肖古王十四年○東漢靈帝光和三年○日皇成務五十年○西歷紀元後百八十年

春二月高勾麗王立于氏爲后

甲子

新羅阿達羅王三十年○高勾麗故國川王五年○百濟肖古王八年○東漢靈帝中平元年○日皇成務五十四年○西歷紀元後百八十四年

春三月新羅王薨無嗣國人立脫

解王之孫伐休爲王是爲伐休王王占風雲預知水旱豊儉又能知人邪正人謂之聖○漢遼東太守伐高勾麗麗王親帥精騎與戰於坐原敗之殺獲甚衆

乙丑

新羅伐休王元年○高勾麗故國川王六年○百濟肖古王十九年○東漢靈帝中平二年○日皇成務五十五年○西歷紀元後百八十五年 春二月新羅拜波珍飡仇道一吉飡仇須兮爲左右軍主伐召文國今義城

丙寅

新羅伐休王二年○高勾麗故國川王七年○百濟肖古王二十年○東漢靈帝中平三年○日皇成務五十六年○西歷紀元後百八十六年 春正月新羅王巡州郡觀風俗

丁卯

新羅伐休王三年○高勾麗故國川王八年○百濟肖古王二十一年○東漢靈帝中平四年○日皇成務五十七年○西歷紀元後百八十七年 春三月新羅令州郡無作土木之事以奪農時

庚午

新羅伐休王六年○高勾麗故國川王十一年○百濟肖古王二十四年○東漢獻帝初平元年○日皇成務六十年○西歷紀元後百九十年 秋八月百濟襲新羅圍缶谷城將軍仇道率勁騎拒之百濟兵佯退還擊大敗之王以仇道失策貶爲缶谷城主以薛支爲左軍主

辛未

新羅伐休王七年○高勾麗故國川王十二年○百濟肖古王二十五年○東漢獻帝初平二年○日皇○西歷紀元後百九十一年 夏四月高勾麗左可慮於畀留等與四椽那叛聚衆攻王都王徵畿內兵討之可慮等伏誅○高勾麗處士乙巴素隱居鴨綠谷性質剛毅智慮淵深東都晏留薦之王卑辭重禮以聘之拜中畏大夫加

爵爲于台謂曰何以教寡人巴素對曰以臣之駑蹇不敢當命願大王選賢良授高官以成大業王知巴素其位乃除國相大臣宗戚皆疾之王曰苟不從國相者無貴賤皆族之巴素感其知遇明政教愼賞罰人民以安內外無事王乃賞晏留

甲戌（新羅伐休王十年○高勾麗故國川王十五年○百濟肖古王二十八年○東漢獻帝興平元年○日皇仲哀三年○西歷紀元後百九十四年）冬十月高勾麗立賑貸法王出見哭者問之對曰臣以傭力養母今年不登無所於傭是以哭王曰孤之罪也厚賜之又令每歲自三月至七月出官穀以賑貸百姓稱家口多少至冬月還輸以爲恒式

內外大悅

丙子（新羅伐休王十二年○高勾麗故國川王十七年○百濟肖古王三十年○東漢獻帝建安元年○日皇仲哀五年○西歷紀元後百九十六年）夏四月新羅王薨太孫助賁尙幼國人立王第二子伊買之子奈解是爲奈解王○五月高勾麗王薨無嗣后于氏矯遺命立王弟延優是爲山上王初王薨后秘不發喪夜往王弟發岐第謂曰王無後子宜嗣之發岐責曰婦人夜行禮乎后慚又往延優第延優迎入飮之后遂與入宮翌日立之

丁丑（新羅奈解王元年○高勾麗山上王元年○百濟肖古王三十一年○東漢獻帝建安二年○日皇仲哀六年○西歷紀元後百九十七年）高勾麗發岐請師于遼東討延優不克

自殺于氏之立延優也發岐大怒以兵圍王宮三日國人無從發岐者發岐知事不濟奔遼東見太守公孫度願假兵以平亂度從之來伐高勾麗延優弟罽須將兵禦克之語發岐曰延優不以國讓雖曰非義兄之欲滅宗國抑何義耶何面目見先人於地下乎發岐不勝慙悔自刎死○高勾麗王立前王妃于氏爲后

戊寅 新羅奈解王二年○高勾麗山上王二年○百濟肖古王三十二年○東漢獻帝建安三年○日皇仲哀七年○西歷紀元後百九十八年 春二月高勾麗築丸都城

己卯 新羅奈解王三年○高勾麗山上王三年○百濟肖古王三十三年○東漢獻帝建安四年○日皇仲哀八年○西歷紀元後百九十九年 春三月駕洛國王金首露卒壽百五十八子居登立

辛巳 新羅奈解王五年○高勾麗山上王五年○百濟肖古王三十五年○東漢獻帝建安六年○日后攝政元年○西歷紀元後二百一年 春二月加耶國請和于新羅

癸未 新羅奈解王七年○高勾麗山上王七年○百濟肖古王三十七年○東漢獻帝建安八年○日后攝政三年○西歷紀元後二百三年 春三月高勾麗王以無嗣禱於山川○秋八月高勾麗國相乙巴素卒國人哭之慟

丁亥 新羅奈解王十一年○高勾麗山上王十一年○百濟肖古王四十一年○東漢獻帝建安十二年○日后攝政七年○西歷紀元後二百七年 春正月新羅以利音爲伊伐飡兼知內外兵馬事

戊子 新羅奈解王十二年○高勾麗山上王十二年○百濟肖古王四十二年○東漢獻帝建安十三年○日后攝

政八年○西歷紀元後二百八年 夏四月倭侵新羅遣利音將兵拒之

己丑

新羅奈解王十三年○高句麗山上王十三年○百濟肖古王四十三年○東漢獻帝建安十四年○日后攝政九年○西歷紀元後二百九年 秋七月浦上八國謀侵加羅國未詳其地加羅王子請救於新羅王命太子于老及利音將兵救之奪所虜六千人還之○冬十月高句麗移都丸都

壬辰

新羅奈解王十六年○高句麗山上王十六年○百濟肖古王四十六年○東漢獻帝建安十七年○日后攝政十二年○西歷紀元後二百十二年 春三月加耶王送子質新羅○骨浦柒浦古浦三國攻新羅竭火城王率兵救之大破三國之師勿稽子有力焉及論功不見錄勿稽子語婦曰嘗聞人臣之道見危致命忠也竭火之役吾不能致命以聞於人不忠也不忠而仕累及先人可謂孝乎旣失忠孝何面目出市朝遂被髮携琴入師彘山不返骨浦今昌原柒浦古浦未詳

甲午

新羅奈解王十八年○高句麗山上王十八年○百濟肖古王四十八年○東漢獻帝建安十九年○日后攝政十四年○西歷紀元後二百十四年 秋九月百濟王薨太子仇首立是爲仇首王

乙未

新羅奈解王十九年○高句麗山上王十九年○百濟仇首王元年○東漢獻帝建安二十年○日后攝政十五年○西歷紀元後二百十五年

丙申

新羅奈解王二十年○高句麗山上王二十年○百濟仇首王二年○東漢獻帝建安二十一年○日后攝政十六年○西歷紀元後二百十六年 秋八月靺鞨圍百濟赤峴城濟王率

勁騎親追戰破之殺獲甚衆

丁酉 新羅奈解王二十一年○高句麗山上王二十一年○百濟仇首王三年○東漢獻帝建安二十二年○日后攝政十七年○西歷紀元後二百十七年 春二月百濟設二柵於沙道城側分赤峴城卒戍之○秋八月漢平州人夏瑤以一千餘家投高句麗王納之置柵城

戊戌 新羅奈解王二十二年○高句麗山上王二十二年○百濟仇首王四年○東漢獻帝建安二十三年○日后攝政十八年○西歷紀元後二百十八年 秋七月新羅武庫兵自動○百濟圍新羅獐山城羅王親率兵出擊大敗之

庚子 新羅奈解王二十四年○高句麗山上王二十四年○百濟仇首王六年○東漢獻帝建安二十五年是歲魏曹丕篡漢○日后攝政二十年○西歷紀元後二百二十年 春三月新羅伊伐飡利音卒以忠萱代之

壬寅 新羅奈解王二十六年○高句麗山上王二十六年○百濟仇首王八年○蜀漢昭烈帝章武二年○日后攝政二十二年○西歷紀元後二百二十二年 冬十月百濟遣兵入新羅伊伐飡忠萱領兵逆戰爲所敗單騎而返羅王貶爲鎭主以連珍爲伊伐飡兼知兵馬事

甲辰 新羅奈解王二十八年○高句麗山上王二十八年○百濟仇首王十年○蜀漢後帝建興二年○日后攝政二十四年○西歷紀元後二百二十四年 秋七月新羅遣連珍與百濟戰烽山下破之殺獲千餘級

丁未 新羅奈解王三十一年○高句麗山上王三十一年○百濟仇首王十三年○蜀漢後帝建興五年○日后攝政二十七年○西歷紀元後二百二十七年 夏五月高句麗王薨太子憂位

歷代史略 卷二 三十六

居立是爲東川王性寬仁王后欲試王心候王出遊使人截路馬鬣王還曰馬無鬣可憐又令侍者進食陽覆羹於衣亦不怒

戊申 新羅奈解王三十二年○高勾麗東川王元年○百濟仇首王十四年○蜀漢後帝建興六年○日后攝政二十八年○西歷紀元後二百二十八年 高勾麗尊于氏爲王太后

己酉 新羅奈解王三十三年○高勾麗東川王二年○百濟仇首王十五年○蜀漢後帝建興七年○日后攝政二十九年○西歷紀元後二百二十九年 冬靺鞨入百濟濟王遣兵拒之靺鞨伏兵大敗之

庚戌 新羅奈解王三十四年○高勾麗東川王三年○百濟仇首王十六年○蜀漢後帝建興八年○日后攝政三十年○西歷紀元後二百三十年 春三月新羅王薨婿助賁立是爲助賁王伐休王之孫也

辛亥 新羅助賁王元年○高勾麗東川王四年○百濟仇首王十七年○蜀漢後帝建興九年○日后攝政三十一年○西歷紀元後二百三十一年 秋七月新羅命大將軍昔于老伐甘文國(今開寧郡)滅之

癸丑 新羅助賁王三年○高勾麗東川王六年○百濟仇首王十九年○蜀漢後帝建興十一年○日后攝政三十三年○西歷紀元後二百三十三年 夏五月倭侵新羅伊湌于老戰于沙道乘風縱火倭赴水死盡

甲寅 新羅助賁王四年○高勾麗東川王七年○百濟仇首王二十年○蜀漢後帝建興十二年○日后攝政三十四年○西歷紀元後二百三十四年 魏曹叡遣使高勾麗○秋九月百濟王薨國人以嗣幼立肖古王母弟古尒是爲古尒王

歷代史略 卷二 三十七

乙卯 新羅助賁王五年○高勾麗東川王八年○百濟古尒王元年○蜀漢後帝建興十三年○日后攝政三十五年○西歷紀元後二百三十五年

丙辰 新羅助賁王六年○高勾麗東川王九年○百濟古尒王二年○蜀漢後帝建興十四年○日后攝政三十六年○西歷紀元後二百三十六年

春二月骨伐國主阿音夫率衆降于新羅王賜田宅以其地爲郡○吳孫權遣胡衛通和于高勾麗王斬其使傳首於魏

丁巳 新羅助賁王七年○高勾麗東川王十年○百濟古尒王三年○蜀漢後帝建興十五年○日后攝政三十七年○西歷紀元後二百三十七年

秋高勾麗遣使如魏賀改元

戊午 新羅助賁王八年○高勾麗東川王十一年○百濟古尒王四年○蜀漢後帝建興十六年○日后攝政三十八年○西歷紀元後二百三十八年

春二月高勾麗遣大加將兵千人助魏伐公孫淵

壬戌 新羅助賁王十二年○高勾麗東川王十五年○百濟古尒王八年○蜀漢後帝延熙五年○日后攝政四十二年○西歷紀元後二百四十二年

高勾麗王遣將襲破遼東西安平

甲子 新羅助賁王十四年○高勾麗東川王十七年○百濟古尒王十年○蜀漢後帝延熙七年○日后攝政四十四年○西歷紀元後二百四十四年

春正月新羅以于老爲舒弗邯兼知兵馬事

乙丑 新羅助賁王十五年○高勾麗東川王十八年○百濟古尒王十一年○蜀漢後帝延熙八年○日后攝政四十五年○西歷紀元後二百四十五年

冬十月高勾麗侵新羅羅將于老將兵擊之不克退

丙寅 新羅助賁王十六年○高勾麗東川王十九年○百濟古尒王十二年○蜀漢後帝延熙九年○日后攝政四

十六年〇西歷紀元後二百四十六年 冬十月魏遣幽州刺史毋丘儉攻陷高勾麗丸都麗王出奔魏兵追急東部人紐由用計詐降魏營藏刀食器刺殺魏將與之俱死魏軍亂王分軍三道急擊退之遂復國

丁卯

新羅助賁王十七年〇高勾麗東川王二十年〇百濟古尒王十三年〇蜀漢後帝延熙十年〇日后攝政四十七年〇西歷紀元後二百四十七年 春二月高勾麗築平壤城移都〇百濟以眞忠爲右輔眞勿爲左將委以兵馬事〇夏五月新羅王薨母弟沾解立是爲沾解王〇秋七月新羅王謚始祖廟封父骨正爲立神葛文王

戊辰

新羅沾解王元年〇高勾麗東川王二十一年〇百濟古尒王十四年〇蜀漢後帝延熙十一年〇日后攝政四十八年〇西歷紀元後二百四十八年 秋九月高勾麗王薨太子然弗立是爲中川王葬王於東川國人莫不哀傷至有自死者〇冬十月高勾麗立椽氏爲王后〇百濟民饑發倉賑恤復一年租調〇新羅伐沙梁國滅之以其貳於百濟也沙梁國今尙州

己巳

新羅沾解王二年〇高勾麗中川王元年〇百濟古尒王十五年〇蜀漢後帝延熙十二年〇日后攝政四十九年〇西歷紀元後二百四十九年 夏四月倭侵新羅殺于老奈解王子初倭使葛耶吉來聘王使于老儐之于老戲言早晩以汝王爲鹽奴汝王妃爲爨婢倭主聞之怒興兵來侵于老以由己致寇單騎赴倭解之倭燒殺之後倭使來于老妻

請私饗乘其醉執而焚之以報之

癸酉 新羅沾解王六年○高句麗中川王五年○百濟古尒王十九年○蜀漢後帝延熙十六年○日后攝政五十三年○西歷紀元後二百五十三年 秋九月駕洛國王居登卒子麻品立

己卯 新羅沾解王十二年○高句麗中川王十一年○百濟古尒王二十五年○蜀漢後帝景耀二年○日后攝政五十九年○西歷紀元後二百五十九年 冬十二月高句麗王畋于杜訥谷

魏將尉遲楷將兵來伐王簡精騎五千戰於梁貊谷敗之斬首八千餘級

庚辰 新羅沾解王十三年○高句麗中川王十二年○百濟古尒王二十六年○蜀漢後帝景耀三年○日后攝政六十年○西歷紀元後二百六十年 春正月百濟置內臣佐平掌宣納事內頭佐平掌庫藏事內法佐平掌禮儀事衛士佐平掌宿衛兵事朝廷佐平掌刑獄事兵官佐平掌外兵馬事又置十六品六佐平並一品二品以下有達率恩率德率扞率柰率將德施德固德季德對德文督武督佐軍振武克虞之屬

辛巳 新羅沾解王十四年○高句麗中川王十三年○百濟古尒王二十七年○蜀漢後帝景耀四年○日后攝政六十一年○西歷紀元後二百六十一年 春正月百濟王始服紫大袖袍青錦袴金花飾烏羅冠素皮帶烏革履坐南堂聽事○三月百濟遣使新羅請和不從○新羅王薨無嗣國人立助賁王婿金味鄒是爲味鄒王閼智七世孫也

壬午 新羅味鄒王元年○高句麗中川王十四年○百濟古尒王二十八年○蜀漢後帝景耀五年○日后攝政六

十二年○西歷紀元後二百六十二年 百濟立犯贓法凡官人受財及盜者三倍徵贓禁錮終身

甲申 新羅味鄒王三年○高句麗中川王十六年○百濟古尒王三十年○蜀漢後帝炎興二年是歲漢後帝降于魏漢亡○日后攝政六十四年○西歷紀元後二百六十四年 春三月新羅王幸黃山問高年及貧不能自存者賑恤之

戊子 新羅味鄒王七年○高句麗中川王二十年○百濟古尒王三十四年○晉武帝泰始四年○日后攝政六十八年○西歷紀元後二百六十八年 新羅自春不雨至于夏王會羣臣於南堂親問政刑得失又遣使五人巡問百姓疾苦

庚寅 新羅味鄒王九年○高句麗中川王二十二年○百濟古尒王三十六年○晉武帝泰始六年○日皇應神元年○西歷紀元後二百七十年 冬十月高勾麗王薨太子藥盧立是爲西川王聽悟而仁國人愛之

辛卯 新羅味鄒王十年○高句麗西川王元年○百濟古尒王三十七年○晉武帝泰始七年○日皇應神二年○西歷紀元後二百七十一年 春正月高勾麗立于氏爲后西部大使漱之女也

丙申 新羅味鄒王十五年○高句麗西川王六年○百濟古尒王四十二年○晉武帝咸寧二年○日皇應神七年○西歷紀元後二百七十六年 春二月新羅臣僚請改作宮室王重勞民不從

戊戌 新羅味鄒王十七年○高句麗西川王八年○百濟古尒王四十四年○晉武帝咸寧四年○日皇應神九年○西歷紀元後二百七十八年 冬十月百濟攻新羅槐谷城王遣波珍飡正源領兵拒之

庚子 新羅味鄒王十九年○高句麗西川王十年○百濟古尒王四十六年○晉武帝太康元年○日皇應神十一

年○西歷紀元後二百八十年 冬十月肅愼來侵高勾麗王弟達賈掩
擊敗之進拔檀盧城殺酋長遷六百餘家於扶餘王大
悅封賈爲安國君知內外兵馬兼統肅愼諸部落

甲辰 新羅味鄒王二十三年○高勾麗西川王十四年○百濟古尒王五十年○晉武帝太康五年○日皇應神十五年○西歷紀元後二百八十四年 冬十月新羅王薨昔儒禮立是爲儒
禮王助賁王之長子也

乙巳 新羅儒禮王元年○高勾麗西川王十五年○百濟古尒王五十一年○晉武帝太康六年○日皇應神十六年○西歷紀元後二百八十五年

丙午 新羅儒禮王二年○高勾麗西川王十六年○百濟古尒王五十二年○晉武帝太康七年○日皇應神十七年○西歷紀元後二百八十六年 春正月百濟遣使新羅請和○二月
高勾麗王弟逸友素勃二人敖樂無節出言悖逆王令
武士執而殺之○冬十一月百濟王薨子責稽立是爲
責稽王○高勾麗伐帶方帶方求救於百濟王出師
救之

丁未 新羅儒禮王三年○高勾麗西川王十七年○百濟責稽王元年○晉武帝太康八年○日皇應神十八年○西歷紀元後二百八十七年

辛亥 新羅儒禮王七年○高勾麗西川王二十一年○百濟責稽王五年○晉惠帝元康元年○日皇應神二十二年○西歷紀元後二百九十一年 春二月駕洛國王麻品卒子居叱彌
立

壬子 新羅儒禮王八年○高勾麗西川王二十二年○百濟責稽王六年○晉惠帝元康二年○日皇應神二十三

年○西歷紀元後二百九十二年 春高勾麗王蕘太子相夫立是爲烽上王○二月高勾麗王殺其叔父安國君達賈達賈有大功業國人倚望王惡而殺之國人曰梁貊肅愼之難微安國君吾能免乎無不涕泣相弔

癸丑

新羅儒禮王九年○高勾麗烽上王元年○百濟責稽王七年○晉惠帝元康三年○日皇應神二十四年○西歷紀元後二百九十三年 高勾麗王疑其弟咄固有異心賜死國人慟惜之

甲寅

新羅儒禮王十年○高勾麗烽上王二年○百濟責稽王八年○晉惠帝元康四年○日皇應神二十五年○西歷紀元後二百九十四年 夏倭人攻新羅長峯城不克

丙辰

新羅儒禮王十二年○高勾麗烽上王四年○百濟責稽王十年○晉惠帝元康六年○日皇應神二十七年

○西歷紀元後二百九十六年 秋八月慕容廆侵高勾麗使人發西川王塚聞壙內有樂聲恐有神乃引退

丁巳

新羅儒禮王十三年○高勾麗烽上王五年○百濟責稽王十一年○晉惠帝元康七年○日皇應神二十八年○西歷紀元後二百九十七年 伊西古國今清道攻新羅金城敗歸

按是時伊西國已亡而更見於此豈其餘種之未盡滅者歟

戊午

新羅儒禮王十四年○高勾麗烽上王六年○百濟責稽王十二年○晉惠帝元康八年○日皇應神二十九年○西歷紀元後二百九十八年 秋貊人侵百濟濟王親禦之爲敵兵所害長子汾西立是爲汾西王○高勾麗王增營宮室頗極侈麗民飢且困羣臣驟諫不從○新羅人印觀賣

綿於市有署調者以穀買之而還有鳶攫其綿墮印觀家印觀歸于署調曰鳶墮汝綿令以還汝署調曰鳶攫綿與汝此天也吾何受爲印觀曰然則還汝穀署調曰吾與汝市己二日穀己屬汝矣二人相讓幷棄於市掌市官以聞王幷賜爵○冬十二月新羅王薨侄基臨立是爲基臨王

己未

新羅基臨王元年○高句麗烽上王七年○百濟汾西王元年○晉惠帝元康九年○日皇應神三十年○西歷紀元後二百九十九年

冬十二月高句麗雷地震

庚申

新羅基臨王二年○高句麗烽上王八年○百濟汾西王二年○晉惠帝永康元年○日皇應神三十一年○西歷紀元後三百年

春正月新羅與倭交聘○二月新羅王親問

高年及貧窮者賜穀有差○三月樂浪帶方兩國服于新羅 按帶方國古志云帶方郡本今海西地郡廢後其民流入南原爲帶方國蓋帶方郡者卽三國志韓國傳所云建安中公孫康分屯有縣以南爲帶方郡者也 ○高句麗旱飢民相食○秋九月高句麗王發國內男女大修宮室民乏食飢困流亡倉助利驟諫之王笑曰國相欲爲百姓死耶助利知王不悛與國人廢王幽於別室王自經助利遂立乙弗爲王是爲美川王西川王之孫也

辛酉

新羅基臨王三年○高句麗美川王元年○百濟汾西王三年○晉惠帝永寧元年○日皇應神三十二年○西歷紀元後三百一年

壬戌

新羅基臨王四年○高句麗美川王二年○百濟汾西王四年○晉惠帝太安元年○日皇應神三十三年○西

甲子

西歷紀元後三百二年 夏四月百濟彗星晝見○秋九月高句麗王率兵侵玄菟虜獲八千人移于平壤

新羅基臨王六年○高句麗美川王四年○百濟汾西王六年○晉惠帝永興元年○日皇應神三十五年○西歷紀元後三百四年 春二月百濟潛師襲樂浪西縣○冬十月樂浪太守遣刺客刺百濟王殺之諸子皆幼國人以仇首王之子比流賢共立之是爲比流王

乙丑

新羅基臨王七年○高句麗美川王五年○百濟比流王元年○晉惠帝永興二年○日皇應神三十六年○西歷紀元後三百五年

庚午

新羅基臨王十二年○高句麗美川王十年○百濟比流王六年○晉懷帝永嘉四年○日皇應神四十一年○西歷紀元後三百十年 夏五月新羅王薨無嗣羣臣以角干于老之子訖解幼有老成德共推立之是爲訖解王

辛未

新羅訖解王元年○高句麗美川王十一年○百濟比流王七年○晉懷帝永嘉五年○日皇○○西歷紀元後三百十一年 秋八月高句麗遣將襲取遼東西安平

壬申

新羅訖解王二年○高句麗美川王十二年○百濟比流王八年○晉懷帝永嘉六年○日皇○○西歷紀元後三百十二年 春三月倭遣使請婚於新羅王以阿飡急利女許之

戊寅

新羅訖解王八年○高句麗美川王十八年○百濟比流王十四年○東晉元帝大興元年○日皇仁德六年○西歷紀元後三百十八年 春二月新羅王令曰向因旱災年不順成今則土膏脉起農事方始凡勞民之事一皆停之

庚辰

新羅訖解王十年○高句麗美川王二十年○百濟比流王十六年○東晉元帝大興三年○日皇仁德八年

歷代史略 卷二 四十五

○西歷紀元後三百二十年 冬十二月高勾麗侵遼東慕容仁拒戰敗之

庚寅 新羅訖解王二十年○高勾麗美川王三十年○百濟比流王二十六年○東晉成帝咸和五年○日皇仁德十八年○西歷紀元後三百三十年 高勾麗遣使後趙致楛矢石勒時

辛卯 新羅訖解王二十一年○高勾麗美川王三十一年○百濟比流王二十七年○東晉成帝咸和六年○日皇仁德十九年○西歷紀元後三百三十一年 春二月高勾麗王薨太子斯由立是爲故國原王

壬辰 新羅訖解王二十二年○高勾麗故國原王元年○百濟比流王二十八年○東晉成帝咸和七年○日皇仁德二十年○西歷紀元後三百三十二年

丙申 新羅訖解王二十六年○高勾麗故國原王五年○百濟比流王三十二年○東晉成帝咸康二年○日皇仁德二十四年○西歷紀元後三百三十六年 春高勾麗遣使朝晉

己亥 新羅訖解王二十九年○高勾麗故國原王八年○百濟比流王三十五年○東晉成帝咸康五年○日皇仁德二十七年○西歷紀元後三百三十九年 燕王皝侵高勾麗王乞盟乃還

庚子 新羅訖解王三十年○高勾麗故國原王九年○百濟比流王三十六年○東晉成帝咸康六年○日皇仁德二十八年○西歷紀元後三百四十年 高勾麗遣世子如燕

壬寅 新羅訖解王三十二年○高勾麗故國原王十一年○百濟比流王三十八年○東晉成帝咸康八年○日皇○仁德三十年○西歷紀元後三百四十二年 秋八月高勾麗修葺丸都城移居○冬十月燕王慕容皝攻陷高勾麗王京虜其王母王妃發前王墓載屍而歸

癸卯 新羅訖解王三十三年○高勾麗故國原王十二年○百濟比流王三十九年○東晉康帝建元元年○日皇

歷代史略 卷二 四十六

仁德三十一年○西歷紀元後三百四十三年 春二月高勾麗王遣其弟朝燕稱臣輸貢燕乃還其父屍猶留其母爲質○高勾麗移都東黃城 在平壤木覓山中

甲辰 新羅訖解王三十四年○高勾麗故國原王十三年○百濟比流王四十年○東晉康帝建元二年○日皇仁德三十二年○西歷紀元後三百四十四年 春二月倭遣使新羅請婚不報○冬十月百濟王薨汾西王長子契立是爲契王

乙巳 新羅訖解王三十五年○高勾麗故國原王十四年○百濟契王元年○東晉穆帝永和元年○日皇仁德三十三年○西歷紀元後三百四十五年 春二月倭移書新羅絶交○冬十月燕王使慕容恪攻高勾麗拔南蘇

丙午 新羅訖解王三十六年○高勾麗故國原王十五年○百濟近肖古王二年○東晉穆帝永和二年○日皇仁德三十四年○西歷紀元後三百四十六年 秋七月駕洛國王居叱彌卒子伊尸品立○秋九月百濟王薨比流王第二子近肖古立是爲近肖古王○倭圍新羅金城王閉門不出倭食盡將退命康世率勁騎擊走之

丁未 新羅訖解王三十七年○高勾麗故國原王十六年○百濟近肖古王元年○東晉穆帝永和三年○日皇仁德三十五年○西歷紀元後三百四十七年 春百濟以眞淨爲佐平淨王后親戚恃勢自用國人疾之

乙卯 ○新羅訖解王四十五年○高勾麗故國原王二十四年○百濟近肖古王九年○東晉穆帝永和十一年○日皇仁德四十三年○西歷紀元後三百五十五年 十二月高勾麗遣使納質于燕王請還母燕許之

丙辰

○新羅訖解王四十六年○高句麗故國原王二十五年○百濟近肖古王十年○東晉穆帝永和十二年○日皇仁德四十四年○西曆紀元後三百五十六年

夏四月新羅王薨無嗣（昔氏祀絕）味鄒王侄奈勿立是爲奈勿王

丁巳

新羅奈勿王元年○高句麗故國原王二十六年○百濟近肖古王十一年○東晉穆帝升平元年○日皇仁德四十五年○西曆紀元後三百五十七年

春新羅撫問鰥寡孤獨賜穀有異行者賜爵一級

甲子

新羅奈勿王八年○高句麗故國原王三十三年○百濟近肖古王十八年○東晉哀帝興寧二年○日皇仁德五十二年○西曆紀元後三百六十四年

夏四月倭侵新羅王造草偶人持兵列吐含山下伏勇士於斧峴東原倭恃衆直進伏發擊其不意倭敗走追擊殺之幾盡

己巳

新羅奈勿王十三年○高句麗故國原王三十八年○百濟近肖古王二十三年○東晉帝奕太和四年○日皇仁德五十七年○西曆紀元後三百六十九年

秋九月高句麗王帥步騎二萬伐百濟百濟王遣太子擊破之獲五千餘級

辛未

新羅奈勿王十五年○高句麗故國原王四十年○百濟近肖古王二十五年○東晉簡文帝咸安元年○日皇仁德五十九年○西曆紀元後三百七十一年

○冬十月百濟攻高句麗平壤城高句麗王力戰拒之中流矢薨太子丘夫立是爲小獸林王○百濟移都漢山城

壬申

新羅奈勿王十六年○高句麗小獸林王元年○百濟近肖古王二十六年○東晉簡文帝咸安二年○日皇仁德六十年○西曆紀元後三百七十二年

夏六月秦王苻堅遣使送浮屠順道及佛像佛經于高句麗東方佛法始此○高句麗

始立太學教子弟

癸酉

新羅奈勿王十七年○高勾麗小獸林王二年○百濟近肖古王二十七年○東晉孝武帝寧康元年○日皇仁德六十一年○西歷紀元後三百七十三年 春百濟禿山城主率三百人奔新羅王納之分居六部百濟王移書曰兩國和好約爲兄弟今王納我叛民甚乖和親之意請還之答曰民無常心懷則來斁則去固其常也王不患民之不懷而責寡人乎百濟不復言○高勾麗始頒律令

甲戌

新羅奈勿王十八年○高勾麗小獸林王三年○百濟近肖古王二十八年○東晉孝武帝寧康二年○日皇仁德六十二年○西歷紀元後三百七十四年 百濟以高興爲博士百濟自開國未有文字至是始有書記

乙亥

新羅奈勿王十九年○高勾麗小獸林王四年○百濟近肖古王二十九年○東晉孝武帝寧康三年○日皇仁德六十三年○西歷紀元後三百七十五年 秋七月高勾麗攻百濟水谷城陷之百濟王遣將拒之○冬十一月百濟王薨太子近仇首立是爲近仇首王

丙子

新羅奈勿王二十年○高勾麗小獸林王五年○百濟近仇首王元年○東晉孝武帝太元元年○日皇仁德六十四年○西歷紀元後三百七十六年 冬十一月高勾麗侵百濟北鄙

丁丑

新羅奈勿王二十一年○高勾麗小獸林王六年○百濟近仇首王二年○東晉孝武帝太元二年○日皇仁德六十五年○西歷紀元後三百七十七年 冬百濟侵高勾麗平壤城○高勾麗遣使朝秦

戊寅

新羅奈勿王二十二年○高勾麗小獸林王七年○百濟近仇首王三年○東晉孝武帝太元三年○日皇仁

德六十六年○西歷紀元後三百七十八年

秋九月契丹犯高勾麗北邊陷八部落

辛巳

新羅奈勿王二十五年○高勾麗小獸林王十年○百濟近仇首王六年○東晉孝武帝太元六年○日皇仁德六十九年○西歷紀元後三百八十一年

新羅遣使如秦

壬午

新羅奈勿王二十六年高勾麗小獸林王十二年○百濟近仇首王七年○東晉孝武帝太元七年○日皇仁德七十年○西歷紀元後三百八十二年

百濟旱飢至有鬻子者王出穀贖之

甲申

新羅奈勿王二十八年○高勾麗小獸林王十三年○百濟近仇首王九年○東晉孝武帝太元九年○日皇仁德七十二年○西歷紀元後三百八十四年

夏四月百濟王薨子枕流立是爲枕流王○秋七月百濟遣使朝晉○九月胡僧摩難羅陀自晉至百濟濟王迎而禮之○冬十一月高勾麗王薨無嗣母弟伊連立是爲故國讓王

乙酉

新羅奈勿王二十九年○勾麗故國讓王元年○百濟枕流王元年○東晉孝武帝太元十年○日皇仁德七十三年○西歷紀元後三百八十五年

夏六月高勾麗王出兵四萬襲陷遼東玄菟虜男女一萬口而還冬十月燕復二郡○百濟王薨弟辰斯立是爲辰斯王

丙戌

新羅奈勿王三十一年○高勾麗故國讓王二年○百濟辰斯王元年○東晉孝武帝太元十一年○日皇仁德七十四年○西歷紀元後三百八十六年

春正月百濟設關防自青木嶺北距八坤城西至于海○秋高勾麗伐百濟

壬辰

新羅奈勿王三十七年○高勾麗故國讓王八年○百濟辰斯王七年○東晉孝武帝太元十七年○日皇仁

德八十年○西歷紀
元後三百九十二年
春三月高勾麗立國社修宗廟○
高勾麗王薨太子談德立○百濟王薨枕流王子阿莘
立是爲阿莘王

癸巳

新羅奈勿王三十八年○高勾麗廣開土王二年○百
濟阿莘王元年○晉孝武帝太元十八年○日皇仁
德八十一年○西歷紀
元後三百九十三年
春百濟以眞武爲左將委以兵
馬事○夏五月倭人來圍新羅金城五日不解將士皆
請出戰王曰今賊棄舟深入在於死地鋒不可當閉門
固守倭乃退王先遣勇騎二百要其歸路又遣步卒一
千追於獨山夾擊大敗之殺獲甚衆

甲午

新羅奈勿王三十八年○高勾麗廣開土王二年○百
濟阿莘王二年○東晉孝武帝太元十九年○日皇仁
德八十二年○西歷紀
元後三百九十四年
秋百濟侵高勾麗王逆擊於
水谷城下敗之仍築國南七城以備百濟

乙未

新羅奈勿王三十九年○高勾麗廣開土王三年○百
濟阿莘王三年○東晉孝武帝太元二十年○日皇仁
德八十三年○西歷紀
元後三百九十五年
秋百濟遣左將眞武等伐高勾
麗麗王拒戰於浿水濟軍大敗死者八千人冬百濟欲
雪浿水之恥率兵次於青木嶺下會大雪士卒多凍死
回軍時麗王善用兵隣國畏之

丁酉

新羅奈勿王四十一年○高勾麗廣開土王五年○百
濟阿莘王五年○東晉安帝隆安元年○日皇仁德八
十五年○西歷紀元
後三百九十七年
夏百濟與倭結好遣太子腆支爲
質

庚子

新羅奈勿王四十四年○高句麗廣開土王八年○百濟阿莘王八年○東晉安帝隆安四年○日皇履仲元年○西歷紀元後四百年

春正月高句麗遣使朝燕燕王盛以麗王禮慢自將兵三萬襲之以驃騎大將軍慕容熙爲前鋒拔新城南蘇二城拓地七百餘里徙五千餘戶而還故有是謝

壬寅

新羅奈勿王四十六年○高句麗廣開土王十年○百濟阿莘王十年○東晉安帝元興元年○日皇履仲三年○西歷紀元後四百二年

春二月新羅王薨太子幼國人立實聖是爲實聖王金閼智之裔孫也○高句麗侵燕平州刺史慕容歸棄城走

癸卯

新羅實聖王元年○高句麗廣開土王十一年○百濟阿莘王十一年○東晉安帝元興二年○日皇履仲四年○西歷紀元後四百三年

春新羅以未斯品爲舒弗邯委以軍國事

乙巳

新羅實聖王三年○高句麗廣開土王十三年○百濟阿莘王十三年○東晉安帝義熙元年○日皇履仲六年○西歷紀元後四百五年

春燕王熙來攻高句麗遼東城不克而去○秋九月百濟王薨太子腆支立是爲腆支王腆支在倭國聞王訃痛哭請歸倭人以兵百人衛送至國界時腆支弟碟禮自立爲王國人殺碟禮而迎立之

丙午

新羅實聖王四年○高句麗廣開土王十四年○百濟腆支王元年○東晉安帝義熙二年○日皇反正元年○西歷紀元後四百六年

冬燕王熙襲高句麗士馬疲凍死者屬路不克而去

丁未 新羅實聖王五年○高勾麗廣開土王十五年○百濟腆支王二年○東晉安帝義熙三年○日皇反正二年○西歷紀元後四百七年 夏四月駕洛國王伊尸品卒子坐知立坐知得傭女而嬖之又寵任女黨國大亂新羅謀伐之其臣朴元道諫之又卜士爲坐知筮之得解卦其辭曰解而拇朋至斯孚坐知謝之擯女于荷山島

戊申 新羅實聖王六年○高勾麗廣開土王十六年○百濟腆支王三年○東晉安帝義熙四年○日皇反正三年○西歷紀元後四百八年 春二月新羅王聞倭置營於對馬島鍊兵儲糧謀將襲之欲發兵先擊未斯品諫止之○三月高勾麗遣使北燕且叙宗族北燕王雲遣李拔報之雲本高勾麗支庶仕燕封公燕王熙之死也爲馮跋所推戴爲北燕王

癸丑 新羅實聖王十一年○高勾麗廣開土王二十一年○百濟腆支王八年○東晉安帝義熙九年○日皇允恭二年○西歷紀元後四百十三年 冬十月高勾麗王薨太子巨璉立是爲長壽王○高勾麗遣長史高翼如晉奉表獻馬晉帝封王爲高勾麗王樂浪郡公

甲寅 新羅實聖王十二年○高勾麗長壽王元年○百濟腆支王九年○東晉安帝義熙十年○日皇允恭三年○西歷紀元後四百十四年

丙辰 新羅實聖王十四年○高勾麗長壽王三年○百濟腆支王十一年○東晉安帝義熙十二年○日皇允恭五年○西歷紀元後四百十六年 夏五月晉遣使冊百濟王爲使持節都督百濟諸軍事鎭東將軍百濟王

丁巳

新羅實聖王十五年○高勾麗長壽王四年○百濟腆支王十二年○東晉安帝義熙十三年○日皇允恭六年○西歷紀元後四百十七年 夏五月新羅訥祇弑其君實聖而自立是爲訥祇王訥祇奈勿王子也初奈勿王質實聖於高勾麗實聖怨之至是欲殺訥祇以報之事敗及焉

戊午

新羅訥祇王元年○高勾麗長壽王五年○百濟腆支王十三年○東晉安帝義熙十四年○日皇允恭七年○西歷紀元後四百十八年 秋新羅朴堤上如倭死之初羅王有二弟曰卜好曰未斯欣卜好質於高勾麗未斯欣質於倭王思見二人先遣堤上往說高勾麗麗遣歸卜好旣而王語堤上曰我念二弟如左右臂今只得一臂奈何堤上曰臣旣以身許國何敢辭然高勾麗大國王亦賢臣

得以一言悟之若於倭當以謀紿不可以口舌諭臣若得罪而逃者及臣旣行請囚臣及未斯欣家屬遂入倭國若叛者倭主疑之及聞新羅王囚未斯欣堤上家屬謂堤上實叛於是出師將襲新羅仍以堤上未斯欣爲鄕導行至海島堤上勸未斯欣潛還未斯欣曰豈忍捨君而獨行堤上曰若能救公之命而慰大王之情安敢愛生未斯欣泣辭遁還旣而倭詗知未斯欣之亡縛堤上追之會烟霧晦冥不及倭主怒囚堤上鞫之堤上曰臣是鷄林之臣欲成吾君之志耳倭主怒曰今汝己爲我臣何謂鷄林之臣若稱倭國之臣者必賞以重祿堤

上曰寧爲鷄林之犬豘不爲倭國之臣子寧受鷄林之箠楚不受倭國之爵祿倭主愈怒剝堤上脚刈葉䓕使趨其上問之又使立於熱鐵上問之皆答曰鷄林之臣倭主知不可屈乃燒死木島中王聞之哀慟贈堤上大阿飡厚賜其家使未斯欣娶其第二女未斯欣之來王命六部郊迎及見握手相泣置酒極娛作憂息曲以慰之後堤上妻率三女上鵄述嶺望倭國痛哭而死堤上婆娑王五世孫也

庚申 新羅訥祇王三年○高句麗長壽王七年○百濟腆支王十五年○宋武帝永初元年是歲劉宋武帝簒晉○日皇允恭九年○西歷紀元後四百二十年 春三月百濟王薨六子久尒辛立是爲久尒辛王

辛酉 新羅訥祇王四年○高句麗長壽王八年○百濟久尒辛王元年○宋武帝永初二年○日皇允恭十年○西歷紀元後四百二十一年 夏五月駕洛國王坐知卒子吹希立

甲子 新羅訥祇王七年○高句麗長壽王十一年○百濟久尒辛王四年○宋文帝元嘉元年○日皇允恭十三年○西歷紀元後四百二十四年 春二月新羅遣使高勾麗修聘○秋九月高勾麗大有年王宴羣臣

丙寅 新羅訥祇王九年○高句麗長壽王十三年○百濟久尒辛王六年○宋文帝元嘉三年○日皇允恭十五年○西歷紀元後四百二十六年 冬十二月百濟王薨太子毗有立是爲毗有王

丁卯 新羅訥祇王十年○高句麗長壽王十四年○百濟毗有王元年○宋文帝元嘉四年○日皇允恭十六年○

西曆紀元後四百二十七年

乙亥 新羅訥祇王十八年○高勾麗長壽王二十二年○百濟毗有王九年○宋文帝元嘉十二年○日皇允恭二十四年○西曆紀元後四百三十五年 春新羅修葺歷代園陵○燕王馮弘密遣尚書陽伊乞授于高勾麗以魏數伐故也

丙子 新羅訥祇王十九年○高勾麗長壽王二十三年○百濟毗有王十年○宋文帝元嘉十三年○日皇允恭二十五年○西曆紀元後四百三十六年 魏將伐燕遣使諭高勾麗令勿助燕麗王不聽遣葛盧孟光將兵數萬隨陽伊迎燕王弘至國魏以王違命將擊之其臣諫乃止

戊寅 新羅訥祇王二十一年○高勾麗長壽王二十五年○百濟毗有王十二年○宋文帝元嘉十五年○日皇允恭二十七年○西曆紀元後四百三十八年 春三月燕王弘旣至高勾麗怨麗王之不禮己欲往依宋帝麗王忌而殺之○夏新羅教民牛車之法

甲申 新羅訥祇王二十七年○高勾麗長壽王三十一年○百濟毗有王十八年○宋文帝元嘉二十一年○日皇允恭三十三年○西曆紀元後四百四十四年 夏四月倭侵新羅圍金城糧盡而歸王追至獨山爲倭所敗圍數重忽昏霧不辨咫尺倭謂有陰助收兵乃退

辛卯 新羅訥祇王三十四年○高勾麗長壽王三十八年○百濟毗有王二十五年○宋文帝元嘉二十八年○日皇允恭四十年○西曆紀元後四百五十一年 春駕洛國王吹希卒子鉏知立

乙未 新羅訥祇王三十八年○高勾麗長壽王四十二年○百濟毗有王二十九年○宋孝武帝孝建二年○日皇安康二年○西曆紀元後四百五十五年 秋百濟王薨長子餘慶立是爲蓋

鹵王○冬十月高勾麗侵百濟新羅遣兵救之○高勾
麗遣使朝宋

丙申 新羅訥祇王三十九年○高勾麗長壽王四十三年○百濟蓋鹵王元年○宋孝武帝孝建三年○日皇安康三年○西歷紀元後四百五十六年

戊戌 新羅訥祇王四十一年○高勾麗長壽王四十五年○百濟蓋鹵王三年○宋孝武帝大明二年○日皇雄略二年○西歷紀元後四百五十八年 春新羅地震南門毀○秋八月新羅
王薨長子慈悲立是爲慈悲王

己亥 新羅慈悲王元年○高勾麗長壽王四十六年○百濟蓋鹵王四年○宋孝武帝大明三年○日皇雄略三年○西歷紀元後四百五十九年 夏五月倭襲新羅東邊圍月城王固守
及其退追擊敗之倭死者過半

辛丑 新羅慈悲王三年○高勾麗長壽王四十八年○百濟蓋鹵王六年○宋孝武帝大明五年○日皇雄略五年○西歷紀元後四百六十一年 春二月新羅王納其季父未斯欣之女
爲妃

癸卯 新羅慈悲王五年○高勾麗長壽王五十年○百濟蓋鹵王八年○宋孝武帝大明七年○日皇雄略七年○西歷紀元後四百六十三年 春倭侵新羅歃良城不克而去王命伏
兵於歸路要擊大敗之因築沿邊二城

己酉 新羅慈悲王十一年○高勾麗長壽王五十六年○百濟蓋鹵王三十八年○宋前廢帝景和五年○日皇雄略十三年○西歷紀元後四百六十九年 春新羅定京都坊名

壬子 新羅慈悲王十四年○高勾麗長壽王五十九年○百濟蓋鹵王四十一年○宋前廢帝景和八年○日皇雄略十六年○西歷紀元後四百七十二年 高勾麗遣使朝魏○百濟遣使朝

癸丑 乙卯

魏

新羅慈悲王十五年○高句麗長壽王六十年○百濟蓋鹵王四十二年○宋後廢帝元徽元年○日皇雄略十七年○西歷紀元後四百七十三年春新羅以伐智德智爲左右將軍新羅慈悲王十七年○高句麗長壽王六十二年○百濟蓋鹵王四十四年○宋後廢帝元徽三年○日皇雄略十九年○西歷紀元後四百七十五年春正月新羅王移居明活城卽月城○秋九月高句麗王自將攻百濟殺其王王子文周立是爲文周王初麗浮屠道琳受麗王密旨僞得罪亡入濟時濟王好棊道琳乃托棊見濟王得甚昵遂勸濟王廣城郭高宮室以壯國威王惑而從之由是濟之倉庾虛竭人民窮困道琳逃還以告麗王王乃率兵三萬圍濟漢城七日拔之濟王以數十騎出城西走爲麗將桀婁所害時文周見圍急求救於新羅得兵一萬比還王死而麗兵已退矣

丙辰

新羅慈悲王十八年○高句麗長壽王六十三年○百濟文周王元年○宋後廢帝元徽四年○日皇雄略二十年○西歷紀元後四百七十六年夏四月耽羅獻方物于百濟耽羅或稱耽牟羅在南海中古初無人物有三人從地湧出長曰良乙那次曰高乙那三曰夫乙那各就泉甘土肥處居焉始播五穀且牧駒犢日就富庶○六月倭侵新羅東邊王命將軍德智擊敗之○秋百濟以解仇爲兵官佐平

丁巳

新羅慈悲王十九年○高句麗長壽王六十四年○百濟文周王二年○宋順帝昇明元年○日皇雄略二十一年○西歷紀元後四百七十七年

夏百濟解仇弑其君太子三斤立是爲三斤王

戊午

新羅慈悲王二十年○高句麗長壽王六十五年○百濟三斤王元年○宋順帝昇明二年○日皇雄略二十二年○西歷紀元後四百七十八年

春百濟解仇伏誅

己未

新羅慈悲王二十一年○高句麗長壽王六十六年○百濟三斤王二年○齊高帝建元元年是歲齊高帝篡宋爲帝○日皇雄略二十三年○西歷紀元後四百七十九年

春二月新羅王薨太子炤智立是爲炤智王○百濟王薨文周王弟昆支之子牟大立是爲東城王

庚申

新羅炤智王元年○高句麗長壽王六十七年○百濟東城王元年○齊高帝建元二年○日皇淸寧元年○西歷紀元後四百八十年

辛酉

新羅炤智王二年○高句麗長壽王六十八年○百濟東城王二年○齊高帝建元三年○日皇淸寧二年○西歷紀元後四百八十一年

春高句麗與靺鞨入新羅北邊取狐鳴等七城新羅與百濟加耶援兵分道擊破之斬首千餘級○高句麗遣使朝齊

甲子

新羅炤智王五年○高句麗長壽王七十一年○百濟東城王五年○齊武帝永明二年○日皇淸寧五年○西歷紀元後四百八十四年

秋高句麗侵新羅北邊新羅與百濟合擊於母山城下大破之

丁卯

新羅炤智王八年○高句麗長壽王七十四年○百濟東城王八年○齊武帝永明五年○日皇顯宗三年○西歷紀元後四百八十七年

春新羅置四方郵驛

戊辰

新羅炤智王九年○高句麗長壽王七十五年○百濟東城王九年○齊武帝永明六年○日皇仁賢元年○西歷紀元後四百八十八年

春正月十五日新羅王幸天泉亭有烏啣書來鳴得其書書外面云開見二人死不開一人死王曰與其二人死孰若一人死日官奏云一人者王也王開視之書曰射琴匣王入宮射之果有人乃內殿焚修僧與王妃潛通者也妃與僧皆伏誅自是國俗每歲是日以糯飯祭烏又以龍能興雨馬能服勞有功於人猪鼠耗穀有害於人每於歲首辰午亥子日設祭以祈禳因禁百事相與遊樂謂之愼日○新羅移居月城○二月新羅王存問鰥寡孤獨賜穀有差

己巳

新羅炤智王十年○高句麗長壽王七十六年○百濟東城王十年○齊武帝永明七年○日皇仁賢二年○西歷紀元後四百八十九年

春正月新羅驅游食人歸農○秋百濟大有年○九月高勾麗襲新羅北邊陷狐山城

庚午

新羅炤智王十一年○高句麗長壽王七十七年○百濟東城王十一年○齊武帝永明八年○日皇仁賢三年○西歷紀元後四百九十年

春新羅初置市肆以通四方之貨

辛未

新羅炤智王十二年○高句麗長壽王七十八年○百濟東城王十二年○齊武帝永明九年○日皇仁賢四年○西歷紀元後四百九十一年

夏六月百濟熊津水漲漂沒王都二百餘家饑民亡入新羅者六百餘家○冬十二月高勾麗王薨太孫羅雲立是爲文咨王

壬申

新羅炤智王十三年○高句麗文咨王元年○百濟東城王十三年○齊武帝永明十年○日皇仁賢五年○

西歷紀元後四百九十二年 駕洛國王銍知卒子鉗知立

癸酉

新羅炤智王十四年○高勾麗文咨王二年○百濟東城王十四年○齊武帝永明十一年○日皇仁賢六年○西歷紀元後四百九十三年 春三月百濟王遣使新羅請婚新羅以伊伐飡比智女歸之

甲戌

新羅炤智王十五年○高勾麗文咨王三年○百濟東城王十五年○齊明帝建武元年○日皇仁賢七年○西歷紀元後四百九十四年 春二月扶餘王以國降高勾麗○秋七月新羅將軍實竹等與高勾麗戰薩水原不克退保犬牙城百濟遣兵救之

乙亥

新羅炤智王十六年○高勾麗文咨王四年○百濟東城王十六年○齊明帝建武二年○日皇仁賢八年○西歷紀元後四百九十五年 秋八月高勾麗圍百濟雉壤城百濟請救於新羅羅王命德智率兵救之麗衆潰

丙子

新羅炤智王十七年○高勾麗文咨王五年○百濟東城王十七年○齊明帝建武三年○日皇仁賢九年○西歷紀元後四百九十六年 秋高勾麗遣兵攻新羅牛山城新羅將軍實竹出擊敗之

丁丑

新羅炤智王十八年○高勾麗文咨王六年○百濟東城王十八年○齊明帝建武四年○日皇仁賢十年○西歷紀元後四百九十七年 秋七月新羅旱蝗命羣臣擧才堪救民者各一人

戊寅

新羅炤智王十九年○高勾麗文咨王七年○百濟東城王十九年○齊明帝永泰元年○日皇仁賢十一年○西歷紀元後四百九十八年 百濟王以耽羅不修貢賦親征至武珍州耽羅聞之遣使乞罪乃止

己卯
新羅炤智王二十年○高句麗文咨王八年○百濟東城王二十年○齊東昏侯永元元年○日皇武烈元年○西歷紀元後四百九十九年 夏百濟大旱民飢相食盜賊多起羣臣
請發倉賑救王不聽漢山人亡入高勾麗者二千

庚辰
新羅炤智王二十一年○高句麗文咨王九年○百濟東城王二十一年○齊東昏侯永元二年○日皇武烈二年○西歷紀元後五百年 春百濟起臨流閣於宮東高五丈又穿
池闕囿以養奇禽有諫者王不聽又恐有後諫者閉宮
門○冬十一月新羅王薨無嗣王從祖弟智大路立是
爲智證王

辛巳
新羅智證王元年○高句麗文咨王十年○百濟東城王二十二年○齊和帝中興元年○日皇武烈三年○西歷紀元後五百一年 百濟苩加弑其君初王以加鎭加林城加

不欲往辭以疾王不聽加遂怨王至是乘王出獵使人
刺之王子餘隆立是爲武寧王

壬午
新羅智證王二年○高句麗文咨王十一年○百濟武寧王元年○梁武帝天監元年○是歲梁武帝篡齊爲帝○日皇武烈四年○西歷紀元後五百二年 春正月百濟苩加據加林城叛
王命扞率解明討之加出降斬之投之白江○二月新
羅禁殉葬前此王薨殉以男女各五人○三月新羅分
命州郡主勸農始用牛耕

癸未
新羅智證王三年○高句麗文咨王十二年○百濟武寧王二年○梁武帝天監二年○日皇武烈五年○西歷紀元後五百三年 秋九月靺鞨攻百濟高木城濟王遣兵擊却
之○新羅始定國號稱王追尊二十二世爲王

甲申

新羅智證王四年○高句麗文咨王十三年○百濟武寧王三年○梁武帝天監三年○日皇武烈六年○西歷紀元後五百四年 夏四月新羅制喪服法○高句麗遣芮悉弗如魏○秋九月新羅築波里彌實珍德骨火等十二城

乙酉

新羅智證王五年○高句麗文咨王十四年○百濟武寧王四年○梁武帝天監四年○日皇武烈七年○西歷紀元後五百五年 春新羅王定國內州郡縣置悉直州○冬十一月新羅始命有司藏冰制舟楫之利

丙戌

新羅智證王六年○高句麗文咨王十五年○百濟武寧王五年○梁武帝天監五年○日皇武烈八年○西歷紀元後五百六年 春百濟大疫自三月不雨至五月川澤渴民飢發倉賑之

己丑

新羅智證王九年○高句麗文咨王十八年○百濟武寧王八年○梁武帝天監八年○日皇繼體三年○西歷紀元後五百九年 春正月新羅設京都東市置典監二人

壬辰

新羅智證王十二年○高句麗文咨王二十一年○百濟武寧王十一年○梁武帝天監十一年○日皇繼體六年○西歷紀元後五百十二年 春三月高句麗遣使朝梁○夏四月百濟遣使朝梁○六月于山國降于新羅于山在溟州正東海中(即今鬱陵島)地方百里特其險不服伊湌異斯夫以木造獅子載之戰船抵其島誑之曰汝若不降卽放此獸踏殺之國人懼乃降

甲午

新羅智證王十四年○高句麗文咨王二十三年○百濟武寧王十三年○梁武帝天監十三年○日皇繼體八年○西歷紀元後五百十四年 秋七月新羅王薨諡智證新羅諡法始此太子原宗立是爲法興王

乙未 新羅法興王元年○高句麗文咨王二十四年○百濟武寧王十四年○梁武帝天監十四年○日皇繼體九年○西歷紀元後五百十五年

己亥 新羅法興王五年○高句麗文咨王二十八年○百濟武寧王十八年○梁武帝天監十八年○日皇繼體十三年○西歷紀元後五百十九年

高句麗王薨太子興安立是爲安藏王

庚子 新羅法興王六年○高句麗安藏王元年○百濟武寧王十九年○梁武帝普通元年○日皇繼體十四年○西歷紀元後五百二十年

春正月新羅頒律令始制百官公服用朱紫自太大角干至大阿飡紫衣阿飡至級飡緋衣並牙笏大奈麻奈麻青衣大舍至先沮知黃衣伊飡匝飡錦冠波珍飡大阿飡衿荷緋冠上堂大奈麻赤位大舍組纓

辛丑 新羅法興王七年○高句麗安藏王二年○百濟武寧王二十年○梁武帝普通二年○日皇繼體十五年○西歷紀元後五百二十一年

駕洛王鉗知卒子仇衡立○秋八月百濟蝗害穀民飢亡入新羅者九百戶○新羅遣使朝梁

壬寅 新羅法興王八年○高句麗安藏王三年○百濟武寧王二十一年○梁武帝普通三年○日皇繼體十六年○西歷紀元後五百二十二年

春三月伽倻國王遣使新羅請婚羅王以伊飡此助夫妹歸之

癸卯 新羅法興王九年○高句麗安藏王四年○百濟武寧王二十二年○梁武帝普通四年○日皇繼體十七年○西歷紀元後五百二十三年

夏五月百濟王薨謚曰武寧百濟謚法始此子明禯立是爲聖王○新羅更定官制服色

甲辰 新羅法興王十年○高句麗安藏王五年○百濟聖王元年○梁武帝普通五年○日皇繼體十八年○西曆紀元後五百二十四年 秋九月新羅王巡南境伽倻國王來會○新羅又定官制

戊申 新羅法興王十四年○高句麗安藏王九年○百濟聖王五年○梁武帝大通二年○日皇繼體二十二年○西曆紀元後五百二十八年 新羅始行佛敎初訥祇王時沙門墨胡子自高勾麗至羅時王女病革胡子焚香祝禱病尋愈王喜而異之至是王大興佛敎羣臣以爲不可王難之近臣異次頓曰請斬小臣以定衆議王曰欲興佛道而殺不辜可乎對曰若道之行雖死無憾王召羣臣議僉曰今僧徒童頭異服議論奇詭從之恐有後悔異次頓

獨曰夫有非常之人然後有非常之事今佛敎淵奧不可不信王曰衆人之言牢不可破而汝獨異言下吏將誅之異次頓臨死曰我爲法就刑佛若有神吾死必有異及斬血從斷處湧色白如乳衆恠之不復毁佛

己酉 新羅法興王十五年○高句麗安藏王十年○百濟聖王六年○梁武帝中大通元年○日皇繼體二十三年○西曆紀元後五百二十九年 新羅禁屠殺

辛亥 新羅法興王十七年○高句麗安藏王十二年○百濟聖王八年○梁武帝中大通三年○日皇繼體二十五年○西曆紀元後五百三十一年 夏五月高勾麗王薨弟寶延立是爲安原王

壬子 新羅法興王十八年○高句麗安原王元年○百濟聖王九年○梁武帝中大通四年○日皇繼體二十六年

○西歷紀元後五百三十二年 冬駕洛國王金仇衡降于新羅羅王授位上等以其國爲食邑駕洛國自始祖首露至仇衡凡十五世而亡共四百九十一年

丙辰 新羅法興王二十二年○高勾麗安原王五年○百濟聖王十三年○梁武帝大同二年○日皇宣化元年○西歷紀元後五百三十六年 秋高勾麗遣使朝東魏○新羅始稱年號初新羅行中國年號至是因中國分裂自號建元元年

戊午 新羅法興王二十四年○高勾麗安原王七年○百濟聖王十五年○梁武帝大同四年○日皇宣化三年○西歷紀元後五百三十八年 春正月新羅許外官挈家之任○百濟移都泗沘國號南扶餘○新羅滅阿尸良國以其地爲郡 阿尸良[illegible]阿那伽倻國今咸安郡

庚申 新羅法興王二十六年○高勾麗安原王九年○百濟聖王十七年○梁武帝大同六年○日皇欽明元年○西歷紀元後五百四十年 新羅王薨姪彡麥宗立是爲眞興王○新羅選童男容儀端正者號風月主求善士爲徒以礪孝悌忠信

辛酉 新羅眞興王元年○高勾麗安原王十年○百濟聖王十八年○梁武帝大同七年○日皇欽明二年○西歷紀元後五百四十一年 百濟遣使如梁表請毛詩博士涅槃經義工匠畫師等梁從之

乙丑 新羅眞興王五年○高勾麗安原王十四年○百濟聖王二十二年○梁武帝大同十一年○日皇欽明六年○西歷紀元後五百四十五年 高勾麗王薨太子平成立是爲陽原王

○秋七月新羅命修國史伊飡異斯夫請曰國史記君臣之善惡示褒貶於後代苟不修撰後代何觀王深然之命大阿飡金居柒夫等集文士撰之

丙寅 新羅眞興王六年○高勾麗陽原王元年○百濟聖王二十三年○梁武帝中大同元年○日皇欽明七年○西歷紀元後五百四十六年

戊辰 新羅眞興王八年○高勾麗陽原王三年○百濟聖王二十五年○梁武帝大淸二年○日皇欽明九年○西歷紀元後五百四十八年 春高勾麗侵百濟濟請救於新羅羅王命將軍朱珍領甲兵三千救之殺獲甚衆

己巳 新羅眞興王九年○高勾麗陽原王四年○百濟聖王二十六年○梁武帝大淸三年○日皇欽明十年○西歷紀元後五百四十九年 梁送佛舍利于新羅王使百官奉迎○百濟遣使如梁時梁有侯景之亂臺城殘破濟使望之而泣梁人義之○新羅加置武官

庚午 新羅眞興王十年○高勾麗陽原王五年○百濟聖王二十七年○梁簡文帝太寶元年○日皇欽明十一年○西歷紀元後五百五十年 春百濟王遣將軍達已領兵一萬攻取高勾麗道薩城麗亦出兵陷百濟金峴城新羅王乘兩國兵疲命伊飡異斯夫出兵擊之取二城增築留甲士一千以戌○夏六月高勾麗遣使朝北齊

辛未 新羅眞興王十一年○高勾麗陽原王六年○百濟聖王二十八年○梁簡文帝太寶二年○日皇欽明十二年○西歷紀元後五百五十一年 春正月新羅改元開國○秋九月突厥圍高勾麗新城不克○新羅遣將居柒夫攻取高勾

麗十郡初遂夫爲僧見麗強弱入其境有法師惠亮者
知遂夫非常流謂曰此國雖小不可謂無人恐子見執
宜速反至是戰勝遂夫以亮歸羅王以爲僧統始置百
座講會及八關之法

壬申

新羅眞興王十二年○高句麗陽原王七年○百濟聖王二十九年○梁元帝承聖元年○日皇欽明十三年○西曆紀元後五百五十二年初伽倻王嘉悉法唐樂部箏而製十二
絃琴命樂師于勒造十二曲後勒知國將亂携樂器投
新羅羅王召見令奏其樂至是王命法知階古萬德等
學樂於勒勒因其材教階古以琴法知以歌萬德以舞
三人既傳十二曲相謂曰此樂繁淫不雅乃約爲五曲

勒始聞而怒及聽終歎曰正聲也遂奏之王大悅名其
琴曰伽倻又有玄琴王山岳因晉人所送七絃琴製者
也奏時有玄鶴來舞遂名玄鶴琴後稱玄琴又王寶高
者入地理即智異山山學琴五十年自製三十曲傳之續命
得續命得傳之貴金貴金亦入地理山不出王恐琴道
不傳使伊飡允興親往致禮以傳其秘鄉琵琶又與唐
制大同小異其音有三調一宮調二七賢調三鳳凰調

癸酉

新羅眞興王十三年○高句麗陽原王八年○百濟聖王三十年○梁元帝承聖二年○日皇欽明十四年○西曆紀元後五百五十三年秋新羅取百濟東北鄙置新州○冬十
月新羅王取百濟王女爲小妃

甲戌 新羅眞興王十四年○高勾麗陽原王九年○百濟聖王三十一年○梁元帝承聖三年○日皇欽明十五年○西歷紀元後五百五十四年
秋新羅修明活城○百濟王自將侵新羅羅將金武力逆戰殺濟王乘勝逐奔匹馬不還太子昌立是爲威德王

乙亥 新羅眞興王十五年○高勾麗陽原王十年○百濟威德王元年○梁敬帝紹泰元年是歲陳武帝簒梁爲帝○日皇欽明十六年○西歷紀元後五百五十五年

丁丑 新羅眞興王十七年○高勾麗陽原王十二年○百濟威德王三年○陳武帝永定元年○日皇欽明十八年○西歷紀元後五百五十七年
新羅以國原爲小京

戊寅 新羅眞興王十八年○高勾麗陽原王十三年○百濟威德王四年○陳武帝永定二年○日皇欽明十九年○西歷紀元後五百五十八年
春新羅徙貴戚子弟及六部豪民以實國原奈麻身得作砲弩置于城

己卯 新羅眞興王十九年○高勾麗陽原王十四年○百濟威德王五年○陳武帝永定三年○日皇欽明二十年○西歷紀元後五百五十九年
春三月高勾麗王薨太子陽城立是爲平原王

庚辰 新羅眞興王二十年○高勾麗平原王元年○百濟威德王六年○陳文帝天嘉元年○日皇欽明二十一年○西歷紀元後五百六十年

辛巳 新羅眞興王二十一年○高勾麗平原王二年○百濟威德王七年○陳文帝天嘉二年○日皇欽明二十二年○西歷紀元後五百六十一年
冬十一月高勾麗遣使朝陳

壬午 新羅眞興王二十二年○高勾麗平原王三年○百濟威德王八年○陳文帝天嘉三年○日皇欽明二十三年○西歷紀元後五百六十二年
秋大伽倻國叛新羅新羅王怒命伊

飡異斯夫爲將斯多含副之攻滅其國師還策功含爲最王賞以良田及所虜三百口含乃分與戰士只受閑川不毛之地生口放爲良人無一留者國人美之

癸未 新羅眞興王二十三年○高勾麗平原王四年○百濟威德王九年○陳文帝天嘉四年○日皇欽明二十四年○西歷紀元後五百六十三年 夏高勾麗大旱王減膳禱山川

甲申 新羅眞興王二十四年○高勾麗平原王五年○百濟威德王十年○陳文帝天嘉五年○日皇欽明二十五年○西歷紀元後五百六十四年 新羅遣使朝北齊○高勾麗遣使朝北齊

丙戌 新羅眞興王二十六年○高勾麗平原王七年○百濟威德王十二年○陳文帝天康元年○日皇欽明二十七年○西歷紀元後五百六十六年 春新羅遣使朝陳

壬辰 新羅眞興王三十二年○高勾麗平原王十三年○百濟威德王十八年○梁宣帝大建四年○日皇敏達元年○西歷紀元後五百七十二年 春新羅改元鴻濟○百濟遣使朝北齊○冬新羅爲戰死士卒設八關會於佛寺七日

甲午 新羅眞興王三十四年○高勾麗平原王十五年○百濟威德王二十年○梁宣帝大建六年○日皇敏達三年○西歷紀元後五百七十四年 春新羅鑄黃龍寺丈六像銅三萬五千七斤鍍金百二兩

丙申 新羅眞興王三十六年○高勾麗平原王十七年○百濟威德王二十二年○梁宣帝大建八年○日皇敏達五年○西歷紀元後五百七十六年 春新羅王患無以知人欲使聚遊觀其行義取美男子粧飾之名花郞或道義相磨或歌舞相悅歲月旣久邪正自見擇而用之○新羅王薨子金

輪立是爲眞智王

丁酉 新羅眞智王元年○高句麗平原王十八年○百濟威德王二十三年○梁宣帝大建九年○日皇敏達六年○西歷紀元後五百七十七年 秋七月百濟遣使朝陳○冬十月百濟遣使朝後周○高勾麗遣使朝後周

己亥 新羅眞智王三年○高勾麗平原王二十年○百濟威德王二十五年○梁宣帝大建十一年○日皇敏達八年○西歷紀元後五百七十九年 秋七月新羅王薨太子銅輪之子伯淨立是爲眞平王

庚子 新羅眞平王元年○高勾麗平原王二十一年○百濟威德二十六年○梁宣帝大建十二年○日皇敏達九年○西歷紀元後五百八十年 新羅以伊飡金后稷爲兵部令羅王好獵后稷切諫不見聽後后稷病將死謂其子曰吾爲人臣不能匡救君惡恐王遊娛不已以至於亡是吾憂也雖死思有以悟君意我死須瘞我於王遊畋路側其子從之他日王出獵中路有聲若曰王毋去者王顧問之從者曰聲從后稷墓出遂陳后稷臨死之言王潸然流涕曰夫子生而忠諫死而不忘其愛我深矣終身不復獵

辛丑 新羅眞平王二年○高勾麗平原王二十一年○百濟威德王二十七年○梁宣帝大建十三年○日皇敏達十年○西歷紀元後五百八十一年 冬十二月高勾麗遣使朝隋○百濟遣使朝隋

癸卯 新羅眞平王四年○高勾麗平原王二十四年○百濟威德王二十九年○梁後主至德元年○日皇敏達十

二年○西歷紀元後五百八十三年 二月高勾麗罷不急之務發使勸農桑

甲辰

新羅眞平王五年○高勾麗平原王二十五年○百濟威德王三十年○梁後主至德二年○日皇敏達十三年○西歷紀元後五百八十四年 春二月新羅改元建福三月置調府令掌貢賦乘府令掌車乘

乙巳

新羅眞平王六年○高勾麗平原王二十六年○百濟威德王三十一年○梁後主至德三年○日皇欽達十四年○西歷紀元後五百八十五年 春三月新羅旱王避殿減膳御南堂親錄囚

丙午

新羅眞平王七年○高勾麗平原王二十七年○百濟威德王三十二年○梁後主至德四年○日皇用明元年○西歷紀元後五百八十六年 春新羅置禮部令○高勾麗移都長安城

己酉

新羅眞平王十年○高勾麗平原王三十年○百濟威德王三十五年○隋文帝開皇九年是歲隋文帝滅陳統一天下○日皇崇峻二年○西歷紀元後五百八十九年 ○秋七月新羅大水漂沒三萬三百六十戶發使賑之

庚戌

新羅眞平王十一年○高勾麗平原王三十一年○百濟威德王三十六年○隋文帝開皇十年○日皇崇峻三年○西歷紀元後五百九十年 冬十月高勾麗王薨太子元立是爲嬰陽王

辛亥

新羅眞平王十二年○高勾麗嬰陽王元年○百濟威德王三十七年○隋文帝開皇十一年○日皇崇峻四年○西歷紀元後五百九十一年 夏五月高勾麗遣使如隋

癸丑

新羅眞平王十四年○高勾麗嬰陽王三年○百濟威德王三十九年○隋文帝開皇十三年○日皇推古元

年○西歷紀元後五百九十三年 秋七月新羅改築明活城又築西兄山城

戊午

新羅眞平王十九年○高句麗嬰陽王八年○百濟威德王四十四年○隋文帝開皇十八年○日皇推古六年○西歷紀元後五百九十八年 春高勾麗王率靺鞨兵侵遼西隋主怒出兵渝關乏食而還麗亦遣使謝之○冬十二月百濟王甍第二子季明立是爲惠王

己未

新羅眞平王二十年○高句麗嬰陽王九年○百濟惠王元年○隋文帝開皇十九年○日皇推古七年○西歷紀元後五百九十九年 百濟王甍子宣立是爲法王下令禁殺生收民家所養鷹鷂放之又焚漁獵之具

庚申

新羅眞平王二十一年○高句麗嬰陽王十年○百濟法王元年○隋文帝開皇二十年○日皇推古八年○西歷紀元後六百年 春高勾麗命大學博士李文眞修國史初有記事百卷名曰留記至是修之約爲新集五卷○百濟大旱王幸漆岳寺祈雨○夏五月百濟王甍子璋立是爲武王

辛酉

新羅眞平王二十二年○高句麗嬰陽王十一年○百濟武王元年○隋文帝仁壽元年○日皇推古九年○西歷紀元後六百一年

壬戌

新羅眞平王二十三年○高句麗嬰陽王十二年○百濟武王二年○隋文帝仁壽二年○日皇推古十年○西歷紀元後六百二年 秋八月百濟侵新羅羅少監貴山箒項先登力鬪諸軍因而奮擊大敗濟兵二人金瘡滿身而死

甲子

新羅眞平王二十五年○高句麗嬰陽王十四年○百濟武王四年○隋文帝仁壽四年○日皇推古十二年

○西歷紀元後六百四年 秋七月新羅遣使朝隋

丁卯 新羅眞平王二十八年○高勾麗嬰陽王十七年○百濟武王七年○隋煬帝大業三年○日皇推古十五年○西歷紀元後六百七年 夏五月高勾麗攻百濟松山城不下移襲石頭城虜男女三千而歸

辛未 新羅眞平王三十二年○高勾麗嬰陽王二十一年○百濟武王十一年○隋煬帝大業七年○日皇推古十九年○西歷紀元後六百十一年 冬十月百濟攻新羅椵岑城縣令讚德固守百餘日糧盡水渴猶力戰不怠城將陷讚德仰天大呼曰吾王委我以一城而不能全爲敵所敗死必爲厲鬼殲盡百濟人以復此城遂攘臂瞋目觸槐而死城遂陷軍士皆降新羅以其子奚論大爲奈麻

歷代史略 卷二 七十三

壬申 新羅眞平王三十三年○高勾麗嬰陽王二十二年○百濟武王十二年○隋煬帝大業八年○日皇推古二十年○西歷紀元後六百十二年 春正月隋帝親伐高勾麗麗將乙支文德擊敗之先是隋裴矩說帝言高勾麗不臣宜脅使入朝帝從之宣旨諭之麗王不遣會百濟新羅前後遣使于隋請討麗帝乃大發天下兵百餘萬使宇文述等分九道出旌旗亘九百里麗王遣文德禦之文德見述軍有飢色故欲疲之七戰七走述等恃驟勝遂進濟薩水去平壤城三十里因山爲營文德乃遣使詐降請於述曰若旋師者當奉王朝行在所述見軍士疲弊不可復戰又平壤城險固難猝拔遂因詐而還文德出軍四

歷代史略 卷二 七十四

面鈔擊且戰且行秋七月至薩水隋軍半渡麗軍尾擊之隋將辛世雄戰死於是諸軍皆潰初隋九軍度遼凡三十萬五千及還至遼東惟二千七百人文德沈鷙有智數兼解屬文其與隋相持也遺隋將于仲文詩曰神策究天文妙筭窮地理戰勝功既高知足願云止東方之詩倡於此

癸酉 新羅眞平王三十四年○高勾麗嬰陽王二十三年○百濟武王十三年○隋煬帝大業九年○日皇推古二十一年○西歷紀元後六百十三年 夏四月隋兵攻高勾麗遼東城不克而還

甲戌 新羅眞平王三十五年○高勾麗嬰陽王二十四年○百濟武王十四年○隋煬帝大業十年○日皇推古二

十二年○西歷紀元後六百十四年 夏四月隋帝復親伐高勾麗其將來護兒與麗戰於卑奢城克之麗王遣使乞降隋帝班師因徵王入朝王竟不從

戊寅 新羅眞平王三十九年○高勾麗嬰陽王二十八年○百濟武王十八年○唐高祖武德元年是歲唐高祖滅隋卽帝位○日皇推古二十六年○西歷紀元後六百十八年 新羅金山幢主奚論謀復椵岑城百濟擧兵而來奚論逆戰死之時人爲歌弔之○秋九月高勾麗王薨異母弟建武立是爲榮留王

己卯 新羅眞平王四十年○高勾麗榮留王元年○百濟武王十九年○唐高祖武德二年○日皇推古二十七年○西歷紀元後六百十九年 春二月高勾麗遣使朝唐

壬午 新羅眞平王四十三年○高勾麗榮留王四年○百濟武王二十二年○唐高祖武德五年○日皇推古三十

年○西歷紀元後六百二十二年 唐遣使送高勾麗人被陷於隋師者
麗亦搜唐人未還者數萬送之

甲申 新羅眞平王四十五年○高勾麗榮留王六年○百濟武王二十四年○唐高祖武德七年○日皇推古三十二年○西歷紀元後六百二十四年 百濟遣大臣朝唐

乙酉 新羅眞平王四十六年○高勾麗榮留王七年○百濟武王二十五年○唐高祖武德八年○日皇推古三十三年○西歷紀元後六百二十五年 高勾麗王遣人入唐求學佛老法

丙戌 新羅眞平王四十七年○高勾麗榮留王八年○百濟武王二十六年○唐高祖武德九年○日皇推古三十四年○西歷紀元後六百二十六年 秋八月百濟攻新羅主在城城主東
所拒戰死之○冬十一月新羅遣使朝唐

丁亥 新羅眞平王四十八年○高勾麗榮留王九年○百濟武王二十七年○唐太宗貞觀元年○日皇推古三十

五年○西歷紀元後六百二十七年 春三月新羅大風雨土五日

己丑 新羅眞平王五十年○高勾麗榮留王十一年○百濟武王二十九年○唐太宗貞觀三年○日皇舒明元年○西歷紀元後六百二十九年 秋八月新羅金庾信攻陷高勾麗娘臂
城庾信首露王後裔蘇判大因舒玄之子也羅王遣舒
玄率兵攻娘臂城麗人逆擊之羅軍失利時庾信爲中
幢主謂其父曰庾信平生以忠孝自期臨戰不可不勇
乃跨馬突陣斬其將提首而來諸軍因乘勝奮擊遂陷
其城初舒玄潛通新羅宗室女萬明有娠二十月生庾
信背有七星文庾信旣壯見麗濟靺鞨侵軼國疆慨然
有削平之志獨入中嶽石窟作誓詞告天有老人來授

秘訣云

辛卯

新羅眞平王五十二年○高勾麗榮留王十三年○百濟武王三十一年○唐太宗貞觀五年○日皇舒明三年○西歷紀元後六百三十一年 高勾麗築長城東北起扶餘城東南至海千有餘里十六年乃畢○夏新羅伊飡柒宿與伊飡石品謀叛事覺二人皆伏誅○新羅上舍人實兮守正不阿爲下舍人珍堤所讒謫冷林或曰君以忠誠爲佞臣所毁何不自辨實兮曰昔屈原孤直而見黜李斯盡忠而被刑佞臣惑主忠士被斥何足恠乎遂不言而往作長歌以見意

壬辰

新羅眞平王五十三年○高勾麗榮留王十四年○百濟武王三十二年○唐太宗貞觀六年○日皇舒明四年○西歷紀元後六百三十二年 新羅王薨無嗣國人以王女德曼寬仁明敏立爲主是爲善德主初唐帝賜牧丹花圖並花子眞平王以示德曼德曼曰此花必無香王笑曰爾何以知之對曰花絕艷而畫無蜂蝶是必無香種之果然○冬新羅問國內鰥寡孤獨不能自存者賑恤之

癸巳

新羅善德主元年○高勾麗榮留王十五年○百濟武王三十三年○唐太宗貞觀七年○日皇舒明五年○西歷紀元後六百三十三年

甲午

新羅善德主二年○高勾麗榮留王十六年○百濟武王三十四年○唐太宗貞觀八年○日皇舒明六年○西歷紀元後六百三十四年 春正月新羅改元仁平○三月百濟鑿池宮南引水二十餘里注之池中築島嶼擬海上仙山

丙申

(新羅善德主四年○高勾麗榮留王十八年○百濟武王三十六年○唐太宗貞觀十年○日皇舒明八年○西歷紀元後六百三十六年) 夏五月新羅宮西玉門池蝦蟆大集王曰蝦蟆怒目兵士之相意西邊玉門有隣兵至乎乃命將軍閼川往搜之果有百濟甲軍五百解鞍以休掩擊盡殺之主喜賜閼川絹二百疋

庚子

(新羅善德主八年○高句麗榮留王二十二年○百濟武王四十年○唐太宗貞觀十四年○日皇舒明十二年○西歷紀元後六百四十年) 夏五月新羅高勾麗百濟並遣子如唐入學

辛丑

(新羅善德主九年○高勾麗榮留王二十三年○百濟武王四十一年○唐太宗貞觀十五年○日皇舒明十三年○西歷紀元後六百四十一年) 春三月百濟王薨太子義慈立是爲

義慈王

壬寅

(新羅善德主十年○高勾麗榮留王二十四年○百濟義慈王元年○唐太宗貞觀十六年○日皇皇極元年○西歷紀元後六百四十二年) 秋七月百濟王侵新羅取國西獼猴等四十餘城○百濟將軍允忠攻新羅太耶城都督金品釋出城降幢下舍知竹竹收殘卒閉城自誓曰吾父名我以竹竹者使我歲寒不凋豈可畏死而降乎遂力戰城陷死之○冬十月高勾麗泉蓋蘇文弑其君建武立王姪臧是爲寶藏王蘇文狀貌雄偉意氣鷙悍嗣其父爲東部大人諸大人惡其凶殘與王密議欲誅事洩蘇文集部兵設宴召諸大人百餘盡殺之遂入宮弑王自

爲莫離支(即官名如兵部尚書)專擅國事常身佩五刀騎馬出入必令貴人武將伏地履而上下之○十一月新羅遣伊飡金春秋乞師於高勾麗初太耶之敗春秋言曰嗟乎大丈夫不能滅讎國乎乃詣主請請兵高勾麗報怨百濟主許之將行與庾信論事誓以六旬當還遂往說麗王曰今百濟無道長蛇封豕侵我疆場願仗大國之威一雪之王曰麻峴竹嶺本我地地若還兵可出春秋曰臣奉君命乞師大王無意救患而反刼歸地臣有死而已王怒囚之春秋移書於王曰二嶺本大國地今臣得歸國所不請寡君還地者有如皦日春秋既六旬不返

庾信請主募兵三千將伐高勾麗已渡漢江高勾麗諜者奔告麗王既得春秋書又聞師起遂厚禮春秋而歸之春秋出境謂送者曰國家疆理非使臣所得專向與大王書云云者圖免死耳

癸卯

(新羅善德主十一年○高勾麗寶藏王元年○百濟義慈王二年○唐太宗貞觀十七年○日皇皇極二年○西歷紀元後六百四十三年)春高勾麗王追尊其父大陽爲王○高勾麗遣使于唐求道敎唐帝遣道士叔達等八人兼賜老子道德經○冬十一月百濟與高勾麗和親同攻新羅党項城以塞入唐之路時羅使請救於唐二國知之乃還

甲辰

新羅善德王十二年○高句麗寶藏王二年○百濟義慈王三年○唐太宗貞觀十八年○日皇皇極三年○西歷紀元後六百四十四年

冬十一月唐帝自將伐高勾麗先是唐帝賜璽書麗王諭毋遏新羅貢路蘇文不從囚使者於窟室中唐帝怒決計親征發兵十萬三千人以張亮爲平壤道行軍大摠管李世勣爲遼東道行軍大摠管分領之仍詔諸軍與新羅百濟奚契丹分道擊之

乙巳

新羅善德王十三年○高句麗寶藏王三年○百濟義慈王四年○唐太宗貞觀十九年○日皇孝德元年○西歷紀元後六百四十五年

春正月百濟侵新羅不克時庾信伐百濟取七城還未見主濟軍來攻買利浦城主又拜庾信上州將軍令拒之庾信聞命不見妻子而行逆擊濟軍斬首二千獻捷未及歸家濟又大擧來侵主謂庾信曰國之存亡繫公一身不可不煩公再往庾信遂行衆曰大將軍尚如此況我輩乎踊躍爭先濟軍望之而退○夏五月唐帝攻高勾麗安市城不克班師初唐帝使李世勣攻遼東白巖等城拔之進向安市城麗將高延壽等率師救之唐將薛仁貴大呼陷陣大軍乘之麗軍大潰死者二萬餘人延壽等勢蹙而降於是唐帝乘勝攻安市城城中堅守不下唐將李道宗督衆築土山逼其城城中亦增高其城以拒之旣又奪據土山塹而守之攻之三日不能克唐帝以遼左早寒士馬難久留且粮

食將盡乃耀兵於安市城下而旋城主登城拜辭城主或曰梁萬春素有材勇蓋蘇文之亂城守不服蘇文擊之不能下

丙午

新羅善德主十四年○高勾麗寶藏王四年○百濟義慈王五年○唐太宗貞觀二十年○日皇孝德二年○西曆紀元後六百四十六年 新羅改元太和

丁未

新羅善德主十五年○高勾麗寶藏王五年○百濟義慈王六年○唐太宗貞觀二十一年○日皇孝德三年○西曆紀元後六百四十七年 春正月新羅誅毗曇廉宗等初毗曇等謂女主不能善理擧兵欲廢之屯明活城官軍屯月城十日不解夜有大星落月城毗曇曰吾聞落星之下必有流血此殆女主敗衂之兆主聞之恐懼庾信見主曰吉凶無常惟人所召德勝於妖則星辰變異不足畏也乃造偶人抱火載於風鳶而颺若上天然翌日使人傳言於路曰昨夜落星還上使賊軍疑焉於是督諸將卒奮擊之毗曇等敗伏誅○新羅作瞻星臺累石爲之上方下圓通其中人由中而上高數丈○新羅主薨眞平王母弟國飯之女勝曼立是爲眞德主

戊申

新羅眞德主元年○高勾麗寶藏王六年○百濟義慈王七年○唐太宗貞觀二十二年○日皇孝德四年西曆紀元後六百四十八年 春正月唐帝詔大將軍薛萬徹將兵三萬餘人及樓船戰艦自萊州泛海擊高勾麗○三月百濟攻新羅陷西鄙至玉門谷羅主患之命庾信禦之庾

信分軍三道夾擊大破之○冬新羅遣金庾信伐百濟進兵大耶城百濟逆戰庾信佯北至玉門谷設伏掩擊大敗之遂乘勝拔十二城又屠九城斬首二萬餘級獲虜九千餘人新羅主論功增庾信秩行軍大摠管○新羅主遣金春秋如唐唐帝問曰聞爾國有金庾信者其爲人何如對曰庾信小有才智若不藉天威豈能除隣患帝曰誠君子之國也遂勑將軍蘇定方帥師二十萬伐百濟既而唐帝崩遺詔罷遼東之役

己酉 新羅眞德主二年○高勾麗寶藏王七年○百濟義慈王八年○唐太宗貞觀二十三年○日皇孝德五年○西歷紀元後六百四十九年 春正月新羅始依中國制爲冠服○秋

八月百濟將殷相攻陷新羅石吐等七城新羅大將軍金庾信拒之經旬轉鬪時有水鳥東飛過庾信幕將士以爲不祥庾信曰此不足恠也今日必有百濟人來諜汝等佯不知又使徇于軍中曰堅壁不動待援至然後決戰諜者歸報殷相殷相謂有加兵疑懼於是庾信奮擊大克之

庚戌 新羅眞德主三年○高勾麗寶藏王八年○百濟義慈王九年○唐高宗永徽元年○日皇孝德六年○西歷紀元後六百五十年 夏六月新羅始行唐永徽年號

辛亥 新羅眞德主四年○高勾麗寶藏王九年○百濟義慈王十年○唐高宗永徽二年○日皇孝德七年○西歷紀元後六百五十一年 春正月朔新羅主御朝元殿受百官朝賀

賀正之禮 此○新羅遣波珍飡金仁問如唐仍留宿
衛仁問春秋第二子也幼而就學博覽羣書兼涉莊老
浮屠之說工隷善射御曉音律識量宏遠唐帝嘉之特
授左領軍衛將軍時年二十三

甲寅 新羅眞德王七年○高句麗寶藏王十二年○百濟義慈王十三年○唐高宗永徽五年○日皇孝德十年○西歷紀元後六百五十四年 春三月新羅主薨羣臣奉金春秋爲王
春秋三讓而後卽位是爲武烈王○夏四月新羅王追
尊考爲文興王妃爲太后○五月新羅叅酌律令定理
方府格六十餘條○冬高句麗與靺鞨擊契丹契丹松
漠都督李窟哥禦之大敗麗軍於新城

乙卯 新羅武烈王元年○高句麗寶藏王十三年○百濟義慈王十四年○唐高宗永徽六年○日皇齊明元年○西歷紀元後六百五十五年 春高句麗與百濟靺鞨連兵侵新羅北
境取三十三城羅王遣使求救於唐○百濟立望海亭
於王宮南窮極侈麗○秋九月新羅金庾信攻百濟刀
比川城克之先是級飡租未坤被虜於濟至是還自濟
言濟事甚悉於是並呑之謀愈急○新羅金歆運與百
濟戰於陽山下死之○新羅王以女嫁金庾信

丙辰 新羅武烈王二年○高句麗寶藏王十四年○百濟義慈王十五年○唐高宗顯慶元年○日皇齊明二年○西歷紀元後六百五十六年 百濟王殺諫臣佐平成忠是時王率宮
人淫酗耽樂成忠極諫王怒囚之成忠不食臨死上書

曰忠臣死不忘君願一言而死臣嘗觀時察變必有兵
革之事敵兵若來使陸不過炭峴水不入白江據險以
禦之王不省遂死獄中○夏五月高句麗王都雨鐵

戊午 新羅武烈王四年○高句麗寶藏王十六年○百濟義慈王十七年○唐高宗顯慶三年○日本齊明四年○西歷紀元後六百五十八年 夏六月唐都督程名振中郞將薛仁貴
攻高句麗不克

己未 新羅武烈王五年○高句麗寶藏王十七年○百濟義慈王十八年○唐高宗顯慶四年○日本齊明五年○西歷紀元後六百五十九年 春二月百濟有衆狐入王宮一狐坐上
佐平書案○新羅將伐百濟遣使如唐乞師○十一月
唐右領軍中郞將薛仁貴等與高句麗將溫沙門戰於

橫山破之○高句麗有九虎入都城

庚申 新羅武烈王六年○高句麗寶藏王十八年○百濟義慈王十九年是歲亡○唐高宗顯慶五年○日本齊明六年○西歷紀元後六百六十年 春正月新羅以伊飡金庾信爲上大
等○百濟王都井水及泗沘河水赤如血○三月唐帝
以蘇定方爲神丘道行軍大摠管金仁問副之帥水陸
兵十三萬伐百濟六月至德物島新羅王遣庾信等領
兵五萬會之先是百濟多怪有鬼入宮中大呼曰百濟
亡百濟亡卽入地中王使人掘之乃龜背有文曰百濟
同月輪新羅如月新王問之巫解曰同月輪者滿也滿
則虧如月新者未滿也未滿則盈王怒殺之或曰同月

論若盛也如月新若微也意國家盛新羅微王悅至是
主始羅問計於佐平興首興首對曰宜簡勇士使唐兵
不得入白江羅軍不得過炭峴重閉固守待其兵疲食
盡然後奮擊破之必矣王不能用○秋七月庾信等進
軍黃山原百濟遣階伯率死士五千拒之階伯曰以一
國偏師當二國之兵存亡未可知恐必爲妻子累與其
生辱不如死快遂盡殺家屬至黃山捽退羅兵戰敗而
死○羅兵與唐兵圍百濟都城拔之時定方等大破濟
軍於熊津庾信至唐營定方以後期將斬庾信麾下士
庾信揚言曰大將軍不見黃山之役以後期爲罪吾不
能無罪而受辱必先與唐兵決戰然後破百濟乃仗鉞
軍門怒髮上指腰間寶劍自躍出鞘定方恐有變止之
遂與庾信進圍都城濟王知不免嘆曰悔不用成忠之
言以至於此與太子孝走保熊津次子泰自立固守
定方令兵士登堞立唐旗幟泰窘開門請命於是義慈
詣定方降百濟亡八月庾信置酒宴定方坐義慈堂下
行酒濟羣臣莫不嗚咽流涕九月定方以義慈及孝泰
渡海還百濟自始祖溫祚王至義慈王合三十世共六
百七十八年○冬十一月百濟降王義慈病卒于唐

辛酉 新羅文武王元年○高句麗寶藏王二十年○唐高宗龍朔元年○日本齊明天皇七年(西歷紀元後六百六十一)

一年 夏五月高勾麗及靺鞨攻新羅北漢山城不克○六月新羅王薨廟號太宗太子法敏立是爲文武王

新羅文武王元年○高勾麗寶藏王二十年○唐高宗龍朔二年○日皇　年○西歷紀元後六百六十二年

春正月新羅王遣將會唐兵伐高勾麗時唐帝欲雪安市城之恥遣任雅相契苾何力蘇定方等分道擊麗定方先奪馬邑山進圍平壤於是羅王遣金庾信等九將軍赴之旣而定方以食盡旋師庾信亦還○二月耽羅國主佐平徒冬音律朝新羅初耽羅臣屬百濟故以佐平爲官號至是來降于羅○震新羅沙飡如冬如冬嘗毆母至是震死

新羅文武王二年○高勾麗寶藏王二十一年○唐高宗龍朔三年○日皇　年○西歷紀元後六百六十三年

秋九月新羅王及唐熊津摠管孫仁師等攻百濟周留城拔之扶餘豊奔高勾麗先是唐旣平百濟置都督府於熊津留劉仁願以鎭之未幾百濟宗室福信等立故王子豊爲王據周留城起兵圍仁願唐聞之又遣劉仁軌合羅兵擊之福信釋圍而退旣而復熾仁願請益兵於唐唐乃遣仁師時福信專權豊掩斬之遂遣使日本乞師以拒唐於是仁師仁願等與金庾信自熊津江進趍周留城遇日人於白江羅兵四戰皆克焚其船四百艘豊脫身走倭人懼而降

甲子

新羅文武王三年○高句麗寶藏王二十二年○唐高宗龍朔四年○日皇　年○西歷紀元後六百六十四年 春正月新羅金庾信請老不允賜几杖○新羅令婦人亦服中國衣裳○新羅遣人熊津府城學唐樂○秋七月新羅遣將軍金仁問品日等攻高句麗突沙城克之○新羅禁人擅施貨財土田于佛寺

乙丑

新羅文武王四年○高句麗寶藏王二十三年○唐高宗麟德二年○日皇　年○西歷紀元後六百六十五年 秋八月新羅王與唐將劉仁願及扶餘隆同盟于熊津初周留城之役百濟王子扶餘隆助唐有功爲熊津都督至是仁願與隆及新羅王同盟于熊津蓋令隆與羅釋憾也於是仁軌領羅濟耽羅倭四國使西還後唐以隆爲熊津都督帶方郡王使安輯餘衆隆畏羅強不敢入舊國寄死於高句麗百濟遂滅

丙寅

新羅文武王五年○高句麗寶藏王二十四年○唐高宗乾封元年○日皇　年○西歷紀元後六百六十六年 夏四月新羅遣奈麻漢林三光如唐王旣平百濟欲請兵滅高句麗故遣之○高勾麗泉蓋蘇文死子男生代爲莫離支其弟男建逼之男生降于唐唐授之官

戊辰

新羅文武王七年○高句麗寶藏王二十六年是歲高勾麗亡○唐高宗總章元年○日皇天智元年○西歷紀元後六百六十八年 秋九月新羅王帥師合唐兵攻高勾麗平壤城拔之時唐以李勣爲遼東道行軍大總管督諸將擊麗連克大谷漢城等二郡遣使以告羅羅王以庾信

老病乃拜庾信弟欽純及金仁問爲將二人問計庾信而行與勣等合圍平壤城月餘麗王遣泉男産帥首領九十八人竪白幡詣勣降男建猶固守後五日勣火其城門執麗王臧及其二子福男德男大臣男建等二十餘萬衆還高勾麗亾唐置安東都護府於平壤以薛仁貴爲都護以鎭之麗自東明王至寶藏王合二十八世共七百五年○新羅以金庾信爲太大舒發翰加殊禮金仁問爲大角干

東國歷代史略 三

東國歷代史略卷三

新羅紀

文武王 諱法敏太宗子在位二十年

新羅文武王八年 唐高宗總章二年○日皇天智二年○西歷紀元後六百六十九年 正月以倉信惠爲政官大書省○有弩師仇珍山者造弩射千步唐帝聞之徵使造之乃不過三十步唐帝疑珍山故不盡其技劫以罪終不効其能

九年 唐高宗咸亨元年○日皇天智三年○西歷紀元後六百七十年 夏六月故高勾麗大兄劒牟岑欲圖興復立高臧外孫安勝爲王來告曰我先王臣臧失道見滅今臣等得本國貴族安勝奉

以爲君願作藩屛永世盡忠臣等聞興滅繼絶天下之
公義也惟大國是望王處之國西金馬渚旣而唐帝遣
高侃討安勝安勝殺劒牟岑來奔○八月王遣沙飡金
須彌山冊安勝爲高勾麗王使撫集遺民後改封報德
王

辛未

十年 唐高宗咸亨二年○日皇天智四年○西歷紀元後六百七十一年 夏六月初王多
取百濟地遣使於熊津都督府請和督府不從遣人覘
我虛實王知其謀分遣諸將擊濟連取諸城又踐其禾
督府遣兵救之於是王乃遣將軍竹旨等與唐兵戰於
石城斬五千三百級幷獲濟將軍二人百濟餘衆悉平

壬申

十一年 唐高宗咸亨三年○日皇弘文元年○西歷紀元後六百七十二年 秋八月遣將
軍義福及唐兵戰于平壤敗績時唐將軍高侃等帥兵
四萬討高勾麗餘衆連克諸城至平壤義福等同麗兵
逆擊少利旣而唐兵與靺鞨乘未陣擊之我兵大敗阿
珍含樻戟突陣而死

癸酉

十二年 唐高宗咸亨四年○日皇天武元年○西歷紀元後六百七十三年 春正月以強
首爲沙飡強首任那加良人善屬文通曉義理少時父
嘗試問曰欲學佛乎學儒乎對曰佛世外敎也願學儒
眞德主時唐詔書至有難解處強首一見解之見知於
王強首頭後有高骨王曰卿可稱強首遂以爲名及太

甲戌　乙亥

宗王之結中國伐麗濟也一時詞命皆出其手于是王
謂日先王之平麗濟雖曰武功而亦有文詞之助焉則
強首之功豈可忽哉遂授是職仍加歲俸租二百石○
秋七月太大舒發翰金庾信卒年七十九王震悼贈賻
甚厚以軍樂鼓吹葬之命有司立碑紀功
十三年（唐高宗上元元年○日皇天武二年○西歷紀元後六百七十四年）春正月改用
新曆初奈麻德福入唐宿衛學曆術而還請改用其法
從之○二月王於宮內穿池造山植花卉養珍禽奇獸
○王閱兵於靈廟寺前阿飡薛秀眞進六陣兵法
十四年（唐高宗上元二年○日皇天武三年○西歷紀元後六百七十五年）春正月頒銅

丙子

印于百司及州郡
十五年（唐高宗儀鳳元年○日皇天武四年○西歷紀元後六百七十六年）冬十一月沙
飡施得與唐將薛仁貴戰於所夫里州克之先是王納
高勾麗叛衆又據百濟故地使人守之唐帝大怒時王
弟仁問在唐唐帝立以爲王使歸國仍拜鷄林大都督
開府儀同三司以劉仁軌爲鷄林道大總管發兵伐之
仁軌先進克七重城王遣使謝罪唐赦之仁問行至中
途聞之還入唐唐改封臨海郡公然王益多取濟地遂
抵麗南境爲州郡唐兵與契丹靺鞨數來侵奪我兵皆
克之至是施得又以船兵與仁貴戰始不利更進與戰

二十餘城皆捷斬首四千餘級自是唐兵遂不至

丁丑 十六年 唐高宗儀鳳二年○日皇天武五年○西歷紀元後六百七十七年 春二月唐以故高勾麗王臧爲遼東州都督封朝鮮王遣歸遼東安輯餘衆移安東都護府於新城以統之

己卯 十八年 唐高宗調露元年○日皇天武七年○西歷紀元後六百七十九年 春修宮闕頗極壯麗

辛巳 二十年 唐高宗開耀元年○日皇天武九年○西歷紀元後六百八十一年 秋七月朔王薨太子政明立以遺詔葬東海口大石上○八月蘇判金欽突伊飡金軍官等謀叛伏誅

神文王諱政明字日炤文武王長子在位十一年

壬午 元年 唐高宗永淳元年○日皇天武十年○西歷紀元後六百八十二年 夏六月立國學屬禮部置卿一人又置工匠府監一人○高勾麗降王臧卒於唐印州初臧在遼東猶懷異志潛與靺鞨通唐召還至是死餘衆散入靺鞨及突厥高氏遂絕

甲申 三年 唐中宗嗣聖元年○日皇天武十二年○西歷紀元後六百八十四年 先是安勝族子將軍大文據金馬渚謀作亂伏誅至是其餘衆又殺官吏據報德城乃遣將勦破之徙其人於國南州郡高勾麗餘衆悉平

乙酉 四年 唐中宗嗣聖二年○日皇天武十三年○西歷紀元後六百八十五年 春三月置西原小京南原小京徙諸州郡民居之

丙戌

五年 唐中宗嗣聖三年○日皇天武十四年○西歷紀元後六百八十六年 春二月置州郡於百濟舊地○遣使如唐請禮典並詞章武后令有司寫吉凶要禮并採文詞涉於規誡者勒成五十卷賜之○唐武后以高藏孫寶元爲朝鮮郡王又以義慈孫敬襲百濟王其舊地已爲我國及渤海靺鞨所分

丁亥

六年 唐中宗嗣聖四年○日皇十七年○西歷紀元後六百八十七年 夏五月賜文武官田有差

壬辰

十一年 唐中宗嗣聖九年○日皇十二年○西歷紀元後六百九十二年 擢薛聰高秩官王嘗燕居引聰謂曰今日宿雨初歇薰風微凉高談善謔可以舒鬱子必有異聞盍爲我陳之聰曰唯臣聞昔花王之始來也植之香園護以翠幕當三春而發艷凌百花而獨出於是艷艷之靈夭夭之英無不奔走上謁忽有一佳人名曰薔薇朱顔玉齒鮮粧靚服伶俜而來綽約而前曰妾聞王之令德願薦枕於香帷王其容我乎又有一丈夫名曰白頭翁布衣韋帶戴白持杖龍鍾而步傴僂而來曰僕在京城之外居大道之旁竊謂左右供給膏粱雖足巾衍儲藏須有良藥故曰雖有絲麻無棄菅蒯不識王亦有意乎王曰丈夫之言亦有道理而佳人難得將如之何丈夫曰凡爲君者莫不親近老成而興昵比夭艷而亡然而夭艷易合老成難親是

以夏姬亡陳西施滅吳孟軻不遇而終身馮唐郎潛而皓首自古如此吾其奈何花王謝曰吾過矣於是王愀然作色曰子之言諷諭深切請書之以爲戒遂擢聰聰字聰智父元曉嘗爲沙門旣而反本娶瑤石宮寡夫人生聰聰生而明銳旣長博學能以方言解九經義訓導後生又以俚語製吏讀行於官府○秋七月王薨太子理洪立○置醫學博士二人教授學生以本草甲乙經素問鍼經脉經明堂經難經爲業又置律令典博士六人數宮典大舍二人史二人

孝昭王名理洪神文王太子在位十年

癸巳 元年 唐中宗嗣聖十年○日皇年○西歷紀元後六百九十三年

甲午 二年 唐中宗嗣聖十一年○日皇年○西歷紀元後六百九十四年 夏四月金仁問卒于唐武后震悼贈襚送柩王追贈大角干仁問入唐宿衛凡二十二年○冬築松岳牛岑二城

戊戌 六年 唐中宗嗣聖十五年○日皇文武二年○西歷紀元後六百九十八年 春日本遣使來聘

辛丑 九年 唐中宗嗣聖十八年○日皇文武五年○西歷紀元後七百一年 夏靈巖郡太守諸逸貪汚杖流海島

壬寅 十年 唐中宗嗣聖十九年○日皇文武六年○西歷紀元後七百二年 秋七月王薨無嗣國人立其弟隆基○九月赦復州郡一年租稅

聖德王諱隆基改曰興光孝昭王母弟在位三十
五年

癸卯 元年 唐中宗嗣聖二十年〇日皇文武七年〇西歷紀元後七百三年 秋靈廟寺災

乙巳 三年 唐中宗神龍元年〇日皇文武九年〇西歷紀元後七百五年 冬國東州郡饑人
多流亡發使賑恤

丁未 五年 唐中宗景龍元年〇日皇文武十一年〇西歷紀元後七百七年 春饑給租賑之

辛亥 九年 唐睿宗景雲二年〇日皇元明四年〇西歷紀元後七百十一年 冬王製百官箴
示羣臣

壬子 十年 唐睿宗先天元年〇日皇元明五年〇西歷紀元後七百十二年 秋封金庾信妻
金氏爲夫人時夫人落髮爲尼王曰今中外平安高枕
無憂太大角干之賜也夫人儆戒相成陰功亦多寡人
未嘗忘于心思欲報之命歲賜南城租一千石

甲寅 十二年 唐玄宗開元二年〇日皇元明七年〇西歷紀元後七百十四年 春二月改詳
文司爲通文博士掌詞命

丁巳 十五年 唐玄宗開元五年〇日皇元正三年〇西歷紀元後七百十七年 秋九月太監
守忠回自唐上文宣王十哲七十二弟子畫像命置太
學

戊午 十六年 唐玄宗開元六年〇日皇元正四年〇西歷紀元後七百十八年 春二月王巡
撫國西州郡親問高年及鰥寡孤獨賜物有差〇夏六
月始造漏刻置漏刻典博士

二十九年 唐玄宗開元十九年○日皇聖武八年○西歷紀元後七百三十一年 日本國以兵船三百艘侵東邊王命將擊破之

三十一年 唐玄宗開元二十一年○日皇聖武十年○西歷紀元後七百三十三年 王遣金允中擊渤海國無功而還渤海國本粟末靺鞨而高勾麗之別種也有野勃者頗能討伐海北諸部始開土宇其四世孫大祚榮驍勇善騎射有勝兵數萬高勾麗之亡餘衆稍稍歸之遂盡得扶餘沃沮等地王之十二年祚榮受唐封爲渤海郡王至是祚榮死子武藝立益斥大其地侵唐登州唐帝詔諭王使發兵擊其南鄙於是王命允中等四將會唐軍以往會大雪山路阻險士卒死者過半遂引還蓋其國自祚榮以來數遣諸生入唐學習古今制度地有五京十五府六十二州以肅愼故地爲上京曰龍泉府其南中京曰顯德府穢貊故地爲東京曰龍原府沃沮故地爲南京曰南海府高勾麗故地爲西京曰鴨綠府府各領州與新羅以浿江鐵嶺爲界號爲海東盛國云

三十三年 唐玄宗開元二十三年○日皇聖武十二年⊙西歷紀元後七百三十五年 春遣使如唐使還唐帝勑賜浿江以南地

三十五年 唐玄宗開元二十五年○日皇聖武十四年○西歷紀元後七百三十七年 春二月王薨太子承慶立

孝成王諱承慶聖德王第二子在位五年

戊寅 元年 (唐玄宗開元二十六年○日皇聖武十五年○西歷紀元後七百三十八年) 夏四月唐使邢璹以老子道德經等書獻於王

壬午 五年 (唐玄宗天寶元年○日皇聖武十九年○西歷紀元後七百四十二年) 夏五月王薨太弟憲英立以遺命燒柩於法流寺散骨東海○冬十月日本國使至不納

景德王諱憲英在位二十三年

癸未 元年 (唐玄宗天寶二年○日皇聖武二十年○西歷紀元後七百四十三年) 春正月改執事省中侍爲侍中置國學諸業博士助教

乙未 十三年 (唐玄宗天寶十四年○日皇孝謙七年○西歷紀元後七百五十五年) 旌孝子向德門向德熊川州板積鄉人也父善天資溫良鄉里推其行向德亦以孝稱時年荒疫癘父母飢病瀕死向德日夜不解衣盡誠安慰無以爲養則刲髀肉食之母發癰向德吮之卽愈王嘉之賜賚甚厚命有司立石紀事後人號其地曰孝家里

丁酉 十五年 (唐肅宗至德二年○日皇年○西歷紀元後七百五十七年) 冬十二月置九州改郡縣名以沙伐州爲尙州領州一郡十縣三十歃良州爲良州領州一小京一郡十二縣三十四菁州爲康州領州一郡十一縣二十七漢山州爲漢州領州一小京一郡二十七縣四十六首若州爲朔州領州一

戊戌 癸卯

小京一郡十一縣二十七西州爲溟州領州一郡九縣二十五熊川州爲熊州領州一小京一郡十三縣二十九完山州爲全州領州一小京一郡十縣三十一武珍州爲武州領州一郡十四縣四十四

十六年唐肅宗乾元元年○日皇年○西歷紀元後七百五十八年春二月令內外官請暇滿六十日者解官○大雷電震佛寺十六所

二十一年唐代宗廣德元年○日皇淳仁五年○西歷紀元後七百六十三年大奈麻李純嘗有寵於王一日棄官爲僧累徵不出後聞王好樂詣宮門諫曰臣聞桀紂荒于酒色淫樂不止政事陵夷國家敗滅覆轍在前後車宜戒望大王改過自新以壽國脉王感嘆爲之停樂引入正室論說數日

乙巳 丙午 戊申 己酉

二十三年唐代宗永泰元年○日皇孝謙元年○西歷紀元後七百六十五年夏六月王薨太子乾運立年八歲母后攝政○幸太學命博士講尙書

惠恭王諱乾運景德王太子在位十五年

元年唐代宗大曆元年○日皇孝謙二年○西歷紀元後七百六十六年春正月兩日並出

三年唐代宗大曆三年○日皇孝謙四年○西歷紀元後七百六十八年秋大恭等叛討平之夷九族

四年唐代宗大曆四年○日皇孝謙五年○西歷紀元後七百六十九年夏五月蝗旱命

歷代史略 卷三 十

百官各舉所知

丙辰 十一年 唐代宗大曆十一年○日皇光仁七年○西曆紀元後七百七十六年 春二月幸國學聽講○始立五廟味鄒王爲金氏始祖大宗王文武王平麗濟有大功德爲不遷主並祖禰爲五廟一年凡六祭正月二日五日五月五日七月上旬八月一日十五日行之

丁巳 十二年 唐代宗大曆十二年○日皇光仁八年○西曆紀元後七百七十七年 春京都地震夏又震○善州人聖覺養母至孝王賜租三百石

己未 十四年 唐代宗大曆十四年○日皇光仁十年○西曆紀元後七百七十九年 春京都地震壞民屋死者百餘人○遣金巖聘日本巖庾信曾孫性聰敏少爲伊飡入唐宿衛就師學陰陽家術自述遁甲立成法示其師師曰不圖明達至此及還爲執事侍郎鎭浿江農隙敎以六陣兵法人皆便之至是聘日本日本主知其賢欲留會唐使來相見甚懽日本主以巖爲大國所知不敢留乃還

庚申 十五年 唐德宗建中元年○日皇光仁十一年○西曆紀元後七百八十年 春正月黃霧四塞○夏四月金良相弑王自立時王淫于聲色戲謔無度綱紀紊亂人心離叛金志貞聚衆作亂良相舉兵誅之王與后妃爲亂兵所害良相自立爲王

宣德王諱良相沙飡孝芳之子奈勿王十世孫在

歷代史略 卷三 十一

位五年

辛酉 元年(唐德宗建中二年○日皇光仁十二年○西歷紀元後七百八十一年) 秋七月遣使安撫浿江以南州郡

癸亥 三年(唐德宗建中四年○日皇桓武二年○西歷紀元後七百八十三年) 立社稷壇又修祀典

乙丑 五年(唐德宗貞元元年○日皇桓武四年○西歷紀元後七百八十五年) 王薨國人立上大等敬信爲王

元聖王諱敬信奈勿王十二世孫在位十四年

丙寅 元年(唐德宗貞元二年○日皇桓武五年○西歷紀元後七百八十六年) 夏雨雹桑麥皆傷○秋九月王都饑出粟三萬三千二百四十石以賑給之冬十月又給粟三萬三千石

戊辰 三年(唐德宗貞元四年○日皇桓武七年○西歷紀元後七百八十八年) 春始定讀書出身科讀春秋左氏傳若禮記文選而能通其義兼明論語孝經者爲上讀曲禮論語孝經者爲中讀曲禮孝經者爲下讀若博通五經三史諸子百家者超擢用之前此但以射選人至是改之

己巳 四年(唐德宗貞元五年○日皇桓武八年○西歷紀元後七百八十九年) 秋九月以子玉爲楊根縣小守執事史毛肖駁曰子玉非文籍出身者不可委以外補侍中議云雖不以文籍出身曾入中國爲學生亦可用也王從之

戊寅 十三年（唐德宗貞元十四年○日皇桓武十七年○西歷紀元後七百九十八年）時有金生
者父母微不知世系自幼能書平生不攻他藝又好佛
隱居不仕年踰八十猶操筆不休隸行草皆入神學者
傳寶之

己卯 十四年（唐德宗貞元十五年○日皇桓武十八年○西歷紀元後七百九十九年）王薨太子
俊邕立以遺命燒柩於奉德寺南

　昭聖王諱俊邕元聖王孫在位一年

庚辰 元年（唐德宗貞元十六年○日皇桓武十九年○西歷紀元後八百年）追尊考惠忠太
子爲王母金氏爲聖穆王后○夏暴風折木飛瓦臨海
仁化二門壞○王薨太子淸明立年十三叔父兵部令

彥昇攝政

　哀莊王諱淸明改重熙昭聖王子在位九年

辛巳 元年（唐德宗貞元十七年○日皇桓武二十年○西歷紀元後八百一年）春二月改五廟
之制始祖大王高祖明德王曾祖元聖王皇祖惠忠王
皇考昭聖王爲五廟別立太宗王文武王爲二廟

乙酉 五年（唐順宗永貞元年○日皇桓武二十四年○西歷紀元後八百五年）春尊母叔氏爲
王太后妃朴氏爲王后太后奈勿王十三世孫金叔明
之女也嫌於同姓以父名叔爲氏○秋頒示公式二十
餘條

丙戌 六年（唐憲宗元和元年○日皇平城元年○西歷紀元後八百六年）禁創佛寺只許修

葺又禁佛寺用金銀錦繡爲器服

己丑

九年 唐憲宗元和四年○日皇平城四年○西歷紀元後八百九年 秋彥昇與其弟悌邕作亂弑王幷殺王弟體明自立爲王

憲德王諱彥昇昭聖王母弟在位十七年

庚寅

元年 唐憲宗元和五年○日皇嵯峨元年○西歷紀元後八百十年

丁酉

八年 唐憲宗元和十二年○日皇嵯峨八年○西歷紀元後八百十七年 冬十月饑發倉賑之

己亥

十年 唐憲宗元和十四年○日皇嵯峨十年○西歷紀元後八百十九年 秋七月唐鄆州節度使李師道叛唐帝將討之遣使徵兵王命金雄元率兵三萬助之

壬寅

十三年 唐穆宗長慶二年○日皇嵯峨十三年○西歷紀元後八百二十二年 春正月王無嗣以母弟秀宗爲太弟時上大等忠恭注擬內外官請托坌至忠恭莫能擧措感疾而退召醫服藥執事侍郎祿眞請見三復然後乃見祿眞曰公之病不須砭石可一言理之忠恭曰可得聞乎祿眞曰宰相之爲政也當官淸白涖事恪恭杜貨賂之門絶請托之路黜陟必以幽明予奪不以愛憎如是則雖曰開閤置酒與朋友故舊談笑自樂可也又何區區於服餌而廢事爲哉忠恭悅謝醫朝王因爲陳之王曰有人如此不可使吾弟不知宜往告太弟太弟入賀曰臣聞君明則臣直此亦

國家之美事也○三月熊川州都督憲昌擧兵叛國號
長安建元慶雲王遣一吉飡張雄等擊破之憲昌自殺
丙午 十七年 唐敬宗寶曆二年○日皇淳和三年○西曆紀元後八百二十六年 秋七月命牛
岑太守白永發漢山北諸州郡人一萬築浿江長城三
百里○冬十二月王薨太弟秀宗立改名景徽

興德王諱秀宗改景徽憲德王弟在位十年

丁未 元年 唐文宗太和元年○日皇淳和四年○西曆紀元後八百二十七年
戊申 二年 唐文宗太和二年○日皇淳和五年○西曆紀元後八百二十八年 夏四月以張保
皐爲清海鎭大使保皐告王曰中國人往往掠吾邊民
以爲奴婢可羞之甚願鎭清海使不得虜掠王與卒萬

人鎭之是後海上無侵掠國人者清海海路之要衝也
○漢山州瓢川縣妖人自言有速富之術衆頗惑之王
曰左道惑衆不可長也流之遠島
甲寅 八年 唐文宗太和八年○日皇仁明元年○西曆紀元後八百三十四年 冬十月巡幸國
南州郡存問耆老及鰥寡孤獨賜穀布有差
乙卯 九年 唐文宗太和九年○日皇仁明二年○西曆紀元後八百三十五年 追封金庾信爲
興武大王○賜孝子孫順家一區歲給米五十碩順牟
梁里人父鶴山歿家貧與妻傭作人家以養母順有小
兒每奪母食順難之謂妻曰兒奪母食兒可得母難再
求乃負兒歸醉山北郊掘地欲埋忽得石鍾甚奇夫妻

驚㭊試撞之春容可愛妻曰得異物殆兒之福不可埋也順以爲然將兒與鍾還家懸鍾於樑撞之王聞之謂左右曰西郊有鍾聲淸遠異常卽令尋得之曰昔郭巨埋子天賜金釜今孫順埋兒地出石鍾前後同符乃有是賜

丙辰 十年 (唐文宗開成元年○日皇仁明三年○西歷紀元後八百三十六年) 秋七月太白犯月○冬十二月王薨無嗣堂弟子悌隆立

僖康王諱悌隆元聖王孫伊飡憲貞子在位二年

丁巳 元年 (唐文宗開成二年○日皇仁明四年○西歷紀元後八百三十[illegible]年) 春以金明爲上大等

午 二年 (唐文宗開成三年○日皇仁明五年○西歷紀元後八百三十八年) 春正月金明殺王自立明元聖王曾孫阿飡忠恭之子也初王之立也興德王堂弟均貞爭立武州都督金陽與均貞子祐徵奉之時明以侍中爲王羽翼殺均貞祐徵懼禍往依淸海鎭大使張保皐謀報讎陽募兵往從之至是明與侍中利弘等作亂王自縊陽乃奉祐徵起兵討明保皐分兵助之

神武王諱祐徵元聖王孫上大等均貞子在位四月

文聖王諱慶膺神武王太子在位十九年

己未 元年 唐文宗開成四年○西歷紀元後八百三十九年○日皇仁明六年 春閏正月金陽
進兵討金明明奔入月遊宅兵士追斬之陽下令曰本
爲報讎今渠魁就戮士女百姓宜各安居勿動人心乃
悅夏四月迎祐徵入卽位封張保皐爲感義軍使食實
封二千戶○秋七月王薨太子慶膺立○追錄金陽功
爲侍中兼兵部令
庚申 二年 唐文宗開成五年○西歷紀元後八百四十年○日皇仁明七年
乙丑 七年 唐武宗會昌五年○西歷紀元後八百四十五年○日皇仁明十二年 冬十二月朔
三日並出
丙寅 八年 唐武宗會昌六年○西歷紀元後八百四十六年○日皇仁明十三年 春殺淸海鎭

大使張保皐先是王欲納保皐女爲次妃旣而以海島
人止之保皐怨之據鎭叛王乃遣閻長乘其醉刺之後
又罷淸海鎭
丁丑 十八年 唐宣宗大中十一年○西歷紀元後八百五十七年○日皇文德七年 秋八月侍
中金陽卒陽太宗王九世孫周元曾孫也少而英傑所
臨有政譽値時危亂宣力匡濟精忠大節屹爲柱石至
是卒王哀慟追贈舒發翰其贈賻斂葬一依金庾信舊
例○秋九月王薨神武王弟誼靖立
憲安王諱誼靖神武王弟在位四年
戊寅 元年 唐宣宗大中十二年○西歷紀元後八百五十八年○日皇文德八年

庚辰 三年 (唐懿宗咸通元年○日皇淸和二年○西歷紀元後八百六十年) 秋九月王會羣臣於臨海殿王族膺廉年十五與焉王欲試其志問曰汝游學有日得無見善人者乎對曰臣嘗見三人者一勳閥子弟而讓人自下一家富而被服不侈一勢榮而驕氣不形臣竊以此爲善人王默然與王后語曰朕閱人多無如膺廉者以長女妻之是爲寧花夫人

辛巳 四年 (唐懿宗咸通二年○日皇淸和三年○西歷紀元後八百六十一年) 春正月王寢疾彌留謂左右曰寡人不幸無男有女我國故事雖有眞德善德二女主然近於牝鷄之晨不可法也甥膺廉年雖幼少有老成之德卿等立而事之必不墜祖宗之緖寡人死且不朽王薨膺廉立

景文王諱膺廉啓明子僖康王曾孫在位十四年

壬午 元年 (唐懿宗咸通三年○日皇淸和四年○西歷紀元後八百六十二年)

癸未 二年 (唐懿宗咸通四年○日皇淸和五年○西歷紀元後八百六十三年) 春二月王幸國學令博士以下講論經義賜物有差

己丑 八年 (唐懿宗咸通十年○日皇淸和十一年○西歷紀元後八百六十九年) 秋七月遣王子蘇判金胤等如唐又遣學生李同等三人與俱請入學習業仍給買書銀三百兩

癸巳 十二年 (唐懿宗咸通十四年○日皇淸和十五年○西歷紀元後八百七十三年) 春民饑且疫發使賑救

甲午 十三年 (唐僖宗乾符元年○西歷紀元後八百七十四年○日皇淸和十六年) 夏五月伊
飡近宗與其黨犯闕兵敗伏誅
乙未 十四年 (唐僖宗乾符二年○西歷紀元後八百七十五年○日皇淸和十七年) 秋七月王
薨太子晸立
憲康王諱晸景文王子在位十一年
丙申 元年 (唐僖宗乾符三年○西歷紀元後八百七十六年○日皇淸和十八年)
己亥 四年 (唐僖宗乾符六年○西歷紀元後八百七十九年○日皇陽成三年) 春二月幸國學
命博士已下講論○三月王出遊鶴城還至海浦忽雲
霧晦冥迷失道路禱于海神開霧因名開雲浦有異人
處容者奇形詭服詣王前歌舞從王入京王賜爵級于

時又有人衣巾詭異形容可駭不知所從來詣駕前歌
舞其歌有智理多都都破等語蓋謂以智理國者
多逃而都邑將破故歌以警之也時人不知反以爲瑞
耽樂滋甚 (鶴城今蔚山)
辛丑 六年 (唐僖宗中和元年○西歷紀元後八百八十一年○日皇陽成五年) 春三月燕羣臣
於臨海殿王酒酣鼓琴左右各進歌詞極歡而罷
乙巳 十年 (唐僖宗光啓元年○西歷紀元後八百八十五年○日皇光孝元年) 春三月崔致遠
還自唐致遠沙梁部人年十二隨海船入唐尋師力學
十八登第爲侍御史內供奉時黃巢叛兵馬都統高騈
辟爲從事委以書記之任其檄巢有不惟天下之人皆

思顯戮抑亦地中之鬼已讖陰誅之勾巢見之不覺下
床自此名振天下至是奉唐帝詔還年二十八王留爲
侍讀兼翰林學士守兵部侍郎知瑞監事致遠自以西
學多所得欲展所蘊而衰季多疑忌不能容出爲大山
郡太守○冬十月太白晝見

丙午 十一年 唐僖宗光啓二年○日皇光孝二 年○西歷紀元後八百八十六年 秋七月王薨
弟晃立

定康王諱晃憲康王弟在位一年

丁未 元年 唐僖宗光啓三年○日皇光孝三 年○西歷紀元後八百八十七年 春漢州伊飡金
蕘叛發兵誅之○秋七月王薨女弟曼立○赦復州郡
一年租稅

眞聖主諱曼定康王女弟在位十年

甲戌 元年 唐僖宗文德元年○日皇光孝四 年○西歷紀元後八百八十八年 春因大耶州隱
者巨仁已而釋之主淫穢瀆亂潛引年少美丈夫私之
授以要職由是倖幸肆志紀綱壞弛時有人譏謗時政
榜於路或謂是巨仁所爲主囚巨仁將刑之巨仁憤怨
作詩書獄壁曰于公痛哭三年旱鄒衍含悲五月霜今
我幽愁還似古皇天無語但蒼蒼是夕忽雷震雨雹主
懼釋之

己酉 二年 唐昭宗龍紀元年○日皇宇多二 年○西歷紀元後八百八十九年 元宗哀奴等叛

時國內州郡不輸貢賦府庫虛竭國用窮乏主發使督之所在盜賊蜂起於是元宗哀奴等據沙伐州叛主命奈麻令奇捕之令奇望賊壘畏不能進村主祐連力戰死主斬令奇以祐連子嗣爲村主

辛亥

四年（唐昭宗大順二年○日皇宇多四年○西歷紀元後八百九十一年）冬十月弓裔叛據北原裔憲安王庶子以五月五日生生而有齒日者言將不利於國家王使人投之樓下乳婢竊捧之誤以手觸眇一目年十餘祝髮爲僧及壯有膽氣自負見國家衰亂民散盜起謂乘亂聚衆可以得志投北原賊梁吉吉善遇之分兵使東略地

壬子

五年（後百濟甄萱元年○唐昭宗景福元年○日皇宇多五年○西歷紀元後八百九十二年）甄萱叛據完山萱尙州人本姓李幼時父阿慈介耕於野母餉之置萱于林下有虎來乳之及壯體貌雄奇志氣倜儻多智略從軍入京積勞爲裨將時朝綱紊亂盜賊並起萱潛懷異志嘯聚亡命旬月間衆至五千遂襲武珍州自立爲王遙授北原賊梁吉爲裨將（完山今全州府）○冬十月弓裔自北原寇何瑟羅衆至六百自稱將軍與士卒同甘苦予奪不私衆心畏愛之

甲寅

七年（後百濟甄萱三年○唐昭宗乾寧元年○日皇宇多七年○西歷紀元後八百九十四年）春二月崔致遠進時務策十餘條主嘉納以爲阿飡致遠自

乙卯

西仕唐朝東還故國皆値亂世自傷不遇無復仕進意惟以山水書史自娛後挈家隱伽倻山以終老焉卒後有桂苑筆耕等書行于世

八年(後百濟甄萱四年○唐昭宗乾寧二年○日皇宇多八年○西歷紀元後八百九十五年)秋八月弓裔破漢州管內鐵圓等十餘郡軍聲甚盛浿西諸賊來降者衆弓裔自謂可以開國稱君始設內外官職○弓裔以王建爲鐵圓郡太守建漢州松嶽郡人初建父隆娶韓氏築室松嶽之南僧道詵來覗之謂隆曰此出聖地也公明年必得貴子及期果生建龍顔日角器度雄深寬厚有濟世之量年十七道詵復至請見曰足下値百六之會三季蒼生待公弘濟因告以出師置陣地利天時之法望秩山川感通保佑之理至是往投弓裔弓裔見而奇之授是職

丙辰

九年(後百濟甄萱五年○唐昭宗乾寧三年○日皇宇多九年○西歷紀元後八百九十六年)賊起國西南赤袴以自識居害州縣至京西部○松嶽郡沙粲王隆以郡歸弓裔弓裔大喜以爲金城太守隆說之曰大王若欲王朝鮮肅愼卞韓之地莫如先城松嶽以吾長子建爲其主弓裔從之使建築勃禦塹城仍爲城主時建年二十

丁巳

十年(後百濟甄萱六年○唐昭宗乾寧四年○日皇宇多十年○西歷紀元後八百九十七年)旌孝

戊午

女知恩之閭知恩韓岐部民連權之女也少孤貧事母至孝年三十二猶不嫁傭作行乞以養之猶不給就富家賣身爲婢晝則償其直暮歸養其母郎徒孝宗義之與粟百石主聞之賜租與第旌其里曰孝養坊又以憲康王女妻孝宗○夏六月主禪位於太子嶢嶢憲康王庶子也○冬十二月主薨○梁吉取國原等三十餘城聞弓裔地廣民衆怒欲以勁兵襲裔裔先擊大破之

孝恭王諱嶢憲康王庶子在位十五年

元年（後百濟甄萱七年○唐昭宗光化元年○日皇醍醐元年○西歷紀元後八百九十八年）春二月弓裔葺松岳城以王建爲精騎大監伐楊州見州○秋七月弓裔取浿西道及漢山州管內三十餘城移都松嶽郡○冬十一月弓裔作八關會

己未

二年（後百濟甄萱八年○唐昭宗光化二年○日皇醍醐二年○西歷紀元後八百九十九年）秋七月梁吉忌弓裔貳已與國原等十餘城主攻之進軍於非惱城下吉兵潰走

庚申

三年（後百濟甄萱九年○唐昭宗光化三年○日皇醍醐三年○西歷紀元後九百年）○冬十月弓裔遣王建伐廣州忠州唐城菁州槐壤等賊平之以建爲阿飡○甄萱西至完山州民迎勞萱自以爲得人心謂左右曰吾原三國之始馬韓先起赫居後興辰卞從之百濟開國傳世六百唐與新羅合攻滅之今予雖

歷代史略 卷三 二十三

不德欲雪義慈宿憤遂定都完山稱後百濟設官分職
遣使吳越求好

辛酉

四年（後百濟甄萱十年○泰封弓裔元年○唐昭宗天復元年○日皇醍醐四年○西歷紀元後九百一年）
弓裔自稱王裔怨宗國常語人曰新羅請兵於唐滅
高勾麗吾必爲高勾麗報讎嘗南行見興州寺壁前王
畫像拔劒擊之

癸亥

六年（後百濟甄萱十二年○泰封弓裔三年○唐昭宗天復三年○日皇醍醐六年○西歷紀元後九百三年）
弓裔以王建爲精騎大監率舟師攻錦城等十餘郡
拔之分軍戍之

甲子

七年（後百濟甄萱十三年○泰封弓裔四年○唐昭宗天祐元年○日皇醍醐七年○西歷紀元後九百四年）
弓裔立國號曰摩震紀元武泰設百官○秋七月弓
裔定都于鐵圓移靑州千戶實之○將軍弘奇以公州
降弓裔沮江道十餘邑亦降

乙丑

八年（後百濟甄萱十四年○泰封弓裔五年○唐昭宗天祐二年○日皇醍醐八年○西歷紀元後九百五年）
秋七月弓裔改元聖冊修葺宮室樓臺窮極侈奢分
定浿西十三鎭○平壤城主黔用降弓裔甑城赤衣黃
衣明貴等賊亦降○八月弓裔寇邊邑至竹嶺東北王
患疆場日蹙力不能禦命諸城堅壁勿戰

丙寅

九年（後百濟甄萱十五年○泰封弓裔六年○唐昭宗天祐三年○日皇醍醐九年○西歷紀元後九百六年）
弓裔遣王建領兵三千邀甄萱于尙州沙火鎭累戰

歷代史略 卷三 二十四

己巳

克之弓裔以土地益廣士馬漸强意欲幷呑新羅呼爲
滅都凡自羅歸附者幷皆殺之
十二年 後百濟甄萱十八年○泰封弓裔九年○後梁太祖開平三年○日皇醍醐十二年○西曆紀元後九百九年 王建見弓裔日以驕虐常不安於在內會弓裔
以羅州爲憂命建往鎭之建以舟師次光州鹽海縣適
遇甄萱遣使入吳越取其艦而還弓裔大喜優加褒奬
又遣建往擊光州珍島郡拔之建推誠撫士威惠並行
士卒畏愛咸思奮勇敵境讋服

庚午

十三年 後百濟甄萱十九年○泰封弓裔十年○後梁太祖開平四年○日皇醍醐十三年○西曆紀元後九百十年 甄萱怒錦城投弓裔以兵圍之經旬不解弓裔
遣王建發水軍急擊大破之萱遁歸

辛未

十四年 後百濟甄萱二十年○泰封弓裔十一年○後梁太祖乾化元年○日皇醍醐十四年○西曆紀元後九百十一年 王嬖賤妾不恤政事大臣殷影諫不從影執
其妾殺之○弓裔改國號曰泰封改元水德萬歲自稱
彌勒佛頭戴金幘身被方袍出入梵唄隨後

壬申

十五年 後百濟甄萱二十一年○泰封弓裔十二年○後梁太祖乾化二年○日皇醍醐十五年○西曆紀元後九百十二年 夏四月王薨朴景暉立
神德王姓朴氏諱景暉阿達羅王遠孫在位五年

癸酉

元年 後百濟甄萱二十二年○泰封弓裔十三年○後梁末帝乾化三年○日皇醍醐十六年○西曆紀元後九百十三年 弓裔以王建屢著邊功累階爲波珍粲兼

侍中以召之使其副將金言等代視其務而大事稟達行之於是建位冠百僚然懼禍及復求閫外

甲戌 二年(後百濟甄萱二十三年○泰封弓裔十四年○後梁乾化四年○日皇醍醐十七年○西歷紀元後九百十四年)弓裔以王建為百船將軍領水軍鎭羅州甄萱及海上諸賊皆慴伏莫敢動

乙亥 三年(後百濟甄萱二十四年○泰封弓裔十五年○後梁末帝貞明元年○日皇醍醐十八年○西歷紀元後九百十五年)夏六月䭾浦水與東海水相擊浪高二十丈三日而止○弓裔殺其妻康氏康氏以弓裔多行非法正色諫之弓裔惡之曰汝與他人奸何耶康氏曰安有此事弓裔曰我以神通觀之以烈火燒鐵杵撞其陰殺之並其兩兒時弓裔誣搆叛罪日殺數百將相遇害者十有八九

丁丑 五年(後百濟甄萱二十六年○泰封弓裔十七年○後梁末帝貞明三年○日皇醍醐二十年○西歷紀元後九百十七年)秋七月王薨太子昇英立

一 景明王 諱昇英神德王太子在位七年

戊寅 元年(後百濟甄萱二十七年○泰封弓裔十八年○是歲亡○高麗太祖元年○後梁末帝貞明四年○日皇醍醐二十一年○西歷紀元後九百十八年)夏六月丙辰泰封諸將立王建為王國號高麗建元天授弓裔走死泰封亡是年三月唐商客王昌瑾於市中見一異人手持一古鏡以二斗米買之懸於市壁日光斜映隱隱有細字可讀其文曰

三水中四維下上帝降子於辰馬先操鷄後搏鴨此謂運滿一三甲暗登天明理地遇子年中興大事混蹤跡沌名姓混沌誰知眞興聖振法雷揮神電於巳年中二龍見一則藏身青木中一則現形黑金東智者見愚者盲興雲注雨與人征或見盛或視衰盛衰爲滅惡塵滓昌瑾見之謂非常獻于弓裔弓裔令文人宋含弘等解之含弘等曰辰馬者辰韓馬韓也青木者松也王侍中以松嶽郡人有王侯之相豈謂是歟黑金鐵也鐵圓之謂也今王初盛於此殆終滅於此乎先操鷄後搏鴨王侍中御國之後先得鷄林後收鴨綠之意乎相謂曰王

猜忌嗜殺若告以實不獨吾輩爲葅醢王侍中必遇害乃詭辭告之至是將軍洪儒裴玄慶申崇謙卜智謙等夜詣建第語建曰今主縱虐太甚桀紂之惡無以加也廢昏立明天下之大義請公行殷周之事建作色拒之曰吾以忠義自許王雖暴亂安敢有二心諸將曰時難遭而易失天與不取反受其咎况王昌瑾鏡文如彼豈可違天死於獨夫之手乎建拒之甚堅夫人柳氏從帳中竊聽出謂建曰擧義伐虐自古而然今聞諸將議妾猶奮發况大丈夫乎手提甲領以被之於是諸將扶擁而出黎明坐於積穀之上行君臣之禮令人馳且呼曰

王公已擧義旗矣百姓先至宮門鼓譟以待者萬餘人
遂入御布政殿卽位弓裔聞變驚駭曰王公得之吾事
已矣以微服出北門亡去遁于巖谷信宿飢甚偸截麥
穗而食尋爲斧壤民所害○丁巳高麗下詔與民更始
○高麗王賜朴儒姓王氏因賜冠帶令管機要儒質直
通經史初仕弓裔爲員外遷至東宮記室見裔政亂遂
出家隱於山谷聞王卽位乃來○高麗始定官制詔曰
往者泰封主以新羅官職郡邑之號鄙野改爲新制民
不習知以至惑亂今悉從新羅之制其名義易知者可
從新制○秋七月高麗詔曰泰封主以民從欲惟事聚
歛不遵舊制一頃之田租稅六碩置驛之戶賦絲三束
遂使百姓輟耕廢織流亡相繼自今租稅征賦宜用天
下通法以爲恒例○八月朔方鶻巖城帥尹瑄降附高
麗○高麗詔曰泰封主信讖緯棄松嶽還居斧壤營立
宮室百姓困於土功失其農時加以飢饉荐臻疾疫仍
起室家棄背道殣相望一匹細布直米五升至有賣妻
鬻子爲人奴婢者朕甚憫焉其令所在具錄以聞於是
得一千餘口以內庫布帛贖還之仍免民三年租役大
赦○高麗論功行賞洪儒等二千餘人各賜金銀錦繡
穀米有差○甄萱遣一吉粲閔郃于高麗賀卽位王厚

己卯

禮遣之○高麗熊運等十餘州縣叛附百濟麗王命金
行濤爲東南道招討使備之○高麗王以平壤荒廢已
久分黃鳳海白鹽諸州人戶居之爲大都護遣堂弟式
廉守之仍置叅佐四五人○十一月高麗有司言前王
每歲仲冬大設八關會以祈福乞遵其制麗王從之○
甄萱遣使如吳越
二年 後百濟甄萱二十八年○高麗太祖二年○後梁末帝貞明五年○日皇醍醐二十二年○西歷紀元後九百十九年 春正月高麗移都松嶽郡陞郡爲開州創宮
闕立市廛辨坊里分五部置六衛改鐵圓爲東州○三
月高麗創法王王輪等十寺于都內兩京塔廟肖像之

庚辰

廢缺者幷令修葺○高麗王追王三代以曾祖考爲元
德大王廟號國祖妃爲貞和王后祖考爲景康大王廟
號懿祖妃爲元昌王后考爲威武大王廟號世祖妃爲
威肅王后○冬十月高麗城平壤
三年 後百濟甄萱二十九年○高麗太祖三年○後梁末帝貞明六年○日皇醍醐二十三年○西歷紀元後九百二十年 春正月王遣使聘于高麗○二月康州將軍
閏雄降高麗麗王拜阿粲○三月高麗以北界鶻巖鎭
數爲北狄所侵命庾黔弼率開定軍三千築大城守之
由是北方晏然○秋九月甄萱遣阿粲功達於高麗獻
孔雀扇智異山竹箭○冬十月甄萱率步騎一萬攻陷

大良仇史二城至于進禮郡王遣阿粲金律求援於高麗高麗遣兵救之萱引退始與高麗有隙

辛巳 四年 後百濟甄萱三十年○高麗太祖四年○後梁末帝龍德元年○日皇醍醐二十四年○西歷紀元後九百二十一年 冬十月高麗王創大興寺于五冠山迎入僧利言師事之○高麗王幸西京○十二月高麗王冊子武爲正胤正胤卽太子也太祖知武有繼統之德恐其母吳氏側微不得立乃以故笥盛柘黃袍賜吳吳以示大匡朴述熙述熙知其意請立爲正胤

壬午 五年 後百濟甄萱三十一年○高麗太祖五年○後梁末帝龍德二年○日皇醍醐二十五年○西歷紀元後九百二十二年 春二月契丹獻橐駞于高麗○夏六月干枝縣將軍元奉投高麗自是溟州眞寶碧珍等諸郡縣附麗者甚衆○高麗王幸西京新置官僚

癸未 六年 後百濟甄萱三十二年○高麗太祖六年○後唐莊宗同光元年○日皇醍醐二十六年○西歷紀元後九百二十三年 夏四月高麗大匡庾黔弼招諭北蕃歸附者千五百人被虜歸者三千餘人

甲申 七年 後百濟甄萱三十三年○高麗太祖七年○後唐莊宗同光二年○日皇醍醐二十七年○西歷紀元後九百二十四年 夏六月甄萱遣子須彌康良劒等攻高麗曹物郡失利而歸○王薨母弟魏膺立○秋九月遣使聘于高麗

景哀王諱魏膺景明王母弟在位三年

乙酉

元年 後百濟甄萱三十四年○高麗太祖八年○後唐莊宗同光三年○日皇醍醐二十八年○西曆紀元後九百二十五年 春三月高麗宮城東蚯蚓出長七十丈○高麗遣征西大將軍庾黔弼攻後百濟燕山鎭殺將軍吉奐又攻任存郡殺獲三千餘人○高麗王如曹物郡遇甄萱與戰萱兵銳甚未決勝負麗王欲相持以老其師會庾黔弼引兵來會兵勢大振萱懼乞和以外甥眞虎爲質麗王亦以堂弟王信交質

丙戌

二年 後百濟甄萱三十五年○高麗太祖九年○後唐明宗天成元年○日皇醍醐二十九年○西曆紀元後九百二十六年 春契丹滅渤海渤海世子光顯率衆奔高麗麗王待之甚厚賜光顯姓名王繼附之宗籍使奉其祀

丁亥

○夏四月甄萱質子眞虎病死於高麗麗王送其喪萱謂高麗殺之殺王信進軍熊津麗王命諸城堅壁不出先是萱獻絶影島驄馬一匹後聞讖云絶影名馬至百濟亡乃悔之使人請還其馬麗王笑而許之○高麗遣張彬如後唐

三年 後百濟甄萱三十六年○高麗太祖十年○後唐明宗天成二年○日皇醍醐三十年○西曆紀元後九百二十七年 冬十月甄萱陷王都弑王立王表弟金傅高麗王自將擊萱敗績先是萱燒高麗近品城進逼郊畿王告急于麗麗王遣兵一萬赴之未至萱猝入王都時王出遊鮑石亭置酒娛樂忽聞兵至倉卒不知所爲萱

縱兵大掠逼王自盡強辱王妃盡取子女珍寶以歸麗王聞之遣使弔祭親率精騎五千襲萱於公山桐藪大戰不利萱兵圍麗王甚急麗大將申崇謙貌類麗王進曰臣請詐敵乃使麗王隱於藪中代乘其車與將軍金樂力戰死之麗王由是得脫既歸爲二人立寺以報其忠崇謙光海州人長大勇猛嘗從麗王征伐有功後謚壯節○十二月甄萱貽書于高麗求和

敬順王姓金氏諱傅伊飡孝宗之子文聖王之後孫在位八年

戊子

元年 後百濟甄萱三十七年○高麗太祖十一年○後唐明宗天成三年○日皇醍醐三十一年○西歷紀元後九百二十八年

渤海人隱繼宗等投高麗麗王引見於天德殿繼宗等三拜人謂失禮大相含弘曰失土人三拜古之禮也○冬十一月甄萱攻拔高麗烏於谷城將軍楊志等六人降麗王以其妻子徇諸軍棄市○高麗王巡北界移築鎭國城改名通德鎭

己丑

二年 後百濟甄萱三十八年○高麗太祖十二年○後唐明宗天成四年○日皇醍醐三十二年○西歷紀元後九百二十九年

甄萱以甲卒五千侵高麗義城府城主將軍洪術戰死王哭之慟曰吾失左右手矣○冬十二月甄萱圍高麗古昌郡麗將軍庾黔弼奮戰大克之

庚寅

三年 後百濟甄萱三十九年○高麗太祖十三年○後唐明宗長興元年○日皇醍醐三十三年○西歷

辛卯

(紀元後九百三十年)春正月麗王自將軍於古昌郡與甄萱大戰萱敗走兵死者八千餘人於是永安河曲等三十餘城相繼降于麗○芋陵島遣使貢方物于高麗○冬十二月高麗王幸西京創置學校先是西京未有學麗王命秀才廷鶚留爲書學博士別創學院聚六部生徒以敎授之兼置醫卜二業賜穀帛以勸之

四年(後百濟甄萱四十年○高麗太祖十四年○後唐明宗長興二年○日皇朱雀元年○西歷紀元後九百三十一年)春二月王及高麗王會于國都先是王遣使高麗請相見麗王許之以五十餘騎至王宴于臨海殿酒酣王曰小國不天爲甄萱掾喪何痛如之泫然泣下麗

壬辰

王亦流涕慰藉之因留數旬而還麗王之初至肅隊而行秋毫不犯都人士女擧手相慶曰昔甄氏之來如逢豺虎今王公之至如見父母○高麗遣使來聘○高麗置安北府及剛德鎭以元尹平奐爲鎭頭麗王謂有司曰北蕃人面獸心飢來飽去見利忘恥今雖服事向背無常宜於所過州鎭築館城外待之

五年(後百濟甄萱四十一年○高麗太祖十五年○後唐明宗長興三年○日皇朱雀二年○西歷紀元後九百三十二年)夏四月西京民家雌鷄化爲雄○冬十一月高麗前內奉卿崔凝卒謚熙愷凝通五經善屬文曉達吏事時譽洽然

甲午 七年 後百濟甄萱四十三年○高麗太祖十七年○後唐閔帝應順元年○日皇朱雀四年○西歷紀元後九百三十四年 高麗王自將征運州甄萱簡甲士五千至曰
宜結和親各保封境麗王會諸將議之右將軍庾黔弼
曰今日之勢不容不戰以勁騎數千突擊之斬獲三千
餘級熊津以北三十餘城聞風自降

乙未 八年 是歲新羅亡○後百濟甄萱四十四年○高麗太祖十八年○後唐閔帝應順二年○日皇朱雀五年○西歷紀元後九百三十五年 春甄萱子神劒幽其父於金山佛宇
殺其弟金剛自立○夏高麗王謂諸將曰羅州四十餘
郡近爲百濟刧掠誰能爲我撫之庾黔弼奏曰臣雖齒
衰國家大事敢不竭力麗王喜以黔弼爲都統大將軍
遣往羅州經略而還○甄萱奔高麗萱在金山三月飲
醉守卒與季男能乂女哀福嬖妾姑比等奔羅州遣人
請見於高麗王王遣使迎之及至待以厚禮授館南宮
位百僚上賜楊州爲食邑○冬十月王降于高麗新羅
亡王以四方土地盡爲他有國勢孤弱乃與羣下謀降
于高麗王子 失其名 諫曰國之存亡自有天命當與忠臣
義士死守以俟力盡而後已豈可以一千年社稷一朝
輕以與人王曰孤危若此吾終不忍使無辜之民肝腦
塗地遂致書請降於高麗王子哭泣辭王徑入皆骨山
麻衣草食以終其身王至高麗麗王出郊迎勞館于柳

花宮妻以長女樂浪公主拜爲樂浪王政丞位在太子
之上以其故都爲慶州仍爲其食邑新羅五十五王朴
氏十王昔氏八王金氏三十七王共九百九十二年

東國歷代史略卷四

高麗紀 舊說高麗取山高水麗之義

太祖神聖王姓王氏諱建字若天漢州松嶽郡人
金城太守隆之長子在位二十六年統一後八年
壽六十七

高麗太祖十九年 是歲後百濟亡○後晉高祖天福元年○日本朱雀六年○西歷紀元後九百三十六年 秋九月神劍降後百濟亡先是甄萱請於王曰
願仗威靈誅賊子王遂而從之自將討之神劍歸命乞
罪特原之萱憤懣疽發死○王至自後百濟御威鳳樓
受文武官及百姓朝賀製政誡頒中外○冬十二月大
[illegible]

丁酉 戊戌

匡裴玄慶卒玄慶慶州人膽力過人起於行伍王之東
征西討也功居多焉謚武烈
二十年（後晉高祖天福二年○日皇朱雀七年○西歷紀元後九百三十七年）夏五月政
丞金傅獻玉帶長十圍六十二銙命藏于物藏帶即新
羅眞平王所東所謂聖帶者也○遣王規如晉
二十一年（後晉高祖天福三年○日皇朱雀八年○西歷紀元後九百三十八年）春三月
西天竺僧弘梵來王備法駕迎之○秋七月碧珍郡將
軍李忩言卒新羅末羣盜競起惟碧珍爲忩言所保民
賴以安王遣書結納就拜本邑將軍忩言感激鍊兵峙
糧以孤城介於新羅後百濟必爭之地屹然爲東南聲

庚子 癸卯

援○始行後晉年號○築西京羅城○冬十二月耽羅
國太子末老來朝賜星主王子爵
二十三年（後晉高祖天福五年○日皇朱雀十年○西歷紀元後九百四十年）春三月以
慶州爲大都督府改諸州郡號○秋七月初定役分田
自朝臣至軍士視人性行功勞給之有差
二十六年（後晉高祖天福八年○日皇朱雀十三年○西歷紀元後九百四十三年）夏四月
王召大匡朴述熙親授訓要十條一國家大業必資諸
佛護衛之力二諸寺院自道詵占定外不得妄有創造
三國家大統凡元子不肖與次子次子不肖與兄弟中
羣下推戴者四遵唐禮樂文物勿效契丹五西京水德

調順宜當四仲巡駐以致安寧六燈以事佛八關以事
天靈山川龍神不可加減七從諫遠讒使民以時輕徭
薄賦知稼穡之艱難八車峴以南地勢背逆人心亦然
不宜使其人在位用事九祿有功養兵卒十周公無逸
一篇宜當圖揭出入觀省○五月丙午王疾大漸命學
士草遺詔文成王不復語左右失聲大哭王笑曰浮生
自古然矣言訖有頃而薨太子武卽位上謚曰神聖廟
號太祖壬申葬顯陵以遺命喪葬園陵制度依漢文帝
故事悉從儉約

惠宗義恭王諱武字承乾太祖長子在位二年壽

三十四

元年 後晉出帝開運元年○日皇朱雀十四年○西歷紀元後九百四十四年 冬翰林院令
平章事崔彥撝卒彥撝新羅人自少能文年十八入唐
登科四十二還國及新羅歸附太祖命爲太子師委以
文翰之任及卒年七十七謚文英

二年 後晉帝開運二年○日皇朱雀十五年西歷紀元後九百四十五年 後晉遣使冊
王爲持節玄菟州都督上柱國充大義軍使高麗國王
○以長公主妻弟昭初太祖納大匡王規女生廣州院
君于是規欲害王弟堯昭二人讒於王王知其誣乃以
太祖女妻昭用强其勢公主從母姓稱皇甫氏後凡娶

同姓者皆諱稱外家之姓○秋九月王薨羣臣奉王弟堯卽位上謚曰義恭廟號惠宗葬順陵○王規伏誅規乘惠宗寢疾矯命殺大匡朴述熙將作亂西京大匡王式廉引兵入衛竄規于甲串遣人追斬之

定宗文明王諱堯字義天太祖第二子在位四年壽二十七

丙午 元年(後晉出帝開運三年○日皇朱雀十六年○西歷紀元後九百四十六年)春正月王奉佛舍利步至開國寺安焉又以穀七萬碩納諸大寺院

丁未 二年(後晉出帝開運四年○日皇村上元年○西歷紀元後九百四十七年○是歲後晉爲契丹所滅後漢高帝帝)秋置光軍司初崔光胤遊學入晋爲契丹所虜

以才見用知契丹將侵我爲書以報於是命有司選軍三十萬號光軍光胤彥撝之子也

戊申 三年(後漢高祖乾祐元年○日皇村上二年○西歷紀元後九百四十八年)秋九月東女眞蘇無蓋等來獻馬七百匹及方物東女眞本黑水靺鞨其種分居混同江南北江之南曰西女眞所謂熟女眞也江之北曰東女眞所謂生女眞也

按東女眞國卽古肅愼氏之地新羅奈勿王時謂之挹婁實聖王時謂之勿吉眞平王時謂之靺鞨而分爲黑水粟末兩種黑水渠長始朝于唐景德王時唐以其地爲燕州置黑水部其後粟末強盛號渤海國

能臣服黑水及麗太祖時渤海爲契丹所滅黑水復
擅其地改號女眞而有東西兩種西繫籍于契丹東
則否
○始行後漢年號
四年（後漢隱帝仍稱乾祐二年○日皇村上 三年○西歷紀元後九百四十九年）春正月大
匡王式廉卒式廉太祖從弟也以勳恪久鎭西京及定
王規之亂賜功臣號加大丞卒諡威靜贈太師○三月
丙辰王疾篤召母弟昭內禪移御帝釋院薨上諡曰文
明廟號定宗葬安陵初王以圖讖將移都西京發丁營
宮闕及甍役夫聞而喜躍

光宗大成王諱昭字日華定宗母弟在位二十六
年壽五十一
元年（後漢隱帝乾祐三年○日皇村上 四年○西歷紀元九百五十年）建元光德○春
正月大風拔木王問禳災之術司天奏曰莫如修德自
是常讀貞觀政要
二年（後周太祖廣順元年○○是歲後周太祖簒後漢爲 帝○日皇村上五年○○西歷紀元後九百五十一 年）冬十月西京重興寺九層塔災○十二月始行後周
年號
三年（後周太祖廣順二年○日皇村上六 年○西歷紀元後九百五十二年）遣使朝周
七年（後周世宗顯德三年○日皇村上十 年○西歷紀元後九百五十六年）命有司按檢

奴婢推辨是非奴多背主陵上之風大行

戊午 九年 後周世宗顯德五年○日皇村上十二年○西歷紀元後九百五十八年 夏五月始行科擧法命翰林學士雙冀知貢擧冀本仕周爲大理評事隨周使東來引對稱旨王愛其才表請爲僚屬遂加擢用至是用其議置科擧而仍令主之試以詩賦頌及時務策取進士御威鳳樓放榜賜甲科崔暹等二人明經三人卜業二人及第自是詞章之學興焉

庚申 十一年 宋太祖建隆元年是歲後周亡宋太祖代之○日皇村上十四年○西歷紀元後九百六十年 定百官公服元尹以上紫衫中壇卿以上丹衫都航卿以上緋衫主簿以上綠衫以閼京爲皇都西京爲西都

○評農書史權信譖大相俊弘佐丞王同等謀逆王信之貶二人自是讒佞得志誣陷忠良人人畏懼莫敢偶語

辛酉 十二年 宋太祖建隆二年○日皇村上十五年○西歷紀元後九百六十一年 冬遣使朝宋

癸亥 十四年 宋太祖乾德元年○日皇村上十七年○西歷紀元後九百六十三年 始行宋年號

甲子 十五年 宋太祖乾德二年○日皇村上十八年○西歷紀元後九百六十四年 春三月賜金策等及第王御天德殿宴羣臣命策釋褐賜公服赴宴○秋八月司徒朴守卿卒守卿性勇烈多權智爲太

乙丑

祖將屢以奇計敗甄萱及定宗創平內難功又居多至是二子被讒下獄憂恚而卒

十六年(宋太祖乾德三年○日皇村上十九年○西歷紀元後九百六十五年)秋七月內議令徐弼卒弼利川人性通敏始以吏事進王嘗賜宰臣王咸敏皇甫光謙及弼金酒器弼獨不受曰臣謬居宰輔已叨寵恩又賜金器愈懼逾分且服用明等衰奢儉關理亂臣用金器君將何用後因進見曰願上莫賞無功無忌有功王嘿然翌日遣近臣問有功無功者爲誰弼對曰有功者元甫式會是也無功者若輩是也時王體重投化唐人擇取臣僚第宅與之弼奏曰臣居第稍寬願獻焉王問其故對曰今投化唐人擇官而仕擇屋而處世臣故家反多失所臣愚誠爲子孫計宰相居第非渠所能有也及臣之存請取之臣以祿俸之餘更營小第庶無後悔王怒後感悟稱善自後不復奪臣僚第宅其奢謂如此謚貞敏後配享王廟

十九年(宋太祖開寶元年○日皇冷泉元年○西歷紀元後九百六十八年)創弘化遊巖三歸等寺以僧惠居爲國師坦文爲王師王信讒多殺內懷疑懼欲消罪惡廣設齋會無賴之徒詐爲出家以求飽飫匃者坌至或以餠餌米豆柴炭施之列置放生所禁斷屠殺至於內膳亦買市廛以進

乙亥
二十六年(宋太祖開寶八年○日皇昤泉八 年○西歷紀元百十五年)夏五月王
薨太子伷卽位上諡曰大成廟號光宗葬憲陵○加上
六代尊號
景宗獻和王諱伷字長民光宗長子在位六年壽
二十七
丙子
元年(宋太宗太平興國元年○日皇令泉 九年○西歷紀元後九百七十六年)始定職散官
各品田柴科勿論官品高低但以人品定之紫衫以上
作十八品一品給田柴各一百一十結以次遞降文班
丹衫以上作十品緋衫作八品綠衫作十品武班丹衫
以上作五品雜業丹衫以上作十品緋衫以上作八品
綠衫以上作十品皆給田柴有差
戊寅
三年(宋太宗太平興國六年○日皇昤泉十 一年○西歷紀元後九百七十八年)夏四月政
丞新羅降王金傅卒諡敬順
辛巳
六年(宋太宗太平興國六年○日皇昤泉十 四年○西歷紀元後九百八十一年)秋七月王
疾彌留召堂弟開寧君治內禪遺詔服紀依漢制以日
易月越二日薨上諡曰獻和廟號景宗葬榮陵○八月
王御威鳳樓大赦放三年役減租稅之半陞文武官一
階○冬十一月追尊考爲宣慶大王廟號戴宗○王以
八關會雜技不經且煩擾悉罷之
成宗文懿王諱治字溫古太祖第七子旭之第二

子在位十六年壽三十八

壬午
元年 宋太宗太平興國七年○日皇冷泉十五年○西曆紀元後九百八十二年 春三月改
百官號以內議省爲內史門下廣評省爲御事都省○
夏六月制曰朕新揔萬幾恐有闕政其京官五品以上
各上封事論時政得失上柱國崔承老上二十六條其
論斥佛事居三之一皆峻切明直王嘉納尋拜爲門下
侍郞平章事○冬十月制令民間貸債出息者子母相
侔更勿取息○以王生日爲千秋節

癸未
二年 宋太宗太平興國八年○日皇冷泉六年○西曆紀元後九百八十三年 春正月王
祈穀于圜丘配以太祖躬耕耤田祀神農○始置十二
牧○博士任成老至自宋獻太廟堂圖一鋪幷記一卷
社稷堂圖一鋪幷記一卷文宣王廟圖一鋪祭器圖一
卷七十二賢贊記一卷○始定三省六曹七寺○始臨
軒覆試進士賜及第

甲申
三年 宋太宗太平興國九年○日皇冷泉十七年○西曆紀元後九百八十四年 夏五月命
刑官御事李謙宜城鴨綠江岸女眞以兵遏之虜謙宜
而去

乙酉
四年 宋太宗雍熙二年○日皇花山元年○西曆紀元後九百八十五年 ○冬十月禁捨
家爲寺○新定五服給暇式斬衰齊衰三年給百日齊
衰期年給三十日大功九月給二十日小功五月給十

丙戌

五日總麻三月給七日
五年(宋太宗雍熙三年○日皇花山二年○西歷紀元後九百八十六年)春正月契丹遣
厥烈來請和先是宋欲伐契丹收復燕薊以我與契丹
接壤遣使諭以同力盪平王許之契丹聞而畏之故有
是請○夏五月改詔爲敎○敎曰寡人素慚薄德尙切
崇儒欲興周孔之風冀致唐虞之理庠序以養之科目
以取之今諸州所上學生慮有思鄉之人皆令從便去
留各賜米布有差○八月始令十二牧挈妻子赴任

丁亥

六年(宋太宗雍熙四年○日皇一條元年○西歷紀元後九百八十七年)春三月內史令
崔知夢卒知夢初名聰進博涉經史尤精於天文卜筮
年十八太祖聞其名召使占夢知夢曰吉必將統御三
韓太祖喜改名知夢授供奉職常從征伐不離左右及
卽位入侍禁中以備顧問卒時年八十一謚敏休○敎
自今科場除頌試以詩賦及時務策○置十二牧經學
醫學博士各一員○十一月改慶州爲東京置留守

戊子

七年(宋太宗端拱元年○日皇一條二年○西歷紀元後九百八十八年)始定五廟

己丑

八年(宋太宗端拱二年○日皇一條三年○西歷紀元後九百八十九年)夏四月始營太
廟王躬率百官輸材○五月守侍中崔承老卒謚文貞
贈太師○秋九月始置東西北面兵馬使東北西北二
面各一人階三品親授鈇鉞專制知兵馬使一人亦三

庚寅 辛卯 壬辰

品副使二人四品又以門下侍中中書令尙書令爲判
事留京遙領之
九年(宋太宗淳化元年○日皇一條四年○西曆紀元後九百九十年)秋九月遣使六
道訪求孝子順孫義夫節婦○冬十二月置修書院于
西京令諸生抄書史籍而藏之
十年(宋太宗淳化二年○日皇一條五年○西曆紀元後九百九十一年)春二月遣諸道
安慰使問民疾苦○閏月始立社稷○逐鴨綠江外女
眞於白頭山外居之
十一年(宋太宗淳化三年○日皇一條六年○西曆紀元後九百九十二年)敎京官五品
以上各擧德行才能者一人凡有文才武略者聽詣闕

癸巳

自擧○秋七月王流郁于泗水縣(今泗川)郁太祖第八子
烝景宗妃皇甫氏有娠王知之乃流郁妃會皇還第及
門胎動攀柳枝免身而卒兒卽詢也○十二月立國子
監又令有司廣營學舍量給田庄以充學糧
十二年(宋太宗淳化四年○日皇一條七年○西曆紀元後九百九十三年)春置常平倉
于兩京十二牧○冬十月契丹遣蕭遜寧將兵侵西鄙
王如西京欲遣大臣詣丹營議和羣臣無有應者內史
侍郎徐熙獨奏曰臣雖不敏請往王出餞江頭執手慰
藉而送之熙至丹營遜寧欲令熙拜熙以義折之分庭
抗禮既坐遜寧語熙曰高勾麗之地我所有也而汝國

侵蝕之何也熙曰非也我國卽高勾麗之舊也故號高麗都平壤若論地界上國之東京皆在我境何得謂之侵蝕乎辭氣慷慨遜寧知不可強遂具聞其主請罷兵設宴慰熙極歡而罷熙還王大喜出迎卽遣使聘丹

十三年 宋太宗淳化五年○日皇一條八年○西歷紀元後九百九十四年 春二月契丹蕭遜寧致書言將於鴨江西築五城請王於鴨江東亦量地築城同時擧役○始行契丹年號○命有司少孤無養育者限十歲官給糧○夏遣元郁如宋乞師以報契丹宋以北鄙甫寧不宜輕動但優禮遣還自是與宋絶○命平章事徐熙率兵攻逐女眞城長興歸化二鎭

十四年 宋太宗至道元年○日皇一條九年○西歷紀元後九百九十五年 春二月王以業文之士纔得科名易廢素業敎年五十以下未經知制誥者翰林院出題令每月進詩三篇賦一篇在外文官自爲詩三十篇賦一篇歲抄附計吏以進翰林院品題以聞○秋改開州爲開城府又定十道一關內二中原三河南四江南五嶺南六嶺東七山南八海陽九朔方十浿西○遣童子十人於契丹習其國語○遣左承宣趙之遴如契丹請婚以東京留守駙馬蕭恆德女許嫁

十五年 宋太宗至道二年○日皇一條十年○西歷紀元後九百九十六年 徐熙城宣孟

二州

丁酉

十六年 宋太宗至道三年○日皇一條十一年○西歷紀元後九百九十七年 冬十月王疾大漸召姪開寧君誦傳位移御內天王寺平章事王融請頒赦王曰死生在天何至釋有罪枉求延命乎且繼我者何以布新恩不許薨是日誦卽位上謚曰文懿廟號成宗

穆宗宣讓王諱誦字孝伸景宗長子在位十二年壽三十

戊戌

元年 宋眞宗咸平元年○日皇一條十二年○西歷紀元後九百九十八年 以王生日爲長寧節○秋七月太保內使令徐熙卒熙弼之子性嚴恪年十八擢甲科成宗時嘗從幸海州成宗幸熙幕欲入熙曰臣之幕非君所臨也命進酒熙曰臣之酒不堪獻也成宗乃坐幕外進御酒共飮而罷供賓令鄭又玄論時政忤旨成宗欲以越職罪之羣臣皆順之熙獨曰古者諫無官越職何罪臣居宰輔事多可言而不能言是臣可罪而又玄可賞也成宗感悟至是卒年五十七謚彰威○改西京爲鎬京○冬十二月改定文武兩班及軍人田柴科其一科田一百結柴七十結以此遞降摠十八科又限外科給田十七結

己亥

二年 宋眞宗咸平二年○日皇一條十三年○西歷紀元後九百九十九年 冬十月遣使

復通宋

壬寅 五年 (宋眞宗咸平五年○日皇一條十六年○西歷紀元後一千二年) 夏四月王有事于太廟加上徽號赦

癸卯 六年 (宋眞宗咸平六年○日皇一條十七年○西歷紀元後一千三年) 太后皇甫氏逼大良院君詢爲僧初詢旣長封爲大良院君太后與金致陽私生子謀爲王後忌大良君强令出家初寓崇教寺後又寓三角山神穴寺太后潛遣人謀害有老僧知之穴地匿詢而上置臥榻以防不測

甲辰 七年 (宋眞宗景德元年○日皇一條十八年○西歷紀元後一千四年) 夏門下侍中韓彥恭卒謚貞信彥恭性敏好學遇事能直言

乙巳 八年 (宋眞宗景德二年○日皇一條十九年○西歷紀元後一千五年) 春東女眞寇登州遣將禦之○三月汰外官唯置十二節度四都護東西北界防禦鎭使縣令鎭將其餘觀察使都團練團練刺史悉革之

丙午 九年 (宋眞宗景德三年○日皇一條二十年○西歷紀元後一千六年) 夏四月令文官六品以上各擧才堪治民者一人且曰所擧可賞幷賞擧者罰亦如之○六月震天成殿鴟吻王憂懼責己減今年稅布之半幷蠲甲辰年前逋欠租稅

丁未 十年 (宋眞宗景德四年○日皇一條二十一年○西歷紀元後一千七年) 創鎭觀寺九層塔○秋御史臺奏慶州人融大賂宮人金氏及平章事

韓藺卿吏部侍郎金諸爲援認良民五百口爲奴婢王
怒流藺卿于楊州諸于海島金氏罰銅一百斤聞者賀
之○有山湧于耽羅海中高可百餘丈周圍可四十餘
里無草木煙氣冪其上望之如石硫黃

己酉

十二年宋眞宗大中祥符二年○日皇一條二十三年○西歷紀元後一千九年春正月幸
崇敎寺及還暴風折傘蓋柄○王有疾不接羣臣右僕
射金致陽謀殺大良君仍欲作亂王知之急召給事中
蔡忠順泣謂曰予無子而繼嗣未定衆心搖動是吾過
也太祖之孫惟大良君在卿與崔沆盡心匡扶使社稷
不屬異姓遂人迎大良君於神穴寺仍徵西北面巡檢
使康兆率兵入衛兆旣至遂有二心迎大良君立之逼
王及大后移忠州遣人弒王於道又殺致陽父子諡王
曰宣讓廟號穆宗○罷敎坊宮女一百餘人毁閬苑亭
珍禽奇獸之類放之山澤○以康兆爲吏部尙書○追
尊皇考郁爲孝穆大王妣皇甫氏爲孝肅王太后○立
金氏爲妃成宗之女也

顯宗元文王諱詢字安世孝穆王子在位二十二
年壽四十

庚戌

元年宋眞宗大中祥符三年○日皇一條二十四年○西歷紀元後一千十年春閏二月復
燃燈會初成宗以燃燈八關二會皆雜技不經且煩擾

廢不舉者幾三十年至是復燃燈會又復八關○秋七
月契丹主遣使問前王之故因自將步騎四十萬渡鴨
綠江以書諭我曰聞爾國逆臣康兆弑君立幼是以問
罪兆率衆出禦至通州分軍爲三隔水而陣丹兵進破
三水砦兆方與人彈碁聞敵兵至驚起恍惚若見穆宗
立其後叱曰汝奴休矣天伐詎可逃耶兆即脫鍪長跪
曰死罪死罪言未訖丹兵已縛兆詣丹主營斬之○冬
十二月契丹兵犯京都王南幸丹主既誅康兆遂進圍
西京鎭將姜民瞻閉城固守丹兵攻之不克乃解而東
下報至羣臣議降禮部侍郞姜邯贊獨曰今日之事罪

辛亥

在康兆非所恤也但衆寡不敵當避其鋒徐圖興復因
勸王南幸王夜與后妃及蔡忠順智蔡文等出都門去
二年（宋眞宗大中祥符四年〇日皇一條二十五年〇西歷紀元後一千十一年）春正月丹
兵退王還自羅州興化鎭巡檢使楊規龜州別將金叔
興及契丹主戰于艾田敗績死之初王之南幸也用河
拱辰計遣拱辰及高英起表請回兵于丹主未至丹兵
陷京都焚燒太廟宮闕民屋皆盡既而拱辰等至丹營
丹主見表許班師遂引兵西還王遂自羅州還次全州
時丹兵還至龜州叔興出兵邀擊斬萬餘級規又擊其
敗兵於無老斬五千餘級俄而丹主大軍掩至規與叔

興終日苦戰兵盡矢窮皆死之二人既死諸將乘丹兵
之敝抄擊之丹主趣渡鴨綠江而去鎭使鄭成及其半
渡尾擊之丹兵溺死者甚衆諸降城皆復于我◯罷中
臺省置中樞院◯二月王還京都論功行賞有差◯置
迎賓會仙二館以待諸國使◯夏東北女眞酋長來獻
土物◯遣使如契丹謝班師◯六月以姜邯贊爲翰林
學士◯冬十二月河拱辰遇害于契丹初拱辰至丹營
被留內圖還國外示忠勤丹主甚加寵遇妻以良家女
拱辰多市駿馬列置東路以爲歸計會有洩其謀者丹
主鞫之拱辰以實對且曰臣於本國不敢有二心丹主

義而原之諭令改節效忠拱辰辭益厲不遜遂見殺
壬子 三年(宋眞宗大中祥符五年○日皇三條元年○西歷紀元後一千十二年) 夏五月東女
眞來寇遣兵擊走之◯禮官請令中外賀 辰王敎曰
寡人早値凶閔永違供養每及劬勞之日益切追感之
心忍以悲懷而爲慶會諸道進賀一切禁之止置祝壽
道場◯冬十月宋楚人陸世寧等來獻土物
癸丑 四年(宋眞宗大中祥符六年○日皇三條二年○西歷紀元後一千十三年) 春二月契丹
遣左監門來索興化等六城不從◯女眞引契丹兵來
將渡鴨綠江大將軍金承渭等擊却之◯六月遣使如
契丹賀改元

歷代史略 卷四

甲寅

五年 宋眞宗大中祥符七年○日皇三條三年○西歷紀元後一千十四年 春二月鐵利國會那沙使女眞來獻馬及貂鼠皮○夏六月教軍人在防戍及道死者官給歛具函其骨驛送于家○中樞使姜邯贊請修社稷壇令禮司議定儀注○上將軍金訓崔質等率諸衛軍作亂流中樞院使張延祐日直皇甫俞義自用兵以來增置軍額由是百官祿俸不足俞義等建議奪京軍永業田以充祿俸武官頗不平質以邊功累拜武職而不得文官居常怏怏遂與訓等激衆怒誘諸衛士鼓譟入禁中縛俞義等楚撻垂死詣閤中面訴奪田王重違衆志流配俞義等于遠地訓等又請罷御史臺置金吾臺罷三司置都正署令武官常叅以上皆兼文職從之○減今年租稅之半

乙卯

六年 宋眞宗大中祥符八年○日皇三條四年○西歷紀元後一千十五年 春三月王幸西京誅金訓崔質等自武夫用事以來政出多門朝綱紊亂和州防禦使王可道秩滿還京謂日直金猛曰王何不效漢高雲夢之遊乎猛喩其意密奏王王然之權授可道西京判官使先往設備遂幸西京宴羣臣於長樂殿乘訓等醉以兵襲殺之盡罷武臣所建官號○冬十一月遣民官侍郎郭元如宋告契丹連歲來侵請出師救之宋帝畏契丹不許但諭之曰貴國與彼連境結

歷代史略 卷四

歷代史略 卷四 十八

好息民是遠圖云

丙辰

七年（宋眞宗大中祥符九年○日皇三條五年○西歷紀元後一千十六年）刑部奏官吏
監臨自盜者勿計贓物多少幷除名流本貫從之○復
行宋年號

丁巳

八年（宋眞宗天禧元年○日皇後一條元年○西歷紀元後一千十七年）春禁人捨家爲
寺婦女爲尼○秋八月契丹圍興化鎭將軍堅一等擊
敗之○冬敎高勾麗新羅百濟王陵墓並令所在州縣
修治禁樵採過者下馬

戊午

九年（宋眞宗天禧二年○日皇後一條二年○西歷紀元後一千十八年）春正月東西女
眞來獻馬○罷諸道按撫使置四都護八牧五十六知

州郡事二十八鎭將二十縣令○夏閏四月門下侍中
劉瑨等奏民庶疫癘陰陽愆伏皆刑政不時所致也謹
按月令三月節省囹圄去桎梏無肆掠止獄訴四月中
氣挺重囚出輕繫七月中氣繕囹圄具桎梏斷薄刑決
小罪又按獄官令自立春至秋分不得奏決死刑若犯
惡逆不拘此令然恐法吏未盡審詳請自今中外所司
皆依令施行從之○以姜邯贊爲西京留守內史侍郎
平章事王手書告身後曰庚戌年中有虜塵干戈深入
漢江濱當時不用姜公策擧國皆爲左衽人世多榮之
○五月飯僧十萬自是以爲恆規○秋九月契丹蕭遜

歷代史略 卷四 十九

寧以兵十萬來侵以邯贊爲上元帥民瞻副之帥兵二
十萬禦之邯贊至興化鎭設伏山谷中又以大繩貫牛
皮塞大川以待之賊至決塞發伏大敗之遜寧引兵直
趍京城 一

己未

十年 宋眞宗天禧三年○日皇後一條 三年○西歷紀元後一千十九年 春二月姜邯贊
大敗丹兵於龜州遜寧之趣京城也邯贊遣兵入援而
京城亦嚴備以待遜寧度不可攻回軍而去至龜州邯
贊等邀戰於東郊勝負未決忽風雨南來旌旗北靡遂
乘勢奮擊之丹兵大潰僵尸蔽野生還者僅數千人凱
還王親迎于郊宴賜將士以金花八枝親揷邯贊頭右

執觴左執手慰歎不已既而邯贊上表請老不允賜几
杖令三日一朝尋加太尉門下侍郎同內史門下平章
事天水縣開國男食邑三百戶賜推忠協謀安國功臣
號○定新及第榮親式

庚申

十一年 宋眞宗天禧四年○日皇後一條 年○西歷紀元後一千二十年 春正月黑水
靺鞨來朝自是貢獻不絕○二月遣使如契丹○契丹
遣使報聘○以姜民瞻爲兵部尚書○夏五月弗奈國
來貢○秋八月以新羅侍郎崔致遠配享先聖廟後追
封爲文昌侯○冬閏十二月遣使如宋及契丹

辛酉

十二年 宋眞宗天禧五年○日皇後一條 年○西歷紀元後一千二十一年 春二月五

冠山崩○三月鐵利國遣使表請歸附○冬十二月中樞使尹徵古卒徵古性沉重嚴毅美風儀累爲臺官裁決平允口不言人短人愛而畏之

壬戌 十三年 宋眞宗乾興元年○日皇後一條六年○西歷紀元後一千二十二年 春正月贈新羅翰林薛聰弘儒侯從祀先聖廟○二月耽羅獻方物○夏四月復行契丹年號○六月置東宮官屬○秋七月命于山國民逃來者處之禮州永爲編戶從兵馬使之請也

癸亥 十四年 宋仁宗天聖元年○日皇後一條七年○西歷紀元後一千二十三年 夏五月禁百官於朝會蹝膝私語或單拜起居搪揬班行以失朝儀者○秋契丹遣使來賀生辰○以太常齋郎全彥追服母喪有孝行特加次第職

甲子 十五年 宋仁宗天聖二年○日皇後一條八年○西歷紀元後一千二十四年 夏五月癸巳雨時自春旱甚王輟膳齋沐焚香立殿庭仰天祝曰寡人有過請卽降罰萬民有過寡人亦當之乞垂膏澤以救元元是日大雨○禮部尚書周佇卒佇謙恭工文翰王之南幸也終始扈從有功○秋七月西域大食國來獻土物

丙寅 十七年 宋仁宗天聖四年○日皇後一條十年○西歷紀元後一千二十六年 夏四月以智蔡文爲右僕射尋卒蔡文有忠義大節庚戌之難與

邯贊共贊南幸之計不避艱險盡力捍衛○秋九月幸
海州神光寺十月還
丁卯 十八年 宋仁宗天聖五年○日皇後一條十一年○西歷紀元後一千二十七年 秋八月宋
江南人李文通等來獻書冊凡五百九十七卷
己巳 二十年 宋仁宗天聖七年○日皇後一條十三年○西歷紀元後一千二十九年 春閏二月
始令文官四品以下年未六十者每暇日習射于東西
郊○議增太廟籩豆禮部據王制豐年不奢凶年不儉
之義執不可乃止○夏五月王謂宰相曰女眞屢犯邊
陲爲害滋甚宜招諭渠帥厚加賞賜此所謂以德懷人
也叅知政事郭元奏曰女眞人面獸心與其懷之以惠
曷若震之以威王然之○六月耽羅世子孤烏弩來朝
授游擊將軍賜袍一襲○秋八月築開京羅城平章事
姜邯贊以京都無城郭請築之乃定城基均其閒狹周
一萬六百六十步高二十七尺郭屋四千九百一十間
凡二十一年而畢○冬十二月興遼國引東北女眞與
契丹相攻遣使乞援王用蔡忠順言不從興遼卽渤海
遺種大祚榮七世孫延琳仕丹爲東京將軍至是叛丹
建國稱元尋爲丹所滅
辛未 二十二年 宋仁宗天聖九年○日皇後一條十五年○西歷紀元後一千三十一年 夏五月
王疾篤召太子欽屬以後事俄而薨王自幼聰悟仁惠

及長敏學工書凡耳目所經不復遺忘太子卽位上諡
日文元廟號顯宗葬宣陵○秋八月侍中致仕姜邯贊
卒邯贊衿州人性淸儉不營產業少好學多奇略體貌
矮陋衣裳垢弊不踰中人而正色立朝臨大事決大策
矻然爲邦家柱石旣老致仕歸城南別墅至是卒年八
十四諡仁憲○冬閏十月設國子監試試以詩賦監試
之法始此

德宗敬康王諱欽字元良顯宗長子在位三年壽
十九

壬申 元年（宋仁宗明道元年○日皇後一條十六年○西歷紀元後一千三十二年）春正月契丹
使至不納先是遣金行恭赴契丹會葬附表請毀鴨綠
城橋丹主不從王可道李端等皆言丹可伐王然之至
是與丹絕好○三月以王可道監修國史黃周亮修國
史○夏六月王如奉恩寺以太祖諱日也自後以爲常
例

癸酉 二年（宋仁宗明道二年○日皇後一條十七年○西歷紀元後一千三十三年）秋八月命柳
韶創置北界關城起自西海東傅于海延袤千里高厚
各二十五尺以石爲之

甲戌 三年（宋仁宗景祐元年○日皇後一條十八年○西歷紀元後一千三十四年）秋九月王寢
疾傳位于弟平壤君亨薨是日平壤君卽位上諡敬康

廟號德宗葬肅陵

靖宗容惠王諱亨字申昭德宗母弟在位十四年

壽三十二

乙亥 元年(宋仁宗景祐二年○日皇後一條十九年○西歷紀元後一千三十五年)秋九月築長城於松嶺迤東以扼邊寇之衝又城梓田㭊民實之號昌州

丙子 二年(宋仁宗景祐三年○日皇後一條二十年○西歷紀元後一千三十六年)秋七月中樞院奏伏審制旨令進人蔘三百斤近來所進十斤足以供用乞勿令復進王不悅門下省繼奏古之帝王節嗜欲去奢侈所以養民庶致太平也今災變屢作所宜齊心責躬豈可以無益之費損民之膏血乎從之

丁丑 三年(宋仁宗景祐四年○日皇後朱雀元年○西歷紀元後一千三十七年)秋七月元成太后諱辰百官請乾德殿上表陳慰諱辰陳慰始此○冬十二月遣使復修好于契丹以丹有責言也

戊寅 四年(宋仁宗寶元元年○日皇後朱雀二年○西歷紀元後一千三十八年)秋八月復行契丹年號○冬十一月內史門下省奏東池白鶴鵝鴨山羊之類日飼稻粱爲費甚多乞放海島從之

己卯 五年(宋仁宗寶元二年○日皇後朱雀三年○西歷紀元後一千三十九年)冬閏十二月立賤者從母法

庚辰 六年(宋仁宗康定元年○日皇後朱雀四年○西歷紀元後一千四十年)秋八月刑部尚

書李周佐卒周佐東京人立朝四十餘年風采瓌偉有大臣體

辛巳 七年 宋仁宗慶曆元年○日皇後朱雀五年○西歷紀元後一千四十一年 秋九月兵部奏選軍別監選取文武官七品以上員子弟除業文赴擧外並充軍伍此雖安不忘危之意然彼皆累世勛舊子孫故祖宗以來不與于役況在甲子丙子年間已有禁制請勿充隊伍從之

壬午 八年 宋仁宗慶曆二年○日皇後朱雀六年○西歷紀元後一千四十二年 春三月制御殿侍朝之日令百官各奏對○夏六月內史令徐訥卒訥熙之子也金行恭之還自契丹也平章事柳韶請攻破契丹鴨綠城訥與黃周亮執不可事遂已

癸未 九年 宋仁宗慶曆三年○日皇後朱雀七年○西歷紀元後一千四十三年 禁中外錦繡銷金龍鳳紋綾羅衣服

甲申 十年 宋仁宗慶曆四年○日皇後朱雀八年○西歷紀元後一千四十四年 春二月以禮成江兵船一百八十艘漕轉軍資以實西北界州鎭倉廩

乙酉 十一年 宋仁宗慶曆五年○日皇後朱雀九年○西歷紀元後一千四十五年 春二月制文武官父母在三百里之外者三年一定省給暇三十日無父母者五年一掃墳給暇十五日並不計程途五品以上奏聞六品以下有司給暇登第者定省掃墳日

丙戌

限亦依此例○秘書省進新刊禮記正義七十本毛詩
正義四十本命各藏一本於御書閣餘賜文臣
十二年（宋仁宗慶曆六年○日皇後冷泉元年○西歷紀元後一千四十六年）春正月制
凡人民依律文立嗣以嫡嫡子有故立嫡孫無嫡孫立
同母弟無母弟立庶孫無男孫者亦許女孫○三月命
侍中崔齊顏分京城街衢爲三道以彩樓子擔般若經
前行僧徒具法服步行讀誦監押官亦以公服步從巡
行街衢爲民祈福名曰經行自是歲以爲常○夏五月
丁卯王不豫百官禱于佛寺丁酉王薨弟樂浪君徽卽
位上謚恭惠廟號靖宗葬周陵奉遺命山陵制度悉從

戊子

儉約○秋八月御宣政殿召侍中崔齊顏平章事崔冲
等論時政得失○追褒楊規金叔興姜民瞻等破契丹
之功圖形於功臣閣

文宗仁孝王諱徽字燭幽顯宗第三子在位三十
七年壽六十五

元年（宋仁宗慶曆七年○日皇後冷泉二年○西歷紀元後一千四十七年）春正月王以
諸州逕年盛設輪經會外吏憑此聚斂制令禁斷○王
以所行律令或多訛舛罪失輕重命侍中崔沖集諸律
官重加詳校
二年（宋仁宗慶曆八年○日皇後冷泉三年○西歷紀元後一千四十八年）夏四月制各

司已初赴衙酉初罷衙已有成規四時晷刻長短亦不同自今日永辰初日短巳初赴衙○王幸外帝釋院聽說經故事王幸山林駕還必駐是院命僧乘鳳輦講法以爲常式○秋七月制自今大小官吏四仲時祭給暇二日

己丑 三年 宋仁宗皇祐元年○日皇後冷泉四年○西歷紀元後一千四十九年 饗八十以上國老○日本對馬島遣使送漂人

庚寅 四年 宋仁宗皇祐二年○日皇後冷泉五年○西歷紀元後一千五十年 冬十一月定損災免役法田一結率十分爲定損至四五分除租六分除租布七八分租役布俱免

壬辰 六年 宋仁宗皇祐四年○日皇後冷泉七年○西歷紀元後一千五十二年 春二月冊延德宮主李氏爲王妃子淵之女也○新築社稷壇於皇城西親行祀事○三月命太史金成澤撰十精曆李仁顯撰七曜曆韓爲行撰見行曆梁元虎撰遁甲曆金正撰太一曆○北蕃賊入寇圍淄潭驛兵馬錄事金忠簡擊敗之

甲午 八年 宋仁宗至和元年○日皇後冷泉九年○西歷紀元後一千五十四年 春三月制凡田品不易之地爲上一易之地爲中再易之地爲下其不易山田一結准平田一結一易田二結准平田二結再易田三結准平田三結

乙未 九年 宋仁宗至和二年○日皇後冷泉十年○西歷紀元後一千五十五年 冬十月王以災變屢見庶憑佛力命有司擇地剏寺門下省執之不省

丙申 十年 宋仁宗嘉祐元年○日皇後冷泉十一年○西歷紀元後一千五十六年 春二月創興王寺于德水縣知中樞院事崔惟善引太祖遺訓固爭之竟不從他日惟善入侍王從容慰奬曰諫諍是忠從好佞惟善卽對曰椒垂猶易守成難○秋九月遣使各道按驗守令善否民間疾苦

丁酉 十一年 宋仁宗嘉祐二年○日皇後冷泉十二年○西歷紀元後一千五十七年 秋八月以慶鼎相直翰林院中書省言鼎相鐵匠之裔不宜清要請例之王曰采葑采菲無以下體蓋貴其可用者耳鼎相才識有可採用豈宜論其世系不允

戊戌 十二年 宋仁宗嘉祐三年○日皇後冷泉十三年○西歷紀元後一千五十八年 秋七月制兩京及東州郡一家有三子者許一子爲僧○八月遣使將通宋門下省奏言如非永絶契丹不宜通使宋朝從之

己亥 十三年 宋仁宗嘉祐四年○日皇後冷泉十四年○西歷紀元後一千五十九年 秋八月王親饗國老

辛丑 十五年 宋仁宗嘉祐六年○日皇後冷泉十六年○西歷紀元後一千六十一年 夏六月王如奉恩寺遂詣國子監謂侍臣曰仲尼百王之師敢不

致敬遂再拜○以宋進士陳渭爲秘書郎時宋人以才
藝得補淸選者甚衆

壬寅 十六年(宋仁宗嘉祐七年○日皇後冷泉十七年○西曆紀元後一千六十二年)春三月以
國子司業黃抗之考試甚濫始行封彌法以防奸從鄭
惟產之言也

癸卯 十七年(宋仁宗嘉祐八年○日皇後冷泉十八年○西曆紀元後一千六十三年)秋七月制
曰國子監諸生近多廢業其九年無成者並令屛黜

乙巳 十九年(宋英宗治平二年○日皇後冷泉二十年○西曆紀元後一千六十五年)命王子煦
爲僧自此名門大族爭慕效之

丙午 二十年(宋英宗治平三年○日皇後冷泉二十一年○西曆紀元後一千六十六年)春三月
遣使如遼時契丹復國號爲遼故賀之

丁未 二十一年(宋英宗治平四年○日皇後冷泉二十二年○西曆紀元後一千六十七年)春正
月興王寺成凡二千八百間十二年而功畢王將設齋
落之諸方緇流坌集命擇有戒行者一千赴會仍令常
住特設然燈大會五晝夜勅令百司及安西都護開城
府廣水楊東樹五州江華長湍二縣自闕庭至寺門結
綵棚櫛比相屬輦路左右又作燈山火樹光照如晝是
日王率百官行香納財佛事之盛曠古未有

戊申 二十二年(宋神宗熙寧元年○日皇後冷泉二十三年○西曆紀元後一千六十八年)禁有
子孫而收養異姓者○九月太師中書令致仕崔冲卒

諡文憲冲海州人風姿瓌偉操性堅貞少好學善屬文
歷事五朝時望甚重顯宗以後干戈纔息未遑文敎冲
收召後進敎誨不倦學徒坌集塡溢街巷遂分九齋曰
樂聖大中誠明敬業造道率性進德大和待聘謂之侍
中崔公徒凡應擧子弟先隷徒中學焉時又有儒臣鄭
倍傑等立徒者十一而其盛皆不及冲東方學校之興
蓋自冲始時謂之海東孔子子孫以文行登宰輔者數
十人○創新宮于漢陽名曰南京

庚戌

二十四年 宋神宗熙寧三年○日皇後三條二年○西歷紀元後一千七十年 夏五月出
子窺于玄化寺爲僧

二十五年 宋神宗熙寧四年○日皇後三條三年○西歷紀元後一千七十一年 春三月
遣民官侍郎金悌如宋時宋人黃愼來傳宋帝之意故
遣悌由登州以入

壬子

二十六年 宋神宗熙寧五年○日皇後三條四年○西歷紀元後一千七十二年 夏六月
金悌還自宋宋帝賜勅書褒奬之

癸丑

二十七年 宋神宗熙寧六年○日皇後三條五年○西歷紀元後一千七十三年 東女眞
十五州酋長率衆內附請爲郡縣許之各授將軍未幾
西女眞亦請依東蕃內附不敢與契丹交通

甲寅

二十八年 宋神宗熙寧七年○日皇後三條六年○西歷紀元後一千七十四年 春二月
倭人來獻土物自是絡繹不絕

乙卯 二十九年 宋神宗熙寧八年○日皇後三條七年○西歷紀元後一千七十五年 春正月 門下侍中崔惟善卒諡文和惟善冲之子也

戊午 三十二年 宋神宗元豐元年○日皇後三條十年○西歷紀元後一千七十八年 夏六月 宋遣諫議大夫安燾起居舍人陳睦賚詔來賜王衣帶綵緞樂器金銀器等物甚多自是兩國使价連歲往來時宋帝以本國尙文每賜詔書必選詞臣著撰而擇其善者所遣使者亦必召赴中書試文然後遣之○冬十二月遣使來聘

己未 三十三年 宋神宗元豐二年○日皇後三條十一年○西歷紀元後一千七十九年 宋遣使來先是宋使之歸王以風痺請醫藥至是遣翰林醫官邢慥等來診病兼賜藥物數百種

庚申 三十四年 宋神宗元豐三年○日皇後三條十二年○西歷紀元後一千八十年 秋七月 薩摩州遣使來貢薩摩州日本別部也○先是東北蕃賊數侵邊爲患于是遣中書侍郎文正鄭平之凱還告廟

辛酉 三十五年 宋神宗元豐四年○日皇後三條十三年○西歷紀元後一千八十一年 冬十二月太史局奏臘日自己未年以來依宋曆法用戌日臣按陰陽書云近大寒前後先得辰爲臘我國用此日久矣況古史曰夏曰嘉平殷曰清祀周曰大蜡漢曰臘其稱各異皆以卒歲之功因獵取獸合聚萬物以報百神

不宜擅變其法請委有司詳定制可○秋八月西女眞
渇豆等來投處之山南州縣以爲編戶

壬戌
三十六年 宋神宗元豐五年○日皇後三條十四年○西歷紀元後一千八十二年 冬十一
月對馬島遣使來貢

癸亥
三十七年 宋神宗元豐六年○日皇後三條十五年○西歷紀元後一千八十三年 秋七月
王疾篤遺詔傳位于太子勳襄王幼而聰悟及長好學
善射志略宏遠寬仁容衆凡所聽斷不復遺忘太子卽
位上諡仁孝廟號文宗葬景陵

順宗宣惠王諱勳文宗太子在位四月壽三十七

冬十月王襄王少有疾居廬哀毁疾益篤薨于喪次母
弟國原公運卽位上諡宣惠廟號順宗葬成陵

宣宗思孝王諱運字繼天順宗母弟在位十一年
壽四十六

甲子
元年 宋神宗元豐七年○日皇後三條十六年○西歷紀元後一千八十四年 春正月僧眞
僊等奏九門山祭學僧徒請依進士例三年一選王從
之○夏六月東女眞寇與海郡戍卒擊敗之

乙丑
二年 宋神宗元豐八年○日皇後三條十七年○西歷紀元後一千八十五年 春二月王幸
歸法寺○秋七月王幸興王寺

丙寅
三年 宋哲宗元祐元年○日皇後三條十八年○西歷紀元後一千八十六年 春二月以王
妹積慶公主適王弟扶餘侯燧先是王弟[illegible]僧[illegible]等上

書諫不可娶同姓王不從○王弟釋煦文宗時欲入宋
求法不許及王卽位潛隨商船入宋宋帝引見待以客
禮煦請遊方問法以楊傑爲館伴遊覽至吳中諸寺王
表請送還宋帝許之煦還獻釋典及經書一千卷又奏
請購書於遼宋日本至四千卷悉皆刊行

戊辰 五年 宋哲宗元祐三年○日皇堀河二年○西歷紀元後一千八十八年 夏四月不雨王
如南郊雩以六事自責減膳撤樂

己巳 六年 宋哲宗元祐四年○日皇堀河三年○西歷紀元後一千八十九年 夏四月朔霜○
冬十月講仁王經于會慶殿三日飯僧三萬○置新鑄
十三層黃金塔于會慶殿設慶讚會○創國淸寺○以

魏繼廷爲御史中丞時王爲嬖妾萬春起第壯麗繼廷
奏萬春誑惑上意勞役百姓請毁之不報後內宴酒酣
令繼廷起舞辭曰自有伶人何用臣舞王不得强乃止

庚午 七年 宋哲宗元祐五年○日皇堀河四年○西歷紀元後一千九十年 春三月大震雷
新興倉災囷廩鉅萬都盡

辛未 八年 宋哲宗元祐六年○日皇堀河五年○西歷紀元後一千九十一年 夏五月太白經
天○秋九月圖七十二賢像於國子壁上○冬十一月
門下侍郞平章事柳洪卒洪武人精於左氏傳及兵家
秘訣每國有虞疑竊窺精思引古決策多有中者

壬申 九年 宋哲宗元祐七年○日皇堀河六年○西歷紀元後一千九十二年 秋七月叅知政

癸酉　甲戌

事崔思諒卒思諒冲之孫也沉靜寡言秉國鈞主文柄
名重一時
十年(宋哲宗元祐八年○日皇堀河七年○西歷紀元後一千九十三年)秋七月遣使如
宋謝賜古今書籍數千卷
十一年(宋哲宗紹聖元年○日皇堀河八年○西歷紀元後一千九十四)春正月壬辰
日傍東西有彗白虹衝日戊戌亦如之○夏五月王薨
王聰慧恭儉博覽經史然遊幸無度多剏寺塔天怒民
怨災異屢興太子昱卽位上謚曰思惠廟號宣宗葬仁
陵
獻宗恭殤王諱昱宣宗太子在位一年壽十四

乙亥　丙子　丁丑

元年(宋哲宗紹聖二年○日皇堀河九年○西歷紀元後一千九十五年)春正月日傍有
彗○秋七月李資義伏誅資義子淵之孫也其妹入宣
宗後宮生子昀至是以王幼弱謀欲立昀聚兵禁中王
叔雞林公熙知之與平章事邵台輔謀令壯士斬之於
宣政門內○冬十月王禪位于雞林公
肅宗明孝王諱顒字天常古諱熙宣宗母弟在位
十年壽五十二
元年(宋哲宗紹聖三年○日皇堀河十年○西歷紀元後一千九十六年)夏六月禁近親
婚嫁凡娶大功以上所生者不許通仕路
二年(宋哲宗紹聖四年○日皇堀河十一年○西歷紀元後一千九十七年)春閏正月前

戊寅 己卯

王薨謚曰恭殤廟號獻宗葬隱陵○賜林元通等三十三人及第金富轍中第五名其兄富弼富佾富軾並先登科舊制三子登科歲給母太倉米三十石至是制加十石遂以爲常

三年（宋哲宗元符元年○日皇堀河十二年○西歷紀元後一千九十八年）春三月立太子府置師傅賓客等官屬○刑部奏獄空

四年（宋哲宗元符二年○日皇堀河十三年○西歷紀元後一千九十九年）秋九月幸楊州相宅都之地先是衛尉丞金謂磾上書請遷都南京曰道詵記云高麗之地有三京松嶽爲中京木覓壤爲南京平壤爲西京十一十二正二月往中京三四五六月往南京七八九十月往西京則三十六國朝天又云開國後百六十餘年都木覓壤臣謂今時正是巡駐新京之期王納之令日官等議建南京至是幸三角山仍至楊州相地

辛巳

六年（宋徽宗建中靖國元年○日皇堀河十五年○西歷紀元後一千一百一年）夏四月以六十一子二十一賢從祀于文宣王廟兩廡從國子監之奏也○先是王用平章事尹瓘之言鑄錢人多不便至是鑄錢都監奏國人始知用錢之利皆以爲便乞告宗廟從之是年亦用銀瓶爲貨其制以銀一斤爲之像本國地形俗名闊口○秋九月刱南京置都監平章事

崔思諴等奏言楊州之地惟三角山面岳之南形勢最勝請於此隨形建都東至大峯南至沙里西至岐峯北至面岳爲界從之

壬午

七年（宋徽宗崇寧元年○日皇堀河十六年○西歷紀元後一千一百二年）春二月平章事金先錫上表請老國制年滿七十者例不得在官從政年雖未滿上表請老則多得聞退○夏四月東女眞酋長盈歌遣使來朝盈歌之始祖函普自本國入生女眞居完顏部因以完顏爲姓六世至烏古迺能服屬諸部遼主召授生女眞部族節度使是生三子曰劾里鉢曰頗剌淑曰盈歌兄弟以次相傳而盈歌最雄傑得衆心部族曰強

按金史盈歌長兄劾里鉢有子曰烏雅東曰阿骨打曰吳乞買盈歌之死也烏雅東襲位既而部衆推立阿骨打爲皇帝國號金是爲太祖約宋滅遼阿骨打死吳乞買立伐宋執徽欽二帝北歸九世至哀宗守緒元與宋夾攻滅之

又按金史稱始祖函普初從高麗來年已六十餘兄阿古迺好佛不肯從仍留高麗獨與弟保活里俱而吾東舊說乃稱高麗平州僧今俊遁入生女眞生子後爲金帝不知其何所據然以好佛之文推之則阿

古迺者明是僭也豈卽所謂今俊者而誤認爲函普歟

○邵台輔以國學養士糜費不貲請罷之不報○求箕子墳塋立祠以祭從禮部請也

九年（宋徽宗崇寧三年○日皇堀河十八年○西歷紀元後一千一百四年）春三月東北面行營兵馬都統使尹瓘及女眞戰不利結盟而還時盈歌死兄子烏雅束繼立與其別部搆兵其騎兵來屯定州關外王遣門下侍郎林幹伐之敗績於是又遣瓘親授鈇鉞瓘與女眞戰頗有斬獲而我軍死傷者過半遂卑辭講和○秋七月左僕射柳伸卒謚忠愼伸以清

謹名王之與羣臣議都南京也獨言其不可○王幸南京○冬十二月門下侍郎平章事崔思諏以老三上表乞致仕魏繼廷曰崔公在宮吾輩仰如山斗軍國大事一從其言今若告老奈國政何

十年（宋徽宗崇寧四年○日皇堀河十九年○西歷紀元後一千一百五年）春正月王如奉恩寺觀燃燈○冬十月王薨太子俁卽位上謚明孝廟號肅宗葬英陵○十二月政堂文學鄭文卒謚貞簡文倍傑側室子也恭儉朴訥不事生産典刑曹十餘年未嘗妄出入人罪

睿宗文孝王諱俁字世民肅宗太子在位十七年

壽四十五

丙戌

元年 宋徽宗崇寧五年○日皇堀河二十年○丙歷紀元後一千一百六年 春正月王懲
東者之敗親閱神騎軍且分遣使臣于諸道敎習軍卒
點選壯勇○二月遼遣使來聘

丁亥

二年 宋徽宗大觀元年○日皇堀河二十一年○西歷紀元後一千一百七年 夏六月大寒
日氣如冬○冬十二月尹瓘等擊東女眞大破之築吉
州等四城邊臣報女眞侵突邊城其酋長以一葫蘆懸
雉尾轉示諸部以議事其計叵測王聞之乃以瓘爲元
帥吳延寵副之發兵十七萬以伐之瓘等進至其城下
敵乘城拒戰矢下如雨諸軍不能前兵馬錄事拓俊京
突擊殺酋長數人於是瓘與左軍兵馬使金德珍合擊
大破之斬首四千八百餘級仍分遣諸將畫定地界築
英州雄州福州吉州等四城

戊子

三年 宋徽宗大觀二年○日皇鳥羽元年○西歷紀元後一千一百八年 春正月納李氏
爲妃妃給事中資謙之女子淵之曾孫也○二月遣使
如宋

己丑

四年 宋徽宗大觀三年○日皇鳥羽二年○西歷紀元後一千一百九年 秋七月撤九城
還女眞舊地先是尹瓘既築四城女眞數來侵圍諸將
擊却之瓘又築咸州公嶮鎭宜州通泰平戎五城徙南
界六萬餘戶以實之凱還王喜賜瓘等功臣號既而女

眞益侵擾敗延寵於吉州復遣瓘等救之女眞請和瓘引兵還定州時國家調兵運餉累年中外騷擾加以饑饉疾疫王亦厭苦召羣臣議還九城諫議大夫金仁存力言以爲若不還地彼必與遼生釁請還舊地遂許之朝臣論瓘延寵等敗軍之罪請下吏王不得已止免官削其功臣號○置國學七齋易曰麗澤書曰待聘詩曰經德周禮曰求仁戴禮曰服膺春秋曰養正武學曰講藝取士分處之

六年 宋徽宗政和元年○日皇鳥羽四年 西曆紀元後一千一百十一年 夏五月門下侍中尹瓘卒瓘坡平縣人少登科好學手不釋卷及爲

將相雖在軍中常以五經自隨好賢樂善冠於一時諡文肅○遼遣使來聘

八年 宋徽宗政和三年○日皇鳥羽六年 ○西曆紀元後一千一百十三年 春二月初置二花園先是王數遊幸長源亭曲宴娛樂宦寺競以奢侈媚王設二花園于宮之南西崇侈臺榭括民家花草移栽其中猶以爲不足又購於宋既而以物議廢之○夏四月叅知政事柳仁著卒仁著洪之子也以太后之弟門戶貴顯而乃與諸生遊學不以富貴驕人有儒者風諡貞簡○閏四月女眞烏羅骨實顯等來謝還九城獻馬及金

甲午

九年 宋徽宗政和四年○日皇鳥羽七年○西歷紀元後一千一百十四年 夏六月叅知政事致仕庾崇祿卒崇祿以儒術進性正直在官四十餘年以公忠自許未嘗屈已從人○冬十月女眞完顏阿骨打擧兵叛遼遼將伐之移牒于我令發兵防其地界毋得走避

乙未

十年 宋徽宗政和五年○日皇鳥羽八年○西歷紀元後一千一百十五年 春二月中書令致仕崔思諏卒思諏冲之孫也女適李資謙生王妃以故王待之特厚然思諏勤謹公廉不以門地驕人爲相務存大體○是年春阿骨打稱皇帝國號金八月遼將伐之遣使請兵王用拓俊京金富軾言不從

丙申

十一年 宋徽宗政和六年○日皇鳥羽九年○西歷紀元後一千一百十六年 夏四月王幸西京泛舟大同江與諸臣賦詩知制誥崔淪上書言帝王當好經術咨諏善道安事雕虫以喪天眞耶王優納之有一詞臣乘間進曰淪短於詩故有此言王怒黜之後聞其能詩召還淪惟善之孫也○郭輿少力學登第爲禮部郎歸隱金州于是王召之親賜酒食稱爲先生以鳥巾鶴氅常侍左右時人謂之金門羽客○金遣使通好○停遼年號○秋八月作淸讌閣於禁中置學士以爲朝夕講論經籍之所又傍置一閣號曰寶文加圖待制被選者皆一時豪傑以洪灌鄭克恭等爲之○

冬十月閏大晟樂因用于太廟樂宋所賜也

丁酉 十二年 宗徽宗政和七年○日皇鳥羽十年 ○西歷紀元後一千一百十七年 徵處士李
資玄資玄于淵之孫也登第爲大樂署丞忽棄官入清
平山逍遙自樂王幸南京手書徵之資玄赴召進心要
一篇旣而固請還山乃賜道服以寵其行

戊戌 十三年 宋徽宗重和元年○日皇鳥羽十一年 ○西歷紀元後一千一百十八年 夏四月重
修安和寺成王親設齋五日落之仍求扁額于宋宋帝
親書以賜之○秋七月宋遣使路允迪徐兢等來○九
月以金諝礴判閤門事李惟仁爲太府卿二人淸直自
守所至有聲績而未嘗干謁權貴年高未達禮部尙書
韓安仁上劄請加擢用以勵具臣故有是命

己亥 十四年 宋徽宗宣和元年○日皇鳥羽十二年 ○西歷紀元後一千一百十九年 秋七月立
養賢庫於國學王銳意儒術增置儒武學員選名儒爲
學官以敎導之文風稍振○八月制東堂試始用經義

庚子 十五年 宋徽宗宣和二年○日皇鳥羽十三年 ○西歷紀元後一千一百二十年 夏五月時
王頗好樂妓擧人高孝冲作詩以諷之王不悅至是孝
冲赴制擧王命黜之且下獄胡宗旦救釋之明年孝冲
卒擢魁科出入臺閣有直臣風

辛丑 十六年 宋徽宗宣和三年○日皇鳥羽十四年 ○西歷紀元後一千一百二十一年 冬十月
太白經天凡三十餘日

壬寅

十七年（宋徽宗宣和四年○日皇鳥羽十五年○西歷紀元後一千一百二十二年）春二月門下侍郎致仕崔弘嗣卒弘嗣起自寒微性貞介寡慾朝無黨與人有餽遺雖蔬果不受諡貞敬○夏四月王薨太子卽位上諡文孝廟號睿宗葬裕陵○冬十月以守太師中書令李資謙爲漢陽公

仁宗恭孝王諱楷字仁表初諱構睿宗長子在位二十四年壽三十八

癸卯

元年（宋徽宗宣和五年○日皇鳥羽十六年○西歷紀元後一千一百二十三年）春正月中書平章事李資諒卒資諒好讀書常討孫吳兵法以功名自喜○夏六月太白晝見○宋遣使來弔○秋七月有星孛于北斗

甲辰

二年（宋徽宗宣和六年○日皇崇德元年○西歷紀元後一千一百二十四年）秋七月封李資謙爲朝鮮公時資謙以母喪去位王諭令釋衰赴朝

乙巳

三年（宋徽宗宣和七年○日皇崇德二年○西歷紀元後一千一百二十五年）夏四月金人滅遼先是阿骨打之伐遼也宋遣使通金約共分遼地出師助之遼勢日蹙嘗遣使于我告以同仇戎擘之意不報其後我遣使如遼自龍州泛海以入不達而還○五月遣司宰少卿陳淑如金金以國書非表又不稱臣不納

丙午

四年（宋欽宗靖康元年○日皇崇德三年○西歷紀元後一千一百二十六年）春正月白虹

貫日○二月李資謙擁兵犯闕初王之初立也資謙以
外戚尊寵用事中書侍郎韓安仁勸王冊資謙爲上公
不令視事陽尊而陰奪之仍與文公美等謀欲圖之資
謙知而惡之羅織其罪流安仁于甘物島沉殺之流公
美于忠州一時名流連坐者甚多自此內外大權皆歸
資謙而拓俊京俊臣兄弟爲其羽翼焉資謙恐他姓爲
王妃擅寵有所分强請納第三女于王其後又納其第
四女爲妃王皆不得已而從之於是資謙益無顧忌廣
樹黨與布列顯要賣官鬻爵賂遺輻湊又欲知軍國事
請王幸其第授策勒定時日事雖未就王頗惡之內侍

金粲安甫鱗揣知王意乃與同知樞密院事智祿延欲
圖資謙俊京率兵入宮先殺俊臣資謙聞恐召百寮議
事俊京日事急矣率衆入禁中呼譟祿延等膽落不能
出日向曉俊京恐夜有變乃積薪縱火王避火步至山
呼亭資謙乃請王出御南宮分遣其黨執甫鱗等十餘
人皆殺之流祿延粲于遠地道殺祿延方亂之作也左
僕射洪灌直宿都省聞變數日主辱臣死吾敢自安乃
入侍王側從王出西華門爲俊京等所害密直金璵在
直廬義不死賊手閉戶自焚死○三月李資謙劫王移
御其第王去仗衛從間道至既升堂資謙與其妻拜地

大哭曰王奈何信賊臣欲害骨肉乎於是王動止飮食皆不自由宰相枃昇中許載等皆諂附賊黨百寮備員而已○夏四月黃霧四塞日色如血○遣使如金奉表稱臣資謙主之也○五月王移御延慶宮○拓俊京執李資謙囚之資謙權勢日盛王與內醫崔思全謀之思全曰資謙所以跋扈者惟恃俊京若得俊京則兵權內屬資謙特一夫耳因往說俊京使效力王室俊京心然之王乃拜俊京判兵部事會資謙奴與俊京奴相鬪數俊京罪俊京大怒遂與資謙有隙資謙因十八子之讖欲圖不軌置毒餠中進王李妃密白王以餠投烏烏卽

斃妃資謙第四女也王乃賜手書俊京諭言資謙反曰卿其圖之俊京遂與尙書金珦率衆執資謙囚于八關寶王乃流資謙于靈光郡分配其支黨于遠地以俊京爲太師門下侍郎平章事○六月廢二妃李氏納任氏爲妃○秋七月宋遣使告金人侵逼且請將兵來援王以力綿辭之○冬十月召金粲還爲殿中給事賜洪灌金瑱智祿延子壻爵一級粲後改名安○十二月李資謙死於貶所

丁未

五年（宋高宗建炎元年○日皇崇德四年○西歷紀元後一千一百二十七年）春正月金遣使來賀生辰自是兩國往來不絶○三月拓俊京恃功

跋扈左正言鄭知常極陳俊京之罪曰丙午五月之事
一時之功二月之事萬世之罪王乃流俊京于嵓墮島
後念其衛社之功量移于谷州○秋九月金遣使告停
宋帝父子及冊亡宋太宰張邦昌爲大楚皇帝等事王
表賀○冬十二月門下侍中金緣卒緣聰敏好學老不
釋卷其在臺省所陳皆經國遠猷一時制誥皆出其手
李資謙之用事也以平章事懇辭罷歸王嘗遣內侍問
曰欲奪資謙權當何如對曰彼黨與滿朝不可輕動請
俟其間王不能用竟速大亂至是卒諡文成○翰林學
士鄭克永卒克永明敏好學工文詞有諫臣風名重一
時

戊申
六年（○宋高宗建炎二年○日皇崇德五年 西歷紀元後一千一百二十八年）春二月南京
宮闕災○夏六月宋以二帝所在與本國相近欲自本
國取路通問遣刑部尚書楊應誠等爲金國信使來請
假道不許○冬十一月刱新宮于西京林原驛先是僧
妙淸與日者白壽翰上書言林原地是術家所謂大花
勢若立宮闕御之則天下可幷金國執贄自降王命宰
樞與妙淸等相地至是刱新宮翰林學士金富儀極言
不可不從

己酉
七年（○宋高宗建炎三年○日皇崇德六年 西歷紀元後一千一百二十九年）○夏六月忠

州人劉挺弑其父中書門下奏請降州爲郡王問左右
對曰郯妻定公時有弑其父者殺其人壞其室洿其宮
而止降州爲郡非古法也允之

庚戌

八年(宋高宗建炎四年○日皇崇德七年 西歷紀元後一千一百三十年) 秋七月國學
奏近年以來明經寢衰宜選取三十人以下入學養育
差兼敎導官以勸學從之○禁諸生治莊老學○八月
命置呵吒波拘神道場般若道場無能勝道場從妙清
之言也○冬十二月詔侍從官各舉遺逸一人

辛亥

九年(宋高宗紹興元年○日皇崇德八年 西歷紀元後一千一百三十一年) 冬十二月築
西京林原宮城置八聖堂于宮中八聖者文殊舍利菩

歷代史略 卷四 四十五

薩釋迦佛之類也令鄭知常撰文祭之
十年(宋高宗紹興二年○日皇崇德九年 西歷紀元後一千一百三十二年) 春二月王幸
西京妙清等密作大餠空其中穿一孔盛熟油沉于大
同江油浮出水面望若五色妙清等言此是神龍吐涎
因說王建元稱尊王遣人審視使善泅者索之果得餠
於是知樞密院事任元厚請誅妙清壽翰等恠誕誣罔
之罪不報○夏四月守太尉金富佾卒謚文簡富佾爲
人寬厚儉約不喜臧否人物不事生業文章華贍與弟
富軾富儀皆以文學侍從并列宰輔一時榮之

癸丑

十一年(宋高宗紹興三年○日皇崇德十年 西歷紀元後一千一百三十三年) 遣使如宋

歷代史略 卷四 四十六

海上遇風不達而復

甲寅

十二年(宋高宗紹興四年○日皇崇德十一年 西歷紀元後一千一百三十四年)春正月白虹貫日○夏五月雨血于廣州○國子司業林完上疏請誅妙淸曰傳曰應天以實不以文所謂實者德也所謂文者若今之道場齋醮之類是也人君修德以應天不與禍期而禍自至若不修德而徒事虛文則非徒無益適足以黷天而已臣觀妙淸惟事姦詐欺君罔上與宋朝林靈素無異也靈素挾左道眩惑上皇以速禍亂此陛下所親聞也而陛下寵信妙淸左右近習以至大臣交相薦譽以爲聖人根深蔕固牢不可拔自起大花之役今已七八年而無一休祥災變屢至天其或者警悟陛下耳陛下豈可惜一姦臣而違天意乎願陛下斬妙淸之首以答天戒以慰民心不報完宗人也時直門下省李仲等亦上書請黜妙淸因言金安鄭知常等締結論薦之罪王不之省仲等退而待罪○六月震西京大花闕乾龍殿○冬十二月太白經天

乙卯

十三年(宋高宗紹興五年○日皇崇德十二年 西歷紀元後一千一百三十五年)春正月妙淸叛于西京遣平章事金富軾討之先是妙淸陰懷逆謀會災異屢見乃請王西幸避災欲因以圖之富軾諫止之至是妙淸與西京分司侍郎趙匡兵部尙書柳

昆等據西京叛國號大爲建元天開王命富軾領金富
儀李周衍等諸將進勦之富軾將出師曰西京之叛鄭
知常金安白壽翰與謀今不去是人西都不可得平召
三人曳出斬於宮門外然後奏之引兵西行遣人招諭
城中數西匡等知不可抗意欲出降自以罪重猶豫未
決會平州官貴招諭詔入城西人遂斬妙清昆等首使
分司大府卿尹瞻請罪于朝富軾乃使人至兩府請厚
待瞻宰相崔濡等曰吾等奏遣單价賷詔諭降非爾元
帥之功爾來何爲遂面縛瞻等下獄督富軾進討匡等
聞瞻下獄謂必不免復據城叛富軾以西京險固難於

猝拔欲爲坐困之計築五城於其城下峙兵積穀或攻
或撫久之賊粮盡往往出降
十四年 宋高宗紹興六年○日皇崇德十三年 ○西歷紀元後一千一百三十六年 春二月
金富軾急攻西京拔之趙匡自焚死餘黨皆自殺乃進
富軾爲守太尉門下侍中○冬十月知樞密院事金富
儀卒富儀性坦蕩不事生業未嘗以勢利嬰其心詩文
豪邁膾炙人口○十一月樞密院知奏事鄭沆卒沆穎
悟好學臨事善斷及卒家無擔石之儲王聞之歎曰三
十年近侍十一年承制其貧如是可嘉也御筆特謚曰
文安○復李資謙官封

[戊午] 十六年(宋高宗紹興八年○日皇崇德十五年○西歷紀元後一千一百三十八年)春二月禁中外章疏用神聖字

[庚申] 十八年(宋高宗紹興十年○日皇崇德十七年○西歷紀元後一千一百四十年)夏四月親禘于太廟加上九廟及十二陵尊謚○秋八月宰臣金富軾任元厚等與省郎崔梓鄭襲明疏言時弊十條伏閤三日皆不報梓等乞罷不出王乃罷執奏減諸處內侍別監召梓等令視事獨襲明以所言不盡從不起

[辛酉] 十九年(宋高宗紹興十一年○日皇崇德十八年○西歷紀元後一千一百四十一年)冬十月設百高座道場于禁中三日飯僧三萬自王即位以來設醮飯僧不可勝計

[壬戌] 二十年(宋高宗紹興十二年○日皇近衛元年○西歷紀元後一千一百四十二年)春三月門下侍中金富軾三上表乞致仕許之加賜同德贊化功臣號○金遣使冊王○始行金年號

[甲子] 二十二年(宋高宗紹興十四年○日皇近衛三年○西歷紀元後一千一百四十四年)春正月有事于圓丘又親耕耤田○冬十月復授拓俊京官戶部尚書尋疽發背死

[乙丑] 二十三年(宋高宗紹興十五年○日皇近衛四年○西歷紀元後一千一百四十五年)冬十二月門下侍中致仕金富軾上所撰新羅高勾麗百濟三國史王遣內侍就第獎諭賜花酒優厚先是東國未有史自檀君箕子以來其事咸缺其一二傳述者只類

中國記籍而己富軾始發憤著述卓成一家世稱良史

丙寅

二十四年（宋高宗紹興十六年○日皇近衛五年○西歷紀元後一千一百四十六年）春二月王傳位于太子尋薨太子卽位上謚恭孝廟號仁宗葬長陵○冬十二月詔來年燃燈用正月望蓋二月乃仁宗忌月故改行之以爲恆式

毅宗莊孝王諱晛字日升初諱徹仁宗長子在位二十四年壽四十七

丁卯

元年（宋高宗紹興十七年○日皇近衛六年○西歷紀元後一千一百四十七年）夏四月幸外帝釋院自是遊幸寺院不可勝紀○禱嗣于靈通寺講華嚴經五十日○秋八月夜虎入大明宮○冬十二月以崔惟清爲御史大夫知樞密院事惟清昌原人少登第旣又杜門讀書有薦者辭以學未就後被薦直翰林院爲李資謙所斥資謙敗召還所至有聲績至是知奏事出納惟允○始置陞補試以詩賦經義取士充國學○禁堂姑從姊妹堂侄女兄孫女相婚其禁前相婚所生子孫勿令禁錮

戊辰

二年（宋高宗紹興十八年○日皇近衛七年○西歷紀元後一千一百四十八年）秋八月納故奉御崔端之女爲妃○冬十月先是李深智之用與宋人張喆同謀深變名稱東方昕通書宋太師秦檜若以伐金爲名假道高麗我爲內應則高麗可圖也之用

己巳 辛未

以其書及高麗地圖附宋商彭寅以獻檜至是宋都綱
林大有得書及圖來告四喆及深之用鞫之皆服深之
用死獄中喆伏誅
三年（宋高宗紹興十九年○日皇近衛八年○西歷紀元後一千一百四十九年）春二月選
驍騎十八人擊毬于後庭親臨觀之自是無虛月王善
擊毬人莫有及者○秋七月宴諸學士于淸讌閣脫略
君臣之禮盡醉而罷自是以爲常規○九月中軍兵馬
使奏古制天子六軍大國三軍次國二軍小國一軍請
改五軍爲三軍從之
五年（宋高宗紹興二十一年○日皇近衛十一年○西歷紀元後一千一百五十一年）春二月門
下侍中致仕金富軾卒諡文烈富軾豐貌碩體自少以
文章名世宋使徐兢之來被選爲舘伴兢樂其爲人著
高麗圖經載其家世又圖形以歸奏于帝鏤板以傳由
是名振天下有文集二十卷行世其文豊贍典雅有西
漢風○三月癸酉日有黑子癸未又如之○樞密院知
奏事鄭襲明卒襲明倜儻奇偉力學能文及王卽位自
以先朝顧托知無不言多所匡救王甚憚之宦者鄭誠
王之乳媼夫也有寵於王與內變臣金存中日夜譖毁
之會襲明告病王以存中權代其職襲明揣知王意仰
藥而死自是王益縱恣逸遊無度矣○以宦者鄭誠知

壬申　乙亥

閤門祗候諫議王軾等以宦者忝朝官非古制爭之不
已王不得已罷之
六年 宋高宗紹興二十二年○西歷紀元後一千一百五十二年○日皇近衛十一年 夏四月
先是內侍尹彥文等於壽昌宮北園聚恠石築假山搆
小亭號萬壽被壁以黃綾窮極奢侈王聞而悅之就而
設宴侵曉乃罷宴將罷假山頹牝鷄鳴
九年 宋高宗紹興二十五年○西歷紀元後一千一百五十五年○日皇近衛十四年 秋八月
召平章事崔子英起居舍人崔婁伯論時政得失婁伯
水原吏尙翥之子也年十五父爲虎所攬婁伯荷斧跡
虎直前斫之取父骸以葬盛虎肉於器埋之俟服闋盡

歷代史略 卷四　五十一

丙子

食之後登第以孝行名於當世○冬十二月門下侍郎
平章事庾弼卒王之拜鄭諴爲祗候也弼論執不署告
身王再三諭之竟不從故終弼之世諴不得拜其剛正
類此謚恭肅
十年 宋高宗紹興二十六年○西歷紀元後一千一百五十六年○日皇後白河元年 春三月
以金存中爲太子少保存中與鄭諴相結用事久典銓
注賣官鬻爵財累鉅萬兄弟親戚怙勢縱恣未幾病疽
死○秋七月丙寅彗見東方○九月安定公任元厚卒
元厚初名元敳器宇宏深風彩嚴重博通經史爲宰相
勤儉清白其判吏部銓注甚公人稱之曰古之山濤

歷代史略 卷四　五十二

丁丑

十一年宋高宗紹興二十七年○日皇後白河二年○西歷紀元後一千一百五十七年春正月朔風自乾方來太史奏國當有憂王懼卜者內侍榮儀因進禳禬之說王命於靈通敬天等五寺終歲作佛事禳之○二月王素信圖讖不友諸弟密諭諫臣劾大寧侯暻流之恐太后救之先遷太后于普濟寺○夏四月闕東離宮成宮曰壽德殿曰天寧又以侍中王沖等五人第爲宮五所名花異果奇麗珍玩之物布列左右聚恠石爲仙山引遠水爲飛泉窮極侈麗民甚苦之○秋宋商獻鸚鵡孔雀

戊寅

十二年宋高宗紹興二十八年○日皇後白河三年○西歷紀元後一千一百五十八年春二月以仁宗忌飯僧於太平亭時王好作佛事緇徒盈溢宮庭怙恃恩寵附託宦官侵擾百姓○冬十一月御門下省事申淑上疏論鄭諴時諴復爲閤門祗候淑請諴職凡黨諴者亦皆請降爲庶人言甚切直王怒還其疏淑又上疏力爭之曰若臣言不是請先誅臣王不得已削諴職既而復之明年淑棄官歸田里召拜叅知政事致仕未幾卒淑高靈人

庚辰

十四年宋高宗紹興三十年○日皇二條二年○西歷紀元後一千一百六十年秋八月癸亥日中有黑子

壬午

十六年宋高宗紹興三十二年○日皇二條四年○西歷紀元後一千一百六十二年春三月

宋明州移牒告大破金師獲金主亮圖形云○王多取私第爲別宮誅求貨財名曰別貢使宦者監領宦者因緣營私怨聲載路諫官請罷之不從○秋七月平章事致仕朴純冲卒純冲由胥吏登宰輔以勤儉自持○八月門下侍郎平章事崔允儀卒允儀冲之玄孫能文章論事明白慷慨典銓選注擬平允嘗奉詔撰古今詳定禮五十卷○冬十一月以崔光勻爲式目都監錄事光勻宮人無比之女婿也諫官不署告身王督署之時人爲之言曰莫說爲司諫無言是正言時又有宦者白善淵者南京官奴也王幸之號爲養子凡王之荒淫無度

皆善淵輩導之也○冬十二月太白經天

癸未

十七年 宋孝宗隆興元年○日皇二條五年○西歷紀元後一千一百六十三年 夏五月左正言文克謙上疏言善淵與無比爲醜行專擅威福榮儀執左道以媚于上知樞密事崔褒稱貪黷無厭請斬善淵無比黜榮儀罷褒稱以謝一國王怒焚其疏貶爲黃州判官

乙酉

十九年 宋孝宗隆興三年○日皇二條七年○西歷紀元後一千一百六十五年 夏四月王幸觀瀾寺承宣金敦中富軾之子也以詞華有寵於王以王好遊宴乃修是寺遍植花卉築壇爲御室飾以金碧設宴享王王與羣臣酣飮盡歡而罷是時以勝致名

者又有奉恩寺衆美亭延福亭萬春亭壽樂堂鮮碧齋玉竿亭錦花橋之屬不可殫記皆由近習輩慫恿媚悅爭奇鬪巧窮極奢侈王每從詞臣賦詩酣飲殆無虛日或一日之中移徙再三其作衆美亭也財用匱乏役卒私賫粮有一卒貧不自給一日其妻來餉卒曰何以辦豈私於人而得乎妻曰貌醜誰與私但剪髮買來耳因示其首

丁亥 二十一年 ○宋孝宗乾道三年○日皇六條二年 西歷紀元後一千一百六十七年 秋七月王幸歸法寺馳馬至獺嶺茶院從臣皆莫及王獨倚院柱謂侍者曰鄭襲明若在吾豈得至此

戊子 二十二年 ○宋孝宗乾道四年○日皇六條三年 西歷紀元後一千一百六十八年 冬十一月以崔陟卿復爲耽羅令陟卿前在耽羅興利革弊民甚安之其後官吏多行不法耽羅人苦之相與謀叛曰若得陟卿爲令當釋兵王聞之卽遣陟卿陟卿入境耽羅人輕舸迎之投戈羅拜

己丑 二十三年 ○宋孝宗乾道五年○日皇高倉元年 西歷紀元後一千一百六十九年 春二月設三界醮是時醮齋之費罔有紀極府庫罄竭官僚徵求諸道轉輸絡繹怨咨盈路○秋七月金遣使來賜羊二千有一羊四角樞密使李公升以爲瑞獸表賀時人嘲爲四角承宣

庚寅

二十四年（宋孝宗乾道六年○日皇高倉二年 ○西歷紀元後一千一百七十年）春正月
王自製賀表宣示群臣百官乃表賀之○王幸奉恩寺
觀燃燈還宮之日結彩棚於左右陳百戲迎駕皆飾以
金銀珠玉錦繡羅綺珊瑚瑪瑙奇巧奢侈前古無比○
二月狼星見于南極西海道按廉使朴純嘏以爲老人
星馳驛以聞王大喜親醮于內殿百官表賀○秋八月
上將軍鄭仲夫等作亂大殺文臣時王幸和平齋與文
臣飮詠忘返扈從將士飢甚牽龍散員李義方李高等
謂仲夫曰文臣醉飽武臣飢困是可忍乎先是仁宗時
金敦中登魁科屬內侍宮庭儺夕以燭燃仲夫鬚仲夫

深憾之乃與義方等密謀陰文臣會王將幸普賢院召
侍臣飮勑武臣缺望使爲手搏戲欲因以厚賜以慰其
心韓賴等忌武臣見寵因大將軍李紹膺手搏不勝挑
頰麾之王與李復基林宗植等從以歡笑仲夫厲聲詰
賴曰紹膺雖武夫官爲三品何辱之甚王慰解之駕近
普賢院高及義方先行矯旨集巡檢軍王纔入門高等
手殺宗植復基于門賴走匿御床下挽御衣高拔劍脅
出斬之於是大殺扈從文官及諸宦寺積屍如山高義
方等因選驍勇直走京城入闕中殺樞密使梁純精等
十餘人又殺太子宮僚呼於道曰凡戴文冠者雖胥吏

殺無遺種卒伍乘時蜂起搜殺平章事崔褒稱知樞密
徐醇大司成李知深等五十餘人遂以兵脅王還宮宦
者王光就謀討仲夫事泄仲夫又大殺內侍宦者數十
人遂遷王于軍器監太子于延恩館方亂之作凡文臣
雖免殺戮多被拘辱而惟前平章事崔惟清徐恭雅爲
武臣所敬重故得免於禍敦中亡匿紺岳山仲夫購捕
竟殺之○九月鄭仲夫等逼王遜于巨濟放太子于珍
島立王母弟翼陽公晧爲王十月遣工部郞中庾應圭
如金告前王禪位

東國歷代史略卷五

高麗紀

明宗光孝王諱晧字之旦初諱昕毅宗母弟在位二十七年壽七十二

元年(宋孝宗乾道七年○日皇高倉三年○西曆紀元後一千一百七十一年)春正月王宴于麗正宮李高與僧惠修等袖刃隱屛墻間將作亂將軍蔡元等知其謀以告李義方義方素惡高逼已乃與元候於宮門外以鐵椎擊殺之○夏五月庚應圭還自金初應圭至金金主覽表曰爾國廢君簒位造飾虛辭宜行天討以懲其罪應圭對辨甚力金主猶疑之只答

歷代史略卷五 一

前王表不許讓位應主奏新王表無回答是臣辱命也
罪不容死因不食具衣冠立庭向闕晝夜不移凡七日
水漿不入口氣息將絕金主憐其忠授回答賜饌幣慰
而送之應主弼之子也○秋九月日中有黑子○冬十
月宮闕災府衛軍及諸寺僧詣闕將救火鄭仲夫李俊
儀義方等恐有變閉宮門不納於是殿宇焚盡王出山
呼亭痛哭而已庾應圭詣景靈殿抱祖宗眞以出又至
中書省出國印

三年（宋孝宗乾道九年○日皇高倉五年○西歷紀元後一千一百七十三年）春正月王幸
奉恩寺觀燃燈醮齋祈禱之煩髣髴前朝○秋八月東
北面兵馬使金甫當與錄事張純錫等起兵討鄭仲夫
李義方東北面知兵馬事韓彦國亦擧兵應之純錫等
至巨濟奉前王出居慶州仲夫等遣兵捕彦國殺之甫
當勢遂孤九月安北府執甫當送京師義方等鞫殺之
甫當臨死奮言曰凡今文臣孰不與謀於是仲夫等疑
文臣圖己遂一切誅戮或投江水旬日之間文士殆盡
郎將金富謂仲夫等曰天意未可知人心不可測恃力
棄義薙獮衣冠世寧少金甫當乎吾輩有子女者通婚
文吏以安其心可久之道也仲夫等然而從之由是禍
稍止○冬十月鄭仲夫使李義旼等弑前王於慶州

四年（宋孝宗淳熙元年○日本高倉六年○西紀元後一千一百七十四年）春正月重光
歸法等寺僧二千餘人謀誅李義方集城東門義方發
府兵逐之斬僧百餘因焚諸寺取其器皿義方兄俊儀
罵之曰汝有三大惡放君弑之一也脅奸太后女弟二
也專擅國政三也義方怒拔劒欲殺之俊儀走免○三
月李義方納其女爲太子妃自此益專恣○秋九月西
京留守趙位寵內懷異志移檄兩界諸城曰聞上京重
房以北界諸城率多桀驁宜往攻討大兵已發其可坐
取屠戮於是岊嶺以北四十餘城皆應之位寵遂據西
京起兵以討仲夫等弑君之罪爲名朝廷遣平章事尹
鱗瞻擊之敗北位寵乘勝直向京都屯京西路上義方
出兵突擊逐奔至大同江位寵收兵復城守義方相持
月餘復爲西兵所敗乃引還○冬十一月復以尹鱗瞻
爲元帥奇卓誠副之上將軍鄭筠等分隷焉率三軍復
攻西京治兵西郊是日義方偶出宣義門外筠密誘從
軍僧宗旵等掩斬義方分捕義方兄弟及其黨與皆殺
之時義方專恣日甚多殺害同列故及焉○延州人玄
德秀擊西京兵破之初位寵之移檄也延州亦欲響應
德秀獨曰位寵包藏禍心奈何信之遂以忠義激州將
閉城固守位寵聞之遣兵購斬德秀德秀出擊敗之于

是位寵又以兵來圍數重德秀屢戰皆克之位寵解圍
而去○以鄭仲夫爲門下侍中
五年（宋孝宗淳熙二年○日皇高倉七年○西歷紀元後一千一百七十五年）夏五月時位
寵以逆臣弑君不葬爲辭於是朝廷始爲前王發喪三
日葬禧陵諡莊孝廟號毅宗○冬十二月工部侍郎庾
應圭卒應圭美風儀善屬文臨事果決居官一介不取
六年（宋孝宗淳熙三年○日皇高倉八年○西歷紀元後一千一百七十六年）春三月東海
黃濁三日變爲血色○夏六月官軍拔西京斬趙位寵
先是鱗瞻進圍連州兵馬副使杜景升別攻宣州拔之
二十餘城皆捷賊銳稍挫王乃遣庾應圭諭以禍福位寵
上表請降既而悔之出兵救連州景升又進拔之遂進
圍西京歲餘西京食盡至啗人屍縋城出降者甚衆位
寵計窮潛遣人入金請以西京之北四十餘城內附乞
兵救援金主不從位寵屢遣出兵決戰大敗遁入於是
鱗瞻等急擊破城門入擒位寵殺之梟首于市既而金
遣八將軍領兵來屯義州關外聞賊已誅乃罷○秋九
月虎入大明宮○冬十二月中書侍郎平章事尹鱗瞻
卒鱗瞻聰悟絕人雖千百人一閱姓名終身不忘自庚
癸以後文臣沮喪鱗瞻與武臣同事每微掣肘不能如
意故舉措或失其宜物議惜之

七年（宋孝宗淳熙四年○日皇高倉九年○西曆紀元後一千一百七十七年）夏五月西賊起初宮軍之攻西京也踰城降者千餘人及城陷城中丁壯皆逃匿其後降者以逃者爲賊掠取婦女攘奪財貨故其逃者金旦等五百餘人作亂殺副留守朴挺義朝廷遣兵討之屢敗）六月震太廟○秋七月南賊亡伊等就擒先是公州鳴鶴所民亡伊亡所伊等乘位寵之亂嘯聚徒黨自稱山行兵馬使攻陷公州遣將討之不克賊遂轉盛所在剽掠者踰年于是兵馬使鄭世猷等捕亡伊等囚之淸州遣人告捷然兵馬使梁翼京等所至貪縱吏民不堪其苦咸謂害甚於賊

八年（宋孝宗淳熙五年○日皇高倉十年○西曆紀元後一千一百七十八年）春正月遣工部郎中崔詵等分使諸道問民疾苦黜陟官吏及奉使者限十年以後追論殿最於是坐贓落職者爲八百餘人後其人共力出銀大賂權貴求去其籍王下詔原之

九年（宋孝宗淳熙六年○日皇高倉十一年○西曆紀元後一千一百七十九年）夏四月隕霜殺草○先是西賊降叛不一王遣李義旼勦之西北路人斬賊魁金旦等首函送京師旣而賊黨復起爲患于是西北面兵馬使李富知其乏食詐爲公牒給賊曰以某日受粮于所在之城仍密令諸城捕斬遂窮討平之○六月左僕射洪仲方卒仲方雖武人性謇直不阿

面折人過時人頗倚重先是武臣欲奪處東班權務官
賴仲方折其議而止武人多怨之○叅知政事陳俊卒
俊起自行伍性質直頗得時譽庚癸之後文臣賴以全
活者甚多○秋七月太白經天○九月恆霧二十餘日
不開○將軍慶大升誅鄭仲夫宋有仁等先是仲夫年
已七十法當致仕乃諷禮官奏依漢孔光故事賜几杖
雖致仕而國事皆關決其婿中書侍郎宋有仁等怙勢
貪縱中外苦之門客鄭筠潛圖尚公主王患之大升素
憤仲夫等所爲銳意討之畏有仁等未得間及有仁斥
文克謙韓文俊大失人心上下側目大升謂所善牽龍

許升曰我欲去凶徒汝能從乎升曰諾大升曰藏經會
畢之夜宿衛之士必皆困睡吾令死士伏和義門外汝
先殺鄭筠然後嘯之則我發伏應之至其夜四鼓升入
筠直房殺之遂發嘯大升率死士踰宮墻而入殺指諭
文公呂等遂請王發禁軍分捕仲夫有仁等斬之旣而
武臣或宣言大升擅誅爲非大升懼招致死士百餘人
置養門下號都房爲長枕大被令輪日直宿
十年 宋孝宗淳熙七年○日皇高倉十二年○西歷紀元後一千一百八十年 春二月重營
宮闕
十一年 宋孝宗淳熙八年○日皇安德元年○西歷紀元後一千一百八十一年 夏四月直

翰林院李元牧製進祈雨䟽多言時政之失王召元牧曰諺曰春旱與糞田同間或有雨澤則天心之仁愛蓋未可知比者太史請禱雨予重違而許之汝何引我過擧以飾辭乎卽命改撰○冬十月命叅知政事崔忠烈如西京行八關會

十二年(宋孝宗淳熙九年○日皇安德二年○西歷紀元後一千一百八十二年)春三月全州旗頭竹同等苦司錄陳大有殘酷作亂發兵討平之

十三年(宋孝宗淳熙十年○日皇安德三年○西歷紀元後一千一百八十三年)夏四月省東班官職從重房請也○秋七月將軍慶大升卒大升自去鄭宋以來心不自保常令人伺里巷偶聞飛語輒拘囚鞫問用刑深峻且以王甚優寵人多歸附然非有學識勇力者大升輒拒之武官皆畏不敢縱至是卒年止三十○冬十一月太后任氏薨太后之寢疾也王親自調藥夜不解衣者累日病革王涕泣目盡瘇及薨朝夕臨哀甚宰相請抑哀不聽○冬十二月以文克謙爲中書侍郎平章事

十四年(宋孝宗淳熙十一年○日皇安德四年○西歷紀元後一千一百八十四年)秋九月先是諫議大夫宋詝出按西北面請以文臣爲義州分道官欲復舊規以革民弊諸武將聞之大怒奏貶詝爲巨濟縣令未幾太白犯上將術士言於武官不利武官

等欲移從文官詣闕排許及直史館王許召等六人罪請流之王知其無罪而懦弱不能制竟從其請並流遠島自是救民章奏之言益無聞矣○冬十二月以鄭允當爲吏部員外郞允當年少無知其父世裕厚斂內殿得拜是官時王之用人惟與近習議親署參官以上封付政曹名曰下點由是奔競成風賄賂公行○召李義旼還先是仲夫之誅也義旼畏大升稱疾歸鄕屢召不至及大升卒王懼其爲亂遣中使敦諭乃至引見便殿中外皆惜王之柔懦

十五年(宋孝宗淳熙十二年○日皇安德四年 ○西歷紀元後一千一百八十五年)冬十一月工部尚書咸有一卒有一起自胥吏從軍有功以廉幹進嘗力排巫覡禁毁淫祠平生不事生產其妻請爲子孫計答曰予早孤無援淸苦守節以立門戶兒輩當正直節儉以俟命耳何戚戚於貧窶乎

十六年(宋孝宗淳熙十三年○日皇後鳥羽元 年○西歷紀元後一千一百八十六年)秋九月鎭星犯歲太史奏請設佛頂消災道場以禳之○冬十二月以上將軍崔世輔同修國史時有人訴臺房曰修國史文克謙直書毅宗被弑事宜令武臣兼之使不得直書克謙聞之懼密奏於王王重違武臣意然惡其非舊制乃授世輔同修國事世輔擅改事字爲史由是毅

宗實錄脫略多不實克謙嘗歎世輔曰儒官之爲上將
軍黍自我始武官之同修國史亦自公始時有一醫自
稱玉堂人人問其故醫以詩答之曰戰將今爲修國史
不妨醫作玉堂人聞者齒冷○秘書監崔陟卿卒陟卿
全州人性廉介足不到公卿之門所至有聲績清名勁
節老而不衰

十七年 宋孝宗淳熙十四年 [illegible] 年○西曆紀元後一千一百八十七年 秋七月
工部尚書曹元正本賤裔助鄭仲夫之亂久在近密貪
暴特甚奪中書省公廨田租文克謙請治其罪章五上
乃左遷其子英植等元正深啣之上將軍石隣若素蘖
賤庚寅之亂助李義方遂至貴顯暴戾恣睢朝野憤之
己巳之夜有賊七十餘人踰垣入宮格殺樞密使[illegible]
[illegible]等爲承宣權節平所逐走出西門中郎將高安祐捕
而鞫之乃元正怨克謙與石隣同謀作亂者也王命刑
部盡捕曹石等悉誅之○冬十一月以文克謙判吏部
事

十八年 宋孝宗淳熙十五年 [illegible] 年○西曆紀元後一千一百八十八年 秋七月
東北路大水漂民屋無算又有黃虫黃鼠隨雨而下損
傷禾稼○冬十月大閱于東郊自庚寅以來國家多故
且懼有變久廢不行至是而復

十九年（宋孝宗淳熙十六年○日皇後鳥羽四年○西歷紀元後一千一百八十九年）春三月金遣使告哀時金世宗殂矣○夏四月遣使如金賀登極也○秋九月中書侍郎平章事文克謙卒克謙性孝友慈仁忠謇正直食不過數器衣不服文繡其爲樞密使也爲宋有仁所惡左遷司空不受其祿世服其廉然處乎武悍用事之時務在調劑扶持故或不免有干請之私而銓注失平矣

二十年（宋光宗紹熙元年○日皇後鳥羽五年○西歷紀元後一千一百九十年）秋八月平章事韓文俊卒文俊大興郡人性雅正能屬文歷仕州郡皆有惠政典選吏兵銓叙平允三掌禮闈所取多名士○冬十二月以崔世輔守太師杜景升守太尉李義旼同中書門下平章事朴純弼爲中書侍郎平章事先是省宰無過數三人至是增至八員諸武臣目不知書每省院會坐相詬罵如兩虎咆哮或自矜勇力以拳擊壁無復宰臣體面景升嘗與義旼議事相失義旼奮拳擊柱曰爾有何功在吾上大詬之景升笑而不答

二十一年（宋光宗紹熙二年○日皇後鳥羽六年○西歷紀元後一千一百九十一年）春正月政堂文學李知命卒知命韓山人博覽羣書善詞賦工草隷居官廉直賑活飢民爲相有古大臣風再掌禮闈世以得人稱之

二十二年(宋光宗紹熙三年○日皇後鳥羽七年○西歷紀元後一千一百九十二年)冬十月政堂文學廉信若卒信若峯城人爲人體小膽大世比晏嬰分符仗節所至有聲績性孝友聰警博覽強記一時高文大冊多出其手

二十三年(宋光宗紹熙四年○日皇後鳥羽八年○西歷紀元後一千一百九十三年)春三月平章事致仕林民庇卒民庇以門蔭進居官廉勤及爲相挺然有古風好善周急確實無華故武夫悍卒亦知景仰○秋七月南方羣盜起其劇者曰金沙彌據雲門曰孝心據草田嘯聚亡命剽掠州縣王命大將軍全存傑率將軍李至純盧植等往討之至純義旼子也初義旼以十八子之讖頗懷非望稍損貪鄙收用名士以釣虛譽自以籍出慶州潛有興復新羅之志與沙彌孝心等交通相贈遺至純亦利賊賄遺陰與交通輒泄官軍動靜於賊中以故官軍所至屢敗存傑嘗以智勇名至是忿恚曰若我以法治至純則其父必害我否則賊益熾罪將誰歸遂仰藥死○冬十月平章事崔世輔死世輔久典銓選專事賄賂大營第宅爲子孫計未幾其子爲崔忠獻所流家門盡滅○十一月設恭睿太后忌辰齋于內殿自公侯及兩府宰輔近衛之臣各獻殽饌忌辰羣下供饌自此始

二十四年 宋光宗紹熙五年○日皇後鳥羽九年 ○西歷紀元後一千一百九十四年 春二
月南賊金沙彌降斬之○冬十二月賜李義旼功臣號
兩府交武皆就第賀義旼擅銓注政以賄成支黨連結
廷臣莫敢誰何多占民居大起第宅奪人土田肆其貪
虐中外震懾諸子倚父橫肆至榮至光尤甚世謂之雙
刀子
二十五年 宋寧宗慶元元年○日皇後鳥羽十年 ○西歷紀元後一千一百九十五年 冬十
一月仁宗出妃福昌院主李氏卒李仁宗次妃也雖被
廢出而毅明二宗念其功事之甚勤及卒葬以后禮
二十六年 宋寧宗慶元二年○日皇後鳥羽十一年 ○西歷紀元後一千一百九十六年 夏四

月將軍崔忠獻與其弟東部錄事忠粹誅李義旼大殺
朝臣時義旼兇恣日甚其子至榮逼淫王嬖姬王不得
罪之朝野痛憤至榮嘗奪忠粹家鵓鴿忠粹若斗拏人
與其兄忠獻俱稍險勇悍忠粹謂忠獻曰義旼四父子
實爲國賊我欲誅之何如忠獻然之會王幸普濟寺義
旼稱疾不扈從潛往彌陁山別墅忠獻與忠粹及其甥
隊正朴晉材等袖刃至別墅候其還斬之王聞變促駕
還宮忠獻等率兵詣闕告誅賊臣仍分捕支黨至純至
光皆伏誅至榮走西安府遣人追斬之又遣使于慶州
夷義旼三族當忠獻等分捕義旼支黨也人有告平章

事權節平孫頎上將軍吉仁等謀舉兵忠獻卽捕節平頎等殺之吉仁在壽昌宮聞變率衆出宮門向市街忠獻等勒兵迎戰仁衆大潰仁等馳入壽昌宮拒守忠獻等圍而攻之仁懼踰垣而遁王使人開門召忠獻忠獻等疑仁在內率兵闌入隨遇輒殺僵屍狼藉仁走北山墮崖死忠獻又執叅知政事李仁成等三十六人皆殺之又流判衛尉事崔光遠等于南裔乃上疏陳十條王皆納之拜忠獻左承宣壽知御史臺事並賜忠粹晉材等功臣號○趙永仁判吏部事永仁有時望物論歸重○崔忠獻恐已權有所分奏內侍李芬等冒勢干進不應在近密地黜之凡五十人又以王子僧小君輩在內干政奏還本寺○秋七月政堂文學柳公權卒公權性公廉居官不懈謚文簡○八月赤氣竟天如血○王移御延慶宮先是辛卯年宮闕災燼之後重修極其壯麗而以陰陽拘忌久不臨御至是從崔忠獻議始御之

二十七年（宋寧宗慶元三年○日皇後鳥羽十二年○西歷紀元後一千一百九十七年）春正月虎入穆清殿○秋八月熒惑入太微○九月崔忠獻有跋扈之志會忠粹與朴晉材以廢立之事謀焉忠獻大以爲然乃勒兵屯于四街閉諸城門流杜景升等十二人及諸小君洪機等十餘人于海島遣人入闕逼王

以單騎出幽于吕樂宮以兵守之放太子于江華迎王弟平凉公旼郞位改名晫◯崔忠獻奏黜內侍閔湜等七十餘人◯以崔忠獻爲上將軍忠粹爲大將軍朴晉材爲刑部侍郞◯冬十一月前中書令杜景升卒于紫燕島景升性質直寛厚少文有勇力在諸武臣中多所匡救久掌吏銓雖內寵權貴莫敢撓之至是憂憤嘔血卒◯崔忠粹有女欲以配太子太子先己娶王不悅忠粹脅之王不得已黜太子妃忠粹遂定期納女矣忠獻聞之携酒饋忠粹譬曉之曰今我兄弟雖勢傾一國系本寒微若以女配東宮得無譏乎且太子配耦有年一朝離之於人情何忠粹然之既而復悔其母復以忠獻之言止之忠粹怒曰非婦人所知以手推之仆地忠獻聞之曰此不可以言語開諭當令吾衆候廣化門拒其女不納人告忠粹忠粹曰兄之欲制我者恃其衆耶吾當掃除遂相與戰於興國寺南忠粹大敗斬關東走忠獻黨追斬之自此大權一歸忠獻矣

神宗靖孝王諱晫初諱旼字至華明宗母弟在位七年壽六十一

元年(宋寧宗慶元四年○日皇後鳥羽十三年○西歷紀元後一千一百九十八年)秋八月私奴萬積等六人樵北山招集公私奴隸謀之曰國家自

庚癸以來朱紫多起於賤隸將相寧有種乎諸奴皆然之乃剪黃紙數千鍛丁字爲識約以甲寅日聚興國寺先誅崔忠獻等仍各格殺其主焚賤籍及期奴順貞者告其主韓忠愈忠愈告之忠獻遂捕萬積等百餘人投之江

二年（宋寧宗慶元五年○日皇土御門元年○西歷紀元後一千一百九十九年）春二月盜起溟州陷三陟等縣朝廷遣使諭之三月盜降○夏六月以崔讜爲門下侍郎平章事致仕時兩府宰臣于逑儒等凡不請而勒令致仕者二十人

三年（宋寧宗慶元六年○日皇土御門二年○西歷紀元後一千二百年）夏五月晉州吏鄭方義以罪見囚其弟昌大突入脫枷鎖出之嘯聚羣不逞之徒縱橫州里殺素所仇怨者至六千四百餘人牧使李淳中等懼閉門不出朝廷聞之流淳中遣少府監趙通等撫之通等亦畏其虐焰拱手而已明年晉州人討方義殺之其黨遂散○冬十二月以崔讜任濡爲門下侍郎並同平章事崔忠獻守太尉上柱國

四年（宋寧宗嘉泰元年○日皇土御門三年○西歷紀元後一千二百一年）春正月奇洪壽車若松坐中書省若松問於洪壽曰孔雀好在否答曰食魚鯁咽而死因問養牧丹之術若松具道之聞者曰宰相之職在於論道經邦但論花鳥何以儀表百寮

○冬十一月刑部尙書閔湜卒湜宰相令謨之子也性豁達放曠有大度明宗時諸小君輩用事朝士爭附而湜獨不往雖貴顯視故舊無貴賤一如平日人以此多之○以崔忠獻兼吏兵部尙書御史大夫忠獻出入禁闥以兵自衛常在私第與吏兵郎官注擬文武官以奏王但領之二部判事檢閱而已

五年 宋寧宗嘉泰二年○日皇土御門四年○西歷紀元後一千二百二年 夏四月雨雪

○秋九月門下侍中致仕趙永仁卒永仁橫州人少不羣有宰相器博學善屬文所至有聲績諡文景○冬十月耽羅叛遣少府監張允文等撫之未幾耽羅人斬其賊魁以降○十一月前王薨于昌樂宮王欲葬以王禮崔忠獻執不可遂用降等之禮諡光孝廟號明宗葬智陵○以崔忠獻守太傅叅知政事

六年 宋寧宗嘉泰三年○日皇土御門五年○西歷紀元後一千二百三年 春二月設道場于修文殿時盜寇數起故欲祈禱以壓之○冬十二月招討兵馬使丁彥眞討南賊平之先是慶州別抄軍與永州 今永川 人有隙引雲門賊黨攻永州崔忠獻聞之將舉兵討慶州會州人李佐等以高麗王業幾盡將興復新羅忠獻聞之怒遣大將軍金陟侯等討之賊黨益熾陟侯相持逾年師老無功乃罷陟侯以彥眞代之彥

眞多設方略連捕賊魁斬首一千餘級於是諸賊略平

七年（宋寧宗嘉泰四年○日皇土御門六年○西曆紀元後一千二百四年）春正月王不豫傳位於太子移御德陽侯私第尋薨諡曰靖孝廟號神宗葬陽陵○冬十二月以崔忠獻爲太師門下侍郎同中書門下平章事王以忠獻有擁立功待以殊禮常呼爲恩門相國○韓惟漢世居京都不樂仕進見忠獻擅政曰難將作矣遂挈妻子隱於智異山淸修苦節不與外人交後除官不起移居深谷終身不返未幾果有契丹蒙元之亂

熙宗成孝王諱韺字不陂初諱悳神宗長子在位七年壽五十七

元年（宋寧宗開禧元年○日皇土御門七年○西曆紀元後一千二百五年）冬十二月以崔忠獻爲門下侍中晉康郡開國侯忠獻作亭于南山里第使文人李奎報白光儒等作記賦詩以褒美其功德

二年（宋寧宗開禧二年○日皇土御門八年○西曆紀元後一千二百六年）春二月祔神宗于太廟本朝廟制九室而有新祔之主則奉遷主安於本陵至是崔忠獻與宰樞文士議據古典有功者不遷親盡者毁之以爲順宗親盡無嗣當出以神宗祔于第九室太祖在西東向惠顯同爲第一昭宣肅同爲第

一昭仁宗爲第三昭文宗爲第一穆睿宗爲第一穆神宗爲第三穆時議以昭穆紊舛非之其從王下制令宇擬文士據禮典各上封事而衆論紛紜竟不能改○秋九月王謁陽陵重營陵傍彭信寺以資冥福窮極奢麗廢費甚廣○冬十月王遣使加冊忠獻立晉康侯府曰興寧置官僚以興德宮屬之王子以下就第習忠獻家使臣及諸王以下花果絲竹之盛三韓以來人臣之家所未有也自是忠獻出入宮門便服張蓋侍從門客殆三千人

三年 宋寧宗開禧三年○日本土御門九年 西紀元後一千二百七年 春正月設道場於正房自前年武官多死武班疑文臣咒之往往有不平之語王乃遣內侍設道場於正房及將軍房以祈禳之○三月三角山中峯崩先是國望峯崩至是又崩○夏四月以崔忠獻爲中書令晉康公忠獻以爲公者五等之首中書令人臣之極辭不受○大將軍希晉材以門客除官者少怨忠獻欲圖之忠獻知之召至前曰汝何欲害我耶命左右縛之斷其脚筋流于白翎鎭尋病死

四年 宋寧宗嘉定元年○日本土御門十年 西紀元後一千二百八年 春二月太白經天○王用術士言避正殿移御忠獻子瑀之第忠獻

迎駕獻壽諸王宰樞皆侍錦繡彩棚胡漢雜戲窮極
侈異不可形狀瑀一名怡○秋七月改營大市左右長
廊自廣化門至十字街又於廣化門內搆太倉南廊迎
休門等凡五部坊里兩班戶斂米粟傭賃供役兩班坊
里之役始此○八月盜發武陵○冬十月饗國老王親
侑酒食仍大酺孝順節義鰥寡孤獨廢疾賜物有差諸
郡縣亦然比因國家多難此禮久廢至是復遵舊制○
青郊驛吏等謀殺忠獻忠獻捕而鞫之辭連右僕射韓
琦忠獻殺琦及其三子

五年 宋寧宗嘉定二年○日皇土御門十一年○西歷紀元後一千二百九年 春三月王移
御崔忠獻第第在闊洞里毀人家數百而爲基務爲宏
麗延袤數里擬於禁掖至冬始還御延慶宮○夏五月
門下侍郎平章事崔詵卒謚文懿詵以文學名於世恬
淡寡言不以門地自負禮賢下士再知貢擧多得名士
○冬十月天狗墮地

六年 宋寧宗嘉定三年○日皇土御門十二年○西歷紀元後一千二百十年 春二月王幸
奉恩寺觀燃燈是時王遊幸頗頻○秋九月王幸崔忠
獻第時忠獻營三第多藏金玉錢穀謂左右曰除府庫
所藏外金銀珍寶欲獻王府以助國用何如衆皆稱善
其姻戚盧仁祜曰未若留爲經費更不斂民之爲愈也

忠獻爲之赧然
七年(宋寧宗嘉定四年○日皇順德元年○西歷紀元後一千二百十一年)秋八月門下
侍郎平章事盧孝敦卒孝敦以蔭進苟利於國知無不
爲○九月門下侍郎平章事致仕崔讜卒讜少聰悟善
屬文所至有聲績歷仕四朝名重一時薦賢進能鎭安
宗社年未衰而乞退扁其齋曰雙明與弟詵及太僕卿
張自牧學士高瑩中尙書玄德秀等爲耆老會逍遙自
適時人謂之地上仙圖形刻石傳於世謚靖安○遣使
如金不至而復先是朝廷遣使臣金良器等入金時金
與蒙古構兵良器至通州遇蒙兵中矢而死金人收骨
以送至是再遣使皆路梗不達而還○冬十二月王在
壽昌宮與內侍郎中王濬明參政于承慶樞密使史弘
績將軍王翊等謀誅崔忠獻忠獻預戒僧徒十餘人持兵伏
宮內伺忠獻入擊之不果忠獻捕司鑰中官鞫之流濬
明等廢王遷于江華尋遷紫燕島放太子祉于仁州
奉明宗子漢南公貞卽位改名祦王乃賜忠獻功臣號
曰文經武緯韜理措安功臣改興寧府爲晉康府
康宗元孝王諱祦字大華明宗太子在位二年壽
六十二
元年(宋寧宗嘉定五年○日皇順德二年○西歷紀元後一千二百十二年)秋七月金遣

使來

二年（宋寧宗嘉定六年○日皇順德三年○西歷紀元後一千二百十三年）春三月東海水赤○夏六月王受菩薩戒於內殿以僧至謙爲王師○秋八月王不豫傳位於太子尋薨謚曰元孝廟號康宗葬厚陵

高宗安孝王諱皞字大明初諱瞋康宗長子在位四十六年壽六十八

元年（宋寧宗嘉定七年○日皇順德四年○西歷紀元後一千二百十四年）秋九月封崔忠獻妻任氏爲綏成宅主王氏爲靜和宅主任氏本將軍孫江胤妻也忠獻殺其夫而納之王氏卽康宗女也忠獻移入別第劍戟兵衛彌滿數里朝士追隨者甚衆樞密使琴儀從之儀力學善屬文而諂事忠獻歷敭華要識者鄙之

二年（宋寧宗嘉定八年○日皇順德五年○西歷紀元後一千二百十五年）春二月叅知政事鄭克溫卒謚翼烈克溫性溫仁愿謹不露圭角凡所莅威惠得宜當時無赫赫大名及去皆有遺愛○夏五月兵部尚書致仕玄德秀卒德秀鐵面犀骨有膽略意氣自高言笑誇大人或譏之嘗謂安南爲政嚴明吏民畏服尤惡淫祀巫覡使不得入境○秋八月崔忠獻使將軍李光裕遷前王於喬桐光裕還言供頓闕乏忠

獻厲聲曰非我仁恕王父子得保首領以至今日乎追
思濬明事至今使我毛髮盡竪○冬十月李奎報以詩
贊崔忠獻求叅官忠獻乃拜正言
三年(宋寧宗嘉定九年 日本順德六年 西曆紀元後一千二百十六年)秋七月金人
移牒乞借軍糧戰馬朝廷不應時金國爲蒙古所困宣
撫使蒲鮮萬奴據遼東叛僭稱天王國號大眞金人將
擧兵攻之故有是請焉○八月契丹兵來侵遣上將軍
盧元純等禦之時契丹遺種金山王子金始王子僭河
朔之民自稱大遼收國王建元天成爲蒙兵所逐席卷
而東使其將鵝兒乞奴先引兵數萬渡江皆以妻子自

隨攻掠州郡朔州分道將軍盧仁綏棄城走乃以元純
爲中軍兵馬使上將軍吳應夫爲右軍兵馬使大將軍
金就礪爲後軍兵馬使率十三領軍及神騎諸衛兵往
擊之賊得我國楊水尺爲鄕導楊水尺者太祖攻百濟
時所難制遺種也本無貫籍賦役逐水草遷徙無常惟
事田獵至是爲崔忠獻所侵暴迎降于賊故山川險要
無不詳知所在臨突號稱難敵三軍進戰連利至開平
驛就礪奮擊大敗之丹兵奔入香山遂蹂淸塞鎭遁去
賊前後死者萬餘人或言香山之戰鵝兒乞奴戰死云
○冬十一月就礪等旣克鵝兒乞奴契丹後兵大至三

軍不能當賊遂破西京入西海道朝野震動王乃以叅
知政事鄭叔瞻爲行營中軍元帥樞密副使趙冲爲副
往禦之兵額不足括京都人屬部伍太祖苗裔文科出
身及僧徒亦令充軍共得數萬人叔瞻等點兵於順天
館驍勇者悉爲忠獻父子門客所占而官軍皆老弱十
二月進至興義驛聞賊已屠黃州至鹽州退屯于國淸
寺京城戒嚴

四年 宋寧宗嘉定十年日本順德七年○丁丑[illegible]紀元後一千一百十七年 春正月興王
景福等諸寺僧人之從軍者謀殺忠獻佯若爲丹兵所
敗鼓譟入宣義門向忠獻家忠獻遣家兵擊斬之遂大

索僧人殺之前後所殺幾八百人忠獻之捕鞫僧黨也
辭連鄭叔瞻乃罷叔瞻官流之以知門下省事鄭邦輔
代之○王命承宣金仲龜以南道軍往擊丹兵安西都
護兵亦與賊戰斬百餘級趙冲等耀兵鹽州爲之聲援
賊回兵而西○三月盜發純陵○秋七月崔元世金就
礪等擊丹兵于堤州大敗之先是丹兵西歸焚定州進
屯安州五軍元帥往擊之行至太祖灘遇雨留止置酒
宴樂不設備賊大軍掩至我軍大潰冲等奔還京師皆
坐免官賊乘勝入京師焚黃橋而東乃以將軍吳應夫
爲中軍兵馬使元世將前軍貢大源將左軍吳仁永將

右軍柳敦植將後軍以禦之及賊陷東州忠獻以爲賊
過東州勢必南下而五軍逗遛不進徒費糧餉遂罷應
夫以元世代之以就礪將前軍先是太祖灘之敗就礪
奮劒獨戰槍矢交貫于身創尚未合力疾受命與賊連
戰皆克賊奔陷原州朝廷又以將軍任輔爲東南道加
發兵馬使選城中公私奴隸充部伍以送之元世就礪
追賊至堤州朴達嶺輔亦來會就礪用計先據嶺下變
之士皆殊死戰賊遂大潰由是不敢南下○九月震麗
正宮○冬十月是時東眞蒲鮮萬奴遣兵侵邊王思趙
冲之爲人乃起爲西北面兵馬使使往禦之冲進與其

黃旗子軍戰連敗之賊遁去冲引軍還　十二月催忠
獻用術士之言營新闕于白岳欲王移御且壓乾亦寺
以禳北兵
五年（宋寧宗嘉定十一年○日皇順德八年○西歷紀元後一千二百十八年）秋七月先是
丹兵旣潰于堤州趣成州入女眞請得其兵軍勢復振
會金就礪以病召還丹兵連敗官軍進逼楊州乃以趙
冲爲西北面元帥金就礪爲兵馬使鄭通寶等分將前
後左右軍王親授鈇鉞以送之生徒未入仕版者皆令
從軍冲深恥前敗銳意討賊號令明肅諸將莫敢以書
生易之進與賊遇於禿山等處連敗之賊退保江東城

○冬十二月初金君綏代趙冲爲西北面兵馬使至是君綏率諸城軍擊丹兵之在肅川者斬四百餘級君綏敦中之子也以文學名世○崔忠獻以年滿七十陽欲告老王知其意命有司備禮儀賜几杖令出視事忠獻又令子瑀及其腹心廣抄私兵不論僧徒奴隸並許爲屬卒於是中外大擾家家杜門至有不得樵牧者

六年（宋寧宗嘉定十二年○西遼紀元後一千二百十九年）春正月趙冲金就礪等與蒙古東眞兵攻江東城拔之丹寇平先是蒙古主欲窮勦丹兵遣元帥哈眞等率兵一萬與東眞萬奴所遣將完顔子淵至江東城會天寒大雪餉道不繼哈眞移牒求兵糧於我曰皇帝以丹兵逃在高麗于今三年未能掃滅故遣兵討之高麗惟兵糧是助朝廷以精兵一千米一千石應之冲乃令中軍判官金仁鏡領行以詗之時我未嘗與蒙有舊好中外人心洶洶冲獨不疑隨宜和解就礪亦曰國之利害正在今日自請往會哈眞見就礪狀貌魁偉又聞其言大奇之約爲兄弟曰吾征伐六國所見貴人多矣未有如兄者居數日冲亦引兵來哈眞亦兄事之遂共圍江東城賊勢蹙窘開門出降斬其魁餘悉釋之哈眞乃與冲等同盟曰兩國永爲兄弟萬世子孫無相忘也二月哈眞引兵北歸

冲等凱還進拜冲太尉中書門下平章事○三月賜崔忠獻姓王氏○校尉孫永等飲於市私言有戰功而不得賞人有告忠獻者忠獻遣家兵捕之並其黨百餘人悉斬之○秋九月蒙使來督貢○崔忠獻有疾上表辭職又請還賜姓未幾死百官縞素會葬儀物擬於王者其子瑀前此已拜樞密副使忠獻之將死也密教瑀陰爲團束以備非常故人不敢動而內外大權復一歸於瑀矣○冬十月時邊城倅臣搥剝日甚義州別將韓恂多智等因民不堪遂作亂殺官吏投附東眞潛引其元帥亐哥下來屯義州以爲聲援王遣李克偦金就礪等往勦之明年知中軍兵馬使金君綏貽書亐哥下諭以禍福亐哥下悟擒恂智等斬之

七年（宋寧宗嘉定十三年○日皇順德十年○西曆紀元後一千二百二十年）春二月金君綏之貽書亐哥下也不先報金就礪就礪嫌之乃囚君綏晉下會有與君綏有隙者譖君綏於崔瑀就礪從而毀之瑀遂流君綏于漢南時人冤之○秋九月太尉門下侍郎平章事趙冲卒冲橫川人平章事永仁之子也爲人風姿魁偉外莊內和平時未嘗露棱角世徒知其爲寬厚長者及持大兵臨大事然後乃知磊落不凡之器及卒年五十謚文正○冬十二月有星孛于北斗

八年(宋寧宗嘉定十四年○日皇順德十一年○西歷紀元後一千二百二十一年)秋八月平章事柳光植卒謚戴肅光植全州人淸儉沉重所至有聲績○蒙使著古與等以其皇太弟命來索土物甚繁怒館待不滿意張弓持杖或射或擊館伴以下奔走避之著古與未還蒙使這可又奉其女大王之命來督國贐王患之遣將軍金希磾儐之希磾謂這可等曰君在都護府手射一人死生未可知若生則君之福也死則君之一行必見拘留這可等懾服○冬十二月以崔瑀爲吏兵部尚書叅知政事瑀以忠獻所占奪公私田民各還其主且多拔寒士以收時望封晉陽侯飾讓不受○以金就礪爲樞密院使

九年(宋寧宗嘉定十五年○日皇後堀河元年○西歷紀元後一千二百二十二年)春正月城宜州和州鐵關○秋七月彗出三台

十年(宋寧宗嘉定十六年○日皇後堀河二年○西歷紀元後一千二百二十三年)春正月設帝釋道場於修文殿○夏五月日本侵金州○東眞國遣使來○六月擢守宮丞俞升旦爲禮部侍郎升旦仁同人沉訥謙遜博聞强記尤工於古文經史奧義無不洞曉王在幼冲嘗受學焉卽位之後恩眷甚厚至是擢拜是職遂爲師傅○冬十二月上將軍崔愈恭嘗與樞密使吳壽祺及將軍金季鳳等謀盡殺文士以報私怨

事覺瑀貶壽祺爲白翎鎭將尋遣人殺之貶愈恭季鳳
等
十一年(宋寧宗嘉定十七年○日皇後堀河三年○西歷紀元後一千二百二十四年)春正月
蒙使扎古也等來時東眞國遣使牒告蒙帝師老絶域
不知存亡宰樞會崔瑀第議接蒙眞兩國使之禮竟厚
接蒙使○二月金吾池水赤池魚盡死浮出○夏四月
刑部奏獄空○冬十一月崔愈恭金季鳳等旣貶又與
大將軍李克仁謀殺瑀瑀知之殺克仁及愈恭季鳳等
流其黨五十餘人辭連樞密使金仲龜等亦皆流之遠
島○始不用金國年號以其衰微也

十二年(宋理宗寶慶元年○日皇後堀河四年○西歷紀元後一千二百二十五年)春正月
先是國家多事雖歲設燃燈八關會而節目多減殺至
是盡復舊○蒙自結好之後使价往來不絶至是蒙使
著古與等還渡鴨綠中道爲盜所殺蒙疑我國所爲遂
與之絶○秋九月樞密院使李勣卒勣砥平人於丹寇
之難戰功甚多爲人平易溫柔喜怒不見平時似無膽
氣及臨陣賈勇人莫能及性又儉素雖貴顯常處陋室
○冬十月舊制吏曹掌文銓兵部掌武選第其年月分
其勞逸標其功過論其才否具載于書謂之政案中書
擬斥黜以奏之門下承制勑以行之自崔忠獻擅權置

府與僚佐私取政案注擬除授以其黨與爲承宣謂之政色承宣僚佐之任此者三品謂之政色尚書四品以下謂之政色少卿持筆札從事於其間者謂之政色書題其所會之處謂之政房至是瑀置之私第擬百官銓注書批目以進王但下之而已

十三年 宋理宗寶慶二年○日皇後堀河三年 西歷紀元後一千二百二十六年 冬十月

先是韓恂多智餘黨復扱引東眞入寇邊兵擊敗之其後東眞屢寇邊義州分道將軍金希磾請往擊之朝廷不許至是東眞元帥于哥下遣兵入寇義靜州希磾與判官孫襲卿等選步騎萬餘人往攻東眞石城于哥下遣兵救之希磾等與戰大敗之城主率兵出降希磾崔瑀之門客也始發兵密以書告瑀有司欲劾其擅興師旅之罪既而聞瑀知之遂寢之然功賞不行

十四年 宋理宗寶慶三年○日皇後堀河六年 西歷紀元後一千二百二十七年 春三月

先是有術士周演之密語崔瑀曰公王侯之相也瑀以語金希磾希磾洩其語瑀已不平之會有人告瑀言希磾將與其黨害公奉前王瑀信之遂遷前王于喬桐沉希磾等于海○冬十一月以金仲龜爲西京留守仲龜公忠節儉所至有聲績而久爲崔瑀所廢命下朝野皆喜○十二月時日本屢侵邊國家患之遣使日本諭以

歷世和好不宜來侵之意日主將推撿其賊誅之由是
邊患稍息
十五年(宋理宗紹定元年○日皇後堀河七年○西歷紀元後一千二百六十八年)夏五月
北界蝗○秋七月熒惑犯南斗○時東眞數爲邊患王
下制令文武六品以上條上備邊長策○冬十二月以
金就礪爲太尉中書侍郎平章事
十六年(宋理宗紹定二年○日皇後堀河八年○西歷紀元後一千二百二十九年)秋八月
尚書僕射致仕庾資諒卒資諒應圭之弟也莊重寡言
諳練吏治擿發如神歷任內外所至有聲績○冬崔瑀
占奪隣舍數百餘區築毬塲東西數百步平坦如棊局

日聚都房馬別抄令擊毬或弄槊騎射或至五六日能
者立加爵賞於是都房別抄鞍馬衣服弓矢皆效蒙古
風俗競以美麗相誇且分五軍習戰人馬多顚仆死傷
者
十七年(宋理宗紹定三年○日皇後堀河九年○西歷紀元後一千二百三十年)春正月大
饑道殣相望○秋七月太倉災八廩地庫皆焚崔瑀恐
有變與其壻金若先皆擁家兵自衛無一人往救者火
徹夜不滅○初崔忠獻之將死也將軍柳松節等謀去
瑀奉其少子珦瑀覺之分配松節等于遠島流珦于洪
州珦勇而猜暴自見流放心常怏怏至是聚羣不逞作

亂殺州官馳書召松節等于配所傳檄傍郡發兵爲援璃聞變遣兵執珦囚之死獄中因大殺珠黨時璃妻死王命喪葬用王后禮三殿及宗室宰相爭設祭務爲侈美市價爲之騰貴

十八年○宋理宗紹定四年日本後堀河十年西歷紀元後一千二百三十一年秋八月蒙古欲釋殺使之憾遣元帥撒禮塔來侵咸新鎭進至鐵州先是東眞亏哥下之侵義州也使其兵變着蒙服撒禮塔使所虜郞將文大呼謂鐵州人曰眞蒙也可速降文大乃呼曰假蒙也勿降蒙人怒殺之亟攻城城中糧盡將陷判官李希勣聚城中婦女小兒納倉中火之率丁壯自刎而死蒙人遂屠其城○九月以蔡松年爲北界兵馬使將三軍以禦蒙兵○蒙兵攻龜州西北面兵馬使朴犀靜州分道將軍金慶孫等嬰城固守初蒙兵旣屠鐵州犀與慶孫及諸州守令率兵會龜州犀部署諸將分守四面未幾蒙兵大至攻南門慶孫率死士十二人出戰手射敵多所殺傷流矢中臂血淋漓手鼓不止蒙兵却走慶孫整陣吟雙小笒以還犀迎拜相對而泣於是以守城事一委慶孫蒙兵圍城數重日夜攻之始以車積草木轉而進攻慶孫以砲車鎔鐵液瀉之燒其積草蒙人更造樓車及大床裹以牛革中藏兵薄

城底以穿地道犀穴城注鐵液以燒樓車爇朽荄以焚木床蒙人又漬薪人膏縱火攻城犀取泥土和水灌之乃滅慶孫據胡床督戰有砲過頂後擊碎人首慶孫終不移動神色自若蒙兵圍城三旬百計攻之二人輒乘機應變蒙人終不能克乃退引而南○冬十月王親餞僧三萬凡三日蓋欲以禳兵也○十一月蒙兵進薄京城遣御史閔曦等請和初三軍啓行至洞仙嶺與蒙兵戰少利既而屯安北城爲蒙兵所蹙大潰將軍李彥文等死之朝廷乃加發五軍以禦之兵未行蒙人襲平州屠之進至禮成江焚燒殺掠十二月朔分屯京城四門

王遣曦等往見蒙將蒲桃元帥等請結和蒲桃許之遣其使二人偕曦而來時撒禮塔屯安北府自稱權皇帝亦遣使三人來諭講和王見蒙使于大觀殿蒙使毛衣冠佩弓劒直上殿與之冠帶令改服不從旣又遣淮安公侹如撒禮塔營厚遺土物以祈罷兵○蒙兵復攻龜州不克先是蒙人怒朴犀等堅守期欲拔之退而復來者再犀等皆用奇計大破之于是蒙人復以大砲車攻之犀亦發砲車飛石擊殺無筭撒禮塔遣通事持淮安公牒諭降犀不聽益固守蒙有一老將環視城壘器械歎曰吾行天下未嘗見被攻如此而終不降者城中諸

將他日必皆爲將相矣○蒙人致其皇帝牒牒中首責殺使之罪使速投拜且求人物諸種甚夥朝廷表答辨殺使事滅送土物自是蒙人求索財物無厭我使至有被拘殺者

十九年（宋理宗紹定五年○日皇後堀河十一年○西歷紀元後一千二百三十二年）春正月三軍就蒙營降蒙師乃還首宰金就礪等慰送之○朝廷遣閔曦等與蒙人到龜州城外諭降曰國家遣淮安公講和三軍已降汝州亦宜罷戰出降諭之數四朴犀不從曦悶然欲拔劍自刺犀等重違王命乃降後蒙使至以犀固守不降欲殺之崔瑀謂犀曰卿於國家忠節無比然蒙之言亦可畏也卿其圖之犀乃退歸鄉里後拜平章事以卒○遣使殺慈州副使崔椿命既而釋之初蒙之攻慈州也椿命固守不下三軍既降撒禮塔與淮安公諱遣太集成到城下諭降椿命不聽命左右射之集成深啣而返于是集成謂崔瑀曰不殺椿命無以解蒙怒瑀然之使人押椿命至西京將斬之椿命辭色不變蒙官人問知之曰此人於我雖逆命在爾爲忠臣我且不可殺況爾乎固請釋之○蒙遣達魯花赤七十二人於本國以監之○夏四月遣趙叔昌奉表如蒙進貢叔昌冲之子也始蒙人之來侵也首以咸新鎭降焉

○六月崔瑀遷前王於紫燕島○天狗墮地有聲如雷
○崔瑀欲避蒙患議遷都江華時昇平旣久京都戶至
十萬金碧相望人皆重遷別抄指諭金世冲詰瑀曰松
京自太祖以來近三百年城堅而兵食足固當戮力以
衛社稷去此欲安之乎瑀以爲世冲沮議斬之遂請王
幸江華王依違未決瑀乃先輸家財于江華令有司刻
日發送五部人戶仍發二領軍就江華營宮闕秋七月
王至江華御客館○令諸道徙民入山城海島時國家
遣使北界諸城奪達魯花赤弓矢惡蒙兵復至故也○
御史臺皂隷李通等因民怨嘯聚草賊作亂逐王京留
守兵馬使金仁鏡遣樞密使趙廉卿等悉捕斬之○叅
知政事兪升旦卒升旦以文行名重一時時人謂之人
倫龜鑑嘗自言曰吾欲終身行之惟不欺二字謚文安
○九月蒙以我國拘辱達魯花赤復遣撒禮塔大擧來
侵所在屠掠雖老弱婦女皆殺之冬十二月進攻處仁
城有一僧在城中射撒禮塔殺之蒙兵遂潰還然其餘
衆往來侵掠不已僧以功授上將軍固讓不受後還俗
名金允侯
二十年（宋理宗紹定六年○日皇四條元年○門歷通元後一千二百三十三年）春正月遣
使如金路梗未達而還○夏四月蒙遣使數五罪其一

責寶海不入朝云○五月西京人畢賢甫洪福源等以西京反殺宣諭使鄭顗冬十二月崔瑀發家兵三千與北界兵馬使閔曦討克之獲賢甫送京師腰斬福源逃入蒙先是撒禮塔之始侵我也福源迎降爲其腹心至是而反亦欲以應蒙也福源在蒙爲東京摠管譏搆本國無所不至蒙之侵伐徵責皆福源導之也時人謂之吠主犬○築江都外城○蒙撤兵時朝廷以蒙患使李奎報爲國書致蒙辭意明切故得其感悟

二十一年(宋理宗端平元年○日皇四條二年○西歷紀元後一千二百三十四年)春二月王幸奉恩寺觀燃燈寺故叅政車倜家也時雖遷都尊

創然凡宮殿寺社等一依松都舊式○夏五月門下侍中金就礪卒就礪彥陽人爲人節儉正直忠義自守持軍嚴整士卒不敢犯秋毫有酒卽用一卮與士卒㝡下者均飮故能得其死力臨陣制敵多出奇計以成大功然未嘗自矜爲相正色率下人不敢欺謚威烈○冬十月論崔瑀遷都功封爲晉陽侯立府

二十二年(宋理宗端平二年○日皇四條三年○西歷紀元後一千二百三十五年)冬十月中書侍郞平章事金仁鏡卒仁鏡慶州人文武吏才俱贍天資清婉無一毫鄙吝工詩詞善隸書名重一時謚貞肅

二十三年(宋理宗端平三年○日皇四條三年○西歷紀元後一千二百三十六年)夏六月蒙兵復大舉來侵秋九月至竹州防護別監宋文胄擊破之殺獲甚多文胄曾在龜州城中習知朴犀禦蒙之術也

二十四年(宋理宗嘉熙元年○日皇四條五年○西歷紀元後一千二百三十七年)春草賊李延年嘯聚潭陽等郡無賴之徒攻破旁邑進圍羅州指揮使金慶孫擊斬延年餘衆遂潰初賊素服慶孫威名必欲生致以爲主將戰不用弓矢故慶孫得不傷○秋八月前王薨廟號熙宗葬碩陵

二十六年(宋理宗嘉熙三年○日皇四條七年○西歷紀元後一千二百三十九年)夏四月

時蒙兵彌漫域中者累年故遣使如蒙乞罷兵至是兵還

二十八年(宋理宗淳祐元年○日皇四條九年○西歷紀元後一千二百四十一年)夏四月以宗室永寧公綧爲親王子率衣冠子弟十人入質于蒙謂之禿魯花○秋九月平章事致仕李奎報卒奎報黃驪人少聰敏於百家經史無不貫穿爲文不蹈古人畦徑橫鶩別駕一時高文大冊皆出其手然以附忠獻得官得罪士論諡文順時又有李仁老吳世才趙通林椿咸淳等並以文章著稱一世而世才椿皆窮阨而卒

二十九年(宋理宗淳祐二年○日皇四條十年○西歷紀元後一千二百四十二年)冬十二

月進崔瑀爵爲晉陽公加食邑

三十年（宋理宗淳和二年○日皇後嵯峨元年○西歷紀元後一千二百四十二年）冬十二月遣使如蒙是時蒙太宗已殂女后臨朝兵患稍息兩國使价往來不絕或一歲而四五焉

三十二年（宋理宗淳和五年○日皇後嵯峨五年○西歷紀元後一千二百四十五年）春三月延慶宮火

三十三年（宋理宗淳和六年○日皇後嵯峨六年○西歷紀元後一千二百四十六年）夏五月雨毒虫其虫身裏細綱剖之如斫白毛隨飲食入人腹中或嘔人肌膚人輒死時號食人虫塗以葱汁便死○冬十一月晉州副使王諧卒諧少登第爲御史守法

不撓以激濁揚淸爲己任居晉州吏畏民懷及遷吏部晋守老幼涕泣請留遂因舊任時又有廣碩金之錫等皆以良吏名於世

三十五年（宋理宗淳和八年○日皇後深草二年○西歷紀元後一千二百四十八年）春三月時蒙兵入北界托言捕獺所至侵掠命兵馬使徙民入海島安北府有葦島海潮出入不得耕種兵馬判官金方慶使民築堰墾闢其中使之種稗民頗怨之及秋大稔而蒙兵連歲不退島人得無饑乏島中又無井泉方慶築堤貯水爲大澤夏則汲引冬則鑿冰人利其用始服其智○以崔沆爲樞密院知奏事沆瑀之子也初

與其弟爲僧名萬全聚無賴門徒惟以殖貨爲事金帛鉅萬計所畜米至五十餘萬石貸民取息侵擾州邑至是瑀令萬全歸俗改名旋拜是職初全羅道按察使金之岱捕萬全門徒數其罪而投之江萬全深憾之然以之岱廉謹少過竟不能害

三十六年（宋理宗淳祐九年○日皇後深草三年○西曆紀元後一千二百四十九年）春正月崔沆享王○冬十一月崔瑀死以其子沆爲樞密副使吏兵部尚書御史大夫沆服喪二日而除○崔沆忌樞密副使金慶孫素得衆心流之白翎島

三十七年（宋理宗淳祐十年○日皇後深草四年○西曆紀元後一千二百五十年）春正月營宮闕于昇天府時蒙責以都海島不出陸故營新闕以示出陸之意○三月北界以蒙兵連歲來侵請入內地許之遂徙之西京畿內及西海道○秋八月樞密副使崔椿命卒○築江華中城○冬十二月以崔沆爲門下侍中

三十八年（宋理宗淳祐十一年○日皇後深草五年○西曆紀元後一千二百五十一年）夏五月守司空左僕射孫抃卒抃初名襲卿性剛毅長於吏事剖決如流嘗按慶尚人有弟姊相訟者弟曰旣爲同産何姊獨得父母之財弟無其分耶姊曰父臨絕擧家産付我汝所得者緇衣冠各一緉鞋一兩紙一卷而已

文契具存胡可違也訟之積年未決抃召二人至前問曰若父沒時母安在曰先亡若等於時年各幾何曰姉已有家弟方髫齔抃因諭之曰父母之心於兒女均也夫豈厚於長年有家之女而薄於無母髫齔之兒耶顧兒所賴者姉也若遺財與姉等恐其愛之或不至養之或不全耳兒既長則用此紙作狀服緇衣冠履緇鞋以告於官將有能辨之者其獨遺四物意蓋如此其姉聞而感泣弟亦泣抃遂中分與之○冬閏十月門下平章事李子晟卒子晟牛峯人性剛烈有勇力既屢立戰功恐爲權貴所忌謝病杜門人稱知幾謚襄烈○崔沆弑其母大氏殺前樞密副使金慶孫等初崔瑀外孫金敉與沆圖相傾奪大氏常助敉而不右沆沆深怨之至是流捕大氏前夫之子將軍吳承績投之江流大氏于海島尋毒殺之又遣其腹心于白翎沉慶孫于海以承績姻親之故也慶孫爲人莊重裕和有膽略屢立大功朝野倚重其死人皆痛惜

三十九年（宋理宗淳祐十二年○日皇後深草帝六年○西歷紀元後一千二百五十二年）冬十月西京自畢賢甫之亂廢爲丘墟至是復置留守官○設華嚴神衆道場禳兵也

四十年（宋理宗寶祐元年○日皇後深草帝七年○西歷紀元後一千二百五十三年）秋七月

先是蒙使多可等來責王出迎于陸王不應多可怒而
去于是蒙主遣其弟於荘等率兵一萬由東眞國入東
界書如前王從崔沆言不出迎令諸道民徙入保山城
海島習水戰于甲串江以備之蒙兵遂陷列邑○九月
蒙兵圍春州累月樹柵二重坑塹丈餘城中井泉皆渴
至刺牛馬飮血士卒困甚文學曹孝立知城不守與妻
赴火死○冬十一月遣永安伯僖等致書于蒙將也窟
請解兵也窟許之領兵北歸遣蒙古大等十人以示和
好之意王出迎于昇天新闕蒙古大喜遂賜飮而去○
十二月盜發厚陵

四十一年（宋理宗寶祐二年○日皇後深草八年 ○四憲紀元後一千二百五十四年四）正
月李峴伏誅先是峴以樞密副使奉使如蒙蒙怒王不
出陸拘峴峴遂降蒙及於荘之來也與洪福源永寧公
綧等並隨其軍盡峴勸蒙大擧也及至本國憑托蒙勢
貪掠婦女珍寶蒙兵之歸不得隨去仍留焉朝廷議以
叛逆棄市籍其家峴嘗爲選軍別監多受賄賂人號銀
尙書及誅有人蹴其口曰喫盡幾人銀耶○秋七月蒙
主以王雖出陸而侍中崔沆尙書柳璥等尙不出未爲
眞降遣其將車羅大將兵來侵冬十二月始還是歲蒙
人所掠本國男女無慮二十萬六千餘人殺戮者不可

勝計自有蒙亂未有甚於此也

四十二年（宋理宗寶祐三年○日皇後深草九年○西歷紀元後一千二百五十五年）春二月時蒙兵已歸京城解嚴乃令民入保山海者悉出陸地○三月大饑○秋九月蒙兵復大至蹂忠州大院嶺州人出精銳擊殺千餘人○冬十一月太廟成兵興以來未遑營建至是始成○十二月以崔沆爲中書令○京城大疫

四十三年（宋理宗寶祐四年○日皇後深草十年○西歷紀元後一千二百五十六年）春正月太白經天○二月雨水銀○三月蒙兵入南界攻笠巖山城將軍宋君斐奮擊敗之殺傷甚多擒其將四人○秋八月遣將軍宋吉儒徙清州民入保海島有不從者吉儒輒撲殺之或以長繩連編人頸曳投水中幾死乃出奪人貨物不可勝數吉儒崔沆之腹心也○永安公縛洪福源等與車羅大還屯甲串江外規取江都有郎將蔡取和若初從縛貸元私曰吾等捐妻子從公絕域者欲安國家耳今公無一毫利國與反臣無異遂逃還縛聞之遣人追殺之○九月蒙師還先是遣御史金守剛往說蒙主請罷兵蒙主許之○門下侍郎平章事崔璘卒璘讜之孫也器局宏深不拘細行屢使蒙有專對才謚文景○冬十月以崔滋爲中書平章事滋冲之

後也文名亞於李奎報而吏幹亦優○以諸道被兵凋
殘租賦耗少令州縣其人耕閑地收租補經費又令文
武三品以下權務以上出丁夫有差防築梯浦瓦浦爲
左屯田狸浦草浦爲右屯田其人者國初選州縣鄕吏
子弟爲質於京之名也
四十四年 宋理宗寶祐五年○日皇後深草十一年○西歷紀元後一千二百五十七年 春二
月赤氣竟天夜明如晝○夏閏四月崔沆死以其子竩
爲將軍初沆之爲僧也通于宋情之婢生竩而嫡妾皆
無子故以竩爲嗣竩美容儀性沉默多羞澀既秉政發
倉賑飢以收人心○五月蒙兵復至○秋七月以崔竩

爲右副承宣○九月蒙師還時金守剛又如蒙請罷兵
四十五年 宋理宗寶祐六年○日皇後深草十二年○西歷紀元後一千二百五十八年 春正
月流宋吉儒于楸子島吉儒凌剝無厭按廉使宋庠劾
奏之其黨金仁俊等與柳璥欲寢其奏替救崔竩聞而
責之仁俊等遂與竩貳 二月日青無光 崔竩以
家奴李公柱爲郎將舊制奴隸雖有大功不得拜官拜
叅官始此○夏四月大司成柳璥別將金仁俊等誅崔
竩竩信讒多忌黷貨無厭由是大失人望仁俊者忠獻
之奴也狀貌魁岸性寬厚好施瑀及沆皆寵信之柳璥
久在政房亦爲沆所厚及竩秉政皆疎之二人不平宋

吉儒之貶二人益與竩交惡遂與郎將朴松庇朴希實李延紹李公柱林衍及仁俊弟承俊等密謀誅竩聚三別抄于射廳推樞密使崔昷爲主率兵攔入竩家竩走匿屋茸中索出斬之盡殺其黨璥仁俊昷等詣闕告誅賊臣復政于王仍請刱去忠獻璃壁上圖形王從之遂以璥爲樞密院右副承宣松庇仁俊爲大將軍賜衛社功臣號其餘賜爵有差發竩家倉賑中外官民◯蒙兵復至◯六月蒙將遣使傳其皇帝勅責王出降既而又責太子出降◯蒙誅洪福源時永寧公綧以福源陰事告蒙主福源怒罵辱綧綧之妻蒙宗女也訴于蒙主蒙

主使人蹴殺福源械其子茶丘君祥等以歸茶丘等由此謀陷本國無所不至◯冬十一月以柳璥爲簽書樞密院事璥既誅崔竩奏置政房于便殿專掌銓注金仁俊敬重之每事咨焉仁俊弟承俊自以功高位卑怨望與林衍等譖璥于仁俊使諷王罷承宣移拜是職蓋奪其政柄也自此內外大權一歸于仁俊矣◯十二月擢崔允愷爲左副承宣允愷性廉平方崔竩之用事也舉朝趍附獨不至其門◯漢陽龍津人趙暉與定州人卓青引蒙兵入猪島殺東北面兵馬使愼執平以和州迤北叛降于蒙蒙置雙城摠管府于和州以暉爲摠管青

爲千戶暉等出沒寇抄國家自此遂失東北諸城
四十六年(宋理宗開慶元年○日皇後深草十三年○西曆紀元後一千二百五十九年)春正
月赤氣竟天○二月王幸奉恩寺觀燃燈宴羣臣當宴
王再舉手以示羣臣曰凡在宴者皆拍手以助予樂羣
臣拍手踊躍汗流被體○蒙人修西京古城開屯田爲
久留計○夏四月遣太子倎如蒙古知政事李世材等
四十餘人從○慈雲寺池水赤○六月蒙使周者等來
改江都內外城○王薨太孫諶監國上謚曰安孝廟號
高宗葬洪陵○冬十一月創宮闕於舊京將出陸也
元宗順孝王諱禃字日新初諱倎高宗長子在位
十五年壽五十六
元年(宋理宗景定元年○日皇龜山元年○西曆紀元後一千二百六十年)春正月以濟
州爲宋商日寇所往來特置防護使令濟州副使羅得
璜兼之前守以貪贓坐免而得璜淩剝尤甚州人爲之
語曰昔遇小盜今逢大盜○二月太子還自蒙初太子
行至六盤山時蒙憲宗新殂其弟阿里孛哥阻兵朔北
而皇弟忽必烈觀兵於宋太子乃南轅至梁楚之郊忽
必烈適自襄陽班師太子具朝服迎於道左眉目如畫
周旋可則忽必烈大喜曰高麗世子自來此天意也遂
與俱北至京北府太子始聞王凶報服喪三日而除忽

必烈乃命康和尙等護送太子還國○夏四月太子即
位太孫率百官上表行禮○蒙使多大等來頒蒙主即
位詔且令本國出水就陸○五月以金俊爲樞密副使
襲陽郡開國伯初策誅崔竩功以精職爲第一于是改
策仁俊爲第一改名俊○秋七月門下侍郞平章事致
仕崔滋卒滋天資淳訥不以表表爲能文學富贍居官
勤敏淸儉所至有聲績謚文淸○八月先是遣永安公
僖如蒙賀其主即位至是僖還蒙主遣勅三道其第二
言衣冠從本國之俗皆不改易古京之還遲速量力屯
戍之撤秋以爲期所設達魯花赤等俱勅西還也○冬

十一月幸法王寺設八關會時當國恤奏還宮樂識者
譏之
四年○宋理宗景定四年○日皇龜山四年○西歷紀元後一千二百六十三年春二月日本
侵金州掠州縣貢船夏四月遣大官署丞洪泞等如日
責諸日人窮推之乃對馬島寇也泞等遂推徵其所掠
米布而還○冬十二月以金方慶知御史臺事方慶守
法不撓風節凜然
五年○宋理宗景定五年○日皇龜山五年○西歷紀元後一千二百六十四年秋八月王如
蒙使金俊輔太子監國平章事李藏用等從行蒙丞相
見藏用問高麗州郡戶口幾何藏用曰不知曰子爲國

相何爲不知藏用指窓櫨曰丞相以爲凡幾箇丞相曰
不知藏用曰小國戶口之數有司存雖宰相焉能盡知
丞相默然藏用素工文章應對精詳蒙人甚重之至有
寫眞以禮者○冬十二月王至自蒙

六年 宋度宗咸淳元年○日皇龜山六年○西曆紀元後一千二百六十五年 春正月以金
俊爲侍中尋進封海陽侯俊擅弄國政黜陟任意法令
苛峻民多怨之

七年 宋度宗咸淳二年○日皇龜山七年○西曆紀元後一千二百六十六年 春二月平章
事致仕金之岱卒之岱清道郡人風姿魁梧倜儻有大
志力學能文江東之役代其父從軍元帥趙冲奇其爲
人拔之行間明年擢甲科遂顯所至有聲績○秋九
月設祈恩道場於內殿時王用術士白勝賢等言頗事
祈禳醮祀

九年 宋度宗咸淳四年○日皇龜山九年○西曆紀元後一千二百六十八年 冬十二月誅
金俊王惡俊縱恣欲除之知林衍與俊有隙使宦者崔
𤨭等潛結衍往來通謀衍遂制大梃納諸膳物櫃預置
宮中一日王宣言有疾分遣中使禱祀召俊赴朝俊至
朝堂𤨭等傳旨引入政房遂斬之幷斬其弟承俊衍等
分遣別抄兵捕俊諸子及其黨皆殺之

十年 宋度宗咸淳五年○日皇龜山十年○西曆紀元後一千二百六十九年 夏四月遣世

于諶如蒙○六月林衍既與崔瑆等誅金俊忌瑆等權勢逼己私殺之恐見害於王遂集三別抄于毬庭欲行大事乃用李藏用言逼王遜位幽于別宮立安慶公淐爲王秋七月淐尊王爲太上王○冬十一月先是太子在蒙以林衍廢立訴于蒙主至是蒙主遣使使淐及衍面陳情實衍懼奉王復位○十二月王如蒙

十一年（宋度宗咸淳六年○日皇龜山十一年○西歷紀元後一千二百七十年）春二月王至蒙都上書請世子尚公主又請置本國達魯花赤蒙主許之○先是蒙責問廢立之事安慶公淐遣金方慶陳辨其後西京兵馬營吏崔坦等嘯聚徒黨以誅林衍爲名叛附于蒙仍請兵三千來鎭西京蒙主遂遣蒙哥篤將兵往賜坦等銀牌方慶與哥篤偕至西京父老爭來餉泣曰如公在豈有坦等之事坦等欲因蒙兵搆亂方慶每以計沮之遂得無事○蒙責林衍入朝衍憂懣疽發背死其子惟茂襲拜教定別監○夏五月蒙還行省于我國以脫朶兒爲達魯花赤領東方事○時王自蒙還未至先遣人諭國中臣僚出都舊京林惟茂拒命不從御史中丞洪文系知門下省宋松禮等率別抄兵誅惟茂遂復政王室盡罷都房兵既而王至開京遂都之○冬十二月金方慶與三別抄兵戰于珍島不利初

崔瑀患國中多盜聚勇士每夜巡行禁暴因名夜別抄及盜起諸道分遣別抄兵以捕之其數甚多遂分爲左右又以國人之自蒙逃還者爲一部是爲三別抄自此權臣執國以爲爪牙故頗任悍難制王既還都舊京乃遣使敦諭仍罷之軍情危疑莫知所適將軍裴仲孫等遂以其兵叛逼承化侯溫爲王掠公私財貨及子女浮海而南李承休進計於王曰待賊半渡窄梁遣精銳橫斷賊船堅守江都則賊進退失據可破也王不能從賊遂入據珍島侵掠州縣追討使申思佺進勦至羅州聞賊出陸懼而奔還乃以方慶代之將兵六千餘人與蒙元帥阿海偕往勦之與賊遇於海中方慶突入賊中被圍甚急方慶義不死賊手欲投海死士卒見之皆殊死戰賊乃解去

十二年(宋度宗咸淳七年○日皇龜山十二年○西歷紀元後一千二百七十一年)春正月侍中李藏用免以與廢立謀也○二月都兵馬使言近因兵興倉庫虛竭百官俸祿不給請於京畿隨品設祿科田權倖皆不便多方沮撓承宣許珙力請之王乃從○以洪子藩爲右副承宣子藩奏曰比來不親聽政有司章奏悉委宦豎出納中外缺望請親攬庶政以慰輿望時士大夫皆緘默自保而子藩獨持讜議時論多之

子藩灌之後也○雙城賊趙暉入寇襄州殺掠吏民一千餘人而去○夏五月金方慶等討珍島大破之先是蒙主以阿海畏縮不戰遣忻都代之繼遣洪茶丘領兵以助之方慶聚兵萬餘人與忻都將中軍茶丘及將軍金錫分將左右軍與賊戰於碧波亭大破之斬僞王溫餘衆竄入耽羅○六月遣世子諶入質于蒙○冬十月蒙達魯花赤脫朶兒卒脫朶兒沉重寬厚撫恤人民聽斷明白未嘗枉法及疾作國醫進藥脫朶兒却之曰我若飲此而死則讒搆爾國者必曰高麗毒之遂不飲而卒國人惜之○以金方慶守太尉中書門下平章事○十二月蒙建國號曰大元遣使來告王亦遣使賀之

十三年 宋度宗咸淳八年○日皇龜山十三年○西曆紀元後一千二百七十二年 春二月世子還自元國人見世子辮髮胡服皆歎息涕泣○秋八月太府告罄府官姜渭贇等不勝其苦祝髮而逃時內藏亦空御供闕一夕○冬十月初洪文系以誅惟茂功拜承宣既而見國事日非同僚皆阿意苟容恥與同列辭職于是移拜樞密府事又辭不就時年未四十後改名奎

十四年 宋度宗咸淳九年○日皇龜山十四年○西曆紀元後一千二百七十三年 夏四月三別抄賊既入耽羅築內外城數出寇掠王乃以方慶

爲元帥將兵萬餘人與忻都茶丘等進討克之賊魁金
通精自縊死餘黨皆降進方慶爲侍中　五月元遣使
採金于南方
十五年（宋度宗咸淳十年○日皇龜山十五年 西歷紀元後一千二百七十四年）夏四月
虎耆入都城○六月王薨百官遙尊世子爲王上大行
王謚曰順孝廟號元宗秋八月世子至自元卽位葬詔
陵○冬十月金方慶等擊日兵大敗之先是元主欲致
日以我國與日通好遣其使黑的等來借我使如日諭
以來朝日不從元主怒欲伐之遣使本國督造戰艦至
是發兵二萬五千使忽敦洪茶丘領之以來王乃遣方

慶及朴之亮金忻等助之自對馬島至日岐島我軍連
戰皆克斬首千餘級捨舟三郎浦分路而進日兵突至
方慶立不動厲聲大喝日兵辟易而退之亮忻等又力
戰大敗之伏屍如麻忽敦歎曰蒙人雖善戰何以及此
方慶欲復戰忽敦止之遂引還會大風雨戰船多敗諸
軍溺死者亦萬餘人○先是王在元娶元主女曰忽都
魯揭迷失公主至是公主來王親迎之使從臣開剃以
隨十一月與公主會于肅州胡服同輦而入降封前妃
王氏爲宮主

忠烈王諱昛初諱諶元宗長子在位三十四年壽

七十三

元年 宋恭宗德祐元年○日皇後宇多元年 乙亥歷紀元後一千二百七十五年 春三月王及公主幸北山洛山寺自是屢幸寺院至於田獵遊觀公主無不與焉○時帑藏匱竭令文武百官以至編戶各出銀布有差以充國用自是凡國家有事以爲常例○太史局言東方屬木色當尚青而國俗尚白此木制於金之象也請禁白衣從之○夏六月舊制凡命令徵求必下宣旨至是以宣旨頻煩州郡疲於迎命令承宣奉旨作書署名紙尾發下諸道謂之宣傳消息○舊制文官先補外然後得授朝職武官不補外但循序以進

而已庚癸以來權臣柄國始以武官補外承宣朴恆奏革之至是左右或以武臣懷憾爲言王乃令外官文武交差○秋九月元子謜生貞和宮主宴賀及宮主行酒王顧見公主公主大怒曰何白眼相視豈以宮主跪於我乎遂大哭促輦欲還旣而以乳母言止之○冬十月禁國中婚嫁以元求處女也○改定官制章服凡官名之擬比於元朝者悉改之服章宰樞以上玉帶六品以上犀帶七品以下黑帶未幾又改宣旨曰王旨朕曰孤赦曰宥奏曰呈以元人詰僭故也

二年 宋端宗景炎元年○日皇後宇多二年 丙子歷紀元後一千二百七十六年 春正月始

許內僚參官凡舊制內僚之職限南班七品雖有大功
只有賞賜○夏五月知僉議府事張鎰卒鎰昌寧人溫
恭正直前後使元不辱君命諡章簡○王與公主幸興
王寺公主取寺中金塔入內王禁之不得涕泣而已公
主又多率人臧獲嘗以松子人參從江南獲厚利後分
遣宦官求之雖不產之地無不徵納民甚苦之○置通
文館令禁內學館參外文臣習漢語○六月密直副使
金文本卒文本姿貌魁梧性沈重高倨不苟俯仰有大
臣體○冬十二月時人有投匿名書言貞和宮主咒咀
公主金方慶等謀不軌於是囚宮主及方慶等鞫問之
柳璥力辨乃釋

三年（宋端宗景炎二年○日本後宇多三年○昰歷紀元後一千二百七十七年）春二月都
兵馬使言國用殫竭請令人無功及不次而求官者科
等斂銀納國贐都監王從之○秋七月先是王好田獵
且以進鷹鶻於元故爲置鷹坊以諸嬖宦管之宦寺因
緣徵斂民不堪命又採材諸道廣營宮闕至是王暴得
疾宰樞請停土木縱鷹鶻還金塔以祈命公主皆從之
○王捨宮爲旻天寺○九月太妃王氏元宗之繼妃也
元宗之將立王爲太子也妃有讒言王知而怨之至是
內豎告太妃與順安公琮謀咀呪王王乃廢太妃爲庶

人流琮于海島
四年(宋帝昺祥興元年○元至元十五年○西歷紀元後一千二百七十八年)春二月令
國內皆着元衣冠初元宗之世將軍印公秀勸王效蒙
服元宗曰吾未忍遽變祖宗家風我死之後卿等自爲
之王之逆公主也宰臣宋松禮等或承望風旨開剃以
朝然不能幾人也及是始制爲令於是百官以下至禁
內學館無不剃頭惟抄奴所由電吏及百姓仍舊○夏
四月王及公主世子如元元徵金方慶入朝先是將軍
韋得儒盧進義等有私怨於方慶以方慶征東之後藏
甲四十領譜于忻都曰方慶圖不軌忻都告王鞫之柳

璥力辨其誣杖譯之既而洪茶丘以其事告于元主遂
以元主命來鞫備極慘刑方慶終不服遂流之大靑島
于是方慶自配所被召王爲之陳辨遂得放方慶之
北也得儒等亦同被召中道皆爛舌死○秋七月王還
自元王之在元也從行都監金周鼎上書元主請罷本
國達魯花赤及王京留鎭等數事元主皆從之○參文
學事金坵卒坵扶寧人性倜儻無意言語至論國事
切直無所避時元徵詰絡無虛歲坵入掌撰詞因事措
辭中於理以此多獲允從元學士王鶚每見表詞必
稱美恨不得見其面○冬十月贊成事柳璥致仕以金

方慶判典理事○承旨金周鼎建議令宰樞甚多謀政無主宜別置必闍赤委以機務又內僚不可皆令啓事請擇人爲申聞色餘皆罷之王從其議遂置必闍赤以周鼎及朴恆薛公儉鄭可臣李尊庇李之氏等爲之

十二月改折給祿科田

五年宋帝昺祥興二年是歲宋亡○日皇後宇多三年○西歷紀元後一千二百七十九年夏六月罷左司議大夫權咀宮咀前按慶尙道折減貢絲之價至是王以晉州所貢綾羅品麤遂罷咀及晉州副使崔邑宰相言咀爲民革弊而得罪則孰肯憂民者哉尋復其職○冬十一月火星食月○王沉湎聲色謂敎坊才人不足分遣倖臣選諸道娼妓籍置宮中飾以新粧敎以淫詞艷曲日夜歌舞褻狎慢昵無復君臣之禮供億賜與之費不可勝紀時尹秀李貞等以鷹犬寵吳祁石天補等以聲色寵王惟紹宋邦英等以譖佞寵林貞杞朱印遠等以賄賂寵印侯張舜龍等以公主私屬寵日以容悅爲事矣○十二月慶尙道牛疫屠者爛手而死○監察侍丞崔有渰上疏直言時事流之大青島有渰滋之子也○改都兵馬使爲都評議使司時事多倉卒僉議密直每與評議司合坐商議○慶源公祚卒祚熙宗子也明習典故世稱知禮

歷代史略 卷五

六年(元世祖至元十七年○日皇後宇多六年○西紀元後一千二百八十年)春三月宰相以膺坊弊甚請罷之不從○監察侍史沉諹與雜端陳倜侍史文應殿中御史李承休等上書極言時事語及尹秀侍宴不恭及大禪師祖英淫穢宮禁之事二人相與譖之王大怒鞫諹于崇文館置碎瓦股間令人踏之問誰發議者諹終不言遂囚于巡馬所因流倜應于海島罷承休官

七年(元世祖至元十八年○日皇後宇多七年○西紀元後一千二百八十一年)夏六月我師及元兵與日本戰于太宰府敗績先是元主以日不入朝欲復伐之置征東行中書省于本國令本國備戰艦軍糧以金方慶爲高麗軍都元帥遣征東元帥忻都茶丘等將兵會方慶又令范文虎將蠻軍十萬赴日岐島于是方慶等進與日合戰于太宰府斬殺頗多旣而日兵突至軍遂潰忻都等欲還方慶請俟南軍合攻未幾文虎以蠻軍至戰船合九千艘會值大風於海中蠻軍皆沒諸軍遂還明年元罷征東省○秋八月贊成事朴恒卒恒本春州吏也性聰慧寬厚有孝行能文章敎孜奉公長於吏治時征東事務煩劇而供億之策及軍機措置皆自恒出○冬十一月以昇平府使崔碩爲秘書郎昇平舊俗邑宰遞還必贈以八馬惟其所擇及碩

還邑人例持馬請擇碩笑曰馬能至京足矣何擇焉至家以馬歸之自是其獘遂絕州人頌德立石號八馬碑

八年元世祖至元十九年○日皇後宇多八年○西曆紀元後一千二百八十二年秋九月王與公主畋于忠清道行至臨津公主怒責王曰遊田非急務何引我至此王無以對○冬十二月寶文閣學士白文節卒文節文辭富贍下筆霈然爲一時所推然不以才自負

九年元世祖至元二十年○日皇後宇多九年○西曆紀元後一千二百八十三年夏四月順昌宮災○秋九月知太史局事伍允孚言天變可畏請設消災道場鄭可臣謂廉承益曰天變豈浮屠法所能禳哉盍請修德承益曰吾豈不知然難言也

十一年元世祖至元二十二年○日皇後宇多十一年○西曆紀元後一千二百八十五年秋八月以內竪金子廷爲東京副使公主謂王曰家奴爲邑宰可乎南班人得居中外重任始自何代王曰自元廟始公主曰王眞元王之子也王有慚色

十二年元世祖至元二十三年○日皇後宇多十二年○西曆紀元後一千二百八十六年春三月以安戩爲左承旨王欲以忝官除一內竪戩執不可王強之戩竟不奉旨言甚剴切王怒起入內戩隨之啓曰臣罪當罷內竪忝官之命乞俟後日王己蹴闔顧而厲聲曰可左右皆懼戩退徐曰殿下許臣矣遂削去除

目時人名曰鐵饌◯秋七月知密直司事郭預卒預清州人爲人平淡勁直謙遜樂易有雅致文章書法爲世所推雖至貴顯如布衣時

十三年(元世祖至元二十四年○日皇後宇多十三年○西歷紀元後一千二百八十七年)冬十一月知僉議府事致仕朱悅卒悅綾城縣人歷任州郡皆有聲績國有大事擇使命則必首擧性剛直嚴重不與世俯仰嘗以事至相府宰相與言悅坐聽貌甚傲宰相使吏語曰宰相有言宜伏地聽悅曰宰相之言伏地聽則君上之言將掘地聽乎終不屈悅貌醜王嘗語公主曰此老貌醜如鬼心清如水諡文節

十四年(元世祖至元二十五年○日皇伏見元年○西歷紀元後一千二百八十八年)夏四月元復置征東行省于本國◯秋八月宴于大殿宋人作戲王召世子觀之世子辭不入時世子年十四嘗踞內僚元奕滕上從容相語奕謂世子曰人主不宜聽察殿下聰明大過宜小晦容世子作色曰汝輩使我癡暗持弄堂上如軟餠乎奕懼

十五年(元世祖至元二十六年○日皇伏見二年○西歷紀元後一千二百八十九年)冬十月中賛致仕柳璥卒璥文化縣人政堂文學公權之孫有藻鑑論文章先體制後工拙累典禮闈所取皆知名士諡文正◯王及公主如元時扈從遞功者衆增減未定

乃以史官無關於事不許扈駕史臣不從行始此

十六年 元世祖至元二十七年〇日皇伏見三年〇西歷紀元後一千二百九十年 春正月王及世子至自元〇秋八月世子納前樞密院副使洪文系女爲妃〇冬十一月遣世子如元政堂文學鄭可臣禮賓尹閔漬等以師傅從元主甚禮重之元主嘗命公卿議征交趾有詔高麗世子師二人召與同議可臣漬議曰交趾遠夷勞師致討不如遣使招來如其執迷不服聲罪征之一舉可以萬全元主大稱善授可臣翰林學士漬直學士〇哈丹來寇東鄙避于江華

十七年 元世祖至元二十八年〇日皇伏見四年〇西歷紀元後一千二百九十一年 夏五月我師及元將薛闍干大破哈丹于燕岐先是朝廷聞哈丹至遣中軍萬戶鄭守琪左軍萬戶韓希愈右軍萬戶金忻等禦之賊蹂鐵嶺攻原州別抄鄉貢進士元冲甲十戰皆捷賊鋒稍挫時世子請援于元元遣闍干領兵助之於是官軍與元兵會于木川進至燕岐山下賊隱於林木間射我軍忻率步卒五百先登破之諸軍乘之賊勢窮奔潰追至公州河伏屍三十里旣而賊餘衆與其後兵合屯交州欲報燕岐之役希愈馳入其陣扼其勇士而出斬首揭竿賊皆褫氣因奮擊大敗之哈丹潰圍遁去遂班師〇秋八月僉議中贊許珙卒珙性恭儉

不事生産布被蒲薦處之恬然少時嘗月夜彈琴隣有處女踰墻而奔珙不敢近喩以禮義其女慚悔而返卒謚文敬

十八年（元世祖至元二十九年○日本正應五年 ○西歷紀元後一千二百九十二年）春正月復都開京○秋七月世子納趙仁規之女爲妃

二十年（元世祖至元三十一年○日本永仁二年 ○西歷紀元後一千二百九十四年）春正月王在元○秋八月王至自元○冬十一月賜耽羅王子紅鞓牙笏帽蓋先是元取耽羅爲內地至是王請歸得許故有是賜然元猶取馬不絶矣

二十一年（元成宗元貞元年○日本永仁三年 ○西歷紀元後一千二百九十五年）春正月元遣蒙古字教授李忙古大來○三月遣將軍鄭國等以船七十三艘載米一萬碩輸之遼陽省自是輸米無筭處請救然後始得許○夏四月復改耽羅爲濟州○秋八月以洪君祥爲都僉議中贊修文殿大學士監修國史國制非出身科第不得爲文翰官崔瑀擅政自爲監修國史猶不得兼修文殿君祥時爲元朝集賢大學士故得拜焉○賜金方慶爵上洛郡開國公

二十二年（元成宗元貞二年○日本永仁四年 ○西歷紀元後一千二百九十六年）秋九月王與公主如元世子以白馬八十一匹納幣于元主聘晉王甘麻剌之女寶塔實憐公主宴用本國油蜜果

二十三年（元成宗大德元年○日皇伏見十年○丁酉羅紀元後一千二百九十七年）夏五月
王與公主至自元時壽寧宮香閣前芍藥盛開公主命折
一枝把翫良久感泣因不豫十餘日薨于賢聖寺世子
自元來奔喪○秋七月時宮人無比有寵於王世子疾
之及奔喪白王曰殿下知公主之所以致疾乎因鞫無
比呪咀狀斬之以進士崔文妻金氏納于王金有姿色
寵因無比之死欲慰解之也後封淑昌院妃
二十四年（元成宗大德二年○日皇伏見十一年○戊戌羅紀元後一千二百九十八年）春正
月世子與寶塔實憐公主至自元王以年老傳位于世
子退居于德慈宮世子即位○王以歲凶民飢減膳命

內廚進橡實而嘗之○夏四月公主妬王妃趙氏專寵
作畏吾兒字書付闊闊不花將如元達于元太后畏吾
兒古回鶻也其書誣曰趙妃咀呪公主使王不愛因下
仁規及其妻于獄後元執趙妃以歸流仁規于安西○
改官制○都僉議叅理柳陞卒陞事親孝居官勤於聲
色貨利淡如也久在閤門習於容止時體文散失陞撰
新儀甚詳後人遵用之○秋八月元遣孛魯兀等來趣
國王公主入朝王與公主將如元上王餞于金郊酒酣
孛魯兀以元主命取國王印授上王上王復位○前王
至元時僉議叅理安珦扈從一日元丞相以元主旨問

珦曰汝王何不近公主耶珦曰閨闥之間固非外人所
知今日以此等問豈足於聽聞哉丞相以奏元主曰此
人可謂知大體者不復問○冬十二月下左司諫秋適
于獄時嬖人黃石良寅緣用事陞其鄕合德部曲爲縣
適不肯署其案石良訴閹譖適王怒親鞫適囚巡馬所
押者謂適曰可由徑行適不肯曰凡有罪者皆歸于有
司未有拘縶于王所者吾當行官道使國人見之而必
效嬌兒掩面妾悲辛○復舊官制
二十五年 元成宗大德三年○日皇後伏見元年○西歷紀元後一千二百九十九年 秋九
旨流監察史蔡楣于海島楣盖左倉頒祿有內竪傳旨

輸米若干斛于內以給宮人楣曰今日所頒府衛將校
之祿也若輟與內人恐虧聖德固沮之故有是命○以
中贊宋玢監修國史安珦修國史
二十六年 元成宗大德四年○日皇後伏見二年○西歷紀元後一千三百年 秋八月上
洛公金方慶卒方慶安東人新羅敬順王之遠孫性忠
直信厚嚴毅寡言器宇寬弘不拘小節多識典故能斷
事雖致仕閑居憂國如家國有大議必咨之年八十九
頭髮不白無疾而逝謚忠烈
二十七年 元成宗大德五年○日皇後伏見三年○西歷紀元後一千三百一年 夏五月
併省內外官其官名有同于元者悉改之○秋八月辛

相論慶尙道按廉使朱印遠重斂民諂事左右請罷之
不從時有一內僚從容白王曰聞諸道路宰臣朱悅無
于天道無知豈不信然王曰不有印遠乎對曰悅淸直
絕倫印遠貪邪無比故曰無于王大笑○僉議贊成事
致仕崔守璜卒守璜性正直勤儉家貧不能衣食恬不
爲意

二十八年(元成宗大德六年○日皇後二條元年 西歷紀元後一千三百二年)春二月
僉議中贊致仕薛公儉卒公儉性廉勤好禮有造詣者
無貴賤倒屣出迎嘗臥疾蔡洪哲入臥內診視布被莞
席蕭然若僧居出而嘆曰自吾輩而望公所謂醯鷄之

學書鑑

二十九年(元成宗大德七年○日皇後二條二年 西歷紀元後一千三百三年)秋八月
初吳祁得罪於前王恐禍及己遂欲圖前王日夜讒搆
於王元冲甲發其奸告于元帖木兒不花至是宰相洪
子藩與冲甲率兵圍王宮執祁送于元先是祁黨石天
補已爲宰相崔有渰等亦執送元幷流于安西

三十年(元成宗大德八年○日皇後二條三年 西歷紀元後一千三百四年)夏五月置
國學敎授初贊成事安珦以兵革之後學校圮毁儒風
日衰又養賢庫殫竭無以資敎養議于兩府令六品以
上各出銀一斤七品以下出布有差歸之養賢庫存本

取息事聞王出內庫錢穀以助之珦許治國學又以餘
貲送江南盡先聖及七十子之像購祭器樂器六經諸
子史以來至是珦薦李㢝李瑱爲經史敎授都監使李
晟秋適崔元冲等爲敎授一經置兩敎授令禁學內侍
三都監五庫之士及七管十二徒諸生皆從而聽習六
月國學大成殿成王謁先聖命密直使李混作入學頌
以刑諸生
三十一年 元成宗大德九年○日皇後二條四年○西歷紀元後一千三百五年 冬十一
月王如元◎十二月元放趙仁規還
三十二年 元成宗大德十年○日皇後二條五年○西歷紀元後一千三百六年 秋七月

僉議中贊韓希愈卒于元希愈性樸素寡言善射御有
膽力屢立戰功家無畜積屢丐貸於人其卒居治弓矢
繕甲胄若臨戰陣年雖老每月夜操長鎗且走且跳曰
吾力尙可用也◎九月僉議中贊致仕安珦卒珦興州
人爲人莊重安詳能謀善斷以養育人材興起斯文爲
己任及葬七館十二徒皆素服祭於路謚文成 慶興
君洪子藩卒于元子藩灌之後也魁梧俊偉材幹絕人
三爲首相論議持正有大臣風度每堂吏白事不敢舞
智既罷則退喜曰洪公已領矣餘可易與耳謚忠正
三十三年 元成宗大德十一年○日皇後二條六年○西歷紀元後一千三百七年 春正月

王在元 夏四月前王譖瑞興侯琠王惟紹宋璘宋邦
英等刻惟紹等離間王父子勸王請於元欲以前王公
主改嫁于琠因以琠爲嗣崔有渰知其謀極諫乃止有
李儇者亦嘗寄璘書戒之及璘死前王得其書嘉之拜
儇爲密直副使○五月王至自元
二十四年(元武宗至大元年○日皇花園元 年○西曆紀元後二千三百八年)夏五月元
主以前王定策功特授開府儀同三司駙馬都尉進封
瀋陽王○瀋陽王改官制○秋七月王薨八月前王自
元來奔喪上號曰純誠守正葬慶陵○九月賜善賢庫
銀五十斤○冬十月王烝淑昌院妃監察糾正禹倬白

衣持斧荷蓑席詣闕上疏諫之近臣展疏不敢讀倬厲
聲曰卿爲近臣不能格非而逢惡至此卿知其罪耶左
右震慄王有慚色未幾進封淑妃○十一月禁宗親兩
班同姓娶因元世祖之遺旨也○王如元以齊安公淑
權署行省事王自在東宮熟知羣小橫行百姓受弊之
由及即位興利祛弊粗有可觀遽然入元淹留不歸國
人因於供億而失望矣○閏月禁外從兄弟婚

東國歷代史略卷之六

高麗紀

忠宣王諱璋字仲昂初諱謜蒙古諱益智禮普化

忠烈王長子在位五年壽五十一

元年(元武宗至大二年○日皇花園二年○西歷紀元後一千三百九年)春正月王在元○二月立榷鹽法令用鹽者皆赴義鹽倉和買郡縣人皆從本管官司納布受鹽鹽價布歲入四萬匹○三月重修延慶宮倣元制○秋九月元改行中書省爲行尚書省○王命飯僧一萬於壽寧宮因捨爲寺追福母后王在元稱病不朝常閉戶焚香酷嗜浮屠法邀蕃僧譯

庚戌

經受戒歲無虛月

二年 元武宗至大三年○日皇花園三年○西曆紀元後一千三百十年 春正月典書致仕李行儉卒行儉性恬靜寡言家貧不事生業○先是王娶蒙古也速眞之女生子封爲世子至是欲傳位爲從臣所沮乃止旣又殺之○秋七月大雨松嶽崩○八月改諸司及州郡號○九月封宦者李大順等十五人爲君是時王久留元數出入三宮因與此輩相狎故有是命而反吠譖搆之禍亦自此萌矣○改太廟制五室外置東西夾室安惠顯二宗於西室文明二宗於東室○冬十一月中贊致仕金之淑卒之淑性廉潔剛正三別抄之亂陷賊投海賊鉤出將斬以徇僞王溫救免之淑密以賊狀再達于官軍賊敗得脫遂大用歷仕中外皆有聲績然二女以家貧未嫁爲尼

辛亥

三年 元武宗至大四年○日皇花園四年○西曆紀元後一千三百十一年 春正月罷行尚書省復爲行中書省○夏四月復置選軍祖宗選軍之制非一定宗置光軍司睿宗置別武班皆厚給田食以爲國用自毅明以後權臣執命驍軍銳卒盡屬三別抄而祖宗舊制寢以廢矣至是始復

壬子

四年 元仁宗皇慶元年○日皇花園五年○西曆紀元後一千三百十二年 夏六月元制令毋置行省從王請也○秋七月齊安大君淑卒高麗

癸丑

宗支不繁而惟文宗母弟平壤公基子孫繁衍永寧公
綽帶方公徵等皆其後也淑徵之兄爲人廉正諳練典
故時稱宗室儀表
五年(元仁宗皇慶二年○日皇花園五年 西歷紀元後一千三百十三年)春三月以吳
祈爲密直使祈始以譖間得罪流竄未幾年又被寵擢
論者知王之好惡不明也祈後改名潛◯彗星見于東
井◯時元欲王歸國王無以爲辭請于元主傳位于子
江陵大君燾燾卽位于燕邸尊王爲上王於是上王自
號瀋陽王以兄子暠爲瀋世子◯夏六月王奉上王及
公主至自元時上王遜位欲留而元終不聽故不得已

甲寅

遂行◯王納妃洪氏奎之女也妃聰慧端恪動遵禮法
王甚重之◯冬十月上王嘗願飯百八萬僧點百八萬
燈至是於延慶宮日飯僧二千點燈二千五日而畢謂
之萬僧會

忠肅王諱燾字宜孝忠宣王第二子在位前後二
十五年壽四十六

元年(元仁宗延祐元年○日皇花園六年 西歷紀元後一千三百十四年)春正月以白
頤正爲評理頤正文節之子也時程朱之學始行中國
未及東方頤正在元得以傳之東還李齊賢朴忠佐首
先師受齊賢瑱之子也◯合楊廣忠淸道爲楊廣道慶

尙晉安道爲慶尙道以交州道爲淮陽道○上王如元
元主命留京上王乃構萬卷堂于燕邸召李齊賢充府
中迎致元大儒閻復姚燧趙孟頫虞集等與之從遊日
以考究書史爲娛復等見齊賢述作咸稱歎不置○夏
六月遣博士柳衍等詣江南購經籍一萬八百卷而還
二年(元仁宗延祐二年○日皇花園七年○西歷紀元後一千三百十五年)春正月改知
貢擧爲考試官
三年(元仁宗延祐三年○日皇花園八年○西歷紀元後一千三百十六年)春正月上王
傳瀋王位于世子自稱太尉王○秋七月王聘元營王
女亦憐眞八剌公主爲妃○冬十月王及公主至自元

四年(元仁宗延祐四年○日皇花園九年○西歷紀元後一千三百十七年)春正月王微
行幸妓萬年歡家○二月王畋于西海道自是遊獵無
時農民怨咨○夏四月政丞閔漬撰進本朝編年綱目
上起國初下訖高宗書凡四十二卷○貶前代言尹碩
于金海府以上王之惡其奸也○秋八月始行九齋朔
試時監試久廢故以朔試代之
五年(元仁宗延祐五年○日皇花園十年○西歷紀元後一千三百十八年)春二月濟州
亂遣評理宋英撫之初濟州副使張允和大護軍張公
允貪暴州民金成等嘯聚徒黨逐星主王子流言曰若
得李伯謙宋英來撫吾豈敢叛乎二人蓋莅濟有遺愛

者也王遣英撫之賊黨斬其魁來降乃以英爲牧使流
允和公允于海島○夏四月國初設事審官本爲宗主
人民甄別流品均平賦役表正風俗令民擧望其鄕貫
之仕朝有名望者爲之至是名存實亡擅作威福王聞
而罷之未幾權豪復自爲之害甚於前

己未

六年 元仁宗延祐六年○日皇後醍醐元 年○西歷紀元後一千三百十九年 夏六月以故
中贊安珦從祀文廟○口傳李敞爲堂后官口傳授職
始此

庚申

七年 元仁宗延祐七年○日皇後醍醐二 年○西歷紀元後一千三百二十年 夏六月試士
李齊賢朴孝修典擧革詩賦用策問國俗掌試者謂學

士門生稱恩門○秋九月塑文宣王像王出銀瓶三十
以助其費宰樞皆出幣助之從贊人王三錫之請也○
冬十二月元流上王于吐蕃初元有任伯顔禿古思者
本國尙書朱冕家奴也自宮爲閹事元仁宗於藩邸倖
險多不法上王深嫉之告元太后剔其所奪人田土贓
獲及仁宗崩太后退居別宮禿古思百計誣譖上王知
之請於元主降香江南冀以避禍行至潤州金山寺元
主遣使擁逼以行下于刑部既又流于吐蕃撒思結之
地去元京萬五千里上王既至流所禿古思讒搆不已
禍幾不測賴元丞相拜住營救得免時有李凌幹者從

辛酉 壬戌

上王在元及上王之流也密以金附驛吏獻之王及從
臣賴以不乏

八年(元英宗至治元年○日皇後醍醐三年 西歷紀元後一千三百二十一年)夏四月流權漢功蔡洪哲等于遠島初漢功等從上王在元怙勢納賂王頗懷不平故有是命尋宥之○五月王如元

九年(元英宗至治二年○日皇後醍醐四年 西歷紀元後一千三百二十二年)春正月王在元○秋九月先是權漢功蔡洪哲等既赦還怨王深思有以報之會瀋王暠之黨自元來言暠當得國國人盍狀王過惡以聞中朝漢功等邀驪興君閔漬密議遂會百官將上書于元請立瀋王執義尹宣佐曰臣而訴君狗彘不爲唾之而去臺翰見之皆不署名于是漢功等又勒令百官署名呈于元元不受宣佐瓘之七世孫也

癸亥

十年(元英宗至治三年○日皇後醍醐五年 西歷紀元後一千三百二十三年)春二月元量移上王于朶思麻之地時李齊賢在元貽書元丞相府郎中歷序本國累世歸附之勤且曰我老瀋王卽世祖親甥也歷事五朝既親且舊但以功成不退變生所忽毁形易服遠竄吐蕃去國萬餘里顚崖絕險十步九折層冰積雪四時一色嵐瘴薰蒸盜賊竊發革船渡河牛箱野宿間關半年方至其域飯麥麨處土屋辛苦萬

狀不可殫記行路聞之尙爲之於悒況策名委質者哉此僕所以當食忘味已臥復起皇皇棲棲淚盡而血繼者也柔遠能邇先王之政也以功覆過春秋之法也足下何不從容爲丞相言之於以入奏冕旒導霈金鷄之澤賜環而東復見天日則天下皆將稱頌於足下豈惟弊邑君臣銘肌鏤骨而已哉又上書元丞相拜住曰禹思天下有溺者猶己溺之稷思天下有飢者猶己飢之也天下之溺與飢者非禹手擠之而稷遏其哺也何其心斷然自以爲己責而不辭歟天之降任于大人本欲使之濟斯人也苟視其困窮無告者而恬不爲救豈天

之降任意哉此所以忘胼胝之苦親播植之勞宅九土粒蒸民左右堯舜而澤及後世者也設有一人焉不幸而陷濤瀨轉溝壑禹稷而見之將圖其須臾之活而已耶吾知其必爲之計使之不復憂飢患溺然後已也恭惟丞相執事光輔聖天子不動聲色措天下於泰山之安戴白之叟以爲復覩中統至元之治人之生於此時亦可謂幸矣如此而有一人焉困窮之勢甚於飢溺執事其何以處之往歲我老瀋王遭天震怒措躬無所執事哀而憐之生死肉骨於雷霆之下得從輕典流宥遠方再造之恩有逾父母然其地甚遠且僻語音不通風

氣絕異盜賊之不虞飢渴之相逼支體羸瘠頭髮盡白辛苦之態言之可爲流涕語其親則世祖之親甥也語其功則先帝之功臣也又其祖考爰自聖武龍興之際慕義先服世著勤王之效傳所謂猶將十世宥之者也竄謫以來已及四年革心悔過亦已多矣伏惟執事既嘗力救於始無忘終惠於後申奏黈聽導宣睿渥俾還本國以終天年其爲感幸豈止陷濤瀨者履坦途轉溝壑者飫美食而已哉若謂時未可也姑徐爲之日延月引而爲賢且有力者所先天下之士將謂執事見事獨遲小國之人將謂執事爲德不竟竊爲執事惜之拜住見

而感歎遂奏而量移齊賢往謁上王而還既而元英宗崩泰定帝即位大赦召上王還淑妃乃令羣臣訴禿古思于元誅之○冬十一月柳清臣吳潛等既謀立暠未遂遂懷憤怒上書于元請罷本國號立行省比內地時上王至元京聞之令李齊賢作書呈元都堂極陳非計事遂寢

十一年 元泰定帝元年○日皇後醍醐六年○西曆紀元後一千三百二十四年 夏五月僉議贊成事閔宗儒卒宗儒天資莊重明識典故優於吏幹權漢功之請立瀋暠也遣人探意宗儒叱曰臣爲君隱直在其中吾雖老不爲若賣其人慚而退謚忠順

乙丑 十二年(元泰定帝二年○日皇後醍醐七年○西曆紀元後一千三百二十五年)夏五月王
及公主至自元○上王薨于燕邸謚曰忠宣葬德陵○
冬十一月以李齊賢爲政堂文學賜功臣號○分藝文
春秋爲二館藝文館掌制撰詞命春秋館掌記時政
丁卯 十四年(元泰定帝四年○日皇後醍醐九年○西曆紀元後一千三百二十七年)夏五月僉
議中贊金怡卒怡性豁達有長者風久從忠宣終始一
節
戊辰 十五年(元文宗天曆元年○日皇後醍醐十年○西曆紀元後一千三百二十八年)秋八月
王幸平州時王耽于遊畋支費浩繁招集虞人皆授檢
校郎將嘗行禮成江以商人子李奴介超授密直副使

名器之濫至此甚矣○冬十二月賫贍司言銀甁價日
賤自今上品折綜布十匹貼甁八九匹違者科罪從之
時鑄甁雜以銅官雖定價人皆不從○王將如元置盤
纏都監令百官及五部坊里出苧布又於京畿八縣民
戶斂布有差
庚午 十七年(元文宗至順元年○日皇後醍醐十二年○西曆紀元後一千三百三十年)春二月
王傳位于世子禎禎卽位于燕邸遙尊王爲太上王○
元以政丞致仕金台鉉權征東行省事○三月王聘元
關西王焦八女德寧公主爲妃○秋七月上王如元王
及公主至自元○冬十月檢校政丞金台鉉卒台鉉少

孤勤學歷事三朝進退以義處煩劇裁決精明國有大
議必就咨洪壽諡文正○復改考試官爲知貢擧○始
令擧子誦律詩四韻百首小學五聲字韻然後乃許赴
試
忠惠王諱禎忠肅王長子在位前後六年壽三十
辛未 元年 元文宗至順二年○日皇後醍醐十三年○西歷紀元後一千三百三十一年 夏四月王
幸延福亭觀水戲擊毬時王淫戲遊畋無虛月○始用
小銀瓶一當五綜布十五匹禁用舊瓶○秋七月僉議
中贊大學府院君崔有渰卒有渰少恬退不求名數以
忠直得罪從竟大用凡歷事四朝爲國元老朝野倚重

卒時年九十三諡忠憲冲之後也○八月罷籤內賜給
四充祿科
忠肅王
壬申 復元年 元文宗至順三年○日皇後醍醐十四年○西歷紀元後一千三百三十二年 春二月
元以王遊戲無度收其印章因讒入朝上王復位于燕
邸○冬十二月王娶元伯顏忽都公主開府曰慶華
癸酉 二年 元順帝元統元年○日皇後醍醐十五年○西歷紀元後一千三百三十三年 春正月王
在元○夏六月王及公主至自元瀋王暠從王還○冬
十一月王以夢改名卍音萬賜榜際人
丙子 五年 元順帝至元二年○日皇後醍醐十八年○西歷紀元後一千三百三十六年 冬十月王

如元〇十二月元遣廢王歸國

丁丑 六年(元順帝至元三年○日皇後醍醐十九年○西歷紀元後一千三百三十七年)春正月王在元〇二月杞城君尹莘傑卒莘傑杞溪人性嚴重訥言事兩朝久典銓選不以私輕重之時稱長者〇夏五月贊成事元忠卒忠雖不學善處事王之被留在元也侍從大臣皆携貳忠獨終始一節〇冬十二月王至自元

戊寅 七年(元順帝至元四年○日皇後醍醐二十年○西歷紀元後一千三百三十八年)秋七月元遣使求宦者童女時典衣副令李穀在元言於御史臺請罷其事因代作疏奏之辭意懇明元主納而止之穀韓山人登元制科〇有黃守者世居平壤爲本府署丞父母年俱七十餘有三弟二姊妹同爨而食具甘旨先奉父母日三退而共食二十餘年子孫服習無少怠贊成事姜融具狀以聞

己卯 八年(元順帝至元五年○日皇後村上元年○西歷紀元後一千三百三十九年)春三月王薨諡曰忠肅葬毅陵廢王卽位〇夏六月熒惑入南斗〇政丞曺頔欲立瀋王暠陽遣暠人元以掩跡遂以兵圍王宮將舉大事王驍勇善射親率精銳十餘人擊頔殺之〇冬十一月元遣斷事官頭麟等來捘王印旣而執王及宰相洪彬等以歸曺頔之黨訴元故也慶華公

主命金之謙權征東省事

忠惠王

庚辰

後元年 元順帝至元六年○日皇後村上二年○西歷紀元後一千三百四十年 春正月王在元○順天君蔡洪哲死洪哲爲人貪鄙而才性精巧詞章技藝各盡其能構活人堂施藥國人頌之作堂於紫霞洞號中和邀權漢功以下國老八人爲耆英會製紫霞曲傳樂府○二月元囚王既而納其臣脫脫言釋復位○夏四月王至自元○六月前大司成崔瀣卒瀣致遠之裔有奇才爲文不資師友超然自得而不惑於異端性亢傲物放蕩敢言不容於時平生不治生業家甚貧及卒朋友致賻葬之嘗自號拙翁又嘗著猊山隱者傳以見志

辛巳

二年 元順帝至正元年○日皇後村上三年○西歷紀元後一千三百四十一年 冬十二月星山君李兆年致仕去時王淫縱日甚嘗步自北宮彈雀于松岡兆年徑進跪諫王不聽兆年退而數日既不能順其美適足以增其惡非所以事君也明日匹馬還鄉

壬午

三年 元順帝至正二年○日皇後村上四年○西歷紀元後一千三百四十二年 秋八月夜松岳鳴王怪而問之嬖人陳無作金對曰無傷也古詩有嵩岳三呼讀殿青之句王悅授郎將○成均祭酒禹

倬卒倬丹山人通經史尤深於易性正直初登第調寧海郡司錄郡有妖祠民祀甚瀆倬至卽碎而沉海自忭忠宣之後退老禮安敎授生徒忠肅王再召不起卒年八十一

四年(元順帝至正三年○日皇後村上五年○西歷紀元後一千三百四十三年)春三月王幸東郊以彈丸射人爲戲行路皆避○遣人諸道徵職稅布六品以上百五十疋七品以下百疋散職十五疋又徵船稅雖無船者亦被其害○夏五月星山君李兆年卒兆年星山人少力學立朝堅確敢言每入見王王聞履聲必曰兆年來矣屛左右整容以俟其見憚如此

文烈○元遣使求宋遼金事蹟○冬十一月元以王狂虐愈甚遣使執王以歸遂流于揭陽縣宰相金倫欲訟王于元令李齊賢草其書諸國老多不署竟不果

五年(元順帝至正四年○日皇後村上六年○西歷紀元後一千三百四十四年)春正月王道薨于岳陽縣諡曰忠惠葬永陵○二月元立王子昕爲王遣歸國時昕宿衛在元年八歲矣夏四月王至自元○五月李齊賢建議革先朝弊政罷內乘鷹坊及寶興德寧二庫所屬土田奴婢各還本處○六月置書筵以蔡河中韓宗愈李齊賢朴忠佐金倫裴佺盧永瑞李穡辛裔李仁復等四十八人分四番更日侍讀王嘗欲

觀李杜詩宗愈曰抽黃對白無益於治道竟不進時以
爲得體○秋八月改定科擧法初場試六經義四書疑
中場試古賦終場試策問

忠穆王諱昕忠惠王長子在位四年壽十二

乙酉 元年(元順帝至正五年○日皇後村上七年○西曆紀元後一千三百四十五年)夏六月叅
理崔文度卒文度少隨父誠入元宿衛習蒙古字語然
好讀濂洛性理書事親孝喜怒不遽○秋七月瀋昌死
○左司議大夫鄭誧卒誧好學善屬文忠惠朝多所封
駁執政惡而出之

丙戌 二年(元順帝至正六年○日皇後村上八年○西曆紀元後一千三百四十六年)冬十月王

以閔漬所撰編年綱目多闕漏命李齊賢安軸李穀等
更撰進○永嘉府院君權溥卒溥性忠孝嗜書老不輟
嘗以朱子四書集註建白刊行學者賴之然久典銓衡
頗開賂門人謂視父眼之清遠甚諡文正○十一月王
觀八關會

丁亥 三年(元順帝至正七年○日皇後村上九年○西曆紀元後一千三百四十七年)秋七月天
霓墜于男山○松岳鳴

戊子 四年(元順帝至正八年○日皇後村上十年○西曆紀元後一千三百四十八年)春二月前
僉議政丞金倫卒倫有吏才在官發奸擿伏人不敢欺
其鎭合浦也卒乘精鍊號令嚴明尤多識典故應答如

己丑

譖○夏六月贊成事安軸卒軸處心公正持家勤儉遇
事慷慨嘗曰吾平生無可稱四爲士師凡民之屈抑爲
奴者必理而良之謚文貞○冬十一月平壤君趙瑋卒
瑋爲相務存大體發言侃侃人服其公○十二月王薨
謚曰忠穆葬明陵王無嗣德寧公主以奇轍王煦權行
省事

忠定王諱胝忠惠王子在位三年壽十五

元年（元順帝至正九年○日皇後村上十一年○西曆紀元後一千三百四十九年）春二月元
徵忠穆王庶弟慶昌府院君胝夏四月立爲王時年十
二命鐵城君李君俊聽斷國政○秋七月僉議政丞府

庚寅

院君王煦卒煦本權溥之子忠宣愛以爲假子賜宗姓
剛正莊重平生不妄語再爲相以興利除害爲心是時
如元定新君還至昌義縣道卒民迎祭如父母謚正獻
○王至自元即位○閏月咸陽府院君朴忠佐卒忠佐
溫厚儉約雖爲卿相居室衣服如布衣時好讀易老而
不撤○冬十月江陵大君祺聘元魏王女魯國公主祺
忠惠王之母弟也

二年（元順帝至正十年○日皇後村上十二年○西曆紀元後一千三百五十年）春二月日
本倭南邊日自元征東之役常欲釋憾于我而畏元不
敢動時元政衰弱日始來侵固城等處合浦千戶崔禪

擊破之自是日患不絕

三年（元順帝至正十一年○日皇後村上十三年○西歷紀元後一千三百五十一年）春正月

贊成事李穀卒穀爲人端嚴剛直文章精切以嘗請立江陵君及王卽位不自安出遊關東至是卒諡文孝○

冬十月元立江陵大君祺爲王王遜于江華時祺留元有令望而又以尙公主有力於元焉○王以李齊賢權斷行省事時國內空虛而齊賢措置得宜人賴以安○

十二月王及公主至自元

恭愍王諱顓初諱祺忠惠王弟在位二十四年壽四十五

元年（元順帝至正十二年○日皇後村上十四年○西歷紀元後一千三百五十二年）春正月

以贊成事柳濯爲全羅道萬戶以備日濯持軍嚴整與士卒同甘苦日嘗入萬德社剽掠而去濯以輕騎追捕悉還其俘終濯在鎭日不敢復犯○王解辮髮從監察大夫李衍宗言也○王酖殺廢王諡曰忠定葬聰陵○成均生員李穡上書言事一曰正經界二曰禦日寇三曰修武備四曰崇學校五曰抑異端王嘉納之穡穀之子也穀之仕元也以蔭補元國子生員在學三年學大進及穀卒自元奔喪時尙在服中矣○夏五月召僧普虛問法拜爲王師普虛勸王修明敎化勿信佛法而內

實招權矣○秋八月令法司決訟五日一啓○開書筵令李凌幹李齊賢等諸宰臣更日侍讀○冬十月趙日新伏誅初日新以燕邸隨從舊恩賜功臣號日新遂有跋扈之志聚黨圍王宮殺宿衛臣僚自爲右政丞王命金添壽執斬之○以李齊賢曹益淸爲右左政丞○前贊成事閔祥正卒祥正性剛烈善執法雖骨肉不少假貸歷官皆有聲績

癸巳

二年 元順帝至正十三年○日皇後村上十五年○西歷紀元後一千三百五十三年 秋九月虫食松岳松葉自是無歲不食

甲午

三年 元順帝至正十四年○日皇後村上十六年○西歷紀元後一千三百五十四年 秋七月遣柳濯等將兵赴元時元政陵夷盜賊羣起天下大亂元遣使徵兵於我王乃發兵二萬餘人使濯等領往會元相脫脫討張士誠於高郵不利移防淮安路前後數十戰崔瑩最力戰身被數槍殺獲甚多明年師還

乙未

四年 元順帝至正十五年○日皇後村上十七年○西歷紀元後一千三百五十五年 冬十二月我

桓祖大王自雙城來朝　桓祖姓李氏諱子春系出全州新羅司空諱翰之後也三世祖曰

穆祖大王諱安社自全州徙三陟自三陟徙宜州朝廷拜爲宜州防禦使使屯高原以禦蒙蒙人來屯雙城謀

取鐵嶺以北請　穆祖協力　穆祖不得己歸蒙又徙斡東(今慶興地)蒙因以爲五千戶達魯花赤寔高宗四十一年也　穆祖子曰

翼祖大王諱(行里)襲封千戶忠烈王時元伐日本　翼祖以元主命來見忠烈因謝曰先臣夲北實脫虎狼之口非敢背國也忠烈曰卿可謂不忘本也　翼祖子曰

度祖大王諱(椿)忠肅王時來朝　度祖生．桓祖桓祖善騎射士卒樂附于是又來朝焉初雙城地沃饒東南民多歸朝廷遣行省郎李壽山與元中書遼陽二省官會分新舊籍民謂之三省照勘戶計其後撫綏失宜稍

稍流徙　命王桓祖主之民安其業

五年(元順帝至正十六年○日皇後村上十八年○西歷紀元後一千三百五十六年)春正月赤氣挾日其中皆有日輪○三月日有黑子○夏五月奇轍權謙盧頙等伏誅初轍妹選入元爲元帝第三皇后生太子愛猷識理達元封奇氏三世爲王轍因此驕恃不稱臣於王王不平謙頙亦俱納女於元帝及太子三人聲勢相倚至是見天下亂度難自全相與期會將圖大逆王先知之令密直姜仲卿等伏甲盡殺之○罷元征東行中書省理問所○王欲收復舊疆遣印璫柳仁雨等攻鴨江以西八站及雙城諸城取之○六月停

元年號○秋七月復舊官制多取文宗舊制○九月以
我　桓祖爲太僕卿賜第一區　桓祖因留居開京○
冬十月元遣使來時天下兵起故元不暇以收復故地
責我只許自新而已○十一月以李齊賢爲侍中○以
李穡爲吏部侍郎兼兵部郎中時穡仕元爲翰林院權
經歷見天下亂棄官東歸上書言時政八事其一復吏
兵部選也王嘉納之授是職○十二月僧普虛以道詵
讖說王曰都漢陽三十六國來朝王惑之命葺漢陽宮
闕將遷都既而卜于太廟不吉不果遷

丁酉

六年 元順帝至正十七年○日皇後村上十九年○西歷紀元後一千三百五十七年 秋八月

李齊賢上宗廟昭穆議時廟制一室五堂而二十二陵
神主一行而列齊賢所論參酌古今而其大旨欲釐正
昭穆一依周舊也○九月政堂文學安輔卒輔剛直廉
潔臨事務遵大體不依違顧望不事生產及沒家無擔
石之儲諡文敬○遣鹽鐵別監于諸道諫官田祿生等
疏論其弊不從○閏月改冠服色文武百官黑衣青笠
僧黑巾女黑羅○加上忠烈王以上尊號○冬十月始
行三年喪諫官李穡請之也

戊戌

七年 元順帝至正十八年○日皇後村上二十年○西歷紀元後一千三百五十八年 夏五月

方國珍遣使來聘時國珍因中原亂據台州○遣十二

己亥

徒宮于諸道以布市米歲以爲常○六月張士誠遣使
來獻沉香山水精山玉帶等物時士誠據杭州自稱太
尉○秋八月城西江以備具
八年元順帝至正十九年○日皇後村上二十一年○西歷紀元後一千三百五十九年夏四月
納李氏爲惠妃齊賢女也時王久無嗣故宰樞以是爲
請○冬十二月是時中原有紅巾賊遍天下其魁關先
生等陷元上都轉渡鴨綠剽竊而去朝廷以慶千興爲
西北面元帥安祐爲副以往備之于是賊衆號四萬氷
渡鴨綠連陷義靜等州復以李喦爲西北面都元帥與
千興祐及崔瑩金得培李春富等禦之既而喦畏縮不

庚子

能進以李承慶代之
九年元順帝至正二十年○日皇後村上二十二年○西歷紀元後一千三百六十年春二月
安祐與上將軍李芳實擊紅頭賊于咸從大破之賊渡
鴨綠遁去是役也祐等九戰皆捷三月班師賜諸將功
臣號○夏五月自忠定以來日本侵無虛歲于是自全
羅道進侵楊廣道焚掠列邑乃以柳濯爲京畿兵馬都
統使李春富及我 桓祖爲東西江兵馬使以禦之日
掠江華而去○以四方兵興用人爲急除三年喪前此
雖許行三年喪然但解官不仕百日喪經而已

辛丑

十年元順帝至正二十一年○日皇後村上二十三年○西歷紀元後一千三百六十一年春二

月以我 桓祖爲東北面兵馬使尋加戶部尙書○夏
四月西北面大饑人相食○我 桓祖卒王遣使吊慰
致賻士大夫咸驚曰東北面無人矣○五月上洛君金
永煦卒永煦性嚴重其孫士安士衡年皆踰冠或曰盍
爲之求官曰予弟果賢國家自用之苟不賢雖求而得
之其可保乎○六月京城大井黃沸○秋九月復置征
東省官以復通元故也○禿魯江萬戶朴義反遣我
太祖大王誅之 太祖 桓祖子也以忠肅王後四年
乙亥誕降于永興私邸隆準龍顔奇偉絶倫及長寬仁
大度有濟世安民之才略李達衷素有識鑑嘗以東北

面兵馬使還朝 桓祖餞于野我 太祖侍立 桓祖
後 桓祖行酒達衷立飮及 太祖行酒乃跪飮 桓
祖怪問之曰此人異人非公所及公之家業此人必能
大之因以子孫屬焉至是以金吾衛上將軍爲東北面
上萬戶會義作亂朝廷遣刑部尙書金璉討之璉請濟
師王乃命 太祖援之 太祖以親兵一千五百赴之
義已率其黨逃入江界 太祖窮追捕誅之○冬十月
紅賊魁潘誠沙劉先生等復擧兵十餘萬渡鴨綠而東
王遣西北面都指揮使李芳實等禦之賊襲安州官軍
敗績王聞之復遣平章事金鏞叅知政事鄭世雲等守

壬寅

嵒嶺又爲賊所襲大潰而還京師震動王乃奉大后南
幸賊乘勝遂陷京城十二月王至福州以世雲爲摠兵
官督諸軍擊賊
十一年元順帝至正二十二年○日皇後村上二十四年○西曆紀元後一千三百六十二年春
正月摠兵官鄭世雲都元帥安祐等大破紅賊收復京
城賊旣入京城安祐崔瑩等率兵二十萬屯東郊世雲
督諸軍進圍寧海人朴強斫殺守門賊開城門諸將乘
之我 太祖以麾下親兵二千人先登大破之斬賊十
餘萬賊魁沙劉關先生等皆死焉餘黨破頭潘等十餘
萬奔渡鴨綠而走○金鏞以倖幸得寵於王素與鄭世

雲不相能又忌安祐金得培李芳實等成大功乃矯旨
爲書與祐等令殺世雲遂白王曰祐等擅殺主將是不
有殿下也遂稟宣旨盡殺之後芳實祐之子年甫十餘
歲遊於市街人爭饋以物曰今我輩獲安三元帥之功
也至有泣下者○三月以京城丘墟白骨成邱命平章
事李公遂等守之且命李仁復收拾國史○復改官制
以復通元朝故也○夏五月臺諫言守令雖有臺諫政
曹保舉之令皆徇面情請自今引見守令舉非其人舉
主必罰王從之○秋七月我 太祖大破納哈出於東
北界納哈出者胡人也乘中原亂據有瀋陽先是雙城

賊趙小生卓都卿等旣失雙城深怨本國遂引納哈出入寇東北邊王以我 太祖爲東北面兵馬使使禦之于是納哈出領兵數萬與小生都卿等屯于洪原賊有驍將一人鐵鎧揮槊衆無敵者 太祖與戰陽北走其人奮前注槊甚急 太祖翻身着馬韉其人失中隨槊而倒 太祖卽射殪之賊狼狽奔北 太祖追擊至賊屯日暮而還納哈出之妻謂納哈出曰公周行天下復有如此將軍乎宜避速歸納哈出不從角戰不已 太祖屢射殺其將又設奇伏大敗之納哈出知不可敵收散卒遁去於是東北鄙悉平○八月耽羅牧胡古秃不花等以星主高福壽叛附于元○三月以調度不給增歛米豆名曰無端米○冬十月初元后奇氏怨王誅奇轍等必欲報仇崔濡在元承望后旨搆主於元主元主遂廢王以德興君塔思帖木兒代爲高麗王塔思帖木兒本國名譓忠宣之子也於是濡自爲左政丞凡國人之在元者咸署僞官

癸卯

十二年 元順帝至正二十三年○日皇後村上二十五年○西歷紀元後一千三百六十三年 春二月王自福州還京遂幸興王寺○閏三月金鏞與德興君爲內應欲害王密遣其黨五十餘人夜襲興王寺行宮斬門者徑至寢殿王入太后密室避之宦者安都

赤貌類王欲以身代王遂臥寢內賊認爲王而殺之分
遣其黨殺右政丞洪彥博等旣而事覺流鏞于密城郡
旣又鞫于鷄林府而轘之傳首京師王尙不忘鏞爲之
泣下曰誰可恃者人知王之惑甚也時彥博以勳戚爲
上相鏞雖秉權不得自逞故先殺之彥博有重望旣死
時人惜之後諡文正

甲辰

十三年(元順帝至正二十四年○日皇後村上二十六年○西歷紀元後一千三百六十四年)春
正月我 太祖擊敗崔濡先是王聞元欲納塔思帖木
兒以慶復興爲西北面都元帥領安遇慶等諸將禦之
至是濡以元兵一萬渡鴨綠江遇慶擊却之旣而賊兵

奄至我軍大敗賊遂入據宣州人情益洶王遂以崔瑩
爲都巡慰使將兵急趨安州又命我 太祖自東北面
率精騎一千赴之官軍稍振時賊屯隨州之撻川諸將
謂 太祖曰明日之戰公獨當之明日賊分爲三隊
太祖居中以手下老將二人爲左右奮擊大破之濡塔
思帖木兒等僅以身免渡江而走初塔思帖木兒之立
也王遣贊成事李公遂如元陳情公遂至元塔思帖木
兒欲授僞官公遂不受奇后強之公遂慷慨言曰臣縱
不能以頸血濺德興之轅其忍從耶及是公遂爲書納
竹杖中潛遣人報濡起兵朝廷始知公遂不屈之狀○

二月我 太祖擊三善三介大破之初北人金方卦娶我 度祖女生三善及三介二人膂力過人聚惡少橫行北邊畏我 太祖不敢肆及 太祖赴西師三善三介乘其虛誘致女眞作亂和州以北皆沒 太祖自西北面引軍還與都指揮使韓方信等三面進攻大破之悉復咸和等州三善三介逃入女眞終不返○以慶復興爲左侍中我 太祖爲樞密副使○彗星見一在太微南一在大角邊一在北斗東北一在氐北色赤長尺餘○夏五月日賊三千餘人來侵鎭海慶尚道巡問使金續命率兵急擊之賊蒼黃不暇乘船乃登縣之北山斫木爲柵自守續命復進擊大破殲之○冬十月先是崔濡既敗還又謀大擧再犯元監察御史紐憐等極陳濡賣國搆釁之罪元主然之遣使復王位械濡送之王下濡于巡軍獄誅之○李公遂還自元

乙巳

十四年（元順帝至正二十五年○日皇後村上二十七年○西歷紀元後一千三百六十五年）春二月魯國公主薨王悲慟甚爲之大張佛事及葬正陵儀衛制度窮奢極侈○五月以妖僧遍照爲師傅遍照本玉川寺婢之子也先是王嘗夢人拔劒刺己有僧救得免及見遍照其貌惟肖王異之與之語頗辯給自謂得道王大悅屢召入內後遍照長髮爲頭陀改名辛旽

來謂王雜爲師傅訪以國政所言無不聽士大夫之妻
妾以爲神僧聽法來福而至旽輒私焉李齊賢言旽骨
法類古之凶人必貽後患切勿近王不聽○秋八月瑞
寧君柳淑致仕歸田里時辛旽用事以金蘭李春富等
爲羽翼讒逐李仁復崔瑩元松壽諸名流淑自知忠直
爲旽所忌遂上書乞骸而歸將相以下咸餞于郊觀者
咨嗟○冬十二月時王信旽日深每請旽屈行救世旽
陽不肯以堅王意王强之旽曰王欲福利世間願勿信
讒王乃手寫盟書證明天神於是旽益無顧忌大行威
福王以爲功乃賜守正論道燮理功臣號領都僉議進
封鷲城府院君
十五年(元順帝至正二十六年○日本後村上二十 八年○西歷紀元後一千三百六十六年)夏
四月大雨雹○貶左司議大夫鄭樞爲東萊縣令右正
言李存吾爲長沙監務時辛旽當國陵僭不法無敢言
者右正言李存吾嘗不顧身將論之樞就起草而同列
曰妖物誤國不可不去同僚畏縮無敢應獨樞從之遂
上疏曰臣等伏値三月十八日於殿內設文殊會領都
僉議辛旽不坐宰相之列敢與殿下並坐間不數尺國
人驚駭罔不洶洶夫禮所以辨上下定民志也苟無禮
焉何以爲君臣何以爲父子何以爲國家乎聖人制禮

嚴上下之分謀深而慮遠也竊見旽過蒙上恩尊國政而有無君之心當初領都僉議判監察命下之日法當朝服進謝而半月不出及進闕庭膝不少屈常騎馬出入紅門與殿下並據胡床其在家宰相拜庭下皆坐待之雖崔沆金仁俊林衍之所爲亦未有如此者昔爲沙門當置之度外不必責其無禮今爲宰相名位已定而敢失禮毁常若此原究其由必托以師傅之名然俞升旦高王之師鄭可臣德陵之傅臣等未聞彼二人者敢若此也李資謙仁王之外祖仁王謙讓欲以祖孫之禮相見畏公論而不敢蓋君臣之分素定故也是禮也自

有君臣以來亘萬古而不易非旽與殿下之所得私也旽是何人敢自尊若此乎洪範曰惟辟作福惟辟作威惟辟玉食臣而有作福作威玉食必害于家凶于國人用側頗僻民用僭忒是謂臣而僭上之權則有位者皆不安其分小民化之亦踰越其常也旽作福作威又與殿下抗禮是國有兩君也陵僭之至驕慢成習則有位者不安其分小民踰越其常可不懼哉殿下必敬此人而民無災禍則髡其頭緇其服削其官置之寺院而敬之必用此人而國家平康則裁抑其權嚴上下之禮以使之然後民志定而國難紓矣且殿下以旽爲賢自旽

用事以來陰陽失時冬月而雷黃霧四塞彌旬日黑子
夜赤祲天狗墮地木冰太甚清明之後雨雹寒風乾文
屢變山禽野獸白日飛走於城中旽之論道燮理功臣
之號果合於天地祖宗之意乎臣等職在諫院惜殿下
相非其人將取笑於四方見譏於萬世故不得嘿嘿庶
免不言之責疏上王大怒命焚之召樞存吾面責之時
旽與王對床存吾目旽叱之曰老僧何得無禮如此旽
惶駭不覺下床王愈怒下巡軍獄命李春富金蘭李穡
等鞫之春富等必欲殺存吾樞穡陰救之得不死而貶
焉存吾時年二十五○五月前僉議侍中李公遂卒公

遂益州人行儉之孫也精明謹愼一毫不妄取予臨事
剛毅不爲形勢所屈及病人勸其妻金禱佛金曰公平
生未嘗佞佛安敢背其道以欺耶謚文忠○大起魯國
公主影殿於王輪寺後嫌其狹小改營於馬巖窮極侈
麗○六月前政堂文學元松壽卒松壽見辛旽用事憂憤
成疾而卒松壽有宰相器及卒國人惜之謚文正○秋
七月設文殊會於宮中時王以無嗣爲憂故辛旽以是
勸之○復取王氏爲妃妃宗室德豐君之女也○冬十
二月密直提學李達衷罷達衷嘗於廣坐謂辛旽曰人
言公酒色過度旽不悅故罷之

十六年元順帝至正二十七年○日皇後村上二十九年○西歷紀元後一千三百六十七年春
二月元使高大悲來自濟州時元主欲避亂於濟州輸
御府金帛仍以濟復屬於我○夏五月雨血于泥峴○
以僧禪顯爲王師禪顯吨所善也王邀見於康安殿王
九拜禪顯立受百官朝服就班吨獨戎服立於殿上○
秋七月前僉議政丞鷄林府院君李齊賢卒齊賢天資
厚重輔以學術發於議論事業者皆燁然可觀平生無
疾言遽色人有片善惟恐不聞自號益齋自少至老無
貴賤皆稱益齋其見重於世如此所著益齋亂藁十卷
行於世麗世作者自金富軾李奎報以下蓋不少而推
齊賢爲第一矣諡文忠○冬十月前侍中慶復興知僉
議吳仁澤三司使安遇慶等相與謀除辛吨事覺幷杖
流南裔○十二月以李穡爲成均大司成鄭夢周爲博
士穡增置生員擇夢周金九容朴尚衷朴宜中李崇仁
等皆以他官兼敎官每日坐明倫堂分經授業講畢相
與論難於是學徒坌集程朱性理之學始興焉時學者
所習經書自中國至者惟朱子集註而夢周講說多新
意聞者頗疑及得胡炳文四書通無不脗合穡亟稱之
曰達可論理橫說竪說無非當理推爲東方理學之祖
達可夢周字也龔明之後也

戊申

十七年 明太祖洪武元年○日皇長慶元年 ○西歷紀元後一千三百六十八年 秋閏七月隕霜殺菽○九月辛旽殺前僉議贊成事瑞寧君柳淑淑旣退旽恐王復用譖之曰淑以句踐比上以范蠡自比若效蠡乘舟而去則必向燕都謀立德興君不如早除以絕後患王乃命杖流之旽遂遣人縊殺之淑忠義有餘臨大事決大議未嘗猶豫及死顏色如平時人爲之流涕諡文僖○金文鉉弑其父達祥文鉉登第爲成均祭酒恣行淫悖奸其兄妾達祥恐爲法司所按治謂辛旽曰文鉉不肖請置于外旽問其罪達祥不忍斥言但曰狂惑文鉉聞而怨之言於旽曰吾父談公不德曰必將亡國旽信之譖流達祥于遠地旣又私殺之文鉉遂爲旽門客

己酉

十八年 明太祖洪武二年○日皇長慶二年 ○西歷紀元後一千三百六十九年 春三月北元遣使進王爲右丞相去年明兵拔燕京元主己北走沙漠矣王遣使表謝路梗不達而還○夏四月明太祖遣使告定天下○五月始停元年號○遣禮部尚書洪尙載等如明自是歲以爲常○六月改官制○秋七月先是日人多投化誓不侵寇朝廷分處亘濟南海等處至是叛歸復行侵掠

庚戌

十九年 明太祖洪武三年○日皇長慶三年 ○西歷紀元後一千三百七十年 春正月我

太祖攻兀剌城拔之時王以東西北部落倔強拜 太祖爲東北面元帥池龍壽爲西北面元帥使往勦之 太祖率步騎萬餘渡鴨綠江至兀剌城其酋高安慰據險不降 太祖用片箭射之凡七十餘發皆正中人面城中奪氣安慰縋城夜遁諸山城皆望風歸欵於是東至皇城北至東寧西至于海南至鴨綠爲之一空○夏六月辛旽等請罷馬巖影殿之役王從之復修王輪寺影殿旣而以規模狹隘撤而改營民甚苦之○秋七月始行洪武年號○八月憲司請易服色從之○九月僉議贊成事致仕尹澤卒澤早孤力學常誦范仲淹先天下之憂而憂後天下之樂而樂之語以自期晩而顯達旋卽致仕饔飱或缺而晏如也及死戒子孫治喪勿用浮屠法諡文貞○冬十一月我 太祖與池龍壽攻遼城拔之初奇轍之子賽因帖木兒仕元爲平章元亡與平章金伯顏等招集遺衆據東寧府憾其父之誅寇我北鄙欲以報仇王命 太祖及龍壽擊之至是 太祖進軍遼城敵驍將處明恃勇拒戰 太祖故射其兜鍪又射其脚諭曰不降將射面處明下馬叩頭而降敵氣奪遂進攻拔之賽因帖木兒遁虜伯顏楊諭納哈出等使之來降遂班師○十二月日有黑子

亥辛

二十年(明太祖洪武四年○日皇長慶四年○西歷紀元後一千三百七十一年)春二月女
眞千戶李豆蘭遣使來投豆蘭本姓佟○夏五月前長
沙監務李存吾卒存吾慶州人性孝友簡重早孤力學
與鄭夢周李崇仁等相友善自坐貶之後退居公州石
灘見旽勢益熾憂憤成疾疾革令左右扶起曰旽尙熾
乎左右曰然還臥曰旽亡吾乃亡及席未安而卒年三
十一及旽誅王思其忠贈官大司成時又有李集者有
文章氣節嘗忤旽旽欲殺之集乃逃于永州旽誅乃還
官至判典校後退居驪州以終鄭夢周爲詩悼之○秋
七月辛旽伏誅旽恣行威福日深王亦不自安王性素

猜忌雖腹心大臣及其權盛必忌而誅之旽察知之恐
誅遂謀不軌與其黨將刻日擧事其門客侍郞李韌潰
之王乃命巡衛府先捕其黨奇顯崔思遠等鞫而誅之
後二日流旽于水原府尋誅之梟首于京師幷斬其二
歲兒召慶復興等還○以李穡爲政堂文學我 太祖
知門下府事上謂近臣曰近日物議何如對曰皆言國
家得人王曰文武皆用第一流以爲宰相誰敢議之蓋
指穡及 太祖也○冬十一月遣使如明時使臣由水
路行多爲風濤所阻或至渰沒故移咨于明中書省請
自今取路遼東不從

二十一年（明太祖洪武五年○日皇長慶五年○西歷紀元後一千三百七十二年）夏六月擲壽陵于正陵之側令百官以秩出役夫輸石○復改官制○冬十月置子弟衛選年少美貌者屬焉以代言金慶興摠之於是洪倫韓安權瑨盧瑄等俱以寵幸常侍臥內又多選美壯者常侍禁中號束古赤與子弟衛幷有寵

二十二年（明太祖洪武六年○日皇後龜山元年○西歷紀元後一千三百七十三年）春正月太白晝見○二月北元遣使王恐明有責欲遣人殺之旣而以羣臣言止之○夏四月雨白毛隕霜殺草○五月雨冰于平州○秋七月封禑爲江陵府院大君先

是辛旽之流也王謂侍臣曰予嘗幸辛旽家幸其婢生子名牟尼奴善保護之尋召入太后殿養之謂侍中李仁任曰元子在吾無憂矣至是改名禑封之命儒臣白文寶田祿生鄭樞等傅之

二十三年（明太祖洪武七年○日皇後龜山二年○西歷紀元後一千三百七十四年）春二月以李茂方爲政堂文學茂方光陽人性淸白剛直歷仕內外聲稱奕然王稱之曰政堂國耳忘家不畏權勢雖古人無以過之○三月檢校侍中李仁復卒仁復剛直有守聞人善雖小必喜一事失當必怒形于色然不發於口嘗惡兩弟仁任仁敏之爲人曰敗國亡宗者必

二薨也後果如其言臨沒以朝服加身而卒諡文忠○
夏四月太白經天○五月禁剃頭○六月先是贊成事
韓方信監影殿役會暴雨影殿有漏處王大怒以方信
不能董役下獄杖之時影殿役久至用錐驗其墻垣之
堅否糜費不貲役夫死者相望於道○秋七月三角山
中峯崩○以崔瑩爲楊廣等道都統使領諸軍伐濟州
先是明徵耽羅馬二千匹王遣評理韓方彥取之元人
石迭里等曰吾等安敢以元世祖放畜之馬獻諸明只
送三百匹王重違明意乃命瑩等將兵二萬餘人往攻
之石迭里等以三千餘騎拒於明月浦瑩進戰大破之

斬石迭里因盡殺餘黨濟州平○九月明徵馬使還王
遣密直副使金義領馬二百匹護送定遼衛明使酗酒
每欲殺義義不能堪遂殺明使以馬二百匹奔北元義
本胡人也○王以江陵府院君禑母賤托爲故宮人韓
氏之出追贈韓氏三世官○宦者崔萬生幸臣洪倫等
弑王初王使倫等汚穢宮掖冀其有子時益妃王氏有
身萬生以告王喜曰誰與合者萬生曰妃言洪倫也王
曰吾當殺倫滅口萬生恐已亦不免是夜遂與倫等入
寢殿乘王大醉手劒擊弑太后秘不發以王命召慶復
興李仁任等收萬生等誅之後三日立江陵府院君王

性本嚴重動容中禮晩年有心疾猜暴忌克荒惑滋甚而及於此諡曰恭愍葬玄陵◯冬十二月政堂文學白文寶卒文寶稷山人廉潔正直不惑異端善屬文立朝多所建白諡文簡

前廢王禑小字牟尼奴辛旽婢出在位十四年

乙卯

元年(明太祖洪武八年○日皇後龜山三年西歷紀元後一千三百七十五年)春正月遣判宗簿寺崔源如明辨殺使之故◯罷書筵以田祿生李茂方爲師傅◯夏四月北元使來宰相李仁任慶復興等欲迎之三司左尹金九容典儀令鄭道傳等以爲先王决策事南今若迎元使則一國臣民皆陷於亂賊之罪仁任怒流道傳旣而鄭夢周朴尚衷李詹相繼疏攻仁任或請誅仁任鞫詹辭連田祿生幷奏流之尚衷祿生之下獄也推官希仁任意拷掠甚慘由是二人皆道死尚衷羅州人博該經史平居言不及產業視人不義富貴蔑如也官止典校令祿生亦有時望論者惜之◯六月三角山崩◯秋八月以河允源爲司憲府大司憲允源書知非誤斷皇天降罰八字於柱每赴臺必先掛壁上◯改定都城五部戶數凡屋間架二十以上爲一戶出軍一丁間架少則或倂四五家爲一戶

丙辰

二年(明太祖洪武九年○日皇後龜山四年西歷紀元後一千三百七十六年)春三月投

丁巳

般若于臨津般若夜潛入太后宮啼號曰我實生主上何母韓氏耶太后黜之李仁任下般若于獄鞫之竟投臨津般若之被鞫也指新郴中門曰天若知吾寃此門必自頹俄而門自頹人頗異之○秋七月日陷公州等城楊廣道元帥朴仁桂敗死崔瑩聞之自請行與日戰於鴻山瑩身先士卒賊矢中脣血淋漓神色自若遂奮擊大破之由是威名大振

三年(明太祖洪武十年○日皇後龜山五年○西歷紀元後一千三百七十七年)春二月北元遣使冊禑○復行北元年號○三月日入窄梁焚戰船又寇江華京城大震禑欲遷都鐵原以避之崔瑩以

爲不可議遂寢既而賊又寇西江瑩與邊安烈擊却之○夏五月時慶尚道日寇充斥元帥禹仁烈飛報請濟師禑遣我 太祖金得齊等爲助戰元帥 太祖幷日而行與賊遇於智異山大破殲之○秋八月日賊寇西海元帥羅世巡等敗績我 太祖以助戰元帥往擊賊于海州大破之餘賊據險積柴自固 太祖下馬坐胡床張樂進酒使士卒焚柴烟焰漲天賊勢窮冒死突圍矢中座前瓶 太祖安坐不起令諸軍擊之幾殲○冬十月闢城大井赤沸○崔瑩建議以京都外城闊大難守修築內城以備不虞

戊午

四年 明太祖洪武十一年○日皇後龜山六年○西歷紀元後一千三百七十八年 夏四月時日賊連寇水原南陽等州旣又大集窄梁入昇天府中外大震禑遣崔瑩及贊成事楊伯淵我 太祖等禦之賊以爲得破瑩軍則京城可圖乃捨諸營急擣中軍瑩不敵而奔 太祖率精騎與伯淵合擊大破之瑩亦從旁擊之殺賊殆盡○六月日本九州節度使源了俊遣僧信弘將兵來捕賊先是禑遣判典校寺事羅興儒于日請禁海賊日報言侵貴國者乃我西海道一路九州之頑民也非我所爲也本國方遣將征討深入其地庶幾克復九州則誓天指日以禁海寇其後賊寇掠不已又遣鄭夢周極陳交隣利害日人敬服至是了俊遣信弘率其徒六十餘人來捕賊黨連戰互有勝負未幾信弘引兵歸國○九月復行明年號

己未

五年 明太祖洪武十二年○日皇後龜山七年○西歷紀元後一千三百七十九年 夏五月日本大內殿義弘遣朴居士率兵百八十餘人來討海寇○六月日賊侵淸道等郡元帥禹仁烈與河乙沚等連戰大敗之○冬十一月禑獵于南京時禑漸荒淫日以聲色遊畋爲事

庚申

六年 明太祖洪武十三年○日皇後龜山八年○西歷紀元後一千三百八十年 春正月太后洪氏薨壽八十三后少有賢行臨沒戒禑咨訪大臣

勿事遊觀○秋八月禑獵于城南身自馳騁蹂踐稼禾
又與羣小驅馳閭巷中無晝夜射人家鷄犬刼行路婦
女以爲樂○九月我 太祖大破日賊於雲峯先是羅
世沈德符等敗日賊於鎭浦多所擒殺賊懷憤肆毒攻
陷州縣三道沿海之地蕩然一空元帥裴克廉鄭地等
擊賊于沙斤驛敗績於是賊焚雲峯縣屯引月驛聲言
穀馬北上中外大震禑以我 太祖爲楊廣全羅慶尙
三道都巡察使邊安烈副之往勦之 太祖與安烈等
引兵南下距賊陣數十里 太祖見道右險徑策賊必
出此道令諸將由大道以進而身自入險徑果遇賊兵

太祖射賊五十餘皆正中其面三戰殲之賊大軍據險
自固 太祖麾諸將仰攻之賊流矢中 太祖左脚
太祖抽矢氣益壯戰益力將士感勵人人殊死戰賊有
阿只拔都者年纔十五六驍勇無比舞槊馳突所向披
靡 太祖見其被堅甲帶銅面無隙可射謂偏將李豆
蘭曰我射兜牟頂子落汝便射之遂躍馬射中兜牟頂
子遂落豆蘭便射殺之賊氣挫因奮擊大破之川流盡
赤至六七日不變色餘賊七十餘人奔智異山凱還崔
瑩率百官迎于天壽寺前與 太祖相再拜執手流涕
曰三韓再造在此一擧自是日畏 太祖不敢近每虜

我人必問李萬戶今何在○冬十二月龍城君趙暾卒
暾自雙城歸身朝廷盡忠王室子仁璧仁沃等亦屢立
戰功○流門下侍中慶復興于清州復興爲人清直見
李仁任等專權貪饕知不可救日以醉酒爲事仁任等
忌之遂訴以嗜酒不視事流之尋卒于貶所

辛酉

七年（明太祖洪武十四年○日皇後龜山九年○西歷紀元後一千三百八十一年）春二月以
李仁任崔瑩爲門下侍中仁任縱肆貪濁瘠公肥己而
好行小惠以釣虛名○冬十月彗星見于氐

壬戌

八年（明太祖洪武十五年○日皇後龜山十年○西歷紀元後一千三百八十二年）春二月天
雨穀有似黑黍小豆蕎麥者○置盤纏色令大小文武

官吏出馬及布有差○禑畋于南郊崔瑩泣諫曰忠惠
王好色然必以夜不令人見忠肅王好遊然必以時不
令民怨今殿下遊戲無度墮馬傷體臣備位宰相不能
匡救何面目見人乎禑不能改○日賊踰竹嶺寇丹陽
元帥邊安烈與韓方彥等擊敗之○夏五月太白晝見
○秋九月先是書雲觀以變恠屢見請移都避災李仁
任執不可至是崔瑩議定遷都之計禑遂遷于漢陽以
侍中李子松留守開京○冬十一月政堂文學鄭樞卒
樞恭儉謹厚居官以正時家廟制廢樞獨別藏祭器祀
奠以禮○以趙浚爲慶尚道體覆使時日寇充斥嶺南民

皆逃竄崔瑩擧浚可使浚至召都巡問使李居仁數其玩寇之罪斬兵馬使俞益桓諸將股慄皆力戰一道賴安浚宰相仁規之後也倜儻有大志

九年（明太祖洪武十六年○日皇後小松元年○西歷紀元後一千三百八十三年）春正月元納哈出遣使來聘請續舊好○二月禑還都開京從門下府請也○秋八月我 太祖大破胡拔都於吉州先是女眞人胡拔都侵掠東北諸城禑以 太祖世管其道軍務威信素著拜門下贊成事東北面都指揮使使往撫之于是胡拔都寇端州等地萬戶陸麗等屢戰皆敗 太祖進與胡拔都遇於吉州令李豆蘭爲前鋒先與戰大敗而還胡拔都意輕 太祖單騎來戰 太祖射其馬馬倒而墜因縱擊大破之拔都僅以身遁去 太祖因陳安邊策以獻禑

十年（明太祖洪武十七年○日皇後小松二年○西歷紀元後一千三百八十四年）秋七月遣政堂文學鄭夢周如明時明與朝廷多釁流我使金庾洪尙載等人皆憚行賂權貴規避最後林堅味擧夢周禑召見面諭之夢周曰君父之命敢避乎遂行陳對詳明帝優待之遂放還庾尙載等○九月以宦者金實爲門下贊成事宦者拜相前此未有○先是德宗設國子試至恭愍王廢而不行及是復設成均試代言尹就

與戰大敗而還胡拔都意輕　太祖單騎來戰　太祖
射其馬馬倒而墜因縱擊大破之拔都僅以身遁去
太祖因陳安邊策以獻禑
十年(明太祖洪武十七年○日皇後小松二年○西歷紀元後一千三百八十四年)秋七月遣
政堂文學鄭夢周如明時明與朝廷多釁流我使金庾
洪尙載等人皆憚行賂權貴規避最後林堅味舉夢周
禑召見面諭之夢周曰君父之命敢避乎遂行陳對明
詳明帝優待之遂放還庾尙載等○九月以宦者金實
爲門下贊成事宦者拜相前此未有○先是德宗設國
子試至恭愍王廢而不行及是復設成均試代言尹就

下議降未定　太祖曰當因其怠而擊之乃先設伏令
豆蘭等引賊入伏內　太祖單騎衝突手斃賊無筭伏
兵亦起賊徒大潰官軍乘之賊尸蔽野塞川無一人得
脫者○冬十二月封李仁任婢鳳加伊爲肅寧翁主妓
七點仙等爲寧善翁主後累封鳳加伊爲德妃又封妓
小梅香燕雙飛等皆爲翁主每出遊輒幷騎馳騁以爲
樂○以李穡爲門下侍中待以師傅
十二年(明太祖洪武十九年○日皇後小松四年○西歷紀元後一千三百八十六年)秋八月
熒惑入南斗○冬十二月前三司事金續命卒續命之
淑之孫也以淸直名於世

十三年 明太祖洪武二十年○日皇後小松五年○西曆紀元後一千三百八十七年 夏六月改定百官冠服制先是本國屢請衣冠制於明至是我使偰長壽還自明服明帝所賜紗帽團領而來於是鄭夢周李崇仁河崙姜淮伯等請革胡服襲明制自一品以下皆服紗帽團領其品帶亦有差唯禑與宦者近幸獨不服之

十四年 明太祖洪武二十一年○日皇後小松六年○西曆紀元後一千三百八十八年 春正月誅林堅味廉興邦都吉敷李成林潘福海等安置李仁任于京山府仁任久竊國柄以堅味爲腹心又引興邦等四人布列樞要恣行貿臆賣官鬻爵奪人土田奴婢不可勝數中外切齒會興邦奴奪密直使趙胖之田胖不勝憤捕其奴斬之興邦大怒誣胖謀叛鞫之胖終不服後數日禑如崔瑩第密議遂釋胖誅堅味興邦等仁任以功可掩過得免死安置尋死於貶所○以崔瑩爲門下侍中我 太祖守侍中李穡判三司事瑩與 太祖入政房欲盡出林廉所用 太祖曰林廉執政日久凡士大夫皆其所擧今但問才之賢否耳烏咎其既往瑩不聽○二月明帝以鐵嶺迤北本屬于元幷令歸之遼東立鐵嶺衛遣遼東萬戶王得明來告立衛○三月封侍中崔瑩女爲寧妃判事申雅女爲正妃其納瑩

女也瑩不可曰臣女卑陋不足配至尊殿下必欲納之
老臣剃髮入山矣涕泣固拒禑竟不聽○夏四月禑次
平壤督兵攻遼東初禑怒明立衛與崔瑩密議事元攻
明如西海道徵諸道兵至鳳州召瑩及我　太祖曰寡
人欲攻遼陽卿等宜盡力　太祖曰今若出師有四不
可以小逆大一不可夏月發兵二不可擧國遠征日乘
其虛三不可時方暑雨弓弩膠解大軍疾疫四不可禑
頗然之旣而納瑩言召　太祖謂曰業已興師不可中
止　太祖復極言不可禑終不聽　太祖退而涕泣曰
生民之禍自此始矣禑次平壤督徵兵作浮橋於鴨江

加崔瑩八道都統使曹敏修爲左軍都統使　太祖爲
右軍都統使各率諸將進發左右軍共三萬八千六百
餘人號十萬禑與瑩留平壤遙授節制遂停明年號復
令國人胡服是時明遣藍玉擊北元滅之而我不知也
五月左右軍進屯威化島元帥洪仁桂先入遼境殺掠
而還禑喜賜金帛有差○六月我　太祖以諸軍還入
京城執崔瑩流之時　太祖與曹敏修上言於禑極陳
攻遼不便狀禑不聽貽書崔瑩又極言利害瑩亦不以
爲意　太祖遂諭諸將曰今若犯遼生民之禍立至也
而王不省予言瑩又老耄不聽盍與公等見上親陳禍

禍除君側之惡以安生靈乎諸將皆曰敢不唯命於是
回軍渡鴨江　太祖乘白馬執彤弓白羽箭立於岸遲
軍畢渡軍中望見相謂曰古今來世安有如此人乎時
童謠有木子得國之語軍民無老少歌之漕運使崔有
慶以還軍狀奔告禑禑與瑩馳還京募兵守四門欲以
拒戰左右軍旣入京敏修爲瑩軍所奔俄而　太祖引
軍登南山瑩不能敵奔還花園花園禑所在也　太祖
麾諸軍圍數百重大呼請出瑩禑執瑩手泣別瑩出
太祖謂曰若此事變非吾本心然攻遼之擧民怨至天
故不得已焉好去好去相對而泣遂流瑩於高峯縣諸

闕拜謝還軍門外先是李仁任嘗言曰李判三司須爲
國主指　太祖也瑩甚怒而不敢言至是歎曰仁任之
言誠是矣○復行明年號禁胡服時明聞禑攻遼將擧
兵伐之及聞還軍乃止○侍中禹玄寶罷以曹敏修我
太祖爲左右侍中○禑廢立子昌爲王初我　太祖
之回軍也典校副令尹紹宗詣軍前獻霍光傳　太祖
令趙仁沃讀而聽之仁沃因極言今王非王氏乃辛旽
之子宜復立王氏　太祖然之於是諸將請禑如江華
禑遂與寧妃及燕雙飛下殿而去旣而曹敏修力議立
昌以李穡爲時名儒欲藉其言說問之穡曰當立前王

之子敏修等遂以定妃教立昌時年九歲定妃恭愍王
之妃安氏也○明罷鐵嶺衛○秋七月流侍中曹敏修
于昌寧敏修爲首相稍肆貪婪故大司憲趙浚劾之旣
而昌放敏修歸田里○八月以李穡爲門下侍中我
太祖守侍中時昌開書筵以穡領書筵事鄭夢周鄭道
傳等爲侍講更日入侍○大司憲趙浚以田柴科廢爲
私田兼幷弊深疏請革之李穡難之以爲不可輕改舊
法我　太祖是浚議奏行之○楊廣等道都指揮使鄭
地擊日寇大破之時日賊寇楊廣全羅慶尙三道自夏
至秋屠燒州郡地領諸將戰于南原大破之人謂非此

戰則三道民盡矣○以我　太祖摠中外諸軍事○九
月都堂遣使江華享廢王禑又遷于驪興○冬十一月
金文鉉伏誅廢王禑時言官每請正文鉉弑父之罪禑
不聽杖流全義至是昌遣人縊殺之○十二月前侍中
崔瑩卒瑩旣流再致巡軍鞫之于是典法判書趙仁沃
等交章請正瑩罪昌從之遂斬瑩瑩惟清五世孫也爲
人少慾無學術然忠淸剛直膂力過人每臨陣對敵神
氣安閒矢石交於前略無懼色戰士却一步必斬之以
徇故大小百戰未嘗一敗平生不事生産居第甚陋處
之怡然雖身都將相久典兵權而關節不到世服其淸

己巳

死時年七十三臨刑辭色不變首已斷猶植立者久之
死之日都人罷市遠近聞者皆爲流涕諡武愍

後廢王名昌禑之子在位一年

元年 明太祖洪武二十二年○日皇後小松七年○西歷紀元後一千三百八十九年 春二月
慶尚道元帥朴葳擊對馬島破之葳前後與日戰屢有
功至是以戰艦百艘至對馬島燒日船三百艘及旁岸
廬舍殆盡○秋七月以李穡判門下府事李琳爲門下
侍中仍用鄭夢周言命穡琳及我 太祖劒履上殿贊
拜不名琳昌之外祖也○八月琉球國遣使獻方物昌
遣典客令金允厚報聘○置義倉時中外飢荒故鄭夢

周成石磷等建議置之○以趙云仡知密直事云仡爲
人奇古跌宕魁偉徑情直行不肯俯仰於時俗○冬十
一月大霧仍雷○昌廢立定昌府院君瑤爲王時崔瑩
甥前護軍金佇潛往驪興見禑禑泣曰不堪鬱鬱居此
但得一力士害李侍中吾志可濟也因授一劒使遺所
信判書郭忠輔圖之忠輔洩于我 太祖太祖預備之
佇夜往 太祖第爲門客所執鞫于巡軍獄辭連邊安
烈李琳禹仁烈王安德禹洪壽等禑因此又遷于江陵
先是密直權近之使明還也明禮部移咨曰高麗自王
氏被弒絕嗣之後雖假王氏以異姓爲之亦非三韓世

守之良法於是 太祖與鄭夢周趙浚鄭道傳等議以爲禑昌本非王氏不可奉宗祀又有明帝之言當廢假立眞遂白定妃放昌于江華迎神宗七世孫瑤立之時年四十五王旣卽位降禑昌爲庶人流李琳及子貴生等以李穡判門下府事邊安烈領三司事沈德符爲門下侍中我 太祖守門下侍中鄭道傳爲三司右使王爲人昏弱卽位之日不知所爲方夜不寐顧左右憂歎而泣

恭讓王諱瑤神宗七世孫在位四年

元年(卽後廢王昌元年) 十二月臺官論李穡曹敏修李崇仁等竄禑昌之罪乃廢敏修爲庶人流穡崇仁等于外遂遣使誅禑昌父子禑妻崔氏大哭曰妾之至此吾父之過也十餘日不食日夜哭泣得粒輒精舂供奠時人憐之○改官制○錄功臣以我 太祖爲奮忠定難匡復燮理佐命功臣和寧郡開國忠義伯沈德符鄭夢周以下并以次授爵時稱九功臣

庚午

二年(明太祖洪武二十三年○日皇後小松八年○西歷紀元後一千三百九十年) 春正月置經筵官以沈德符及我 太祖領經筵事鄭夢周鄭道傳知經筵事一日王在經筵夢周進言曰儒者之道皆日用平常之事飮食男女人所同也至理存焉堯舜之

道亦不外此動靜語默之得其正卽是堯舜之道初非
高遠難行彼佛氏之教則不然辭親戚絶男女獨坐巖
穴草衣木食以觀空寂滅爲宗豈是平常之道哉時王
欲迎僧粲英爲師故夢周語及此然王方惑佛不納○
以我 太祖領八道軍馬置軍營分番更宿廩以軍資
○斬邊安烈先是臺官論安烈附禑之罪請正典刑王
流之漢陽至是有強盜刼人於東大門外臺官成石磷
等復言昔吳元濟以蔡州叛遣賊殺武元衡今安烈卽
元濟耳刼盜之發不可不慮也且安烈得罪祖宗非殿
下之所得私也王不得已命誅之○二月放禮曹判書

尹紹宗于海州初紹宗恐我 太祖爲禑昌黨所害嘗
語人曰李侍中不能進君子退小人若墮小人之計悔
何及哉王聞之怒曰李侍中功在社稷敢辱之乎遂放
之實欲孤 太祖也 太祖論救不從○三月門下注
書吉再棄官歸再海平人少攻理學事鄭夢周廢王禑
時登第爲注書至是知國家將亡辭以母老棄官歸善
山○夏四月金星貫月○流李穡等于遠地初曹敏修
之流昌寧也遣糾正田時等鞫立昌事取服仍遣時鞫
穡于長湍使獄卒執杖立左右晝夜逼之且示敏修獄
詞穡服云立昌之時敏修爲主將故穡不敢違此穡罪

忠至於首勳擅立則非穡之情至是臺官復交章論二
人又請李琳李貴生李乙珍鄭地禹仁烈李原道王安
德禹洪壽元庠黨穡之罪王命我 太祖及沈德符曰
敎修既已罪之卿等宜諭臺諫勿更論執遂流穡于咸
昌琳貴生以下九人亦皆科罪流之○閏月流知申事
李行于淸州初臺諫論李穡罪行啓曰臺諫之論安知
非功臣忌嫉我 太祖及功臣七人上書辨之仍請遜
位頭謗王命 太祖等覵事乃流行○以鄭道傳爲政
堂文學金士衡爲密直使我 太宗大王爲右副代言
太宗我 太祖之第五子也英睿絶人見時政亂民離
慨然有濟世之志○五月雨雪○下李穡禹玄寶等于
獄既而釋之初坡平君尹彝中郎將李初二人訴明帝
言本國王與李侍中謀犯上國宰相李穡等以爲不可
即將李穡曹敏修李琳李崇仁權近等殺之將禹玄寶
鄭地金宗衍尹有麟等遠流其在貶宰相潛遣我來告
天子請動天下兵來討是時趙胖之使明也明禮部以
彝初言告胖胖與彝等對辨事得白及還啓之於是臺
諫請鞫彝初之黨疏囚中不下會宗衍逃由是大獄遂
起下玄寶等于巡軍獄穡等于淸州獄會淸州有水災
王以水災命釋京外囚徒穡玄寶等以此俱得釋時左

司議金震陽語人曰彝初之事三歲小童亦知其誣憲府劾罷○六月禮成江水赤沸三日○太白經天○秋七月時臺官論彝初之黨甚力鄭夢周憂其蔓延請因積慶園追崇之慶行大赦王從之刑曹劾夢周右逆黨夢周再上疏求去不允積慶園王之四親也○太白晝見○焚公私田籍火數日不滅王歎息流涕曰祖宗私田之法至寡人而遽革惜哉○徙都漢陽時書雲觀以道詵密記地理衰旺之說進故有是舉○冬十一月以我　太祖領三司事鄭夢周守門下侍中池湧奇判三司事○西京千戶尹龜澤告我　太祖言金宗衍將與沇德符池湧奇朴葳諸人謀害公且曰德符令趙裕勒兵以待　太祖以告德符德符下裕獄將對辨　太祖白于王曰臣與德符本無猜貳請勿問裕遂釋裕於是憲府疏爭卒鞫裕取服絞之流德符等尋又獲宗衍支解○十二月以趙浚爲贊成事浚旣知遇於我　太祖致仕通顯前後所論列多益時救弊　太祖威德之日孚於民浚之功也

三年（明太祖洪武二十四年○日皇後小松九年○西歷紀元後一千三百九十一年）春正月以我　太祖爲三軍都摠制使裵克廉趙浚鄭道傳分爲中左右軍摠制使○二月有王益富者池湧奇妻族

也出入濂奇家自謂忠宣王嬖倉孫楠鞫殺之幷流濂
奇○王還都從刑曹判書安瑗之言也○夏四月彗星
見○定給田法依文宗舊制置科田於京畿各以科受
第一科自大君至門下侍中百五十結以次遞減至十
八科凡田租每水田一結糙米三十斗旱田一結雜穀
三十斗此外橫斂以贓論一結結字倉庫古時一所收納用○六月時
王因災異求言成均博士金貂上書極詆佛法且請放
丞覢於外王怒欲殺之鄭夢周疏諫曰信者人君之大
寶也國保於民民保於信近日殿下求言曰言之者無
罪於是朝官閭艮人等交章抗論政事之得失民生之
休戚眞所謂不諱之朝也斥詆佛氏儒者之常事自古
君王置而不問況以殿下寬大之恩豈爾在生在所優
容乞霈寬恩示信國人王然之乃笞貂四十○罷十二
徒以私學也○秋七月暹羅斛國遣使來聘國在中國
南海中未嘗與我相通至是其王遣奈工等八人致書
進方物其人或袒或跣尊者用白布鞱髮其僕從見尊
長脫衣露體三譯而達其意○侍中鄭夢周以臺官彈
劾不已謂及非辜與裴克廉表定立昌迎調金宗衍王
益富彝初五黨罪輕重於是寬李穡籍曹敏修邊安烈
家李乙珍池湧奇朴可興禹仁烈王安德朴葳等亦皆

科罪有差夢周因啓曰今後復有論劾者以誣告論○八月日本源了俊遣使來聘歸我被擄人○九月以我太祖判門下府事沈德符爲門下侍中○遣世子奭如明○冬十月遣使報聘于日本○省憲刑曹上疏劾鄭道傳內懷奸惡外施忠直請置極刑王以功臣宥之放歸其鄉

壬申

四年（明太祖洪武二十五年○日皇後小松十年○西曆紀元後一千三百九十二年）春正月以李崇仁爲知密直司事○二月守侍中鄭夢周進新定律以舊律及元明律參酌刪定者也王命知申事李詹進講六日始麗之典禮法律大抵皆倣唐矣○丙子

彗見長竟天○三月世子還自明○夏四月趙英珪殺守侍中鄭夢周初夢周爲我　太祖所器重屢見薦擢夢周亦深推　太祖功業形於歌咏自戊辰廢立之後夢周始有圖　太祖之志乃隱忍周旋佯若同心定五罪抑彈駁使王召用舊人且引金震陽等布列諫職日伺其便會世子之還也　太祖迎之因畋于海州墜馬病篤夢周聞之有喜色諭震陽先除其羽翼於是震陽與右常侍李擴等上疏論三司左使趙浚前政堂文學鄭道傳前密直副使南誾前判書尹紹宗前判事南在淸州牧趙璞等煽亂造言廣張罪福施刑於不可刑之

人求罪於本無罪之地衆心危懼咸怨咨嗟請鞫其罪明正典刑王召沈德符及夢周議罷流有差掌令徐甄等繼又言浚等可誅王柔懦不能決時　太祖輿疾還至碧瀾渡　太宗馳迎急歸邸夢周知事不濟詣　太祖邸托問疾以觀變及還英珪等四五人要於路擊殺之夢周爲人豪邁絕倫有忠孝大節自少好學不倦深有得於性命之奥時國家多故機務浩繁夢周在廟堂處大事決大疑不動聲色而左酬右應咸適其當時稱王佐之才洎時益艱夢周慨然有扶持全安之志嘗有一山僧踵門獻詩以諷去夢周執詩流涕曰嗚呼晚矣

至是竟以身殉國年五十七後我　朝賜謚文忠從祀文廟所著詩文豪放峻潔有圃隱集行于世○鄭夢周既死王命裴克廉收金震陽等鞫之辭連李穡禹玄寶李崇仁李種學趙瑚乃先流震陽崇仁種學及徐甄權弘等于遠地震陽少博學慷慨不羣常居草屋自號草屋子被流未幾卒崇仁英敏善屬文少與鄭道傳同事穡而才名過之道傳內忌之至是崇仁流嶺南道傳嗾體覆使黃居正杖殺之種學穡之次子流長沙亦爲道傳所縊殺○王放李穡于淸州使人謂曰卿之子己得罪于朝卿其去矣兩江之外惟卿所適穡對曰臣願

無田宅果安歸乎○以沈德符判門下府事以我 太
祖爲門下侍中○六月流前判三司事禹玄寶及宗室
南平君和前節制使王承貴等于遠地召還鄭道傳南
誾等玄寶爲人忠厚居官有淸白聲子洪壽等五人皆
登科孫成範尙王女尹紹宗等忌其宗彊必欲去之玄
寶乃與鄭夢周等同謀奬王室及夢周死尸棄道傍人
不敢近玄寶密敎一山僧收瘞之聞者義之麗旣亡玄
寶恥之逃入中國旣而復歸我 太祖召見賜功臣爵
號不受以終謚忠靖洪壽等素侮鄭道傳微賤不署其
告身道傳深憾于中革命之際構而私殺之○以趙浚

爲京畿左右道節制使南誾爲慶尙道節制使使掌其
兵馬○有獐入孝思殿○蟲食太廟松蟲之食松有年
而太廟松未嘗食至是食之旣○秋七月復以鄭道傳
爲奉化郡忠義君○王遜于原州高麗亡時我 太祖
威德日盛衆心推戴或於稠人廣坐揚言曰天命人心
已有所屬何不勸進辛卯 日十二 右侍中裴克廉等白
王大妃安氏曰今王昏闇不可爲生民主遂以妃敎廢
王仍放于原州尋移杆城降封恭讓君後二年卒追封
恭讓王高麗自太祖開國至于恭讓凡三十二王二僞
主歷年共四百七十五年

東國歷代史略卷六 終

초등 대한역사

(初等 大韓歷史)

初等 大韓歷史序

教育이有程度ᄒᆞ고學年이有階級이라程度ᄂᆞᆫ自近而遠이오階級은自卑而高ᄒᆞᄂᆞ니隨其階級ᄒᆞ야定有等分은教授家之規模라大韓歷史를初等으로稱ᄒᆞᆷ은以其有中等之辨이니譬如吾人之自幼稚而爲靑年ᄒᆞ고自靑年而爲老成ᄒᆞ야不可錯雜幻謬ᄒᆞ야以紊亂其秩序이로다鄭友寅琥가學界諸君을爲ᄒᆞ야是史를編輯ᄒᆞ고要余一言ᄒᆞ야以弁其卷首故로遂書梗槩ᄒᆞ야以贊其意ᄒᆞ노라

隆熙二年七月 日學士張世基序

初等 大韓歷史目錄

第一篇 上古

檀君

箕子

衛滿

三韓 附古朝鮮及三國圖

三韓結論

第二篇 中古

新羅

高句麗

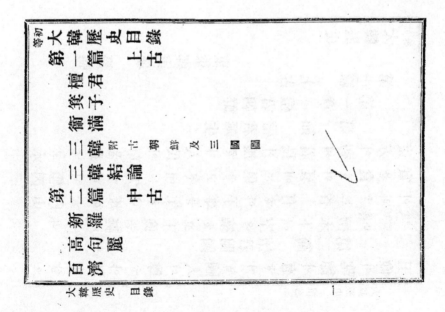

百濟

初等大韓歷史目錄終

初等大韓歷史

東萊鄭寅琥 纂輯

第一篇 上古

第一章 檀君朝鮮

第一節 ©檀君誕生

東方이初에君長이無ᄒᆞ야人民이草를衣ᄒᆞ고木實을食ᄒᆞ며夏에ᄂᆞᆫ巢ᄒᆞ고冬에ᄂᆞᆫ穴ᄒᆞ더니桓因이雄을生ᄒᆞ니雄이太白山(今寧邊妙香山)이라ᄒᆞᄂᆞᆫ者ㅣ有ᄒᆞ야子雄을生ᄒᆞ니雄이太白山檀木下에室을築ᄒᆞ고王儉을誕生ᄒᆞ다

第二節 檀君開國

王儉이聖德이有ᄒᆞ거ᄂᆞᆯ國人이尊ᄒᆞ야君을삼으

니是가檀君이되시니라國號를朝鮮(先受日光、故謂之朝鮮)이라ᄒᆞ니元年은唐堯(支那)二十五年이오隆熙元年前四千二百四十年이라비로소民을教ᄒᆞ야髮을編ᄒᆞ고首를盖ᄒᆞ며君

東國을創立ᄒᆞ신檀君의像

臣과男女의飲食과居處의制를始備ᄒᆞ다

第三節 檀君、定都

太子扶婁를塗山에遣ᄒᆞ야夏(支那)禹氏의萬國會에參ᄒᆞ고王子、三人을江華、傳燈山에遣ᄒᆞ야三郎城

을築ᄒᆞ다初에平壤에都ᄒᆞ얏다가後에白岳(今、文化、九月山)으로徙ᄒᆞ니라彭吳를命ᄒᆞ야國內、山川을奠ᄒᆞ실새東은大海(今、太西洋)를限ᄒᆞ고西는遼河(今、屬支那、盛京省)를連ᄒᆞ고南은鳥嶺(今在聞慶郡)에至ᄒᆞ고北은黑龍江(在、支那、黑龍江省、北)에接ᄒᆞ다

第四節 讓于箕子

檀君의後孫이君位를相傳ᄒᆞᆫ지千二百十二年에位를箕子에게讓ᄒᆞ고北扶餘로遷ᄒᆞ얏다가後에高句麗에併ᄒᆞ니라(扶餘、今支那、吉林、寧古塔、等地)

第二章 箕子、朝鮮

第一節 箕子、在殷

箕子의姓은子오名은胥餘ㅣ니子爵으로箕에封ᄒᆞᆫ故로箕子라稱ᄒᆞ니殷、(支那)王成湯의後孫이오紂의諸父라紂의太師가되시니라

第二節　箕子、東來

敎化를倡興ᄒᆞ신箕子의像

紂의無道ᄒᆞᆷ을見ᄒᆞ시고披髮、佯狂ᄒᆞ야奴가되신ᄃᆡ紂가囚ᄒᆞ얏더니周、(支那)武王、姬發이紂를滅ᄒᆞᆷ애囚를釋ᄒᆞ고道를訪ᄒᆞ거늘箕子ㅣ洪範九疇를陳ᄒᆞ시고男女五千人을率

ᄒᆞ고周를避ᄒᆞ야朝鮮에入ᄒᆞ시니라

第三節　箕子、設敎

箕子ㅣ詩書와禮樂과田蠶과織作으로써民을敎ᄒᆞ신ᄃᆡ國人이聖德을慕ᄒᆞ야王을삼으니平壤에仍都ᄒᆞ사八條의敎를設ᄒᆞ시니仁賢의化가著ᄒᆞ니라

第四節　箕準、南避

箕子의四十一世孫準에게至ᄒᆞ야燕(支那)人衛滿이衆을率ᄒᆞ고椎髻와蠻夷의服으로來降ᄒᆞ거늘博士를拜ᄒᆞ야西藩을守케ᄒᆞ얏더니滿이兵을引ᄒᆞ야平壤을襲ᄒᆞ거늘準이兵을避ᄒᆞ야南으로金馬

郡(今、益山郡)에至ᄒᆞ야馬韓이라稱ᄒᆞ니라

椎髻蠻服ᄒᆞᆫ燕衆의圖

第五節 衛滿朝鮮

衛滿이平壤에都ᄒᆞ고國號ᄅᆞᆯ朝鮮이라稱ᄒᆞ고兵權과財力으로數千里ᄅᆞᆯ開拓ᄒᆞ얏더니其孫右渠에게至ᄒᆞ야漢(支那)의使臣을殺ᄒᆞ니漢武帝、劉徹、이

樓船將軍、楊僕、과左將軍、荀彘와公孫遂ᄅᆞᆯ遣ᄒᆞ야攻破ᄒᆞ고四郡을置ᄒᆞ다(四郡에一은樂浪이니平壤府와밋春川이오一은臨屯이니京畿西郊와밋黃海東道오一은玄菟이니咸興府오一은眞蕃이니遼東이라)

第三章 三韓

第一節 馬韓

馬韓、王箕準이金馬郡에處ᄒᆞ야韓王이라稱ᄒᆞ니其民이種植을務ᄒᆞ며蠶桑을喜ᄒᆞ고金銀을輕視ᄒᆞ고珠玉으로써髮을飾ᄒᆞ며男子ᄂᆞᆫ帛袍ᄅᆞᆯ衣ᄒᆞ고性이勇悍ᄒᆞ야弓楯과矛櫓ᄅᆞᆯ善用ᄒᆞ더라

第二節 馬韓爲百濟所併

古朝鮮과三韓의圖

古朝鮮及三韓圖

箕準의後孫이馬韓에總王으로世世、自守ᄒᆞ다가百濟、王、高溫祚에게滅ᄒᆞᆫ바ㅣ되니箕子元年으로부터此에至ᄒᆞ야歷年이共一千一百三十一年이러라

第三節 辰韓

辰韓은馬韓東方에在ᄒᆞ니北은穢貊을接ᄒᆞ고南은弁韓을隣ᄒᆞ니其始는秦人이라秦의苛政을避ᄒᆞ야馬韓에入ᄒᆞ거ᄂᆞᆯ馬韓이東界를割ᄒᆞ야處케ᄒᆞ얏더니後에新羅에併ᄒᆞ니라

第四節 弁韓 (又稱弁辰)

弁韓은辰韓南方에在ᄒᆞ니辰韓과雜居ᄒᆞ야馬韓으로더부러三韓이라幷稱ᄒᆞ더니後에駕洛國의始祖、金首露의幷ᄒᆞᆫ바ㅣ되니라

第五節 三韓、結論

韓이라稱홈은漢江、南에一、大陸이有ᄒᆞᆫ故로方言에一이라大라ᄒᆞᄂᆞᆫ義를譯홈이라三韓이鼎足과如히峙ᄒᆞ야馬韓이統治ᄒᆞ니馬韓이五十四國이오辰韓과弁韓은各히十二國의屬國이有ᄒᆞ니大

者ᄂᆞᆫ萬餘家오小者ᄂᆞᆫ千餘家ㅣ라折風巾갓과長袖衫저고리과大口袴바지와烏革履검은신은其遺俗이尙傳ᄒᆞ니라

第二篇 中古 三國

第一章 新羅

三國鼎立圖

第一節 朴赫居世

新羅의始祖朴赫居世ᄂᆞᆫ辰韓人이라爲人이英特夙成ᄒᆞ거ᄂᆞᆯ六部의人民이立ᄒᆞ야君을삼으니時에年이十三이라國號를徐羅伐(後改新羅)이라ᄒᆞ고在位五年에閼英을納ᄒᆞ야妃를삼으니妃가賢行이有ᄒᆞ야內輔ᄒᆞᄂᆞᆫ지라時人이二聖이라稱ᄒᆞ다時에倭國(今日本)이邊境을侵ᄒᆞ다가王이神德이有ᄒᆞ심을聞ᄒᆞ고退還ᄒᆞ니라

新羅始祖朴赫居世와閼英二聖의像

第二節 朴、昔、金三姓

赫居世의子、南解가王位에在ᄒᆞᆯ時에子、儒理와婿昔脫解에게遺言호ᄃᆡ我가死ᄒᆞᆫ後에朴、昔、兩姓이年長으로써嗣ᄒᆞ라ᄒᆞᆫ故로其後에儒理가位를脫解에게傳ᄒᆞ얏다가昔助賁에게至ᄒᆞ야其、婿、金味鄒에게傳ᄒᆞ니라

第三節 始建、年號

脫解王、時에國號를鷄林이라ᄒᆞ고智證王、時에新羅라ᄒᆞ고法興王、時에年號를始建ᄒᆞ야建元이라ᄒᆞ니라

第四節 朴堤上、入、日本

訥祇王、元年에王이日本에爲質ᄒᆞᆫ弟、未斯欣을思

ᄒᆞ야朴堤上을日本에遣ᄒᆞ니堤上이詐히叛者가되야日本에入ᄒᆞ야未斯欣을潛還케ᄒᆞ니未斯欣이曰엇지君을捨ᄒᆞ고獨還ᄒᆞ리오堤上이曰王의情을慰安코자ᄒᆞᆯ진ᄃᆡ我ㅣ엇지一命을愛ᄒᆞ리오ᄒᆞ다

第五節 鷄林、臣

旣而오日本이未斯欣의亾歸ᄒᆞᆷ을知ᄒᆞ고堤上을鞫問ᄒᆞ니堤上이曰我ᄂᆞᆫ鷄林臣이라吾君의志를成코자ᄒᆞᆷ이니何必多問고ᄒᆞᆫᄃᆡ日主가怒曰汝가我臣이되얏거늘엇지鷄林의臣이라ᄒᆞ나뇨汝ㅣ日本의臣이되면重祿을賞賜ᄒᆞ리라

第六節 趁葭立熱

趁葭立熱ᄒᆞᆫ朴堤上의像

堤上이日吾ㅣ鷄林의犬豖가寧爲언정日本의臣子는不爲ᄒᆞ며鷄林의箠楚를寧受언정日本의爵祿은不受ㅣ라ᄒᆞ니日主가益怒ᄒᆞ야堤上의脚을剝ᄒᆞ고兼葭를刈ᄒᆞ야其上에趁ᄒᆞ라ᄒᆞ고또熱鐵上에扶立ᄒᆞ고問ᄒᆞᄃᆡ鷄林의臣이라ᄒᆞ니日主가不屈을知ᄒᆞ고燒殺ᄒᆞ다

第七節 竹竹節死

善德王時에百濟兵이新羅를攻陷ᄒᆞ거늘幢下舍知竹竹이自誓ᄒᆞᄃᆡ吾父가我를竹竹이라名ᄒᆞᆷ은我로ᄒᆞ야곰歲寒이라도不凋ᄒᆞ라ᄒᆞᆷ이니엇지畏ᄒᆞ야生降ᄒᆞ리오ᄒᆞ고力戰ᄒᆞ야死ᄒᆞ니라

第八節 金庾信攻百濟

眞德王時에百濟가西鄙를攻陷ᄒᆞ고玉門谷에至ᄒᆞ거늘王이金庾信을遣ᄒᆞ야百濟를伐ᄒᆞ야二十二城을屠ᄒᆞ고斬首ᄒᆞᆫ者ㅣ二萬餘級이오捕虜ᄒᆞᆫ者ㅣ九千餘人이더라

第九節 蘇定方謝罪

其時에王이唐支那國에救兵을請ᄒ니唐帝가將軍蘇定方을命ᄒ야二十萬軍을率ᄒ고百濟를共伐ᄒᆯ서蘇定方이兵力을恃ᄒ고金庾信에게無禮ᄒ거ᄂᆞᆯ庾信이怒ᄒ야檢을仗ᄒ고軍門에出立ᄒ니怒髮이上

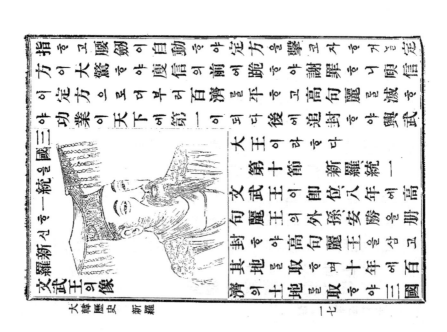

金庾信軍前에唐將蘇定方의謝罪圖

指ᄒ고腰劒이自動ᄒ야定方을擊코자ᄒ거ᄂᆞᆯ定方이大驚ᄒ야庾信의前에跪ᄒ야謝罪ᄒ니庾信이定方으로더부러百濟를平ᄒ고高句麗를滅ᄒ야功業이天下에第一이되다後에追封ᄒ야興武大王이라ᄒ다

三國을統一ᄒ신新羅文武王의像

第十節 新羅統一

文武王이即位八年에高句麗王의外孫安勝을冊封ᄒ야高句麗王을삼고其地를取ᄒ며十年에百濟의土地를取ᄒ야三國

을統一ᄒᆞ고十五年에王이唐將薛仁貴로더부러二十餘戰에다勝捷ᄒᆞ고四十餘級을斬ᄒᆞ니自此로唐兵이復至치못ᄒᆞ더라王이其祖廟에獻俘ᄒᆞ며功臣을爵賞ᄒᆞ며國內에大赦ᄒᆞ니라

第十一節 立學奉像

大教育家至聖文宣王孔子의像

神文王元年에國學을立ᄒᆞ야禮部에屬ᄒᆞ다聖德王十五年秋九月에王子守忠이唐으로부터回ᄒᆞ야文宣王十哲七十二弟子의畵像을上ᄒᆞᆫ대命ᄒᆞ야太學에奉ᄒᆞ다

第十二節 薛聰異聞

神文王十一年에王이燕居ᄒᆞᆯ새薛聰을引ᄒᆞ야謂曰今日에宿雨가初歇ᄒᆞ고薰風이微凉ᄒᆞ니談讌으로舒鬱ᄒᆞᆷ이可ᄒᆞ니子ᄂᆞᆫ我를爲ᄒᆞ야異聞을陳ᄒᆞ라

第十三節 花王當春

聰이對曰臣은聞호니花王이三春을當ᄒᆞ야發艶ᄒᆞᆯ이百花를凌ᄒᆞ야獨出ᄒᆞ거ᄂᆞᆯ艶艶의靈과夭夭의英이奔走上謁ᄒᆞᆯ새一佳人이有ᄒᆞ니名曰薔薇라朱顔鮮粧으로伶俜히來ᄒᆞ며綽約히前ᄒᆞ야曰

妾이雪白의沙汀을履ᄒᆞ며鏡淸의江海를對ᄒᆞ더니王의令德을聞ᄒᆞ고香帷에薦키를願ᄒᆞ노이다

九經을解釋ᄒᆞᆫ薛聰의像

第十四節 白頭翁

一丈夫가有ᄒᆞ니名曰白頭翁이라布衣、韋帶로龍鍾히步ᄒᆞ며傴僂히來ᄒᆞ야曰蒼茫ᄒᆞᆫ野景을臨ᄒᆞ고嵯峨ᄒᆞᆫ山色을倚ᄒᆞ더니竊謂호ᄃᆡ左右의供給은膏粱이足ᄒᆞ나巾衍의貯藏은良藥이須有ᄒᆞ니

王은有意ᄒᆞ시니잇가

第十五節 親近老成

花王이曰大丈夫의言이有理ᄒᆞ나佳人을得키難ᄒᆞ도다丈夫曰自古로人君이老成을親近ᄒᆞ야興ᄒᆞ고天艷을昵比ᄒᆞ야亾ᄒᆞᄂᆞ니吾其奈何오花王이謝曰吾가過誤로다ᄒᆞ얏나이다ᄒᆞᆫᄃᆡ王이愀然曰子의寓言이深切ᄒᆞ다ᄒᆞ고聽을擢ᄒᆞ야高秩官을삼다聽의字ᄂᆞᆫ聰智니明銳ᄒᆞ고博學ᄒᆞ야方言으로써九經을解釋ᄒᆞ고俚語로吏讀를製ᄒᆞ니라

第十六節 始定、出身科

元聖王三年、春에讀書、出身科를始定ᄒᆞ다先是에

射로써人을選ᄒᆞ더니至是ᄒᆞ야五經과三史等으로써選ᄒᆞ다

第十七節　祿眞、醫病

憲德王、十三年、春에王이無嗣ᄒᆞ야母弟、秀宗으로太弟를삼다時에上大等、忠恭이內外官을擬注ᄒᆞᆯ새請托이遝至ᄒᆞ거ᄂᆞᆯ忠恭이憂疑、感疾ᄒᆞ얏더니執事侍郞、祿眞이請見、曰公의病은砭石을不須ᄒᆞ고오작一言으로써醫病코자ᄒᆞ노라

第十八節　杜賂、絕托

大抵、貨賂의門을杜ᄒᆞ고請托의路를絕ᄒᆞ야黜陟과予奪을愛憎으로써아니ᄒᆞ면開闔ᄒᆞ고談笑ᄒᆞ야도可ᄒᆞ거ᄂᆞᆯ엇지區區히藥餌를服ᄒᆞ리오忠恭이悅ᄒᆞ야王ᄭᅴ入陳ᄒᆞᆫᄃᆡ太弟、聞ᄒᆞ고入賀ᄒᆞ야曰君明ᄒᆞ면臣直ᄒᆞ나니此ᄂᆞᆫ國家의美事로소이다ᄒᆞ더라

第十九節　膺廉、見三善

憲安王、三年、秋에王이羣臣으로宴ᄒᆞᆯ새王族、膺廉의年이十五라王이問曰汝가遊學ᄒᆞᆷ이善人을得見ᄒᆞ얏ᄂᆞ야對曰臣이三人을見ᄒᆞ니一은勳閥의子弟로ᄃᆡ人에게讓ᄒᆞ야自下ᄒᆞ고一은家富ᄒᆞᄃᆡ被服이不侈ᄒᆞ고一은勢榮ᄒᆞᄃᆡ驕氣가不形ᄒᆞ더이다王이王后다려語ᄒᆞ야曰朕이閱人이多ᄒᆞᄃᆡ

膺廉과如ᄒᆞᆫ者ㅣ無ᄒᆞ다ᄒᆞ더니後에景文王이되니라

第二十節　崔致遠遊學

遊學傳檄ᄒᆞ야名振天下ᄒᆞᆫ崔致遠의像

憲康王時에崔致遠이年十二에海船을隨ᄒᆞ야唐에遊學ᄒᆞ다가十八에登第ᄒᆞ야侍御史가되얏더니時에黃巢가叛ᄒᆞ거ᄂᆞᆯ高駢의從事가되야巢를討ᄒᆞᄂᆞᆫ檄文을作ᄒᆞ니曰不惟天下之人이皆思顯戮이라抑亦地中之

鬼가已議陰誅라ᄒᆞ니라

第二十一節　見檄下床

巢가檄文을見ᄒᆞ고床에下ᄒᆞᆷ을不覺ᄒᆞ니自此로其名이天下에振ᄒᆞᆫ지라至是에還ᄒᆞ니年이二十八이라王이侍讀兼翰林學士를삼으니致遠이所蘊을展코자ᄒᆞ되衰季에疑忌가多ᄒᆞᆷ으로出ᄒᆞ야太山富城等郡太守가되니라

第二十二節　山水終老

定康王七年에致遠이時務策十餘條를進ᄒᆞᆫᄃᆡ王이嘉納ᄒᆞ고阿飡을삼으니致遠이亂世를自傷ᄒᆞ야山水間에放浪ᄒᆞ니라孝恭王時에致遠이王建

의作興홈을聞ᄒᆞ고書를致ᄒᆞ고家를挈ᄒᆞ야伽倻山、海印寺에隱ᄒᆞ야終老홀새四六集과桂苑筆耕等書를著有ᄒᆞ니라

第二十三節 新羅、孤危

眞聖王、四年에梁吉은北原(今、原州)에셔叛ᄒᆞ고弓裔(憲安王、庶子)는叛ᄒᆞ야梁吉에게附ᄒᆞ고箕萱은竹州(今竹山)에셔叛ᄒᆞ고五年에甄萱은叛ᄒᆞ야完山에據ᄒᆞ다

第二十四節 松嶽、築城

孝恭王、元年에弓裔가松嶽城을修築ᄒᆞ고王建으로精騎大將軍을삼다八年에甑城(今、甑山)에赤衣、黃衣賊等이弓裔에게降ᄒᆞ다十四年에弓裔가國號를泰封이라ᄒᆞ다景明王、元年에泰封의諸將이弓裔의暴虐無道홈을見ᄒᆞ고王建을立ᄒᆞ야高麗王을삼으니弓裔가走ᄒᆞ야死ᄒᆞ니라敬順王、八年、冬十月에王이國勢의孤弱홈을見ᄒᆞ고曰孤危홈이如此ᄒᆞ니吾는無辜ᄒᆞᆫ民으로ᄒᆞ야곰肝腦、塗地홈을不忍ᄒᆞ노라ᄒᆞ고高麗에降ᄒᆞ니라

第二十五節 存亾、天命

王子(失名)ㅣ諫ᄒᆞ야曰國의存亾은天命이自有ᄒᆞ니맛당이忠臣과義士로더브러以死自守ᄒᆞ다가力盡ᄒᆞᆫ後에已ᄒᆞ짓거ᄂᆞᆯ엇지一千年、社稷으로써一

朝에輕히與人ᄒᆞ리오王이不聽ᄒᆞ니王子ㅣ痛哭ᄒᆞ야王의永辭ᄒᆞ고金剛山에入ᄒᆞ야巖을倚ᄒᆞ야屋을搆ᄒᆞ고麻衣、草食으로써其身을終ᄒᆞ니라

第二十六節 新羅、歷年

高麗王이王을封ᄒᆞ야樂浪王、政丞을삼으니新羅가遂亾ᄒᆞ다新羅가五十六世를傳ᄒᆞ니朴氏十王이오昔氏八王이오金氏三十七王이며三國이鼎立ᄒᆞᆯ時에二十九王이繼承ᄒᆞ고三國을統一ᄒᆞᆫ後에二十七王이繼統ᄒᆞ야共歷年이九百九十二年이더라

第二章 高句麗

第一節 東明王

高句麗、始祖、高朱蒙은北扶餘의王、解夫婁의孫이

高句麗始祖東明王高朱蒙의像

오金蛙의子ㅣ니곳檀君의遺種이라骨表가英偉ᄒᆞ고年이七歲에弓矢를自作ᄒᆞ야百發百中ᄒᆞ니兄弟、七人이其能을忌ᄒᆞ야殺코자ᄒᆞ는지라

第二節 高朱蒙、嗣位、扶餘

朱蒙이難을逃ᄒᆞ야卒本、扶餘(今、鴨綠北)에至ᄒᆞ니時年

이二十이라扶餘王이無子ᄒ야朱蒙을見ᄒ고女로써妻ᄒ얏다가扶餘王이薨ᄒᆷ애朱蒙이嗣位ᄒ니是가東明王이라

第三節 琉璃王、始稱、高句麗

王의子琉璃王時에漢의高句麗縣을襲取ᄒ야國號ᄅᆞᆯ高句麗라ᄒ고因ᄒ야高로써姓ᄒ고國境을廣拓ᄒ니北은扶餘와眞蕃과玄菟오南으로貝南과漢北을占踞ᄒ고後에平壤에移都ᄒ야揖讓의禮가有ᄒ며衣冠은白色을崇尙ᄒ더라

第四節 廣開土、王

廣開土、王五年에燕을伐ᄒ야遼東城을取ᄒ고十一年에將을遣ᄒ야燕을攻ᄒ야遼東과玄菟의地ᄅᆞᆯ盡有ᄒ니東西가數千里러라

第五節 乙支文德

嬰陽王、時에隋、(支那)帝楊廣이大兵을率ᄒ고來攻ᄒ거ᄂᆞᆯ王이乙支文德을遣ᄒ야迎擊、大破ᄒ니隋帝가天下兵、一百二十萬을發ᄒ야九道로出ᄒ야平壤에總集코자ᄒᆯ새旌旗ᄂᆞᆫ九百六十里에亘ᄒ고鼓角、喊聲이相聞ᄒ더라

大破隋兵ᄒᆫ乙支文德의像

第六節　半渡、尾擊

乙支文德이隋兵을疲케ᄒᆞ고자ᄒᆞ야每、交戰에문득退走ᄒᆞ니隋兵이一日에驟勝ᄒᆞ야東으로薩水를濟ᄒᆞ야平壤으로去ᄒᆞᆯ새軍이半渡에文德이尾擊大破ᄒᆞ니將卒이戰死、潰散ᄒᆞ야一日、一夜에鴨綠江에至ᄒᆞ니里數가四百五十里라隋軍이來時에一百二十萬이라ᄒᆞ더니生還ᄒᆞᆫ者ㅣ二千七百人이더라

第七節　唐、圍、安市城

寶藏王、時에唐帝、李世民이三十萬軍을率ᄒᆞ고高句麗、安市城(在、遼東)을攻ᄒᆞᆯ새定州에至ᄒᆞ야侍臣다

려謂ᄒᆞ되隋氏가四次를高句麗에出師ᄒᆞ되다大敗ᄒᆞ얏스니朕이今에其讎를報雪ᄒᆞ리라ᄒᆞ고弓矢를親히佩ᄒᆞ고雨衣를鞍後에結ᄒᆞ고遼水에歸橋를斷ᄒᆞ야必死ᄒᆞᆯ心을示ᄒᆞ고安市城을攻圍ᄒᆞ다

安市城에서李世民이中矢傷目ᄒᆞᆫ圖

第八節　楊萬春射李世民

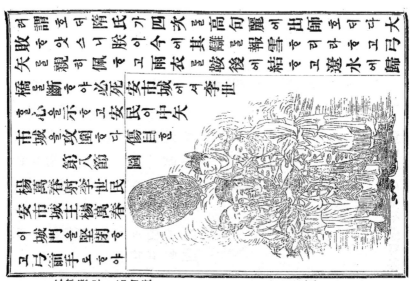

安市城主楊萬春이城門을堅閉ᄒᆞ고弓箭手로ᄒᆞ야

금世民의目을射ᄒᆞ야中ᄒᆞ니世民이傷目ᄒᆞ고臥床、回軍ᄒᆞᆯ새嘆曰、魏徵이若在ᄒᆞ면吾ㅣ엇지此行이有ᄒᆞ리오ᄒᆞ더라

第九節 用人骨品、失罽頭

新羅人薛罽頭가嘗曰我國의用人ᄒᆞᆷ이骨品을論ᄒᆞ야其族이아니면비록鴻才、傑功이有ᄒᆞ야도能히振發치못ᄒᆞ니我ㅣ他國에遊ᄒᆞ야不世의雄略을奮ᄒᆞ고非常ᄒᆞᆫ功業을立ᄒᆞ리라ᄒᆞ더니世民에게自薦ᄒᆞ야臨陣先鬪ᄒᆞ다

第十節 用人門地、失仁貴

薛仁貴ᄂᆞᆫ遼東人이라驍勇으로써世上에聞ᄒᆞ더니밋麗人이門地로써用人ᄒᆞᆷ애見用치못ᄒᆞᆷ을忿歎ᄒᆞ야唐에入ᄒᆞ야世民에게信任ᄒᆞᆫ바ㅣ되야畢竟에麗軍을破ᄒᆞ니라

第十一節 高句麗王、被執

寶藏王、二十六年、秋九月에新羅王이唐兵을合ᄒᆞ야平壤城을攻拔ᄒᆞ고王이唐將에게被執ᄒᆞ니高句麗가遂亾ᄒᆞᆫ지라二十八世ᄅᆞᆯ傳ᄒᆞ고七百五年을歷ᄒᆞ니라

第三章 百濟

第一節 溫祚王

百濟、始祖、高溫祚ㅣ立ᄒᆞ니是가溫祚王이라高句

麗始祖、東明王이卒本扶餘로逃難ᄒᆞ야扶餘主의第二女를娶ᄒᆞ고其王位를繼ᄒᆞ야二子를生ᄒᆞ니長은沸流오次ᄂᆞᆫ溫祚ㅣ라

第二節 沸流、兄弟、南逃

先是에東明王이東扶餘에在ᄒᆞᆯ時에禮氏를娶ᄒᆞ야類利를生ᄒᆞ얏더니後에類利가卒本에至ᄒᆞᆫ더王이大喜ᄒᆞ야太子를삼으니沸流、兄弟가太子에게不容ᄒᆞᆯ가恐ᄒᆞ야烏干、等十人을다리고南遁ᄒᆞ야沸流ᄂᆞᆫ彌鄒(今、仁川)에居ᄒᆞ고溫祚ᄂᆞᆫ慰禮城(今、稷山)에定都ᄒᆞ다

第三節 十濟、改稱百濟

溫祚가十臣으로써國을輔ᄒᆞ야國號를十濟라ᄒᆞ더니沸流가彌鄒의土濕、水鹹ᄒᆞᆷ으로安居치못ᄒᆞ고慰禮에來ᄒᆞ야都邑과人民의安定ᄒᆞᆷ을見ᄒᆞ고恚忿ᄒᆞ야死ᄒᆞ니其臣民이慰禮城으로皆歸ᄒᆞ거ᄂᆞᆯ國號를百濟라改稱ᄒᆞ고其、系가高句麗로더부러扶餘에셔同出ᄒᆞᆫ故로扶餘氏라稱ᄒᆞ니라

百濟始祖溫祚王의像

第四節 襲取馬韓

溫祚王二十六年、秋에王이諸將과議論ᄒᆞ야曰、馬韓이漸漸疲弱ᄒᆞ야上下、離心ᄒᆞ니만일他人의併呑ᄒᆞᆫ바ㅣ되면唇亡、齒寒이라後悔、莫及ᄒᆞ리니我ㅣ先取ᄒᆞᆷ이可ᄒᆞ다ᄒᆞ고冬十月에出獵ᄒᆞᆫ다稱ᄒᆞ고潛師掩襲ᄒᆞ야其國을遂、併ᄒᆞ다

第五節　王仁、傳學、日本

古爾王、時에王仁이論語와千字文을齎ᄒᆞ고日本에往ᄒᆞ니日本主가喜ᄒᆞ야太子師를삼다先是에王子、阿直岐가經傳을能通ᄒᆞ더니日本에往ᄒᆞᆷ애日本、主가其子、稚郎으로學케ᄒᆞ고因、問曰子、國에博士가子에셔賢ᄒᆞᆫ者가又有ᄒᆞᆫ가對曰、王仁이有

日本에傳學ᄒᆞᆫ王仁의像

ᄒᆞ야一國에秀라ᄒᆞᆫ대日主가王仁을請ᄒᆞᆷ으로往ᄒᆞ니日本에文字가始有ᄒᆞ다

第五節　佛經、與、藝學、送、日本

聖王이金銅、佛과佛經을日本에送ᄒᆞ고其後에僧尼와寺、工과天文、書와曆、法과樂、人과陶、匠과瓦匠과鞍工과釀酒、人과醫、博士、等을日本에送ᄒᆞ니日

本이諸法을仿行ᄒᆞ야其國의學術과技藝가自此發達ᄒᆞ니라

第六節　攻新羅取四十城

義慈王元年에新羅西方을攻ᄒᆞ야四十城을取ᄒᆞ고將軍允忠이大耶城(今陜川)을攻陷ᄒᆞ고新羅都督金品釋이戰死ᄒᆞ니新羅臣金春秋가金庾信으로더부러百濟를滅ᄒᆞᆯ志를行ᄒᆞ더라

第七節　聯合攻新羅

義慈王三十四年에王이高句麗와相應ᄒᆞ야靺鞨로더부러連兵ᄒᆞ야新羅北境三十三城을取ᄒᆞ니羅王이唐에遣使ᄒᆞ야救援을請ᄒᆞ니라

第八節　義慈降唐

義慈王이諫臣成忠을殺ᄒᆞ고淫酗耽樂ᄒᆞ더니羅唐兵이都城을拔ᄒᆞ거늘王이嘆曰吾가成忠의言을不聽ᄒᆞ야至此라ᄒᆞ고出降ᄒᆞ다宗室豐이立ᄒᆞ니是爲後王이라羅王이金庾信으로더부러唐將을合ᄒᆞ야周留城을圍ᄒᆞ니王이脫身逃走ᄒᆞᆷ애百濟遂亾ᄒᆞ다百濟가三十一世를傳ᄒᆞ얏스니歷年은六百八十一年이더라

第四章　五國

第一節　金首露駕洛建國

駕洛國始祖는首露王이니初에駕洛의部落이九

가有ᄒᆞ야各其酋長을立ᄒᆞ야山野에居ᄒᆞ고君臣位號가無ᄒᆞ더니伽倻山(今、高靈)의正見母主가二子를生ᄒᆞ니日惱室朱日과日惱室靑裔라靑裔가特히英傑ᄒᆞ야身長이九尺이오龍顏重瞳이라衆이

龍顏重瞳의金首露王의像

推ᄒᆞ야君을삼으니是가首露王이라國號를駕洛이라ᄒᆞ고王이自稱、金天氏의後라ᄒᆞ야金으로姓ᄒᆞ고朱日은大伽倻國主가되다

第二節 納妃、生子

王이許氏를納ᄒᆞ야妃를삼으니是는普照太后라名은黃玉이오九子를生ᄒᆞ니二子는母姓을從ᄒᆞ다王이薨ᄒᆞ니壽가一百五十八歲러라王의世에黎民이大化ᄒᆞᆷ애四方이則ᄒᆞ야淳厖의治라ᄒᆞ더니밋薨ᄒᆞᆷ애國人이悲慟ᄒᆞ더라

第三節 率妻子、降新羅

仇亥王에至ᄒᆞ야王妃와三子를率ᄒᆞ고國帑寶物로써新羅에降ᄒᆞ니凡十五王을傳ᄒᆞ고四百九十一年을歷ᄒᆞ다金庾信은곳仇亥王의曾孫이니라

第四節 惱室朱日、伽倻、建國

伊珍阿豉王、惱室朱日이大伽倻에建國ᄒᆞ다後王嘉室이十二絃琴을製ᄒᆞ야十二月을象ᄒᆞ고名을伽倻琴이라ᄒᆞ다後王、道設智에게至ᄒᆞ야新羅에降ᄒᆞ니十六世를傳ᄒᆞ고歷年은五百七十二年이러라

第五節 大祚榮、渤海、建國

高句麗의遺種、大祚榮이遼水를渡ᄒᆞ야太白山(今白頭山)을據ᄒᆞ고國을建ᄒᆞ니是ᄂᆞᆫ渤海國、高祖라五京과十六府를寘ᄒᆞ고地方이五千里에至ᄒᆞ야海東에盛國이라稱ᄒᆞ더니後에契丹에게滅ᄒᆞᆫ바ㅣ되니라

第六節 金弓裔、建國、泰封

新羅、憲安王의子、金弓裔가父에게被出ᄒᆞ야僧이되얏더니新羅의政綱이紊亂ᄒᆞ고盜賊이蜂起ᄒᆞᆷ을乘ᄒᆞ야北原에서兵을起ᄒᆞ야鐵原에都ᄒᆞ고國號를泰封이라ᄒᆞ더니暴虐ᄒᆞ야道가無ᄒᆞᆷ으로其元勳、諸將이弓裔를廢ᄒᆞ고王建을推戴ᄒᆞ야王을삼으니是ㅣ高麗太祖시니라

第七節 甄萱、建國、後百濟

甄萱은尙州人이라智略이多ᄒᆞ고異志를懷ᄒᆞ더니新羅의衰ᄒᆞᆷ을乘ᄒᆞ야亾命黨을聚ᄒᆞ야州郡을刦掠ᄒᆞ고完山에都ᄒᆞ야國號를後百濟라ᄒᆞ고新

羅에猝入ᄒᆞ야王을弑ᄒᆞ고子女、珍寶를盡取ᄒᆞ야歸ᄒᆞ니라

第八節　貌類、代王

高麗太祖가親히精騎五千을率ᄒᆞ고甄萱을公山(今公州)에셔邀擊ᄒᆞ다가萱兵에게被圍홈이甚急ᄒᆞ거ᄂᆞᆯ大將、申崇謙이貌가太祖와類ᄒᆞᆫ지라太祖를林藪中에匿ᄒᆞ고其車를代乘ᄒᆞ고將軍、金樂으로더부러力戰ᄒᆞ다가死ᄒᆞ니太祖가此時를乘ᄒᆞ야得脫ᄒᆞ다

第九節　逼迫、歸降

後에萱이其子神劒의逼迫ᄒᆞᆫ바ㅣ되야高麗에降ᄒᆞ다萱은本、農家、子로셔一時에崛起ᄒᆞ야勢氣가天下에第一이라ᄒᆞ니라

第三篇　近古

第一章　高麗

第一節　推戴、卽位

高麗、太祖의姓은王이오名은建이오松岳郡、人이니金城太守、隆의子ㅣ라年이二十에泰封、弓裔、의將이되야諸賊을討平홈으로威德이日盛홈애泰封、將、洪儒裴玄慶、申崇謙、卜智謙、의等이推戴ᄒᆞ야大位에卽ᄒᆞ다

第二節　統一、移都

國號를高麗山高水麗ᄒᆞᆫ義를取ᄒᆞ다라ᄒᆞ고年號를天授ㅣ라
ᄒᆞ며弓裔를逐ᄒᆞ고甄
萱을平ᄒᆞ고新羅가來
附ᄒᆞ니全國을統一ᄒᆞ
야松岳郡에移都ᄒᆞ고
郡을陞ᄒᆞ야開州라ᄒᆞ
고宮闕、市廛、坊里、五部
六衛、의制度를定ᄒᆞ다

統合三韓ᄒᆞ신高麗太祖의像

第三節 科擧、試士

光宗、九年에後周支那大理評事、雙冀가周使를從ᄒᆞ

야來ᄒᆞ거늘王이其才를愛ᄒᆞ야翰林學士를拜ᄒᆞ
야文任을專委ᄒᆞ야詩、賦、頌、과時務策으로써士子
를試取ᄒᆞ니文風이大振ᄒᆞ니라

第四節 定、公服

十一年에百官에公服을定ᄒᆞᆯ새元尹以上은紫衫
이오中壇卿以上은丹衫이오都航卿以上은緋衫
이오主簿以上은綠衫이러라是年에開京으로皇
都를삼고西京으로西都를삼다

第五節 姜邯贊、設伏

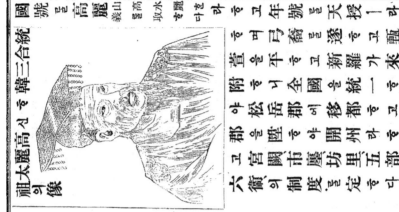

顯宗二年九月에契丹의大將、蕭遜寧이來侵ᄒᆞ거
늘姜邯贊으로上元帥를拜ᄒᆞ야軍士、二十萬八千

人을率ᄒᆞ고興化(今、義州)에至ᄒᆞ야山中에設伏ᄒᆞ고
또大繩으로써牛皮를貫ᄒᆞ야大川을塞ᄒᆞ다

第六節　大破遜寧

既而오敵이至ᄒᆞ거ᄂᆞᆯ塞을決ᄒᆞ고伏兵을發ᄒᆞ야遜寧을大破ᄒᆞ니遜寧이敢히迎戰치못ᄒᆞ고回軍ᄒᆞ야龜川에至ᄒᆞ거ᄂᆞᆯ邯贊等이또邀戰ᄒᆞᆯ새風雨의勢를乘ᄒᆞ야奮擊、大破ᄒᆞ니殭尸、遍野ᄒᆞ고人口와馬、駝、와兵仗을俘獲ᄒᆞᆷ이不可勝計오遜寧의軍이生還ᄒᆞᆫ者ㅣ僅히數千人이러라

第七節　頭上插花

邯贊이凱歌를唱ᄒᆞ고還ᄒᆞ니王이郊迎、賜宴ᄒᆞᆯ새

金花、八枝로써邯贊의頭上에插ᄒᆞ고右手로執觴ᄒᆞ고左手로邯贊의手를執ᄒᆞ고慰勞ᄒᆞ시다

顯宗이郊迎姜邯贊ᄒᆞ고頭插金花圖

第八節　正色、立朝

邯贊은衿川(今、始興)人이라性이淸儉ᄒᆞ야産業을不營ᄒᆞ고好學、不倦ᄒᆞ며奇略이多ᄒᆞ고形體、矮陋ᄒᆞ며衣

裳이垢弊ᄒᆞ고外貌가不揚ᄒᆞᄂᆞ正色、立朝ᄒᆞ야大事와大策을決ᄒᆞᆯ時에ᄂᆞᆫ屹然이邦家、柱石이라또京都에城郭을築ᄒᆞ니라

第九節　歷事、五朝

文宗、二十一年에中書令、崔冲이夙姿가奇偉ᄒᆞ고操性이堅貞ᄒᆞ야學을好ᄒᆞ고屬文을善ᄒᆞ더니五朝를歷事ᄒᆞ야時望이甚重ᄒᆞᄂᆞ顯宗以後에干戈가纔息ᄒᆞ야文敎를未遑ᄒᆞ니라

第十節　敎誨、不倦

冲이後學을收召ᄒᆞ야敎誨를不倦ᄒᆞ니學徒가雲集ᄒᆞ야街巷에塡溢ᄒᆞᄂᆞᆫ지라드듸여九齋에分ᄒᆞ

海東、孔子、崔冲의像

야敎授ᄒᆞ니時人이謂ᄒᆞ되侍中、崔公의弟子ᄂᆞᆫ分列과進退에儀節이有ᄒᆞ다ᄒᆞ더라東方에學校를興홈이되기冲을由ᄒᆞ야始ᄒᆞ니世上에셔海東孔子라稱ᄒᆞ니라

第十一節　蕃國、來附

時에東、女眞의十五州、酋長이衆을率ᄒᆞ고來附ᄒᆞ

야郡縣됨을請ᄒᆞ고西、女眞의諸、酋長이東藩으로써來附ᄒᆞ며其後에三山과大蘭과大齊와豆龍의數十、種落이連續、來投ᄒᆞ다

第十二節 鑄錢、告廟

肅宗、二年에王이尹瓘의言을用ᄒᆞ야錢貨를鑄造ᄒᆞ야宗廟에告ᄒᆞ고또本國、地形을像ᄒᆞᆫ銀瓶을用ᄒᆞ고名을闊口라ᄒᆞ다瓘이睿宗、時에東女眞을擊破ᄒᆞ고四城을築ᄒᆞ고또五城을築ᄒᆞ고南界에六萬餘戶를徙ᄒᆞ야實ᄒᆞ고先春嶺에碑를立ᄒᆞ야界를定ᄒᆞ다

第十二節 文風、稍振

睿宗、十三年에養賢庫를國學에立ᄒᆞ고王이儒術에銳意ᄒᆞ야學員을增寘ᄒᆞ고名儒를選ᄒᆞ야學官을삼아써教道ᄒᆞ니文風이稍振ᄒᆞ고仁宗五年에諸州에다立學ᄒᆞ다

第十四節 四、兄弟、文學

仁宗時에金富佾이弟富軾과富儀로더부러文學을尙ᄒᆞ더니富軾은僧、妙淸의叛ᄒᆞᆷ을勦平ᄒᆞ고趙匡、等이西京을據ᄒᆞ야叛ᄒᆞ거ᄂᆞᆯ討平ᄒᆞ고新羅와百濟와高句麗、三國、史를撰進ᄒᆞ다宋使가高麗、圖經을著ᄒᆞ야其、家世를載ᄒᆞ고形을圖ᄒᆞ야歸ᄒᆞ니名振、天下ᄒᆞ고富儀ᄂᆞᆫ詩文이豪邁ᄒᆞ야人口에膾

炙ᄒᆞ고富轍도文名이有ᄒᆞ야登科ᄒᆞ니라

第十五節 孝子斫虎

孝子崔婁伯의荷斧斫虎圖

毅宗九年에起居舍人崔婁伯을召ᄒᆞ야時政得失을論ᄒᆞ다婁伯은水原吏尙翥의子라年이十五에父가虎의噬ᄒᆞᆫ바ㅣ되거늘婁伯이斧를荷ᄒᆞ고追斫ᄒᆞ야父骸를取ᄒᆞ야安葬ᄒᆞ고虎肉을埋寘ᄒᆞ얏다가服闋에盡食ᄒᆞ다

第十六節 大殺文臣

二十四年에武臣李義方과李高와鄭仲父와李義旼等이作亂ᄒᆞ야文臣을大殺ᄒᆞ야積屍如山ᄒᆞ다明宗元年에上將軍鄭筠이李義方을斬ᄒᆞ고六年에將軍慶大升이鄭仲父를斬ᄒᆞ고二十四年에崔忠獻이李義旼을斬ᄒᆞ야三族을夷ᄒᆞ고宮中에攔入ᄒᆞ야李仁成等三十六人을殺ᄒᆞ고王을廢ᄒᆞ고王의弟旼을立ᄒᆞ니라

第十七節 四世專權

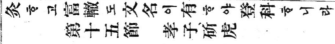

毅宗二十年後로부터崔忠獻과其子瑀와瑀의子沆과沆의子竩가繼承作亂ᄒᆞ야神宗의位를太子

憙에게傳케ᄒᆞ고熙宗을江華에遷ᄒᆞ고康宗의位를太子、瞰에게傳케ᄒᆞ고王을喬桐에遷ᄒᆞ야四世를專擅ᄒᆞ다가高宗、四十五年에忠獻의奴、別將、金仁俊이沆에게厚ᄒᆞ더니沆의子竩가踈待ᄒᆞᆷ으로密謀ᄒᆞ야竩와其黨을盡殺ᄒᆞ다

第十八節　禁、白衣

忠烈王、元年에太史局이言ᄒᆞ되東方은木에屬ᄒᆞ니色을尙、靑ᄒᆞᆷ이맛당ᄒᆞ거ᄂᆞᆯ國俗이尙、白ᄒᆞ니此ᄂᆞᆫ木이金에制ᄒᆞᄂᆞᆫ象이라請禁白衣ᄒᆞᆫ대王이從ᄒᆞ다四年에服章을改定ᄒᆞ야宰樞、以上은玉帶오六品以下ᄂᆞᆫ犀帶오七品、以下ᄂᆞᆫ黑帶로ᄒᆞ다同年

에百官으로ᄒᆞ야곰頭髮을剃ᄒᆞ고元、(支那)의衣冠을着ᄒᆞ다

第十九節　銀、布、助校

忠烈王、三十年에贊成事、安裕가學校의圮毁ᄒᆞᆷ과養賢庫의殫竭ᄒᆞᆷ으로兩府에議ᄒᆞ야六品、以上은銀一斤을各出ᄒᆞ고七品、以下ᄂᆞᆫ布를出ᄒᆞ야養賢庫에歸ᄒᆞ야存本取息ᄒᆞ자ᄒᆞ니王이聞ᄒᆞ고內庫의錢穀을出助ᄒᆞ다

第二十節　殿成、謁聖

裕가國學을葺治ᄒᆞ고餘貨를江南、(支那)에送ᄒᆞ야先聖과七十子의像을畵ᄒᆞ고祭器와祭樂과六經과

諸子、史를購求ᄒᆞ야一經에兩敎授를置ᄒᆞ야諸生으로聽習케ᄒᆞ고大成殿이成ᄒᆞ니王이先聖씌謁ᄒᆞ다

第二十一節 指斥、不諱

忠惠王、四年에政堂文學、李兆年이力學、立朝ᄒᆞ야堅確、敢言홈으로써見憚ᄒᆞ야每入見에王이履聲을聞ᄒᆞ면必曰兆年이來라ᄒᆞ고左右를屛ᄒᆞ야整容ᄒᆞ고俟ᄒᆞ더니至是ᄒᆞ야王이淫縱이滋甚홈애臺諫이敢諫ᄒᆞᄂᆞᆫ者ㅣ無ᄒᆞ되홀로兆年이指斥、不諱ᄒᆞ니王이不悛ᄒᆞ거ᄂᆞᆯ匹馬로遂歸ᄒᆞ다

第二十二節 子孫、服習

平壤人、黃遂가三、弟와、二姊妹로더부러甘旨를具ᄒᆞ야七十餘歲된父母에게先奉홈을日三ᄒᆞ고退ᄒᆞ야共食ᄒᆞᆫ지二十餘年에子孫이服習ᄒᆞ야少怠홈이無ᄒᆞ거ᄂᆞᆯ贊成事、姜融이具狀ᄒᆞ야上聞ᄒᆞ다

第二十三節 革罷、弊政

李齊賢이建議ᄒᆞ야先朝、弊政을革罷홀새內乘鷹坊과寶興、德寧、二庫에屬ᄒᆞᆫ田土、奴婢를査核ᄒᆞ야本主에게還ᄒᆞ다韓宗愈、等四十八人을四番에分ᄒᆞ야書筵에更日、侍讀홀새王이李、杜、詩를觀코자ᄒᆞ거ᄂᆞᆯ抽黃、對白이治道에無益ᄒᆞ다ᄒᆞ고進치아니ᄒᆞ다

第二十四節 疏斥、妖僧

恭愍王、十五年에妖僧遍照가髮을長ᄒᆞ야頭陀가

李存吾와鄭樞가大叱妖僧ᄒᆞ고極諫ᄒᆞᄂᆞᆫ圖

되야名을辛旽이라ᄒᆞ다旽이王의寵을怙ᄒᆞ고肆虐ᄒᆞ야世家、大族을誅殺ᄒᆞ되敢言ᄒᆞᄂᆞᆫ者ㅣ無ᄒᆞᆫ지라右正言李存吾가旽의罪를極言ᄒᆞᆯ새獨히鄭樞가從ᄒᆞ야上疏ᄒᆞ니

第二十五節 惶駭、下床

疏에曰旽을必敬、必用ᄒᆞ여야災害가無ᄒᆞ고國家ㅣ平康ᄒᆞᆯ진댄其頭를髡ᄒᆞ며服을緇ᄒᆞ고官을削ᄒᆞ며權을抑ᄒᆞ야寺院에置ᄒᆞᆫ然後에야民志가定ᄒᆞ고國難이紓ᄒᆞ리이다疏、上에王이大怒ᄒᆞ야面責ᄒᆞᆯ새旽이王으로더부러床을對ᄒᆞ얏거ᄂᆞᆯ存吾가大叱ᄒᆞ니旽이惶駭ᄒᆞ야床에下ᄒᆞᆷ을不覺ᄒᆞ니라

第二十六節 理學、始興

十七年에大司成、李穡이博士鄭夢周로더부러金九容과朴尙忠과朴宜中과李崇仁의等을擇ᄒᆞ야

教官과教授를兼ᄒᆞ니性理의學이始興ᄒᆞ니라

第二十七節 京師、梟首

二十年七月에辛旽이伏誅ᄒᆞ다時에旽이威福을恣行ᄒᆞ니王도ᄯᅩᄒᆞᆫ自安치못ᄒᆞ더라王의性이猜忌ᄒᆞ야비록腹心、大臣이라도밋權勢가重ᄒᆞ면반다시誅ᄒᆞ니旽이見誅ᄒᆞᆯ가恐ᄒᆞ야不軌를謀ᄒᆞᆯ새其客、侍郞、李勤이王ᄭᅴ告ᄒᆞᆫ디王이旽을水原에流ᄒᆞ얏다가誅ᄒᆞ야京師에梟首ᄒᆞ고其、二歲兒를幷殺ᄒᆞ다

第二十八節 召入、牟利奴

先是에辛旽이流ᄒᆞᆯ새王이侍臣다려謂曰予가일즉辛旽家에셔一婢를幸ᄒᆞ야子를生ᄒᆞ야名은牟利奴라善히保護ᄒᆞ라ᄒᆞ더니이윽고太后、殿에召入ᄒᆞ야禑라改名ᄒᆞ고江陵府院大君을삼다

第二十九節 冀子、被弑

王이洪倫等으로宮禁을汚穢ᄒᆞ야有子ᄒᆞᆷ을冀ᄒᆞ더니宦者、崔萬生이益妃의有身ᄒᆞᆷ이倫의合ᄒᆞᆫ바ㅣ라ᄒᆞᆫ디王이倫을殺ᄒᆞ야滅口코자ᄒᆞ니萬生이自己도不免ᄒᆞᆯ가ᄒᆞ야倫으로더부러王을弑ᄒᆞ거ᄂᆞᆯ王妃가萬生、等을誅ᄒᆞ고禑를立ᄒᆞ다

第三十節 射面、殺賊

僞主禑六年에倭寇가雲峯縣을焚ᄒᆞ고北上ᄒᆞᆫ다

聲言ᄒᆞ니中外大震ᄒᆞᄂᆞᆫ지라禑가我 太祖高皇帝로ᄡᅥ三南都巡察使를拜ᄒᆞ야往勦ᄒᆞᆯᄉᆡ險徑에入ᄒᆞ샤五十餘人의面을射殺ᄒᆞ시고三戰皆捷ᄒᆞ시니賊이據險自固ᄒᆞᄂᆞᆫ지라

第三十一節 將士感勵

太祖ᄭᅴ셔諸軍을麾ᄒᆞ야仰攻ᄒᆞ실ᄉᆡ流矢에左脚을中ᄒᆞ시되矢를抽ᄒᆞ시며意氣益壯ᄒᆞ시니將士가感勵死戰ᄒᆞ더라賊中에阿只拔都라ᄒᆞᄂᆞᆫ者ㅣ年纔十五六이라驍勇이無比ᄒᆞ야所向披靡ᄒᆞ니其堅甲과銅面에射ᄒᆞᆯ隙이無ᄒᆞ더라

第三十二節 射兜殺賊

太祖ᄭᅴ셔見ᄒᆞ시고偏將李豆蘭과約束을定ᄒᆞ시고馬를躍ᄒᆞ야阿只拔都의兜를射ᄒᆞ시니頂子가落ᄒᆞᄂᆞᆫ지라豆蘭이곳射殺ᄒᆞ니賊이氣挫ᄒᆞ거ᄂᆞᆯ因ᄒᆞ야奮擊大破ᄒᆞ시니殭屍遍野ᄒᆞ고川流盡赤ᄒᆞ며餘賊은奔去ᄒᆞ다

堅甲銅面ᄒᆞᆫ阿只拔都를射殺ᄒᆞᄂᆞᆫ圖

第三十三節 再造三韓

太祖씌셔凱還ᄒᆞ시니崔瑩이百官을率ᄒᆞ고天壽寺前에셔迎接ᄒᆞᆯ새 太祖로더부러再拜ᄒᆞ고執手流涕曰三韓의再造ᄒᆞᆷ이在此一擧라ᄒᆞ더라自此로倭人이 太祖를畏ᄒᆞ야敢히近치못ᄒᆞ고미양我人을擄ᄒᆞ면반다시問曰李萬戶가今에何在오ᄒᆞ니라

第三十四節 紗帽團領

十三年에偰長壽가明(支那)으로부터還ᄒᆞᆯ새紗帽와團領으로써來ᄒᆞ거ᄂᆞᆯ鄭夢周와河崙等이請ᄒᆞ야胡服을革ᄒᆞ고明服을襲ᄒᆞ니一品以下가다紗帽와團領을着ᄒᆞ고品帶만有差호ᄃᆡ惟禑와밋官者

와近幸이不服ᄒᆞ니라

第三十五節 出師四不可

十四年夏四月에禑가我 太祖와崔瑩을召ᄒᆞ야曰今에遼陽(明)을欲攻ᄒᆞ노라 太祖曰出師가四不可가有ᄒᆞ니以小攻大가一不可오夏月發兵이二不可오擧國遠征ᄒᆞ면倭人이我虛를乘ᄒᆞ리니三不可오今에暑雨를當ᄒᆞ야弓弩가膠解ᄒᆞ고大軍이疾疫ᄒᆞ리니四不可ㅣ니이다禑ㅣ不聽ᄒᆞ다

第三十六節 極言利害

太祖씌셔退ᄒᆞ사涕泣曰生民의禍가自此로始ᄒᆞ짓다ᄒᆞ시고威化島(鴨綠江西)에進屯ᄒᆞ시고禑에게上

言ᄒᆞ시고또崔瑩에게貽書ᄒᆞ야攻遼의不便ᄒᆞᆷ과利害ᄅᆞᆯ極言ᄒᆞ시되皆不聽ᄒᆞᄂᆞᆫ지라

第三十七節 親陳禍福

太祖ᄭᅴ셔드듸여諸將을諭ᄒᆞ사曰今에만일遼東을攻ᄒᆞ면生民의禍가立至ᄒᆞᆯ지거ᄂᆞᆯ王이不省ᄒᆞ고瑩도또老耄ᄒᆞ야存亾을不恤ᄒᆞ니今에公等과갓치上을入見ᄒᆞ고禍福을親陳ᄒᆞ고君側의惡을除ᄒᆞ야生靈을奠安케ᄒᆞᆷ이何如오ᄒᆞ신듸諸將이皆從ᄒᆞ거ᄂᆞᆯ

第三十八節 回軍、渡江

이에回軍ᄒᆞ야鴨綠江을渡ᄒᆞᆯ새 太祖ᄭᅴ셔先渡ᄒᆞ사白馬에白羽箭과彤弓을執ᄒᆞ시고岸上에立ᄒᆞ사軍士의畢渡ᄅᆞᆯ待ᄒᆞ실새軍中이望見ᄒᆞ고相謂曰、古往今來에如此ᄒᆞᆫ人이安有ᄒᆞ리오ᄒᆞ더라

第三十九節 對泣、流瑩

京에至ᄒᆞ사瑩의手ᄅᆞᆯ執ᄒᆞ시고曰如此事變은我의本心이아니라然이나攻遼ᄒᆞᄂᆞᆫ事ᄂᆞᆫ國家興亾이係ᄒᆞ고로不得已ᄒᆞᆷ이니好去好去ᄒᆞ라ᄒᆞ시며相對泣下ᄒᆞ시고드듸여瑩을高峯縣(今、高陽)에流ᄒᆞ니時에明이擧兵코자ᄒᆞ다가還軍ᄒᆞᆷ을聞ᄒᆞ고乃止ᄒᆞ니라

第四十節 放禑、立昌

太祖씌셔王氏의後를擇立코자ᄒᆞ시니曹敏修가不聽ᄒᆞ고禑를江華에放ᄒᆞ고禑의子昌을立ᄒᆞ다時에趙仁沃이交章ᄒᆞ야瑩의罪를請正ᄒᆞᆫᄃᆡ昌이從ᄒᆞ야瑩을斬ᄒᆞ다

第四十一節　議立、恭讓

太祖씌셔沈德符와鄭道傳等으로더부러議ᄒᆞ야禑와昌이王氏가아니니宗社를奉홈이不可ᄒᆞ다ᄒᆞ고禑를江陵에遷ᄒᆞ고昌을江華에放ᄒᆞ고定昌君瑤、를立ᄒᆞ니是가恭讓王이니라

第四十二節　臺論、右祖

恭讓王、元年에臺諫이李穡과曹敏修와李崇仁、等

이禑昌을右祖ᄒᆞᆫ罪를論ᄒᆞ야敏修는廢ᄒᆞ야庶人을삼고穡과崇仁을流ᄒᆞ며使를遣ᄒᆞ야禑昌、父子를誅ᄒᆞ다

第四十三節　母老、辭歸

門下注書、吉再는海平人이라少時에理學을治ᄒᆞ야鄭夢周를師ᄒᆞ고廢王、禑、時에登第ᄒᆞ야注書가되얏더니至是ᄒᆞ야國家ㅣ將亾홈을知ᄒᆞ고母의老홈으로辭ᄒᆞ고善山으로歸ᄒᆞ다

第四十四節　忠孝、大節

四年、夏四月에趙英珪가侍中、鄭夢周를殺ᄒᆞ다夢周의爲人이豪邁、絕倫ᄒᆞ고忠孝、大節이有ᄒᆞ며自

忠孝大節圃隱鄭夢周의像

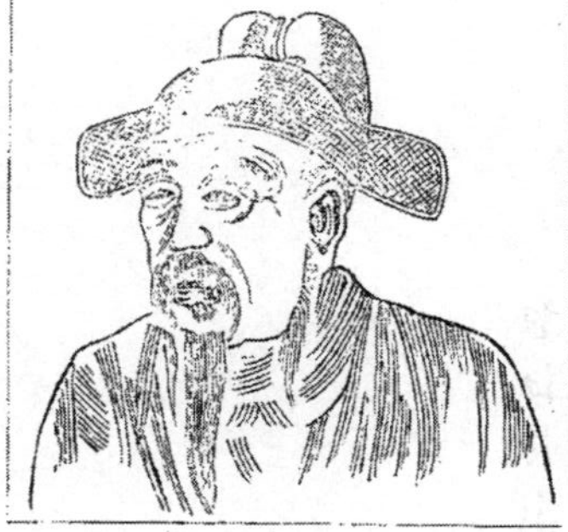

少로好學ᄒᆞ야性命의
奥를深得ᄒᆞ고大事를
處ᄒᆞ며大疑를決ᄒᆞᆷ이
聲色을不動ᄒᆞ야王佐
의才라稱ᄒᆞ더라

第四十五節 竹橋、血痕

內로五部의學堂을세우고外로鄕校에儒術을興
起ᄒᆞ며恆常나라의衰ᄒᆞᆷ을見ᄒᆞ고淚를흘니더니

至是ᄒᆞ야英珪에게被殺ᄒᆞ니그被害ᄒᆞᆫ善竹橋돌
우에血痕이至今ᄭᆞ지잇나니라 我朝에셔諡를
文忠이라ᄒᆞ고文廟에從祀ᄒᆞ니라

第四十六節 天命、有屬

我 太祖의威德이日盛ᄒᆞ야衆心이推戴ᄒᆞ야揚
言曰天命、人心의所屬이有ᄒᆞ거ᄂᆞᆯ何、不勸進ᄒᆞᄂᆞ
뇨ᄒᆞ고十二日、辛卯에右侍中、裴克廉、等이王大妃
ᄭᅴ白ᄒᆞ고妃의敎로ᄡᅥ王을廢ᄒᆞ야恭讓君을封ᄒᆞ
야原州에放ᄒᆞ얏더니後、三年에薨ᄒᆞ거ᄂᆞᆯ 太祖
ᄭᅴ셔卽位ᄒᆞ신後에王을追封ᄒᆞ시다高麗、太祖、開
國ᄒᆞᆷ으로부터王에게至ᄒᆞ기ᄭᆞ지凡三十四王이

오 歷年이四百七十五年이러라

第四篇 現世

第一章 本朝

第一節 太祖建國

太祖高皇帝(諱旦字君晉初諱成桂號松軒)系出、全州ᄒᆞ시니新羅司空、翰의後오桓祖大王의子ㅣ시니永興、私邸에서誕降ᄒᆞ샤高麗에仕ᄒᆞ샤門下侍中이되셧다가隆熙元年、前五百十六年、壬申秋、七月、十二日辛卯에松京에서卽位ᄒᆞ샤國號를朝鮮이라ᄒᆞ시고四代를追尊ᄒᆞ야爲王(穆祖와度祖와翼祖와桓祖라)ᄒᆞ시다

第二節 立宗社、築城闕

開國功臣、益安大君、芳毅의等三十九人을策ᄒᆞ시

太祖高皇帝陛下

다三年에漢陽에移都ᄒ실셔宗廟와社稷을立ᄒ시며京城을築ᄒ시고景福宮과昌德宮을建ᄒ시고虎符를造ᄒ야動兵홀時에用케ᄒ시다

第三節 入耆社、賜宴

上이耆社에入ᄒ시고文臣爵二品에年七十以上을命ᄒ사耆老宴에參與케ᄒ시다賢才를擧ᄒ시며佞臣을遠ᄒ시며讒言을杜ᄒ시며淫祀를禁ᄒ

시다

第四節 諸國歸附

六年에靑海君李之蘭(女眞人本佟豆蘭賜今姓名)을命ᄒ야女眞을招安ᄒ다之蘭이高麗末에 太祖를從ᄒ야倭將阿只拔都를射殺ᄒ고屢有戰功ᄒ더니至是ᄒ야女眞을招安ᄒ니女眞이革面歸化ᄒ야服役納賦를編戶와同ᄒ다琉球國은使를遣ᄒ야稱臣ᄒ고還

女眞國을招安ᄒ李之蘭의像

羅國은方物을來貢ᄒᆞ고野人의來附ᄒᆞᄂᆞᆫ酋長은千戶와萬戶의職을授ᄒᆞ시다

第五節 册儲、傳位

七年에永安君을册ᄒᆞ야世子를삼으샤位를傳ᄒᆞ시고上王位에在ᄒᆞ시다가太宗八年에崩ᄒᆞ시다(在位七年在上王位十年壽七十四歲) 太皇帝、光武三年에追尊ᄒᆞ야 高皇帝라ᄒᆞ고 圜丘壇에配祀ᄒᆞ시다

第六節 朝賀、進圖

定宗(諱曔初諱芳果字光遠)씌셔 太祖의傳位ᄒᆞ심을受ᄒᆞ샤正殿에서羣臣의朝賀를受ᄒᆞ실ᄉᆡ平壤、府尹、成石璘은歆器圖를進ᄒᆞ고京畿左道觀察使、李廷俌ᄂᆞᆫ歷

年圖를進ᄒᆞ고右道、觀察使、崔有慶은無逸圖를進ᄒᆞᆫ딕 上이嘉納ᄒᆞ시다是年에松京으로還都ᄒᆞ시다

第七節 嘉義、優禮

二年에高麗、注書吉再를召ᄒᆞ야奉常博士를授ᄒᆞ신딕再가上疏ᄒᆞ야曰臣은聞호니女無二夫오臣無二君이라ᄒᆞ오니乞ᄒᆞ건딕不事二姓ᄒᆞᄂᆞᆫ志를遂케ᄒᆞ소셔 上이其節義를嘉ᄒᆞ샤優禮로遣ᄒᆞ시고其家를復ᄒᆞ시다

第八節 禪位世弟

上의性質이純謹、ᄒᆞ시고志行이端方ᄒᆞ샤位에在

ᄒᆞ신지二年에弟、靖安君으로世弟를삼으샤位를禪ᄒᆞ시고 世宗元年에昇遐ᄒᆞ시다 在位二年在上王位十九年壽六十三

第九節 直言得失

太宗 諱芳遠字遺德 께셔英睿ᄒᆞ심이絕倫ᄒᆞ샤恆常世를濟ᄒᆞ실志가有ᄒᆞ신지라河崙이每、歎曰斯人은天을盖ᄒᆞᆯ英氣라ᄒᆞ더니밋位에卽ᄒᆞ심이羣臣으로ᄒᆞ야곰 上의得失을直言ᄒᆞ라ᄒᆞ시고又、諫官으로ᄒᆞ야곰事를隨ᄒᆞ야諫ᄒᆞ라ᄒᆞ시다

第十節 獎臣節、懲外戚

元年에高麗、侍中、鄭夢周를褒贈ᄒᆞ샤臣節을奬勵

ᄒᆞ시며閔无咎等을賜死ᄒᆞ샤外戚을懲戒ᄒᆞ시며符讖의書를燒ᄒᆞ샤妖言을防ᄒᆞ시며申聞鼓를設ᄒᆞ야有冤者로ᄒᆞ야곰擊鼓、登聞ᄒᆞ야써下情을通케ᄒᆞ시다

第十一節 王氏居住

十二年에臺諫이高麗、掌令、徐甄을鞫問ᄒᆞ기를請ᄒᆞᆫ디 上이曰高麗의臣이我家에北面치아니ᄒᆞᆷ은ᄯᅩᄒᆞᆫ伯夷의流ㅣ라엇지可히罪ᄒᆞ리오ᄒᆞ시다

十三年에王氏의後裔가民間에在ᄒᆞᆫ者를從便、居住케ᄒᆞ라ᄒᆞ시다

第十二節 易儲以賢

十八年에世子禔를廢ᄒᆞ야讓寧大君을삼으시고忠寧大君으로世子를삼아位를傳ᄒᆞ시고經筵을始開ᄒᆞ시다晚年에上王位에在ᄒᆞ샤天이旱ᄒᆞ거ᄂᆞᆯ民을爲ᄒᆞ야憂ᄒᆞ시더니 王이昇遐ᄒᆞ시ᄂᆞᆫ日(五月十日)에至ᄒᆞ야大雨가下ᄒᆞᆫ故로 太宗雨라稱ᄒᆞᄂᆞ니라 世宗四年에昇遐ᄒᆞ시다(在位十八年在上王位四年壽五十六)

第十三節 東方聖人

世宗(諱祹字元正)元年에年壯ᄒᆞᆫ宮人을出ᄒᆞ야歸家케ᄒᆞ다二年에集賢殿을置ᄒᆞ시고 文學의士成三問과申叔舟의等을選ᄒᆞ야써顧問을備ᄒᆞ시니得人ᄒᆞᆷ이於斯에爲盛ᄒᆞ야隣國이東方聖人이라稱ᄒᆞ니라

第十四節 世子入學

三年에上日八歲에入學은古制라今世子年이八歲니맛당이入學ᄒᆞ라ᄒᆞ시니世子ㅣ成均館에至ᄒᆞ야儒服으로束脩禮를行ᄒᆞ시다諸道丁夫三十餘萬을發ᄒᆞ야都城을修築ᄒᆞ다 太宗五年에漢陽에還都ᄒᆞ셧더니至是ᄒᆞ야重修ᄒᆞ시다

第十五節 除刑定樂

十一年에農家集說을編次ᄒᆞ야中外에頒布ᄒᆞ시고宗學博士를置ᄒᆞ야宗親을教授ᄒᆞ시며十二年

에笞背ᄒᆞᄂᆞᆫ法을除ᄒᆞ시고十五年에雅樂을始定ᄒᆞ시며養老宴을設ᄒᆞ시다

第十六節 責私備飮食

私備飮食을責ᄒᆞᆫ黃喜의像

時에相臣黃喜와許稠와孟思誠과崔潤德은皆名臣이라盡忠輔國ᄒᆞ야國泰民安ᄒᆞ다黃喜가諸大臣과政府에셔國事를議ᄒᆞᆯ셔工曹判書金宗瑞가飮食을가초아들이거ᄂᆞᆯ喜가怒ᄒᆞ야宗瑞를前에

立ᄒᆞ고正色曰國家에禮賓寺를設ᄒᆞᆷ은大臣이飮食을먹고자ᄒᆞ면禮賓寺에셔等待ᄒᆞ거ᄂᆞᆯ엇지私備ᄒᆞ리오ᄒᆞ고大責ᄒᆞ다

第十七節 薦宗瑞代相

宗瑞가惶恐ᄒᆞ야敢히對荅지못ᄒᆞ더니喜가大臣을免ᄒᆞᆯ時에宗瑞를薦ᄒᆞ야代ᄒᆞ니後에宗瑞가謹愼ᄒᆞ야相業이一世에振動ᄒᆞ니라

第十八節 三綱行實頒行

十六年에儒臣을命ᄒᆞ샤三綱行實을編輯ᄒᆞᆯ식古今에忠臣과孝子와烈女의卓然히可法ᄒᆞᆯ者를隨事紀載ᄒᆞ야中外에頒行ᄒᆞ시고十七年에年九十

以上者를賜爵ᄒᆞ시다

第十九節 簡儀、玉漏、設鎭、定貢

二十年에簡儀臺를造ᄒᆞ고簡儀、渾儀와定時主表와禁漏等器를置ᄒᆞ니其精巧、極備ᄒᆞ더라又小閣을建ᄒᆞ고玉漏機輪을設ᄒᆞ야鼓人、鍾人과司晨玉女를作ᄒᆞ니凡百機關이不由人力ᄒᆞ고自擊、自行ᄒᆞᆷ이若神ᄒᆞ야天日의度와晷漏의刻이毫釐不差ᄒᆞ더라金宗瑞를遣ᄒᆞ야北疆을盡復ᄒᆞ고六鎭을設ᄒᆞ다貢法을行ᄒᆞ야地를六等으로分ᄒᆞ고年을九等에分ᄒᆞ야稅를定ᄒᆞ다

第二十節 撰定國文

二十八年에 上이外國에皆國文이有ᄒᆞ되惟我國에無ᄒᆞ다ᄒᆞ사篆籀를倣ᄒᆞ야二十八子母를製ᄒᆞ야諸字를演作ᄒᆞ야成三問과申叔舟와鄭昌孫의等으로ᄒᆞ야곰撰定ᄒᆞ야訓民正音이라ᄒᆞ다三十二年에 上이昇遐ᄒᆞ시니(壽五十四)世子ㅣ卽位ᄒᆞ시다

第二十一節 紙重千金

文宗(諱珦字輝之)ᄭᅴ셔性理의學을通ᄒᆞ시며ᄯᅩ筆法이精妙ᄒᆞ샤寸簡、尺紙라도千金갓치重히녁이시고儒臣을命ᄒᆞ샤東國、兵鑑을撰ᄒᆞ시고親히陣法、九篇을製ᄒᆞ시다

第二十二節 賜酒、託孤

二年에 上이疾이有ᄒᆞ샤集賢殿、諸臣을召ᄒᆞ샤夜分토록經義를講論ᄒᆞ실ᄉᆡ世子를膝下에置ᄒᆞ시고其背를撫ᄒᆞ샤曰予ㅣ此兒로써卿等에게付ᄒᆞ노라ᄒᆞ시고楄에降ᄒᆞ샤平坐ᄒᆞ시고爵을執ᄒᆞ야賜酒ᄒᆞ시다五月에昇遐(壽三十九)ᄒᆞ시니世子ㅣ即位ᄒᆞ시다

第二十三節 輔佐、協贊

端宗(諱弘暐)씌셔即位ᄒᆞ시니年이十二라領相、皇甫仁과左相、南智와右相、金宗瑞는顧命을受ᄒᆞ야輔佐ᄒᆞ고集賢、學士、成三問과朴彭年과河緯地와李塏와柳誠源、等은前日付托을受ᄒᆞ야左右協贊ᄒᆞ니라

第二十四節 團領胷背

上이文臣을命ᄒᆞ샤高麗史를刊印ᄒᆞ야中外에廣布ᄒᆞ시며文武官의朝服을團領과胷背의制로定ᄒᆞ야品級의次序로着케ᄒᆞ시다三年에上이位를叔父首陽、大君씌禪ᄒᆞ시고 世祖二年에昇遐(壽十七)ᄒᆞ시다

第二十五節 撰成寶鑑

世祖(諱瑈字粹之)元年에成三問、兪應孚、等六人이被誅ᄒᆞ고二年에錦城大君、瑜는順興에安置ᄒᆞ고南中

士人의干連死者ㅣ甚多ᄒᆞ다　上王이寧越에遜ᄒᆞ시니降ᄒᆞ야魯山君이라ᄒᆞ고十月에魯山君이卒ᄒᆞ다申叔舟의等이國朝寶鑑을纂成ᄒᆞ다

第二十六節　戒世子勤儉

上이朝賀를受ᄒᆞ실ᄉᆡ世子다려謂ᄒᆞ샤曰汝의衣ᄒᆞᆫ바木綿이비록薄陋ᄒᆞ나然ᄒᆞ나此ᄂᆞᆫ耕耘과採織의勤苦로써成ᄒᆞᆷ이니汝ᄂᆞᆫ맛당히衣를見ᄒᆞ거던女工의易치못ᄒᆞᆷ을思ᄒᆞ고食을見ᄒᆞ거던農夫의甚히艱難ᄒᆞᆷ을思ᄒᆞ야儉으로써自奉ᄒᆞ고或도不勤ᄒᆞᆷ이毋ᄒᆞ라ᄒᆞ시다

第二十七節　築壇懸鍾

上이右贊成徐居正四佳等을命ᄒᆞ사東國通鑑을撰ᄒᆞ시며圜丘壇을南郊에築ᄒᆞ시며大鍾을新鑄ᄒᆞ야街上에懸ᄒᆞ샤晨昏을警ᄒᆞ시며圓覺寺를城中에建ᄒᆞ시다

第二十八節　佯狂放浪

金時習梅月堂이三歲에能히綴文ᄒᆞ니神童이라稱ᄒᆞ고五歲에　世宗이召見ᄒᆞ시고大奇히녁이시더니밋　端宗이遜位ᄒᆞ심의佯狂被緇ᄒᆞ고山水間에放浪ᄒᆞ거ᄂᆞᆯ至是ᄒᆞ야　上이召ᄒᆞ시니終不應ᄒᆞ니라

第二十九節　討平叛賊

十二年에李施愛가叛ᄒᆞ거ᄂᆞᆯ南怡와曹錫文의等
을命ᄒᆞ사討平ᄒᆞ다南怡ᄂᆞᆫ一代、名將이나後에柳
子光이誣陷ᄒᆞ야殺ᄒᆞ다十三年九月에 上이昇
遐(壽五十二)ᄒᆞ시니世子ㅣ卽位ᄒᆞ시다

第三十節 德宗追崇

德宗(諱暲字原明初諱崇)大王은 世祖의長子ㅣ시니世子
時에昇遐ᄒᆞ시고 成宗二年에追崇ᄒᆞ시다

第三十一節 留意治亂

睿宗(諱晄字明照)씌셔卽位ᄒᆞ심이聽政ᄒᆞ신餘暇에治
亂의迹에留意ᄒᆞ사親히歷代世紀를撰ᄒᆞ시고또
文臣을命ᄒᆞ사國朝、武定寶鑑을撰ᄒᆞ시다

第三十二節 親嘗膳藥

初에 世祖씌셔疾을遘ᄒᆞ신ᄃᆡ 上이膳을視ᄒᆞ
시며藥을嘗ᄒᆞ사日夜로左右에侍ᄒᆞ야睫을交치
못ᄒᆞ신지屢月에世祖ㅣ昇遐ᄒᆞ시니 上이過
哀ᄒᆞ사勺水를不進ᄒᆞ시다가仍히病을成ᄒᆞ야昇
遐(壽二十)ᄒᆞ시다 上이無嗣ᄒᆞ시니王大妃命으
로 德宗、第二子者乙山君을奉ᄒᆞ야卽位ᄒᆞ시다

第三十三節 吉地有限

成宗(諱娎)씌셔卽位ᄒᆞ샤 睿宗을昌陵에葬ᄒᆞ실서
大臣이近地에民塚을盡毀ᄒᆞ랴ᄒᆞ거ᄂᆞᆯ 上이下
敎曰山川은不增ᄒᆞ고吉地ᄂᆞᆫ有限ᄒᆞ니千萬世의

陵室이無窮ᄒᆞ야後世人民이可葬ᄒᆞᆯ山과可耕ᄒᆞᆯ地가無ᄒᆞᆯ가恐ᄒᆞ노니自今으로立法ᄒᆞ야禁限을勿廣ᄒᆞ라ᄒᆞ시다

第三十四節 善惡、寫屛

上이孝友가天性에出ᄒᆞ샤 王大妃를誠敬으로奉養ᄒᆞ시며月山大君을恩禮로待ᄒᆞ시며耆民을酒로써勞ᄒᆞ시며前世의明君과暗主의行ᄒᆞᆫ바善惡을採ᄒᆞ샤畫工으로ᄒᆞ야금屛帖에摹寫ᄒᆞ야坐臥에觀省ᄒᆞ샤恆常、箴戒ᄒᆞ시니라

第三十五節 夏日、侍講

上이政事에明ᄒᆞ샤集賢殿을改ᄒᆞ야弘文館이라

ᄒᆞ시고金宗直佔畢齋等을選ᄒᆞ야夏日、直宿ᄒᆞ야經史를侍講ᄒᆞ다二年에經國大典과輿地勝覽、等書를作ᄒᆞ시고學校法을製ᄒᆞ시다

第三十六節 太學、賜結

十五年에太學에田、四百結을賜ᄒᆞ시다十六年에命ᄒᆞ샤改嫁、女의子孫은東西、班에勿敘케ᄒᆞ시고大典續錄을頒ᄒᆞ시다二十五年에 上이昇遐壽三十八ᄒᆞ시니世子㦕이立ᄒᆞ다

第三十七節 名賢、誅竄

燕山君四年에柳子光과李克墩이史獄을起ᄒᆞ니金宗直과南孝溫秋江은追罪ᄒᆞ고金馹孫濯纓과金宏

弼(寒暄堂)은 被殺ᄒᆞ고 鄭汝昌(一蠧)은 謫卒ᄒᆞ니 一時名賢이 誅竄殆盡ᄒᆞ다 娼妓와 宮女와 巫覡으로 淫戲를 事ᄒᆞ다

第三十八節 宗社將危

十一年에 諸生을 逐ᄒᆞ야 成均館으로 遊戲場을 作ᄒᆞ고 都城百里안에 人家를 壞撤ᄒᆞ야 遊獵場을 삼고 淫虐이 甚ᄒᆞ야 宗社ㅣ將危ᄒᆞᆫ지라 朴元宗과 成希顔과 柳順汀等이 王大妃命으로 晉成大君(成宗第二子)을 奉ᄒᆞ야 卽位ᄒᆞ고 王을 廢ᄒᆞ야 燕山君을 封ᄒᆞ야 喬桐에 放ᄒᆞ다

第三十九節 宥怨黜奸

中宗(諱懌 字樂天)이셔 位에 卽ᄒᆞ사 燕山時에 被竄ᄒᆞᆫ 諸人을 宥ᄒᆞ시고 金宏弼等의 爵을 追贈ᄒᆞ시고 柳子光의 職을 削ᄒᆞ야 黜外ᄒᆞ얏더니 尋死ᄒᆞ다

第四十節 治化大行

十四年에 賢臣趙光祖(靜庵)로 大司憲을 삼으시니 法을 執ᄒᆞᆷ이 公平ᄒᆞᆷ의 男女가 異路ᄒᆞ야 治化大行ᄒᆞ더니 南袞과 沈貞이 誣陷ᄒᆞ야 北門의 禍가 叵測ᄒᆞᆷ의 相臣鄭光弼(文翼公)이 力救ᄒᆞ야 綾州에 竄ᄒᆞ얏다가 賜死(時年三十八)ᄒᆞ다 大司成柳崇祖로 敎導를 掌케ᄒᆞ시니 崇祖가 七書를 國文으로 義를 解ᄒᆞ다 三十九年에 上이 昇遐(壽五十七)ᄒᆞ시니 世子ㅣ 卽位ᄒᆞ시

다

第四十一節 隨才擢用

仁宗(諱峼)씌셔卽位ᄒᆞ샤刑曹에命ᄒᆞ샤拷掠을審愼ᄒᆞ야冤枉이無케ᄒᆞ라ᄒᆞ시고仍히歎ᄒᆞ샤曰엇지ᄒᆞ면我의世에ᄂᆞᆫ一民도罪科에犯ᄒᆞᆷ이無케ᄒᆞᆯ고ᄒᆞ시며또下敎ᄒᆞ샤曰彰善과罰惡ᄒᆞᆷ이王政의先이니忠孝가卓異ᄒᆞ거ᄂᆞ吏가되야淸白ᄒᆞ거든隨才ᄒᆞ야擢用ᄒᆞ라ᄒᆞ시다

第四十二節 哭聲相傳

趙光祖의爵을復ᄒᆞ시다 上이卽位ᄒᆞ신지八月에昇遐(壽三十一)ᄒᆞ시니遠近百姓이糧을裹ᄒᆞ고來哭ᄒᆞᄂᆞᆫ者ㅣ道路에不絕ᄒᆞ며哭聲이相傳ᄒᆞ야一日에義州ᄭᆞ지達ᄒᆞ니라 王이無嗣ᄒᆞ사遺命으로弟、慶源大君이位를嗣ᄒᆞ시다

第四十三節 垂簾聽政

明宗(諱峘 字對陽)씌셔幼冲ᄒᆞ심의 文定王后씌셔簾을垂ᄒᆞ고聽政ᄒᆞ신지八年에政을 上씌歸ᄒᆞ시니賢臣、李滉(退溪)과李珥(栗谷)等을擢用ᄒᆞ시고成守琛(聽松)과曺植(南溟)等을選擧ᄒᆞ시다 鄭順朋과李芑等이柳灌等을誣陷ᄒᆞ야士禍를大起ᄒᆞ다 贊成、李彥迪(晦齋)이謫所에셔卒ᄒᆞ다 備邊司를置ᄒᆞ니日本을防禦ᄒᆞ고자ᄒᆞᆷ이러라

第四十四節 射股、放火

日本、兵船、七十餘艘가全羅道、損竹島를寇ᄒᆞ거ᄂᆞᆯ全州、府尹、李潤慶이日將의左股를射ᄒᆞ고乘風、放火ᄒᆞ며縱兵、追殺ᄒᆞ니日兵이大潰、遁去ᄒᆞ다二十二年에 上이昇遐(壽三十四)ᄒᆞ시고無嗣ᄒᆞ시니相臣李浚慶이遺命으로河城君(中宗의孫이오德興大院君의第三子라)를奉ᄒᆞ야位를嗣ᄒᆞ시다

第四十五節 黨派、始分

宣祖(諱昖初諱鈞)ᄭᅴ셔即位ᄒᆞ심의前贊成、李滉은聖學十圖를撰進ᄒᆞ니 上이屛에寫ᄒᆞ야朝夕에觀省ᄒᆞ시고前贊成李珥ᄂᆞᆫ聖學輯要를撰進ᄒᆞ니

上이嘉納ᄒᆞ시다八年에沈義謙과金孝元이東、西黨을分ᄒᆞ며禹性傳과李潑이南、北、黨을分ᄒᆞ니偏黨의論이自此始ᄒᆞ니라

第四十六節 日本、來寇

二十四年에日本、關伯、平秀吉이玄蘇等을遣ᄒᆞ야致書ᄒᆞ야明國을伐코자ᄒᆞ니途를假ᄒᆞ라請ᄒᆞ거ᄂᆞᆯ 上이大義로써斥ᄒᆞ시다翌年、壬辰에秀吉이無端히淸正의等을遣ᄒᆞ야大兵을擧ᄒᆞ야來侵ᄒᆞᆯᄉᆡ東萊를先陷ᄒᆞ니府使、宋象賢과僉使、鄭撥等이國難에死ᄒᆞ다

第四十七節 大駕播遷

李鎰과申砬이忠州에셔戰敗홈이日兵이京城으로直向ᄒᆞ거ᄂᆞᆯ 上이西으로播遷ᄒᆞ실ᄉᆡ夜에臨津을渡ᄒᆞ샤諸宰ᄅᆞᆯ召ᄒᆞ야策을問ᄒᆞ신ᄃᆡ都承旨李恒福(白沙)이首言ᄒᆞ되我國兵力이足히써禦치못ᄒᆞᆯ지니西으로赴ᄒᆞ야明國에請援ᄒᆞ소셔

第四十八節 遣使請援

車駕ᄅᆞᆯ平壤에進駐ᄒᆞ시고李德馨(漢陰)을明에遣ᄒᆞ야請援ᄒᆞ니明이副總兵祖承訓과遊擊史儒等을遣ᄒᆞ야來救ᄒᆞ다時에提督官趙憲(重峰)이義兵을起ᄒᆞ야錦山에셔戰死ᄒᆞ고各道에忠義의士가兵을募ᄒᆞ야義ᄅᆞᆯ擧ᄒᆞᆯᄉᆡ高敬命이ᄯᅩ戰死ᄒᆞ다

第四十九節 駐蹕義州

金千鎰과郭再祐(紅衣將軍)와鄭仁弘과權應洙의等이處處에셔擧義ᄒᆞ다日兵이平壤을陷ᄒᆞ니 上이義州에駐蹕ᄒᆞ시고鄭崑壽ᄅᆞᆯᄯᅩ明에遣ᄒᆞ야求救ᄒᆞ니明이提督李如松과劉綎等으로二十萬軍을將ᄒᆞ야來救ᄒᆞ다

第五十節 收復三京

二十六年에李如松이平壤을擊破ᄒᆞ고三京을復ᄒᆞ니 上이還都ᄒᆞ시다都元帥權慄이幸州에셔大捷ᄒᆞ고統制使李舜臣은閑山島에셔日本水軍을陷沒ᄒᆞ니淸正等이兵을거두어遁去ᄒᆞ니라

第五十一節 訓鍊都監

上이明國人戚繼光의浙兵制度를嘉ᄒᆞ샤訓鍊都監을設ᄒᆞ시고相臣柳成龍(西崖)으로ᄒᆞ야금壯丁을招集ᄒᆞ야其法으로써教ᄒᆞ다時에妖賊李夢鶴이作亂ᄒᆞ거ᄂᆞᆯ洪州牧使洪可信이執誅ᄒᆞ다

第五十二節 創造龜船

三十年에清正等이再擧ᄒᆞ야來侵ᄒᆞ거ᄂᆞᆯ明將楊鎬와麻貴와邢玠等이素沙坪(稷山)에셔日兵을大破ᄒᆞ다李舜臣이龜船을創造ᄒᆞ야舟師를率ᄒᆞ고日兵을擊破ᄒᆞ야屢捷ᄒᆞ니日船이不敢西向ᄒᆞ니라그龜船을鐵로써裹ᄒᆞ얏시니곳世界各國鐵甲船

創造龜船ᄒᆞᆫ李舜臣의像

의 始祖가 되다

第五十三節　鏖戰中丸

三十一年에 李舜臣이 日兵을 露梁에서 遇ᄒᆞ야 鏖戰ᄒᆞ다가 流丸을 中ᄒᆞ야 卒ᄒᆞ니 謚를 忠武라ᄒᆞ다 時에 秀吉이 死ᄒᆞ니 日本이 遂撤兵ᄒᆞ야 還ᄒᆞ다

第五十四節　見像大驚

金德齡은 千古勇士ㅣ라 無等山에 入ᄒᆞ야 三尺長劒을 鑄ᄒᆞ니 夜에 靑白氣가 一洞에 彌滿ᄒᆞ고 山이 五六日을 鳴ᄒᆞ고 又龍馬를 得ᄒᆞ야 壯士五千人을 率ᄒᆞ고 義旗를 建ᄒᆞ고 日兵을 討ᄒᆞ니 淸正이 畵師를 潛遣ᄒᆞ야 像을 圖ᄒᆞ야 見ᄒᆞ고 大驚ᄒᆞ야 日眞將軍이라ᄒᆞ고 敢히 犯치 못ᄒᆞ다

第五十五節　聞死相賀

千古勇士金德齡의 像

時에 朝廷이 和親코자ᄒᆞ야 德齡으로ᄒᆞ야곰 交戰치 못ᄒᆞ게ᄒᆞ고 奸臣이 誣陷ᄒᆞ야 李夢鶴과 갓치 反ᄒᆞᆫ다ᄒᆞ야 執ᄒᆞ야 獄中에서 撲殺ᄒᆞ니 日人이 聞ᄒᆞ고 서로 慶賀ᄒᆞ며 國民은 痛哭ᄒᆞ니라

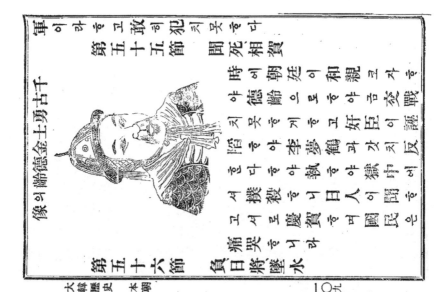

第五十六節　負日將墜水

晉州陷城홀時에義兵將高從厚(敬命子)와金千鎰과柳復立과黃進等이戰死ᄒᆞ다日本將이晉州에入ᄒᆞ야矗石樓에서妓樂을불너遊讌홀ᄉᆡ邑妓論介가日將의醉홈을乘ᄒᆞ야背에負ᄒᆞ고水에墜ᄒᆞ니日將이躍出코자ᄒᆞᄂᆞᆫ妓의手가固結不解ᄒᆞ야江中으로引入ᄒᆞ야溺斃ᄒᆞ니後人이樓下의巖을義娘巖이라

愛國義娘論介의墮水圖

ᄒᆞ고巖上에義娘祠를建ᄒᆞ야祭ᄒᆞ다

第五十七節 單騎逐賊

鄭起龍의單騎逐賊圖

鄭起龍이居昌에서十餘騎로더부러日人의先鋒百餘人을殺ᄒᆞ고日將을生擒ᄒᆞ야大小六十餘戰에ᄒᆞᆫ번도敗홈이無ᄒᆞ니可謂第一勇將이니라

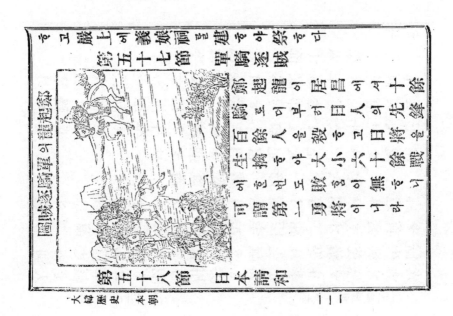

第五十八節 日本請和

時에 上이成渾(牛溪)으로叅贊을拜ᄒᆞ야特命으로入侍ᄒᆞ야進講케ᄒᆞ시고關王廟를建ᄒᆞ다三十九年에日本이使를遣ᄒᆞ야求和ᄒᆞ거ᄂᆞᆯ呂祐吉等을遣ᄒᆞ야報ᄒᆞ다四十一年에 上이昇遐(壽五十七)ᄒᆞ시니世子琿이立ᄒᆞ다

第五十九節 深河赴援

光海君이元年에兄臨海君珒을殺ᄒᆞ다時에明이淸(支那)人의亂을當ᄒᆞ야援兵을請ᄒᆞ거ᄂᆞᆯ朝廷이壬辰의恩을思ᄒᆞ야姜弘立과金景瑞와金應河(遼東伯)로써兵을率ᄒᆞ고深河에入ᄒᆞ야戰ᄒᆞᆯ시弘立은淸에附ᄒᆞ고金應河가홀로戰ᄒᆞ다가矢가盡ᄒᆞ야死ᄒᆞ다

第六十節 憂憤而卒

光海君이李爾瞻等의嗾를受ᄒᆞ야永昌大君璜와延興府院君金悌男을殺ᄒᆞ니相臣李德馨이禍가王大妃씌及ᄒᆞᆯ줄知ᄒᆞ고憂憤ᄒᆞ야卒ᄒᆞ다禁兵을別置ᄒᆞ야 王大妃宮門을錮ᄒᆞ다

第六十一節 諸賢竄謫

鄭造와尹訒等이爾瞻의指使를承ᄒᆞ야廢母의論을首發ᄒᆞ거ᄂᆞᆯ相臣李元翼(梧里)과前弼善鄭蘊(桐溪)과儒生洪茂績等이上疏ᄒᆞ니言이甚히切直ᄒᆞᆫ지라光海가怒ᄒᆞ야李元翼을洪州에配ᄒᆞ고鄭蘊을大

靜에安置ᄒᆞ고儒生等을竄謫ᄒᆞ다

第六十二節　子無讎母

光海가廢母ᄒᆞᆯ事로百官에게收議ᄒᆞᆯ시領府事、李恒福이春秋에子가母를讎ᄒᆞᄂᆞᆫ義가無ᄒᆞᆷ으로陳ᄒᆞ니光海가怒ᄒᆞ야北靑에配ᄒᆞ얏더니尋卒ᄒᆞ고鄭弘翼等이亦諫ᄒᆞ다가被竄ᄒᆞ다　王大妃를西宮에幽ᄒᆞ고大將으로領兵圍守ᄒᆞ다

第六十三節　擧義反正

倫氣가杜絕ᄒᆞ고荒亂이滋甚ᄒᆞ야宗祀ㅣ幾危ᄒᆞᆫ지라十五年에金瑬(昇平)와李貴(延平)와元斗杓(原平)와崔鳴吉(完城)과張維(新豐)와李曙(完豐)等이　王大妃命으로

王을廢ᄒᆞ야光海君을封ᄒᆞ야濟州에遷ᄒᆞ고綾陽君(元宗長子)을奉ᄒᆞ야卽位ᄒᆞ시다

第六十四節　元宗追崇

元宗(諱琈)大王은　宣祖의第五子定遠君이시니仁祖十年에追崇ᄒᆞ시다

第六十五節　誅滅亂臣

仁祖(諱倧字和伯號松窓)ᄭᅴ셔卽位ᄒᆞ신後에昏朝亂臣、李爾瞻等을誅ᄒᆞ시고先朝舊臣、李元翼으로領相을삼으시고鄭蘊과洪茂績과鄭弘翼等을召還ᄒᆞ시고吳允謙(楸灘)과李延龜(月沙)와鄭經世(愚伏)等을收用ᄒᆞ시고金長生(沙溪)을擢用ᄒᆞ시다

第六十六節 別舊君、誠新主

上이李元翼을召ᄒᆞ시니元翼이곳進謁치아니ᄒᆞ고光海君에게先往ᄒᆞᆫᄃᆡ 上과諸臣이皆驚怯ᄒᆞ니此는時에元翼의名望이一國에震動ᄒᆞᆷ이라元翼이光海君을보고泣ᄒᆞ야曰上監의廢ᄒᆞᆷ은臣의罪라然이나上監이人心을大失ᄒᆞ얏스니此는自取라天命

別舊君誠新主ᄒᆞᆫ李元翼의像

을順受ᄒᆞ소셔ᄒᆞ고轎를旋ᄒᆞ야 上씌來謁ᄒᆞ고進諫ᄒᆞ야曰人君되기最難ᄒᆞ니極히操心ᄒᆞ샤前君의行實을效치말으소셔ᄒᆞᆫᄃᆡ 上이恭敬ᄒᆞ야드르시고人心이鎭定ᄒᆞ니라

第六十七節 恃功反逆

二年에李适이反正ᄒᆞᆫ功을恃ᄒᆞ고驕恣ᄒᆞᆷ이甚ᄒᆞᆷ으로朝廷에見斥ᄒᆞ야安州兵使를除授ᄒᆞᆷ이适이怏怏ᄒᆞ야兵을擧ᄒᆞ야京城에直犯ᄒᆞ거ᄂᆞᆯ 上이公州로播遷ᄒᆞ시니都元帥張晩(玉城)과副元帥鄭忠信(錦南君)等이鞍峴에셔大破ᄒᆞ고适을斬ᄒᆞ니 上이還都ᄒᆞ시다

第六十八節 淸兵來侵

五年에淸將英兒岱(俗稱龍骨大)等이大擧ᄒᆞ야義州를陷ᄒᆞ니府尹李莞이戰死ᄒᆞ고府使奇協은屈치안코死ᄒᆞᆷ이安州를直犯ᄒᆞᄂᆞᆫ지라兵使南以興이戰死ᄒᆞ니淸兵이平山에至ᄒᆞ거ᄂᆞᆯ 上이江都에播遷ᄒᆞ셧더니淸人이請和ᄒᆞ고歸ᄒᆞᆷ이 上이還都ᄒᆞ시다

第六十九節 和約乃結

十四年丙子에淸國이兵을大擧ᄒᆞ야京城에直犯ᄒᆞ거ᄂᆞᆯ 上이南漢山城(廣州)으로播遷ᄒᆞ시고鳳林大君이廟社主를奉ᄒᆞ야江都에入ᄒᆞ얏더니江都

가陷城ᄒᆞᆷ이領敦寧金尙容(仙源)이權順長으로더부러自焚ᄒᆞ야卒ᄒᆞ다南漢이甚히危殆ᄒᆞᆷ이崔鳴吉이和를主ᄒᆞ니 上이宗祀를爲ᄒᆞ야和約을結ᄒᆞ고還都ᄒᆞ시다

第七十節 斥和遇害

時에淸人이世子와鳳林大君을瀋陽에質ᄒᆞ고又洪翼漢과吳達濟와尹集等三學士를執歸ᄒᆞ야斥和ᄒᆞᆫ事로遇害ᄒᆞ고前判書金尙憲(淸陰)을瀋陽에囚ᄒᆞ얏다가六年만에放歸ᄒᆞ다

第七十一節 果然長驅

先是에鄭忠信이李适의亂을平定ᄒᆞ야社稷을再

安케ᄒᆞ고恆常、淸人을慮ᄒᆞ야防備ᄒᆞᆯ策을獻ᄒᆞᄂᆞ
朝廷에서遠慮가無ᄒᆞ야遽然히淸에使ᄅᆞᆯ遣ᄒᆞ야
絕和ᄒᆞ니時에忠信이病臥ᄒᆞ얏다가此言을聞ᄒᆞ
고蹶然히起ᄒᆞ야長歎、曰國家에存亾이今年에在
ᄒᆞ다ᄒᆞ더니果然、此年十二月에淸人이長驅、大進
ᄒᆞ니라

第七十二節　悲憤逃明

林慶業은兒時부터天下ᄅᆞᆯ平靖ᄒᆞᆯ意가有ᄒᆞ더니
淸人이入寇ᄒᆞ자ᄒᆞᆷ을慮ᄒᆞ야防備ᄒᆞᆯ計策을屢次
陳獻ᄒᆞᄂᆞ朝廷이聽치안터니至是ᄒᆞ야도로혀淸
人을爲ᄒᆞ야淸國으로押送ᄒᆞᄂᆞᆫ지라慶業이크게
悲憤ᄒᆞ야明으로逃亾ᄒᆞ니此ᄂᆞᆫ明과合力ᄒᆞ야淸
人을滅ᄒᆞ야丙子의羞恥ᄅᆞᆯ雪ᄒᆞ고明의壬辰、恩惠
ᄅᆞᆯ報코자ᄒᆞᆷ이나明國도政治가紊亂ᄒᆞ야衰亾ᄒᆞᆫ
故로堂堂ᄒᆞᆫ大義ᄅᆞᆯ未敘ᄒᆞ얏스니此ᄂᆞᆫ千古의遺
恨이라

第七十三節　取帽、還送

慶業이義州、府尹으로在ᄒᆞᆯ時에淸帝、愛新覺羅、弘
佗時가間諜을遣ᄒᆞ야慶業의矢一枝ᄅᆞᆯ竊取ᄒᆞ야
가니此ᄂᆞᆫ其、謀略을著示ᄒᆞ라ᄒᆞᆷ이라慶業이淸帝
의所爲인줄知ᄒᆞ고伶俐ᄒᆞᆫ人을瀋陽에送ᄒᆞ야淸
帝의每日着ᄒᆞᄂᆞᆫ紅帽子ᄅᆞᆯ取ᄒᆞ야다가藏ᄒᆞ얏더

니後에淸帝가使를
遣ᄒᆞ야矢를還送ᄒᆞ
얏거ᄂᆞᆯ慶業이帽子
를取ᄒᆞ야淸使의前
에投ᄒᆞ야曰汝의人
君의帽子를還送ᄒᆞ
노라ᄒᆞ니使者가驚

大義未敘ᄒᆞᆫ林慶業의像

歸ᄒᆞ고淸帝가忌憚ᄒᆞ야丙子의軍士를渭原,碧潼
으로돌녀京師를犯ᄒᆞ다二十年에慶業이明으로
부터歸ᄒᆞᆷ이金自點이委官으로私憾을挾ᄒᆞ야殺
ᄒᆞ니後에諡를賜ᄒᆞ야忠愍이라ᄒᆞ다

第七十四節 召用舊臣

二十三年에世子와鳳林大君이瀋陽으로부터還
ᄒᆞ얏다가世子ㅣ卒ᄒᆞ니鳳林大君을册ᄒᆞ야世子
를삼다侍講院에贊善과諮議,等官을置ᄒᆞ야金集
(愼獨齋)과宋時烈(尤菴)等을擢用ᄒᆞ시다二十七年에
上이昇遐(壽五十五)ᄒᆞ시니世子ㅣ卽位ᄒᆞ사舊臣,金尙
憲과李敬輿(白江)와宋浚吉(同春)等을召用ᄒᆞ시다

第七十五節 行,大同,法

孝宗(諱淏字靜淵號竹梧)元年에淸使가來ᄒᆞ야相臣,李景奭
(白軒)과大提學,趙絅(龍洲)等을竄ᄒᆞ다二年에常平通寶
錢을用ᄒᆞ고大同,法을行ᄒᆞ다六年에命ᄒᆞ사水車

를制ᄒᆞ야外方에傳布ᄒᆞ야써勸農에一助가되게
ᄒᆞ셰다

第七十六節 召議北伐

九年에大臣、鄭太和(坡陽)와大將、李浣을召ᄒᆞ샤淸을
伐ᄒᆞ기를謀ᄒᆞ실ᄉᆡ一夜에浣을臥內로召ᄒᆞ샤問
ᄒᆞ샤日國에急홈이有ᄒᆞ면卿이予ᄂᆞᆯ從ᄒᆞ야江都
에入ᄒᆞᆯ지니만일軍이盡渡치못ᄒᆞ야敵兵이後에
在ᄒᆞ면將、奈何오浣이對日臣이二十斗의土ᄅᆞᆯ盛
ᄒᆞᆯ만ᄒᆞᆫ大帒ᄅᆞᆯ造홈이數千이라人으로各各一帒
ᄅᆞᆯ持ᄒᆞ야行ᄒᆞᆫ즉帶ᄒᆞ고住ᄒᆞᆫ즉土ᄅᆞᆯ掘ᄒᆞ야帒에
盛ᄒᆞ야城을成ᄒᆞ면高가一丈이오廣이可히自衛

ᄒᆞᆯ만ᄒᆞ오니此ㅣ原野에賊을禦ᄒᆞᄂᆞᆫ長策이니이
다 上이稱善ᄒᆞ시다十年에 上이昇遐(壽四十一)ᄒᆞ
시니世子ㅣ卽位ᄒᆞ시다

第七十七節 不離親側

顯宗(諱棩字景直)ᄭᅴ셔幼時로부터聰明이絶倫ᄒᆞ샤見
聞ᄒᆞ신바ㅣ有ᄒᆞ면忘치아니ᄒᆞ시며及長에親
側에離치아니ᄒᆞ시고不安ᄒᆞ신節이有ᄒᆞ신즉日
夜로扶持ᄒᆞ샤비록退ᄒᆞ라命ᄒᆞ실지라도敢히退
치아니ᄒᆞ시다元年에宋時烈이國政을秉홈의尹
鑴가尹善道ᄅᆞᆯ睽ᄒᆞ야上疏ᄒᆞ야大妃의服制ᄅᆞᆯ
三年으로定홈이當然ᄒᆞ거ᄂᆞᆯ期制로定ᄒᆞ니是ᄂᆞᆫ

主를卑ᄒᆞ며宗을異홈이라ᄒᆞᆫᄃᆡ 上이其疏를焚ᄒᆞ시고善道를北邊에竄ᄒᆞ시다

第七十八節 禁同姓昏

二年에宋時烈을擢ᄒᆞ야相을拜ᄒᆞ시고故忠臣宋象賢과李舜臣과趙憲의墓에賜祭ᄒᆞ시고同姓의昏姻을禁ᄒᆞ시다十五年에仁宣大妃ㅣ씌셔昇遐ᄒᆞ심이相臣金壽興이服制得失을論ᄒᆞ다가被竄ᄒᆞ다八月에 上이昇遐ᄒᆞ시니世子ㅣ卽位ᄒᆞ시다

第七十九節 禮說是非

肅宗(諱焞 字明普)元年에許積과尹鑴等이禮說로써是非를起ᄒᆞ야相臣宋時烈과金壽恒(文谷)等을竄ᄒᆞ얏더니六年에積과積의庶子堅이伏誅홈이宋時烈等을宥ᄒᆞ고金壽恒을復相ᄒᆞ고閔鼎重(老峰)을擢用ᄒᆞ야爲相ᄒᆞ다

第八十節 拔棄棕櫚

永安尉洪柱元의子萬恢의家에棕櫚木이有홈을 上이聞ᄒᆞ시고掖隷로ᄒᆞ야곰求ᄒᆞ신ᄃᆡ萬恢가庭下에伏ᄒᆞ야日頂踵과毛髮이皆國恩이라엇지木을惜ᄒᆞ리오만은臣이되야엇지玩物로君의私進ᄒᆞ리오ᄒᆞ고棕櫚를拔棄ᄒᆞ니掖隷가還告ᄒᆞᆫᄃᆡ 上이稱善ᄒᆞ시고後苑에種ᄒᆞᆫ棕櫚를拔ᄒᆞ야民間

本主에게還送ᄒᆞ시다

第八十一節 老少又分

九年에儒臣朴世采(玄石)를召ᄒᆞ시다庚申以後로西人中에서老少가角立ᄒᆞ야先進에金錫胄와金萬基와金壽恒과閔鼎重等은老論이되야宋時烈로爲主ᄒᆞ고少年에趙持謙(迂齋)과吳道一(西坡)과朴泰輔(定齋)와韓泰東(是窩)等은少論이되야朴世采로爲主ᄒᆞ다가後에尹拯(明齋)으로爲主ᄒᆞ니라

第八十二節 疏論寵遇

十年에儒臣尹拯을貶ᄒᆞ다十四年에朴世采를徵ᄒᆞ야吏曹判書를삼으시니世采가宗室杭의寵遇

가過ᄒᆞᆷ을論ᄒᆞ야旨를忤ᄒᆞ야卽歸ᄒᆞ니相臣南九萬(藥泉)이世采를救ᄒᆞ다가北邊에竄ᄒᆞ다十五年에睦來善과閔黯等이大進ᄒᆞ야舊臣을竄誅ᄒᆞ다王妃閔氏ㅣ私邸에遜位ᄒᆞ시고張氏를冊封ᄒᆞ시니吳斗寅(陽谷)과李世華(雙柏堂)와朴泰輔等이諫ᄒᆞ다가斗寅과泰輔ᄂᆞᆫ死ᄒᆞ고世華ᄂᆞᆫ竄ᄒᆞ다

第八十三節 端宗復位

二十二年에 王妃閔氏를復位ᄒᆞ시고張氏를降ᄒᆞ야嬪을삼고朴世采를擢ᄒᆞ야爲相ᄒᆞ다二十四年에 端宗大王과王后宋氏位號를復ᄒᆞ시고成三問과朴彭年과柳誠源과河緯地와李塏(堤)와兪應

孚等六臣의官을復ᄒᆞ시다

第八十四節 東西南北

明宗末年에東西黨이始ᄒᆞ야 宣祖時에黨論이大起ᄒᆞ고光海時에東人이變ᄒᆞ야南北黨이分ᄒᆞ얏더니是時에至ᄒᆞ야西人中에老少가又分ᄒᆞ야東西南北의四色이各立門戶ᄒᆞ야口舌로써干戈를代ᄒᆞ니正論이消滅ᄒᆞ고人才가遺棄ᄒᆞ니라

第八十五節 築城定界

三十七年에北漢山城을築ᄒᆞ고三十八年에朴權으로써定界使를삼아淸差穆克登으로더부러白頭山에界를定ᄒᆞ다四十三年에世子로써代理를

命ᄒᆞ시고四十五年에 上이耆社에入ᄒᆞ시고四十六年에 上이昇遐(壽六十)ᄒᆞ시니世子ㅣ卽位ᄒᆞ시다

第八十六節 別論舊臣

景宗(諱昀字輝瑞) 元年에領議政金昌集(夢窩)이奏曰崔奎瑞(良齋)ᄂᆞᆫ先朝時부터退野ᄒᆞ고鄭澔(丈巖)와李縡(陶菴)ᄂᆞᆫ病을稱ᄒᆞ고斂退ᄒᆞ니願컨ᄃᆡ別論을下ᄒᆞ소셔 上이在外諸臣을敦召ᄒᆞ시다前左相權尙夏(遂菴)ᄂᆞᆫ累徵不起ᄒᆞ더니至是ᄒᆞ야卒ᄒᆞ다

第八十七節 世弟冊封

上이儲位가空虛ᄒᆞ고國勢가孤危ᄒᆞᆷ으로 王大

妃씌告ᄒᆞ시고延礽君으로世弟를册ᄒᆞ시다二年
에睦虎龍이告變ᄒᆞ니大獄이起ᄒᆞ야相臣金昌集
과李頤命과李健命과趙泰采를賜死ᄒᆞ다四年에
上이昇遐(壽三十七)ᄒᆞ시니世弟ㅣ即位ᄒᆞ시다

第八十八節　親訊獄囚

英祖(諱昀字光叔)元年에罪籍을釋ᄒᆞ시고舊臣鄭澔와
閔鎭遠(丹岩)等을進用ᄒᆞ시고相臣李光佐와崔錫恒
과趙泰耈와柳鳳輝等을竄ᄒᆞ시다三年에 上이
諸臣의懲討ᄒᆞᆷ을激怒ᄒᆞ사前案을翻覆ᄒᆞ야四大
臣以下를罪籍에還置ᄒᆞ고李光佐와趙泰億을復
相ᄒᆞ시고 上이親히獄囚를訊ᄒᆞ실ᄉᆡ壓膝刑을

除ᄒᆞ시다

第八十九節　保我邦家

上이下教ᄒᆞ샤曰朋黨의弊가近日에셔甚ᄒᆞᆷ이無
ᄒᆞ도다一邊에人을皆逆黨으로驅ᄒᆞ니其中에엇
지寃을抱ᄒᆞᆫ人이無ᄒᆞ리오彼를攻ᄒᆞ고此를擊ᄒᆞᆷ
이公言이杜塞ᄒᆞ니朝綱이何時에正ᄒᆞ며公言을
何時에聞ᄒᆞ리오爾羣工은黨習을祛ᄒᆞ고公平을
務ᄒᆞ야我邦家를保ᄒᆞ라ᄒᆞ시다

第九十節　舊相上變

四年에李麟佐는忠清道에셔叛ᄒᆞ고鄭希亮은慶
尙道에셔叛ᄒᆞ야安城山上에陣ᄒᆞ거ᄂᆞᆯ前領相崔

奎瑞가變을上ᄒᆞᆫᄃᆡ兵曹判書吳命恆으로都巡撫使ᄅᆞᆯ삼아討平ᄒᆞ니 上이御筆로一絲扶鼎四字ᄅᆞᆯ書ᄒᆞ야崔奎瑞ᄅᆞᆯ賜ᄒᆞ시다五年에李健命과趙泰采의官을復ᄒᆞ시고十六年에金昌集과李頤命의官을復ᄒᆞ시다十一月에世子ㅣ卒ᄒᆞ시니諡ᄅᆞᆯ孝章이라ᄒᆞ다

第九十一節 奪官、復官

二十年에上이耆社에入ᄒᆞ시다柳鳳輝와趙泰耉等의官을追奪ᄒᆞ다二十三年에生員과進士의襴彩幞頭ᄅᆞᆯ着ᄒᆞᄂᆞᆫ制ᄅᆞᆯ定ᄒᆞ다 端宗時相臣、皇甫仁과金宗瑞等의官을復ᄒᆞ시고安平大君、瑢의

寃을伸ᄒᆞ시다三十五年에世子로써代理ᄅᆞᆯ命ᄒᆞ시다三十八年에世子ㅣ卒ᄒᆞ시니諡ᄅᆞᆯ思悼ㅣ라ᄒᆞ다四十七年에戚臣、洪鳳漢과金龜柱가分黨、相攻ᄒᆞ니鄭厚謙이因ᄒᆞ야權柄을竊ᄒᆞ다

第九十二節 眞宗、追崇

五十一年에世孫을命ᄒᆞ야代理ᄒᆞ시다五十二年에上이昇遐(壽八十三)ᄒᆞ시니世孫이即位ᄒᆞ시다太皇帝二十七年에廟號ᄅᆞᆯ追上ᄒᆞ야英祖라ᄒᆞ시다世孫이 英祖의命으로써孝章、世子의嗣ᄅᆞᆯ承ᄒᆞ야即位ᄒᆞ심이孝章、世子ᄅᆞᆯ追崇ᄒᆞ야 眞宗이라ᄒᆞ시고思悼、世子의諡ᄅᆞᆯ追上ᄒᆞ야莊獻이라ᄒᆞ

고廟號ᄅᆞᆯ景慕宮이라ᄒᆞ시다金尙魯ᄅᆞᆯ逆律로追施ᄒᆞ고洪麟漢과鄭厚謙을賜死ᄒᆞ시다奎章閣을內苑에建ᄒᆞ다

第九十三節　賜號、承統

眞宗昭皇帝(諱緈字聖敬)는 英祖의第一子ㅣ시니 景宗ᄭᅴ셔敬義君을封ᄒᆞ시고 英祖ᄭᅴ셔世子ᄅᆞᆯ冊ᄒᆞ셧다가昇遐(壽十)ᄒᆞ심이號ᄅᆞᆯ承統世子라ᄒᆞ시고 正祖ᄭᅴ셔 英祖遺敎ᄅᆞᆯ承ᄒᆞ야追崇ᄒᆞ야爲王ᄒᆞ시고 大皇帝隆熙二年에追尊ᄒᆞ야 眞宗昭皇帝라ᄒᆞ시다

第九十四節　莊祖追崇

莊祖懿皇帝(諱愃字允寬號毅齋)는 英祖의第二子ㅣ시니世子ᄅᆞᆯ冊ᄒᆞ야代理ᄅᆞᆯᄒᆞ시더니昇遐(壽二十八)ᄒᆞ심이正祖ᄭᅴ셔諡號ᄅᆞᆯ追上ᄒᆞ야莊獻이라ᄒᆞ시고 太皇帝、光武三年에追崇ᄒᆞ야爲王ᄒᆞ시고同年에追尊ᄒᆞ야 莊祖懿皇帝라ᄒᆞ시다

第九十五節　刑具、釐正

正祖(諱祘字亨運號弘齋)ᄭᅴ셔元年에下敎ᄒᆞ샤曰杖은大小가有ᄒᆞ고枷ᄂᆞᆫ厚薄이有ᄒᆞᆷ은罪의輕重을隨ᄒᆞ야用ᄒᆞ거ᄂᆞᆯ近來에古法이漸弛ᄒᆞ야罪의輕重을勿論ᄒᆞ고皆、大棍과厚枷ᄅᆞᆯ用ᄒᆞ니엇지人命을枉害치아니ᄒᆞ리오京外와各、營門의刑具ᄅᆞᆯ釐正ᄒᆞ야

復行ᄒᆞ라ᄒᆞ시다

第九十六節 恤孤助婚

四年에月覲門을內苑의東에建ᄒᆞ시니此ᄂᆞᆫ景慕宮에往謁ᄒᆞ시기에便코자ᄒᆞ심이니睿王의孝誠이古今에第一이오六年에太學에詣ᄒᆞ사先聖씌酌獻禮ᄅᆞᆯ行ᄒᆞ시고明倫堂에서儒生으로設食ᄒᆞ시니곳國朝에初有ᄒᆞᆫ盛事ㅣ러라十年에京外에飭ᄒᆞ사幼稚의父母가無ᄒᆞ야遺棄ᄒᆞᆫ者와男女가孤貧ᄒᆞ야過時도록未婚ᄒᆞᆫ者ᄅᆞᆯ歲時에抄啓ᄒᆞ야幼稚ᄂᆞᆫ月로米藿을給ᄒᆞ고男女ᄂᆞᆫ婚需ᄅᆞᆯ助ᄒᆞ라ᄒᆞ시다

第九十七節 守禦南漢

老職의加資와及大小科回榜人의加資ᄒᆞᄂᆞᆫ式을定ᄒᆞ고十五年에京外에飭ᄒᆞ사飢民의糊口와庶身의需ᄅᆞᆯ另給ᄒᆞ라ᄒᆞ시고壯勇營을設ᄒᆞ시고十九年에守禦使ᄅᆞᆯ南漢에出鎭ᄒᆞ야廣州留守ᄅᆞᆯ삼고武經七書와奎章全韻을編撰ᄒᆞ고忠武公李舜臣의全書ᄅᆞᆯ刊頒ᄒᆞ다

第九十八節 琉球人漂到

琉球國人이風에漂ᄒᆞ야到ᄒᆞ얏거ᄂᆞᆯ 上이下敎ᄒᆞ사曰琉球國人이昔에我國에總管의職을供ᄒᆞ던者ㅣ有ᄒᆞ니此ㅣ一二百年에不過ᄒᆞᆫ事ㅣ라今에

顧恤홈을示홈이可ᄒ다ᄒ시고道臣을命ᄒ샤酒食으로써饋ᄒ고庇身의物을優히給ᄒ라ᄒ시다

第九十九節　却、獻白雉

二十一年에咸興、儒生이白雉를獻ᄒ거늘　上이却之ᄒ시다御定ᄒ신五經百編과大學類義가成ᄒ다二十四年에　上이昇遐壽四十九ᄒ시니世子ㅣ卽位ᄒ시다　太皇帝、光武三年에追尊ᄒ야　正祖宣皇帝라ᄒ시다

第一百節　燒、奴婢、案

純祖諱玜字公寶號純齋께서卽位ᄒ시고命ᄒ샤內司와各宮과各司의奴婢、案을收ᄒ야敦化門、外에서燒火ᄒ시고曰宮司의奴婢를罷홈은先朝의遺意시니予가맛당히繼述ᄒ리라ᄒ시고壯勇營으로其代錢을給ᄒ시다二年에仁政殿을重建ᄒ시고四年에壯勇營을罷ᄒ시다

第一經濟家丁若鏞의像

第一百一節

海上、書聲

丁若鏞茶山이諸子百家、書를精通ᄒ고事理를貫徹ᄒ야我、東方、第一經濟、家이라然이나時勢가不利

호야大才를忝擬호고또西教、連坐로康津、地에定配호니自此로世念이頓絶호야惟、國民을開導코자호야三百餘、卷의書를著述호니皆切實히有用호고邊邑、絶地에在호ᄂ四方學者ㅣ來集호야受業호ᄂ者ㅣ數百人이라海上、茅屋에讀書聲이不絶호며月出山에茶木을得호야茶葉을嘗호고天下에第二라호니라

第一百二節　討平土寇

十二年에關西、土寇、洪景來、禹君則、等이聚黨호야嘉山、等七郡을陷호거ᄂᆞᆯ李堯憲으로巡撫使를삼아討平호다二十七年에世子를命호야代理호시

더니三十年에世子ㅣ薨호시고三十四年에 上이昇遐(壽四十五)호시니世孫이即位호시다 太皇帝光武三年에追尊호야 純祖肅皇帝라호시다

第一百三節　文祖、追崇

文祖翼皇帝(諱旲字德寅號敬軒)되셔世子로在호실時에代理호시다가昇遐(壽二十二)호시니世孫이即位호심이 翼宗이라호시고 太皇帝、光武、三年에追崇호야 文祖翼皇帝라호시다

第一百四節　禁弊刊曆

憲宗(諱奐字文應號元軒)元年에命호사諸道에稅納의濫捧호ᄂ弊를飭호시고守宰의擬任치못호ᄂ者ᄂ殿

最를待치말고啓罷ᄒᆞ라ᄒᆞ시고私家에서屠牛ᄒᆞ는事와虐民ᄒᆞ는弊를嚴飭ᄒᆞ시다八年에千歲曆을刊行ᄒᆞ고九年에文獻備考를刊行ᄒᆞ고十三年에總衛營을設ᄒᆞ다十五年에 上이昇遐(壽二十三)ᄒᆞ시니嗣가無ᄒᆞ시다 大皇帝、隆熙二年에追尊ᄒᆞ야 憲宗成皇帝라ᄒᆞ시다

第一百五節　聖像、展奉

哲宗(諱昇字道升號大勇齋)은 莊祖의孫、全溪大院君의第三子、德完君이시니 純元肅皇后의命을奉ᄒᆞ야 純祖肅皇帝의大統을承ᄒᆞ야卽位ᄒᆞ시다二年에江陵에在ᄒᆞᆫ孔子、聖像을水原、闕里祠에展奉ᄒᆞ라ᄒᆞ시다十年에五倫行實을刊行ᄒᆞ다

第一百六節　嚴禁、土豪

上이政府에命ᄒᆞ사場市와浦口의名目이無ᄒᆞᆫ雜稅를罷ᄒᆞ시며堤堰과田畓을勸奪ᄒᆞᄂᆞᆫ弊를嚴禁ᄒᆞ시며土豪의武斷ᄒᆞᄂᆞᆫ弊를嚴飭ᄒᆞ시다十三年에 上이昇遐(壽三十三)ᄒᆞ시니嗣가無ᄒᆞ시다 大皇帝、隆熙二年에追尊ᄒᆞ야 哲宗章皇帝라ᄒᆞ시다

第一百七節　佛艦、來侵

壽康太皇帝(諱熙字聖臨初諱載晃字明夫號珠淵)는 莊祖의曾孫興宣大院王의第二子、翼成君이시니 神貞翼皇后의命을奉ᄒᆞ야 文祖의嗣를承ᄒᆞ야卽位ᄒᆞ시

다二年에景福宮을重建ᄒᆞ시다三年에佛蘭西國兵艦이江華島를來侵ᄒᆞ거늘巡撫中軍梁憲洙를遣ᄒᆞ야江界砲軍五千名을率ᄒᆞ고擊破ᄒᆞ니佛兵의死傷이多ᄒᆞᆫ지라佛將이懼ᄒᆞ야走ᄒᆞ다當百大錢을鑄ᄒᆞ고小錢(淸國錢)을通用ᄒᆞ고景福宮에移御ᄒᆞ시다

第一百八節 美艦來侵

八年에美國兵艦五隻이江華德津을來侵ᄒᆞ거늘巡撫中軍魚在淵을命ᄒᆞ야逆擊大破ᄒᆞ고又大礮으로二艦을破ᄒᆞ니美將魯籍壽가兵을陸地로潛下ᄒᆞ야我陣의後를從ᄒᆞ야襲擊ᄒᆞ거늘在淵이其弟在淳으로더부러劒을拔ᄒᆞ야數十人을斬ᄒᆞ고死ᄒᆞᆷ이美將이衆을率ᄒᆞ고遁去ᄒᆞ니魚在淵을兵曹判書를贈ᄒᆞ시다

第一百九節 講修舊好

十三年에日本과舊好를講ᄒᆞ고金綺秀로修信使를삼아日本에前往ᄒᆞ야辦事ᄒᆞ다十六年에日本이全權大臣黑田淸隆과議官井上馨等을遣ᄒᆞ야國書를來納ᄒᆞ니 上이中樞府知事申櫶과副總管尹滋承等으로江華府에會同ᄒᆞ야通商條約을定ᄒᆞᆫ後에日本外務大丞花房義質이館所에來留ᄒᆞ다十九年에趙寧夏와金弘集으로써全權大臣

을삼아德國使臣으로事宜를商辦ᄒᆞ다

第一百十節　訓局兵作亂

訓局兵이作亂ᄒᆞ야日本敎師掘本禮造를殺ᄒᆞ고闕內에攔入ᄒᆞ야重臣閔謙鎬와金輔鉉等을殺ᄒᆞ고拔劍肆惡ᄒᆞᆷ이極ᄒᆞ거ᄂᆞᆯ大院君이變을聞ᄒᆞ고馳入ᄒᆞ야鎭壓ᄒᆞ고武衛所를革罷ᄒᆞ다中宮殿이避禍ᄒᆞ야翊贊閔應植의忠州鄕第에御ᄒᆞ셧다가八月에還御ᄒᆞ시고訓鍊都監을革罷ᄒᆞ다

第一百十一節　兩浦開港

美國으로더부러交好通商ᄒᆞ고德國人穆麟德으로外務協辦을삼고統理交涉衙門을設ᄒᆞ고德源元山浦에開港ᄒᆞ다二十年에當五錢을鑄ᄒᆞ고仁川濟物浦에開港ᄒᆞ고機器局과典圜局과博文局을設ᄒᆞ다淸國人王錫鬯으로軍國衙門叅議를삼고馬建常으로賛議를삼다

第一百十二節　淸將內援

二十一年에郵征局을設ᄒᆞ고海防營을富平府에設ᄒᆞ다金玉均과洪英植과朴泳孝와徐光範과徐載弼等이日兵을召入ᄒᆞᆷ이　上이景祐宮에移御ᄒᆞ시니閔台鎬와趙寧夏와閔泳穆과李祖淵과尹泰駿과韓圭稷과柳載賢이皆遇害ᄒᆞ다淸將袁世凱가兵을率ᄒᆞ고入救ᄒᆞ니金玉均等이日本으로

逃去ᄒᆞ다 上이淸將、吳兆有의營房에移次ᄒᆞ시고各、殿宮은蘆原에離次ᄒᆞ셧다가還御ᄒᆞ시다

第一百十三節 貢賦、轉運

英國과德國으로더부러交好通商ᄒᆞ다濟衆院을設ᄒᆞ고統理軍國、衙門을罷ᄒᆞ야議政府에合ᄒᆞ고徐相、雨와穆麟德으로全權大臣을特差ᄒᆞ야日本에前往ᄒᆞ야事宜를辦理ᄒᆞ다二十二年에俄國으로더부러交好通商ᄒᆞ다二十三年에美國人、德尼로內務協辦을삼고義國으로더부러交好通商ᄒᆞ고育英公院과鑛務局을設ᄒᆞ다洪鍾永으로總務官을삼아三南、貢賦를輪船으로轉運ᄒᆞ다

第一百十四節 土們、定界

二十四年에電報局을設ᄒᆞ고法國으로더부러交好通商ᄒᆞ고朴定陽으로專權大臣을特差ᄒᆞ야美國에前往ᄒᆞ야使事를妥辦ᄒᆞ다二十五年에安邊府使、李重夏로土們、勘界使를삼아淸國、使와事宜를妥辦ᄒᆞ다二十七年에美國人具禮와李善得으로內務、協辦을삼고二十八年에銀、銅、貨幣를製造ᄒᆞ야葉錢과當五錢을便케ᄒᆞ야通用、無碍케ᄒᆞ고二十九年에奧國으로더부러交好通商ᄒᆞ다

第一百十五節 日、淸、戰爭

三十年에兩湖에東學、黨이嘯聚ᄒᆞ야作亂ᄒᆞ니四

方이響應ᄒᆞ야處處에蜂起ᄒᆞ거ᄂᆞᆯ官軍이四道로
出ᄒᆞ야勦討ᄒᆞ다三十一年에全羅道에東學、餘黨
全琫準이作亂ᄒᆞ거ᄂᆞᆯ洪啓勳으로招討ᄒᆞ고淸國
에請兵ᄒᆞ니淸將、葉志超等이牙山에到ᄒᆞ고日使
大鳥圭介ᄂᆞᆫ京城에入ᄒᆞ얏더니日、淸兩國이我國
의獨立ᄒᆞᄂᆞᆫ事로爭辨ᄒᆞ다가畢竟、兩國이大戰ᄒᆞ
니라

第一百十六節　自主獨立、誓告廟社

開國五百三年(甲午 三十一年)六月二十八日에國內外의
公事文牒에開國紀年을書ᄒᆞ다　上이位號를大
君主라ᄒᆞ시고十二月十二日에十四條洪範으로

宗廟와社稷에誓告ᄒᆞ시고詔勅을臣民에게頒
布ᄒᆞ시니大槩、淸國에依附ᄒᆞᄂᆞᆫ慮念을割斷ᄒᆞ고
自主獨立의基礎를確建ᄒᆞ며王室典範을制定ᄒᆞ
야써大位의繼承과밋宗戚의分義를昭케ᄒᆞ며
大君主씌셔正殿에御ᄒᆞ샤政務를視事ᄒᆞ실ᄉᆡ各
大臣에게親詢ᄒᆞ야裁決ᄒᆞ심과各衙門의職務、權
限에制定홈과地方、官制의改定홈과租稅의課徵
홈과經費의豫算支出홈과聽俊、子弟를廣行、派遣
ᄒᆞ야外國의學術、技藝를傳習케홈과將官을敎育
ᄒᆞ고軍制를確定홈과民法、刑法을嚴明ᄒᆞ야生命
財産을保全홈과用人홈이門地를不拘ᄒᆞ고朝野

에遍求ᄒᆞ야써人才의登庸홈을廣ᄒᆞᆫ事이라

第一百十七節 馬關、日、清、條約

五百四年(三十二年乙未)四月十七日에清國、全權大臣、李鴻章、李經芳과日本、全權大臣、伊藤博文、陸奧宗、等이日本、馬關에會同ᄒᆞ야日、清、戰爭後에講和、條約을議定ᄒᆞᆯ세第一款에朝鮮이確然히完全無缺ᄒᆞᆫ獨立、自主國이됨을認明ᄒᆞ다五月二十七日에八道를分ᄒᆞ야二十三府로定ᄒᆞ다

第一百十八節 改正朔、建年號

八月二十日에萬古의所無ᄒᆞᆫ變亂이宮中에有ᄒᆞ야 皇后陛下씌서遇害ᄒᆞ야崩ᄒᆞ시고宮內大臣

李耕稙과將官、洪啓勳이被害ᄒᆞ다九月九日에 詔曰三統의互用홈이時를因ᄒᆞ야宜를制홈이니正朔을改ᄒᆞ야太陽曆을用ᄒᆞ되開國五百四年十一月十七日로써五百五年一月一日을삼으라ᄒᆞ시다十月十二日에林最洙等이義를擧ᄒᆞ야內閣을犯코자ᄒᆞ다가死ᄒᆞ다十一月十五日에 詔曰正朔을旣改ᄒᆞ야太陽曆을用ᄒᆞᆯ지니開國五百五年으로始ᄒᆞ야年號를建호ᄃᆡ一世、一元으로制定ᄒᆞ야萬世子孫이恪守케ᄒᆞ라ᄒᆞ시니年號를建ᄒᆞ야建陽이라ᄒᆞ다內部大臣兪吉濬이削髮ᄒᆞᄂᆞᆫ令을發홈의各地方에義兵이蜂起ᄒᆞ야官長을殺害

홈이多ᄒᆞ다

第一百十九節 卽 皇帝位

建陽元年(丙申)二月에 上이太子로더부러俄國公館에暫時、移御ᄒᆞ시니都下百姓이激動ᄒᆞ야總理

壽康太皇帝陛下

大臣、金弘集과農商大臣、鄭秉夏를殺ᄒᆞ다創髮ᄒᆞᄂᆞᆫ令을從便ᄒᆞ라ᄒᆞ다 上이慶運宮으로還御ᄒᆞ시다二年八月에二十三府를十三道로改定ᄒᆞ다九月十

七日에文武臣、庶가大號를勸進ᄒᆞ거ᄂᆞᆯ 大君主陛下ᄭᅴ셔天地ᄭᅴ告ᄒᆞ시고皇帝位에卽ᄒᆞ샤國號를大韓이라ᄒᆞ시고建陽二年을光武元年。이라ᄒᆞ고曆、名을明時라ᄒᆞ다

第一百二十節 銀行券及議定書

光武元年부터東西洋의通商ᄒᆞᄂᆞᆫ各國에親王과大使와公領事가互相往來ᄒᆞ야友邦의敦睦ᄒᆞᆫ和氣가有ᄒᆞ야國光이地球上에永遠히顯揚ᄒᆞ기를期望ᄒᆞ더니後에外部大臣(趙秉式)은日本株式會社銀行券을全國에通用홈을認許ᄒᆞ고內部大臣、(李址鎔)은議定書(日俄戰爭初에軍略上의緊要ᄒᆞᆫ地ᄂᆞᆫ隨宜取用ᄒᆞ리ᄂᆞᆫ議定書라)를成

給ᄒ다

第一百二十一節 新條約成

光武七年에日俄가大戰ᄒ다

俄國이清國滿洲를占領ᄒ야旅順口에軍港을大開ᄒ고我國鴨綠江沿岸에森林을取코자ᄒ야龍巖浦를占領ᄒ니日本이我國의獨立을爲ᄒ고滿洲를清國에還付ᄒ기爲ᄒ야宣戰書를各國에公佈ᄒ고數十萬陸海軍이俄兵과開戰ᄒ야俄兵을擊退ᄒ니美國大統領이仲裁公議를發ᄒ야日俄兩國의全權委員이美國에會同ᄒ야媾和를成ᄒ니라

九年十一月十七日에韓、日新條約이成ᄒ다

日本大使伊藤博文과全權公使林權助와大將長谷川好道와我國外大朴齊純과內大李址鎔과軍大李根澤과學大李完用과農大權重顯으로더부러闕內에入ᄒ야五條約을定ᄒ니大槪日本政府와及韓國政府는兩帝國을結合ᄒ는利害共通의主義를鞏固케ᄒ을欲圖ᄒ야韓國의富强의實을認홀時에至ᄒ기마지此目的으로써左開條件을約定홈第一條日本政府는在東京外務省을

由ᄒ야今後에韓國이外國에對ᄒ는關係及事務를監理指揮홈이可ᄒ고日本國의外交代表者及領事는外國에在ᄒ는韓國의臣民及利益을保護홈이可홈第二條日本國政府는韓國과他國間에現存ᄒ는條約의實行을完全히ᄒ는任에當ᄒ고韓國政府는今後에日本國政府에仲介에由치아니ᄒ고國際的性質을有ᄒ는何等條約이나又約束을아니홈을約홈第三條日本國政府는其代表로ᄒ야韓國 皇帝陛下의闕下에一名의統監을實ᄒ되統監은專허外交에關ᄒ는事項을管理홈을爲ᄒ야京城에駐在ᄒ고韓國 皇帝陛下에內謁ᄒ는權利를有홈日本國政府는又韓國의各開港場及其他日本國政府가必要로認ᄒ는地에理事官을實ᄒ는權利를有ᄒ되理事官은統監의指揮之下에從來在韓國日本領事에게屬ᄒ든一切職權을執行ᄒ고幷ᄒ야本協約의條款을完全히實行홈을爲ᄒ야必要로ᄒ는一切事務를掌理홈이可홈第四條日本國과韓國間에現存ᄒ는條約及約束은本協約條件에抵觸ᄒ는者를除홈外에總히其効力을繼續ᄒ는者로홈第五條日本國政府는韓國 皇帝의安寧과尊嚴을維持홈을保証ᄒ右証據로ᄒ이下名은各本國政府에서相當ᄒ

委任을受ᄒᆞ야本協約에記名調印홈 條約이成ᄒᆞ야國權이墜落홈이
陸軍副將閔泳煥은白刃으로自裁ᄒᆞ고元老大臣
趙秉世는飮藥自靖ᄒᆞ고學部主事李相哲과徵上
上等兵金奉學이亦爲飮藥自處ᄒᆞ고前參判洪萬
植과山林宋秉璿은鄕第에셔仰藥自裁ᄒᆞ니 上
이忠魂을慰ᄒᆞ사幷히門閭를旌ᄒᆞ시고贈職賜諡
ᄒᆞ시다前贊政崔益鉉은對馬島에셔死ᄒᆞ다統監
府ᄂᆞᆫ設置홈이外交權이다統監府에歸ᄒᆞᆫ지라各
國에派遣ᄒᆞᆫ公使를召還ᄒᆞ고我國에駐在ᄒᆞᆫ各國
公使도皆撤還ᄒᆞ고各其總領事가來駐ᄒᆞ고日本
은領事를理事라ᄒᆞ야京城과各港口와必要地에

置ᄒᆞ다

第一百二十二節　警告同胞

陸軍副將閔泳煥이百官으로더부러伏闕上疏ᄒᆞ
야大勢를挽回코자ᄒᆞ다가時勢가可爲치못ᄒᆞᆯ지
라이에自刎ᄒᆞ야死ᄒᆞᆯ시遺書로써韓國人民에게
警告ᄒᆞ니其書에曰國恥民辱이此에至ᄒᆞ니我人
民이將且生存競爭中에셔殄滅ᄒᆞᆯ지라大抵苟且
히生을要ᄒᆞᄂᆞᆫ者ᄂᆞᆫ死ᄒᆞ고死를期ᄒᆞᄂᆞᆫ者ᄂᆞᆫ도로
혀生ᄒᆞᄂᆞ니諸公은엇지此를不諒ᄒᆞᄂᆞ뇨泳煥은
一死로 皇恩을仰報ᄒᆞ고幷히我二千萬同胞兄
弟에게謝ᄒᆞ노이다泳煥이비록死ᄒᆞ야도死치아

니ᄒᆞ고諸君을九泉下에서陰助ᄒᆞ리니我同胞는千萬奮勵ᄒᆞ야志氣를堅確ᄒᆞ며學問을益勉ᄒᆞ고結心戮力ᄒᆞ야我의自由獨立을回復ᄒᆞ면死者ㅣ冥冥中에서喜笑ᄒᆞ리이다ᄒᆞ고또各國公館에致書ᄒᆞ다前議政大臣趙秉世가또上疏ᄒᆞ며人民에게遺書로訣告ᄒᆞ고各國公館에致書ᄒᆞ다前贊政崔益鉉이對馬島에서死ᄒᆞᆯ時에遺疏를上ᄒᆞ니라

第一百二十三節 靑靑血竹

光武十年에忠正公閔泳煥의几筵을設ᄒᆞᆫ正寢後夾房廳事에血痕이有ᄒᆞᆫ遺衣를置ᄒᆞ고其戶를閉鎖ᄒᆞᆫ지二百五十日이라一日에家人이啓視ᄒᆞᆷ이

閔忠正公泳煥의血竹圖

靑靑ᄒᆞᆫ四苞의新竹이軒隙에서生ᄒᆞ얏ᄉᆞ니凡九枝에四十一葉이라內外國人이聞而嗟歎ᄒᆞ며爭相往觀ᄒᆞ고衢巷에塡咽ᄒᆞ야咸曰閔公의血竹이二千萬同胞를喚醒ᄒᆞ야獨立精神을化生ᄒᆞ얏다

호니라

十一年 丁未 六月에荷蘭、海牙府의萬國、平和會議에李相卨과李儁과李瑋鍾이韓國委員이라호고往叅호야李瑋鍾은國際、協會에서公開、演說호고李儁은忠憤을不勝호야自決호고萬國使臣、前에熱血을灑호야萬國이驚動케호니라

第一百二十四節 禪位

七月十八日에 詔曰朕이列祖의丕基를嗣守호지于今、四十有四載라倦勤、傳禪은自有歷代、已行之例호니今玆、軍國、大事를令皇太子로代理호노라호시다二十二日에總理大臣、李完用이各部、大臣을率호고皇太子씌謹奏호되 太皇帝陛下의詔旨를奉호샤我 陛下씌서代理、軍國庶政호샤既稱朕、稱詔호시고 太皇帝、尊奉儀節을今已、磨鍊矣라大德은必得其名호시ᄂ니從今으로詔勅與奏御、文字에代理、稱號를 皇帝大號로進稱호심이允合、天意、民情이옵기臣等이合辭仰籲호야謹、上奏호옵ᄂ니다 皇太子씌서既承 大朝處分호얏스니勉從호노라호시다

第一百二十五節 協約、又成

七月二十四日에韓、日、協約이成호다 日本、統監伊藤博文과總理大臣李完用과內大、任善準과度大、高永喜와學大、李載崑과軍大、李秉武와法大、趙重應과農大、宋

乘晙으로더부러協約을新成ᄒᆞ니大獎、日本、政府는速히韓國의富强을圖ᄒᆞ고韓國民의幸福을增進ᄒᆞ고자ᄒᆞ는目的으로左開條款을約定ᄒᆞᆷ、第一條韓國政府는施政改善에關ᄒᆞ야統監의指導를受ᄒᆞᆷ、第二條韓國政府의法令의制定及重要ᄒᆞᆫ行政上處分은豫히統監의承認을經ᄒᆞᆯ事、第三條韓國政府의司法事務는普通行政事務와此를區別ᄒᆞᆷ事、第四條韓國高等官吏의任免은統監의同意로써此를行ᄒᆞᆷ事、第五條韓國政府는統監의推薦ᄒᆞᆫ日本人을韓國官吏에任命ᄒᆞᆷ事、第六條韓國政府는統監의同意업시外國人을雇傭아니ᄒᆞᆫ事、第七條明治三十七年八月二十二日調印ᄒᆞᆫ日韓協約第一項을廢止ᄒᆞᆯ事、右爲證據ᄒᆞᆷ으로下名은各本國政府에서相當ᄒᆞᆫ委任을受ᄒᆞ야本協約에記名調印ᄒᆞᆷ이라時에都下、人民이亂動ᄒᆞ야鍾路에會集演說ᄒᆞ며總理大臣、李完用家에放火ᄒᆞ고軍隊가又動ᄒᆞ야西小門內營門에셔日兵과砲丸을亂放ᄒᆞᆷ이叅領朴星煥이死ᄒᆞ다八月一日에各營、軍隊

大皇帝陛下　皇后陛下

를一時에解散ᄒᆞ라신詔勅을頒布ᄒᆞ다

第一百二十六節

受禪、卽位

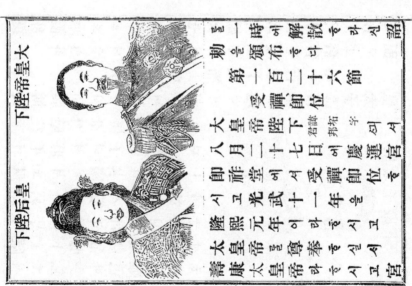

大皇帝陛下(諱坧 字君邦)씌셔八月二十七日에慶運宮卽祚堂에셔受禪、卽位ᄒᆞ시고光武十一年을隆熙元年이라ᄒᆞ시고太皇帝를尊奉ᄒᆞ실셰壽康太皇帝라ᄒᆞ시고宮

號를德壽라ᄒᆞ시고府號를承寧이라ᄒᆞ시고弟、英親王、垠을册ᄒᆞ야皇太子를封ᄒᆞ시고罪囚를大赦ᄒᆞ사ᄃᆡ擧兵、犯闕、外에ᄂᆞᆫ皆赦ᄒᆞ시고開國、以來에名、在罪籍、者를幷爲、蕩滌ᄒᆞ시다

第一百二十七節　兩陛下同車

上이昌德宮으로移御ᄒᆞ실ᄉᆡ馬車를御ᄒᆞ샤　皇后陛下와同乘ᄒᆞ시고車上에裝屋을不設ᄒᆞ야兩陛下ᄭᅴ셔天顔을露ᄒᆞ시고出宮ᄒᆞ실ᄉᆡ侍臣이皆馬車를乘ᄒᆞ야陪從ᄒᆞ며官、公、私立、學校의學生과人民이大路左右에排立ᄒᆞ야相告ᄒᆞ야曰　皇后陛下ᄭᅴ셔大路上에露面ᄒᆞ사臣民家婦女의表準

을作ᄒᆞ시니我輩의婦女들은從今으로乘轎와覆面ᄒᆞᄂᆞᆫ舊習을廢止ᄒᆞᄂᆞᆫ것이可ᄒᆞ다ᄒᆞ더라

第一百二十八節　皇儲遊學

皇太子를日本에送ᄒᆞ사遊學케ᄒᆞ실ᄉᆡ伊藤博文

皇太子殿下

으로太師를삼아陪往ᄒᆞ다　皇太子ᄭᅴ셔時年이十一이라本國에셔도夙就英敏ᄒᆞ신聲譽가藉藉ᄒᆞ더니及、冲年에遊學ᄒᆞ심이　太皇帝、膝下를離ᄒᆞ시나難色이少無ᄒᆞ시

고日本에到着ᄒᆞ사皇室에交接ᄒᆞ시고各處에遊覽ᄒᆞ실ᄉᆡ儀容이整肅ᄒᆞ고言辭가切當ᄒᆞ심이外國人도稱頌ᄒᆞ다ᄂᆞᆫ譽言을我國、一般臣民이新聞上에種種承聞ᄒᆞ고我國의幸福을希望ᄒᆞ더라

初等大韓歷史終

隆熙二年七月　日印刷
隆熙二年七月　日發行

不許
板權所有

校閱　張世基
編輯　鄭寅琥
發行者　鄭寅琥
洪淳珏
印刷所　校洞右文館

定價金七十錢（郵稅二錢）

總發行所
京城南部銅峴大四街里三十五統五戶玉虎書林
發賣所
京鄉有名各冊肆

초등본국역사

(初等本國歷史)

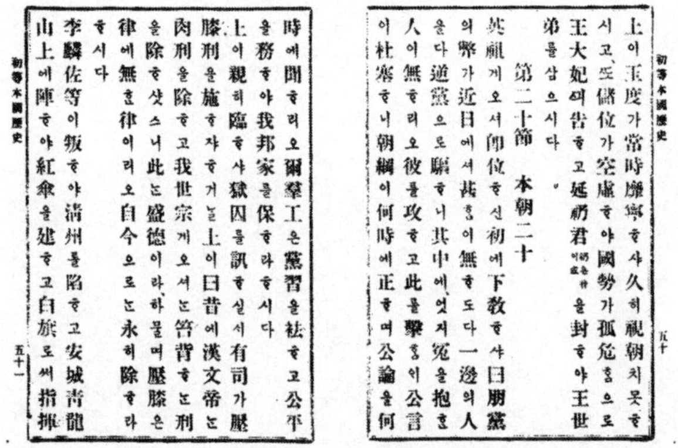

上이王度가常時靡寧ᄒᆞ사久히視朝치못ᄒᆞ시고、또儲位가空虛ᄒᆞ야國勢가孤危ᄒᆞᆷ으로王大妃ᄭᅴ告ᄒᆞ고延礽君이름은昑을封ᄒᆞ야王世弟를삼으시다。

第二十節 本朝二十

英祖게오서卽位ᄒᆞ신初에下敎ᄒᆞ사曰朋黨의弊가近日에셔甚ᄒᆞᆷ이無ᄒᆞ도다一邊의人을다逆黨으로驅ᄒᆞ니其中에엇지冤을抱ᄒᆞᆫ人이無ᄒᆞ리오彼를攻ᄒᆞ고此를擊ᄒᆞᆷ이公言이杜塞ᄒᆞ니朝綱이何時에正ᄒᆞ며公論을何

時에開ᄒᆞ리오爾羣工은黨習을祛ᄒᆞ고公平을務ᄒᆞ야我邦家를保ᄒᆞ라ᄒᆞ시다

上이親히臨ᄒᆞ사獄囚를訊ᄒᆞ실ᄉᆡ有司가壓膝刑을施ᄒᆞ자ᄒᆞ거ᄂᆞᆯ上이曰昔에漢文帝ᄂᆞᆫ肉刑을除ᄒᆞ고我世宗게오서ᄂᆞᆫ笞背ᄒᆞᄂᆞᆫ刑을除ᄒᆞ샷ᄉᆞ니此ᄂᆞᆫ盛德이라、하물며壓膝은律에無ᄒᆞᆫ律이리오自今으로ᄂᆞᆫ永히除ᄒᆞ라ᄒᆞ시다

李麟佐等이叛ᄒᆞ야淸州를陷ᄒᆞ고安城靑龍山上에陣ᄒᆞ야紅傘을建ᄒᆞ고白旗로써指揮

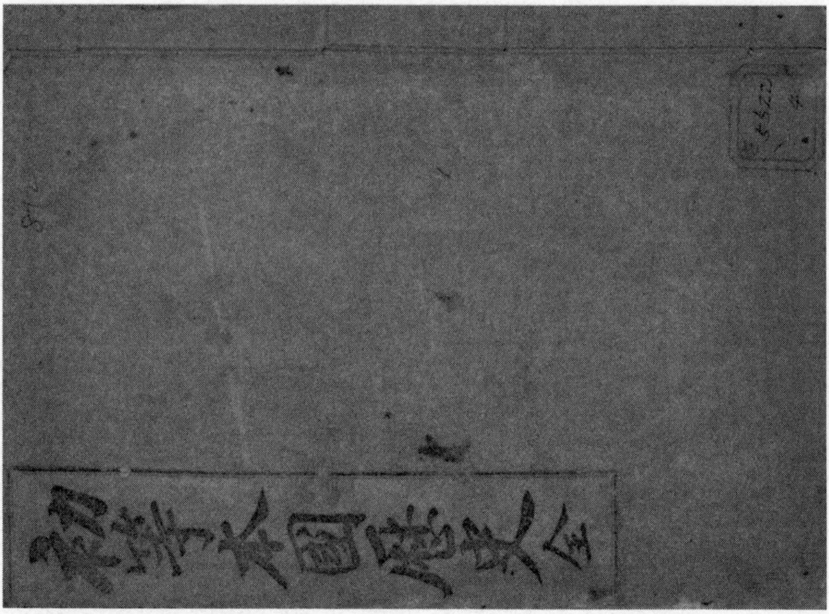

初等本國歷史目錄

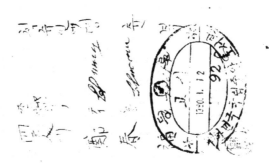

初等本國歷史目錄終

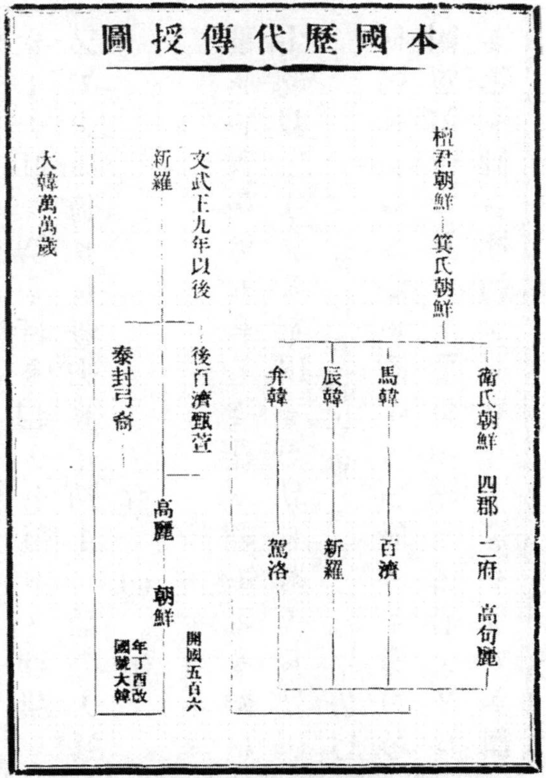

初等 本國歷史

[illegible]

完山 柳瑾 著述
廣陵 安鍾和
嵩山 張志淵 校正

第一章 上古

第一節 檀君

距今四千二百四十年前(隆熙元年丁未起)에 神聖ᄒᆞ신人이 太白山檀木下에 生ᄒᆞ신ᄃᆡ 國人이 立ᄒᆞ야 君을 삼으니 是ㅣ 檀君이 되시니라 元年戊辰에 國號를 朝鮮이라ᄒᆞ고 民을 敎ᄒᆞ야 髮을

編ᄒᆞ고首를盖ᄒᆞ며飮食과居處의制를定ᄒᆞ
다太子扶婁를塗山에遣ᄒᆞ야夏(支那)禹氏萬國
命에叅ᄒᆞ다初에ᄂᆞᆫ平壤에都ᄒᆞ얏다가後에
白岳(今文化九月山)으로都를徙ᄒᆞ니라
檀君의子孫이君位를相傳ᄒᆞᆫ지千二百餘年
에國을北扶餘로遷ᄒᆞ얏다가高句麗에게並
ᄒᆞᆫ바ㅣ되니라

第二節 箕子

箕子ᄂᆞᆫ殷(支那)王成湯의子孫이라姓은子오名
은胥餘ㅣ니箕의子爵을封ᄒᆞᆫ故로箕子ㅣ라

稱ᄒᆞ니라
周(支那)武王姬發이殷을滅ᄒᆞᆷ의箕子ㅣ周를避
ᄒᆞ야五千人을率ᄒᆞ고東來ᄒᆞ실ᄉᆡ詩、書、禮、樂
과百工의技藝가다隨從ᄒᆞᆫ지라國人이箕子
의聖德을慕ᄒᆞ야王을삼으니箕子가平壤에
仍都ᄒᆞ시고八條의敎를設行ᄒᆞ야仁賢의化
가大行ᄒᆞ니라
箕子의四十一世孫箕準에至ᄒᆞ야燕(支那)人衛
滿이其黨千餘人을聚ᄒᆞ고椎髻와蠻夷의服
으로來降ᄒᆞ거ᄂᆞᆯ準이博士를拜ᄒᆞ야西藩을

守케ᄒᆞ얏더니滿이兵을引ᄒᆞ야平壤을潛襲ᄒᆞ니準이兵을避ᄒᆞ야南으로遷ᄒᆞ니라

第三節 衛滿

衛滿이箕準을逐ᄒᆞ야平壤에都ᄒᆞ야國號를朝鮮이라仍稱ᄒᆞ고兵權과財力으로數千里地를開拓ᄒᆞ얏더니孫右渠王에至ᄒᆞ야驕傲홈이日甚ᄒᆞ야漢(涉何)의使者를殺ᄒᆞ니漢武帝劉徹이怒ᄒᆞ야將을遣ᄒᆞ야攻取ᄒᆞ고其地에四郡을置ᄒᆞ얏더니高句麗에게並ᄒᆞᆫ바되니라檀氏朝鮮과箕子朝鮮과衛氏朝鮮이國號

ᄂᆞᆫ仍傳ᄒᆞ나其姓은三易ᄒᆞᆫ故로後世의人이上古三朝鮮이라稱ᄒᆞᄂᆞ니라

第四節 三韓

韓이라稱홈은漢江의南에一大陸이有ᄒᆞᆫ故로方言에一이라大라ᄒᆞᄂᆞᆫ義를譯홈이라箕準이國을失ᄒᆞ고海에浮ᄒᆞ야南으로金馬郡(今益山)에至ᄒᆞ야國을建ᄒᆞ고馬韓이라稱ᄒᆞ야弁韓과辰韓을統治ᄒᆞ니是를三韓이라謂ᄒᆞ니라

弁韓은金海郡에在ᄒᆞ야或卞韓이라稱ᄒᆞ더

니라後에駕洛國王金首露에게並ᄒᆞᆫ바되니라

辰韓은古者辰國의地니秦(支那)人이秦始皇嬴政의苛役을避ᄒᆞ야馬韓에歸附ᄒᆞ거ᄂᆞᆯ馬韓이東界를割與ᄒᆞ야居케ᄒᆞᆫ故로或은秦韓이라稱ᄒᆞ니라辰韓과弁韓이馬韓에屬國이되야其君長은皆馬韓人으로選定ᄒᆞ니라

第五節　封建時代

三韓이鼎足과ᄀᆞᆺ치峙ᄒᆞᆯ時에屬國이七十八이니馬韓은五十四國이오辰韓과弁韓은各히十二國이라大者ᄂᆞᆫ萬餘戶ㅣ오小者ᄂᆞᆫ千餘戶ㅣ러라折風巾(갓)과長袖衫(저고리)과大口袴(바지)와烏革履(검은신)ᄂᆞᆫ其遺俗이後世에尙傳ᄒᆞ니라

第二章　中古

第一節　新羅一

辰韓人朴赫居世가神聖ᄒᆞ신德이有ᄒᆞᆫ故로六部의民人이立ᄒᆞ야君을삼으니時에年이十三이라國號를斯盧ㅣ라ᄒᆞ고君號를居西干이라ᄒᆞ다王妃閼英이、또ᄒᆞᆫ賢行이有ᄒᆞᆷ으로時人이二聖이라稱ᄒᆞ니라

赫居世의太子南解가王位에在ᄒᆞᆯ時에子ᄂᆞᆫ儒理오婿ᄂᆞᆫ昔脫解라南解가病이篤ᄒᆞ야、그子婿다려謂호ᄃᆡ我가死ᄒᆞᆫ後에朴昔二姓이長年으로써位를嗣ᄒᆞ라ᄒᆞ얏더니及南解가薨ᄒᆞᆷᄋᆡ儒理가脫解에게讓ᄒᆞᆫᄃᆡ脫解曰聖智ᄒᆞᆫ人은齒가多ᄒᆞ다ᄒᆞ니餠으로써試ᄒᆞ쟈ᄒᆞ거ᄂᆞᆯ餠을噬ᄒᆞ니儒理의齒痕이多ᄒᆞᆫ지라儒理가位에卽ᄒᆞ야君號를尼師今이라ᄒᆞ니尼師今은俗言에、잇금(齒痕)이니今에音이訛ᄒᆞ야임금(君)이라ᄒᆞ니라

其後에儒理가位를脫解에게傳ᄒᆞ야朴昔兩姓이相傳ᄒᆞ다가昔助賁에至ᄒᆞ야其婿金味鄒에게傳ᄒᆞ니朴氏ᄂᆞᆫ十王이오昔氏ᄂᆞᆫ八王이오金氏ᄂᆞᆫ三十八王이라共히五十六王이오歷年이九百九十二年이러라.

第二節 新羅

儒理王時에官을十七等으로定ᄒᆞ며六部에姓을賜ᄒᆞ니李崔孫鄭裵薛이是니라

脫解王時에國號를鷄林이라ᄒᆞ얏더니智證王時에國號를改ᄒᆞ야新羅라ᄒᆞ고法興王時

에年號를始建ᄒᆞ야建元이라ᄒᆞ니라
太宗武烈王時에金庾信의策을用ᄒᆞ야唐(支那)에金
兵을聯合ᄒᆞ야百濟를滅ᄒᆞ고文武王時에
庾信이、또唐兵으로더부러高句麗를滅ᄒᆞ니
三國이統一ᄒᆞ니라

第三節 新羅三

眞聖王은女主니賞罰이不公ᄒᆞ고綱紀가解弛ᄒᆞ야盜賊이蜂起ᄒᆞᆷ의金弓裔는原州에서起兵ᄒᆞ고甄萱은全州에서起兵ᄒᆞ니라

景哀王이、또ᄒᆞᆫ政을失ᄒᆞ야鮑石亭에出遊ᄒᆞᆯ

시甄萱이兵을率ᄒᆞ고猝至ᄒᆞ니君臣이、엇지ᄒᆞᆯ바를莫知ᄒᆞᄂᆞᆫ지라萱이王을弑ᄒᆞ고族人의子金傅를立ᄒᆞ니是ㅣ敬順王이러라

敬順王이國勢가孤弱ᄒᆞᆷ을自知ᄒᆞ고高麗에歸附코져ᄒᆞ거ᄂᆞᆯ王의子佺이諫ᄒᆞ되不聽ᄒᆞᄂᆞᆫ지라佺이王에게哭辭ᄒᆞ고皆骨山에入ᄒᆞ니高麗太祖가長女樂浪公主로써王에게妻ᄒᆞ고新羅를取ᄒᆞ야慶州府를置ᄒᆞ니라

第四節 高句麗一

高朱蒙은檀君의遺種이라句麗山下에生ᄒᆞ

야年이二十二에卒本扶餘에都ᄒᆞ고國號를高句麗라ᄒᆞ니是ㅣ東明聖王이러라

太祖ᄂᆞᆫ東明王의曾孫이니名은宮이라生ᄒᆞᆯ時에能히目을擧ᄒᆞ야視ᄒᆞ고七歲에位에卽ᄒᆞ야壽가百十八歲를享ᄒᆞ니其全盛ᄒᆞᆯ時에强兵이百萬이라西으로幽燕(支那)를攘ᄒᆞ고南으로齊魯(支那)를撓ᄒᆞ니라

廣開土王은地를廣拓ᄒᆞᆫ功이多ᄒᆞᆷ으로國人이安東縣(今滿洲)大東溝에頌德碑를立ᄒᆞ니라

長壽王은都를平壤에遷ᄒᆞ고燕(支那)主馮弘의降을受ᄒᆞ니라

嬰陽王時에隋(支那)帝楊廣이兵을大擧ᄒᆞ야入寇ᄒᆞ거늘相國乙支文德이隋兵三十餘萬을薩水上에서大破ᄒᆞ야生還ᄒᆞᆫ者ㅣ僅히二千七百人이러라

第五節 高句麗三

榮留王時에唐帝李世民이師를率ᄒᆞ고入寇ᄒᆞ거늘安市城主梁萬春이城을固守ᄒᆞᆫ지六旬에唐帝가能敵치못ᄒᆞᆷ을知ᄒᆞ고圍를解ᄒᆞ야退歸ᄒᆞ니라

淵蓋金(一云泉蓋蘇文)이兵을擧ᄒᆞ야榮留王을弑ᄒᆞ고王의姪寶藏을立ᄒᆞ야王을삼고蓋金은스사로莫離支(官名)가되야唐兵을再破ᄒᆞ며南으로新羅를破ᄒᆞ야國權을專擅ᄒᆞ니威가四方에振ᄒᆞ더라蓋金이死ᄒᆞᆷ의子男生과男建과男產等이互相猜妬ᄒᆞ야權을爭ᄒᆞ다가唐將李世勣에게國을滅ᄒᆞ니歷世가二十八王이오歷年이七百五年이라其地에九都督府를置ᄒᆞ얏더니後에南方은新羅의有ᄒᆞᆫ바ㅣ되고北方은渤海國의有ᄒᆞᆫ바ㅣ되니라

第六節 百濟

高句麗人扶餘溫祚가其臣十人으로더부러出奔ᄒᆞ야河南(今稷山)慰禮城에至ᄒᆞ야國을建ᄒᆞ고號를十濟라ᄒᆞ더니後에百濟라改稱ᄒᆞ고漢山(今廣州)에移都ᄒᆞ니南으로馬韓을呑ᄒᆞ고東으로樂浪을逐ᄒᆞ고新羅와高句麗로더부러鼎峙ᄒᆞ니是三國時代니라

多婁王은州郡에稻田를始作ᄒᆞ고河莘王은博士王仁을日本國에遣ᄒᆞ야文字를始傳ᄒᆞ며織女와針工을送ᄒᆞ야紡績과針縫을敎ᄒᆞ

고文周王은泗沘(今扶餘)에移都ᄒᆞ니라

義慈王이驕虐ᄒᆞ야諫臣成忠을殺ᄒᆞ며直臣興首를竄ᄒᆞ고新羅를侵ᄒᆞ다가新羅將金庾信이唐將蘇定方으로더부러兵을合ᄒᆞ야都城을圍ᄒᆞᆫᄃᆡ王이出降ᄒᆞ니傳世가三十王이오歷年이六百七十八年이라唐이五都督府를置ᄒᆞ얏더니後에新羅에게並ᄒᆞᆫ바ㅣ되니라

第七節 駕洛

金海郡龜旨峯下에金首露兄弟六人이生ᄒᆞ

니首露ᄂᆞᆫ國을建ᄒᆞ야號를駕洛(今金海)이라ᄒᆞ고弟五人은分ᄒᆞ야大伽倻(今高靈)와小伽倻(今固城)와阿羅伽倻(今咸安)와古寧伽(今咸昌)와碧珍伽倻(今星州)에君主가되야五伽倻라稱ᄒᆞ더니後에新羅에게並ᄒᆞᆫ바ㅣ되니라

第八節 渤海

高句麗의遺種大祚榮이遼水를渡ᄒᆞ야太白山(今白頭山)을據ᄒᆞ고國을建ᄒᆞ니是ㅣ渤海國高祖라五京과十五府를寘ᄒᆞ고地方이五千里에至ᄒᆞ야海東의盛國이라稱ᄒᆞ더니後에契丹

에게滅ᄒᆞᆫ바되니라

第九節 泰封

新羅憲安王의子金弓裔가父에게被出ᄒᆞ야僧이되얏더니新羅의政綱이紊亂ᄒᆞ고盜賊이蜂起ᄒᆞᆷ을乘ᄒᆞ야北原에셔兵을起ᄒᆞ야鐵原에都ᄒᆞ고國號를泰封이라ᄒᆞ더니暴虐ᄒᆞ야道가無ᄒᆞᆷ으로其元勳諸將이弓裔를廢ᄒᆞ고王建을推戴ᄒᆞ야王을삼으니是ㅣ高麗太祖시니라

第十節 甄萱

甄萱은尙州人이라智略이多ᄒᆞ고異志를懷ᄒᆞ더니新羅의衰ᄒᆞᆷ을乘ᄒᆞ야亡命黨을聚ᄒᆞ야州郡을刧掠ᄒᆞ고完山(今全州)에都ᄒᆞ야國號를後百濟라ᄒᆞ더니高麗太祖에게投降ᄒᆞ니라

第三章 近古

第一節 高麗一

高麗太祖의姓은王이오名은建이니年이二十에泰封의將이되야諸賊을討平ᄒᆞ심으로威德이日盛ᄒᆞ야大位에卽ᄒᆞ시니國號를高麗라ᄒᆞ고年號를天授라ᄒᆞ며弓裔를逐ᄒᆞ고

甄萱을平ᄒᆞ고新羅가歸附ᄒᆞ야全國을統合ᄒᆞ니라

光宗이科擧法을始行ᄒᆞ야進士와及第를選用ᄒᆞ고松岳을皇都라稱ᄒᆞ며成宗은生日을千春節이라稱ᄒᆞ며三省과六曹와七寺를置ᄒᆞ며徐熙로內史令을拜ᄒᆞ야契丹과和親ᄒᆞ니라

第三節 高麗二

顯宗時에契丹이二十萬兵을率ᄒᆞ고入寇ᄒᆞ거ᄂᆞᆯ姜邯贊으로元帥를拜ᄒᆞ야龜州(今龜城)에서

大破ᄒᆞ니契丹兵이匹馬도返ᄒᆞᆫ者ㅣ無ᄒᆞ니라

文宗時에文憲公崔冲이學校를設ᄒᆞ야生徒를敎育ᄒᆞ고睿宗時에文肅公尹瓘을遣ᄒᆞ야女眞을擊逐ᄒᆞ고先春嶺에碑를立ᄒᆞ야界를定ᄒᆞ니라

毅宗은無道ᄒᆞ고明宗은不君ᄒᆞ고神宗은闇弱ᄒᆞ야鄭仲夫와李旼義等이文臣을盡殺ᄒᆞ니是ㅣ庚癸亂이라崔忠獻이義旼等을誅ᄒᆞ고國權을專用ᄒᆞ야子瑀와孫沆과曾孫竩에

至ᄒᆞ기ᄭᆞ지四世를執政ᄒᆞ니라

第三節　高麗三

高宗時에蒙古가年을連ᄒᆞ야來侵ᄒᆞ거ᄂᆞᆯ太子倎을送ᄒᆞ야蒙古와和親ᄒᆞ고太孫諶으로蒙古世祖의女齊國公主를娶ᄒᆞ야兩國이舅甥의誼를結ᄒᆞ니라

忠烈王과忠宣王과忠肅王과忠惠王과恭愍王에至ᄒᆞ기ᄭᆞ지屢世를蒙古의公主를娶ᄒᆞ고髮을剃ᄒᆞ며服을易ᄒᆞ야蒙古의俗을多從ᄒᆞ니라

時에文成公安裕와文忠公李齊賢과文正公權溥와文靖公李穡이文章과德行으로一世의教導를自任ᄒᆞ니라

第四節　高麗四

恭愍王時에紅巾賊數十萬이來侵ᄒᆞ야松都를陷ᄒᆞ거ᄂᆞᆯ王이福州로奔ᄒᆞ야安祐와金得培와李芳實로元帥를拜ᄒᆞ야紅賊을討平ᄒᆞ고京都를回復ᄒᆞᆫᄃᆡ金鏞이其功을忌ᄒᆞ야人으로ᄒᆞ야곰三元帥를暗殺ᄒᆞ얏더니後에事가發覺ᄒᆞ야鏞이伏誅ᄒᆞ니라

日本의流寇가年을連ᄒᆞ야來侵ᄒᆞ거ᄂᆞᆯ崔瑩과鄭地等으로大將을拜ᄒᆞ야禦ᄒᆞ니라

第五節　高麗五

恭讓王時에九功臣이事를用ᄒᆞ야政權을相爭ᄒᆞᆷ이天命과人心이我　太祖씌로歸ᄒᆞ니侍中鄭夢周가善竹橋에서國을爲ᄒᆞ야死ᄒᆞ니라

第四章　國朝

第一節　本朝一

太祖高皇帝씌옵서都를漢陽에定ᄒᆞ샤國號

를朝鮮이라ᄒᆞ시고賢才를擧ᄒᆞ시며佞臣을遠히ᄒᆞ시며讒言을杜ᄒᆞ시며淫祀를禁ᄒᆞ시며宗廟와社稷을立ᄒᆞ시며京城을築ᄒᆞ시며景福宮과昌德宮을建ᄒᆞ시니라

太祖三年에琉球國은使을遣ᄒᆞ야稱臣ᄒᆞ고暹羅ᄂᆞᆫ方物을來貢ᄒᆞ고野人의歸附ᄒᆞᄂᆞᆫ酋長은千戶와萬戶의職을授ᄒᆞ시니라

第二節　本朝二

定宗씌서太祖의禪位ᄒᆞ심을受ᄒᆞ샤正殿에서羣臣의朝賀를受ᄒᆞ실서平壤府尹成石璘

은歆器圖를進ᄒᆞ고京畿左道觀察使李廷俌
ᄂᆞᆫ歷年圖를進ᄒᆞ고右道觀察使崔有慶은無
逸圖를進ᄒᆞᆫᄃᆡ上이嘉納ᄒᆞ시니라
上의性質이純謹ᄒᆞ시고志行이端方ᄒᆞ사位
에在ᄒᆞ신지二年에太宗에게傳禪ᄒᆞ시니라

第三節 本朝三

太宗ᄭᅴ셔英容ᄒᆞ심이絕倫ᄒᆞ사恒常濟世의
志가有ᄒᆞ신지라河崙이每히歎ᄒᆞ야曰斯人
은天을蓋ᄒᆞᄂᆞᆫ英氣라ᄒᆞ더니、밋定宗의禪을
受ᄒᆞ심이羣臣으로ᄒᆞ야곰上의得失을直言

ᄒᆞ라ᄒᆞ시며、또諫官으로ᄒᆞ야곰事를隨ᄒᆞ야
諫ᄒᆞ라ᄒᆞ시다
高麗侍中鄭夢周를褒贈ᄒᆞ사臣節을奬勵ᄒᆞ
시며閔无咎等을賜死ᄒᆞ사外戚을懲戒ᄒᆞ시
며符讖의書를燒ᄒᆞ사妖言을防ᄒᆞ시고晩年
에上王位에在ᄒᆞ사天이旱ᄒᆞ거ᄂᆞᆯ民을爲ᄒᆞ
야憂ᄒᆞ시더니上이崩ᄒᆞ시ᄂᆞᆫ日에至ᄒᆞ야大
雨가下ᄒᆞᆫ故로太宗雨(五月十日)라稱ᄒᆞ니라

第四節 本朝四

世宗ᄭᅴ셔自少로學을好ᄒᆞ시더니밋位에卽

호심이文學의士를選호사集賢殿에置호시고朝夕에講論호며顧問호사右文의治를尙호시니隣國人이東方聖人이라稱호니라偰[셜]循을命호사孝行錄을撰호시며鄭招를命호사農家直說을編次호야全國에頒布호시며宗學博士를置호사宗親을教授호시며朴堧[연]으로雅樂을造호시며金銚와金墩으로簡儀臺를製호시며成三問等으로訓民正音을校正호며金宗瑞로六鎭을開拓호시니라

第五節 本朝五

文宗씌셔는性理의學을通호시며、또筆法이精妙호사寸簡과尺紙라도千金ㅈ치重히녁이시며儒臣을命호사東國兵鑑을撰호시고親히陣法九篇을製호시니라

上이疾이有호사集賢殿諸臣을召호야夜分토록燭을秉호고經義를講論호실셰世子를膝下에置호고手로其背를撫호사曰予ㅣ此兒로써卿等에게付호노라호시고榻[탑]에降호야平坐호사爵을執호야賜酒호시니라

第六節 本朝六

端宗씌셔年이十二에位에卽ᄒᆞ심이領議政
皇甫仁과左議政南智와右議政金宗瑞等은
世宗의顧命을受ᄒᆞ야輔佐ᄒᆞ고集賢殿學士
成三問朴彭年河緯地李塏柳誠源等은世宗
의前日付托을受ᄒᆞ야左右에協贊ᄒᆞ니라
上이文臣을命ᄒᆞ샤高麗史를刊印ᄒᆞ야中外
에廣布ᄒᆞ시며文武百官의朝服은團領과胷
背의制를定ᄒᆞ야品級의次序로穿천着케ᄒᆞ시
니라

第七節　本朝七

世祖씌셔勤政殿에御ᄒᆞ사朝賀를受ᄒᆞ실ᄉᆡ
世子ㅣ侍ᄒᆞ샷거ᄂᆞᆯ上이世子다려謂ᄒᆞ사曰
汝의衣ᄒᆞᆫ바木綿이비록薄陋ᄒᆞ나然ᄒᆞ나此
ᄂᆞᆫ耕耘과採織의勤苦로써成ᄒᆞᆷ이니汝ᄂᆞᆫ맛
당이衣를見ᄒᆞ거던女工의易치아니ᄒᆞᆷ을思
ᄒᆞ며食을見ᄒᆞ거던農夫의甚히艱難ᄒᆞᆷ을思
ᄒᆞ야儉으로써自奉ᄒᆞ고或도不勤ᄒᆞᆷ이毋ᄒᆞ
라ᄒᆞ시다
上이右贊成徐居正等을命ᄒᆞ사東國通鑑을
撰ᄒᆞ시며圜丘壇을南郊에築ᄒᆞ시며大鍾을

新鑄ᄒᆞ야街上에懸ᄒᆞ샤晨昏을警ᄒᆞ시며圓覺寺를城中에建ᄒᆞ시니라

第八節　本朝八

睿宗씌셔世祖의禪位ᄒᆞ심을受ᄒᆞ샤政을聽ᄒᆞ신餘暇에意를治亂의迹에留ᄒᆞ샤親히歷代世紀를撰ᄒᆞ시고、또文臣을命ᄒᆞ샤國朝武定寶鑑을撰ᄒᆞ시니라

初에世祖씌셔疾을遘ᄒᆞ신ᄃᆡ上이膳을視ᄒᆞ시며藥을嘗ᄒᆞ샤日夜로左右에侍ᄒᆞ야睫을交치못ᄒᆞᆫ지屢月에世祖ㅣ崩ᄒᆞ심이上이哀

ᄒᆞ심을過度히ᄒᆞ샤勺水를進치아니ᄒᆞ시다가仍히病을成ᄒᆞ야崩ᄒᆞ시니라

第九節　本朝九

成宗게오셔位에卽ᄒᆞ샤睿宗을昌陵에葬ᄒᆞ실ᄉᆡ大臣이奏호ᄃᆡ近地의民塚을盡毁ᄒᆞ소셔上이下敎ᄒᆞ샤ᄃᆡ山川은增치아니ᄒᆞ고吉地는限이有ᄒᆞᆫ지라千萬世의陵室이無窮ᄒᆞ야後世의人民이可히葬ᄒᆞᆯ山과可히耕ᄒᆞᆯ地가無ᄒᆞᆯ가恐ᄒᆞ노니自今으로法을立ᄒᆞ야禁限을廣치勿ᄒᆞ라ᄒᆞ시니라

上이孝友가天性에出ᄒᆞ샤王大妃를誠敬으
로써奉養ᄒᆞ시며月山大君을恩禮로써待ᄒᆞ
시며耆民을酒로써勞ᄒᆞ시며前世의明君과
暗主의行ᄒᆞᆫ바善惡을採ᄒᆞ샤畵工으로ᄒᆞ야
곰屛幁에摹寫ᄒᆞ고坐臥에觀省ᄒᆞ샤恒常箴
誠ᄒᆞ시니라

第十節　本朝十

燕山君은淫虐ᄒᆞ고道가無ᄒᆞ야直臣과賢士
를誅戮ᄒᆞ거ᄂᆞᆯ朴元宗과成希顔等이燕山君
을廢ᄒᆞ고晋成大君을迎立ᄒᆞ니是ㅣ中宗이

시니라
中宗게오셔賢臣趙光祖로大司憲을삼으시
니光祖ㅣ法을執홈이公平ᄒᆞ야男女가路를
異히ᄒᆞ고治化가大行ᄒᆞ더니南袞과沈貞에
게誣告를被ᄒᆞ야禍를遭ᄒᆞ니라
上이大司成柳崇祖와尹倬으로教導를掌케
ᄒᆞ시니崇祖ᄂᆞᆫ七書를國文으로解義ᄒᆞ고尹
倬은孔子廟庭에銀杏樹를手植ᄒᆞ야至今ᄭᆞ
지尙存ᄒᆞ니라

第十一節　本朝十一

仁宗께오셔位에卽ᄒᆞ심이刑曹를命ᄒᆞ샤拷(고)掠(략)을審愼ᄒᆞ야冤(원)枉(왕)ᄒᆞᆷ이無케ᄒᆞ라ᄒᆞ시고仍히歎ᄒᆞ샤曰엇지ᄒᆞ면寡人의世에는一民도罪科의犯ᄒᆞᆷ이無케ᄒᆞᆯ고ᄒᆞ시며且下敎ᄒᆞ샤曰善을彰ᄒᆞ고惡을罰ᄒᆞᆷ은王政의先히ᄒᆞᆯ바ㅣ니忠孝가卓異ᄒᆞ던지吏가되야淸白ᄒᆞᆫ者ㅣ有ᄒᆞ거던才를隨ᄒᆞ야擢(탁)用ᄒᆞ라ᄒᆞ시니라上의疾이篤ᄒᆞ샤曰趙光祖等의事는先王의許치아니ᄒᆞ심인故로敢히輕改치못ᄒᆞ얏더니今에予의疾이此에至ᄒᆞ얏스니光祖의爵

을復ᄒᆞ라ᄒᆞ시다、밋上이崩ᄒᆞ심이遠近百姓이糧을裹(과)ᄒᆞ고來哭ᄒᆞᄂᆞᆫ者ㅣ道路에不絶ᄒᆞ며哭聲이相傳ᄒᆞ야一日에義州ᄭᆞ지達ᄒᆞ니라

第十二節 本朝十二

明宗께오셔年이幼冲ᄒᆞ심이文定王后께오셔簾을垂ᄒᆞ고政을聽ᄒᆞ신지八年에政을上에게歸ᄒᆞ시니賢臣李滉과李珥等을擢用ᄒᆞ시며遺逸(일)의士成守琛과曹植等을選擧ᄒᆞ시며高麗忠臣鄭夢周의生長ᄒᆞ던地에書院을

建ᄒᆞ고扁額을賜ᄒᆞ시니라
日本兵船七十餘艘가全羅道損竹島를寇ᄒᆞ거늘全州府尹李潤慶이兵三千을領ᄒᆞ고出戰ᄒᆞᆯ식潤慶이善射者로ᄒᆞ야곰賊將에左股를中ᄒᆞ고風을乘ᄒᆞ야放火ᄒᆞ며兵을縱ᄒᆞ야追殺ᄒᆞ니敵衆이太潰ᄒᆞ야糧草를棄ᄒᆞ고遁去ᄒᆞ니라

第十三節 本朝十三

宣祖壬辰에日本國의關白平秀吉이明을伐ᄒᆞᆫ다藉稱ᄒᆞ고假途ᄒᆞ기를請ᄒᆞ거늘朝廷에

許치아니ᄒᆞ얏더니秀吉이大兵을擧ᄒᆞ야來寇ᄒᆞᆯ석東萊를先陷ᄒᆞ니僉使鄭撥과府使宋象賢等이國難에死ᄒᆞ고李鎰과申砬等이次第로戰敗ᄒᆞᆷ의日兵이京城으로直向ᄒᆞ니라
上이西으로播遷ᄒᆞ신ᄃᆡ日兵이追到ᄒᆞ야平壤을據ᄒᆞ거늘上이義州에駐蹕ᄒᆞ사鄭崑壽와李德馨等을明國에遣ᄒᆞ야援兵을請ᄒᆞᆫᄃᆡ明提督李如松等이水陸軍二十餘萬으로來救ᄒᆞ니라
各道에忠義의士가義旅를擧ᄒᆞ야兵을募ᄒᆞ

니趙憲과高敬命과金千鎰은湖南에起ᄒᆞ고
郭再祐와鄭仁弘과金沔과權應洙는嶺南에
셔起ᄒᆞ고權慄은幸州에셔大捷ᄒᆞ고李廷馣
은海西에셔拒戰ᄒᆞ고李舜臣은閑山島前洋
에셔大戰ᄒᆞ야日本의水軍을陷沒ᄒᆞ니日將
淸正과秀家等이京城과平壤을棄ᄒᆞ고東으
로走ᄒᆞ더니明年에更히兵을大擧ᄒᆞ야晋州
城을陷ᄒᆞ니高從厚金千鎰柳復立黃進等이
戰死ᄒᆞ니라

丁酉에淸正等이兵을再擧ᄒᆞ야入寇ᄒᆞᆯ식稷

山素沙坪에至ᄒᆞ다가明國救援將楊鎬에게
大破ᄒᆞ야兵을撤ᄒᆞ고歸ᄒᆞ니是ㅣ壬辰以來
의八年兵禍니라

第十四節　本朝十四

光海君時에明國이淸人의亂을當ᄒᆞ야援兵
을請ᄒᆞ거ᄂᆞᆯ朝廷이壬辰의功을思ᄒᆞ야姜弘
立과金景瑞와金應河로써兵을帥ᄒᆞ고深河
에入ᄒᆞ야救ᄒᆞ니라

光海가政을權奸에게委任ᄒᆞ야大獄을屢起
ᄒᆞ니永昌大君㼁와臨海君珒과國舅延興府

院君金悌男等을殺ᄒᆞ고　仁穆大妃를西宮에幽ᄒᆞ며金瑬와李貴와李适과元斗杓와崔鳴吉等이主를廢ᄒᆞ야濟州로遷ᄒᆞ고綾陽君을迎立ᄒᆞ니是ㅣ仁祖시니라

第十五節　本朝十五

仁祖께오셔位에卽ᄒᆞ심에李适이反正時의功을恃ᄒᆞ고驕恣홈이甚홈으로朝廷에見斥ᄒᆞ야安州兵使를除授홈의适이心中에怏怏ᄒᆞ더니其子旃이蜚論에參ᄒᆞ야詔獄에逮ᄒᆞᆫ지라适이憤怒ᄒᆞ야兵을舉ᄒᆞ야京城으로直

犯ᄒᆞ니　上이公州로播遷ᄒᆞ신ᄃᆡ張晚과鄭忠信等이賊을大破ᄒᆞ고京城을恢復ᄒᆞ니라

丁卯에淸將英兒俗等이義州와宣川을陷ᄒᆞ니府尹李莞과府使奇協이屈치아니ᄒᆞ고死ᄒᆞᆫ지라安州로直犯ᄒᆞ니兵使南以興과府使金浚이拒戰ᄒᆞᆯᄉᆡ浚이硝俗에火를衝ᄒᆞ니以興과淸將이다燒死ᄒᆞ니라

丙子에淸人이、또來侵ᄒᆞ야京城을犯ᄒᆞ거ᄂᆞᆯ　上이南漢山城으로播遷ᄒᆞ샷더니、밋江華가陷城홈이　上이崔鳴吉等으로ᄒᆞ야곰和約

을結ᄒᆞ고京城으로還御ᄒᆞ시니라

第十六節 本朝十六

孝宗게오셔鳳林大君의邸에在ᄒᆞᆯ時에丙子의亂을當ᄒᆞ야瀋陽의風雪을經ᄒᆞ심으로位에卽ᄒᆞ심이大臣鄭太和等을召ᄒᆞ샤觴을引ᄒᆞ야共飮ᄒᆞ사曰淸은寡人의仇ㅣ라今에淸國의九王이死ᄒᆞ고三藩이亂을作ᄒᆞ니此時를乘ᄒᆞ야報仇치못ᄒᆞ면何時를更待ᄒᆞ리오可히大事를共謀ᄒᆞᆯ志士를求ᄒᆞ라ᄒᆞ시다

上이李浣으로訓鍊大將을삼으시고一夜는浣을臥內로召入ᄒᆞ사問曰國에急ᄒᆞᆷ이有ᄒᆞ면卿이맛당이子를從ᄒᆞ야江都로入ᄒᆞᆯ지니만일軍이盡渡치못ᄒᆞ야敵兵이後에在ᄒᆞ면장ᄎᆞᆺ奈何오浣이對曰臣이임의大帒를造ᄒᆞ야可히二斗의土를盛ᄒᆞᆯ者ㅣ數千이라人으로ᄒᆞ야곰各히一帒를持ᄒᆞ야行ᄒᆞᆫ즉帶ᄒᆞ고作ᄒᆞᆫ즉土를掘ᄒᆞ야其中에盛ᄒᆞ고帒를連ᄒᆞ야城을成ᄒᆞ면高가一丈이오廣이可히自衛ᄒᆞᆯ만ᄒᆞ오니此ㅣ原野의賊을禦ᄒᆞᄂᆞᆫ長策이니다上이善타ᄒᆞ시다

上이備邊司에下教ᄒᆞ사曰燕灣의灌漑홈은水車를用ᄒᆞᄂᆞ니我國은此制에全昧ᄒᆞ야旱尺에、비록淺淡ᄒᆞᆫ水가有ᄒᆞᆯ지라도地勢가稍高ᄒᆞᆫ즉何如치못ᄒᆞᄂᆞ니今에工匠으로ᄒᆞ야곰그模制를造出ᄒᆞ야農을勸홈에一助가되게ᄒᆞ라ᄒᆞ시고禁中으로브터一車를造ᄒᆞ니制度가甚히奇巧ᄒᆞᆫ지라有司를命ᄒᆞ사十具를造ᄒᆞ야八道에分送ᄒᆞ라ᄒᆞ시다

第十七節　本朝十七

顯宗게오셔幼時로브터聰明이絕倫ᄒᆞ사見ᄒᆞ고聞ᄒᆞᆫ바ㅣ有ᄒᆞ면、문득忘치아니ᄒᆞ시더니、밋長ᄒᆞ심의親側을離치아니ᄒᆞ사不安ᄒᆞ신節이有ᄒᆞ시면日夜로扶持ᄒᆞ사、비록退ᄒᆞ라命ᄒᆞ실지라도敢히退치아니ᄒᆞ시다

上이壬辰兵亂以後에校書館의活字가散失ᄒᆞ야木刻으로써書冊을印出홈이甚히精치못홈으로戶曹判書金佐明을命ᄒᆞ사銅鐵로써活字를鑄ᄒᆞ야公私의書籍을廣印케ᄒᆞ시니라

第十八節　本朝十八

肅宗게오셔永安尉의子洪萬恢家의棕櫚木이有홈을聞ᄒᆞ시고掖隷로ᄒᆞ야곰求ᄒᆞ신ᄃᆡ萬恢가庭에下ᄒᆞ야伏曰頂踵과毛髮이다國恩이라엇지卉木을惜ᄒᆞ리오마ᄂᆞᆫ臣이되야玩物로써君에게私進홈은罪라ᄒᆞ고곳棕櫚木을拔去ᄒᆞ니掖隷가還ᄒᆞ야그事狀을白ᄒᆞᆫᄃᆡ上이稱善ᄒᆞ사後苑에種ᄒᆞᆫ棕櫚木을拔ᄒᆞ야民間本主에게還送ᄒᆞ시니라

明宗末年에東西朋黨이始ᄒᆞ야 宣祖朝에黨論이大起ᄒᆞ고光海時에東人이變ᄒᆞ야南北黨이되얏더니是時에至ᄒᆞ야西人中에또老少論이分ᄒᆞ야東西南北의四色이各立ᄒᆞ니口舌로써干戈를代ᄒᆞ야正論이消滅ᄒᆞ고人才를遺棄ᄒᆞ니라

第十九節 本朝十九

景宗게오셔位에卽ᄒᆞ심의領議政金昌集이奏ᄒᆞ야曰崔奎瑞ᄂᆞᆫ先朝時로브터退野ᄒᆞ고鄭澔와李縡等은病을稱ᄒᆞ고斂退ᄒᆞ니願컨ᄃᆡ別諭를下ᄒᆞ소셔上이外에在ᄒᆞᆫ諸臣을敦諭로召ᄒᆞ시니라

上이王度가常時靡寧ᄒᆞ샤久히視朝치못ᄒᆞ시고、또儲位가空虛ᄒᆞ야國勢가孤危홈으로王大妃ᄭᅴ告ᄒᆞ고延礽君(礽은昑이成)을封ᄒᆞ야王世弟를삼으시다。

第二十節 本朝二十

英祖게오셔卽位ᄒᆞ신初에下敎ᄒᆞ샤曰朋黨의弊가近日에셔甚홈이無ᄒᆞ도다一邊의人을다逆黨으로驅ᄒᆞ니其中에、엇지寃을抱ᄒᆞᆫ人이無ᄒᆞ리오彼를攻ᄒᆞ고此를擊홈이公言이杜塞ᄒᆞ니朝綱이何時에正ᄒᆞ며公論을何

時에聞ᄒᆞ리오爾羣工은黨習을祛ᄒᆞ고公平을務ᄒᆞ야我邦家를保ᄒᆞ라ᄒᆞ시다

上이親히臨ᄒᆞ샤獄囚를訊ᄒᆞ실ᄉᆡ有司가壓膝刑을施ᄒᆞ쟈ᄒᆞ거늘上이曰昔에漢文帝는肉刑을除ᄒᆞ고我世宗게오셔는笞背ᄒᆞ는刑을除ᄒᆞ샷스니此는盛德이라、하물며壓膝은律에無ᄒᆞᆫ律이리오自今으로는永히除ᄒᆞ라ᄒᆞ시다

李麟佐等이叛ᄒᆞ야淸州를陷ᄒᆞ고安城青龍山上에陣ᄒᆞ야紅傘을建ᄒᆞ고白旗로써指揮

호거늘吳命恒으로都巡撫使를삼아討平호
다

第二十一節 本朝二十一

正祖게오서下教호사曰杖은大小가有호고
枷는厚薄이有홈은罪의輕重을隨호야用홈
이어늘近來에古法이漸弛호야罪의輕重을
論치아니호고、다大棍과厚枷를用호니、엇지
人命을枉害호는弊가無호리오京外와各營
門의刑具를釐正호야頒行호라호시다
琉球國人이風에漂호야至호얏거늘上이下

教호사曰琉球人이昔에我國에職을供호는
者ㅣ有홈이特히摠管의職을受호야近侍케
호얏스니此는二百年에不過훈事이라今에
別로히顧恤을示홈이義에可호다호시고道
臣을命호사酒食으로써饋호시고庇身의物
을優히給호시다
上이京外에飭호사幼穉의父母가無호야遺
棄훈者와男女가孤貧호야過時토록未婚훈
若를歲時에抄啓호야幼穉는月로米와藿을
給호야養호고男女는需를助호야成婚케호

라ᄒᆞ시다

第二十二節　本朝二十二

純祖게오셔內司와各宮房과各司의奴婢案을收ᄒᆞ야敦化門外에셔燒火ᄒᆞ사曰宮司의奴婢를罷코져ᄒᆞᆷ은先朝의意시니予ㅣ맛당이繼述ᄒᆞ리라ᄒᆞ시고壯勇營으로ᄒᆞ야곰其代錢을給ᄒᆞ시다

關西土寇洪景來가叛ᄒᆞ야嘉山等七邑을陷ᄒᆞ거ᄂᆞᆯ李堯憲으로兩西巡撫使를삼고朴基豐으로中軍을삼아年을經ᄒᆞ야討平ᄒᆞ니上이仁政殿에셔陳賀를受ᄒᆞ시고中外에頒教ᄒᆞ시다

第二十三節　本朝二十三

憲宗게오셔各道에命ᄒᆞ사私家에셔屠牛ᄒᆞᄂᆞᆫ弊와私家에셔虐民ᄒᆞᄂᆞᆫ弊를嚴飭ᄒᆞ시며守宰의其任을堪치못ᄒᆞᄂᆞᆫ者ᄂᆞᆫ殿最를待치勿ᄒᆞ고啓罷ᄒᆞ라ᄒᆞ시다

尹尙度와許晟等이疏를上ᄒᆞᆷ이犯上의語가有ᄒᆞ야海島에竄ᄒᆞ얏다가更히拿來ᄒᆞ야斬ᄒᆞ다

第二十四節 本朝二十四

哲宗게오셔命ᄒᆞ사江陵에在ᄒᆞᆫ孔子聖像을水原闕里祠에展奉ᄒᆞ라ᄒᆞ시다

上이政府에命ᄒᆞ사塲市와浦口의名目이無ᄒᆞᆫ雜稅를罷ᄒᆞ시며堤堰과田畓의勒奪ᄒᆞᄂᆞᆫ弊를禁ᄒᆞ시며土豪의武斷ᄒᆞᄂᆞᆫ習을嚴飭ᄒᆞ시다

第二十五節 本朝二十五

壽康太皇帝게오셔位에卽ᄒᆞ신지三年에佛蘭西國兵艦이江華島를來襲ᄒᆞ거ᄂᆞᆯ巡撫千摠梁憲洙를遣ᄒᆞ야江界砲軍五千名을率ᄒᆞ고擊破ᄒᆞ니佛兵의死傷이多ᄒᆞᆫ지라佛將이大懼ᄒᆞ야帆을揚ᄒᆞ고走ᄒᆞ니라

美國兵艦五隻이德津을來侵ᄒᆞ거ᄂᆞᆯ巡撫中軍魚在淵을命ᄒᆞ사廣城津에出陣ᄒᆞ야逆擊大破ᄒᆞ고、또大礮로其二艦을破ᄒᆞᆫ디美將魯籍壽가計의施ᄒᆞᆯ바를知치못ᄒᆞ더니、이의兵을陸地로潛下ᄒᆞ야我陣의後로從ᄒᆞ야襲擊ᄒᆞ니在淵이其弟在淳으로더부러劍을拔ᄒᆞ야數十人을擊斬ᄒᆞ고死ᄒᆞ니美將이餘衆을

率ᄒᆞ고逃去ᄒᆞ니라
日本이全權大臣黑田清隆과議官井上馨等을遣ᄒᆞ야國書를來納ᄒᆞ고修好ᄒᆞ기를請ᄒᆞᆫᄃᆡ上이中樞府事申櫶과副摠管尹滋承等을命ᄒᆞ샤江華府에會同ᄒᆞ야通商條約을定ᄒᆞ고其後에美國과英國과法國과德國과俄國과清國과義國이次第로來ᄒᆞ야和를結ᄒᆞ고通商條約을定ᄒᆞ니라
訓營兵이亂을作ᄒᆞ야日本教師堀本禮造를刺殺ᄒᆞ고闕內로亂入ᄒᆞ야重臣閔謙鎬金輔

鉉等을殺ᄒᆞ고劍으로柱를擊ᄒᆞ야惡을肆ᄒᆞᆷ이極ᄒᆞ거ᄂᆞᆯ國太公이變을聞ᄒᆞ고馳入ᄒᆞ야騷亂을鎭壓ᄒᆞ시니라
東學黨이起ᄒᆞ야亂을作ᄒᆞ니四方이響應ᄒᆞ야蜂起의勢가有ᄒᆞ거ᄂᆞᆯ官軍이四道로出ᄒᆞ야屢月에討平ᄒᆞ니라
開國五百六年에上이皇帝位號를受ᄒᆞ샤國號를改ᄒᆞ야大韓이라ᄒᆞ시며年號를光武라ᄒᆞ시며八道를十三道로分寘ᄒᆞ시다
光武十一年에　皇帝게오셔位를皇太子ᄭᅴ

傳ᄒᆞ시니太子ㅣ皇帝位에卽ᄒᆞ사元年을改ᄒᆞ야隆熙라ᄒᆞ시고 上皇의位號를尊ᄒᆞ야壽康太皇帝라ᄒᆞ시고弟英親王을封ᄒᆞ야皇太子를삼으시고日本國에送ᄒᆞ야留學케ᄒᆞ시다

初等本國歷史 終

隆熙二年四月九日印刷
隆熙二年四月十四日發行
隆熙二年十月三十日再刊發行

定價金二十錢

著作者 柳瑾
發行者 金相萬

發賣所
廣學書舖
漢陽書館
大東書市
滙東書館
中央書館

富國全書 養雞新論 全一冊定價金三十五錢

獨習日語正則 半洋裝 洋裝 全一冊定價金八十五錢 全一冊定價金一圜

乙支文德 國漢文 寫眞並附 全一冊定價金三十錢

世界三怪物 全一冊定價金十二錢

新小說血淚 國文 全一冊定價金二十錢

愛國夫人傳 張志淵氏著 全一冊定價金十五錢

乙支文德傳 國文 寫眞並附 全一冊定價金十五錢

新小說鬢上雪 全一冊定價金三十錢

夢見諸葛亮 附寫眞三本 全一冊定價金五十錢

耳談續纂 全一冊定價金十錢

新訂筭術 全三冊定價金六十錢

家庭雜志 自第一号至七号 每月一回發刊 每号一冊定價金十錢

小學漢文讀本 全二冊定價金六十錢

二十世紀之大慘劇 帝國主義 全一冊定價金十五錢

大韓新地志 全二冊定價金一圜

宗教小說 警世鍾 全一冊定價金十五錢

得彼大帝傳 全一冊定價金二十錢

發行兼發賣元

皇城中部布屛下三十七統六戶廣學書舖金相萬

근대 한국학 교과서 총서 6 | 역사과 |

초판인쇄 2022년 04월 11일
초판발행 2022년 04월 25일

편 자 성신여대 인문융합연구소
발 행 인 윤석현
발 행 처 제이앤씨
책임편집 최인노
등록번호 제7-220호

우편주소 서울시 도봉구 우이천로 353 성주빌딩
대표전화 02) 992 / 3253
전 송 02) 991 / 1285
전자우편 jncbook@hanmail.net

ISBN 979-11-5917-207-6 94370 정가 48,000원
979-11-5917-201-4 (Set)